先秦卷

尹弘兵　陈朝霞　著

刘玉堂　刘庆平　主编

汉江文化史

人民出版社

总　序

　　"楚塞三湘接,荆门九派通。江流天地外,山色有无中。郡邑浮前浦,波澜动远空。襄阳好风日,留醉与山翁。"唐代诗人王维《汉江临泛》中的汉江,云山敛隐,波光接天,给人以巨大的心灵震撼,能说不是人文汉江最精妙的诗意抒发?在神州腹地,有一条滥觞于秦岭,携涓涓细流一路直奔东南,沟通长江与黄河两大水系、全长1500多公里的河流——汉江,给人以强烈的视觉冲击,难道不是自然汉江最传神的风貌呈现?正是这交替迭现的如梦如幻的形象,以一种无可抗拒的魅力,吸引世人情不自禁地走近眼前这条浪漫而神奇的河流,尽情地领略、解读、品味和欣羡……

　　在那"人猿相揖别"的"小儿时节",汉江有幸成为地球上屈指可数的远古人类生存演化的一个理想空间。如果说,"郧县人"头骨的重见天日,为人类起源地的探寻提供了石破天惊的线索,那么,南召人和郧西人的先后"面世",则弥补了汉江流域远古人类发展链条的缺环。旧石器时代人类童真的面庞,不经意间被摹绘于楚水秦山。历史的车轮匆匆驶进"只几个石头磨过"的新石器时代,汉江流域经历了老官台、屈家岭、青龙泉、石家河文化的谱系递嬗。就在屈家岭文化向青龙泉、石家河文化过渡的峥嵘岁月,汉江上空闪现出一道璀璨夺目的光环:中华民族人文始祖之一的炎帝神农氏及其部落,活跃在以随枣走廊为中心的汉江中上游地区,以其心智和汗水,开掘着农业、商贸、医药乃至音乐艺术的发明源泉。

　　汉江第一次在中国历史上令世人刮目相看,是楚国的崛起。

而有谁知晓,始封时的楚国,偏居汉江支流丹淅二水之间,不过区区五十里,地僻民贫,势弱位卑,在强邻的夹缝中举步维艰。所幸的是,楚人并没有自暴自弃,怨天尤人,而是审时度势,犯艰历险,毅然从汉江上游的丹淅之会跨入广袤的江汉平原,并以此为基地,励精图治,灭国设县,饮马黄河,问鼎中原。至战国中晚期,楚国已然"地方五千里,带甲百万,车千乘,骑万匹,粟支十年",荣膺东方第一大国的桂冠。楚国八百年的历史巨剧,关键时段无不以汉江为中心舞台上演。是汉江流域这方沃壤,催化出炉火纯青的青铜冶铸、巧夺天工的木竹制髹和精美绝伦的丝织刺绣;是汉江流域这张温床,孕育了义理精深的老庄哲学、惊采绝艳的屈宋辞赋、恢诡谲怪的绘画雕刻、动心摇神的音乐舞蹈和超拔空灵的台榭宫苑。这些辉煌成就的活水源头,正是楚文化脉脉不息的精神流贯:"筚路蓝缕"的进取精神、"大象无形"的开放气度、"一鸣惊人"的创新意识、"九死未悔"的爱国情结、"一诺千金"的诚信品格和"上善若水"的和谐理念。透过荆门包山、郭店楚墓和云梦睡虎地秦墓那一枚枚薄薄的竹简,我们仿佛看到了人类文化轴心时代汉江流域"百家争鸣"的奇观:这里既有道的超逸和儒的敦厚,还有墨的谨严、法的冷峻和阴阳的流转,中华文化"和而不同"的优良传统,开始在汉江流域铸锻。

秦王扫六合,虎视何雄哉!崛起于汉水之滨的楚人把半壁南土丢给了秦人,然而,曾几何时,他们却从秦人手里夺来了一统江山。刘邦正是以汉中为起点,运筹帷幄,拜将筑坛,明修栈道,暗度陈仓,捷足先登,创立西汉王朝;继而刘秀聚众南阳,骑牛举事,决胜千里,建立东汉政权。两汉之时,汉江的地位再次凸显:南阳擢升陪京,号曰南都,与京都洛阳齐名,并称洛宛。汉中张骞壮志天涯,丝绸之路在其足下伸展;南阳张衡才智盖世,浑天地动仪在其手中奇妙翻转;王粲求学于襄阳、南阳且随征于汉中,建安风骨由汉江之水淬炼。

汉江又一次被推到历史的前台,是风云际会的汉魏之间。当时的汉江流域,既是魏、蜀、吴交相征伐的主要战场,又是南北文化碰撞融摄的重要驿站。南阳城下,张绣偷袭曹营,重创敌军;襄樊城外,关羽水淹七军,威震南天;汉中定军山下,老将黄忠刀劈夏侯渊于阵前,豪气干云;当阳长坂坡前,骁将赵云进敌营如入无人之境,曹军闻风丧胆。尤其令人拍案称绝的是,结束三国纷争的西晋灭吴之役,其谋略来自羊祜、杜预,其决策出于襄阳岘山。与刀光剑影画风迥异的是文赋纷华,刘表在治理荆州期间,竭力网罗天下英才,一时间名士云集,俊彦星驰。他们或聚众授业,或杜门注经,"荆州学派"横空出世,治所襄阳的荆州第一次成为名副其实的全国学术文化圣殿。更耐人寻味的是,透过喧嚣与纷纭,人们或许会发现一个奇特的文化密码:中华民族诚心推崇的忠义和智慧的化身——关羽和诸葛亮,其祖籍虽说与汉江无涉,但其品行砥砺于楚头秦尾,其才识升华于汉江两岸,是汉江造就了"武圣"关公和"智圣"孔明,个中玄机,几人能够参验?

在隋唐时期国家的政治版图上,汉江上游的汉中南连成都,北接长安,既是千里蜀道的锁钥,又是南北丝绸之路的毂辐。隋唐帝国正是以关中—汉中—蜀中为阵线,西拒大漠,东征渤海,南控琼州,北驭幽燕。而在唐朝的经济地理中,汉江中游襄阳的地位则如日中天,以经济发达程度而言,"扬一、益二、襄三"的排序盛传坊间。经济的繁盛催生了文化的繁荣,"风流天下闻"的襄阳"孟夫子"出场,让唐诗从高堂邃宇走向山水田园!

宋元之世,随着全国政治中心先后东迁北徙和经济中心的南移,汉江承启东西、联通南北的地位有所消减,但长期的积淀仍在继续赋能,汉江流域依然是风光佳丽之地、文化昌盛之区、人才荟萃之乡,一言以蔽之,汉江仍有其优势、生机和魅力,尤其是汉江入江处港口城市的崛起,谱写出宋元汉江商贸发展最动人的诗篇。宋元交替之际,汉江再次成为南北鏖战的前沿,襄阳保卫战之悲壮惨烈，惊鬼泣神，撼地动天！

明清两代，大量楚地移民涌入秦巴山区，江汉流域的文化星空愈益显得色彩斑斓。秦陇文化、巴蜀文化、中原文化和荆楚文化的交相辉映，极大地丰富了汉水文化的民俗风情画卷：在汉江中上游地区，"楚音""川语""秦腔"共存；在汉江中下游一带，"江南话""苗语""壮语"并现。清代乾嘉时期，随着汉江中上游的开发不断推进，资本主义萌芽在这里悄然出现，尽管其存在犹如昙花，但其对汉江商品经济的形成与发展卓有贡献。

晚清中国的巨大变革，出现于汉江入江口岸。一个巨人舞动着如椽之笔，挥洒着中国近代工业的巨制鸿篇，他就是洋务运动的代表人物之一、任湖广总督十余年并以"楚人"自诩的张之洞。"兴实业、办文教、练新军"是这位晚清重臣"湖北新政"的三大举措，其中尤以兴实业即创办近代机器工业最为惊世骇俗。"振衣千仞，一览众山"的汉阳铁厂集采矿、冶铁、炼钢于一体，早于日本第一家同类企业八幡制铁所八年之久，荣登亚洲近代化铜铁联合企业峰巅；汉阳兵工厂独占中国陆军武器工厂鳌头，跻身于亚洲先进军工企业之林，所产"汉阳造"步枪是清末及民国我国步兵克敌制胜的"利剑"；位于武昌滨江的布纱丝麻四局，是华中地区首屈一指的纺织企业，显示出近代有识之士"布衣兴国，蓝缕开疆"的雄心赤胆。与官办工业相先后，武汉民营工业也异军突起，至今矗立在汉口江汉路的既济水电公司的"水塔"，成为中国近代民营工业的标杆。"昔贤整顿乾坤，缔造多从江汉起；今日交通文轨，登临不觉亚欧遥"。这副张之洞为奥略楼所题楹联，既是对武汉近代工业蓬勃发展的嘉许，又是对江汉独特交通地位的礼赞！

历史并非总是按照人们预设的轨道前行，有时甚至会反其道而运转。张之洞的"湖北新政"与后来的"武昌首义"，就是"种豆得瓜"的绝妙诠释。张之洞派遣大批青年学生赴海外留学，意在一酬自己"中学为体，西学为用"之志，但让他始料不及的是，这些学生出海后胸襟为之一变,无不以"唤醒国人""别开生面以求自立之道"和使中国成为"完全自主之国家"为己任,这无疑为中国近代革命播下了精神的火种。而张之洞苦心经营的湖北近代工业,则为中国近代革命作出了物质的铺垫。处于开化的东南与保守的西北交错地带的汉江下游,宛若温而暖的东南风与干而冷的西北风交汇的"锋面",忽晴忽雨,乍暖乍寒。诚如鄂籍留日学生所放言:近代汉江中下游一带是"吾国最重要之地,必为竞争最剧烈之场",此"竞争最剧烈之场,将为文化最盛最著之区"!余音未绝,1911年10月10日,武昌城头响起了武装反抗清朝反动统治的第一枪,举世震惊的辛亥革命之火在汉江入江口点燃。辛亥革命第一枪推翻了统治中国长达两千多年的封建帝制,建立了中国历史上第一个民主共和政权,颁布了中国近代第一部临时宪法《鄂州约法》,对中国乃至亚洲近代历史进程的影响巨大而深远。

辛亥革命没有也不可能完成的反帝反封建的民主革命任务,只能由中国共产党来承担。以"朴诚勇毅"著称的汉江人民,始终冲锋在新民主主义革命的前线。江岸铁路的风雷,吹响了推翻军阀统治的号角;汉口八七会议的决议,发布了武装反抗国民党的政治宣言;宜枣长山浴血奋战,展露出中华民族英勇抗日的神威;陕南军民的坚贞不屈,尽显华夏儿女赴汤蹈火的风范!当中原军区六万大军分南北两路沿汉江向西突围之时,谁能想到他们拉开的是全国解放战争的序幕;当鄂豫陕军区和鄂西北军区成立之际,又有谁能料到这预示着汉江中上游的雄狮出山?在那风雨如磐的漫漫长夜,汉江流域人民在中国共产党的领导下,掀起了一场又一场席卷神州大地的革命狂澜;他们视死如归的壮举,谱写出中国革命史上最为恢宏壮丽的诗篇。

两江交汇,三镇鼎立,龟蛇对峙,百湖珠联。这就是因汉水改道而发展壮大的中国中部最大的都市——武汉。早在商周时期,武汉就是南方连接中原的战略要津,3500多年前的盘龙城重现

5

"尊容",使得武汉的历史在中国特大城市中显得尤为厚重而沉潜。而盘龙城的建立,正缘于对汉江"金道锡行"的掌管。有人说,武汉是一座商业城市。宋元之世,汉江上下金戈铁马,烽火连天,江城却是"千肆云集""万舸扬帆"。明清之际,汉口已一跃为华中地区最大的商业都会,位居"四大名镇"之首和"天下四聚"顶端,而鳞次栉比的港口码头,凸显出江城达海通江的大气和剽悍。又有人说,武汉是一座文化城市。游走江城,你将纵览盘龙湖畔的历史烟云,谛听古琴台伯牙子期倾情演绎的"流水高山",目睹"天才诗人"崔颢黄鹤楼前潇洒泼墨的神采,体验理学巨擘程颢笔下"云淡风轻"的前川。武汉不啻有光风霁月的木兰胜迹、逸响千载的问津书院、中西合璧的江滩楼宇、波涛不惊的金口驳岸,还有吞吐八方的黄鹤楼、朝晖夕映的晴川阁、梵钟悠扬的归元寺、紫气氤氲的长春观、风云际会的阅马场、群星闪烁的珞珈山……满腹唐诗楚辞,一身汉瓦秦砖,历史如龟蛇二山般厚重,文脉似江汉二水般延绵,历数华夏历史文化名城,大武汉的文化颜值足可圈点。还有人说,武汉是一座山水城市。在中国特大城市中,一城能襟两江而带百湖者,唯有武汉。唐代诗仙李白的"孤帆远影碧空尽,唯见长江天际流",引无数墨客骚人望江兴叹;宋代诗人袁说友的"一围烟浪六十里,几队寒鸥千百雏",描绘出中国最大的城中湖——东湖的碧波万顷和野趣天然。大自然对武汉的格外垂青,更在山与水相依相伴:龟蛇二山夹江而峙,江汉二水合抱龟山。正是山水赋予的独特气质,武汉才会灵气与豪气并具,旷达与优雅得兼。更有人说,武汉是一座英雄城市。禹功矶上的"天书",铭记着大禹力挽狂澜的伟绩;"周昭王南征而不复",暗示着汉水之滨的楚人"不服周"的机智与果敢。天下第一神箭手养由基曾在东湖岸边箭发雁落,蜀汉大将关羽曾在伏虎山下卓刀成泉,一代雄杰岳飞曾在蛇山之腰请缨提旅,辛亥首义将士曾在三镇血染衣冠。二七大罢工的怒潮,尽显江城人民的英雄虎胆;抗日战争时期的武汉保卫战,将中华民族抵御外侮的英雄气概镌刻在历史的峰峦!

放眼神州大地,假定只比名山或只比名水,汉江流域并非出类拔萃,但若既比名山又比名水,惟汉江流域可圈可点。也许是大自然的眷顾,汉江流域山是名山,水是名水,山水相伴,构成人间奇观。发端于秦岭南麓的汉江,从幽林深谷的涓涓潺潺,到沃野平畴的浩浩汤汤,其间时而乱石穿空,流波激清响;时而湖渚星罗,飞鸟弄晴烟。如果说长江与黄河同为中华民族的摇篮,汉江则是汉民族的圣地。因汉江才有汉中,因汉中才有汉王,因汉王才有汉朝,因汉朝才有汉族,因汉族才有汉人、汉字、汉语、汉学、汉文化……不仅如此,汉江还是大地上唯一一条与天界水系同名的江河,故而历史典籍和民间传说中才会出现"星汉""银汉"。有"华中屋脊"之称的神农架,是地球同纬度最大的原始绿洲,也是汉江流域的天际线,其名源于炎帝神农氏为采药济世,在此搭架攀岩。那迎风摇曳的"植物化石"鸽子树、饱经沧桑的汉民族史诗《黑暗传》、散发着远域殊风的梆鼓,刺激着人们的想象空间。被推为"亘古无双胜景,天下第一仙山"的武当山,主峰天柱峰呈"一柱擎天"之姿,四周七十二峰作"万山来朝"之势。千百年来,一代代道教徒在此勤修苦练,或以道行扬名,或以武功传世,武当剑因之威名远播,武当山也因之仙名盛传。"一山分四季,十里不同温"的大洪山,融泰山之雄,纳华山之险,蕴黄山之奇,涵峨眉之秀,山高水长,天低秦楚。雄奇而秀丽的大洪山,演绎过多少历史"绝版"?绿林军首领王匡、王凤在此揭竿而起,佛教南禅宗曹洞宗在此孕育发端,"红军洞"藏龙卧虎,琵琶湖丹霞满天。那漫山遍野的红杜鹃,折射出大洪山的英雄本色,象征着大洪山的名士风流,寓意着大洪山的前景灿烂!

物华与天宝竞辉,地灵与人杰争艳。汉江流域素有重教兴学、育才树人的优良传统,所谓"惟楚有材",就是对汉江流域人才盛况的慨叹!拭净岁月的铅华,打开绚丽多姿的中华文明长卷,汉江流域风华绝代的英雄豪杰、贤人逸士、才子佳人接踵摩肩:中华民族人文始祖之一炎帝神农氏,《诗经》的主要采集编纂者尹吉甫,《楚辞》巨匠和汉赋开山宋玉,音乐家钟仪、钟子期、钟建,思想家鬻熊、詹何、环渊,政治家季梁、孙叔敖、刘秀、李固、张柬之、杨涟,军事家熊侣、伍子胥、诸葛亮、庞统、陈友谅,外交家张骞,诗人孟浩然、张继、皮日休,茶圣陆羽,天文学家祝融、甘德、张衡,医圣张仲景,文学家"安陆二宋""公安三袁"和"竟陵钟谭",天师道系师张鲁、紫阳道人和道教武当派祖师张三丰,经史学家习凿齿、范晔、程大中、秦笃辉,哲学家鹖冠子、范蠡、冯友兰,作家聂绀弩、张光年、姚雪垠,剧作家曹禺,书画家庾肩吾、米芾、米友仁、吴伟,考古学家李济,革命律师施洋……乃至长眠于汉江之滨的造纸术发明者龙亭侯蔡伦……汉江流域的山水因他们而增色,汉江流域的文化因他们而生辉,汉江流域的历史因他们而丰满!

"人事有代谢,往来成古今。江山留胜迹,我辈复登临。水落鱼梁浅,天寒梦泽深。羊公碑尚在,读罢泪沾襟。"每吟汉江文坛巨子孟浩然的《与诸子登岘山》,汉江那一泓清澈的碧波,两岸苍茫的青山,远去的桨声帆影、瓦肆勾栏、马萧车辚、烽火硝烟,以及汉王台、"衮雪"石、水镜庄、羊公碑……伴随着千古风流人物,纷至沓来,深情款款,令人心潮澎湃,梦绕魂牵……此情可待追忆,我辈使命在肩,遂诚邀汉江流域业有专攻的学人共襄盛举,诸位同仁广搜博采,孜孜不倦,探幽索隐,矻矻穷年,协力同心,终成《汉江文化史》八卷,不啻为报答此方水土哺育之恩于万一,亦在让汉江文化赓续传承,创新发展!

目录

汉江
文化史·先秦卷

绪　论

　　河流尤其是大河对于人类文明的起源与发展极其重要,大河流域的地理环境、自然生态等条件较为优越,一般水源充足,地势平坦,土地肥沃,适宜发展农业,为人类文明的发展特别是早期发展提供了良好的条件。古人在这些适宜农耕的大河平原上生产劳动、生息繁衍,于是大河流域往往成为人类文明的发源地。世界文明史上占有重要地位的古代文明,其起源和发展均与大河有关,因此又有"大河文明"的说法:古埃及文明的起源与发展离不开尼罗河,以至埃及被称为尼罗河的馈赠;古巴比伦文明是在幼发拉底河和底格里斯河这两河中下游的美索不达米亚平原兴起的;古印度文明(或称印度河文明)是在印度河流域兴起的;中国文明的主体则是在长江和黄河两大流域兴起的。直到今天,大河平原仍然是各国经济文化重心之所在,对人类文明发展具有无可替代的地位。

　　在中国自然地理与文化地理中,长江和黄河是两条最重要的河流,对中华文明的起源、发展壮大和基本面貌的形成,起到最为重要的作用,因此又被称为中国的"两河",也由此成为中国自然与人文的北方与南方:北方地区以黄河为主轴,南方地区以长江为主轴,两大地域在地质、地貌、气候、生态等方面都有较大区别,由此导致南方与北方在人文上亦有较大的差异。两大流域尤其两条大河的中下游地区,是中华文明的核心地域,由此形成了中华文明的南方与北方、长江与黄河的二元耦合格局。而两大流域或中国的南方与北方,无论是从自然还是人文上,都是以秦岭——淮河为界来区分南方与北方、长江流域与黄河流域的。

　　汉江则正处于两大流域之间,正好起到了沟通两大流域的作用,而且正好处于两大流域的中间位置,由此赋予了汉江在中国历史上的特殊地位。在地理上,汉江为长江最长支流,位于长江北岸,发源于秦岭南麓,上游流过秦岭和大巴山之间的山谷地带,中游包含南阳盆地、汉丹地区、襄宜平原、随枣走廊等地理单元,下游为江汉平原,最后汇入长江。汉江上游北界关中平原,南界四川盆地;汉江中游北部的南阳盆地,北界于洛阳、郑州及豫中,与中原核心区紧邻,丹江河谷的武关是关中之南界,丹江河谷是联通关中与长江流域的重要通道,由中原进入南阳后可沿白河南下至襄阳,然后沿水路可直下汉口,沿陆路可南下荆州;汉江下游的江汉平原位于长江北岸,是湖北的核心区,汉江与长江交汇处的武汉位于中国中部,地处中国腹心之地,而且是长江水路和长江流域的中心,还是长江中游地区的中心,为三"中"合一之地,历史上号称"九省通衢",是全国性的交通枢纽之一。因此,汉江正处于联通黄河中游核心区与长江全流域的枢纽位置,历史上就是联通南北东西的交通枢纽,并与长江、黄河、淮河一道并称"江河淮汉"。

一、南北文化的交流与互动

汉江流域从远时代起就是生命繁盛之地,旧石器时代就有古人类在汉江流域繁衍生活,进入新石器时代后,汉江流域因其地处南北之间的地理位置,具有南北交界区的特征,尤其是汉江中游地区是南北文化的过渡地带,南方文化和北方文化在这里激烈交流碰撞,迸发出璀璨的光华。

新石器时代早期,北方文化占有优势,前仰韶时代,北方文化即分布到汉江上游地区,直到龙山时代、新石器时代大部分时期,汉江上游地区和关中地区都属于同一文化系统。新石器时代中期时,仰韶文化盛极一时,汉江中游地区大部分为北方文化分布区,属仰韶文化系统。仰韶文化势力深入汉江流域的南阳盆地和襄宜平原,最南端直达汉水中游右岸的宜城曹家楼遗址。① 仰韶文化深入汉江中游地区,也深刻

---

① 参见武汉大学历史系考古教研室、襄樊市博物馆、宜城县博物馆:《湖北宜城曹家楼新石器时代遗址》,《考古学报》1988 年第 1 期。

影响和推动了长江中游地区古代文化的发展,这是仰韶时代在汉江流域文化发展上的反映。

在中原文化的影响下,长江中游地区的本地文化开始迅猛上升,尤其是汉东地区的油子岭文化异军突起,获得迅猛发展。[①] 油子岭文化发展为屈家岭文化后,长江中游地区进入文化发展的第一次高峰,屈家岭文化使长江中游地区实现了空前的文化统一,势力得到极大的扩展。而此时北方地区的仰韶文化恰好结束了庙底沟期的辉煌,转入了长时期的内部调整,显得较为消沉。因此屈家岭文化不仅一统长江中游地区,更大举向北发展,从汉江下游地区一路北上,占有了原属仰韶文化的汉水中游地区(南阳盆地和襄宜地区),其文化影响越过伏牛、熊耳、方城诸山脉,直抵豫中地区,极限影响到达黄河沿岸[②],与中原文化产生了更为密切的互动。

进入龙山时代,中原地区经过大规模的重组后形成了中原龙山时期文化,中原文化进入强盛阶段。石家河文化晚期,中原文化南下,以中原文化为主体、融合部分石家河文化因素形成了后石家河文化。[③] 自后石家河文化起,江汉地区的文化结构发生了根本性的变化:不再是独立的区域主体和文化主体、政治主体,而是作为中原文化的边缘组成部分而存在,此后汉江流域的文化发展是在与中原文化中心的互动模式下演进的。

夏、商、西周三代,中原王朝大举南下,尤其商人在江汉之会建立盘龙城,以此为据点控制长江中游广大地区,将商文化传播到南方。周人兴起后亦大力南下,"周人自太王居岐以后,即以经营南土为其一贯之国策"[④]。周人在南方封建诸侯形成了周朝的"南土",而周之南土大

---

① 参见孟华平:《长江中游史前文化结构》,长江文艺出版社 1997 年版,第 213—218 页。

② 参见张绪球:《长江中游新石器时代文化概论》,湖北科学技术出版社 1992 年版,第 181 页。

③ 参见王劲:《后石家河文化定名的思考》,《江汉考古》2007 年第 1 期。

④ 参见徐中舒:《殷周之际史迹之检讨》,载《徐中舒历史论文选辑》,中华书局 1998 年版,第 688 页。

部在汉江中游地区,南下的南土诸侯将周文化传布于江汉。这些南下的中原势力与荆楚地区原有的土著族群结合,将南下的中原文化与江汉地区原有的文化传统融合起来,形成了一支富有特色的地方文化,这支文化因与楚文化有渊源关系,又被称为早期楚文化。①

东周时期,楚国在江汉地区兴起,在周文化体系内获得了巨大的发展。楚国和楚文化的高度发展,是在与中原诸侯的紧密互动中完成的。楚国的发展使得原本的蛮夷之邦跻身成为中原列强,并将原来的华夏边缘文化发展成为华夏主流文化之一。

因此,从新石器时代起,汉江流域尤其是汉江中游地区就是南北文化激烈碰撞之地,北方文化南下推动了南方文化的发展,南方文化北上亦对北方产生了影响,汉江文化亦在这种交流与碰撞中,激荡出文明的火花,最终发展出了耀眼夺目的楚文化。

二、兼收并融的文化发展

汉江流域由于位居中国的东部与西部、南方与北方的交通枢纽之地,在黄河中下游与长江流域之间起到了沟通东西南北的作用,与文化中心区和重要文化区均有密切的联系,黄河流域各区域和长江流域各区域及更远的文化因素都在这里交融,这使得汉江流域的文化发展显示出兼融并包的特征。

新石器时代晚期,屈家岭文化崛起于汉江下游,是在充分吸收了黄河流域和长江下游地区文化后兴起的,并且在发展过程中将南北东西的各种文化因素融为一体,形成统一的屈家岭文化和石家河文化。夏商时期,南下江汉的中原夏商文化在汉东地区将北方标志性的鬲与南方传统的鼎融为一体,形成了鬲与鼎结合的最初形态,因具为似鼎非鼎似鬲又非鬲的特点,故称为鼎式鬲或鬲式鼎,此为楚式鬲的最初形态。② 不仅如此,盘龙城文化虽然总体面貌属于中原夏商文化,但其中

---

① 参见尹弘兵:《早期楚文化初析》,《江汉考古》2011 年第 3 期。
② 参见尹弘兵:《早期楚文化初析》,《江汉考古》2011 年第 3 期。

包含较强的江汉地区土著因素,如陶系中红陶比例较大,红陶大口缸较多见等,尤其是在盘龙城文化中出现了一批红陶器,虽与商文化中的同类器相似,但在陶质、陶色及局部器形上又有一定差异性,与典型商文化中的灰陶器不同,是当地土著在中原文化影响下产生的一种新因素,"这批器物本身就体现了两种文化因素"。① 此外,在盘龙城文化中,还有来自长江下游的湖熟文化和江西吴城文化因素。② 商文化退潮后,这一类文化因素又在汉水中游北部的汉丹地区与南下的周文化结合起来,西周中晚期时向东南扩展,春秋早期发展到襄宜平原和沮漳河流域,逐渐发展成为东周时期的楚文化系统。③

东周时期,楚国兴起后,楚人大力吸收中原文化,整合周代南土诸侯、江汉土著民族、江南百越民族的文化,吸收淮河流域东夷诸侯和族群的文化、上游巴蜀和下游吴越文化,兼收并蓄、融会贯通,发展出了独具一格、高度发达的楚文化。楚国和楚文化的高度发展,还将长江中下游地区和淮河流域各种来源不同、面貌各异、文化差异很大的族群整合成为统一的楚国、楚民族和楚文化。

三、多元族群的融合发展

长江中游地区从远古时代起,居民组成就极为复杂,居民的复杂性带来文化上的多元性。

"三苗"为长江中游地区的远古居民,在中国古籍中,"三""九"等数字,常用来泛指多数,三苗之"三",当是极言其多,以示族类纷繁,部落众多,因此三苗当是由众多民族组成的一个部落联盟的总称。④ 在屈家岭文化兴起之前,长江中游地区至少存在四个不同的考古学文化

---

① 参见高崇文:《从夏商时期江汉两大文化因素的源流谈楚文化起源》,载楚文化研究会编:《楚文化研究论集》第三集,湖北人民出版社1994年版,第24—35页。

② 参见湖北省文物考古研究所:《盘龙城——一九六三年——一九九四年考古发掘报告》,文物出版社2001年版。

③ 参见高崇文、何晓琳:《试论"过风楼类型"考古学文化》,《江汉考古》2011年第1期。

④ 参见吴永章:《湖北民族史》,华中理工大学出版社1990年版,第10页。

系统,各有不同的来源与独立的地理背景,代表着不同的族群。屈家岭文化在汉东地区兴起后,将长江中游地区的诸考古学文化整合成为涵盖整个长江中游地区的考古学文化体系。如果这一考古学文化反映的是一个大型族团的话,其内部组成当不是单一的,而是多个来源不同的族群在强势的屈家岭文化下形成的统一体,因此三苗之"三",或是泛言其多,其内部组成颇为复杂之故。

夏商两代,南下的中原人群与江汉土著杂居,同时荆楚地区也受到长江下游和中游地区的文化影响,形成了多元且复杂的文化格局。西周时期,江汉地区更是族类繁多,既有与周王室关系密切的周之同姓与姻亲诸侯,也有关系较为疏远的楚、邓、谷等周异姓诸侯,还有无周室封爵的江汉小国及百濮、楚蛮、杨越等南方土著族群,多元的族群构成带来了文化的多元性。

东周时期,虽然形成了统一的楚文化,但楚文化中亦包含了巴、越、秦等文化因素,楚文化虽然具有主体性,但本身亦具有多元性。战国末期,秦拔郢、置南郡,秦文化进入鄂西楚核心区,同时鄂东及湖南地区仍在楚国的统治下,加上长江以南百越族群原有的文化,荆楚地区形成了秦、楚、越三种文化共存发展的多元格局。

四、先秦时期汉江文化发展的阶段性

新石器时代早、中期,汉江流域新石器文化处在稳定发展的时期,这一时期汉江中、上游是属于北方文化系统,汉江下游地区的文化比之同时代的北方文化是明显逊色的。到新石器时代晚期时,从汉江下游地区兴起的屈家岭文化高度发展,一统长江中游地区,并一路北上占有了整个汉江中游地区,从而形成了汉江文化的第一个高峰。石家河文化时期虽然在北部有所退缩,退到了南阳盆地南部,但仍然维持了屈家岭时期的强盛局面,更为重要的是石家河文化在社会复杂化方面有长足的发展,出现了规模巨大的石家河古城,高度发达的宗教祭祀,较细致的社会分工,较发达的社会分层,从各方面看都已进入了国家文明的门槛,是中华文明探源研究的重要对象。总之,屈家岭—石家河时代,

是先秦时期汉江文化发展的第一个高峰。

春秋时期,楚国在汉水中游地区兴起,迅速强大起来的楚国一统江汉地区,并北上占据南阳盆地,东进颍汝及淮河上游,对中原诸侯构成巨大威胁。楚国以江汉地区为根据地,以南阳盆地和淮汝地区为北方据点,与齐、晋等中原大国争霸,晋楚争霸成为春秋史的主轴。在政治上强大的同时,楚国在文化上也取得了重大进展,发展出了独具特色、高度发达的楚文化,并随着楚国的开疆拓土,广布于整个长江中下游地区和淮河流域,由此形成了汉江文化的第二个发展高峰。

第一章

汉江自然地理

　　人类都是生活在地球表面的,因此要受到地理环境的制约,人类文明演进和历史发展、社会变迁都是在具体的地理环境中进行的,地理环境就必然会对人类文明和人类社会产生某种特殊的影响。汉江文化是在汉江流域的特定地理环境下产生并发展、演进的,因此在研究汉江文化、探讨其演进历程之前,我们首先要对汉江流域的自然地理环境有一个较全面的认识。

第一节　流域概况

　　汉江又称汉水,古称沔水,襄阳以下又称"襄河",下游与夏水汇合后又称夏水,古代与长江、黄河、淮河一道并称"江、河、淮、汉"。汉江为长江中下游最大支流,也是长江最长的支流,发源于秦岭南麓,干流流经陕西、湖北两省,在湖北汉口汇入长江,全长 1577 千米。①

一、流域划分

　　丹江口以上为上游,长约 925 千米,干流呈东西走向,穿越于秦岭、大巴山之间,河道比降大,上游段山地河流发育,北岸支流发源于秦岭南坡,自西向东大的支流有沮水、褒河、湑水河、子午河、旬河、金钱河及丹江等;南岸支流源于大巴山北坡,主要支流有玉带河、牧马河、任河、

---

① 参见湖北省社会科学院、湖北省环境科学研究院、武汉理工大学:《南水北调工程对汉江中下游生态环境影响及生态补偿政策研究》,2010 年 10 月(内部版),第 20 页。

岚河、堵河等。

丹江口至钟祥皇庄为中游,长约 270 千米,河床宽浅,水流散乱,冲淤多变,河心滩众多。洪水时汪洋一片,枯水时河滩密布,属游荡型河道。枯水期河宽 300—400 米,洪水期河宽达 2—3 千米,最宽处达 5—6 千米,局部河段两岸筑有堤防。自丹江口水库建成后,河床主槽渐趋稳定。汉江中游大的支流有源自南阳盆地的唐白河、流经谷城境内的南河和流经宜城的蛮河等。

钟祥皇庄以下至汉口,为下游河段。自此以下,汉江进入江汉平原,长约 382 千米,属平原蜿蜒型河道。汉江下游古为洪泛区,晚更新世前一直没有固定河道,处于漫流状态,河道形成后也经常发生变迁,入长江的河口地点也时常变换。江汉之间湖泊众多,构成古代著名的"云梦"及"云梦泽"的主体部分。

二、流域地势

汉江流域面积在府河改道前为 17.4 平方千米,约占长江流域总面积的 9.2%,府河改道后为 15.9 万平方千米。流域位置在东经 106°12′—114°14′、北纬 38°08′—34°11′之间,处于北温带的南半部,包括陕西省南、河南省西南部、湖北省北部和中部及四川省东北的一小部分。北以秦岭及外方山与黄河流域为界,东北以伏牛山、桐柏山与淮河流域为界,西以大巴山、荆山与嘉陵江、沮漳河为邻,东南为江汉平原,与长江干流无明显天然分界,主要流经今陕西、河南、湖北等省境的 76 个县和 3 个市。[①]

整个流域地势大体上是西北高、东南低,地貌结构复杂,山脉河流均作东西和西北—东南走向。地貌上可分为三个地带:丹江口以上的上游地区,以高大的山体为主,有局部平坝和丘陵地貌,地势较为高峻,山岭高度海拔一般都在 1000 米以上,个别山峰海拔在 4000 米以上,如

① 参见中国科学院地理研究所、水利部长江水利委员会:《汉江流域地理调查报告》,科学出版社 1957 年版,第 2 页;鲁西奇:《区域历史地理研究:对象与方法——汉水流域的个案考察》,广西人民出版社 2000 年版,第 33 页。

太白山海拔高达4113米,是汉江流域的第一高峰;丹江口至钟祥的中游地区,以受到强烈沟蚀作用而坡面破碎的低山、丘岗最为突出,在唐白河平原和襄宜平原上也常有孤立的残余蚀丘存在;而钟祥以下地区,则以泛滥冲积平原为特色。其地势高低分布情况大致是:海拔50米以下的平原占流域总面积的9.86%;50—250米的丘陵占26.99%;250—500米的低山占12.48%;500—1000米的中山占22.07%;1000米以上的高山占28.60%。总体而言,从上游到下游,汉江流域在地势上呈三级阶梯。在横切河谷的方向上,以汉江为轴线,其地势向两侧增高,表现出河床→谷底平地(河漫滩阶地)→阶地与岗地→丘陵→山地五个层次。

三、流域气候

在气候上,汉江流域属于北亚热带季风区,是暖温带和亚热带的过渡地区,除去高山地区外,北亚热带季风气候区占全流域53%以上,具有明显的亚热带季风气候的特性。由于高大的秦岭及伏牛山脉的阻挡,既能阻挡冬季冷空气南下,又能使夏季东南暖湿空气北上,所以相对同纬度地区来说,汉江流域气候更温和湿润,雨热同季。年平均气温在15℃—17℃之间。七月为一年中最热的月份。汉江流域各地七月平均温度在22℃、34℃左右,绝对最高气温可达43℃以上,襄阳站1950—1970年七月平均气温为28.1℃,绝对最高气温为40.9℃。竹山站1955—1970年七月平均气温为28.1℃,绝对最高气温为43.4℃。一月为一年中最冷的月份。汉江流域各地一月平均气温在10℃—2℃,当北方猛烈寒潮侵入时,绝对最低气温有时可达-14℃,个别地区可达到-20℃。光化站1960—1970年一月平均气温为1.8℃,绝对最低气温为-15.7℃;洪山站1957—1970年一月平均气温为1.8℃,绝对最低气温为-21.0℃。

秦岭山区和大巴山区的气候则具有明显垂直地带性分异,随海拔高度的变化而有规律发生变化,由低海拔的亚热带气候到高海拔的温带气候。大致而言,秦岭南坡北亚热带与温带的界线在800米左右,大巴山区北坡的界限在 700 米左右,而伏牛山地区的界线在 500 米左右。

汉江流域降水较为丰沛。各地年平均降雨量都在 600 毫米—1300 毫米之间。降水集中于下半年,占全年降水量 70% 以上。其中 6、7、8 三个月尤为突出,降水量约占年总量的 40%—50%。从 10 月起至翌年 3 月,全流域降水量显著减少。降水年变率和月变率很大,各地降水年变率在 20% 以上,而降水月变率比年变率大得多,多雨月的月变率一般都在 100% 以上。降水年变率和月变率大,显示降水量之过分集中在某年和某月内,因而造成水灾的可能性就大。6、7、8 三个月为汉江流域暴雨集中的时间,一次暴雨量常可达 150 毫米—200 毫米,最多时可达 300 毫米以上。流域内各地暴雨强度也不一样,兹就流域内各地已有的每年最大日降水量资料,统计其强度等级出现频率的百分数,日暴雨量为 50 毫米—100 毫米出现的机会最多,频率百分数一般在 50% 左右,最大者达 73%(黄龙滩站),日暴雨量为 200 毫米以上的出现机会最少,频率百分数在 4% 以下。

平均相对湿度,除高山地区外,颇为一致,平均相对湿度在 70%—80% 左右。流域年蒸发量 1000 毫米—1400 毫米,月最大蒸发量约为 300 毫米,最小仅有 10 毫米。

由于雨量的年变率和月变率很大,所以汉江流域经常出现雨量不均的情况,旱涝现象比较频繁。①

第二节　汉江水系

汉江支流众多,较大的支流据统计有 20 余条,其中流域面积超过 6000 平方千米的较大支流有:任河、堵河、南河、洵河、甲河、丹江、唐白河和涢水等,1000—5000 平方千米的有褒河、湑水河、酉水河、子午河、池河、天河、月河、玉带河、岚河、牧马河及蛮河等。流向受到地质构造

① 资料主要采自中国科学院地理研究所、水利部长江水利委员会:《汉江流域地理调查报告》,科学出版社 1957 年版;邓兆仁:《汉江流域水文地理》,《华中师院学报》1981 年第 4 期。

和地貌的影响,在丹江口以上大致为东西方向,丹江口以下则改为西北—东南方向。整个水系似叶脉状,中央部分比较膨大,呈不对称分布,右岸小而左岸大。右岸流域面积62247平方千米,占全流域面积的35.77%,左岸流域面积111753平方千米,占全流域面积64.23%,流域的不对称系数为0.57。

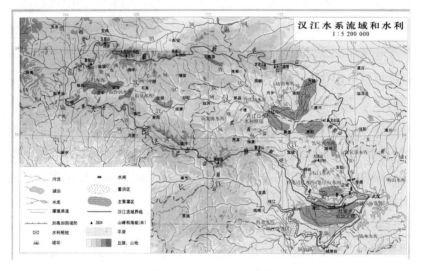

图1　汉江流域水系图①

　　汉江的河水补给主要来自雨水,径流变化与降水年内变化基本一致,洪水全系暴雨形成。因此,汉江流域的水文现象与自然条件有着非常密切的关系,尤以降水的影响为最大。按照汉江流域内的自然地理条件及其水文地理特性,可将汉江流域划分为三个水文地理区(图1)。

一、汉江上游区

　　湖北均县丹江口以上属于汉江上游区,集水面积约9.74平方千米,约占流域总面积的56%。本区全属山地和丘陵,地势陡峻,河谷狭窄,峡谷险滩多。支流多,河床坡度大,水流湍急,河床较稳定。上游中

――――――――――

① 图片采自刘光明主编:《中国自然地理图集》,中国地图出版社2010年版,第147页。

源漾水,南源南河和北源沮水合流后自武侯镇进入汉中盆地。其间汇入汉江的支流,北岸各支流均为秦岭南坡的顺向河,河谷90%以上在山区,均为峡谷,南岸大巴山北坡各支流比较短促,南北支流均是由山区骤然入平地。汉水从洋县到郧县的河谷基本上为一大峡谷,沿河阶地很不发育,在洋县东南部金水、桑溪至黄金镇之间的黄金峡内,仅金水、酉水河等支流与汉江会口处有高约30—40米的阶地,为黄金峡内唯一平地,安康附近阶地则比较发育,其间两岸支流有酉水、金水、子午河、牧马河、饶峰河、吉河、月河、黄洋河、甲河、洵河、蜀河、天河、白石河等。

堵河为汉江第三大支流,分为两源:南源出自湖北神农架东北麓,北流(称官渡河)至湖北竹山县两河口汇入西源;西源出自大巴山东南麓,南流(称为平溪河)过镇坪县(称为南江)入湖北竹溪县(称为汇湾河),与南源相汇,始称堵河。全长约230千米,流域面积1.1平方千米,经今湖北竹山、房县、十堰市,至郧县西流镇入汉水。堵河沿岸除黄龙滩、竹山、竹溪等城镇附近河谷较宽外,其余均系峡谷性质,两岸山峰高出河床150—200米。堵河干流横截均房背斜层之西端,与地质构造不符合,堵河上游背斜层以南水系原是南河的上游,后因堵河向源侵蚀袭夺南河上游为己有,成为今天的堵河水系。

汉水经郧县后又汇丹江。

丹江发源于秦岭山脉今陕西蓝田县与商县分水岭西南侧,与渭水支流灞河同源而背流。全长390千米,为汉江最长支流,流域面积1.73公里,占汉江流域总面积的约10%。东南经陕西商县、丹凤、山阳、商南,河南淅川、内乡等县,于湖北丹江口市注入汉水,其间有武关河、淇河、浙河、滔河等支流汇入。丹江流域在地貌上为沿江峡谷与平地相间,从丹江口到秦岭依次为江口峡谷、李官桥盆地、关防滩峡谷、淅川紫荆关盆地、湘河街峡谷、竹林关普峪河宽谷、流岭峡谷、丹凤——商县盆地,最后为秦岭峡谷,构成了连接河、渭与江、汉之间的通道,沿丹江河谷上溯越过秦岭可到关中,向东北越过伏牛山可达伊洛地区,顺江南下入汉水则可直抵江汉平原。

二、汉江中游区

汉江从丹江口以下即进入中游平原,在接纳了丹江之后流量大增。在丹江口与钟祥间的汉江干流河谷及其两岸大小支流流域,均属于汉江中游区,集水面积约 44600 平方千米,占流域总面积的 25%。区域内的地貌基本上是低缓丘陵地与沿河平原交错,平原的边缘连接着岗地,岗地的尽头才是丘陵或山地。由于山地远离河岸,河谷地貌发育,河床大为拓宽,流速减小,上游携来的泥沙开始大量沉积,形成很多的沙洲、砂滩和卵石滩,河床较不稳定。支流较少,而且河流含沙量大。

河流流向从东西方向转变为西北至东南。这一段河床宽广多变化,河中多沙滩,汉江进入平原以后流速骤缓,河中停积泥沙很多,洪水时期河床冲刷很烈。河槽在低水时期宽 300—400 米,最大洪水时期最宽地区扩展至 8—10 千米,洪水泛滥于全部平原地区,直达两地岗地边缘。沿河两岸自然堤逐渐加高,平原部分离河越远地势越低,至岗边为最低,造成河谷地貌倒置。支流以唐白河最大,其次为蛮河。

唐白河流域位于东经 111°39′—113°49′、北纬 31°49′—33°40′,流经河南、湖北两省。其河源分为两支,均发源于河南省伏牛山南麓:一支为白河,为主支,发源于河南嵩县伏牛山玉皇顶南麓黄石垭,向东经南召、南阳、新野等县市,于湖北省襄阳市双沟镇两河口汇另一支唐河。唐河(又名泌河)发源于河南方城县北七峰山,经方城、唐河、新野等县,至湖北省襄樊设点两河口汇白水,两河相汇后称为唐白河,向南至襄樊张家湾注入汉水。全长 312 千米(唐白河口至白河源),整个水系略成扇面状,干支流在山地的里程很短,白河自黑山头以上仅 90 余千米,唐河自金店以上仅 30 余千米。唐白河干支流入平原以后,河曲发育,并有局部改道现象,如新野以东有老白河,为东汉以前白河正流。唐白河下游以前纳清河以后在现在的清河口流入汉江,后因改道淤塞,始改道南流至张家湾入汉江,清河单独入汉江。唐白河流域是沟通中原和汉水中游襄阳平原的通道,从洛阳经临汝、鲁山,沿南阳盆地鲁阳关水(唐宋时称为三鸦河,清代后称为瀼河)入沙河,再沿伏牛山南麓之鲁阳关水(明清称鸦河,今名口子河)入白河,顺流南下则达南阳,东南可经随枣走廊南下达汉东,西南则可越汉水中游襄宜平原。汉水中游以西的重要支流还有南河、北河、蛮河等。

南河,河源有两支:南支为正源,发源于湖北神农架,纳关门河、苦水河在阳日湾相汇为粉青河,于雷公滩入湖北保康县境;北支为源自武当山南麓的马栏河,经湖北房县、保康县与粉青河相汇,始称南河。南河向东汇清溪河,北折入湖北谷城县境黄家洲注入汉水。

蛮河,发源于湖北保康县境荆山北麓,至陈家湾入南漳县境,自西向东经长坪、南漳城关、武镇、界牌头等地,穿宜城西南,在钟祥五家营注入汉水。蛮河为山溪性河流,主要支流有司空河、白峪河、白洛河、便河、清凉河、骡马洞河、冷水河、星宿河、八都河、黑河等,河水主要受降雨补给。

三、汉江下游区

钟祥以下的汉江干流两岸及其支流,属于汉江下游区,集水面积约为 32000 平方千米,占流域总面积的 19%。本区地貌属于河湖交错的近代冲积平原,平原呈带状,与河道平行。汉江进入本区后,河床逐渐变窄,至汉口附近,仅宽 100 米左右。水势收束以后,水深和流速显著增加,沙洲大量减少。汉江下游是全流域降水最多的地区,年降水量在 1300 毫米左右,汛期汉江水涨,下游受到长江来水顶托,洪水难以宣泄,易形成洪灾。

汉江河道的特点是较为弯曲,古有"曲莫如汉"之称。上游弯曲系数为 1.64,中游为 1.24,下游为 2.09。河床总落差约为 1850 米,主要集中在上游河段,落差达 1780 米,占全河总落差的 96%,全河的平均比降为 0.003,上游最大值达 0.01,下游最小值则为 0.008。[①]

干流自荆门沙洋以下南岸无支流加入,北岸主要支流为汉北河。

---

① 参见邓兆仁:《汉江流域水文地理》,《华中师院学报》1981 年第 4 期。

汉北河是 1969—1970 年经人工整治而成的新河。该河上游经天门万家台与天门河相接,然后东流至武汉辛安渡,在此分两支:一支从新沟闸入汉江;另一支从东山头闸入府河(府河和滠河合流后称为府滠河),入长江。汉北河上游支流有季河、东河等,下游有大富水、滠水等。在潜江泽口,有汉江的两大分流——东荆河和通顺河,汛期这两大河可分泄汉江部分洪水。滠水又名府河,为汉水东部最大支流,有数百条支流,形成一个相对独立的水系,历史上是江汉地区东部沟通中原的重要交通线路。

汉江下游河谷很宽广,东至汉口,西至沙市,相距约 200 千米,沿江两岸海拔 35 米以下为广大平原与众多的湖沼,35—50 米为河阶地、岗地与丘陵。汉江、东荆河、长江等大河沿岸的地势一般都比较高,各河之间往往形成洼地,为积水所汇集的洼地湖泊带。例如汉江左岸,干流与北方岗地之间为天门河汈汊湖洼地带。汉江右岸与东荆河之间为通顺河排湖洼地带,东荆河与长江之间则为内荆河(中襄河)洪湖洼地带,这些洼地带大致均为东偏南方向。在平原与阶地毗连的地方地势亦很低,常有湖泊散布其间,成为岗地边洼地湖泊带,如钟祥笪家湖,天门白湖,孝感童家湖、野猪湖等。

第三节 地貌环境

汉江流域地处我国地势第二阶梯向第三阶梯之间,因而全区地貌具有明显的过渡性特点。地势起伏大,地貌类型多样,平原、岗地、丘陵、山地、湖沼均有一定比例。细而论之,汉江流域的地貌可分为平原、丘陵、中等山地、高山深谷、盆地五大类型。

平原又分三种:汉中平原、襄宜平原为近代河流冲积平原,唐白河平原则主要为第四纪沉积所造成的平原,汉江下游则是湖沼平原。丘陵主要分布在中游,海拔 50—200 米,形态上可分四种:因强烈侵蚀作用而坡面破碎的丘陵;侵蚀不明显的浑圆状丘陵;微度喀斯特化的石灰岩丘陵;孤立在平原上的残余蚀丘。中等山地海拔 200—600 米,分为三种:分割破碎的石灰岩山地(大洪山),割切较深、山顶浑圆状的变质岩系中等山地(丹江口至白河间汉江左岸);侵蚀不明显的花岗岩与变质岩系中等山地(桐柏山)。高山深谷海拔在 600 米以上,分三种类型:褶皱紧密、山体庞大、横谷发育的变质岩——花岗岩山地;曾受第四纪冰川作用(秦岭)、沟谷深切、主要受断层影响的块状变质岩山地(武当山);褶皱紧密、多悬崖峭壁的石灰岩山地,局部曾受第四纪冰川作用(大巴山)。盆地的海拔变化很大,500—1500 米间均有,主要为第三纪红色岩系所沉积的盆地,其次为下陷地区或因岩层柔软而受侵蚀而形成的盆地,各盆地均为山地的富庶地区。

流域绝大部分为山地,据 20 世纪 50 年代调查,山地面积 123000 平方千米,占全流域总面积(174000 平方千米)70%;丘陵面积 22000 平方千米,占 13%;平原面积 27000 平方千米(含部分红色岩系构成的盆地),占 16%;湖泊面积 2000 平方千米,占 1%。山地主要分布在老河口以上,主要平原在钟祥以下,老河口与钟祥之间为丘陵地区。

全流域的海拔高度差异很大,上游的秦岭最高峰太白峰海拔 4100 余米,一般山峰平均高度约 2500 余米,大巴山最高峰海拔 2500 余米,一般山峰平均高度约 1500 余米。而下游平原海拔高度在 35 米以下。可见上游地势相差之巨。[1]

综合来看,地貌形态上汉江流域明显分三个区域:上游以山区和河谷盆地为主;中游为盆地形态的平原、岗地、丘陵,平原为近代冲积和地质沉积而成;下游则是典型的湖沼泛滥平原。

一、汉江上游山区与盆地

汉水上游山区多高山,主要有东西走向的秦岭、大巴山和西北—东南走向的荆山,山脉以褶皱为主,岩层挤压很紧密,并有角度大的逆掩断层,秦岭和大巴山尤甚,其共同特色是"山大而谷小",整个山地只有

---

[1] 参见中国科学院地理研究所、水利部长江水利委员会:《汉江流域地理调查报告》,科学出版社 1957 年版,第 20—23 页。

红色岩系分布的盆地和地堑比较宽广,一般的山谷都很狭窄,平地尤属罕见。

秦岭和巴山东西延绵 600—700 千米,南北宽 200—400 千米,山区内东西向的纵谷很小、很窄,次成河很不发育,致使上游山区东西之间的交通只能依靠汉江河谷,其他地区的东西交通则很困难。但南北向的横谷却较为发育,褒水、湑水、洵河和丹江均为秦岭的横谷,为汉中与关中和巴蜀地区的交通要道。

汉江上游河道穿行在秦岭和巴山两条大山脉之间,两山之间形成了汉中和安康两块盆地。汉中盆地在构造上为地堑,与北面的秦岭和南面的大巴山在接触处均有大断层。汉江在盆地内长百余公里,河槽几乎全在冲积层,河泓变化无常,河面宽广,河水浅,冬春之际可徒徙。河槽内沙滩栉比,从褒河口至湑河口之间汉江河槽上沙洲与沙滩的面积占河槽总面积的 40%。河谷两岸阶地较为发育,10 米以下的第一级阶地为河漫滩(泛滥平原),10—15 米为第二级阶地,系河流冲积层,夹有次生黄土及砾石,地表已受微弱切割。洋县至郧县深切峡谷内阶地仅见于支流入口处,其第一、二级阶地高出河床 10—15 米和 25 米左右,以砂土和卵石为主,均系冲积阶地。石泉、安康、郧县和均县四个小盆地均系第三纪红色岩系沉积而成的盆地,阶地也很发育。安康附近河谷内第一级阶地(河漫滩)高出河床 10 米,灰黄色泥沙夹少许砾石。安康老城建于泛滥平原的河堤上,常有水灾,如遇汉水及其支流同时涨水,则水灾更为严重。[①]

在全新世大暖期时,汉水上游峡谷河道进一步下切,汉中平原的汉江则频繁泛滥,河道流徙摆移不定,但幅度不大,安康小盆地内也常发生洪水,但因受地质条件约束,河道不能摆动。

二、汉江中游盆地

汉江中游盆地以平原、岗地和丘陵地貌为主,又可分为三个地理单

---

① 参见中国科学院地理研究所、水利部长江水利委员会:《汉江流域地理调查报告》,科学出版社 1957 年版,第 20—27 页。

元:南阳盆地、襄宜平原和随枣走廊。

南阳盆地由唐白河平原和丹江中下游河谷平原组成。唐白河平原是第四纪冲积层所造成的平原,在晚冰期受到强烈沟蚀和切割,地表较为破碎。进入全新世,河流下切仍在继续,山前洪冲积平原也继续发育,而河谷地带则有冲积与洪泛平原的发育。① 在唐白河下游,由全新统组成的泛滥阶地和河漫滩相当宽阔,宽处达几千米甚至十多千米,两岸系沙壤土,地层疏松,河床多滩,加上唐白河受地形约束呈扇形水系,易致使地表径流骤发骤损,洪枯水量相差达几十倍,河床纵比降小,河水经常泛滥,形成宽阔的泛滥平原。唐白河下游河道也有频繁的游移摆动,并有局部改道现象。② 南阳盆地地理条件较优越,适宜农业发展,是汉江流域较早得到开发的地区。

襄宜平原上至丹江口,下至碾盘山,主要为汉江沿岸平原和岗丘地带。襄宜平原北部与南阳盆地之间仅隔一片相对高度约 90 米的低岗,无明显的分界线,故在地貌上两者可合一,气候亦相近,故地理上又称为南襄盆地。汉江从丹江口以下进入中游平原,河床宽广多变化,河中多沙滩。汉江进入平原后,流速骤缓,泥沙停积甚多,此种彼淤,变化很大,形成许多沙洲与沙滩,而这些洲滩消涨变化频繁,成为游荡分岔形河段。在 20 世纪前期,本段河槽在最大洪水期宽达 8—10 千米,洪水泛滥于全部平原地区直达两边岗地边缘,唐白河下游平原亦完全被淹没。同时,由于洪水泛滥,沿河自然堤逐渐加高,结果平原部分离河愈远则地势愈低,至岗边为最低,造成河谷地貌的倒置,当地居民称之为"高莫高于河沿,低莫低于山边"③。

随枣走廊介于大洪山与桐柏山之间,在涢水和滚河地区有较为宽广的平原,但全区以岗地和丘陵分布最广,与南阳盆地之间亦无明显的

---

① 参见南阳地区地方史志编纂委员会:《南阳地区志》上册,第 2 卷,"自然地理",河南人民出版社 1994 年版。

② 参见中国科学院地理研究所、水利部长江水利委员会:《汉江流域地理调查报告》,科学出版社 1957 年版,第 30—31 页。

③ 中国科学院地理研究所、水利部长江水利委员会:《汉江流域地理调查报告》,科学出版社 1957 年版,第 27 页。

21

分水岭,故在地貌上亦可划入汉江中游盆地。不过涢水流域降雨量较大,气候较南襄盆地湿润,因此水稻种植较盛。

汉江中游盆地有较为宽广的平原,丘陵地带亦宜于开发,对发展农业有利,亦是汉江流域较早得到开发的地区。

汉江中上游地区的分水岭大都是雄伟高峻的大山,致使汉江与相邻流域之间的交通相当困难,在中上游2000多千米的分水线上,只有两个较大的缺口:其一为唐白河流域与淮河流域之间的方城缺口;其二为汉江中游与嘉陵江之间的烈金坝——戴家坝缺口。这两处缺口的地势都相当平坦,尤其是方城缺口,全部被黄土掩盖,两边都是黄土岗。这两个缺口提供了汉江流域与相邻水系沟通的有利条件,①在人文地理上也具有重要意义。

三、江汉平原

汉江下游地区为江汉平原的一部分,以港汊纵横、湖泊罗列为最大特色,是典型的湖沼地貌。有较宽广的平原,平原呈带状,与河道平行,河道之间的洼地形成湖泊带。此带状地貌成因于汉江的泛滥。汉江从钟祥以下进入下游,在钟祥旧口以下形成天门河与沙洋——通顺河——仙桃两支分流,而荆江也以沙市为顶点分流。② 由于汉江和荆江分岔河道的发育,每至洪水期,洪水越过自然堤,呈漫流状态,枯水期则形成一系列大大小小的壅塞湖和河间洼地湖。据对江汉平原湖泊成因和地质钻孔资料的分析表明,这一地区的第四纪地层是河流相沉积旋回的多次重复,说明江汉平原在第四纪时为河湖交错的地貌景观,因而江汉平原的发育过程是一典型的泛滥平原。也就是说,在第四纪的很长时间内,汉江下游河道非常不稳定,曾有多次迁徙。③ 据调查,从

---

① 参见中国科学院地理研究所、水利部长江水利委员会:《汉江流域地理调查报告》,科学出版社1957年版,第65—67页。

② 参见阎国年:《长江中游湖盆扇三角洲的形成与演变及地貌的再现与模拟》,测绘出版社1991年版,第182页。

③ 参见蔡述明等:《跨江南北的古云梦泽说是不能成立的》,《海洋与湖沼》1982年第13卷第2期。

钟祥以下,东至汉口,西迄沙市,南到长江,都是汉江泥沙堆积的地区。这表明在沿江堤防修筑之前,汉江下游河道常常变迁。① 而长江荆江河道也非常不稳定,可见汉江下游地区在洪水期必为一片汪洋,汉江下游与荆江两岸洪水漫流、河湖泛滥,而在枯水期则为河湖交错的地理景观。直到明末清初时,汉江下游在洪水期犹是"一望弥漫,无复涯际。汉水经流其间,重湖浩淼,经流支川,不可辨也。"②

第四节　植被状况

汉江流域温暖多雨,植物极易生长,种类繁多,除温带植物外,兼有副热带植物,以上游保存较佳,主要乔木有栎树、油松、冷杉、云杉、桦树、杜仲等。山地植物的分布,因地貌、气候而不同,大致 1000 米以下为阔叶林区,1000—2000 米为针阔混交林区,2500 米以上为针叶林区(主要为落叶松)。区域内植被状况保存较好,但森林已破坏殆尽,20世纪 50 年代,森林面积约占全区的 8%,但光秃童山不多,绝大多数山地均有草皮或灌木覆盖。这些山地或丘陵原为林地,后由于开垦或破坏而成为草皮区。

从下游到上游,汉江流域的植物种类逐渐增多,植被面积逐渐扩大,耕地面积则逐渐缩小。从山地到平原,由于气候条件不同,植物分布呈带状。

从植被性质而论,汉江流域可以分为森林区、疏林草皮区、草皮耕地区、耕地区与水草及芦苇区。

一、森林区

汉江流域的森林位于秦岭及大巴山 2000 米以上的高山区,因地势

---

① 参见中国科学院地理研究所、水利部长江水利委员会:《汉江流域地理调查报告》,科学出版社 1957 年版,第 27—30 页。

② (清)顾祖禹:《读史方舆纪要》卷 127"川渎四'汉水'"条,贺次君、施和金点校本,中华书局 2005 年版,第 11 册,第 5443 页。

高、坡度大、土层薄,气温低,概属林地。在 2000—2500 米之间主要植物为桦树、冷杉、云杉等,较高地点多云杉。2500—3000 米之间主要植物为桦树、冷杉与杜鹃。2800 米以上有小面积之冷杉与杜鹃林。2800 米以下为桦树林,间有华山松。3200—3600 米之间以落叶松为主,落叶松下有密枝杜鹃、柳金腊梅及草类。3600—4100 米之间无乔木,仅见密枝杜鹃、矮小灌木及草类。

二、疏林草皮区

位于森林边缘,凡森林已破坏又未开垦耕种或过去耕种过的丢荒地均属之。主要植物为栎、油松、杉、槲、构等。1000 米以上药用植物较多,1000 米以下则以油桐树、花栗树、茶树、漆树等为主。此外尚有核桃、柿、橘、梨等果木。

三、草皮耕地区

主要为丘陵地,森林已基本破坏殆尽,未开垦荒地长满狼尾草、白矛、黄花、草木樨等。间有黄荆条、算盘珠等灌木。本区人烟稠密,燃料与饲料问题都很严重,植被受到严重破坏。

四、耕地区

20 世纪 50 年代,汉江流域的耕地占总面积的 20% 左右,作物以小麦、水稻、玉米、棉花为主。由于历史上盲目开荒,丢荒现象严重,在丢荒初期亦无植物覆盖,造成严重水土流失。

五、水草及芦苇区

汉江流域尤其是下游湖泊众多,20 世纪 50 年代时尚有湖泊 200 余,约占流域总面积的 1%,湖沼之中水生植物生长茂密,最为常见的水生植物有菰、芦和野莲,其次是蒲草。最常见的浮叶植物是野菱,其次是芡实、蓴菜。水中漂浮的植物常见为金鱼藻,最普通的深水植物为菹草,其次为轮叶黑藻、苦草,又次为马来眼子菜、大茨藻、小茨藻和蓖齿眼子菜。在 1 米深的湖中,挺水植物常常长满全湖,在各种深度的湖中,浮叶植物中的野菱和沉水植物中的菹草是非常多的,尤其是菹草,在每一个湖中都有,多半密生全湖,个别湖中浮叶植物中的芡实生长特别茂盛。

这些水生植物多为一年生或多年生宿生草本,冬季寒冷时大多死去,次年春暖时再发生,死去的植物体逐年存在湖底,成为腐殖质。[①]

第五节 气候变化

气候对于人类文明的起源与发展有重大的影响,特别是早期文明更是如此,时代越早,人类文明受自然环境的影响就越大。由于气候变化,地表植被的分布与土地资源的利用状况必然随之发生变化,从而影响到人类的食物结构,进而对人类的生存、生产与生活方式带来重大的影响乃至发生根本性的变革。特别是在早期文明阶段,每一次的重大气候变化,必然带来地理环境的重大变化,要适应这种变化了的地理环境,人类就必须对自己的行为进行调适。所谓调适,是指有机体在其环境方面造成的变化与环境在有机体内造成的变化之间的互动过程。由于早期文明阶段人类改造自然的能力十分低下,因此气候变迁在很大程度上制约着早期文明的发展与地理分布。因此,探讨人类文明所处的气候状况及其变化,既是复原当时人类生存环境的重要方面,也是分析人类文明演进及其与地理环境之间关系的一个重要前提。

全新世早、中期汉江流域的气候环境总的状况要比现代更为温暖湿润,但也有多次的气候波动和降温期的出现。

间国年根据湖北荆门龙泉湖钻孔岩芯的孢粉分析和年代测定结果,对末次冰期和全新世早期江汉—洞庭湖平原的气候变化作了较系统的复原:1. 距今约 10000 年以前,是冰后期的冷干期,植被是以云、冷

---

① 参见中国科学院地理研究所、水利部长江水利委员会:《汉江流域地理调查报告》,科学出版社 1957 年版,第 53—54 页。

杉和松为主的针叶林,其次为蔷薇科,此外还有少量栎、胡桃等,森林较为稀疏,树种单调,林下草本植物丰富。这种植被景观,反映了末次冰期最盛时期的年平均气温在0℃左右,降水量500毫米左右。晚冰期,植被向温带针阔混交林演替,气温逐渐升高,年平均气温在10℃左右,年降水量700毫米,仍属于干冷气候。2.距今约8200—10000年,是全新世第一暖期,植被是以栎树为主的落叶阔叶林和以青冈栎树为主的常绿阔叶树混交林,推断为中亚热带气候,年平均气温18℃左右,年降水量1300毫米,与现代相似或偏暖湿。3.距今7800—8200年,植被是以松树为主的针叶林和以栎树为主的落叶阔叶树木组成的针阔叶混交林,寒温带与温带树种(如云杉、冷杉、桦等)较多,也有极少量的亚热带树种,说明气温与降水均有所下降,推测年平均气温10℃左右,年降水量800毫米左右,属暖温带气候,是全新世第一冷期。4.距今5800—7800年,是全新世气候最宜期,植被是以栎、青冈、栗、松为主的常绿阔叶混交林、针阔叶混交林,孢粉含量与种属都达高峰,表现出水体、地被、灌丛、乔木多层次的植物景观,说明热量与水分条件比较适宜各类植物充分发展,推测年平均气温可达18℃—19℃,年降水量在1300毫米以上。5.距今约5400—5800年,植被是以松、栎、榆、桦为主的针阔叶混交林,森林植被较稀疏,说明气温有所下降,年平均气温约10℃,年降水量800毫米左右,是全新世第二个干冷期。6.距今3200—5400年,植被是含常绿阔叶树的针阔叶混交林,阔叶树中既有枥、榆、柳、栗、胡桃、桦等暖温带种属,也有青冈、栗、枫香、卫矛、漆树、木兰等亚热带种属,推测年平均气温18℃,年降水量1300毫米左右,与现代气候相似。①

贾兰坡、张振标则分析了河南淅川下王岗新石器时代遗址出土的动物群:在仰韶文化层(第5—7层,距今约5600—6900年)中发现24种动物,其中喜温动物有7种,占29.17%,其余为长江南北均可见的适应性较强的动物,占70.83%,这是喜暖动物所占比例最高的时段,说明仰韶文

---

① 参见闾国年:《长江中游湖盆扇三角洲的形成与演变及地貌的再现与模拟》,测绘出版社1991年版。

化时期是下王岗遗址最温暖的时代。在屈家岭文化（包括石家河文化）层（第4A、4B层,距今约4200—4700年左右）中,动物一共只有5种,未见喜暖的动物,而且出现了狍子,可能气候有变冷的趋势。在龙山文化层（第3层,距今约4000—4200年）中,动物种类又增加到9种,其中喜暖动物有2种,而且是现今分布在广大南方地区的动物,占22.22%;有1种较为喜冷的动物,占11.11%,其余为适应性较强的动物,占66.66%,说明气候较前一时期有所回暖。二里头文化层（第2A、2B层,距今约3700—4000年）中,动物种类增加到12种,其中喜暖动物有3种,占25%;分布较广、适应性较强的动物占75%,气候和龙山文化期接近。[1]

竺可桢先生于1972年提出5000年来中国气候变化的基本认知,他将近5000年的时间分为四个时期:考古时期（大约前3000—前1100年）、物候时期（前1100—1400年）、方志时期（1400—1900年）和仪器观测时期（1900年以来）。他认为西周早期气候较为寒冷,到春秋时期趋于温暖,此温暖期持续到两汉,三国开始后不久,气候变冷,并于4世纪前达顶点,估计年平均气温比现在低2℃—4℃,7世纪中期,气候变暖,唐代年平均气温也高于现代2℃左右,唐末以后,气候再次变冷,到12世纪初,加剧转变,直至15世纪进入小冰期,15世纪以后的500年间,17世纪特别是1650—1700年间最为寒冷,年平均气温比现在低2℃左右。[2]

此后,众多学者对竺可桢的工作进行了补充或修正。满志敏对竺可桢提出的唐代温暖期提出异议,认为中唐以后气候变冷,但存在中世纪温暖期,其时间相当于五代至元中叶。[3] 王铮、张丕远、周清波则认

---

① 参见贾兰坡、张振标:《河南淅川下王岗遗址中的动物群》,《文物》1977年第6期。1988年此文作了修改,见河南省文物研究所、长江流域规划办公室考古队河南分队编:《河南淅川下王岗》附录之四,文物出版社1989年版,第429—439页。

② 参见竺可桢:《中国近五千年来气候变迁的初步研究》,《考古学报》1972年第1期。

③ 参见满志敏:《唐代气候冷暖分期及各期气候冷暖特征的研究》,《历史地理》第8辑,上海人民出版社1990年版;《黄淮海平原北宋至元中叶气候的初步推断》,《历史地理》第11辑,上海人民出版社1993年版;《唐代中国气候特征再探讨》,见施雅风等:《中国气候与海平面变化（一）》,海洋出版社1990年版。

为:历史时期中国气候存在三次大的突变,分别位于 280 年、880 年前后和 1230—1260 年间。在细节上,证实了由于竺可桢将淮河一条支流误为淮河,故竺氏关于 243 年气候已经变冷的结论有误,关于唐代气候的认识,则基本维持了竺可桢唐代温暖期的结论。①

现在学界对于中国气候变迁的认识已大体一致,较大的争论在于是否存在唐代温暖期。鲁西奇认为,就荆楚地区而言,唐代温暖期是存在的,有大量物候资料可证,唐代荆襄地区的气候大致与今三峡地区相近,年均气温比现在高出 2℃左右。②

---

① 参见张丕远、王铮、刘啸雷:《中国近 2000 年气候演变的阶段性》,《中国科学(B)辑》1994 年第 24 卷第 9 期;王铮、张丕远、周清波:《历史气候变化对中国历史发展的影响》,《地理学报》1996 年第 51 卷第 4 期。
② 参见罗运环主编:《荆楚文化》,山西教育出版社 2006 年版,第 35—36 页。

第二章

汉江人文地理

人类是生活在特定的地理环境之中的,地理环境对人类社会和人类文化具有基础性的影响,同时人类社会和人类文化又反过来影响地理环境,由此人类文明与地理环境之间就产生了复杂的互动关系,探讨这种互动并揭露其内在的本质规律,就是历史人文地理的基本内容。汉江流域的地理环境对汉江地区的人类社会和人类文化的影响及其互动关系,是一个复杂的问题,但我们可以从宏观的角度、从汉江流域的长期历史发展中抽象出某些基本的认识。

第一节 地 理 区 位

汉江地处长江、黄河两大江河之间,在地理位置上正处于我国中部,靠近秦岭—淮河这一我国最重要的自然地理分界线,处于长江和黄河两大流域之间,是我国自然地理南北差异的过渡地带和南北两大文化板块的结合部。同时汉江流域又处在我国地势的第二阶梯与第三阶梯之间,亦是东西交汇之所,东部地区和西部地区的结合部。因此,汉江流域可以说是中国自然地理的中心区域,是中国东西分界线和南北分界线交叉之所,亦是中国文化地理的枢纽地带,这种极其重要的地理位置赋予了汉江流域在中国文明中的特殊地位。

进一步分析,汉江上游属于中国的西部地区,下游则靠近中国的东部,北隔秦岭、伏牛山脉与黄河流域相邻,南隔长江与江南相望。综合而言,汉江东邻吴越,西通巴蜀,北接中原,南连江南并远通粤广,西北则连接关中,处天下之中,无论自然与人文,都连通东西南北,为历史上南北、东西文化交融和转化的轴心,是承东启西、连接南北的枢纽地带,历史上起到了联系黄河文明与长江文明的纽带作用,沟通东部地区文化与西部地区文化的桥梁作用。独特的地理位置使汉江能兼融南北、会通东西,东西南北的文化通过汉江进行交流。

同时,这种独特的地理位置又决定了汉江流域的自然环境及社会经济文化的各个方面,都具有南北交汇、东西融通的特点。在气候上,汉江流域也是中国暖温带和亚热带的过渡区域,流域内不同地理单元的水热条件差异很大,由此也带来了植被、农作物等方面在地理分布上的诸多差异。以作物种植而言,南阳盆地和秦巴山地为北方旱作农业,江汉平原和汉中——安康盆地则为南方稻作农业,襄宜平原和随枣走廊则为两种农业的过渡地带。

汉江流域特殊的地理位置,使得汉江文化具有开放性、兼容性、多样性的特点。汉江流域的社会经济文化的发展较少封闭性,而是具有明显的开放性特征。在中国的诸多地域文化中,汉江文化是较为开放性的地域文化之一。由于广泛接受了四面八方的人口、文化的影响,汉江流域的文化发展具有较明显的开放性,对外来文化具有较大的包容性,不排斥其他文化因素的影响,这又造就了汉江文化的多样性,异彩纷呈,多姿多彩。同时,这也使得汉江流域内不同地理单元的文化面貌因受不同地域文化的影响而呈现出较大的差异性,如汉江中游地区既受中原文化影响较大,风格与中原比较接近,又受到汉江下游文化的强烈影响。汉江上游地区则受巴蜀文化影响较大,与巴蜀文化的面貌较为一致;汉江下游地区则主要具有汉江流域自身的特点,同时又吸收长江下游、南方地区和中原的因素。

一、汉江流域的重要地位

由于地处天下之中,控扼四方,南北和东西交通在此会聚,汉江流域在中国历史上具有特别重要的政治与军事战略地位。传说时代,汉江流域就是北方华夏与南方苗蛮两大势力的交锋之所。在古史传说中,尧、舜、禹所领导的华夏集团与南方的三苗集团发生过大规模的战争,《史记》卷1《五帝本纪》有"三苗在江淮、荆州数为乱",《吕氏春秋》卷20《召类》有"尧战于丹水之浦,以服南蛮",舜则"窜三苗于三危""分北三苗"①,舜晚年时还曾亲驾"南征三苗",结果"道死苍梧"②,到了禹时,战争更加激烈,最后禹利用三苗出现内乱、遭逢天灾之机大举进攻,取得决定性胜利③,三苗从此灭亡,不再见于文献。冲突的地区,正好就是汉江流域,特别是汉江中游的随枣走廊、襄宜平原和南阳盆地。上述汉江中游地区在新石器时代本为北方仰韶文化系统的分布区域,但发源于汉江以东、大洪山南麓、江汉平原中北部的屈家岭文化兴起后④,不但统一了长江中游地区,更向北发展,占有了原属中原文化系统的整个汉江中游地区,在极盛时期,屈家岭文化的影响深入河南,最远达到黄河沿岸。龙山时代晚期,中原文化强盛起来,整个汉江中游乃至下游地区的文化都受到了中原文化的强烈影响,后又进一步演化成为二里头文化,中原文化占了统治地位。现在一般认为,江汉地区的屈家岭文化、石家河文化即是三苗所创造的文化遗存。由于三苗的强盛,三苗势力向北发展,占有了原属中原文化系统的汉江中游地区,于是引发了华夏与三苗的战争。因此,汉江中游地区成为华夏集团与三苗集团激烈争夺的地区,双方斗争的最终结果是以华夏集团的全面胜利而告终。

夏商时期,汉江流域东部的涢水流域成为夏商两朝在南方经营的重点区域,早在二里头时代,二里头文化就从豫东南经大悟、孝感一带传播至盘龙城,然后溯江而上至江陵荆南寺。到了商代,商人沿着二里

---

① 《尚书》卷3《舜典》,《尚书正义》,李学勤主编:《十三经注疏》北京大学标点本,北京大学出版社1999年版,第82页。

② 《淮南子》卷19《修务训》,刘文典:《淮南鸿烈集解》,中华书局1989年版,第631页。

③ 参见《墨子》卷5《非攻下》,(清)孙诒让:《墨子间诂》,中华书局2001年版,第146—147页。

④ 关于屈家岭文化的起源,主要有大溪文化起源与汉东地区起源两种说法,但近年来考古学者已趋于汉东起源说。(参见孟华平:《长江中游史前文化结构》,长江文艺出版社1997年版,第157页;张绪球:《屈家岭文化》,文物出版社2004年版,第27—35页)

头文化的足迹南下,但大大加强了经营的力度,由豫东南越过桐柏山,沿涢水、溠水、滶水南下直至盘龙城,在涢水下游靠近长江的地方建立起盘龙城作为经营南方的据点,并以盘龙城为基地,将商文化广泛传播至长江以南。①

西周时期,周人从立国之初就极为重视对南土的经营,西周初年周人曾派遣太保召公巡视南国,沿汉而下,召集汉江流域的诸侯前往周京朝见成王,周初的南土即已包括汉江中游地区,西周在南阳盆地和随枣走廊分封"汉阳诸姬"构建起周朝在南方的防线。周昭王曾大举南征,南征所走的路线,是从关中或成周出发,经南阳盆地到随枣走廊。

夏、商、周三代是青铜文明,青铜时代的一个重要问题是铜矿的来源。中国的铜矿多在江南,以鄂赣铜矿和皖南铜矿最为重要。南方的铜矿运往中原的道路,史称"金道锡行"。商周时代,盘龙城的一个重要功能可能和铜资源的运送有关,由盘龙城经涢水、溠水、滶水直通中原或经随枣走廊、南阳盆地通往成周或关中的线路是长江以南的铜矿资源运往中原王朝的一条重要通道,昭王南征或许与打通"金道"有关。

到了东周时期,楚国在汉江中游地区兴起,以此为根基,南抚蛮夷,北上中原,西进巴蜀,东征吴越,几乎一统整个长江中下游地区和淮河流域,形成东周时期的一大势力,春秋战国时期历史主轴之一。

秦汉以后,在南北分裂时期,汉江流域的地位更为重要。若南方政权据有汉江流域,不仅可以保障长江中下游核心区,更可以出击陕洛、关中,逐鹿中原;若失去汉江流域,则失去长江天险,长江中下游地区不能保全。因此,在南北分裂时期,汉江流域特别是中游的襄阳、荆门、荆州一带,必为南北争战之要地。顾祖禹《读史方舆纪要》卷75《湖广总部》论湖广形势云:"夫襄阳者,天下之腰膂也。中原有之可以并东南,东南得之亦可以图西北也。"襄阳是汉江流域的中心,由襄阳之重要可

---

① 参见张昌平:《夏商时期中原与长江中游地区的文化联系》,《华夏考古》2006年第3期。

见全流域地位之重要。除襄阳外,汉中、南阳、郧阳、随州、安陆、汉阳等汉江沿岸重要城市,也都是历代兵家必争之地。

隋唐时期,隋唐两代均定都关中,同时又以洛阳为东都,汉江流域成为隋唐王朝联系南方的重要区域,尤其是联通关中与南阳盆地的武关道成为京城通往荆汉、江淮间的重要孔道,诸多文士、官吏、商人经由此道游学取仕或赴任、经商,故武关道又有"名利路"之称,时人谓之"商山名利路,夜亦有人行"。唐中期以后,经济重心南移,加之藩镇割据,汴河航运为藩镇所阻,唐政府的财赋主要依靠东南地区,武关道成为江淮贡赋运往关中的主要通道。

在历史各时期,汉江流域一直是北方移民南下和巴蜀移民东来的重要通道。明清时期,出现了大规模的人口移动,"江西填湖广""湖广填四川",汉江流域又成为由东向西的移民通道,本身亦吸纳了大量"下江"移民,不仅是移民的中转地,同时也是移民的接收地。又因垸田兴起,明清时期江汉平原得到全面开发,昔日的湖沼之地成为鱼米之乡,"湖广熟、天下足",由于移民进入荆襄山区,汉江上游山地得到开发,汉江航运也由此大为兴盛,汉口因地处江汉连接处,地处长江航路的枢纽位置,联通长江航路和汉江航路,迅速发展成为著名的商业都会,为当时的四大镇之一。

正因为地处南北东西的过渡地带,汉江流域的社会经济与文化发展等各个方面都呈现出南北东西交汇的特征。因此,汉江流域的社会经济形态比较复杂,其社会经济文化的交汇性特征是在漫长的历史长河中形成的,不仅与它所处的地理位置,而且与气候变迁、人口移动、文化传播等方面都有密切的关系。

二、汉江上游人文地理

上游的汉中、安康等地夹处关中和巴蜀两地之间,受关中和巴蜀两大地域文化的影响,两大地域文化在汉江上游地区交汇。新石器时代,气候温暖湿润,汉江中上游地区的生态环境与秦岭以北和中原地区差异不大,因此汉江上游地区与关中、中原属同一文化系统,其新石器时代考古学文化序列为大地湾文化李家村类型——仰韶文化——龙山时期文化,均与关中渭河流域属同一文化区。其后,随着气候的变迁,秦岭南北的生态环境出现了明显的差异。龙山时代晚期,汉江上游地区开始具有更多的巴蜀文化特征。到夏商时期,汉江上游地区明显受巴蜀文化较强影响,脱离了北方文化区,秦岭南北在文化上出现了明显差异。夏商时期四川盆地、峡江地区和汉中地区考古学文化之间的联系,远比与任何其他文化类型的联系更为密切,这种文化上的紧密联系使三地形成了一个大文化圈,此一格局一直延续到后世。[①] 在《汉书·地理志》中,汉中地区"与巴、蜀同俗",汉代扬雄的《方言》一书,亦将巴蜀和汉中划为一个方言区。虽然汉中地区在元代时划属陕西,但今天的汉江上游地区在自然与人文景观上仍与巴蜀更为接近。

三、汉江中游人文地理

汉江中游地区主要由南阳盆地、襄宜地区和随枣走廊、汉水上游谷地等地理单元组成。这一地区因邻近中原,从新石器时代起即受到中原文化的强大影响,但同时也受到汉江下游地区的强烈影响,属于较为典型的长江文化区与黄河文化区之间的过渡地带,从新石器时代开始即是南北两大文化系统碰撞最为激烈的地区,具有明显的南北文化过渡地带的特点。新石器较早时代,汉江中游地区在生态和文化上与中原更为接近,属中原文化系统。中原地区的仰韶文化系统向南发展到随枣走廊和宜城平原。新石器时代晚期,江汉地区的屈家岭文化兴起后,以猛烈的态势向北发展,占有了原属中原文化系统的汉江中游地区,使汉江中游地区成为屈家岭文化的分布地带。但由于原有北方文化的影响,汉江中游地区的屈家岭文化在面貌上与江汉核心区的屈家岭文化是有差异的,如枣阳雕龙碑遗址,是中原的仰韶文化系统与江汉的屈家岭文化系统融合的产物,包含有较多的中原文化因素。屈家岭

---

① 参见中国社会科学院考古研究所:《中国考古学》(夏商卷),中国社会科学出版社 2003 年版,第 523、524 页。

文化的后继者石家河文化解体后,汉江中游地区又成为中原文化系统的边缘区。总的来说,当南方文化强势时,汉江中游地区就属于南方文化系统,但与长江中游核心区相比,受中原文化的影响较大,属于南方文化系统的北部边缘。在北方文化强势时,汉江中游地区则成为北方文化的分布地区,为北方文化向南特别是长江中游地区发展的过渡地带。由于中原文化总体而言处于优势地位,汉江中游地区一直受中原的较大影响,以至从方言、风俗、居住形式、建筑风格、耕作等各方面都与中原较为接近。汉江流域的南北过渡特征,在汉江中游地区表现得特别明显。

四、汉江下游人文地理

汉江下游地区则具有较强自身主体性,与长江流域有更为密切的关系,是长江文化的核心区和发源地之一,新石器时代起即是江汉文化系统的发源地和核心区所在,屈家岭文化和石家河文化在汉江下游地区兴起并发展到极盛。同时因地理位置和自然环境等因素,汉江下游地区面向南方、东方较多,吸收了较多的南方江南地区、东方长江下游地区和上游巴蜀地区因素。夏商时期,汉江下游东部的涢水流域成为夏商王朝南下经营南方的基地,位于涢水下游、靠近长江的盘龙城成为商人在南方进行统治的最重要据点。在以后很长的历史时期,这一地区都是江汉地区的重要区域。

第二节 汉江交通

汉江流域因其特殊的地理位置,交通极为重要。汉江流域内部的交通及与邻近地区的交通,一是水路,二是陆路。

一、水路交通

汉江本身是天然水道,又是长江的支流,水路交通在汉江流域占有重要地位。尤其是在近代交通系统形成之前,水路交通更为重要,是古代条件下唯一可以实现大规模远距离运输的手段。早在新石器时代，长江流域就已开始使用独木舟和排筏，春秋战国时期，水上交通已得到较充分的利用。《尚书·禹贡》记荆州至中原的贡道"浮于江、沱、潜、汉，逾于洛，至于南河"。虽然《禹贡》所记贡道可能多系设想，但也应有现实的基础。

商代早期，商人就在武汉附近的黄陂盘龙城建有据点，盘龙城有城壕设施，城壕不仅具有防御功能，也有水路交通的功能。从南城壕剖面来看，内坡为两级缓坡，在两岸一级土坡上有木桩设施，可能是船舶依靠两岸的设施，并发现有一片横竖排列的木板结构遗迹。外坡为一陡坡，稍低于内坡，推测应与活动桥有关。南城壕两岸多有木构设施，显然是因南面有府河，为水上运输而设置。①在盘龙城以北涢水、滠水和澴水两岸的台地上，分布有较多的商代遗址②，这些商代遗址可能通过水路与盘龙城联系。同时，商的势力还越过长江，今湖南北部的岳阳铜鼓山为已知最南方的商代遗址③，文化面貌属盘龙城类型，可能是盘龙城的一个外围据点，再往上游，盘龙城文化因素到达江陵荆南寺遗址④，这些遗址与盘龙城之间很可能是通过长江水路来联系的。江西赣江下游及鄱阳湖区的吴城文化，包含有较强的商文化因素，受商文化的强烈影响，与盘龙城商文化有密切的经济文化交流⑤，盘龙城商文化与吴城文化隔江相望，但有长江、赣江水路可通，在双方的联系中，长江、赣江水路很可能发挥了重要作用。

周人在立国之初，就开始大力经营南土。徐中舒先生认为："周人

---

① 参见湖北省文物考古研究所：《盘龙城——1963—1994 年考古发掘报告》，文物出版社 2001 年版，第 42 页。

② 参见熊卜发：《孝感地区商周古文化调查》，《鄂东北地区文物考古》，湖北科学技术出版社 1995 年版。

③ 参见湖南省文物考古研究所、岳阳市文物工作队：《岳阳市郊铜鼓山商代遗址与东周墓发掘报告》，《湖南考古辑刊》第 5 辑，《求索》杂志社 1989 年版。

④ 参见荆州博物馆：《荆州荆南寺》，文物出版社 2009 年版。

⑤ 参见彭明瀚：《吴城文化研究》，文物出版社 2005 年版，第 241—245 页。

自大王居岐以后,即以经营南土为其一贯之国策。"①1902 年出土于陕西岐山的《太保玉戈》铭文载:"六月丙寅,王才(在)丰,令大保省南国,帅汉。"②太保即召公,王为成王,帅训为循,"帅汉"即沿汉水南下,其年代为成王前期,铭文是说成王命太保召公沿汉水南下,召集诸侯向周王朝见。李学勤先生认为,此事当发生在周公东征平定三监以后,是巩固王朝南方统治的一项措施。《诗序》:"《甘棠》,美召伯也,召伯之教明于南国。"可见,周初时南土疆界就已达汉水 。③ 召公巡视南国,是沿汉而下,很可能是沿丹江而下至汉水,再沿汉水而下,召集当地部族首领服事于周室。

春秋时期,楚国在汉江中游地区崛起,亦充分利用了汉江航道,楚平王时楚国曾"为舟师以伐濮"④。商周时期濮地所在,后代学者多有考订,虽然对濮的具体定位还有一些困难,各家的说法不一,但西周春秋时的濮,大体当在汉水中游至上游部分地区,今鄂西北一带;又濮字从水,则濮之民族,必与水有关,此水必为汉水或其支流。战国时期,楚怀王曾颁发给鄂君启以用于经商的免税凭证,即著名的"鄂君启节",详细记载了鄂君启的商队所经的水陆交通路线。其水路较易复原:自南阳西鄂出发,沿淯水(唐白河)而下入汉,然后溯汉而上,至陕西旬阳;自白河口沿汉而下,至汉水下游,转入涢水,沿涢水而上可至随;入长江后沿江而下,经彭泽,至安徽枞阳,再入庐江(即今皖南的青弋江),至爰陵(今安徽宣城附近);由汉水入江口逆流而上,再转入洞庭湖水域,进入湖南,自此再分二线,主线入湘江,入湘后又分为两条,一条是沿正源而上,最后抵达洮阳,今广西全县附近,另一条是入耒水,至今湖南郴州,另一条线路是入洞庭水系的资水、沅水、澧水等;由汉水入

① 参见徐中舒:《殷周之际史迹之检讨》,《徐中舒历史论文选辑》,中华书局 1998 年版,第 688 页。

② 参见庞怀靖:《跋太保玉戈》,《考古与文物》1986 年第 1 期。

③ 参见李学勤:《太保玉戈与江汉的开发》,《楚文化研究论集》第二集,湖北人民出版社 1991 年版。

④ 《左传》昭公十九年,《春秋经传集解》,上海古籍出版社 1988 年版,第 1440 页。

江口溯江而上,不南转而继续上行,即达郢,战国时的郢都在荆州北的纪南城。又江陵与汉水之间古有扬、夏二水可通,为江汉之间的岔流,郢都失陷,屈原和郢都民众"遵江夏以流亡",沿长江和夏水向东逃亡①,这条江汉间的运河,西晋时称扬夏水道,杜预曾加以修浚,开扬口,沟通汉水与长江,明清称两沙运河。两沙运河大大缩短了荆襄之间的水路距离,对于荆湘地区与中原的交通和荆襄内部的交通都有重要意义,虽后来常常湮塞,但历朝都非常重视,不断疏浚重开。

江陵以西,沿长江水道可直通巴蜀,在江汉地区和巴蜀地区之间的交流上具有重要作用。夏商时期,四川盆地的三星堆文化系统即通过三峡地区进入鄂西,最东达江陵荆南寺遗址,战国时期,楚势力沿江西进,深入巴蜀地区,距巴国故都不远处的今重庆忠县半边街墓地,发现了迄今为止地理位置最偏西、规模最大、文化因素最单纯的楚文化墓地②。楚人大规模进入巴蜀,显然是经三峡走长江水道,《战国策·燕策二》亦曰:"蜀地之甲,轻舟浮于汶(岷江),乘夏水而下江,五日而至郢。"可见,长江水道在沟通巴蜀与江汉地区上的重要作用。

六朝以后,随着长江中下游地区的开发,长江流域在全国经济生活中的地位上升,流域内部的交通也日益重要,长江航道成为联系长江下游吴越与上游巴蜀乃至西北陕甘、西南云贵间的交通大动脉。到明清时期,随着汉江上游地区的开发,和江汉—洞庭湖平原的全面开发,汉江商路也兴盛起来,汉江商路和长江商路联结在一起,造就了明清四大镇之一的汉口镇,以及汉江沿岸众多著名的商埠。

二、陆路交通

陆路交通方面,汉水上游地区南有大巴山、北有秦岭,皆为高山峻岭,在秦岭和大巴山的悬崖峭壁上修建有著名的栈道,工程极为艰巨。栈道翻越秦岭和大巴山,是古代沟通关中与巴蜀的道路,故又称蜀道。

① 参见赵逵夫:《屈原和他的时代》,人民文学出版社 2002 年版,第 411—416 页。
② 参见朱萍:《楚文化的西渐》,巴蜀书社 2010 年版,第 216 页。

翻越秦岭的栈道主要有褒斜道、陈仓道、子午道、傥骆道等,翻越大巴山的主要有金牛道、米仓道、荔枝道等。蜀道翻山越岭,艰险难行,而汉中盆地,将蜀道分为两段,为往来关中与巴蜀的行人提供了中途休息之所,历史上围绕着蜀道发生的战争,主要是对汉中盆地的争夺。

汉江中游地区正处天下之中,且与中原、关中相邻,在南北交通上极为重要。汉江中游地区西北方向是关中地区,有武关道连接关中与南阳盆地,武关在今陕西丹凤县城东 42 公里处,道路多沿丹江北岸,丹江源头与秦岭北坡的蓝桥河只有一梁之隔,提供了沟通秦岭南北的天然条件。早在西周时期,秦岭以南、武关以内就成为周王畿所在[1],春秋战国时期,秦楚多次在丹江地区沿武关道出兵征战,楚怀王就是在武关被秦兵劫持。秦末刘邦入关中,亦是经由武关道,唐代时武关道成为沟通长安与江淮地区的重要通道,地位最为重要,号称"名利道"。南阳盆地西北方向,隔方城山与中原相邻,在方城县附近山势较为低平,有较大的缺口,形成南阳盆地与中原的交通要道——方城道,方城道即文献中所谓的"夏路"[2],从西周时起,经春秋战国,历秦汉六朝迄于明清,在近代铁路、公路兴修以前,一直是南阳和中原间的最重要交通路线,也是中原通往南方广大地区的重要通道。南阳盆地以北又隔伏牛山和嵩山与伊洛平原相邻,从唐河、白河汇合处北行,顺白河而上,再经其支流鸭河(古称鲁阳关水,一名三鸦水,亦名鸦河)在鲁阳关翻越伏牛山,经由北麓流入沙河的渡河,至鲁山、宝丰,基本上走今洛阳至襄樊的铁路线,再溯北汝水而西北行,过嵩山进入伊洛平原,为南阳盆地与伊洛地区间路程最短的通道,北魏以后专称此路为三鸦路。[3] 随枣走廊北隔桐柏山和大别山与中原相邻,桐柏山与大别山连接处山势较为低矮,在此形成"义阳三关"道。义阳为南北朝时期郡名,治平阳(今河

① 参见牛世山:《西周时期的楚与荆》,《古代文明》第 5 卷,文物出版社 2007 年版,第 285—299 页。
② 参见谭其骧:《鄂君启节铭文释地》,《中华文史论丛》第 2 期,中华书局 1962 年版,第 169—193 页。
③ 参见王文楚:《古代交通地理丛考》,中华书局 1996 年版,第 2 页。

南信阳),境域为今河南信阳、桐柏、罗山与湖北广水、孝昌、大悟间,三关为平靖关(今广水市北平靖关镇)、武阳关(今武胜关,京广铁路经由此处)、黄岘关(又名九里关,在今大悟县三里镇以北),义阳三关为中原与长江中游地区最为近捷的通道,商代时,盘龙城与中原的联系很有可能是由此道进行的,南北朝时,"义阳三关"最为重要,南北双方常在此地争夺。

荆州与襄阳之间的通道即著名的荆襄古道,襄阳以北可经南阳与方城道、武关道相连,可连通关中与中原,襄阳以南与荆州之间可水陆连通,过荆州南下可达湖南,并进而南下粤广,从而将中原与荆楚连接起来并直达岭南,历秦汉、六朝至于明清,在近代铁路、公路交通系统兴起以前,一直是古代沟通南北的最重要交通要道。

西周时期,周统治中心在关中、伊洛一带,在汉水流域分封"汉阳诸姬"以屏藩南国,汉阳诸姬分布在从南阳盆地东南直到随枣走廊,西周时汉水以南尚是荒芜之地,于是西周主要通过随枣走廊与江南联系,周势力一度曾达长江边上的黄陂鲁台山。[①] 势力在江汉地区的扩展主要是沿着随枣走廊直抵鄂东,西周早期周昭王曾大举征伐南方,据黄锡全考证,周昭王南征的路线和区域是自洛阳成周出发,越过嵩山脚下的上侯、浇川南下,命中省视南国,为大军南下做准备;中在方城外的曾(缯关)地安排了行帐,然后出省南国,首先到达方城,而后到邓国、洧水,北返到鄂国,最后在西鄂迎接昭王;中省视邓国时,在邓南鄾鄀的隨真山,设置了下一步的行帐;白买父沿汉水一线布置防线,保障昭王的安全;昭王南征获胜后,班师于随州北面的唐国,开祝捷大会,大省同姓诸侯;昭王十八年十三月,在中原寒地,昭王再次论功行赏。其南征的路线与区域,皆在汉东地区。[②] 这条经南阳盆地和随枣走廊直达长江

---

① 参见黄陂县文化馆、孝感地区博物馆、湖北省博物馆:《湖北黄陂鲁台山两周遗址与墓葬》,《江汉考古》1982 年第 2 期;张亚初:《论黄陂鲁台山西周墓的年代和族属》,《江汉考古》1984 年第 2 期;黄锡全:《黄陂鲁台山遗址为"长子"国都蠡测》,《江汉考古》1992 年第 4 期。

② 参见杨宝成主编、黄锡全副主编:《湖北考古发现与研究》,武汉大学出版社 1995 年版,第 107 页。

的交通线路是西周王朝与江南联系的主要通道,在西周时具有特殊意义。商周时期是青铜时代,铜锡资源具有战略意义,我国的铜锡产区主要在长江中下游南岸,尤其是鄂赣铜矿区和皖南铜矿区是当时最主要的铜锡产区。黄陂盘龙城、鲁台山位于长江北岸,为商周势力最南方的据点,对岸即是以大冶、瑞昌等为中心的鄂赣铜矿区,商周时期运送铜矿的通道称为"金道锡行",西周的核心区在关中、伊洛,西周从江南铜矿区获取铜锡资源,从汉水入江口北送,水路可沿汉水、丹水一路逆流而上,直抵关中,陆路则是经随枣走廊转入南阳盆地,然后进入关中或伊洛。在后世,随枣走廊也一直是南北交通之要道。

汉江古人类与旧石器文化 第三章

　　汉江流域在远古时代即为早期生命繁盛之地,亦是早期人类生存和繁衍之地,发现有众多的旧石器文化遗址和早期人类化石点,是中国远古居民生息的重要地域之一。从旧石器早期开始,古人就在这块具有优越生态环境的地域里生息和繁衍。在汉江中上游河谷地带的汉中盆地和安康盆地、鄂西北山地、南阳盆地等,均发现有古代人类活动的遗迹,是中国旧石器文化遗址和人类化石点的富集区。据学者统计,截至 20 世纪末,汉江流域发现有人类化石地点 5 处,旧石器文化地点22 处①。

第一节　汉江远古生命

　　人类和人类文化是地球生命发展到高级阶段的产物。地球在形成之初,只是一个无机物质的世界,地球形成之后,在阳光、温度、水土的共同作用下,无机物质进化成有机物质,生命开始出现并不断演进最终使地球生机勃勃。早在远古时代,汉江流域就是早期生命演化之地,在早期生命演化并不断进步的基础上,汉江流域的早期生命最终进化到人类及人类文明的阶段。

一、汉江流域的早期生命

　　地球最初形成之后,有很长一段时间是没有生命的,这时期生命还

①　参见武仙竹:《汉水流域旧石器时期的远古居民与生态环境》,《文物季刊》1997 年第 3 期。

处于化学进化的时代,这个时代离我们过于遥远,故称为"太古代"。其后为元古代,在漫长的地质时代里,地壳发生多次大的变动,生物界也随之出现一次次大的跃进,大约在距今30亿年前,生命从化学进化的阶段一跃而进入生物进化的阶段,有生命的物质开始出现。在大约5.7亿年前,地球环境发生了一次全球性的大变化,促使生物界出现了一次空前的飞跃发展,大量的古代生物出现在地球上,以此为特征,地球进入古生代。古生代包含寒武纪、奥陶纪、志留纪、泥盆纪、石炭纪和二叠纪。古生代动物群以海生无脊椎动物中的三叶虫、软体动物和棘皮动物最繁盛,在奥陶纪、志留纪、泥盆纪、石炭纪,相继出现低等鱼类、古两栖类和古爬行类动物,鱼类在泥盆纪达于全盛,石炭纪和二叠纪是昆虫和两栖类繁盛,古植物以海生藻类为主。

在地质时代,汉江流域就是生命起源之地。早在20世纪20—30年代,中外考古、地质和古生物学者就在汉江流域采集到古生物化石标本。20世纪70年代,地质学家在神农架发现远古7亿年前的球形藻类和微型古植物化石。1998年5月,中国科学院古脊椎动物与古人类研究所黄万波教授等在郧阳地区博物馆对武当山磨针井、太子坡、南岩及丹江口市博物馆一种俗称竹石的6件化石进行了鉴定,确认为距今约4亿5000万年前的古生代海洋无脊椎动物——"直角石",这是生命起源时代与最早的无脊椎动物"三叶虫"同时出现并存在的海生动物。

武汉市汉阳县(今为蔡甸区)距城区6公里的锅顶山,曾发现有著名的"汉阳鱼"化石。汉阳鱼是距今4亿多年前,生活在古生代海洋里的一种形状很怪、没有颌的鱼,身上披着厚厚的骨质甲片,整个头部背面被一块完整结实的盾形骨片包裹,很像古代身披盔甲的武士。汉阳鱼属于脊椎动物无颌家族里的甲胄鱼类,生活在近岸的浅水海域,在有颌鱼类兴起后被淘汰。[①]

① 参见刘玉堂、王本文、张硕:《武汉通史》(先秦卷),武汉出版社 2006 年版,第 2、3 页。

距今 2.3 亿年前,地球进入中生代。中生代分为三叠纪、侏罗纪和白垩纪。此时地球上的环境特别适宜生物生存,生物以陆生裸子植物、爬行动物(特别是恐龙)和海生菊石类的繁盛为特征。中生代时脊椎动物广泛辐射,爬行动物空前繁荣,爬行动物中的恐龙统治了地球,尤其是侏罗纪,恐龙在地球动物中占有绝对主导地位,因此中生代又被称为"恐龙时代"。中生代时,整个地球的气候温暖湿润,汉江流域同样也是恐龙的乐园,在汉江流域的郧县梅铺、青龙山,丹江口马湾、温家坪,河南西峡县的丹水镇阳城乡、内乡县赤眉乡等地,发现了众多的恐龙和恐龙蛋化石,世界知名。1974 年河南省地质 12 队在武当山下玉皇顶温家坪一带发现恐龙蛋化石碎片。1975 年在郧县梅铺发现大批恐龙蛋化石。1993 年河南西峡恐龙蛋化石群的发现成为轰动世界的新闻。1997 年在郧县柳陂镇青龙山发现长 3000 米、宽 50 米成窝的恐龙蛋化石群地带。1999 年在丹江口市汉江南岸马湾发现了恐龙骨架化石。1997 年 7 月 25 日,郧县梅铺李家河发现 1 亿至 7000 万年的恐龙骨架。其中,河南西峡恐龙蛋化石群和湖北郧县青龙山恐龙蛋化石群在社会上有很大影响,两地现均建有恐龙主题公园。

中生代末期,地球环境突然发生重大变化,导致植物大量毁灭,引起生物界的连锁反应,动物也随之大批灭绝,这就是白垩纪生物大灭绝事件,曾经统治地球的恐龙灭绝了。恐龙的灭绝给生物发展留下了非常大的空间,当时还很弱小、只是动物界一个小支系的哺乳动物由此得到了生存和发展的机会,辐射出许多的支系,从而给地球的生物界开辟了一个崭新的天地,地球历史由此进入了一个万象更新的时代——新生代。

新生代又分为第三纪和第四纪,是哺乳动物和被子植物的时代。新生代时被子植物达到繁盛阶段,地球植被为被子植物所代替,整个植物群的面貌较之中生代有了较大的改观,显花植物和草类的发展给动物界的繁荣创造了必要的条件。在动物界则是哺乳动物获得空前的发展,适应不同的环境,演化出不同的门类。新生代时,大陆的漂移、气候的分带和气温的变化,对地球生命进化、发展和生态环境产生了深远的影响。新生代时期哺乳动物的高度发展,为人类起源奠定了基础,到第四纪时,地球生物发展就进入人类时期。

第三纪时期,汉江流域亦是万象更新,大量动物活动在汉江流域。1959 年至 1960 年,中国科学院古脊椎动物与古人类研究所专家李传夔、童永生、阎德发等在武当山下玉皇顶、大尖山、青塘岭一带发现第三纪(3000 万年至 7000 万年前)15 种古动物化石。1970 年至 1976 年,中科院研究所、河南地质 12 队先后在丹江口玉皇顶、大胡坡、大尖山、青塘岭、温家坪等地发现了恐龙蛋和大批保存极为完好的第三纪古动物种群化石 18 种,其中宽臼兽(60 多件头骨)、玉皇顶亚洲冠齿兽、淅川中原鸟、湖北先鼠等物种属世界稀有。1976 年中国科学院古脊椎动物与古人类研究所专家阎德发等和河南地质 17 队联合考察,又在习家店青塘岭附近的东沟梁子、大凹、庞湾发现大批保存非常完好的第三纪古动物化石。1985 年 7 月 21 日至 8 月 10 日,武汉地质学院北京研究生部教授杜恒俭一行三人在武当山玉皇顶一带考察,发现第三纪化石点七处,采集古动物化石标本四箱,其中有蹄类、食肉类、杂食类古动物鼠兔(兔子与老鼠未分支前的共同祖先)、犀牛、貘、兔、龟等化石。1987 年 7 月,在丹江口习家店老庄发现浅海动物化石,送中科院研究所鉴定为 400 万年前的腹足类动物骨螺(Murex)马氏螺化石和珊瑚化石。①

自然环境和生物资源是人类赖以生存的物质基础,尤其是在人类起源时期,良好的自然环境和生物资源是原始人类生存和发展的必备条件。汉江流域在地质时代就是气候适宜、动植物繁盛之地,汉江流域的生命繁衍和生物进化,为人类起源奠定了必备的基础,使汉江流域成为旧石器时代人类生活的重要地区之一。

---

① 本节有关汉江流域出土古生物化石资料,主要参考自饶春球、李峻:《汉江流域近百年考古新探》,《郧阳师范高等专科学校学报》2003 年第 1 期;潘世东:《汉水文化论纲》,湖北人民出版社 2008 年版。

二、人类起源时代的生命

第四纪分为更新世和全新世。更新世距今 300 万年前到距今 1 万年前,距今 1 万年以后为全新世。第四纪是人类的时代,人类的出现是第四纪开始的重要标志。在考古学上,整个更新世都属于旧石器时代,而全新世则已进入新石器时代。更新世又分为早、中、晚三期,早期和中期相当于旧石器时代早期,晚更新世前期相当于旧石器时代中期,晚更新世后期相当于旧石器时代晚期。更新世是人类起源与初期发展的时代,汉江流域因其优越的地理和自然环境,成为人类起源和早期发展的重要地区。

汉江河谷是在第四纪时期发育形成。第四纪中更新世时,汉江上流河谷的北部秦岭和南部大巴山,都还在抬升阶段。在秦岭、大巴山的抬升过程中,汉江中上游河谷才逐渐形成。汉江下游在晚更新世以前,则一直没有固定的河道,而是在江汉盆地的基部漫游和流荡。早更新世至中更新世,在汉江下游河道还未固定,中上游河谷的逐渐形成过程中,汉江流域就已经生存着古人类,发现了众多的旧石器地点和旧石器文化遗址。已发现的与猿人共存的更新世动物群,主要有郧县动物群、郧西动物群、房县樟脑洞动物群、洛南龙牙洞动物群、汉中盆地梁山动物群、南召杏花山动物群等。另外,陕西蓝田虽不属于汉江流域,但蓝田公王岭发现的哺乳动物群和旧石器文化遗存与汉江流域具有非常相似和相同的性质。

1989 年湖北郧县曲远河口学堂梁子、郧县梅铺龙骨洞出土的动物化石,代表着汉水中上游早更新世晚期至中更新世早期的动物群性质。综合这两个地点出土的动物化石,其种类有猕猴、金丝猴、河狸、豪猪、狐、豺、大熊猫、西藏黑熊、獾、水獾、桑氏鬣狗、剑齿虎、虎、豹、裴氏猫、古乳齿象、剑齿象、三门马、中国貘、中国犀、李氏野猪、小猪、华丽黑鹿、肿骨大角鹿、云南黑鹿、麂、短角丽牛等。在这批动物群中,有许多南方动物群的种类,如大熊猫、剑齿象、小猪、中国貘、中国犀、云南黑鹿、豪猪等。但也有一些北方动物群的种类,如三门马、剑齿虎、李氏野猪、肿骨大角鹿、狐等。这说明，早更新世至中更新世早期，汉水河谷的动物群，既有南方性质，也有北方性质。这种现象表明，当时我国南北气候的分界线秦岭还不高。南方的暖湿气候还能继续北进，北方动物也能不受秦岭阻隔继续南下。以前，学者们通过位于秦岭北坡的陕西蓝田人遗址研究结果推测（蓝田人遗址与郧县学堂梁子遗址时代接近），中更新世初期秦岭最高海拔不超过 1000 米。这种研究成果，与秦岭南麓汉江流域的发现是相符的。因为只有秦岭海拔不高，不能起地理障碍作用，秦岭南北才会出现动物群的互相迁徙和融合。

中更新世中期至晚更新世，汉江河谷的动物群已可分为两块地域：一块是秦岭主脉的南麓地区，以湖北郧西白龙洞、丹江石鼓、房县樟脑洞等地发现的动物化石为代表。另一块是秦岭东部余脉的伏牛山地段和南阳盆地，以河南南召杏花山等地发现的动物化石为代表。秦岭主脉南麓地区，在中更新世中期至晚更新世时，是一种典型的大熊猫—剑齿象动物群。其主要种类有大熊猫、剑齿象、犀、貘、鹿、麂、牛、羊、豪猪、竹鼠、果子狸、苏门羚等。在这批动物中，没有北方动物群的种类。而秦岭余脉伏牛山和南阳盆地一带，这时期除了大熊猫—剑齿象动物群外，却仍然还发现有三门马、肿骨大角鹿等北方动物群的种类。这一现象说明，该时期的南阳盆地及其周围地区，仍然是南、北动物的过渡地带。

汉江下游河道在旧石器时期，一直处在逐渐南移、变迁中。而且因其地势低洼、水泽森漫，不适合人类居住，因此在汉江下游没有发现古人类遗迹。汉江上游在中更新世以前，江面很宽阔，两岸呈现出低丘宽谷壮年晚期的地貌景观。汉江中上游在旧石器时期，水道一直夹于秦岭、大巴山之间，泄水通道基本固定，河床两岸还存在宽阔、平坦的回旋空间。

早更新世晚期至中更新世早期，汉江中游两岸除了平坦、宽阔的平川之外，边缘地带还连接着秦岭、大巴山等丘陵地区。秦岭当时的海拔几乎只有今天的四分之一（中更新世初期秦岭海拔不过 1000 米，现今秦岭最高海拔 3767 米）。汉江两岸，生长有茂密的原始森林。森林的边缘、空隙之间,还分布有广阔的草原。森林动物虎、豹、熊、象、猴等,生活于森林之中;犀、貘、鹿、牛等食草动物,则活动于草原之上。草原上专以食草动物为食的鬣狗的出现,反映出这里草原上存在着草——食草动物——食肉动物组成的原始食物链的生态景观。虎、豹、象等大型森林动物的存在,则表明这里的森林广大而茂密。大型森林动物对森林的需求量是很大的。据现今调查,一只虎就需要大约 30 平方公里的森林。另外,水域动物河狸、水獭等的存在,则证明这里的水域也很广泛。当时这里除了汉江河流的水域外,可能还有其他的湖沼。动物群中生活着南、北两类动物。北方动物和冷空气,可越过当时尚较低矮的秦岭山丘南下。南下的北方冷空气,对汉江流域的动、植物环境亦曾有过影响。譬如这里发现有我国最早的金丝猴化石。金丝猴是我国特有的、猴类中个体最大的一种。金丝猴身上的毛细密、光亮,长度最著,是猴类中最适应冷环境的一种。虽然北方冷空气可以南下,动物群里存在南、北两类动物,但也仅仅表明这里是南、北动物群的过渡带。广泛的水域、茂密的森林、丰美的草原,以及众多的热带、亚热带动物,综合表现出这里在早更新世晚期至中更新世早期时,是热带、亚热带森林、草原气候。蓝田公王岭地区的气候景观是以森林为主、草原为次的热带、亚热带气候,时代近似、纬度偏南的汉江流域,当然气候应相同或偏暖。

中更新世中期至晚更新世,由于秦岭主脉的升高,汉江中上游的大部分地区(陕西汉中地区和安康地区、鄂西北地区等)已成为典型的热带、亚热带森林、草原气候。秦岭阻挡了北方的冷空气不能再南下,同时,也阻挡了北方动物群的南徙。但东部的秦岭余脉地区(豫西南地区),因山脉海拔不是那么高,动物群与气候特征仍然表现为我国的南、北过渡地带。本时期的汉江中上游,因为秦岭山脉基本定型,地貌特征已与现今接近。秦岭山脉定型,阻挡了南方暖湿气流北进,并把雨水集中降落在它的南麓汉江地区。这一变化,使以后秦岭以北的北方气候景观更甚。晚更新世末期以后,秦岭以北成为典型的北方气候景观:冬季长达 5 至 6 个月,1 月平均温度 0℃ 以下,河流封冻,春秋两季较短,年降雨量低于 500 毫米,植被类型为夏绿林。秦岭以南则是南方气候景观,夏季炎热,冬季温和,1 月温度在 0℃ 以上,年降雨量在 1000 毫米左右,植被以喜暖湿的落叶阔叶树和常绿阔叶树为主,并多生藤本和竹类植物。

　　无论早、中更新世还是晚更新世,无论秦岭主脉或余脉地区,汉江流域从开始形成到基本定型,都存在着丰富的动物化石点和人类活动遗迹。众多的古人类遗迹,本身就表明这里具有非常优越的生态环境。因为要适宜远古人类生存,就要求要有较好的气候、植被、水源与地理位置等。生态环境好,才可能有较多的动物群供人捕猎;植被良好,森林、草原丰茂,才能满足人们搜寻植物中可食用的含有较多碳水化合物的植物果实、树皮、树叶、花朵和块茎等。①

　　总之,自新生代以来,汉江流域气候适宜,雨量充沛,地貌多样,森林茂密,绿草成茵,果木丰富,在森林、草地、沼泽中生活着众多的动物,为古人类栖息提供了优越的条件。因此从旧石器早期开始,汉江流域就是中国远古居民生息的重要地域之一,古人类或居于旷野,或居于洞穴,在这块具有优越生态环境的地域里,进行着人类历史上的早期活动。

第二节　直立人化石与石器文化

　　当地球的历史进入更新世初期,大约距今 300 万年前,真正的人类诞生了。从更新世初期到中更新世末期(绝对年代为距今 300 万年前至 20 万年前),这一漫长的人类历史时期称为旧石器时代早期。这个时期的人类属于古人类分期中的直立人(Homo erectus),在以前则称为猿人(Pithecanthropus)。在 20 世纪 50 年代以前,人类的演化系列还是单线条的,即猿人(直立人)→古人(尼人)→新人(智人),后来,随

---

① 本节内容主要采自武仙竹:《汉水流域旧石器时期的远古居民与生态环境》,《文物季刊》1997 年第 3 期;并参考李天元、冯小波:《长江古人类》,湖北教育出版社 2004 年版。

着新材料的发现和研究的进展,现在的人类演化线条为南方古猿→能人→直立人→早期智人→晚期智人,而尼安德特人则被学术界认为是人类演化的旁支,智人不是从尼人演化而来的。不过直立人和早期智人有很长一段时间是共同生活的,也不是单线条演化。

直立人又可分为早期直立人与晚期直立人,早期直立人从 300 万年前到 150 万年前,晚期直立人从 150 万年前到 20 万年前。目前,汉江流域的直立人化石均为晚期直立人。

一、汉中盆地和安康盆地的旧石器地点

汉江上游谷地有明显的多级阶地,适合古人类生活,在第二、三级和四级阶地的堆积物中往往发现有石制品。汉中盆地的南郑县梁山地区发现有众多的旧石器地点,形成遗址群。

(一)梁山遗址群

陕西南郑县梁山地区,分布有密集的旧石器遗址。20 世纪 50 年代初期,梁山地区就发现了旧石器时代的文化遗物,到 80 年代,又有新的发现。据不完全统计,在汉中盆地、梁山和龙岗寺等东西长约 100 千米、南北宽约 30 千米的范围内,发现有旧石器地点 30 多处,采集到石制品约 1600 余件,以砾石和石核为素材加工的石器约占 70%以上,以石片为素材加工的石器在 30%以下。这一点有别于华北地区以石片石器为主的文化传统,与华南地区砾石文化传统有比较密切的联系。这些石器以砾石石器为主,砍砸器和石球约占全部石器的 70%,刮削器很少,尖状器也很少,研究者认为这批文化遗存属华北地区大型石器工业类型,与陕西蓝田人比较接近。梁山地区旧石器地点的时代,研究者根据地貌和地层中发现的动物化石,推定为更新世中期,相当于旧石器时代早期。

(二)安康盆地

1989 年阎嘉祺等在安康市发现 3 处旧石器地点。其中白家梁位于汉江南岸新城南面,另两处在江北火车站附近。三个地点均位于汉江三级阶地,高出江面 40—50 米。3 个地点共采集到石制品 31 件,均

由砾石制成,其中有石核 9 件、石片 1 件、石锤 1 件、砍砸器 13 件、尖状器 3 件、刮削器 2 件、球形器 1 件。砍砸器有单面和双面加工的,有一件很规整的盘状砍砸器。

1989 年 9 月至 11 月,王社江等在安康市东北 10 多千米处的关庙发现一处旧石器地点,出自汉江左岸的二三级阶地,在三级阶地采掘到 5 件石制品,以石片加工而成,石核、石片、砍砸器、刮削器和三棱尖状器各 1 件。在二级阶地出土 67 件石器,石核 9 件、石片 33 件、刮削器 10 件、尖状器 4 件、雕刻器 2 件、石锥 1 件、断片 8 件,均以石片加工而成,加工比较精致,刃缘薄而锐,小型石器占绝大多数,与三级阶地发现的石器区别非常明显。研究者认为它可能代表一种较为先进的文化遗存,与河南南召小空山出土的遗物有较多的相似因素,但也有明显的区别。[1]

二、郧县人及其文化

郧县人遗址位于汉江左岸的学堂梁子,隶属于湖北省郧县青曲镇弥陀寺村,地处曲远河与汉江的交界处,东北距青曲镇约 10 千米,沿汉江往下约 40 千米至郧县城关。曲远河自北向南流,在学堂梁子东麓汇入汉江,当地居民称为曲远河口。学堂梁子为汉江左岸的第四级阶地,海拔高程约 200 米,东西宽约 800 米,南北宽约 100 米。

1989 年 5 月,郧阳地区(今十堰市)博物馆组织文物干部对全区进行文物普查。郧县博物馆王正华和郧西县文化馆屈胜明根据已掌握的线索到曲远河口进行调查,发现一件较完整的高等灵长类头骨化石,即郧县人 I 号头骨,编号为 EV9001。

1990 年 5 月至 6 月,湖北省文物考古研究所与郧阳地区博物馆、郧县博物馆联合组队,对郧县曲远河口进行第一次试掘,又发现了一具更为完整的古人类头骨化石,即郧县人 II 号头骨,编号 EV9002,并出土了 10 多种动物化石和 21 件石制品。从 1990 年至 1999 年,先后在学

---

① 参见李天元、冯小波:《长江古人类》,湖北教育出版社 2004 年版,第 213—216 页。

堂梁子进行了 5 次发掘,共布探方 23 个,发掘面积 575 平方米。

两具头骨化石都保存了比较完整的脑颅和面颅骨,但均缺失下颌骨。两件头骨的主要特征一致:颅骨粗大而厚重,前额低平而向后倾斜,眉脊粗壮,左右相连,枕外隆凸不显著,颅顶均可见颅顶缝,没有矢状脊,颅骨最宽处在两耳孔上方,牙齿粗大,臼齿嚼面平展,脑量较大,可能达 1100 毫升。这两具头骨都有若干原始性状,如颅盖低平,眉脊粗壮且左右相连,有较明显的眉脊上沟和较显著的眶后缩窄,有明显的枕骨圆枕,枕平面与项平面间呈角状转折。这些都是直立人的特征。郧县人的脑量较大,头骨没有矢状脊,角圆枕不明显,这些是属于较进步的特征。牙齿的嚼面构造与人类有些差异,有与南方古猿相似的特征。研究者认为这两具头骨属同一类型,有明显的直立人特征,应归入直立人范畴,简称"郧县人"。

郧县人的石制品共 493 件,经整理的有 291 件,共 8 种类型:石核、石片、砍砸器、手镐、刮削器、尖状器、单面器与两面器、石锤。此外,还有碎片及有打击痕迹的石块或砾石。其中石核 77 件,依台面数量分三类:单台面石核 46 件,双台面石核 21 件,多台面石核 10 件,总共 121 个台面,天然台面占 80% 以上。石片 57 件,依台面分五种类型:天然台面 42 件,素台面 10 件,有疤台面 2 件,线状台面 1 件,台面缺失的 2 件,在学堂梁子还采集到一件用零台面石片加工的多刃刮削器。砍砸器 18 件,依刃缘数量分三类:单刃 11 件,双刃 5 件,多刃 1 件。手镐 3 件,均为砾石单面加工而成。刮削器 11 件,分为两类:单刃 8 件,多刃 3 件。单面器和两面器共 4 件。石锤 3 件。郧县人的打片方法以锤击法直接打片为主,可能也用砸击法,多在一个边缘打片,对石核的利用率不太高,第二步加工也使用锤击法,所使用的原料基本相同。

遗址中发现的石器以单刃石器为主,两刃或两刃以上的石器不多。以石核石器为主,石片石器不多。石器类型以砍砸器为主,刮削器次之。在出土石制品中,有 10 组可以拼合的标本,这些遗物是原地埋藏,表明学堂梁子是郧县人的活动地点。

郧县人的时代,从地层剖面、地貌特点、哺乳动物化石、古人类化石、年代测定等诸方面来分析,应属早更新世晚期,距今约 100 万年。

为配合三峡建设工程和南水北调工程,有关科研单位对丹江口库区进行了普遍调查,在郧县盆地发现一批旧石器地点,从河流阶地中采集到丰富的石制品。这些石制品均以砾石为原料,特征与曲远河口的文化面貌较为一致。可见在郧县盆地的汉江两岸分布着一个旧石器地点群①。

三、郧县梅铺龙骨洞和郧西县安家白龙洞

(一)郧县梅铺龙骨洞

郧县龙骨洞位于梅铺镇西寺沟口村杜家沟东侧山坡上。山脚下为汉水支流滔河,龙骨洞口与滔河水面相对高程约 40 米。1975 年 5 月至 11 月,中国科学院古脊椎动物与古人类研究所的一支野外工作队在郧县龙骨洞进行了两次发掘,共获得人类牙齿化石 4 枚和一件石核,伴出动物化石 20 多种。

经鉴定,郧县出土的 4 枚人类牙齿化石均为左侧,上内侧门齿磨蚀后略露出齿质;下外侧门齿严重磨蚀;上第二臼齿和上第一臼齿仅有轻微磨蚀。由此推测,4 枚牙齿可能代表着三个不同年龄的个体。

综观郧县牙齿化石标本,齿冠硕大,齿根粗壮,门齿呈铲形构造,底结节发达。前臼齿嚼面附脊发育,齿冠面积明显大于北京人,几乎是现代人的两倍。所显示的形态特征有别于南方古猿,也不同于智人,和晚期直立人中的北京人、爪哇人的同位牙齿特征相似。

龙骨洞中发现的石制品,其中 1 件为人工痕迹非常明显的石核,原料为扁平的火成岩砾石,利用其平的砾石面为台面,从不同方向打片,打击点集中,显示锤击法打片的特征。

郧县龙骨洞的时代,各家的说法不太一致,最初认为距今 50 万——

---

① 参见杨宝成主编,黄锡全副主编:《湖北考古发现与研究》,武汉大学出版社 1995 年版,第 9—10 页;李天元、冯小波:《长江古人类》,湖北教育出版社 2004 年版,第 217—227 页。

100 万年,李天元等从伴出动物群判断,认为应属早更新世晚期阶段。[1]

此外,1973 年曾在河南南阳、淅川等地中药材仓库中挑选了 13 枚人类牙齿化石,出土地点不详,据了解,这些化石可能来自湖北郧县,中科院野外考察队由此发现了郧县的龙骨洞,根据龙骨洞堆积物的性质、成分与颜色及化石石化程度等判断,淅川发现的人牙化石可能就是出自龙骨洞,这些化石"是较早猿人向较晚猿人过渡的中间形态","有可能原产于郧县猿人化石产地"[2]。

(二)郧西安家白龙洞

白龙洞位于郧西县城东 15 千米处的安家乡。每当大雨过后,洞口就有化石暴露,群众便到洞口捡"龙骨"。1976 年 7 月,郧西县文化馆干部王家政前往该地调查,搜集了部分动物化石,经鉴定,其中有 2 枚古人类牙齿化石。1977 年和 1982 年古脊椎动物与古人类研究所进行了两次发掘,共发现 7 枚人类牙齿化石,伴出有动物化石 20 多种和一批石制品。牙齿的形态特征属直立人类型,动物有剑齿虎、中国鬣狗、大熊猫、剑齿象等。白龙洞的时代,刘华才认为属更新世中期,晚于郧县人,约与北京人时代相当。[3]

四、南召杏花山

1978 年 9 月,河南省南阳地区文化局在南召县云阳镇李楼村阮庄附近的杏花山采集到一批哺乳动物化石,经鉴定,有 1 枚人类牙齿化石;同年 10 月,古脊椎动物与古人类研究所和南阳地区文物队对该地点进行了发掘。

杏花山是秦岭山脉东段和伏牛山之间的一座低山,山东麓有一条鸡河,化石位于鸡河右岸的二级阶地上。人牙化石保存完整,齿尖稍有磨蚀,颊尖露出齿质点,可能代表一青年个体。嚼面有 2 齿尖,中间被

---

① 参见李天元、冯小波:《长江古人类》,湖北教育出版社 2004 年版,第 231 页。

② 吴汝康等:《河南淅川的人类牙齿化石》,《古脊椎动物与古人类》1982 年第 1 期。

③ 参见杨宝成主编,黄锡全副主编:《湖北考古发现与研究》,武汉大学出版社 1995 年版,第 11—12 页。

一条纵沟隔开。颊尖大于舌尖。齿冠长7.8毫米、宽9.7毫米、高8.0毫米。牙齿的尺寸和形态特征与北京人女性标本比较接近,可能属于直立人类型。

杏花山发现哺乳动物共22种,其中剑齿虎是第三纪残存种类,中国鬣狗和肿骨大角鹿是更新世中期的典型种类,这3种动物在更新世晚期动物群中至今尚未发现过,由此推断动物群应属更新世中期。杏花山动物群中既有典型的北方动物,也有典型的华南"大熊猫—剑齿象动物群",说明南召人地点与蓝田公王岭一样,在当时是属于华南和华北的过渡地带,动物群的时代可能更接近周口店第一地点。①

第三节 旧石器时代晚期文化

汉江流域发现的旧石器时代晚期文化主要有房县樟脑洞、南召小空山、丹江口石鼓后山等。在古人类分期上属于智人,但目前汉江流域未发现智人化石。另外,江陵鸡公山是一处极重要的旧石器时代晚期文化遗址,由于在地理上,汉江流域南部与长江干流无明显分界,在地貌上完全一致,历史上江汉之间又曾有扬水和夏水相连,因此我们仍将鸡公山旧石器遗址归入汉江流域的旧石器文化之中。

一、房县樟脑洞遗址

樟脑洞遗址位于房县中坝区龙滩乡青阳村。樟脑洞底距河水面约10米,相当于樟脑河的第二阶地。1986年4月发现,经过两次发掘共获得石制品近2000件和10多种动物化石。②

经初步观察和分类的石制品共1874件,主要原料是黑色硅质岩(占44%)和脉石英(40%),砂岩约占15%,其余为泥岩和泥质灰岩。

① 参见李天元、冯小波:《长江古人类》,湖北教育出版社2004年版,第231—232页。
② 参见黄万波等:《湖北房县樟脑洞旧石器时代遗址发掘报告》,《人类学报》1987年第4期;李天元等:《房县樟脑洞发现的旧石器》,《江汉考古》1986年第3期。

石制品中有石核 329 件、石片 634 件、石器 911 件。石核大小不一,相差悬殊。依台面划分,大致可以分为单台面石核、双台面石核和多台面石核,其中球形和漏斗形石核颇具特色。石片也是大小不一,形状不规整,大小悬殊,最大者 1500 克,最小者不到 1 克。石器中,砍砸器 78 件,占石器总数的 8.56%;刮削器 750 件,占石器总数的 82.3%;尖状器 83 件,占石器总数的 9.11%,尖状器器形复杂、加工精细。

石核的利用率较高。石片的形态很不规则。石器有砍砸器、刮削器和尖状器三类。砍砸器多以砾石或石块加工而成,比较粗糙,有单刃、双刃、多刃和盘状砍砸器。刮削器是数量最多的一类,刃缘平整,较锐。尖状器数量很少,但加工精细。

综观樟脑洞的石器性质,有如下几个显著特点:第一,石制品中优质的硅质岩和脉石英占 80% 以上,反映出用料精选。第二,以石片石器为多,以刮削器为主体,形状规范,制作精细,反映出制作技术的进步性。第三,石器个体大小混杂,但以中小型居多。大型石器制作粗糙,小石器制作精细,可以反映出石器用途的进一步分工和当时人类经济生活的多样性。第四,似楔形和漏斗形的石核、琢背小石刃和拇指盖型圆刮器等,具有原始细石器的特点,意味着这批石器已进入旧石器时代末期。

樟脑洞的石制品种类并不复杂,加工也较简单。打片以锤击法为主,间或也用砸击法加工脉石英原料。第二步加工的方法较为多样,以单条刃缘而论,单向加工出现率较高。石片占很大比例,以石片石器为主。

与石制品共出的哺乳动物化石主要有大熊猫、东方剑齿象、犀、巨貘等,属于华南型大熊猫—剑齿象动物群。依据动物化石和打制石器的性质推断,樟脑洞的地质时代应为晚更新世晚期,打制石器属旧石器时代晚期的石器文化,碳十四年代为距今 13490±150 年。[①]

---

① 参见杨宝成主编,黄锡全副主编:《湖北考古发现与研究》,武汉大学出版社 1995 年版,第 20 页。

二、南召县小空山遗址

小空山包括上洞和下洞两个地点,1980 年发现。1987 年,北京大学考古系和河南省文物研究所对上洞进行了发掘,对下洞也进行了清理,获得一批石制品。

上洞第二层发现有 1 件用石片加工的刮削器,第三层发现有石器 36 件。37 件石器中,石片石器占有优势,砾石石器较少。

1980 年 6 月,在下洞发现石制品 102 件,另有 20 块砾石石料,后来鉴定有石器 45 件,其中石核石器 28 件,石片石器 15 件,另有 2 件石球。砍砸器均以砾石石核为素材。尖状器中有以大件石片加工而成的。刮削器数量有 8 件,素材均为石片。石球的素材为石核。雕刻器 1 件,以石片为素材加工而成。1987 年发掘时,对下洞的残余堆积进行了清理,发现有石制品 54 件,石料 1 件。石制品中有石器 13 件,其中以石片为素材的刮削器 5 件,以石核为素材的砍砸器和石球 8 件,明显也是以石核石器为主。

小空山旧石器遗址的年代,最初依石器风格定为旧石器早期。1987 年发掘时,发现有动物化石,有棕熊、普氏野马、最后鬣狗、方氏鼢鼠等,都是更新世晚期有代表的种类。石器加工工艺也比较先进,石核也大都经过修理。推测上洞年代应为更新世晚期偏晚阶段,属旧石器时代晚期。下洞地层堆积与上洞属同一时期,从石器工艺上看,应与上洞同为更新世晚期偏晚阶段,旧石器时代晚期。有学者将樟脑洞与小空山加以比较,认为二者的自然环境比较接近,文化面貌表现出较多的一致性。[1]

三、丹江口石鼓后山发现的旧石器

石鼓后山石器地点位于丹江口市凉水河区石鼓乡石鼓村张家营后山坡,化石地点位于张家营后山坡石鼓河一级阶地上,距河水面约 5

————————

[1]　参见李天元、冯小波:《长江古人类》,湖北教育出版社 2004 年版,第 261—262 页。

米。1984 年发现动物化石和石制品。

石鼓后山共采集石制品 28 件,经分类研究,原料以燧石为主,其次是石英和石英岩。种类有石核 5 件、石片 15 件、砍砸器 1 件、刮削器 7 件。

这批石器具有较进步的特征,如石核中有多台面石核、球形石核和片状石核,形体较小,石核上有多次剥落石片后留下的阴面,反映出打制技术的提高。石片中以中小型居多,天然台面较少,而修理台面或素台面较多,砍砸器仅 1 件,且形体较小,刮削器制作精细。此外,原料多用燧石,但燧石在当地很少见,选用当地很少的优质石料,反映出石器主人的进步性。

共出土动物化石有鬣狗、犀、猪、牛等 6 个种类,但因化石破碎很难鉴定其年代。原报告认为可能属中更新世晚期或晚更新世早期[1],刘华才则据石器较具进步性,认为属旧石器时代晚期,地质时代可能为更新世晚期[2]。

四、江陵鸡公山遗址

鸡公山遗址位于江汉平原腹地的长江左岸,隶属于湖北省荆州市荆州区郢北村,既是一处南北走向的小土岗,南北长约 500 米,东西宽约 100 米,与周围农田的高差约 7 米,可能是长江二级阶地的残存部分,又是一处古墓葬区,岗地上分布着大量不同时代的墓葬,尤以春秋至汉代的墓葬特别密集。因建设宜黄高速公路,鸡公山被划为取土场,在发掘墓葬时发现了旧石器时代的文化层,证实是一处重要的旧石器遗址。经专家呼吁和政府协调,这座重要的古遗址终于得以保存,在原地建有遗址博物馆,1998 年公布为全国重点文物保护单位。

1992 年 10 月进行了发掘,发掘面积 467 平方米,发现数以万计的

---

① 参见湖北省博物馆等:《丹江口市石鼓后山坡旧石器地点调查报告》,《江汉考古》1987 年第 4 期。

② 参见杨宝成主编,黄锡全副主编:《湖北考古发现与研究》,武汉大学出版社 1995 年版,第 16—17 页。

石制品,清理出古人类的居住活动面,发现了5个由砾石围成的圆形石圈和脚窝痕迹。这是我国首次在平原地带发现的旧石器时代人类活动遗迹,填补了中国旧石器时代考古学空白。

遗址分上、下两个文化层。上文化层主要分布在发掘区东南角面积20多平方米的范围内,原生地层可能早期被破坏,厚约10厘米—25厘米。出土石制品近500件,绝大部分为小石片石器,原料以砾石为主,取自当地河滩。石器类型以小型刮削器为主,是典型的旧石器时代晚期的小石器系列,依据地层堆积和石器性质初步判断,年代距今约1万—2万年。

下文化层厚约50厘米,在已揭露的范围内,发现一处原始人类居住生活的遗址,以及大量的石制品,属典型的砾石工业文化遗存。石器原料均为砾石,从堆积情形来看,当时的人类不是在河滩打制石器,而是从河滩拣选砾石到活动地点来加工制作。依据地层堆积和石器性质初步判断,年代距今约4万—5万年。

鸡公山旧石器时代遗址最重要的遗迹现象是在下文化层下4A层下的4B层揭露的面积近500平方米的活动面。这个活动面东西长20余米,南北宽近20米,平面上布满砾石、石核和各类石器,其密集程度要远超过4A层,石制品分布最密集的部分是在遗址的中、北部,绝大部分石制品的棱角分明、刃缘锋利。在下文化层的活动面上,石制品与砾石分布疏密相间,有与人类活动有关的两类迹象:"石堆"与"石圈"。"石堆"为石制品密集区,堆积和散布着数以万计的石器和石制品,其种类有尖状器、砍砸器、刮削器以及砾石、石核、石片等,并遗有石锤或石钻等加工石器的工具,是加工石器的遗迹;遗址内发现有圆形石圈和脚窝等居住遗迹,有5个砾石围成中间为空白区的"石圈",石圈直径有大有小。小圈直径1.5—1.8米之间,呈椭圆形,外围是由密集排列的砾石、石核、石片和碎屑形成的宽约1米的圈带,圈内有成品石器如砍砸器、尖状器等。大圈直径约2—2.5米之间,外围圈带与小圈没有明显差异,但圈内没有任何遗物。这种石圈结构应是当时人类居住的圆形窝棚的遗迹,在居住区西南侧有几块较小的空白区,根据散落石器的种类及特点,并参照欧洲同类遗址的情况,推测是屠宰兽类的场所。在遗址的南部还发现有一处石器制作场所,在当年的加工区内,当年蹲坐加工石器的座位及双脚踏地的脚窝仍清晰可辨。

该层的石制品数量多,种类齐全,器形粗大,形状规整,反映的是一种具有砾石工业传统的大石器系列。石器制作工具为石锤和石砧。石锤主要选用圆形和椭圆形的砾石,个体较小;石砧主要选用形体较大的扁平椭圆形的大砾石。在石锤和石砧是均有锤击的痕迹。石器的制作方法则仅见锤击法,多是用砾石直接打击而成。器型有砍砸器、尖状器、刮削器等,其中双向砍砸器和三棱尖状器最具特色,但未见旧石器晚期典型的龟背状刮削器,也不见樟脑洞遗址中的小型刮削器,反映出一定的原始性质。

鸡公山遗址填补了我国旧石器时代人类在平原上活动遗迹的空白,该遗址面积之大、地层关系之确切、文化遗物之丰富、遗迹关系之清楚在中国尚属首次发现,在世界上也属少见。尤其是下文化层居住遗迹和石器加工场遗迹的揭露,堪称中国旧石器时代文化考古的重大突破。该遗址直接提供了大、小两种石器工业的地层叠压关系,清楚地反映了中国南方从砾石石器工业向石片工业的过渡历程。在1992年全国十大考古发现中被列为第一位。①

---

① 参见杨宝成主编,黄锡全副主编:《湖北考古发现与研究》,武汉大学出版社1995年版,第17—18页;李天元、冯小波:《长江古人类》,湖北教育出版社2004年版,第255—259页;刘德银:《远古人类走向平原的足迹》,《荆州重要考古发现》,文物出版社2009年版。

第四章

汉江流域新石器时代文化区系

汉江流域在自然地理上明显分为上游、中游、下游三个地理单元，这三个地区地貌上有较大差异。上游地区为山区和河谷盆地，中游地貌较为多样，主要地貌为盆地、平原、丘陵，又可分为南阳盆地、襄宜平原和随枣走廊三个次级区域，下游地区的地貌则是湖沼平原，又可分为汉东和汉西两块，以汉东地区为主。从新石器时代开始，汉江流域的三大地理单元就有明显的文化分区：上游地区主要受北方影响，与秦岭以北的渭河流域属同一文化区；中游地区同时受到北方中原文化区和江汉文化区的影响，具有明显的南北过渡特点，是南北文化的过渡地区；下游地区则为江汉文化系统的发源地，并同时受到中原文化区、鄂西峡江文化区和长江下游文化区的影响。

第一节　汉江上游文化区系

更新世晚期的末次冰期结束后，气温迅速回暖，在距今 3000—8500 年的中全新世时期，气候最为温暖适宜，中国科学界称为"中国全新世大暖期"。全新世气温升高是全球性的现象，国际上称为"全新世最佳气候适宜期"。全新世大暖期时，南北气候普遍较为暖湿，季风降水几乎波及所有各地，植物生长空前繁茂，降水较现在丰沛得多，在相同的纬度上，中国的大暖期升高值是全球最大的地区，又是全球冬季升温最高的地区之一。[①] 全新世大暖期带来了新石器时代文化的空前繁

---

① 参见施雅风主编：《中国全新世大暖期气候与环境》，海洋出版社 1992 年版，第 1—18 页。

荣,因此考古学界又称"仰韶高温期",为古代最适宜于人类活动的时期。

全新世高温期时,气候普遍温暖湿润,秦岭南北的自然环境差异没有现代大,秦岭以北的渭河流域和秦岭以南的汉江上游谷地,新石器时代在文化地理上同属大地湾文化。

大地湾文化,旧称老官台文化,以1958年、1959年调查和试掘的陕西华阴县老官台遗址而命名,后因该遗址内涵贫弱,现考古学界一般以规模更大、内涵更为丰富的甘肃秦安大地湾遗址命名为大地湾文化。

大地湾文化分布在渭河流域和汉水上游地区及丹江上游,即陇东、关中和陕南地区,地跨秦岭南北,以渭河下游地区较为密集。在地域上,大地湾文化分为大地湾类型和李家村类型。①

大地湾类型以大地湾一期文化为代表,主要分布在渭河流域,个别在丹江上游,属于这一类型的遗存还有西山坪一期、紫荆下层、北刘下层、白家村遗址、白庙及元君庙H403、H405等,属于大地湾类型的早期阶段。遗存以夹砂陶为主,罕见泥质陶,纹饰以拍印的交错粗绳纹为主要纹饰,另有附加堆纹和乳钉纹,红色宽带彩绘是大地湾类型最显著的特征之一,器型以圜底钵、三足钵、平底罐、三足罐、圈足碗、小口鼓腹罐六种为主要器形,以前四种的数量为多,三足器和圈足器均为分制而成,即在圜底下分别附加三足或圈足而成为一种新的器形。大地湾类型的晚期阶段以北首岭下层为代表,包括天水师赵村一期、西山坪二期和老官台的部分遗物。共同以卵形三足罐、圈足碗、平底罐、平底钵和三足深腹罐为最明显的特征。

李家村类型以西乡县李家村遗址命名,属于该类型的遗址主要有西乡李家村、西乡何家湾、汉阴阮家坝、紫阳马家营、紫阳白马石、南郑龙岗寺遗址等,这些遗址分布比较集中,主要在汉江上游地区。李家村类型在年代上属于大地湾文化晚期。李家村遗址位于汉中地区西乡

① 参见中国社会科学院考古研究所:《中国考古学》(新石器时代卷),中国社会科学出版社2010年版,第113—120页。

县,是汉江上游地区一处较重要的新石器时代遗址,经过 1960 年、1961
年较大规模的发掘,获得了一批面貌较新颖的文化遗存,当时被命名为
"老官台文化李家村类型"①。李家村类型的陶器比较简单,陶质以泥
质陶为主,有较多灰白陶,这点与大地湾类型有明显区别,泥质陶的比
例约为 60%—80%。陶器纯属手制,陶色不纯,氧化现象普遍,并以外
红内黑为常见,流行斜线或竖线细绳纹。陶胎器壁较薄,器型比较单
调,主要有三足器、三足深腹罐、圈足碗、圜底钵等。圈足碗的数量多于
大地湾类型。李家村类型的三足器,具有共同特点,均为直敞口,三足
较矮小,似乳钉状,个别稍长,但整体器形没多大变化。石器以磨制为
主,多保留了打制的痕迹,品种有斧、铲、锛、刀、镞等。龙岗寺遗址出土
的双耳细颈壶、折曲腹罐、素面深腹平底钵等不见于大地湾类型,而与
半坡文化相同或接近,表明龙岗寺遗存与半坡文化有直接的承袭发展
关系,也是李家村类型中偏晚的因素。

　　承继大地湾文化发展而来的是仰韶文化。仰韶文化得名于 1921
年首次发掘的河南渑池县仰韶村遗址,在我国的新石器时代考古中,发
现最早、考古工作做得最多,资料最丰富,是黄河中游地区的重要新石
器时代文化,代表了中国新石器时代一个非常重要的发展阶段,在中国
考古学中占有极重要的地位。广义的"仰韶文化",分布空间很广,东
到河南,西至陇东,南抵鄂西北,北达内蒙古河套地区,实际上是包含了
若干个考古学共同体文化的复合体,称为黄河中游"仰韶文化群"或
"仰韶群体文化"。典型的仰韶文化只分布在以渭河流域为中心的陕
西及其近邻地区,东到晋西南、豫西三门峡,南达丹江、汉江上游,西至
甘肃秦安、天水,北至陕西黄龙、甘肃庆阳地区,包括半坡文化、庙底沟
文化和西王村文化三个发展阶段,其年代上限为公元前 4900 年,下限
为公元前 2900 年,跨度大致在公元前 5000 年至公元前 3000 年之间,

---

① 中国科学院陕西分院考古研究所:《陕西西乡李家村新石器时代遗址》,《考古》1961
　　年第 7 期;陕西省社会科学院考古研究所汉水队:《陕西西乡李家村新石器时代遗
　　址 1961 年发掘简报》,《考古》1962 年第 6 期;陕西省考古研究所、陕西省安康水电
　　站库区考古队:《陕南考古报告集》,三秦出版社 1994 年版。

延续约 2000 年左右。①

汉江上游地区已发掘的何家湾、龙岗寺、马家营、阮家坝等遗址的仰韶时代文化遗存，可归入典型仰韶文化内，属于半坡文化和庙底沟文化两个阶段。何家湾遗址第四层除少量大地湾文化李家村类型的堆积外，主要是半坡文化的堆积，其房屋、墓葬形制、陶器以及石器的特征，都与关中渭河流域的半坡文化相同。龙岗寺遗址文化堆积与何家湾相同，下层为大地湾文化，上层为半坡文化。庙底沟文化的遗迹、遗物多数是在各遗址的扰乱层下发现的，缺乏完整的地层堆积，数量也很少。但从出土陶器的陶质、形制、纹饰等方面来看，与关中的庙底沟文化是相同的。

汉江上游地区的龙山文化，目前资料还比较少，遗物也大都来源于扰乱层中，还不能进行系统研究。何家湾与龙岗寺遗址出土的龙山文化遗物，主要是泥质红胎黑皮陶、黑陶和灰陶，可辨器形有盆、碗、豆、簋、罐等。从陶器特征来看，有的器物受渭河流域同时期龙山文化影响较明显，但同时又有浓厚的地方特点，自身因素占主流。

在丹江上游地区，分布有庙底沟二期文化和客省庄文化遗存。庙底沟二期文化是仰韶文化与龙山时期文化之间的一种过渡遗存，其中心区域在豫西、晋南和关中东部。客省庄文化旧称陕西龙山文化，是从关中地区的典型仰韶文化经庙底沟二期文化发展而来的，核心区在渭水流域。

汉江上游地区的龙山文化发展到晚期，开始具有更多的巴蜀文化特征，这表明随着气候变化尤其是由于气温下降，秦岭南北的差距拉大，汉江上游地区与关中逐渐区分开来，而与南边的巴蜀地区的联系却日益紧密。以紫阳白马石遗址第二期为代表的文化遗存，与关中龙山文化有较大的差异，而与四川盆地的三星堆一期文化相近。② 三星堆

---

① 参见中国社会科学院考古研究所：《中国考古学》（新石器时代卷），中国社会科学出版社 2010 年版，第 226 页。

② 参见赵殿增：《三星堆考古发现与巴蜀古史研究》，《四川文物》"三星堆巴蜀文化研究专辑" 1992 年。

遗址第一期遗存,现一般称之为宝墩文化,是分布在成都平原的一支新石器时代末期文化。有学者将汉江上游地区的龙山时代晚期遗存称之为"白马石类型"①。1990年,西北大学考古专业在城固五郎庙、宝山、洋县六陵渡等遗址进行调查和试掘,将所获材料分为三期:第一期属新石器时代晚期,或延至稍晚时候;第二期相当于二里头文化时期至二里岗文化时期;第三期约当殷墟一期至二期或可延至三期,并将其作为巴蜀文化的一个类型。② 1998年发掘的宝山遗址中,发现有龙山时期遗存,分早、晚两段,发掘报告称为宝山二、三期遗存,认为宝山二、三期遗存与川西平原的宝墩文化存在某种联系,与川东长江沿岸地区的新石器时代文化亦存在一些联系。③

第二节　汉江下游文化区系

汉江下游地区主要为江汉平原及大洪山南麓。汉江下游地带的江汉平原北部与大洪山交界处,是著名的屈家岭文化的发源地,新石器时代特别是屈家岭文化和石家河文化时期,这里是整个长江中游地区史前文化的中心,强烈地辐射整个长江中游地区,对周边地区也产生过明显的影响。

关于屈家岭文化起源,目前考古学界内部有"一元论"和"二元论"之分。"一元论"认为,屈家岭文化是从大溪文化发展而来的,是为大溪文化起源说;"二元论"则否认屈家岭文化是从大溪文化发展而来,主张屈家岭文化是从汉东地区发展起来的,另有渊源,是为汉东地区起源说。依"一元论"的观点,湖北地区的新石器时代文化大体上经历了城背溪文化、大溪文化、屈家岭文化和石家河文化几个发展阶段。依

---

① 王炜林、孙秉君:《汉江上游巴蜀文化的踪迹》,《中国考古学会第七次年会论文集》,文物出版社1992年版。

② 参见赵丛苍:《城固洋县铜器群综合研究》,《文博》1996年第4期。

③ 参见西北大学文博学院:《城固宝山——1998年发掘报告》,文物出版社2002年版,第175、176页。

"二元论"的观点,鄂西地区经历过上述几个考古学文化的发展阶段,在汉东地区,则经历过边畈文化、油子岭文化、屈家岭文化和石家河文化的发展阶段,其中边畈文化相当于大溪文化早期、油子岭文化(有学者称之为大溪文化油子岭类型)相当于大溪文化中晚期。到屈家岭文化和石家河文化时期,长江中游地区的考古学文化实现了空前的统一和繁荣。

随着资料的累积和研究的深入,现在考古学界对屈家岭文化起源上的分歧有渐趋统一的趋势。即使是原来的一元论者,主张屈家岭文化由大溪文化发展而来,亦认为屈家岭文化是由汉东地区起源的,其直接的渊源是京山、天门一带的油子岭类遗存,只是双方对油子岭类遗存的看法还不一致:一元论者认为油子岭类遗存属于大溪文化的一个地方类型,二元论者则认为油子岭类遗存是京山、天门一带的原始土著文化,称之为油子岭文化。从油子岭文化晚期开始,汉东地区的原始文化后来居上,超越了周围地区,最终发展成为强势的屈家岭文化。[①]

目前汉江下游地区最早的新石器文化是边畈文化,以钟祥的边畈遗址为代表。边畈遗址的资料没有发表,仅有少量披露。同类遗存在江汉平原的北端,西到汉水,东到漻水和涢水下游一带都有分布,包括黄陂县程家墩、河李湾、涂家山、城隍庵,云梦县的胡家岗,还有钟祥县肖家店砖瓦厂等。[②]

边畈遗址位于钟祥县城郢中镇以西约10公里,其新石器时代遗存可分为三期,其中第一、二期比较接近,第二、三期则差别较大,第一、二期发现有墓葬61座,由于水位太高,墓坑的形状与层位都不清楚,也没有发现骨架,随葬品只有陶器,数量较少,组合简单,主要为鼎,少数为鼎釜或鼎罐。

---

① 关于屈家岭文化起源的争论,参见张绪球:《屈家岭文化》,文物出版社2004年版,第24—35页。

② 参见张绪球:《汉水东部地区新石器时代文化初论》,《考古与文物》1987年第4期;张绪球:《长江中游新石器时代文化概论》,湖北科学技术出版社1992年版,第164—166页。

边畈文化的陶质以粗泥陶为主,夹碳陶有较大比例,火候不高,红陶占80%—90%,大部分涂红衣,其余多为黑陶。纹饰简单,主要有绳纹、按窝纹、镂孔、弦纹。绳纹是饰于鼎、釜的腹部,稀疏而浅。按窝纹数量最多,全部饰于鼎足上端,绝大部分鼎足都有。器形主要有鼎、釜、钵、盆;另外,豆、碗、器座出现的次数与产品多。鼎是边畈数量最多也最有特色的器形,约占陶器总数的一半,有些灰坑里全部是鼎,质地为夹碳红陶。鼎身多为釜形。盆形式较多。器座最常见的一种为内折腹形,少数为筒形。

由于报道的材料很少,边畈文化的分布范围不详。汉水中游地区的朱家台类型遗址中鼎的数量较多,鼎足的形式和纹饰也和边畈相似,可能是边畈文化影响的结果。① 亦有学者认为边畈文化与汉水中游地区的仰韶文化(仰韶文化下王岗类型或仰韶文化群下王岗文化)有较多的一致性,因此边畈文化中含有下王岗类型仰韶文化的因素。② 边畈文化的年代相当于大溪文化早期,绝对年代距今5900—6900年左右。③

继边畈文化之后的考古学文化为油子岭文化,有学者将之归入大溪文化之中,称为大溪文化油子岭类型,主要分布在汉水东部,江汉平原北端。代表性的遗存有京山油子岭下层、屈家岭下层、朱家嘴、天门龙嘴、谭家岭下层,钟祥六合下层、边畈三期,武昌放鹰台墓葬等。

油子岭文化继承发展了边畈文化的主要特征,黑陶数量增加,出现快轮制陶技术,流行弦纹、镂孔装饰,按窝纹继续流行。典型器物为鼎、彩陶碗、彩陶杯、圈足罐、高领罐、簋、子口豆、敛口碗、附杯形耳圈足盘、壶、曲腹杯、器座等。鼎、罐、器座、钵等在边畈文化中都能找到前身,其分布区域基本一致,都以鼎为主要炊器。油子岭文化晚期扩展到环洞庭湖区、峡江地区、鄂东南地区。相对年代晚于边畈文化,相当于大溪

① 参见张绪球:《长江中游新石器时代文化概论》,湖北科学技术出版社1992年版,第166页。
② 参见何介钧:《长江中游新石器时代文化》,湖北教育出版社2004年版,第163页。
③ 参见孟华平:《长江中游史前文化结构》,长江文艺出版社1997年版,第116页。

文化中晚期,绝对年代约为距今 5100—5900 年左右。①

油子岭文化的陶器以泥质或夹炭红陶为主,红陶多施红衣;黑陶次之,灰陶极少。纹饰有叶脉形附加堆纹、弦纹、按窝、指甲纹、戳印纹、压印纹、刻画纹、镂孔等。彩陶有蛋壳彩陶、薄胎彩陶和厚胎彩陶三种;薄胎与蛋壳彩陶彩饰为橙黄或灰黄色地、黑彩,多饰于杯口沿内壁和碗腹表与底部;彩纹图案以平行横带间夹卵点、斜线、豆荚纹等组成,碗底彩纹似风轮状图案;厚胎彩陶极少,红地和白地黑彩,彩纹图案有花瓣纹或以圆点、弧线三角组成,此类具有庙底沟特色的彩饰,应来自北面仰韶文化的影响。陶器的主要器形有鼎、釜、杯、碗、盘、盆、豆、罐和器盖等;以鼎的数量最多,均为小型鼎。有扁足、扁锥足和卷边扁足釜形鼎,矮圆锥足罐形鼎和盆形鼎等。油子岭文化以各式釜形、罐形鼎、蛋壳彩陶杯、薄胎或蛋壳彩陶碗、带盖碗、附盅圈足盘、壶形器、带盖深腹豆、带盖假圈足罐等一组陶器群为其文化特色。生产工具以石器为主,有斧、锛、凿、刀、铲、锄、镰、矛、网坠、纺轮、杵等,多为磨制,斧、锛以长方形、梯形多见;有一种石凿,厚大于宽,磨制精细,是一种很有特色的工具。

在油子岭文化基础上发展起来的屈家岭文化是长江中游最具代表性的新石器时代文化,也是长江中游第一个被命名的新石器时代文化。屈家岭文化的分布范围,北到河南省西南部,南到湖南省北部,西到汉江上游,东到武汉市东部。在这一范围内发现的屈家岭文化遗址,超过五百处,经发掘或重点调查的遗址也有四五十处。对于屈家岭文化的类型划分,目前学术界有多种意见。1982 年,何介钧率先将屈家岭文化划分为汉水流域的屈家岭类型和长江干流及洞庭湖区的划城岗类型。② 1986 年,沈强华将屈家岭文化划分为鄂中的屈家岭类型、豫西南的青龙泉类型、洞庭湖区的划城岗类型,鄂东地区有可能属于另一地域类型。③ 同年祁国钧提出屈家岭类型、青龙泉类型和关庙山类型的划

---

① 参见孟华平:《长江中游史前文化结构》,长江文艺出版社 1997 年版,第 117 页。

② 参见何介钧:《长江中游原始文化初论》,《湖南考古辑刊》1,岳麓书社 1982 年版。

③ 参见沈强华:《试论屈家岭文化的地域类型》,《考古与文物》1986 年第 2 期。

分。① 林邦存则提出 8 个区域类型的划分：鄂中地区的屈家岭类型、随枣走廊地区的雕龙碑—曹家楼类型、鄂西北至豫西南的下王岗类型、鄂东南的螺蛳山类型、鄂西地区的关庙山类型、湘北偏西的划城岗类型、湘北偏东至鄂东地区的车辐山类型、湘西怀化地区的高坎垄类型。② 张绪球将屈家岭文化划分为屈家岭类型、青龙泉类型、划城岗类型、关庙山类型等四个类型。③ 孟华平划分为五个地方类型：峡江地区的清水滩类型、环洞庭湖地区东侧的三元宫类型、西侧的高坎垄类型、汉东地区的屈家岭类型和鄂西北地区的青龙泉类型。④《中国考古学的世纪回顾》则认为屈家岭文化可划分为江汉平原的屈家岭类型、鄂西地区的关庙山类型、洞庭湖区的划城岗类型、鄂西北至豫西南的青龙泉类型⑤。《中国考古学》（新石器时代卷）则主张屈家岭文化可分为鄂中地区的屈家岭类型、洞庭湖地区的划城岗类型、鄂西北至豫西南的青龙泉二期三个地方类型，鄂东地区待资料完善后可分为四个类型。⑥

虽然各家的划分并不一致，但也有共同点，在屈家岭类型的问题上是有一致意见的。其分布地域为江汉平原中北部和汉东丘陵地区，中心范围在京山、天门、钟祥、应城一带。屈家岭类型以京山屈家岭遗址为代表，是屈家岭文化中最典型、发展程度最高，并且对其他类型起到主导影响的一个类型，是屈家岭文化的中心地带，并且在其基础上，发展出更丰富多彩的石家河文化石家河类型。

屈家岭文化陶系以泥质灰、黑陶为主，流行弦纹、镂孔，普遍使用快轮制陶技术。典型器物为双腹碗、双腹豆、双腹鼎、高领罐、彩陶壶、敞

---

① 参见祁国钧：《试论屈家岭文化的地域类型》，《江汉考古》1986 年第 4 期。

② 参见林邦存：《关于屈家岭文化区、系、类型问题的初步分析》，《江汉考古》1997 年第 1、2 期。

③ 参见张绪球：《屈家岭文化》，文物出版社 2004 年版，第 41、61—70 页。

④ 参见孟华平：《长江中游史前文化结构》，长江文艺出版社 1997 年版，第 117 页。

⑤ 参见严文明主编：《中国考古学的世纪回顾》（新石器时代考古卷），科学出版社 2008 年版，第 379 页。

⑥ 参见中国科学院考古研究所编著：《中国考古学》（新石器时代卷），中国社会科学出版社 2010 年版，第 441 页。

口薄胎杯、高圈足杯、深直腹甑等。屈家岭类型的特点是多彩陶纺轮、三角纽盖、凿形足罐形鼎、薄胎彩陶杯、彩陶碗等。生产工具以石器发现最多，不过平原地带发现较少，肖家屋脊遗址发掘的屈家岭文化地层达数千平方米，但出土石器仅 12 件，这可能是由于稻作农业的缘故。石器中数量最多的为斧，又可分为实用形和礼仪形两种。屈家岭文化中的实用形斧逐渐小型化，可能与原始农业的进步有关。礼仪形石斧又称为钺或铲，制作极为精致美观，非生产工具，是一种礼仪用具。其他主要有锛、镰、镞、球、钻头等。屈家岭文化的绝对年代为距今5100—4500 年左右。①

石家河文化是江汉地区继屈家岭文化之后发展起来的一种考古学文化，其中由典型屈家岭文化直接发展而来的石家河文化石家河类型，分布在江汉平原中北部，天门石家河遗址群及其邻近地区是石家河文化的中心区。这一地区距离周围其他文化的分布较远，其北部有较高的山脉阻隔，这种地理环境有助于考古学文化的形成、发展和延续。据考古调查和发掘资料，石家河及其邻近地区，新石器时代文化的发展序列保持有数千年的连续性，石家河文化时期的遗存，亦最能反映该文化的典型特点。这一地区在地形上属于大洪山山前丘陵和江汉平原的接触带，北部为低矮岗丘，土层深厚，海拔仅 30—60 米，南部和两侧为广大的冲积平原和滨湖地区，这种自然环境为发展原始农业、畜牧业及渔猎业提供了得天独厚的条件。考古调查表明，石家河一带在石家河文化时期，聚落已经发展到和今天的村落差不多的稠密程度，其遗址普遍具有规模大、堆积厚、遗存丰富的特点，以上这些情况在江汉地区是绝无仅有的。所有这些说明，石家河一带的考古学文化发展水平，要大大高于同时代的其他地区。②

石家河文化的分布范围与屈家岭文化大致相当，但北部较屈家岭文化有所缩小，退缩到南阳盆地的中南侧，在东北方向则是以桐柏山和

---

① 参见孟华平：《长江中游史前文化结构》，长江文艺出版社 1997 年版，第 121 页。

② 参见张绪球：《长江中游新石器时代文化概论》，湖北科学技术出版社 1992 年版，第240 页。

大别山为界,东部以麻城、黄冈、鄂城、大冶一线为界,东南以幕阜山、九宫山为界,南部则在向湘中地区扩展。

石家河文化陶系以灰陶为主,流行篮纹、方格纹,出现模制技术。典型器物为宽扁足盆形鼎、厚胎红陶杯、长颈鬶、高领罐、擂钵、卷沿豆、盆、碗、高足杯、深腹盆形甑等。石家河类型的大口折腹杯、厚胎红陶杯、高领罐、深腹缸丰富。石家河文化的绝对年代约在距今 4200—4500 年左右。[1]

石家河文化晚期,中原文化大举南下,从根本上改变了石家河文化的原有结构。由于中原文化因素的大量进入,江汉地区的考古学文化性质发生了质变,其陶器群体已失去石家河文化的共性特征,长江中游地区的本地特征越来越少,除少量因素外,主体部分与石家河文化并无关系,因此考古学界普遍认为,这应是不同于石家河文化的另一支考古学文化。对于此类遗存,目前考古学者有不同的称呼,孟华平称为后石家河文化[2],杨权喜称之为石板巷子文化[3],王劲则称为三房湾文化[4]。其绝对年代为距今 4000—4200 年左右[5],已进入夏代。

第三节　汉江中游文化区系

汉江中游地区主要是南阳盆地、襄宜平原和随枣走廊。这里是中国自然地理的中心地带,长江和黄河两大流域的交接处,南北交流的重要通道,因而也是中国南北文化的交汇地带。从新石器时代开始,南北文化就在这里交汇,这里的新石器时代文化有强烈的南北交汇特点,兼具北方中原地区与南方江汉地区的特点。同时,南北两大文化系统也在汉江中游地区进行了激烈的交锋,北方地区的新石器文化系统和江

---

[1]　参见孟华平:《长江中游史前文化结构》,长江文艺出版社 1997 年版,第 121 页。

[2]　参见孟华平:《长江中游史前文化结构》,长江文艺出版社 1997 年版,第 101 页。

[3]　参见杨权喜:《关于鄂西六处新石器时代晚期遗存的探讨》,《考古》2001 年第 5 期。

[4]　参见王劲:《后石家河文化定名的思考》,《江汉考古》2007 年第 1 期。

[5]　参见孟华平:《长江中游史前文化结构》,长江文艺出版社 1997 年版,第 134 页。

汉地区的新石器文化系统在此地多次反复碰撞,最终是北方系统取得了完全的胜利。

　　大约在 7000 年以前,渭河流域的大地湾文化首先越过秦岭到达丹江上游地区。商县紫荆遗址地处丹江上游,位于陕西商县县城东南 7 千米的丹江南岸紫荆村北,面积约 10 万平方米。1978 年首次发掘,发掘面积 1460 平方米,发现有灰坑 160 个,陶窑 4 座,墓葬 38 座,出土各类遗物 2000 余件。① 1982 年又进行第二次发掘。② 商县紫荆遗址下层属大地湾文化一期,然后是仰韶文化和客省庄文化。紫荆遗址第一次发掘简报将新石器遗存分为四期,第二次发掘简报则分为五期。樊力后综合两次发掘的资料,将紫荆遗址分为五个阶段:第一阶段为老官台文化(现一般称为大地湾文化)遗存;第二阶段为仰韶文化遗存,包括仰韶文化一、二、三期,紫荆遗址仰韶文化第一期器物面貌与关中的半坡类型一致,其仰韶文化第二期与丹江下游的下王岗类型较为接近,但受中原和关中同期遗存较大影响,仰韶文化第三期文化面貌与丹江下游较为一致,同时受关中、中原同期遗存一定影响;第三阶段遗存包含二组文化因素,甲组为屈家岭文化青龙泉二期类型典型因素,乙组为庙底沟二期文化因素;第四阶段遗存亦分二组因素,甲组为关中地区的客省庄文化因素,乙组为石家河文化青龙泉三期类型因素,但甲组的客省庄文化因素占有主导地位;第五阶段以客省庄文化因素为主,石家河文化因素趋于消失,基本上是单一的客省庄文化晚期遗存。③

　　丹江上游以下,汉江中游地区,在仰韶文化时代为下王岗文化的分布地区,因河南省淅川下王岗遗址的发掘而得名,这是一支受仰韶文化强烈影响的区域文化,从广义上说,亦可归入仰韶文化范围内,故有学者将之归入仰韶群体文化中,称为仰韶文化下王岗类型,典型遗址还有淅川下集、黄楝树,镇平赵湾,湖北省郧县青龙泉、大寺,均县乱石滩、朱

---

① 参见商县博物馆、西安半坡博物馆、商洛地区图书馆:《陕西商县紫荆遗址发掘简报》,《考古与文物》1981 年第 3 期。
② 参见王世文:《1982 年商县紫荆新石器时代遗址的发掘》,《文物》1987 年第 3 期。
③ 参见樊力:《丹江流域新石器时代遗存试析》,《江汉考古》1997 年第 4 期。

家台,枣阳雕龙碑等。屈家岭文化兴起后,汉江中游地区成为屈家岭文化、石家河文化的分布区,龙山时代晚期,中原文化大举南下,汉江中游又成为二里头文化的分布区。

丹淅水流域的典型遗址有淅川下王岗遗址和淅川黄楝树遗址。

下王岗遗址位于河南省淅川县西南35千米的宋湾乡下王岗村东红石岗上,东、北、南三面临丹江,遗址地处河边台地,因受丹江侵蚀,现存面积6000平方米。1972年至1974年,河南省博物馆文物工作队和长江流域规划办公室文物考古队河南分队对下王岗遗址进行了大规模发掘,发掘面积达2309平方米,清理出仰韶文化、屈家岭文化、石家河文化、乱石滩文化房基43座,陶窑5座,灰坑270个,墓葬656座,出土各类遗物5914件,发掘成果结集为《淅川下王岗》大型报告,1989年由文物出版社出版。① 下王岗遗址文化堆积可分为仰韶文化、屈家岭文化、龙山时期文化和二里头文化等几个大的阶段。仰韶文化遗存分三期,含有部分长江流域的大溪文化因素,或可视为仰韶文化半坡类型的变体。屈家岭文化遗存则不太丰富,分布不普遍,文化层较薄,只发现20多个灰坑和少数墓葬,文化面貌与长江流域的京山屈家岭文化中晚期较为相似,与湖北郧县青龙泉、大寺遗址的器物也很接近。下王岗石家河文化遗存则较为丰富,报告称为屈家岭文化二期遗存,实际应为石家河文化早中期遗存,与湖北郧县青龙泉遗址石家河文化遗存面貌一致。下王岗的龙山文化遗存,时代为龙山时代晚期,文化面貌上与中原的煤山文化较为接近,但仍有石家河文化的若干因素,表明此时中原文化因素有强大的影响,按今天的研究,此类遗存应为后石家河文化②,其后,下王岗遗址成为二里头文化的分布地区。

淅川黄楝树遗址在淅川县新县城西南45千米的丹江和黄岭河交汇处,溯丹江而上不到30千米处即为下王岗遗址。黄楝树遗址面积较大,总面积约14万平方米,1965年、1966年两次发掘,总计发掘面积

---

① 参见河南省文物研究所、长江流域规划办公室考古队河南分队:《淅川下王岗》,文物出版社1989年版。

② 参见王劲:《后石家河文化定名的思考》,《江汉考古》2007年第1期。

980 平方米,其遗址文化遗存有仰韶、屈家岭和龙山时期三个发展阶段。① 黄楝树遗址仰韶文化遗存与下王岗仰韶文化二三期面貌相似,屈家岭文化遗存堆积较厚,遗迹较多,有 25 座房基,17 个灰坑,18 座土坑墓和 20 座瓮棺葬,文化面貌与江汉平原的屈家岭文化一致,绝大多数器物都可见于江汉平原屈家岭文化中晚期。黄楝树遗址晚期遗存较少,由屈家岭文化发展而来,面貌接近于下王岗石家河文化遗存,属于石家河文化的一个地区类型——青龙泉三期类型,时代约为石家河文化早期。

汉江中游谷地的典型遗址为青龙泉遗址,位于鄂西北郧县城东 5 千米处,坐落在玉钱山南麓,汉江北岸二级阶地上,面积 45000 平方米,1959 年 10 月至 1962 年 5 月,中国科学院考古研究所进行了 5 次较大的发掘,面积 538.5 平方米,其遗址包含有仰韶、屈家岭和石家河三个时期的文化遗存。② 仰韶文化遗存属仰韶时代晚期,但已出现了某些屈家岭文化的因素。屈家岭文化遗存可分为早、晚两期,青龙泉屈家岭文化早期遗物丰富,其年代实际相当于屈家岭文化中期,在文化因素上,青龙泉屈家岭文化遗存与江汉地区屈家岭文化屈家岭类型的一致性较高,但仍保留了仰韶文化的某些因素,有学者认为,"这种情况说明江汉地区的屈家岭文化是发展到中期才传播到汉水中游和丹水流域,从而替代了仰韶文化,但仍接受了仰韶文化的不少因素"。到石家河文化时,江汉地区的石家河文化与青龙泉的石家河文化在器型特征的变化上已是同步的,此时黄河流域的影响已很微弱。③

唐白河流域的典型遗址为邓州八里岗遗址,位于河南省邓州市城东约 43 千米的白庄村北,地处湍河南岸河旁二级阶地上,面积约 6 万平方米,1991 年至 1998 年曾进行过六次发掘,发掘面积近 3000 平方

———————————

① 参见长江流域规划办公室考古队河南分队:《河南淅川黄楝树遗址发掘报告》,《华夏考古》1990 年第 3 期。

② 参见中国社会科学院考古研究所:《青龙泉与大寺》,科学出版社 1991 年版。

③ 参见何介钧:《长江中游新石器时代文化》,湖北教育出版社 2004 年版,第 229、234 页。

米。八里岗遗址有仰韶文化、屈家岭文化、石家河文化及龙山晚期四个时代的文化遗存,此情形与下王岗遗址类似。① 八里岗遗址最早的遗存为仰韶中晚期,属中原文化系统,但已包含有来自江汉地区屈家岭文化的因素。八里岗屈家岭文化时期的遗存,年代为屈家岭文化中晚期,属于屈家岭文化中期的陶器群,实际是来自江汉平原的屈家岭类型文化因素与承袭豫西南仰韶文化晚期遗存并受到江汉平原屈家岭类型文化因素较大影响的本地因素的混合体,陶器种类较屈家岭类型庞杂,但来自江汉平原的因素占据主导地位,至晚期,占主导地位的典型屈家岭文化的发展和演变基本与江汉平原同步。八里岗石家河文化遗存材料不多,陶器群面貌和青龙泉遗址第三期遗存基本相同,年代相当于江汉平原石家河类型的早、中期,由屈家岭文化青龙泉二期类型发展而来,同时受江汉平原同期遗存较大影响。龙山晚期遗存陶器面貌则极为复杂,年代相当于石家河文化晚期,但文化面貌差异甚大,也不同于下王岗同期遗存,且有一定的地方特色,同时也受河南地区龙山时代晚期遗存的较大影响。②

随枣走廊地区的典型遗址为枣阳雕龙碑遗址,位于湖北枣阳市鹿头镇北 3 千米的武庄村南沙、黄两河交汇之处的一个平台上,面积约 5 万平方米。1990 年至 1992 年,中国社会科学院考古研究所对该遗址进行了五次发掘,发掘面积 1500 平方米,其年代距今为 4800—6300 年。③ 出土大量遗迹遗物,有住房建筑遗存 20 座,大小型公共墓地各 1 处,墓葬 196 座,储存东西使用过的窖穴 75 座,用于祭祀活动的大型圆形建筑 1 处,遗迹 3 处,动物葬 36 座,生产、生活使用过的工具和器皿

① 参见北京大学考古学系、南阳地区文物研究所:《河南邓州八里岗遗址的调查与试掘》,《华夏考古》1994 年第 2 期;北京大学考古学系、南阳地区文物研究所:《河南邓州市八里岗遗址 1992 年的发掘与收获》,《考古》1997 年第 12 期;北京大学考古学系、南阳地区文物研究所:《河南邓州八里岗 1998 年度发掘简报》,《文物》2000 年第 1 期。
② 参见何介钧:《长江中游新石器时代文化》,湖北教育出版社 2004 年版,第 236—239 页。
③ 参见中国科学院考古研究所:《枣阳雕龙碑》,科学出版社 2006 年版。

等遗物达 3000 余件。雕龙碑遗址文化内涵具有较强的地方特色,文化遗存堆积厚 2.5 米左右,分早、中、晚三期。一期文化含有中原仰韶文化早期的某些因素,少数陶器与淅川下王岗仰韶文化二期同类器形近似,有可能与淅川下王岗仰韶文化二期是同源姊妹关系。二期文化中外来因素加大,特别是来自北方黄河流域的仰韶文化因素,部分陶器含有关中和中原两个类型的文化因素,还有来自大溪文化的某些因素,融会有南、北文化因素。三期文化是在二期文化的基础上,经过较大的变革后发展起来的具有新文化类型的遗存,它保留有二期文化特色的遗迹、遗物并不多,除房屋建筑保留有二期长方形单间和长方形双间的地面建筑,个别陶器保留有二期同类器形的某些特色外,其他方面都有较大的差异。个别陶器形制特征含有仰韶文化大河村类型和屈家岭文化早期的因素。陶器中含有较多的屈家岭文化因素,但又与屈家岭遗址明显有别,还有仰韶文化晚期的一些因素及一些自身的特征,表现出一种南北文化相互交流、融合、影响的混合性的文化性质,发掘者认为雕龙碑三期遗存可命名为雕龙碑文化。① 总的来说,雕龙碑遗址的文化性质较为复杂,第一期属仰韶文化群下王岗文化,第二期有仰韶文化和油子岭文化的因素,还有一些自身的文化特征,第三期以屈家岭文化因素为主,与屈家岭文化的关系最为密切,但包含有大量的仰韶文化因素,也有一些自身的新的文化特征。

宜城平原上的宜城曹家楼遗址,位于宜城平原北部靠近襄阳的地方,面积约 2 万多平方米,1984 年武汉大学历史系考古专业、襄樊市博物馆、宜城市博物馆联合发掘,发掘面积约 600 平方米。② 其新石器时代遗存可分为两期:第一期虽与屈家岭下层及同类型遗址的文化性质相同,但也有一些不同的因素,有些器物如红陶钵、大口深腹小罐可能受中原仰韶文化影响;第二期虽属典型屈家岭文化,但某些器物和纹饰不见于屈家岭遗址,而双腹器、壶形器等典型屈家岭文化的器

---

① 参见王杰:《湖北枣阳雕龙碑遗址的考古收获》,《江汉考古》1997 年第 4 期。
② 参见武汉大学历史系考古教研室、襄樊市博物馆、宜城县博物馆:《湖北宜城曹家楼新石器时代遗址》,《考古学报》1988 年第 1 期。

物较为少见,其文化面貌与汉江下游的典型屈家岭文化有所不同。曹家楼遗址含有中原仰韶文化因素,可能是中原仰韶文化影响的最南端。

从以上遗址的文化面貌来看,汉江中游地区在新石器时代即为南北文化交错发展的过渡地带,来自北方中原地区的仰韶文化、河南龙山时期文化、二里头文化与来自汉江下游地区的油子岭文化、屈家岭文化和石家河文化在这里相互影响,使这一地区呈现出复杂的文化面貌,南北两大文化系统在汉江中游地区反复交替、碰撞、融合,使得汉江中游地区的文化面貌与两大文化系统核心区有一定差异,而是兼具了南北文化的因素。

总体而言,汉江中游地区原为仰韶文化分布区,属中原文化系统。前仰韶时代,渭河流域的大地湾文化即越过秦岭进入丹江上游地区,进入仰韶时代,仰韶文化强烈地影响了汉江中游地区,在汉江中游地区形成了一支受仰韶文化强烈影响的区域性文化——下王岗文化,或称仰韶文化下王岗类型,仰韶文化的势力并进入随枣走廊和襄宜平原,其文化影响的最南端在宜城平原北部的曹家楼遗址。正当仰韶文化鼎盛之时,汉江下游地区的油子岭文化也兴盛起来,与南下的仰韶文化在随枣走廊和襄宜平原交汇。在枣阳雕龙碑三期遗存中,邓州八里岗遗址仰韶陶器与油子岭文化陶器共存,部分房屋结构也与八里岗遗址近似,流行侧拉式房门,表明汉江中游地区南部为两大文化系统的交汇处。屈家岭文化兴起后,向北发展,占有了汉江中游这块原属仰韶文化的地区,把汉江中游地区变为江汉文化系统的势力范围。但汉江中游地区的屈家岭文化含有较多的北方仰韶文化因素,文化面貌与汉江下游地区的典型屈家岭文化有所差异,反映了汉江中游地区兼融南北文化的特点。在屈家岭文化的最盛时期,其文化影响可达豫中,这种势头一直保持到石家河文化早期。龙山时代晚期,形势逆转,石家河文化处于退缩的状态,在中原文化的强大冲击下,汉江地区相当于石家河文化晚期的遗存受到以煤山文化为主的中原文化的强烈影响,中原文化系统的因素占据了主导地位,此类遗存现称为后石家河文化或三房湾文化,是中原文化南下后改变了当地的文化格局的结果①,再往后,汉江中游地区出现了二里头文化,成为二里头文化的分布区,中原文化再度占据统治地位。

第四节　汉江流域的文化地理属性

综上可知,早在新石器时代,汉江流域即已形成了上游、中游和下游三个有明显差异的文化区。汉江上游在龙山晚期以前,新石器时代的大部分时期,都是与其北方的关中地区联系在一起的,这表明,在全新世大暖期,由于气温较高、降水丰沛,后世成为南北地理分界线的秦岭在当时并不具有地理分界的重要意义,汉江上游和关中地区在自然地理和人文地理上具有很大的同一性,但由于关中地区文化发展水平较高,汉江上游地区成为以关中为核心的仰韶文化系统的边缘组成部分,或者说,在文化上附属于关中地区。但到龙山时代后期时,随着气温下降,高温期结束,秦岭南北渐趋分离,由于气温下降,秦岭南北在自然地理和人文地理产生了明显的差异。秦岭作为南北地理分界线,是与气候变化密切相关的,是气温下降的产物。在此背景下,汉江上游越来越与关中分离,而与南边的巴蜀加强了联系。另外,从新石器时代的文化发展来看,虽然汉江上游地区是一个具有相对独立性的地理单元,但在文化上一直处于边缘和附属的地位,而其南北的关中和巴蜀地区则是具有文化主体性的地区。

汉江下游地区亦是具有文化主体性的区域单元,这里是江汉文化系统的发源地,虽然这一地区也受到北方中原文化区和东方长江下游文化区及西边的峡江地区的影响,但这一地区的文化基本上是在吸收周围文化因素的基础上独立发展起来的,是一个具有文化主体性的重要区域。从油子岭文化开始,汉水以东、大洪山南麓与江汉湖区交界的地区就在文化地理上开始具有重要地位,其区域重要性迅速上升,成为

---

① 参见王劲:《关于后石家河文化定名的思考》,《江汉考古》2007 年第 1 期。

长江中游文化区的中心。到屈家岭、石家河时代,汉东地区更成为整个长江中游地区的绝对中心,新石器时代长江中游地区文化主体性,主要是在汉江下游地区奠定的。

汉江中游地区则是南北文化冲突、交叉、融合的地区,明显是南北文化的过渡地带,具有南北交界区的特征。在仰韶时代,北方文化系统处于优势地位,汉江中游地区大部分为北方文化分布区,这一时代北方文化系统的最南端在宜城平原上的曹家楼遗址。待到屈家岭文化兴起后,长江中游地区实现了空前的文化统一,并大举向北方扩展势力,屈家岭文化从汉江下游地区一路北上,将北方文化系统从汉江中游地区驱逐出去,占有了几乎整个汉江中游地区,其文化影响并越过伏牛、熊耳、方城诸山脉,直抵豫中地区,极限影响到达黄河沿岸。龙山晚期,中原文化发展出了中原政治王朝,进入国家文明时代,中原地区在南北对抗中重占上风,于是南阳盆地的大部分又变成中原文化分布区,石家河文化退缩到南阳盆地的南缘。其后,到了大禹的时代,中原华夏集团更向创造了屈家岭、石家河文化的三苗集团(或称苗蛮集团)发动了全面进攻,三苗彻底灭亡,自此以后,长江中游地区不再是独立的区域主体和文化主体,而是作为中原文化和中原王朝的边缘组成部分而存在。

直到今天,汉江中游地区仍然兼有南北特点,汉江中游的三大区块,南阳盆地大部分今属河南省,襄宜地区和随枣走廊今属湖北省,汉江中游地区在人文地理上本身就一分为二。南阳盆地在自然地理上属于长江流域,在政治地理和文化地理上却属于中原,这种自然地理与人文地理相分离的双重属性正是南阳盆地和汉江中游地区南北过渡特点的体现。即使是属于湖北省的襄阳地区,虽然其自然地理和人文地理具有同一性,但襄阳地区虽然属于湖北,风俗上却颇受河南影响,这是襄阳地区南北过渡特点的体现。在随枣走廊,亦可看到明显的南北过渡特点,如枣阳地区,虽在政区上属于一个县级政区且属于湖北,但枣阳在风俗上却分成明显的南北两部分,这是随枣走廊地区的南北过渡地带的体现。

第五章

屈家岭文化与江汉地区史前文化的极盛

　　新石器时代早中期,长江中游地区存在四大文化体系。汉江中游地区是北方仰韶文化系统的外围部分,为仰韶文化群中的下王岗文化分布区。在汉江下游东北岸地区,为边畈文化和油子岭文化的分布区,亦是后来屈家岭文化、石家河文化的发源地和核心区。在鄂西,江汉平原西南部及峡江地带,则分布着城背溪文化、柳林溪文化和大溪文化系统。在洞庭湖地区,主要是洞庭湖的西北岸,则是彭头山文化、皂市下层文化和汤家岗文化的分布区。四大文化体系虽然相互之间有较密切的联系和交流,但各有其独立的地理背景和文化渊源,由此形成了长江中游地区新石器时代早中期的文化地理格局。但屈家岭文化的兴起,打破了长江中游地区四大文化主体并立的格局,最终屈家岭文化几乎一统长江中游地区,实现了空前的文化统一,促使长江中游地区新石器时代文化发展到极盛时期。屈家岭文化的兴起与长江中游地区的文化统一,是长江中游新石器时代考古学文化演进的一次重大变革,对江汉地区的文化进程产生了深远的影响。

第一节　新石器时代长江中游地区文化重心的变迁

　　由于区域发展不平衡的原因,长江中游地区在新石器时代,不同时期的文化重心是不一样的。

　　在长江中游的新石器时代文化初起之时,发展水平最高的是洞庭湖区,尤其是洞庭湖西北的澧阳平原一带,这里是彭头山文化及其后继皂市下层文化和汤家岗文化的分布区。彭头山文化的年代为距今

7800—8500年左右①,对同时代的周边地区文化有强烈的辐射作用。彭头山文化有中国最早的栽培稻,已开始对定居点进行有组织的群体活动,在八十垱遗址发现了彭头山文化的围壕和围墙,围墙内有成排布局的房基和高台建筑,且围壕和围墙经历了两次大的修筑过程,反映出彭头山文化的社会已能进行较大规模的组织活动,其经济生活与社会组织已有了一定程度的发展,一些造型复杂的支座可能与早期信仰活动有关。皂市下层文化则在彭头山文化的基础上有了进一步的发展,绝对年代为距今6900—7800年左右。② 皂市下层文化由洞庭湖西北的山前地带扩展到平原地带,文化空间的扩大与遗址规模、数量的增加,表明人口数量的增长、生存能力的提高及生活内容的丰富。皂市下层文化的制陶技术有了较大的进步,不仅器类的种类较多,型式变化复杂,而且装饰手法繁缛。器类的复杂,不仅说明制陶技术的提高,也表明人类生活的多样化及生活资料的丰富,已有对不同食物分门别类的追求和分划。磨制石器的增多也表明石器制造技术比彭头山文化有了明显的进步。居住条件也比彭头山文化时期有所提高,房屋建筑已开始使用红烧土,可能已使用了木骨泥墙,居住面保存较好。在信仰活动方面也比彭头山文化有所进步,复杂的、可能有信仰含义的器物有了进一步的发展。

彭头山文化和皂市下层文化的领先一步发展对邻近的峡江地区和江汉平原西南部有强烈的影响。城背溪文化时期,鄂西峡江地区和江汉平原西南部的新石器时代文化主要受彭头山文化影响。城背溪文化的年代相当于彭头山文化晚期和皂市下层文化时期,绝对年代为距今6900—7800年左右。③ 城背溪文化早期的面貌与彭头山文化较为接近,城背溪文化的主要特征,如釜、罐、钵与座的器类组合,泥片贴塑法的制陶技术,绳纹的装饰风格等,均源于彭头山文化。城背溪文化与皂市下层文化之间也有较紧密的联系,均以绳纹装饰为主要特点,

---

① 参见孟华平:《长江中游史前文化结构》,长江文艺出版社1997年版,第107页。
② 参见孟华平:《长江中游史前文化结构》,长江文艺出版社1997年版,第108页。
③ 参见孟华平:《长江中游史前文化结构》,长江文艺出版社1997年版,第108页。

流行釜、罐,城背溪文化的盘、凹沿罐、直口罐等器物与皂市遗址的同类器物相同或近似,少量的双耳罐可能直接受皂市下层文化的影响。因此彭头山文化、城背溪文化和皂市下层文化有紧密的联系,有较多相似的因素。至于相互之间的关系,考古学者或将城背溪文化与彭头山文化作为同一文化区系的两个不同类型来看待①,或认为彭头山文化是城背溪文化的主要渊源②。另一方面,城背溪文化早期遗存多发现于峡江地区的山前地带,地理位置与环境与彭头山文化较为近似,晚期遗存则深入到三峡的山间河谷地带,这似乎暗示了城背溪文化的发展过程,即从与彭头山文化相邻的山前地带向西北长江三峡谷地发展的轨迹。

城背溪文化之后为柳林溪文化,年代大约为距今 6000—7000 年。此类遗存与城背溪文化有密切的联系,共同的特点是陶器纹饰都以绳纹为主,器类组合中都包含有釜、罐、圈底钵、支座等。以前因资料较少,被归入城背溪文化的范畴。近年来随着柳林溪等遗址的发掘,学者开始意识到此类遗存与城背溪文化相比在陶系、纹饰和器类组合等方面有较大的区别,不见城背溪文化中的双耳壶、镂空圈足盘等器物,而且具有直身支座、蓖纹碗、彩陶罐等富有自身特征性的典型器物,在器物的类别上已经发生了变化,数量巨大,花纹繁缛的直身支座昭示着文化面貌已经从量变发展到质变,超出了同一文化的范畴,与城背溪文化之间在陶系、纹饰上也有了相当大的改变,因而提出了柳林溪文化的命名③。柳林溪文化与大溪文化最早期有紧密的联系。

到大溪文化时期,在充分吸收洞庭湖区和北方仰韶文化区、汉东文

---

① 参见严文明:《中国史前稻作遗存的新发现》,《江汉考古》1990 年第 3 期;张绪球:《长江中游新石器时代文化概论》第二章,湖北科学技术出版社 1992 年版。

② 参见孟华平:《长江中游史前文化结构》,长江文艺出版社 1997 年版,第 149 页。

③ 参见罗运兵:《试论柳林溪文化》,《长江三峡工程文物保护项目报告丁种第二号——2003 三峡文物保护与考古学研究学术研讨会论文集》,科学出版社 2003 年版;国务院三峡工程建设委员会办公室、国家文物局编著:《长江三峡工程文物保护项目报告乙种第二号——秭归柳林溪》,科学出版社 2003 年版。

化区的文化因素后,江汉平原西南部后来居上。在城背溪文化基础上经柳林溪文化发展而来的大溪文化,其年代下限为距今 5100 年。① 大溪文化具有很强的吸收周边文化因素能力,接受了北方仰韶文化、洞庭湖区彭头山文化、皂市下层文化、汤家岗文化和汉东地区油子岭文化的影响。大溪文化时期,北方高度发展的仰韶文化已南下到达宜城平原,与江汉平原西南部相邻,先进的中原文化丰富了大溪文化的内涵,催生了繁盛的大溪文化,长江中游地区的新石器时代文化由此进入了第一个高峰期。大溪文化的繁盛主要表现在六个方面:(1)出现了一批大型的遗址,如中堡岛、杨家湾、关庙山、江陵朱家台等,有的遗址发现有防护遗迹;(2)由于地理环境的不同,产生了区域差异,峡江地区的大溪文化以渔猎农耕生活为主,江汉平原西南部则以稻作农业为主;(3)生产技术得到了进一步的发展,制陶技术广泛使用泥条盘筑慢轮修整技术,玉器制作也达到了很高水准,出现了精细的石器生产工具,促进农业生产向精细化方向发展;(4)出现了贫富分化,大溪文化的墓葬随葬品已出现明显的差异,表明大溪文化的社会内部已开始分化;(5)宗教祭祀活动要比以往丰富得多,大溪文化中出土的造型复杂的陶支座,还有刻画符号很可能是与祭祀活动有关;(6)社会分工有所发展,在大溪文化的遗址中可能已出现了某种专业制造的分工。

大溪文化形成后,对长江中游地区产生了强烈的辐射作用,洞庭湖区、汉东地区都受到了大溪文化的强烈影响,大溪文化的影响涵盖了长江中游的大部分地区,以至有很多考古学者将汉东地区和洞庭湖区的考古学文化均纳入大溪文化的范畴,并由此形成了对屈家岭文化起源的长期争论。

当大溪文化发展到晚期时,汉东地区的考古学文化在继承自身传统的基础上充分吸收了中原文化、大溪文化和长江下游文化的因素,特别是在下游文化西进的强烈影响和冲击下,文化势力强劲上升,异军突

---

① 参见孟华平:《长江中游史前文化结构》,长江文艺出版社 1997 年版,第 112 页。

起,加速并促使新的考古学文化——屈家岭文化脱颖而出。① 从油子岭文化晚期开始,长江中游地区的文化重心开始向汉东地区转移,在屈家岭文化和石家河文化时期,这里是长江中游地区史前文化的中心区域,其文化影响强烈地辐射整个长江中游地区,最后促使长江中游地区形成统一的文化区并确立了汉江下游地区的中心地位,甚至对长江中游的周邻地区产生明显的影响。

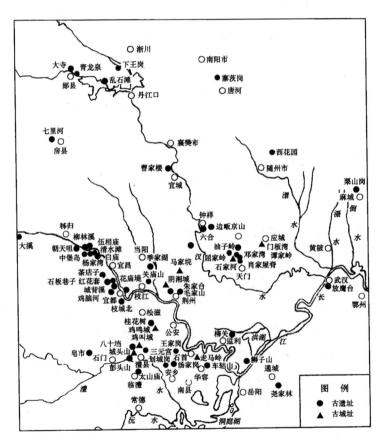

图 2　长江中游新石器时代文化典型遗址分布图②

①　参见何介钧:《长江中游新石器时代文化》,湖北教育出版社 2004 年版,第 344—345 页。

②　图片采自严文明主编:《中国考古学的世纪回顾》(新石器时代考古卷),科学出版社 2008 年版,第 365 页。

第二节　油子岭文化晚期的社会变革与扩张

从油子岭文化晚期开始,汉东地区的考古学文化异军突起,对周邻地区产生了强烈的冲击,长江中游地区的文化地理格局开始了根本性的转变。此一趋势到屈家岭文化时期更为明显,并最终导致了长江中游新石器时代文化地理格局的根本性变化。

油子岭文化的年代相当于大溪文化中晚期,其社会关系在早晚两期间发生了重大的变化。早期的油子岭墓葬随葬品数量不多,差别也不大,一般为 2—8 件,基本组合为子母口豆、折沿圈足罐、鼎、盖等,多为泥质黑陶,少量灰陶,这说明人们之间的关系还比较平等。但到晚期,油子岭文化的社会关系已趋于复杂,主要表现在如下 6 个方面:

1. 制陶技术上出现了快轮制陶。快轮制陶是新石器时代制陶工艺上的一次重大进步,大大提高了生产效率,生产出来的陶器更加规整统一,为考古学文化面貌从多样性走向统一创造了条件,这可能也是后来屈家岭文化面貌高度统一的内在背景。

2. 社会专业化分工的发展。由于生产力的提高,专业化的社会分工有了进一步的发展,油子岭文化晚期的墓葬陶器,造型比较一致,制作精致美观,大部分为泥质黑陶,应是专门烧制的明器。在墓葬随葬陶器中出现了明显的性别差异,有些墓葬中石质工具与纺轮不同出,暗示社会的性别分工已发展到一定程度。

3. 出现了贫富分化。在钟祥六合墓葬中,随葬品已出现了明显的差异,最少只有 2 件,最多的达 25 件。安乡划城岗遗址 M63,随葬品多达 77 件,同期墓葬中少的只有 8 件。另在屈家岭、螺蛳山等墓葬中,也出现了随葬品方面的差异。据此可以认为当时少数人已占有社会的主要财富,但尚未出现对抗性矛盾。

4. 油子岭晚期的墓葬中已开始出现石钺。钺这种制作精致,但并无实际功能的器物通常被认为是权力特别是军事权力的象征。划城岗遗址 M63,随葬品中伴出彩绘石钺,其墓主很可能是一位拥有权力的首领。

5. 已出现墓区的划分。划城岗墓地可分为南北两区,分属两个家族,其中南区的贫富差异较大,分为四组,第一组的 3 座墓是贫穷者的墓,随葬陶器只有 1—3 件,第四组的 3 座墓则是富裕者的墓,随葬物品很丰富,M63 随葬品多达 77 件,伴出彩绘石钺,M88 则有 65 件,第二、第三组介于两者之间,其中第三组又比第二组稍为富裕。北区共 58 座墓,分六组,绝大多数在 10 件以下,只有第三组有 2 座、第五组有 3 座在 10 件以上,其中第五组的 M34 有 22 件。① 这说明在同一家族内部出现了分化,氏族制度中的集体所有制和平均分配产品的原则遭到了破坏,氏族首领利用权力占有了较多的社会财富。公安王家岗墓地分东西两区,分别代表两个家族,随葬品在 20 件以上的仅有 4 座,10 件以下的则有 55 座,其中有 4 座只有 2 件,可见王家岗墓葬中也出现了随葬品数量多寡不一的情形。②

6. 明器的出现表明,死者和生者有了明确的界限,即使是随葬生活实用器,也将其有意识地破坏部分。

上述情况说明,油子岭文化晚期,家族已具有父权性质,在社会财富及权力分配方面已出现了分化,氏族或家族首领利用权力占有了大量的社会财富。这种社会关系方面的重大变革表明油子岭文化在社会形态上取得了较大的进步,这种进步使得油子岭文化变得颇为强势,最终导致了长江中游史前文化结构的重大变化。

有学者认为,导致油子岭文化晚期社会关系变革的原因,可能与黄河流域的影响有关。③ 从区位来看,油子岭文化及其前身边畈文化由于地理位置偏北,与黄河流域较为接近,与仰韶文化群中的下王岗文化近邻,而在仰韶时代和前仰韶时代,黄河流域的史前文化在经济与社会

① 参见吴汝祚:《划城岗中一期墓地剖析》,《江汉考古》1987 年第 1 期。
② 参见张绪球:《长江中游新石器时代文化概论》,湖北科学技术出版社 1992 年版,第 163 页。
③ 参见孟华平:《长江中游史前文化结构》,长江文艺出版社 1997 年版,第 213—218 页。

发展程度上要比长江流域的同时期文化要复杂或进步一些。这也是仰韶文化势力强大,对外影响较强的内在原因。而油子岭文化本身是在边畈文化的基础上发展起来的,在发展过程中接受了大溪文化的影响,又受到更为先进的仰韶文化的冲击,这种多元文化因素的碰撞与融合,可能是催生油子岭文化晚期发生较大社会变革并使其得以迅速上升、后来居上的原因。

这种变革也说明油子岭文化在经济发展与社会发展两方面都达到较高的水准,其内部的社会关系已明显向复杂化的方向发展。油子岭文化晚期社会复杂化程度的提高,意味着油子岭文化的社会发展程度已高于同处长江中游地区的其他文化区,为油子岭文化及其后继者的强劲发展提供了社会基础。而这种社会发展又是以经济上的快速上升为基础的,表明在油子岭文化晚期时,其经济有了较大的发展。

而一旦油子岭文化在仰韶文化的冲击下产生了内部的社会变革,会使其文化势力迅速上升,并因其自身早已存在的与大溪文化和汤家岗文化的交流关系,导致油子岭文化在与大溪文化和汤家岗文化交流中的地位迅速增强,最终导致油子岭文化向江汉平原西南部大溪文化区和洞庭湖汤家岗文化区的扩展,并为屈家岭文化实现江汉地区的文化统一准备了条件。

油子岭文化分三个地域类型,汉东地区的油子岭类型是油子岭文化的核心,其发展序列比较清楚,晚期扩展到洞庭湖区、峡江地区和鄂东南地区,形成划城岗类型和螺蛳山类型。

油子岭文化的兴起,导致江汉平原西南部的大溪文化特别是大溪文化中位置偏东的关庙山类型受到强烈冲击。在大溪文化中出现了一组外来因素,如曲腹杯、小口高领罐、壶、器盖等,在峡江地区很难找到直接来源,当与油子岭文化的向外发展有关。到油子岭文化晚期时,峡江地区和江汉平原西南部的大溪文化受到了进一步的冲击,在油子岭文化的冲击下,关庙山类型的文化性质可能已发生了改变,以新的文化面貌出现并对峡江地区的大溪文化中堡岛类型积极地施加影响。油子岭文化的冲击削弱了大溪文化的发展基础,加速了大溪文化的消亡,到屈家岭文化阶段就完全取代了大溪文化。

在洞庭湖区,汤家岗文化早期与大溪文化关系密切,中晚期时也同样受到油子岭文化的强烈冲击,油子岭文化特有的鼎出现在汤家岗文化中,至汤家岗文化晚期时,鼎、簋、豆、曲腹杯、壶等代表性器物已是油子岭文化的典型器,部分地区已成为油子岭文化的势力范围,最后洞庭湖区的汤家岗文化在油子岭文化的冲击下基本消失,成为油子岭文化的一个地域类型——划城岗类型。

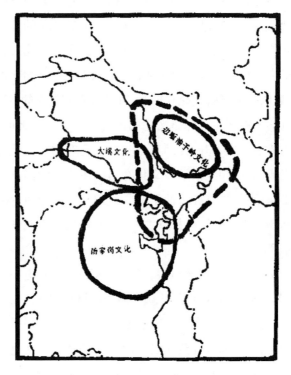

图3　油子岭文化晚期的扩张①

在油子岭文化向南扩张并取代汤家岗文化的进程中,汤家岗文化可能向西、南方向迁徙。在湘西地区的泸溪浦市遗址和麻阳火车站遗址曾出土一批颇具特色的石器和陶器,陶器以圈足器和圜底器为主,纹

①　图片采自孟华平:《长江中游史前文化结构》,长江文艺出版社1997年版,第103页。

饰常见戳印纹、刻画纹和篦点纹,有少量白陶,不见三足器,器形有釜、罐、钵、盘、碗等,其特点与汤家岗文化相近,可能与汤家岗文化的走向有关。

总之,大溪文化的消失是一个从东向西的发展过程,这与油子岭文化向西发展的走势相吻合。汤家岗文化是由北向南消失,也与油子岭文化向南发展的趋势相一致。而屈家岭文化则是在油子岭文化的基础上进一步扩展。大溪文化和汤家岗文化均以釜罐为传统炊器,而边畈文化、油子岭文化和屈家岭文化均以鼎为传统炊器,最后南方系统的釜罐文化区被北方系统的鼎文化区所取代。[①]

第三节　屈家岭遗址与屈家岭遗址群

屈家岭遗址是长江中游最重要的新石器时代遗址之一,位于湖北省京山县雁门口镇和屈家岭管理区屈家岭村。1954 年冬,湖北修建石龙过江水库时发现该遗址。代表长江中游新石器时代文化发展顶峰的屈家岭文化即以此遗址命名。1956 年湖北省人民委员会将该遗址公布为第一批重点文物保护单位,1988 年国务院公布为第三批全国重点文物保护单位,2005 年底国家文物局列为首批 100 处大遗址保护项目。

屈家岭遗址的地理环境十分优越。遗址是在大洪山南麓向江汉平原的过渡地带,其北边 3 千米之外就是低山丘陵,西南即为江汉平原。遗址的东侧以青木垱河为界,西侧为青木河,两河在屈家岭村西南汇合。遗址就在两条小河之间的三角地带,是一个南北向的岗地,地势平坦,土层深厚。岗地北宽南窄,中部偏东有一南北向的低洼地,顶部较为平坦,地势起伏不大,由北向南略微倾斜,岗地高出周围平地 5—7 米。地面暴露大量陶片和石器,尤以东南部和西北部为多,西北部则有

---

① 参见孟华平:《长江中游史前文化结构》,长江文艺出版社 1997 年版,第 152—154 页。

大片的红烧土块。屈家岭遗址的自然地理环境,为发展原始农业、畜牧业,以及辅助性的渔猎业,提供了得天独厚的条件。

屈家岭遗址前后进行过三次发掘。第一次发掘是在 1955 年 2 月,由石龙过江水库指挥部文物工作队主持。第二次发掘是在 1956 年 4 月至 1957 年 2 月,由中国科学院考古研究所张云鹏主持,共开探方 197 个,发掘面积 858 平方米,《京山屈家岭》发掘报告即是根据此次发掘资料整理,并据此提出屈家岭文化①,随后被考古学界广泛接受,并为社会各界所熟知。第三次发掘是在 1989 年 7 月,由湖北省文物考古研究所和荆州地区博物馆联合进行②,发掘面积仅 87.5 平方米。前两次发掘位于遗址的最南端,第三次发掘则在遗址的西北部。第三次发掘发现了比屈家岭文化更早的文化遗存,发掘者称其为前屈家岭文化,现一般称为油子岭文化。发现有窖穴、墓葬、房基等遗迹。成人墓流行单人土坑葬,儿童用瓮棺葬。出土石器以磨制为主,有斧、凿、铲、锛、镞等;陶器以泥质灰陶为主,泥质红、黑陶次之,纹饰有弦纹、篮纹、附加堆纹及镂孔、彩绘,器形有鼎、罐、壶形器、碗、三足碟等。出土器物以彩陶纺轮、朱绘彩陶和蛋壳彩陶最具特色,双弧形折壁陶器独具特征。经过三次发掘,对屈家岭文化的内涵与特征、发展序列有了清楚的认识。

屈家岭遗址的面积很大,是中国新石器时代的特大型遗址之一,严文明先生将之与秦安大地湾、郑州大河村、泰安大汶口等大型遗址并列③,可见其在全国同期新石器时代遗址中的地位。屈家岭遗址的具体面积,诸说不一,张绪球认为遗址总面积在 50 万平方米以上④,但《中国文物地图集》(湖北分册)则称屈家岭遗址面积约 3 平方公里⑤。

---

① 参见中国科学院考古研究所:《京山屈家岭》,科学出版社 1965 年版。
② 参见屈家岭考古发掘队:《屈家岭遗址第三次发掘》,《考古学报》1992 年第 1 期。
③ 参见严文明:《中国新石器时代聚落形态的考察》,《庆祝苏秉琦考古五十五年论文集》,文物出版社 1989 年版。
④ 参见张绪球:《屈家岭文化》,文物出版社 2004 年版,第 43 页。
⑤ 参见国家文物局主编:《中国文物地图集》(湖北分册),西安地图出版社 2002 年版,下册第 383 页。

湖北省文物考古研究所 2007 年对屈家岭遗址进行了系统调查和勘探①,此次调查则称屈家岭遗址有文化层分布的范围,总面积约 340000 平方米。但 2007 年的调查发现,屈家岭遗址实际上是一个规模很大的遗址群,由 12 处遗址组成,用掌上 GPS 接收器测出屈家岭遗址群的面积约为 2.36 平方公里,与《中国文物地图集》(湖北分册)的 3 平方公里相去不远,可见《中国文物地图集》(湖北分册)所言当是遗址群的范围。

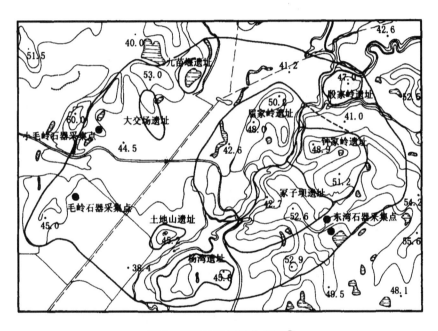

图 4　屈家岭遗址群分布图②

　　这次调查还发现,屈家岭遗址可能存在环壕防御系统。在屈家岭遗址台地西部、北部边缘地带、田家集以南与青木垱河故道以西等处存在很厚的淤泥堆积,若将其与青木垱河相连,便构成一个完整的环壕防

①　参见湖北省文物考古研究所、京山县博物馆:《湖北京山屈家岭遗址群 2007 年调查报告》,《江汉考古》2008 年第 2 期。
②　图片采自湖北省文物考古研究所、京山县博物馆:《湖北京山屈家岭遗址群 2007 年调查报告》,《江汉考古》2008 年第 2 期。

御系统。除了屈家岭遗址外,在冢子坝遗址、钟家岭遗址也发现了淤泥堆积,将其与水系分布结合起来考虑,则可能存在一个包含三个大遗址的大环壕防御系统,总面积在 70 万平方米以上,其规模仅次于石家河古城,在长江中游新石器时代文化发展序列中具有极重要的地位。另外,在屈家岭遗址的中部一道南北向的洼地内亦发现淤泥分布,在北段向西拐弯将台地贯穿,与西部的环壕相连,有明显的人工开挖的痕迹,与青木垱河故道南段及青木垱河连起来考虑,则有可能构成一个小环壕系统,其分布范围限于屈家岭遗址南部,总面积不超过 10 万平方米,年代上要晚于大环壕系统。

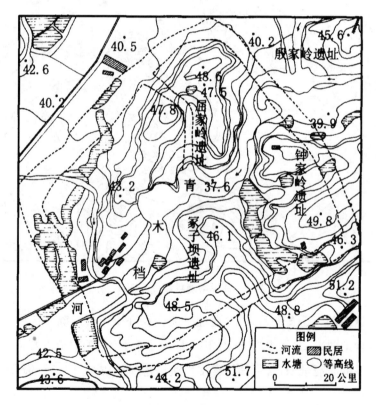

图 5　屈家岭环壕示意图①

---

①　图片采自湖北省文物考古研究所、京山县博物馆:《湖北京山屈家岭遗址群 2007 年调查报告》,《江汉考古》2008 年第 2 期。

屈家岭遗址群是一处特大型的新石器时代聚落群,聚落之间有明显的等级划分,屈家岭遗址在其中处于绝对的中心位置,面积最大,文化层堆积最厚,延续发展的时间最长,应为中心聚落。周边遗址围绕屈家岭遗址呈环状分布,应为从属聚落。屈家岭遗址的文化序列最为完整,从油子岭文化一直延续到屈家岭文化晚期。时代最早的油子岭文化遗存位于屈家岭遗址北部,这里应是整个屈家岭聚落群的起源地,在油子岭文化时期形成了包括屈家岭遗址、冢子坝遗址、钟家岭遗址的大环壕系统,此时尚无明显的等级体系,仅在其西边出现了一个九亩堰附属聚落。到屈家岭文化时期,聚落群发展到顶峰,分布范围最广,可能形成了明显的聚落等级体系,小环壕系统则是整个聚落等级体系的顶端,其余遗址则作为附属聚落分布于四周。

第四节　屈家岭文化

　　屈家岭文化是长江中游地区最具代表性的新石器时代文化,因京山屈家岭遗址而得名,也是长江中游地区第一个被命名的考古学文化。

　　20 世纪 50 年代初,考古工作者在湖北省京山县屈家岭首次发现和发掘了这种文化遗存。1965 年,《京山屈家岭》发掘报告出版,在报告的结语中提出:屈家岭遗址出土的遗物,具备了较多的特有文化特征,应属于一个新的文化系统,因此将其命名为"屈家岭文化"[1]。"屈家岭文化"的命名提出后,得到学术界的一致认可。其绝对年代为距今 4500—5100 年左右。[2]

　　屈家岭文化的分布遍及长江中游地区,以江汉平原为中心,向北越过桐柏山到达豫西南的南阳盆地,其文化影响可达豫中甚至黄河沿岸。西北顺汉水达武当山地区、汉水上游谷地和丹江地区。向西则直抵三峡,在西陵峡区内发现了不少的屈家岭文化遗址,西陵峡以西则未见,

---

[1]　中国科学院考古研究所:《京山屈家岭》,科学出版社 1965 年版。
[2]　参见孟华平:《长江中游史前文化结构》,长江文艺出版社 1997 年版,第 121 页。

可能其西界就在西陵峡的西端。南面则到达洞庭湖南岸,影响则达于湘中地区。东面则到了黄冈、黄石一带。东北以大别山为界。其分布范围东西约430余千米,南北约530余千米,地跨鄂、湘、豫三省,总面积可达20多万平方千米。

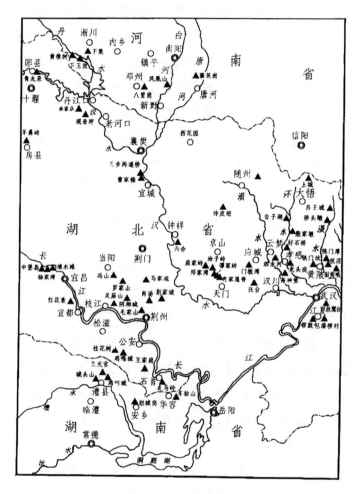

图6　屈家岭文化分布示意图①

屈家岭文化的陶器有泥质陶、夹炭陶、夹砂陶等几类。以泥质陶为主,夹炭陶次之,少量夹砂陶。泥质陶陶土经洗滤,陶质细腻,器型规

① 图片采自张绪球:《屈家岭文化》,文物出版社2004年版,第42页。

整,胎壁均匀。夹炭陶多杂稻壳和稻草末。陶色以灰陶为主,黑陶次之,黄陶和红陶又次之。大而厚重的炊器和食器均手制,轮制器物有的胎壁很薄,近似于蛋壳陶。大多数陶器均素面,纹饰主要有弦纹、镂孔,有少量的划纹、压印纹和篮纹等。彩陶较常见,一般是在泥质红陶上施红衣或白衣,再绘以各种图案,绝大多数为外彩,也偶见内外彩兼饰。陶器主要器形有宽扁足双腹盆形鼎、短柱足罐形鼎、甑、高领罐、高领扁腹圈足壶、盆、钵、双腹圈足碗、双腹圈足盘、双腹高圈足豆、高圈足杯、喇叭形杯、三矮足碟、缸、瓮、器盖等。流行双腹器和高圈足器,很多鼎、豆、碗的器身仰折成双腹,而豆和杯又常见高圈足,成为屈家岭文化陶器的共同特征。

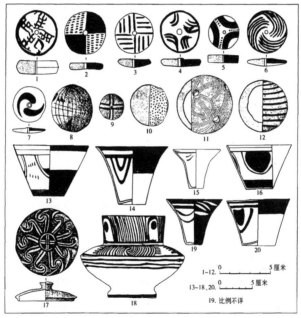

1~7.彩陶纺轮(屈家岭 T105:4:1、罗家柏岭 T10⑦:6、罗家柏岭 T10⑦:5、屈家岭 T90:3:3、肖家屋脊 AT1722⑤:52、屈家岭 T97:4:3、肖家屋脊 AT2006②:5) 8~12.陶球(屈家岭 T156:7:2、T70:3:6、T165:3:62、T182:3:3、T187:3:11) 13~16.薄胎彩陶杯(青龙泉 T45⑥:49、邓家湾 M54:13、青龙泉 T6⑥:44、六合 H2:10) 17.彩陶器盖(屈家岭 T182:2:1) 18.彩陶壶(青龙泉 T10⑧A:88) 19、20.薄胎彩陶杯(谭家岭 H23、肖家屋脊 H531:1)

图 7　屈家岭文化彩陶器具和陶球①

① 图片采自中国社会科学院考古研究所:《中国考古学》(新石器时代卷),中国社会科学出版社 2010 年版,第 438 页。

屈家岭文化的彩陶,特别是近似蛋壳的薄胎彩陶,特点十分鲜明。常见器形有圈足壶和器盖,其他有彩陶钵、彩陶罐等。彩陶圈足壶和器盖为屈家岭文化所特有。薄胎彩陶多为平底的小杯,新出喇叭形小杯,与大溪文化的薄胎彩陶有明显的区别,其胎厚约 2 毫米,薄的仅 0.5 毫米。均饰橙红、灰色或黑色的陶衣。陶衣单色的少,多数是两三色兼施,还有的用两层陶衣重叠。彩纹多用黑色,少数为橙黄色或红色,花纹图案不如大溪文化的彩陶复杂,但也具有晕染作风。

彩陶纺轮也是屈家岭文化的特征。多施橙黄色陶衣,在单面或侧边绘红褐色彩纹。图案式样主要有:三至五组等分圆面的平行短直线纹或平行短弧线纹、卵点纹、同心圆纹、连续螺旋纹以及由平行长弧线构成的漩涡纹等;以圆孔为中心,布局匀称;彩陶纺轮多扁平中小型的,也有大型的无彩纺轮。此外,还常见实心和空心陶球,其上刻画条纹、篦点纹,并在交叉点上配以凹点或圆孔,个别的施黑色或黑红色彩绘。

生产工具以磨制石器为主,其种类有斧、锛、铲、镰、刀、凿、钻、镞等。屈家岭遗址晚一期出有较多中型厚重的斧、锛,晚二期阶段,中小型石器占绝大多数,斧、凿普遍小型化,磨制更加精细,不仅形制规整,表面更加光亮。同时有少量的穿孔石斧和穿孔石铲。石镰发现较多,长方形穿孔石刀发现较少,表明石镰是较普遍的农业工具。石凿和石钻也是富有地域特色的石器。骨器则较少见,青龙泉遗址出有骨匕、骨锥、骨镞、骨笄等。

屈家岭文化的统一性很强,但由于范围广大,各地的地理条件、文化传承颇有差异,受周围文化的影响也各不相同,因此各地的屈家岭文化还是有较强的地域特色,由此形成了屈家岭文化的地域类型。考古学者对屈家岭文化的地域类型作了大量的探讨。何介钧首先将屈家岭文化分为以汉水流域为中心的屈家岭类型和洞庭湖地区的划城岗类型①,认为屈家岭类型主要分布在汉水流域,划城岗类型主要分布在长江干流和洞庭湖区。随后,沈强华将屈家岭文化划分为四个类型:鄂中

---

① 何介钧:《长江中游原始文化初论》,《湖南考古辑刊》1982 年第 1 期。

的屈家岭类型,鄂西北和豫西南的青龙泉类型,洞庭湖区的划城岗类型,孝感、黄冈等地的屈家岭文化可能属于另外的类型①。祁国钧则提出屈家岭文化可以分为屈家岭类型、青龙泉类型和关庙山类型②。孟华平将屈家岭文化分为峡江地区的清水滩类型、环洞庭湖区东侧的三元宫类型、西侧的高坎垄类型、汉东地区的屈家岭类型和鄂西北地区的青龙泉类型等五个类型③。林邦存则将屈家岭文化划分为九个区域类型,即鄂中地区的屈家岭类型、随枣走廊地区的雕龙碑—曹家楼类型、鄂西北郧县以东的青龙泉类型、鄂西北郧县以西至豫西南的下王岗类型、鄂东南地区的螺蛳山类型、鄂西地区的关庙山类型、湘北偏西地区的划城岗类型、湘北偏东的车辐山类型、湘西怀化地区高坎垄类型④。张绪球则将屈家岭文化分为屈家岭类型、青龙泉类型、划城岗类型和关庙山类型⑤。《中国考古学》(新石器时代卷)则将屈家岭文化分为鄂中地区及其周围的屈家岭类型、洞庭湖区的划城岗类型和鄂西北至豫西南地区的青龙泉二期类型,并认为鄂东地区有可能存在另一个类型⑥。虽然各家的说法颇不相同,但屈家岭文化存在地区差异是肯定的,而且各家的说法也有一些共性,如都承认汉东地区为屈家岭文化核心区,这里的屈家岭类型是最典型的屈家岭文化,洞庭湖区和鄂西北豫西南地区、鄂西地区的屈家岭文化存在地区差异。

这些区域类型各有特色,汉东地区的屈家岭类型是屈家岭文化最典型的代表。屈家岭类型以泥质灰陶和黑陶为主,同时有少量橙黄陶和红陶。陶器一般为手制,但已经使用轮制技术。纹制以弦纹、镂孔为

---

① 参见沈强华:《试论屈家岭文化的地域类型》,《考古与文物》1986年第2期。

② 参见祁国钧:《试论屈家岭文化的类型及相关问题》,《江汉考古》1986年第4期。

③ 参见孟华平:《长江中游史前文化结构》,长江文艺出版社1997年版,第117页。

④ 参见林邦存:《关于屈家岭文化区、系、类型的初步分析》,《江汉考古》1997年第1、2期。

⑤ 参见张绪球:《屈家岭文化》,文物出版社2004年版,第65—70页。

⑥ 参见中国社会科学院考古研究所:《中国考古学》(新石器时代卷),中国社会科学出版社2010年版,第441页。

常见,其他有划纹、附加堆纹、篮纹和绳纹等。有一定数量的彩陶。器类以鼎、双腹豆、双腹碗、彩陶壶、高圈足杯、深腹甑、盂、盆等较为常见。洞庭湖区的屈家岭文化与核心区基本相同,但长颈壶、尖底尊、小口罐等不见于核心区,而核心区的宽扁足双腹盆形鼎、甑也不见于洞庭湖区。鄂西北豫西南地区的屈家岭文化基本特征与核心区和洞庭湖区基本相同,但以不见于前二者的深腹罐和刻槽盆相区别。其余器类基本相同。

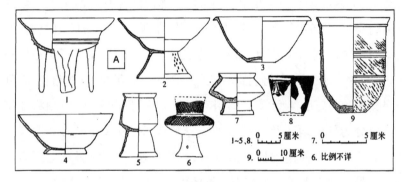

屈家岭文化陶器

A.屈家岭类型 1.鼎(屈家岭T182:2:13) 2.双腹豆(屈家岭T177:2F:15) 3.盆(屈家岭T197:4:29) 4.双腹盆(屈家岭T159:2:3) 5.高圈足杯(屈家岭T138:2:77) 6.彩陶壶(屈家岭56GC:163) 7.盂(屈家岭T92:3:19) 8.薄胎彩陶杯(屈家岭T148:5:37) 9.深腹缸(尊)(屈家岭T109:2:2)

图8　屈家岭类型陶器①

屈家岭文化分布范围的急剧扩大,到最后一统长江中游地区,打破长江中游地区传统的文化地理格局,形成由多个地域类型组成的统一文化体,是以其经济与社会的明显进展为基础的。主要表现在以下几个方面:

第一,制陶技术进一步提高。轮制技术得到普遍推广,陶器的制作比较程式化,器物造型比较优美朴实,同时可能出现了家庭式制陶业。如青龙泉遗址在房址内发现了陶窑,暗示了氏族集体所有制的进一步解体。

---

① 图片采自中国社会科学院考古研究所:《中国考古学》(新石器时代卷),中国社会科学出版社2010年版,第441页。

第二,出现了新的手工业种类——冶铜。在邓家湾遗址发现了铜渣和孔雀石,表明冶铜业已经产生,而冶铜是一门极为复杂的技术,既需要有组织的劳动协作和熟练的技术工人,也要有丰足的社会财富和专门的劳动力来保证。

第三,出现了城址和中心聚落。长江中游地区发现的屈家岭文化古城已有多座,以特大型遗址为中心的遗址群也出现了,这表明屈家岭文化时期出现了权力中心,由少数有势力的首领来进行统治。

第四,出现了大型的祭祀活动和祭祀中心。在屈家岭文化中发现了大量制作极为特殊的红陶或黄陶筒形器,学者普遍认为这应是某种祭祀活动的遗物,说明屈家岭文化时期宗教活动已得到了空前的发展,可能已出现了专职从事宗教活动的巫觋,因为只有这些人才能保证宗教活动隆重而有规范地进行。

第五,贫富分化进一步加剧。目前屈家岭文化的墓葬中所反映的贫富分化似乎并不如油子岭文化晚期,但这并不能说明屈家岭文化时期的贫富分化不严重,因为我们从遗址中所看到的情形并不能反映当时整个社会的全面情况,从其他的方面来看,当时屈家岭文化的贵族阶层已然形成,社会已出现了贫民和贵族两大阶层,两极分化已然开始,只是在下层尚未充分体现出来。

屈家岭文化生产力水平的迅速发展,导致了社会财富的大量积累,少数人利用手中的权力获取财富。权力中心和祖先崇拜的形成构成了维系屈家岭文化的政治基础。屈家岭文化时期社会结构的深刻变化正好从一个侧面说明了屈家岭文化对黄河流域影响扩展的内在背景。当屈家岭文化兴盛之时,黄河流域的庙底沟文化已然开始衰落,文化的统一性不断削弱,以至于在郑洛地区都可见到屈家岭文化的踪迹。直到庙底沟二期文化之后,黄河流域的史前文化才重新发展起来,并重新取得了对江汉平原屈家岭文化后继者的优势地位。

第五节　屈家岭文化的扩张与
江汉地区的文化统一

屈家岭文化形成后,迅速扩展到整个长江中游地区,取代了原来长江中游地区的大溪文化、汤家岗文化和仰韶文化,实现了新石器时代长江中游地区空前的繁荣和统一。主要表现为向北和向南的扩张,其北一直伸展到南阳盆地和陕西商洛地区,向南一直发展到沅水中上游。屈家岭文化虽然极为强势,文化的统一性很强,但各地原有的文化传统也或多或少地保留了下来,由此形成了屈家岭文化的不同地域类型。

在屈家岭文化的地域类型方面,考古学界作了大量的研究,各家的说法既有共同点也有较大的差异。但从文化地理的角度来看,屈家岭文化大致可以分为以下区域:(1)汉东地区。这里是屈家岭文化核心区,其大致范围为汉江以东、涢水以西、大洪山以南的江汉平原中北部地区。(2)鄂东地区。大致为涢水以东至滠水,今属孝感、武汉市管辖,该地区与安徽、江西的史前文化有较密切的交流。(3)鄂西地区。范围大致为汉江以西至三峡地区。(4)洞庭湖区。范围大致为洞庭湖周围地区。(5)随枣走廊。这里与屈家岭文化核心区以大洪山相隔。(6)南阳盆地。这里是仰韶文化群中的下王岗文化的分布地区。(7)汉丹地区。主要为丹江口以上的汉水上游谷地和丹江地区。

在屈家岭文化的各地域类型中,起源于汉江东岸、江汉平原北部与大洪山南麓地区的屈家岭类型,是发展最为充分的。因此考古学界普遍认为,汉东地区是屈家岭文化的中心区,这里发展起来的屈家岭类型是最为典型、发展程度最高的屈家岭文化,对其他类型起着主导作用,周围地区的屈家岭文化都是在这个中心区的影响下逐渐形成的,所以在时间断面上多是晚期的遗存。

关于屈家岭文化的分期,考古学界做了大量的研究,张云鹏、王劲把屈家岭文化分为早期、晚一期、晚二期共三期①；何介钧则划分为早、中、晚三期②。樊力主张屈家岭文化应该分二期三段③。张绪球认为典型的屈家岭文化可分为早、晚两期④。孟华平亦将屈家岭文化分为早晚两期⑤。不过，张云鹏、王劲、何介钧所认为的早期屈家岭文化被张绪球归于大溪文化晚期，孟华平则划入油子岭文化，所以，实际上都是将典型屈家岭文化分为前后两期。

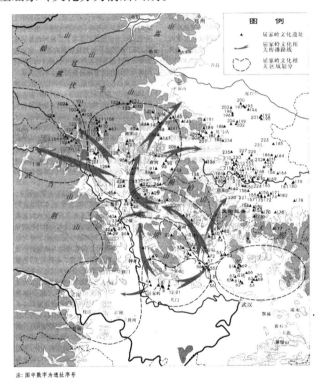

图 9 屈家岭文化传播示意图⑥

① 参见中国科学院考古研究所：《京山屈家岭》，科学出版社 1965 年版；王劲：《江汉地区新石器时代文化综述》，《江汉考古》1980 年第 1 期。
② 参见何介钧：《论屈家岭文化划城岗类型的分期》，《考古》1989 年第 4 期。
③ 参见樊力：《论屈家岭文化青龙泉二期类型》，《考古》1998 年第 11 期。
④ 参见张绪球：《长江中游新石器时代文化概论》，湖北科学技术出版社 1992 年版，第 185—201 页。
⑤ 参见孟华平：《长江中游史前文化结构》，长江文艺出版社 1997 年版，第 117 页。
⑥ 图片采自马保春、杨雷：《新石器时代晚期鄂豫陕间文化交流通道的初步研究》，《江汉考古》2007 年第 2 期。

　　由于屈家岭文化存在中心区和中心类型,因此林邦存认为,屈家岭
文化是首先在中心地区形成后才逐渐发展到周邻地区其他考古学文化
分布区的,这属于屈家岭文化的发展区,由于原有的文化传统的影响,
在这些发展区形成了屈家岭文化的不同地域类型,这些类型合起来就
构成了屈家岭文化的分布范围,在其外围,还在一个受屈家岭文化影响
但尚未发展为屈家岭文化类型的影响区。

　　在仰韶文化王湾类型(应指豫西地区的典型仰韶文化)分布区以
南和屈家岭文化中心类型分布区之间的仰韶文化分布区,是否为屈家
岭文化的北部"发展区"? 林邦存认为因考古资料较为缺乏,尚难以完
全肯定,只是从不同"区"中的不同"系",可以认为已发现了三个由原
仰韶文化发展为屈家岭文化的不同"类型"。它们是:鄂北随枣走廊地
区由仰韶文化雕龙碑类型直接发展起来的屈家岭文化雕龙碑—曹家楼
类型;鄂西北郧县城关以东由仰韶文化朱家台类型发展而来的屈家岭
文化青龙泉类型和再发展的石家河文化青龙泉类型;鄂西北郧县城关
以西至豫西南,这一地区进入屈家岭文化的时代特别晚,是在"仰韶文
化下王岗类型"的基础上发展而来的"屈家岭文化下王岗类型"和"石
家河文化下王岗类型"。①

　　从地理上看,在江汉平原北部的屈家岭文化中心区四周,与其联系
最为近便的显然是随枣走廊。随枣走廊地区原为仰韶文化边缘部分,
为仰韶文化群下王岗文化分布区的南部边缘,紧邻屈家岭文化中心类
型(或边畈文化与油子岭文化)分布区。这里与屈家岭文化中心区之
间只隔着并不高大的大洪山,虽然全新世高温期气候温暖湿润,大洪山
很可能有原始森林分隔江汉平原与随枣走廊,但在大洪山东侧两地之
间并无明显的地理分隔,联系较为近便。实际上,在很长的历史时期
内,随枣走廊都是江汉地区乃至整个长江中游地区与中原联系的重要
通道。因而从油子岭文化开始,汉东地区的史前文化兴起后,这里就较

---

① 参见林邦存:《关于屈家岭文化区、系、类型问题的初步分析》(续),《江汉考古》
　　1997 年第 2 期。

早受到了屈家岭文化核心区的影响。

雕龙碑遗址是随枣走廊地区有代表性的新石器时代遗址,其文化性质较为复杂,各方的认识并不一致,但该遗址同时受仰韶文化和油子岭文化影响当无疑问,也因此之故,虽多数学者将雕龙碑早期遗存归为仰韶文化群下王岗文化,但也有学者将其划为大溪文化油子岭类型并作为油子岭类型的主要遗存。[1] 由此看来,早在油子岭文化时期,汉东地区的史前文化刚开始兴起时,随枣走廊地区就受到了影响,并与当地的仰韶文化发生了融合,并由此形成了文化内涵较为复杂的雕龙碑遗址第一、第二期遗存,到雕龙碑第三期遗存时,进入屈家岭文化时期,汉东地区文化系统与北方仰韶文化系统在随枣走廊地区进一步融合,形成了面貌较为独特的雕龙碑第三期遗存。有学者则称为雕龙碑文化,并认为在宜城曹家楼第一期文化遗存中,也有属雕龙碑第三期类的遗存。[2]

从雕龙碑遗址的情形来看,在随枣走廊方向,屈家岭文化的北进是一种融合的方式,原来的居民和文化传统得到了保留,并与屈家岭文化因素融合在一起,形成一种面貌较为独特的遗存。

在汉江以西,从油子岭文化晚期即已开始向鄂西地区发展,在油子岭文化的冲击下,原来分布在江汉平原西南部的大溪文化关庙山类型裂变出来,其文化性质可能已发生改变。[3] 到屈家岭文化时期,大溪文化彻底消亡,屈家岭文化在油子岭文化晚期扩张的基础上,进一步向西发展,直抵三峡地区。屈家岭文化完全取代了大溪文化。依据刘辉《两湖平原史前聚落的初步研究》,屈家岭文化早期分布范围远小于晚期,沮漳河以西尚未发现屈家岭文化早期聚落遗址,晚期时,沮漳河东西两岸均有分布。[4] 另外,清水滩、中堡岛和李家湾诸遗址的文化遗存

---

[1]　参见湖北省文物考古研究所:《五十年来湖北省文物考古工作》,载《新中国考古五十年》,文物出版社 1999 年版。

[2]　参见王杰:《雕龙碑新石器时代遗址发掘收获》,《江汉考古》1995 年第 3 期。

[3]　参见孟华平:《长江中游史前文化结构》,长江文艺出版社 1997 年版,第 153 页。

[4]　参见刘辉:《两湖平原史前聚落的初步研究》,南京大学研究生论文,2001 年。

表明,屈家岭文化确实继续向西抵达鄂西的三峡地区,但均是屈家岭文化的晚期遗存。①。这说明屈家岭文化是在油子岭文化扩张的基础上进一步发展,由西向东取代了大溪文化。

在西南方向,油子岭文化晚期时,汤家岗文化就在油子岭文化的强烈冲击下解体,洞庭湖区的汤家岗文化基本消失,变成了油子岭文化的一个地域类型——划城岗类型。② 屈家岭文化兴起后,演变为屈家岭文化在洞庭湖区的地域类型(有划城岗类型、三元宫类型等不同称谓),并进一步向南深入湘西怀化地区,形成屈家岭文化高坎垄类型。

在北方,屈家岭文化进入汉西地区后即开始北进。但屈家岭文化在汉西地区的北进与随枣走廊地区有很明显的不同,虽然原有的仰韶文化因素或多或少地保留在这些地区的屈家岭文化中,但总的来说,屈家岭文化是取代了原有的仰韶文化系统。

汉西地区屈家岭文化的北进,我们首先要关注的是荆门龙王山遗址和龙王山墓地。

龙王山遗址位于荆门市子陵铺镇南桥村与美满村交界处,荆门市城区北约 15 千米,北纬 31°10′6″、东经 112°12′57″。地处汉水西岸,属秦岭大巴山余脉向江汉平原过渡的丘陵地带。该遗址范围约 20 万平方米,主体部分为一东西向岗地,海拔约 104 米。岗地北部边缘为山崖,山崖下为宽阔的平原地带,且有南桥河自西向东流过,经子陵万家坪后进入钟祥市境内,最后注入汉江;遗址东部为一南北向谷地,当地人称"朝北冲";南侧为龙王山遗址的墓地;西部为缓坡地带,以 207 国道为界。1998 年,龙王山遗址被荆门市人民政府公布为荆门市第二批文物保护单位。为配合湖北省荆门 220 千伏南桥输变电站工程建设,2007 年 6 月至 11 月,湖北省文物考古研究所、荆门市博物馆、荆门市文物考古研究所对站址所在范围进行了文物勘探和抢救性的考古发掘,发掘面积 1700 平方米,共发掘清理墓葬 203 座。发掘者初步推测,

---

① 参见冰白:《三峡新石器时代至商周时期考古的新局面和新课题》,《武汉大学学报(人文科学版)》2004 年第 6 期。

② 参见孟华平:《长江中游史前文化结构》,长江文艺出版社 1997 年版,第 154 页。

龙王山墓地的年代相当于大溪文化晚期到屈家岭文化时期。①

　　龙王山墓地是长江中游汉水流域所见同时期墓葬中规格等级最高的墓地，不仅墓圹大，而且随葬器物丰富。墓葬随葬品的放置位置大体一致，绝大多数墓葬的随葬器物置于墓坑中间。大多数墓中的随葬陶器为明器，且比墓中的同类器如罐、鼎、豆的数量大。墓坑形制独特，部分墓葬凿岩石为坑，坑壁、坑底可见明显的工具使用痕迹。从已披露的情形来看，龙王山墓地的社会分化已达相当程度，在随葬品方面，仅M132一墓中就出土器物260件，是长江中游同时期单个墓葬中一次性出土器物最多的墓葬。203座墓中仅1座墓随葬有1件石斧。有十分之一的墓葬中随葬有玉器，主要器形有璜、环、璧、坠、管及其他玉饰件。少数墓中有猪下颌骨随葬，如M11中即随葬有11个。猪下颌骨随葬亦是当时社会分化的重要表现，可能是财富的表现，因此"猪骨随葬在很大程度上已与当时的社会分化密切相联"②。

　　龙王山墓地的情形表明，汉江西岸的油子岭文化和屈家岭文化在社会分化上已达较高水准，社会复杂化程度提高，这必然带来社会组织化程度和社会动员能力的提高，由此而产生的结果就是文明的重大进展，其最终形态就是国家的产生与发展。因此人类初期社会的复杂化与文明起源之间存在密切的关系，以至于很多学者将国家起源等同于文明起源。由于社会分化导致社会动员力的提高，因此某一初期社会在从较为平等的原初社会发展到有一定程度的复杂化状态时，其文明的扩张能力会有较大的提升。

　　龙王山遗址的面积达20万平方米，这表明它是一个有较强实力和较高动员力的初期社会，其地理位置则是在荆门以北，荆门与宜城之间隔着荆山余脉，将汉西地区分隔为襄宜平原与江汉平原西南部，仅在汉江西岸有一狭窄的通道将二地连接起来，在屈家岭文化兴起以前，荆山

---

① 参见湖北省文物考古研究所、荆门市文物考古研究所：《湖北荆门龙王山新石器时代墓地发掘简报》，《江汉考古》2008年第4期。

② 参见罗运兵：《汉水中游地区史前猪骨随葬现象及相关问题》，《江汉考古》2008年第1期。

以北的襄宜平原为江汉文化系统与中原仰韶文化系统在汉江西岸的交接地带,荆山以南的江汉平原西南则为长江中游的大溪文化系统和油子岭文化、屈家岭文化的传统分布地带。

在荆山以北的宜城平原南部,有一处新石器时代的顾家坡遗址,是一个面积约 2 万平方米的小型遗址,位于宜城市南约 5 千米,东去汉水约 10 千米,西去蛮河约 1 千米。2000 年秋到 2001 年春,为配合襄荆高速公路的建设,湖北省文物考古研究所组织省内文博考古机构的工作人员对该遗址进行了发掘。两次发掘共揭露面积约 2000 平方米,清理出从大溪文化晚期到石家河文化早期的房址 12 座、灰坑 37 座、瓮棺 13 座以及墓葬 239 座等重要遗迹。①

而在顾家坡以北不远处,宜城平原北部靠近襄阳的地方,即是曹家楼遗址②,发掘者认为曹家楼遗址第一期遗存相当于屈家岭遗址下层(《京山屈家岭》称为屈家岭文化早期,现在多称为大溪文化晚期或油子岭文化晚期),第二期相当于屈家岭遗址上层,属典型屈家岭文化。但与顾家坡遗址有所不同的是,曹家楼遗址第一期遗存受中原仰韶文化的影响。孟华平则认为,曹家楼遗址属鄂西北的朱家台类型,虽也有部分油子岭文化的因素,如曲腹杯、圈足罐、鼎等,但主体遗存如高领平底罐、折沿鼓腹平底罐、花边纽器盖、带附加堆纹宽足鼎、敛口平底钵、带流瓮等亦非长江中游地区的传统特色。③ 王杰则将曹家楼第一期遗存划入雕龙碑文化。④ 任新雨则认为曹家楼第一期遗存与青龙泉早期遗存、朱家台"仰韶晚期遗存"面貌相近。⑤ 此类遗存江汉地区学者一般称为朱家台类型,对其性质则有不同看法,有学者将之归入下王岗仰

---

① 参见贾汉清:《从顾家坡墓地的发掘看史前时代文化交叉地带的部落冲突》,《华夏考古》2004 年第 4 期。
② 参见武汉大学历史系考古教研室、襄樊市博物馆、宜城县博物馆:《湖北宜城曹家楼新石器时代遗址》,《考古学报》1988 年第 1 期。
③ 参见孟华平:《长江中游史前文化结构》,长江文艺出版社 1997 年版,第 157 页。
④ 参见王杰:《雕龙碑新石器时代遗址发掘收获》,《江汉考古》1995 年第 3 期。
⑤ 参见任新雨:《试论鄂西北地区的"仰韶文化"和"屈家岭"文化》,《江汉考古》2001 年第 4 期。

韶文化中①,或将其划为仰韶文化朱家台类型②,亦有学者认为朱家台类型不属于仰韶文化,而是受仰韶文化影响的一支土著文化③。可见,曹家楼遗址当是北方文化势力的最南缘,当然同时也受到屈家岭文化系统的影响,含有油子岭文化的某些因素。

由荆门龙王山遗址、宜城顾家坡遗址和宜城曹家楼遗址的情形可知,汉西地区的油子岭文化和屈家岭文化强盛起来后,即以荆山以南的荆门地区为据点北进至宜城平原南缘,与宜城平原北部受仰韶文化影响的北方势力在宜城平原对峙。

而在顾家坡墓地中,有两种现象特别值得注意:一是一定数量的多人二次合葬墓;二是在男性墓葬中随葬有大量的石钺和骨镞。

多人二次合葬墓有一定比例的存在,表明人口死亡率在一定时间内的相对集中。导致一个部落的人口在短时间内大量死亡大致上有三类原因:天灾、人祸以及群体性疾病。天灾就是自然灾害。人祸主要表现为部落冲突或战争。群体性疾病即传染病,如瘟疫。三者在某些情况下又互为因果。如洪水是一种常见的灾害,但人口的膨胀,人类对生态的破坏如对森林的大量砍伐又会诱发经常性的洪水。洪水又会导致人和动物的死亡,引发饥民流离失所和疾疫的流行,部落冲突也因而发生。部落冲突又会加剧人口的死亡。

顾家坡墓地中大量出土石钺,也是一个很特殊的现象。顾家坡遗址共发现石器 215 件,玉器 3 件,其中有玉钺 2 件,石钺 177 件,钺类器型占玉石器总量的 82%。而石斧、锛、凿等工具类石器则只发现于地层和灰坑之中,不出于墓葬中。据统计,60% 左右的男性都随葬有石

---

① 参见靳松安、任伟:《略论汉水中游地区的仰韶文化》,《中原文物》1994 年第 4 期;中国社会科学院考古研究所:《中国考古学》(新石器时代卷),中国社会科学出版社 2010 年版,第 221 页。

② 参见张绪球:《长江中游新石器时代文化概论》,湖北科学技术出版社 1992 年版,第 164 页。

③ 参见王劲:《鄂西北仰韶文化及同时期文化分析》,《华夏考古》1987 年第 2 期。

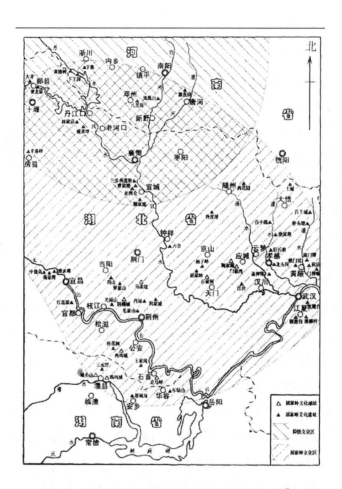

图 10　襄宜地区屈家岭文化与仰韶文化的交叉①

钺,这实在是一个很惊人的比例。甚至连小男孩也随葬有 1 件小石钺,这类小石钺显然不是实用品,而是特意为下葬而制作的明器。以上现象表明,在顾家坡人的心目中,石钺或玉钺在功能上与作为生产工具的石斧、石锛、石凿等是完全不同的。

　　另一个突出的现象是墓葬中随葬大量的骨镞,而且往往与石钺共存。发现骨镞的墓葬有 44 座,每座墓葬所出骨镞的数量不等,少者一

———————————

①　图片采自贾汉清:《从顾家坡墓地的发掘看史前时代文化交叉地带的部落冲突》,《华夏考古》2004 年第 4 期。

二枚,多者二三十枚。如 M48 是为二人二次合葬墓,墓底并排埋葬着一个成年男性和一个小男孩。成年男性的随葬品中有石钺和骨镞,小男孩也随葬有几枚骨镞。

还有几座墓葬虽然发现有骨镞,却不是随葬品,因为这类墓葬往往只发现 1 枚骨镞,而这些骨镞的位置颇为特殊。有两座墓葬是在死者的颈部各发现了 1 枚骨镞,推测是被箭伤致死的。还有一种现象,就是一个人的头骨出现在另外一个人的墓葬中。一例是 M36,在人骨南边的二层台上发现了另一个人的头骨残片,旁边放置 1 件陶明器小壶。另一例是 M37,在墓坑南边的脚龛内发现了另一个人的完整的颅骨,面向北朝向墓主。

顾家坡墓地种种特殊现象似乎表明:顾家坡遗址的远古居民是些好战的人,他们中的男性不以伐木耕作为荣,而以拥有武器为荣,死后也把武器埋葬在身边。他们在用这些武器伤害他人的同时,他们中的某些人也因此丧命。[①]

联系到屈家岭文化系统和仰韶文化系统就在宜城平原展开对峙,以及屈家岭文化向北的扩张,我们似乎可以得出结论:顾家坡遗址的屈家岭文化系统人群曾与北方文化系统发生过大规模的激烈冲突,其冲突的对象可能就是以曹家楼遗址为南缘的主要受仰韶文化系统影响的北方文化势力,冲突的结果是曹家楼遗址第二期遗存由北方文化系统变成了典型的屈家岭文化。由此看来,汉西地区屈家岭文化的北扩,伴随着大规模的军事活动和人群的流动。

曹家楼遗址已接近襄阳,东边不远处为转而南流的汉江。汉江在襄阳以上沿武当山北麓东南流,至襄阳附近时,因受东边大洪山的阻挡,转而自两山间的峡口南下,由此在武当山最东端与大洪山之间形成襄南隘口。屈家岭文化系统自顾家坡北上,取代了曹家楼遗址的原有文化之后,就打开了进入南襄盆地(按南阳盆地在地理学上又称南襄

① 参见贾汉清:《从顾家坡墓地的发掘看史前时代文化交叉地带的部落冲突》,《华夏考古》2004 年第 4 期。

盆地)的通道,自此以不可阻挡之势进入南阳盆地、丹江流域和汉江上游,迅速取代了当地的原始文化,将汉江中游地区变成了屈家岭文化分布地域。

而到了屈家岭文化晚期,屈家岭文化势力更以豫西南地区为据点,逐渐对周围地区施加影响,沿丹江到达丹江上游商县、庚原一带;向北则翻过伏牛山,由"方城缺口"到达了中原地区的汝颍地区,进而向北到洛阳、郑州一线的伊洛地区和黄河中游两岸,接着屈家岭文化因素渗入到晋南地区的曲村附近,但已明显微弱。而豫南地区的屈家岭文化则接受了大致三个方面的影响:一是由大别山、桐柏山之间的缺口到达信阳、罗山、息县、淮滨等地;二是由豫西南传入确山、正阳一带;三是在晚期阶段接受了豫中地区的影响,由豫中反向影响至豫南。屈家岭文化的北渐主要是依靠陆路进行的,翻山越岭,穿过平原、盆地,沿河流向上传播,最终形成屈家岭文化的北部分布格局。①

---

① 参见孟原召:《屈家岭文化的北渐》,《华夏考古》2011年第3期。

第六章　石家河文化与江汉地区史前文化的中断

　　屈家岭文化的后继者石家河文化,是江汉地区在屈家岭文化基础上发展起来的一种考古学文化。石家河文化已进入龙山时代,因此曾被称为"湖北龙山文化"。石家河文化早期,江汉地区的史前文化仍然维持着屈家岭文化时代的繁荣与强盛,在社会形态、经济发展、文化艺术等方面较屈家岭时代都有明显的进步。但石家河文化晚期,形势似乎发生了突然的变化,失去了原有的特征,江汉地区的文化传统被打破,这是自屈家岭文化在江汉地区实现空前的繁荣与统一之后的江汉地区史前文化的最重要变革,对江汉地区的历史进程和文化发展产生了深远的影响。

第一节　石家河遗址群与石家河古城

　　石家河遗址群是我国长江中游地区迄今发现分布面积最大、保存最为完整的新石器时代聚落遗址群。它位于天门市石河镇,毗邻镇北,分属土城村、芦岭村、唐李村、东桥村辖地,东南距天门市城区约 16 千米。地处大洪山南部低山丘陵的垄岗状平原区,海拔高约 30 — 50 米。遗址群位于东部的东河(俗称石家河)和西南部的西河(俗称马溪河)交汇处。石家河遗址群及由它命名的石家河文化代表了长江中游地区史前文化发展的最高水平,在中华民族文明起源与发展史上占有十分重要的地位。石家河遗址群于 1954 年发现,1956 年 11 月 15 日,由湖北省人民委员会公布为第一批重点文物保护单位;1996 年 11 月,由国务院公布为全国重点文物保护单位;2005 年 3 月,国家文物局将石家河遗址列入大遗址保护规划。

石家河遗址的考古工作始于 20 世纪 50 年代。1954 年冬,京山县和天门县联合修建石龙过江水库干渠,在开挖到天门石家河镇时,发现大量古代石器、陶器。1955 年 2 月至 8 月,石龙过江水库指挥部文物工作队发掘了罗家柏岭、贯平堰、石板冲、三房湾等四处遗址。1978 年湖北省荆州博物馆试掘了邓家湾遗址,1982 年湖北省博物馆试掘了谭家岭、土城遗址。1987 年春季,荆州博物馆和北京大学考古系联合发掘了邓家湾遗址。1987 年 6 月,北京大学考古系、湖北省博物馆、荆州博物馆联合成立石家河考古队,由严文明先生任队长,在 1987—1991 年间对石家河遗址群进行了有计划的考古调查和发掘,获得大量成果,为湖北省新石器时代考古的最重要收获。特别是在以谭家岭遗址为中心的地区发现了一座面积达 120 万平方米的"石家河古城",突出地显示了石家河遗址群的重要性及其在长江中游地区新石器时代文化中的重要地位。

遗址群所在的石家河镇北境与京山县接壤,境内包括了从北部山区山前剥蚀低丘逐渐过渡为河湖平原的三种地貌:北部边境处有大小山头 13 座,海拔最高处 191.4 米;镇北部垄岗起伏,十多条河流自北向南穿流而过,以东、西二河最大,因受地形限制,河流在这一带的摆动不大;镇南部则地势低平,河湖众多。

遗址群主要分布在镇北土城乡境内,绝大部分位于东、西二河之间。整个遗址群坐落在从北面延伸过来的两条大垄岗之间的内凹部一条短垄岗的南端东侧。这些垄岗从三面环绕遗址群,其相对高度虽不是太大,地形却颇为起伏崎岖。遗址群南面为海拔 30 米以下的低平区域,地名北港湖,直至近代还是一个较大的湖泊,到 20 世纪 70 年代东、西二河开挖人工河道之前,这两条河还经常泛滥,在古代各历史时期,这一带应是水域宽广的大湖,若以等高线 30 米为其大致范围,则遗址群的南缘和西南缘就在它的岸边。

可见,石家河遗址群就处在北面的山区和南面的湖区之间,形成了一个相对封闭的地理空间,而从遗址群到东侧的大垄岗之间,是由东河摆动形成的一大片平坦地域,适于发展稻作农业。遗址群西北部的起伏地形和南部、西南部的湖区,则为从事其他经济活动提供了理想场所。因此,仅就地貌环境而言,石家河地区十分有利于以农业为主,兼营多种经济内容的经济活动,这里成为石家河遗址群的依托地,并非偶然。

石家河遗址群的海拔高度在 30—40 米之间,局部地点超过 40 米,地形从西北向东南倾斜,微地貌大致可分为两种。遗址群除去东南部的大部分地区为被切割得很破碎的垄岗状地形,垄岗与低冲之间起伏较大,相对高差可达数米至十数米,无论高阜还是低冲都不太开阔,这一带是受地表水侵蚀作用为主的地区。东南部地形比较平坦开阔,起伏不太明显,曾发现好几条东河故道,现在的河道则在几个地点贯穿遗址而过,可见河流在此地改道比较频繁,既受流水冲刷作用,也有较强的搬运堆积作用。

遗址群有一些明显有悖于自然规律的地貌现象,如有些冲沟明显不符合地势走向,在三房湾和邓家湾两块台地之间,有一道土岭横亘在两台地之间的低冲上,截断了低冲内的流水方向。邓家湾台地原应同西北方向的台地连成一体,却被一条壕沟分割开来,这条壕沟在遗址群的中心围成一个半环形,这种地形不太可能是自然侵蚀形成的。

石家河遗址群的总面积约 8 平方千米,在遗址的中心部位存在一个由土垣、环形壕和土台构成的大型配套工程,是有规划性并且在相对较短的时间内修筑完成的。在三房湾、谭家岭、邓家湾等地,有一道暴露于地表的巨大曲尺形土垣,围成一个近似长方形的框子,显然是一处人工建造的城垣。整个石家河遗址群以古城为核心,密集分布着三房湾、谭家岭、邓家湾、肖家屋脊等 30 余处遗址,各遗址相距很近,有的甚至紧密相连,年代为距今 4000—5000 年。该遗址群的文化遗存从相当于大溪文化阶段开始,经屈家岭文化至石家河文化,形成了一个基本连续的发展序列。

文化遗存以屈家岭文化至石家河文化最为丰富。这里的人类活动始自相当于大溪文化时期的油子岭文化时期,至屈家岭文化时期,文化堆积面积扩大,地点增多,大致集中在遗址群的中部。遗址群最大范围的文化堆积形成于石家河文化时期,其分布遍及已知的各个地点。从分布来看,遗址群的石家河文化是屈家岭文化分布密集区的扩张或外延,而石家河文化时期的核心区同时也是屈家岭文化的分布密集区。在邓家湾、谭家岭、蓄树岭和杨家湾等地,作为建筑遗存的红烧土堆积几乎连为一体,以至于很难将其视为一个个孤立的遗址。外围的遗址则间隔散布在岗地边缘,无论是总体面积还是建筑区面积均远小于核心区的遗址。

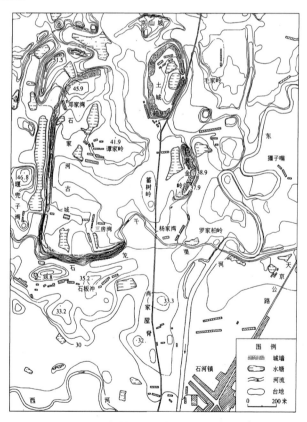

图 11　石家河城址与遗址群①

————————
①　图片采自中国社会科学院考古研究所:《中国考古学》(新石器时代卷),中国社会科学出版社 2010 年版,第 665 页。

至石家河文化晚期(现在一般称为后石家河文化),文化遗存的分布在遗址数量和核心区域方面都发生了变化,这一时期的遗址数量明显少于早期。在核心区,该期遗存仅在局部范围内有所分布。根据已发掘的资料,从屈家岭文化晚期到石家河文化时期,是石家河聚落群内部结构较为稳定的时期。核心区域相对稳定,只有局部的改建与扩建,墓地的情形亦然。到后石家河文化时期,聚落的中心不能与以前相整合,文化内涵也发生了变化,表明石家河聚落群体发生了重大的变故。此后,当地文化衰微,直至西周才出现一个不大的土城遗址。

石家河遗址群所在的现代土城乡有农业人口 1869 人,分属 20 个自然村,在遗址群的范围内,自然村的数量和人口数都少于以上统计。在石家河古城的范围外,遗址的数量和现代村落数量基本相当,遗址的面积与现代村落相比,有的大有的小,在此范围内的现代人口约 1200 人左右。古城范围内则有很大的不同,学者推测城内的居民在 22500—30000 人之间,相信当时石家河聚落群的人口规模远大于现代土城乡。

遗址群的东部和东北部有一片海拔 30—40 米之间的平坦开阔地,可能是石家河聚落群的居民从事农业生产的主要地区,有可能是水田所在地,如全部开发,约可获得 10 平方千米,1.5 万亩农田,据测算可养活人口约 15000—20000 人。在手工业方面,据已知的资料,石家河遗址群的陶器手工业已形成了内部分工。而石家河如此规模的聚落群,则存在一个具某种权威色彩的统一管理机构。

从石家河遗址群的考古发掘工作来看,不同的遗址在聚落群中可能有不同的社会功能。谭家岭遗址位于遗址群的中心,在油子岭文化时期主要用作墓地,屈家岭文化和石家河文化时期则存在大面积成片建筑基址,表明这里可能是整个遗址群的核心所在。三房湾遗址发现有数万乃至数十万的红陶杯。邓家湾遗址的灰坑中则出土大量的陶塑,有的灰坑出土陶塑达上千件,这种灰坑应当不是一般意义上的垃圾坑。这两处地点有可能是宗教活动中心。邓家湾和肖家屋脊还是石家河文化时期的两处重要墓地。

石家河古城位于石家河遗址群的中心区,规模宏大,平面略呈长方形,南北长约为 1200 米、东西宽约 1100 余米。城垣西、南部保存较好,顶面宽 8—10 米、底部宽 50 米以上,高达 6—8 米以上。城垣外侧为环形城壕,宽 60—100 米,深 4—6 米,它环绕城垣一周。城址总面积可达 180 万平方米,城内可使用面积为 120 万平方米,城壕的修建年代为屈家岭文化晚期。[①]

城的中心部分为谭家岭遗址,是居住区,发现有大量的房屋遗迹,曾发现大房址的一角,仅墙壁厚度即达 1 米,表明可能存在礼仪性中心建筑。

西北部的邓家湾是一个小型墓地和宗教活动中心,发现有近百座中小型墓葬。紧靠墓地的东边发现有几种可能与宗教有关的遗迹:一是屈家岭文化的长筒形陶器首尾相接地排成弯曲形;二是石家河文化的陶臼或缸形器首尾相接地排列,器物通体饰篮纹,有的上腹有刻画符号;三是发现两个不规则形坑中埋藏有成百个陶俑和数千个陶塑动物。陶俑形体几乎千篇一律,都是头戴平顶或微弧顶浅沿的帽子,身穿细腰的长袍,双膝跪地,手捧大鱼,而且总是左手托鱼尾,右手压鱼头,如此规范化的制作似乎是反映某种宗教仪式。同出的数千个陶塑动物中有家畜猪、狗、羊、牛和家禽鸡;有野兽象、虎、猴;有鸟类,多为长尾,其中可能有孔雀和雉;还有爬行类的龟、鳖等。这些遗物可能是宗教仪式中使用的道具。

西南部的三房湾可能是另一个宗教活动中心,遗址发现大量的红陶杯,据推算可能有数万件之多。这种陶杯十分粗糙,容量极小,不可能是实用器,很可能是一种祭器。在一个地方堆积了如此大的数量,表明曾长期举行大规模的宗教活动。

城外的肖家屋脊是一个比较重要的墓地和宗教活动的地方,也是一个小居民区。肖家屋脊的墓地从屈家岭文化到石家河文化晚期,墓

---

① 参见北京大学考古系等:《石家河遗址调查报告》,载《南方民族考古》第 5 辑,四川科学技术出版社 1993 年版。

121

葬分化越来越显著,石家河文化的大墓有一百多件器物,小墓则一无所有。肖家屋脊的瓮棺中发现大量玉器,玉料多为软玉,也有滑石,色泽有黄、黄绿、青黄、淡青、乳白等色。采用浅浮雕、钻孔和抛光等技法制成。形体小巧,雕工细致简练,造型匀称。器形种类有神人头像、虎头、鹿头、鹰、蝉、猪龙、环、璜、管、笄等。神人头像五官清晰、匀称,技艺水平较高。有的面目狰狞,耳上方有弯角形饰物,耳垂穿孔,露齿龇牙。有的表情严肃,大耳坠环,头戴卷云纹冠。应是当时人们祭祀崇拜的神人偶像。有的头像内空,管径较大,应作装柄用。有的头像雕于玉片上,且钻有作穿系用的小孔,由巫师佩戴于衣冠上或缀于其他物体上进行祭祀祈福。玉雕动物的用途应是佩带或缀于某物体上,在祭典时作为一种通神的工具。柄形饰、璜、管是一般的佩饰,笄用来挽结长发。罗家柏岭则有比较大型的建筑,发现过玉器,表明那里是一个重要场所。

第二节　石家河文化

石家河文化以天门石家河遗址群而得名,是江汉地区继屈家岭文化以后发展起来的新石器时代末期文化。

石家河文化遗存的发现始于1955年,因资料有限,当时尚未引起足够重视。随着同类遗存的发现逐步引起研究者关注,曾先后被称为"湖北龙山文化""长江中游龙山文化""青龙泉三期文化""季家湖文化""桂花树三期文化"等。20世纪80年代后期石家河遗址群的发掘获得大批重要资料,于是考古界逐渐倾向于用"石家河文化"的命名来统一涵盖同类遗存。

石家河文化的分布区域与屈家岭文化基本相同。主要分布在以江汉平原为中心的地区,其范围北到南阳盆地南缘和桐柏山北侧,东止于麻城、黄冈和大冶一线,东南以幕阜山和九宫山为界,南到洞庭湖区,西抵西陵峡口。目前已发现的石家河文化遗址估计近千处,以江汉平原为核心,尤其是以天门石家河镇最为密集,形成石家河遗址群。

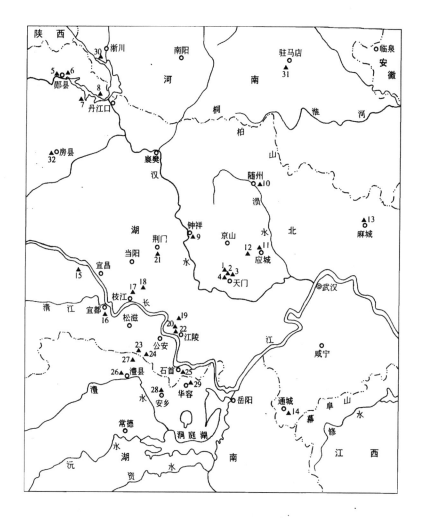

1. 天门谭家岭　2. 天门肖家屋脊　3. 天门罗家柏岭　4. 天门邓家湾　5. 郧县大寺　6. 郧县青龙泉　7. 郧县朱家台　8. 丹江口乱石滩　9. 钟祥六合　10. 随州西花园　11. 应城门板湾　12. 应城陶家园　13. 麻城栗山岗　14. 通城尧家林　15. 宜昌白庙　16. 宜都石板巷子　17. 枝江关庙山　18. 当阳季家湖　19. 江陵朱家台　20. 江陵阴湘城　21. 荆门马家垸　22. 江陵张家山　23. 松滋桂花树　24. 公安鸡鸣城　25. 石首走马岭　26. 澧县城头山　27. 澧县鸡叫城　28. 安乡划城岗　29. 华容车轱山　30. 淅川下王岗　31. 驻马店杨庄　32. 房县七里河

图 12　石家河文化分布示意图①

---

① 图片采自中国社会科学院考古研究所:《中国考古学》(新石器时代卷),中国社会科学出版社 2010 年版,第 659 页。

石家河文化的陶器以泥质灰陶为主,也有泥质黑陶和泥质红陶、夹砂红陶和夹砂黑陶。素面陶居多,纹饰以篮纹为主,其次是方格纹和绳纹,再次为弦纹、镂孔、附加堆纹,早期还有少量彩陶和彩陶纺轮。主要器类有罐、鼎、釜、甑、钵、碗、壶、高圈足豆、喇叭形刻槽盆(擂钵)、缸、瓮、盘、杯、器座、器盖等十余种。其中,高领罐、高圈足豆、宽扁足鼎、喇叭形刻槽盆、筒形缸、喇叭形小杯等是其典型器物。

石器以磨制为主,种类有斧、铲、锛、凿、刀、镰、镞、钻等。其中打制的双肩石锄、磨制精细的长方形石铲、梯形小石锛、有段石锛、长方形穿孔石刀等较为典型。石镞的数量和形式也较多。此外还有蚌镰、纺轮、陶拍等。

石家河文化已开始使用铜器,在邓家湾和肖家屋脊数十次发现大小不等的孔雀石,有少数孔雀石表面已被氧化,这是冶铜的证据。在罗家柏岭出土了5件残铜片,石家河出土的玉器也表明当时已开始使用铜器来进行加工,另大量的夹砂厚胎缸也可能用于冶铜。

陶塑艺术品也是石家河文化的一大特色,仅1978—1987年在邓家湾遗址的三次发掘中出土的陶塑就达数千件之多,估计总数不少于万件。据张绪球研究,石家河文化的陶塑分两期,第一期始自石家河文化早期,但数量极少,未见集中出土,至中期前段才大量烧制,第二期则出自石家河文化晚期,数量极多。[1] 按此处所言石家河文化晚期,实为后石家河文化。另在石家河的其他遗址上,从未发现如此大量的陶塑艺术品,表明邓家湾应是当时集中生产陶塑的地方,或许还是唯一的产地。在石家河文化的其他遗址中也发现有陶塑,与邓家湾所出一致。

石家河文化的宗教信仰已发展到较高水准,在邓家湾和肖家屋脊遗址发现有大量红陶缸遗迹,这些红陶缸有的倒置排列,有的则平行套接,但缸底则大多并不相通。陶缸上往往有刻画符号,应当与宗教祭祀有关。

---

[1]　参见张绪球:《长江中游新石器时代文化概论》,湖北科学技术出版社1992年版,第290页。

石家河文化由屈家岭文化发展而来,因此也和屈家岭文化一样,存在中心区。汉水以东、大洪山南麓、江汉平原中北部的天门石家河一带,是石家河文化的核心区,其发展水平远远高于其他地区,是最为典型的石家河文化。对石家河文化的分区与类型,现有多种意见。王劲认为可分为二到三个类型①,李龙章主张分为四个类型②,张绪球则将其分为石家河、青龙泉、季家湖—石板巷子、划城岗、西花园、尧家林六个类型③,孟华平则将其分为七个类型:峡江西侧的庙坪类型、东侧的季家湖类型、洞庭湖北部的划城岗晚期类型、南部的岱子坪类型、汉东地区的石家河类型、鄂西北地区的青龙泉三期类型、鄂东南的尧家林类型④。《中国考古学》(新石器时代卷)则将石家河文化分为五区五个类型:中心区的石家河类型、西北区的青龙泉类型、西区的季家湖类型、东南区的尧家林类型和北区的西花园类型。⑤

　　石家河文化已有了较进步的农业和手工业。制陶技术有了新的提高和发展,轮制陶器的比例进一步扩大,出现了大型陶器,制陶业可能已突破了家庭手工业而成为一项独立的手工业,而且还可能出现了陶器种类方面的相对分工。手工业的专业分工不仅提高生产的效率和产品质量,而且必然促进交换行为的发展。聚落形态更进一步复杂化,社会分化较屈家岭时代有了更进一步的发展,主要体现在聚落之间的分化更为明显,中心聚落与一般聚落之间有很大的差异,聚落内部也出现了明显的贫富差别和等级划分,玉器和家畜可能已成为私有财产,巫术和原始宗教盛行,铜器、城池等重要因素出现。因此,石家河文化正处于氏族社会的末期,氏族制度正在解体,文明时代即将到来,也可能已进入初期文明社会。石家河文化是研究江

①　参见王劲:《江汉地区石器时代综述》,《江汉考古》1980 年第 1 期。
②　参见李龙章:《浅议石家河文化》,《江汉考古》1985 年第 3 期。
③　参见张绪球:《长江中游新石器时代文化概论》,湖北科学技术出版社 1992 年版,第274—279 页。
④　参见孟华平:《长江中游史前文化结构》,长江文艺出版社 1997 年版,第 121 页。
⑤　参见中国社会科学院考古研究所:《中国考古学》(新石器时代卷),中国社会科学出版社 2010 年版,第 662 页。

汉地区文明起源和文明化进程的重要对象,在探索中华文明起源上有重要意义。

第三节　后石家河文化与江汉地区文化结构的转变

　　石家河文化是新石器时代末期江汉地区的最后一支考古学文化,在石家河文化早中期,江汉地区的考古学文化仍然维系着屈家岭时代的兴盛局面,并在屈家岭文化的基础上有进一步的发展,社会结构的复杂化与文明化进程有了长足的进展。但到了石家河文化晚期,形势突然逆转,中原地区的龙山时期文化日益强盛,对邻近中原的山东地区龙山文化和江汉地区石家河文化产生了强烈的影响,石家河文化中出现了大量来自中原龙山时期文化的因素。考古学者认为,石家河文化中的篮纹、方格纹及袋足鬶的流行与龙山时代的来临有关①,"黄河流域龙山时代诸考古学文化深刻地影响了石家河文化"②。

　　由于中原文化因素的大量进入,导致江汉地区的考古学文化性质发生了质变,其陶器群体已失去石家河文化的共性特征,江汉地区的本地特征越来越少,除少量因素如红陶杯、钵有所保留外,主体部分与石家河文化并无关系,"倒几乎涵盖了中原地区煤山类型几乎全套的器物组合"③。因此考古学界普遍认为,这应是不同于石家河文化的另一支考古学文化,应从石家河文化中独立出来。对于此类遗存,学者有不同的称呼,孟华平称为"后石家河文化"④,杨权喜则称之为石板巷子文化⑤,王劲则称为"三房湾文化"⑥。本书则暂用"后石家河文化"的名称。

　　后石家河文化只有部分因素源自石家河文化,与石家河文化有质

---

① 参见严文明:《龙山文化和龙山时代》,《文物》1981 年第 6 期。
② 参见孟华平:《长江中游史前文化结构》,长江文艺出版社 1997 年版,第 165 页。
③ 参见杨宝成主编:《湖北考古发现与研究》,武汉大学出版社 1995 年版,第 67 页。
④ 参见孟华平:《长江中游史前文化结构》,长江文艺出版社 1997 年版,第 173 页。
⑤ 参见杨权喜:《关于鄂西六处新石器时代晚期遗存的探讨》,《考古》2001 年第 5 期。
⑥ 参见王劲:《后石家河文化定名的思考》,《江汉考古》2007 年第 1 期。

的不同,大部分因素来自中原龙山时期文化,尤其是王湾三期文化煤山类型。王湾三期文化为龙山时期中原地区的主体文化,是二里头文化的直接前身。王湾三期文化以嵩山为界分为两个地方类型,嵩山以北为王湾类型,嵩山以南为煤山类型(或称王城岗类型、郝家台类型)。有学者认为嵩山南北的文化差异,已到了可以单独划分考古学文化的程度,因此煤山类型又常被称为煤山文化。后石家河文化因其与煤山类型的密切关系,被考古学者"视作煤山文化江汉地区的一种变体",其成因是中原华夏文化的南下①。"来自中原的后石家河文化逐渐向长江中游地区渗透,从根本上改变了长江中游地区的传统文化结构"②。

对于后石家河文化的年代,王劲综合几个遗址的碳十四数据,认为其早期约距今 4200 年,晚期约距今 3900 年左右,与煤山遗址第一、第二期基本相当。煤山遗址第一期为河南龙山文化晚期,第二期相当于二里头一期,第三期相当于二里头二期。③ 煤山一期碳十四测定年代有两个数据,一为公元前 1690±100 年,树轮校正为公元前 2005 年,二为公元前 1920±115 年,树轮校正为公元前 2290 年,这表明煤山一期已进入夏代④,亦证明后石家河文化已属于夏代初年。

后石家河文化分布范围主要在长江以北。鄂西沿江地带至峡江地区,以宜昌白庙遗址和宜都石板巷子遗址为代表,汉江中游地区以均县乱石滩遗址为代表,江汉平原以石家河遗址群中的三房湾遗址为代表。区域类型上,王劲将"后石家河文化"分为四个类型:三峡地区为"白庙类型",鄂西地区为"石板巷子类型",鄂豫陕交界处的丹江库区为"乱石滩类型",江汉平原则为"三房湾类型"。

在文化面貌方面,根据已见报道的有关资料观察,其陶质生活用器

① 参见白云:《关于"石家河文化"的几个问题》,《江汉考古》1993 年第 4 期。
② 参见孟华平:《长江中游史前文化结构》,长江文艺出版社 1997 年版,第 173 页。
③ 参见洛阳博物馆:《河南临汝煤山遗址调查与试掘》,《考古》1979 年第 5 期。
④ 参见杨育彬:《从考古发现探索夏文化的上限与下限》,载《华夏文明》第一集,北京大学出版社 1987 年版。

的共同特点是陶系以泥质或夹细砂灰、黑陶为主,有的类型褐陶或黑褐陶亦较多,并有橙红、橙黄陶。纹饰流行方格纹(包括网格纹)、篮纹、绳纹,出现叶脉纹。其陶器群是以大型粗圈足盘、浅盘细高圈足豆、矮直领鼓腹罐(下腹有的急收成缩腹)、矮直领鼓腹瓮、粗颈矮裆大袋足鬶或细颈高裆瘦袋足鬶、管流盉和圈钮(包括花边矮圈钮)或平顶式握手斜面器盖等特征器物为其基本组合。

在文化结构上,据王劲统计,在后石家河文化中,源于石家河文化的因素不足二分之一,新的文化因素已占主导地位,即在石家河文化后期,随着新文化因素的不断增加,文化性质已由量变发展到质变。后石家河文化的成因,虽不排除石家河文化自身的发展演变和改进创新,但新文化因素中的大部分却是外来文化的渗入。诸多的新文化因素,有来自东、西、南三面周邻同期文化的接触影响与交流,更多的是北面中原同期文化南下的冲击与融合。正是大量的外来同期文化因素汇入本区域后的作用,打破了本地区原有的文化传统,出现了有别于石家河文化的新文化面貌,使这一区域传统的新石器文化发生了断层现象。①

后石家河文化有较为发达的玉器和陶塑工艺品,在其社会生活中占有重要位置。玉器目前已发现数百件,多出自瓮棺中,一般为随葬品,多数器型较小。在石家河的罗家柏岭遗址发现一批玉人头像牌饰和坠饰、蝉形饰、龙形饰、凤形饰以及璧、管、环等装饰品,数量达44件。在肖家屋脊遗址的瓮棺中发现更多玉器,大型瓮棺中均随葬十几件甚至几十件玉器,如 W6 出土玉器多达 56 件。除石家河遗址群外,钟祥六合遗址亦在瓮棺中发现大量玉器,江陵枣林岗遗址亦在瓮棺中出土较多玉器,品种和形式与六合所出较为接近,但玉器中有琮,则为过去所未见。这些玉器大都为白色或乳白色,有的略带绿色或灰色,个别为乳黄色,光泽和透明度较差。已采用了切割、雕琢、钻孔和抛光等工艺,具有较高的技术水平。另澧县孙家岗墓地亦曾发

① 参见王劲:《后石家河文化定名的思考》,《江汉考古》2007 年第 1 期。

现石家河文化的玉器。

陶塑则继承了石家河文化的艺术特点。所有的陶塑均为泥质红陶,陶土经洗滤,制法为手捏。种类大致可分为人像、禽类、兽类和水生动物四类,以野生水陆动物和家禽家畜为最多,包括鸟、象、猴、虎、鳖、龟、鱼和鸡、狗、猪、羊、牛等。

这些玉器和陶塑不仅反映了当时的经济生活,更为重要的是反映了后石家河文化时期人们的思想意识与精神生活。上古艺术品多与社会信仰的发展有密切关系,因而这些艺术品也反映了当时社会中已出现了专业的神职人员,亦是社会结构从简单走向复杂化的一个重要方面。

后石家河文化的出现,表明江汉地区的文化传统被打破,江汉地区的文化结构发生了根本性的变化。从此以后,历史时期的江汉地区不再像新石器时代那样是一个独立的区域主体、文化主体和政治主体,而是作为中原文化的附庸和边缘组成部分而存在。这一文化地理格局的形成,对历史时代江汉地区文化的发展,产生了极为深远的影响。

第四节　江汉地区史前文化发展进程的中断

在石家河文化的晚期,中原文化大举南下,对江汉文化系统构成了猛烈的冲击。在中原文化南下的浪潮中首当其冲的就是石家河文化的北部分布区南阳盆地。南阳盆地的邓州八里岗、唐河寨茨岗、茅草寺等遗址上的石家河文化在其后期,逐渐被龙山文化晚期的煤山文化遗存所代替,进入夏代后又演变为二里头文化的分布区。由此可知,在这一波的中原文化南下的浪潮中,南阳盆地的石家河文化是直接被中原文化取代。这种文化取代可能意味着大规模的战争和人口流动,创造石家河文化的古代人群退出了南阳盆地,来自中原文化的人群取代了原来石家河文化的人群成为南阳盆地的新居民。

在丹江下游及汉江沿岸的均县乱石滩、郧县大寺、淅川下王岗等遗

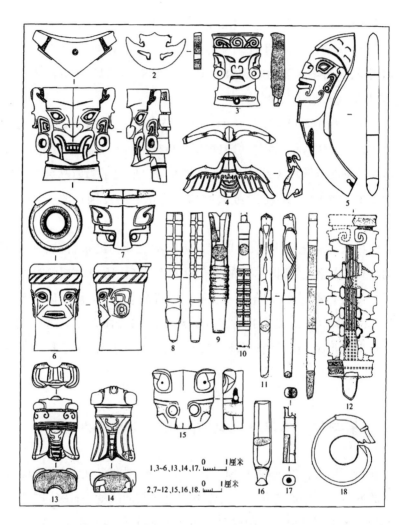

1. 人头像（肖家屋脊 W6:32） 2. 虎头像（肖家屋脊 W6:60） 3. 人头像（肖家屋脊 W6:14） 4. 飞鹰（肖家屋脊 W6:7） 5. 人头像（肖家屋脊 W6:17） 6. 人头像（肖家屋脊 W7:4） 7. 虎头像（肖家屋脊 W6:16） 8. 柄形饰（肖家屋脊 W6:29） 9. 柄形饰（肖家屋脊 AT1115②:1） 10. 柄形饰（肖家屋脊 AT1219①:1） 11. 笄（肖家屋脊 012） 12. 透雕片饰（肖家屋脊 W71:5） 13. 蝉（肖家屋脊 W6:12） 14. 蝉（肖家屋脊 W71:2） 15. 虎头像（肖家屋脊 W6:53） 16. 柄形饰（肖家屋脊 W6:30） 17. 柄形饰（肖家屋脊 W6:55） 18. 盘龙（肖家屋脊 W6:36）

图 13　后石家河文化玉器①

①　图片采自中国社会科学院考古研究所：《中国考古学》（新石器时代卷），中国社会科学出版社 2010 年版，第 668 页。

址上,则出现了后石家河文化,属后石家河文化中的乱石滩类型。自此以南至长江北岸,为后石家河文化的分布地区。

就文化性质而言,后石家河文化是中原文化南下的结果,是南下的中原文化融合部分石家河文化因素而形成的。在后石家河文化中,虽然来自中原的文化因素居于主体,但也沿袭了不少源自石家河文化的因素。这种以中原文化为主体的文化融合,与南阳盆地的文化替代相比较,似乎意味着原来石家河文化的人群在中原文化南下的浪潮中,并没有像南阳盆地那样被取代,他们仍然继续生活在原地,但是其文化属性发生了改变。就此而论,后石家河文化是原来石家河文化人群与南下的中原文化融合的结果。简单地说,就是原来石家河文化人群放弃了自身的原有文化传统,接受了中原人群带来的中原文化。

但各地的后石家河文化的走向大不相同。在较偏北的地区,在中原文化发展到二里头文化以后,这些地区的后石家河文化也相应演变为二里头文化。而在较偏南的地区,特别是在原屈家岭文化、石家河文化的核心区,文化的发展出现了中断现象,后石家河文化消失了,并未延续发展为二里头文化。

在汉丹地区,是后石家河文化乱石滩类型的分布地区。这一地区在后石家河文化之后就是二里头文化。在郧县辽瓦店子遗址中,发现有从新石器时代到夏商时期的丰富遗存。其新石器时代遗存属石家河文化范畴①,辽瓦店子夏商一期遗存相当于二里头文化一期,其中一段偏早,上限不超过煤山二期,约为煤山二期到二里头文化一期早段;二段偏晚,约为二里头文化一期晚段。第一期遗存中,以中原煤山文化或二里头文化因素占主导地位,体现在器物组合基本与其一致,本地因素仅体现在陶系和某些陶器形的特色(如罐形鼎、盉、器座等)。第一期一段遗存陶器面貌与江汉地区的"后石家河文化"如宜都石板巷子、宜昌白庙等遗址的陶器面貌相似,都受中原煤山文化影响极大,且大量使

---

① 参见辽瓦店子考古队:《湖北郧县辽瓦店子遗址考古获重要发现》,《中国文物报》2008 年 1 月 9 日。

用釜。二段遗存为一段遗存的发展,典型二里头文化因素已经出现在该地区,由此可见此时该地区已纳入二里头文化版图。①

在随枣走廊,随县西花园遗址出有大型粗圈足盘、盆型鼎、罐形鼎等后石家河文化典型器,孟华平将之归入后石家河文化乱石滩类型。②进入夏代,随枣走廊也出现有二里头文化。枣阳墓子岗遗址是襄樊地区仅有的二处二里头文化遗址之一(另一处为汉水以南的法龙王树岗遗址),此遗址未经发掘,采集陶器有鼎、鬲、尊、罐、盆等③,从陶器来看,墓子岗遗址的年代下限可至二里岗文化时期,文化面貌总体来说与二里头文化较为接近,但也有一些自身的特点,陶器中鼎的按窝纹制作法较特别,一些器形特征亦与二里头文化有所不同。

襄宜地区与汉丹地区、随枣走廊地理上接近,在广义上均属汉江中游地区。此地区目前尚未发现后石家河文化遗存,应是考古工作有所不及,但发现有二里头文化遗存,表明这一带亦进入二里头文化版图。襄阳王树岗遗址④位于辽瓦店子下游的汉江南岸,其二里头文化因素较为典型,某些陶器如大口尊、深腹罐、鼎的特征与二里头文化同类器基本一致。钟祥乱葬岗⑤遗址的陶器种类与二里头较为一致,但器物特征则与二里头文化存在一定差异,不出某些二里头文化的常见器类。故有学者认为,王树岗、墓子岗等遗址所体现出的文化特征可以认为是二里头文化的地方变体。⑥

在汉江下游地区,是后石家河文化的主要分布地区,亦是屈家岭文

---

① 参见王然、傅玥:《湖北郧县辽瓦店子夏商时期文化遗存研究》,载《石泉先生九十诞辰纪念文集》,湖北人民出版社 2007 年版,第 190、192 页。
② 参见孟华平:《长江中游史前文化结构》,长江文艺出版社 1997 年版,第 135 页。
③ 参见叶植主编:《襄樊市文物史迹普查实录》,今日中国出版社 1995 年版,第 131—132 页。
④ 参见襄石复线襄樊考古队:《湖北襄阳法龙王树岗遗址二里头文化灰坑清理简报》,《江汉考古》2004 年第 2 期。
⑤ 参见荆州市博物馆等:《钟祥乱葬岗夏文化遗存清理简报》,《江汉考古》2001 年第 3 期。
⑥ 参见张昌平:《夏商时期中原与长江中游地区的文化联系》,《华夏考古》2006 年第 3 期;拓古:《二里头文化时期的江汉地区》,《江汉考古》2002 年第 1 期。

化、石家河文化的中心区域所在。但这些地区的后石家河文化未能得到延续发展，不仅自身没有发展下去，而且也没有像汉水中游地区那样演变为二里头文化，或只有极为稀少的二里头文化遗址，或为其他区域文化系统所取代，江汉地区的文化发展陷于中断。

在汉东地区，大洪山南麓、江汉平原中北部，今天门、京山、钟祥一带，原屈家岭文化、石家河文化的核心区，亦是后石家河文化的重要分布地区。但这一地区的文化发展在后石家河文化之后完全中断了，此后一直到西周时期的真武山类型遗存出现，中间出现了巨大的文化断层。后石家河文化的三房湾类型没有得到进一步的发展，当地也没有出现二里头文化遗存，而是消失了。在石河遗址群，据石河考古队的调查和发掘，石家河文化晚期之后（按实为后石家河文化），当地文化衰微，直到西周时期才出现土城遗址①，而土城遗址的规模远远不能与整个石家河遗址群相比。而且类似的情形普遍出现在江汉核心区。如天门笑城遗址，原为新石器时代城址，废弃后直到西周晚期才重新得到利用②；钟祥六合遗址，西周文化遗存叠压在石家河文化遗存之上③；孝感吴家坟遗址，打破龙山文化层的是东周墓葬④。这种情形意味着江汉地区曾经高度繁荣，发展到很高程度、已进入初期文明阶段的人类社会在二里头时期完全消失了。

鄂西地区情形也大体类似，后石家河文化石板巷子类型也没有得到延续，而是中断了。整个地区仅有江陵荆南寺⑤、沙市李家台⑥二处遗址有二里头文化遗存，年代大致为二里头文化晚期。

---

① 参见北京大学考古系等：《石家河遗址群调查报告》，《南方民族考古》第 5 辑，四川科学技术出版社 1993 年版。

② 参见湖北省文物考古研究所、天门市博物馆：《湖北天门笑城城址发掘报告》，《考古学报》2007 年第 4 期。

③ 参见荆州地区博物馆、钟祥县博物馆：《钟祥六合遗址》，《江汉考古》1987 年第 2 期。

④ 参见孝感市博物馆：《湖北孝感吴家坟遗址发掘》，《考古学报》1998 年第 3 期。

⑤ 参见荆州地区博物馆、北京大学考古系：《湖北江陵荆南寺遗址第一、二次发掘简报》，《考古》1989 年第 8 期。

⑥ 参见沙市市博物馆：《湖北沙市李家台遗址发掘简报》，《考古》1995 年第 3 期。

需要说明的是,鄂西地区虽与襄宜地区相邻,两个地区理应有密切的联系,新石器时代,屈家岭文化就是从汉水以西北上襄宜地区,从而打开了江汉文化系统北上的通道。但二里头文化时期,襄宜地区和鄂西地区不仅文化遗址极为稀少,而且似乎没有什么文化上的联系。就地理位置而言,钟祥乱葬岗遗址已位于襄宜地区的南部边缘,距长江边上的江陵荆南寺遗址已然不远,但二者的文化面貌却存在较大的差异,襄宜地区的王树岗等遗址在文化面貌上更接近于中原的二里头文化,而长江沿岸的荆南寺等遗址文化面貌则较为复杂。因此学者认为,二者之间并未发生直接的联系,荆南寺遗址夏商遗存与盘龙城有更多的联系,夏商文化可能是由盘龙城溯江而上至荆南寺遗址的,二里头文化在南下时并未打通从襄宜地区到长江沿岸的通道。[①] 这种情形表明,鄂西地区虽然分布有二里头文化遗存,但只是一些分散孤立的居民点,人口稀少,彼此之间缺乏联系,与新石器时代的繁荣景象完全是两个世界。

在峡江地区,后石家河文化白庙类型也没有得到持续发展,而是为朝天嘴—路家河文化所取代,这一支考古学文化分布在鄂西三峡至江汉平原西部边缘的沿江地区,其文化影响的最东端在江陵的荆南寺遗址,朝天嘴—路家河文化很早就被考古学者识别出来,据林春研究,这一支区域文化是成都平原的三星堆文化系统向东扩张的结果[②],这一观点目前已为考古学界普遍接受。

在长江以北、随枣走廊以南的㵐水、涢水流域,今孝感地区,文化面貌较为复杂,石家河文化和中原文化大致以桐柏山—大别山为界,但南北有异。在偏北的地区,中原文化的影响较大,而在偏南的地区,则石家河文化的影响较大。大致涢水中下游地区为典型石家河文化,而靠

---

①　参见张昌平:《夏商时期中原与长江中游地区的文化联系》,《华夏考古》2006 年第 3 期。

②　参见林春:《宜昌地区长江沿岸夏商时期的一支新文化类型》,《江汉考古》1984 年第 2 期;林春:《长江西陵峡远古文化初探》,载《葛洲坝工程文物考古成果汇编》,武汉大学出版社 1990 年版。

近河南的澴水、滠水上游,文化因素则较为复杂,受中原文化较大影响。从土城遗址和吕王城遗址的情况来看,石家河文化因素和河南龙山文化因素都相当明显,石家河文化因素可能只略占上风。① 可能是由于这里的石家河文化本身势力不强且直接受中原文化的较大影响,这里到目前为止尚未发现后石家河文化遗存,而是有可能直接为南下的二里头文化所取代。二里头文化形成后,强势的二里头文化由豫东南越过桐柏山和大别山进入大悟、孝感一带,并进一步南下至盘龙城。② 大悟土城遗址的第二层已具有二里头文化的特点,年代应在龙山晚期。③另在大悟县墩子畈、孝感聂家寨等处发现有少量的二里头文化时期的遗存。④ 黄陂盘龙城以商代遗存为主,但也有二里头文化时期的遗存,盘龙城遗址一至三期均属二里头文化,相当于二里头文化二至四期或偏晚。⑤ 盘龙城二里头文化遗存主要出自南垣外的王家嘴遗址下层,文化面貌上的显著特征是来自中原的二里头文化因素和本地新石器因素共存⑥,属于本地土著文化的器型有盆形鼎、壶形器、折肩小平底罐等,其中折肩小平底罐是直接从石家河文化中的直口领折肩凹平底罐发展而来的,纹饰中弦纹、划纹和附加堆纹仍承袭了屈家岭文化的习俗,篮纹与方格纹则装饰在夹砂陶缸上。⑦

---

① 参见张绪球:《长江中游新石器时代文化概论》,湖北科学技术出版社 1992 年版,第 242、243 页。

② 参见张昌平:《夏商时期中原与长江中游地区的文化联系》,《华夏考古》2006 年第 3 期。

③ 参见熊卜发:《浅谈鄂东北地区古代文化》《鄂东北地区新石器时代文化试探》及《大悟县土城古遗址探掘简报》,均载熊卜发编著:《鄂东北地区文物考古》,湖北科学技术出版社 1995 年版。

④ 参见熊卜发:《浅谈鄂东北地区古代文化》,载熊卜发编著:《鄂东北地区文物考古》,湖北科学技术出版社 1995 年版;熊卜发:《鄂东北地区古代文化发展序列概述》,载熊卜发编著:《鄂东北考古报告集》,湖北科学技术出版社 1996 年版。

⑤ 参见湖北省文物考古研究所:《盘龙城——1963—1994 年考古发掘报告》,文物出版社 2001 年版。

⑥ 参见陈树祥:《试析盘龙城的兴衰》,载《湖北省考古学会论文选集》(二),江汉考古增刊,1991 年。

⑦ 参见王劲:《楚文化渊源初探》,《中国考古学会第二次年会论文集》,文物出版社 1980 年版。

综合以上分析可知,石家河文化晚期,中原文化的南下基本摧毁了江汉地区的原有文化系统,中原文化在江汉地区占据了主导地位,江汉地区由此不再是具有独立性的区域主体、文化主体和政治主体,而是中原文化的边缘组成部分,江汉地区的原有文化结构被打破,由此发生了大规模的文化重组。这一文化重组的结果,是江汉地区原有的文明发展进程被中断。进入夏代后,原来江汉文化区最为核心的汉东地区完全变成了一片蛮荒之地,考古学文化的发展链条突然中断。其余地区虽非蛮荒,但人口也极为稀少,只有一些分散孤立的居民点,文化与社会发展大为倒退,呈现出一片荒凉的景象。峡江地区则为四川盆地的三星堆文化系统占据。总体而言,江汉地区的文化与社会发展在文明的门口突然中断了,整个地区仅有汉江中游地区和鄂东地区维持了一定程度的发展,但也非复新石器时代的繁荣景象。

第七章

汉江流域的古史传说

世界各民族历史,都是从神话或传说开始的。这是因为文字的发明晚于语言的产生,因此在文字发明以前,各民族对于自己的历史都是口耳相传的。由于年代久远,代代相传的过程中不免有所变异,加以初民的认知有其局限,于是历史变成传说,传说变成神话。文字发明以后,这些经由口耳相传而保留下来的早期历史才得到汇集整理,成为文本流传下来,也就是神话或传说。

神话与传说虽常一起使用,但二者是有区别的:神话是对人类、万物、天地、宇宙的起源及其相互关系的思考,这些问题涉及世界的本原,带有哲学思维的层次,其主要内容是创世神话;传说则是带有神话色彩的历史,由于年代久远,上古史事在长期的口头流传过程中失真,于是史事便带上了神话的色彩,其主要内容是古史传说。

所以,从历史学的角度来看,古史传说实为上古史影,虽然虚虚实实,似梦似幻,但的确是上古时代曾真实存在过的历史,在此意义上,历史可以分为传说时代和历史时代。

上古时代,中国古代居民可分为华夏、东夷和苗蛮三大集团①。随着考古发现与研究的进展,三大集团的真面目开始自历史传说的迷雾中渐渐显露出来。目前学术界一般认为,考古学文化区系可以与上古时期的族群相对应:大汶口—龙山文化可以与东夷集团相对应,屈家岭—石家河文化可与苗蛮集团相对应,仰韶—中原龙山文化可与华夏集团相对应。而汉江流域,既是屈家岭—石家河文化的分布地域,也是

---

① 参见徐旭生:《中国古史的传说时代》,文物出版社 1985 年版,第 37—127 页。

仰韶—中原龙山文化的分布地域。可见华夏集团和苗蛮集团都与汉江流域有关,这些古代人群的活动在汉江流域留下了丰富的古史传说,以炎帝神农传说和三苗与华夏的战争最为知名。

第一节　汉江流域的炎帝神农传说

一、华夏集团在汉江流域的活动

炎帝又名赤帝,《大戴礼记·五帝德》载黄帝与赤帝战于阪泉之野,《史记·五帝本纪》则记为轩辕(黄帝)与炎帝战于阪泉,可见炎帝即赤帝。

炎帝为北方系统,属于华夏集团,与黄帝同为华夏集团最早的首领。《国语》卷10《晋语四》:"昔少典娶于有蹻氏,生黄帝、炎帝。黄帝以姬水成,炎帝以姜水成。成而异德,故黄帝为姬,炎帝为姜。"因此炎帝为姜姓,而黄帝为姬姓。炎、黄两族有密切的关系,《周语下》说:"夫亡者岂繄无宠,皆黄、炎之后。"可见炎、黄两族或姬、姜两姓世为婚姻。

炎、黄两族的地望,可以从较可靠的姜水来推定。据《水经注》卷18《渭水》:"岐水又东,迳姜氏城南为姜水。"可见姜水即岐水,按岐水在岐山的南面,今陕西岐山县的东面,为西出岐山、东过武功、南入渭水的一条小河。学者据此认为,炎帝族最初的发祥地在今陕西境内渭水上游一带,而以炎、黄两族为核心的华夏集团,总括而言,发源于今陕西省的黄土原上,在有史以前顺着黄河散布于中国的北方及中部的一部分地区。[1]

华夏集团虽然是起源于渭水流域并主要活动在黄河中游地区,但与汉江流域同样有着密切的关系。古史传说中华夏集团的活动轨迹,正好与大地湾文化——仰韶文化——中原龙山时期文化的发展状况相符合。

新石器时代中期的大地湾文化,是在渭河流域发展起来的一支新

_____

[1]　参见徐旭生:《中国古史的传说时代》,文物出版社1985年版,第42、48页。

石器文化,这一支文化并扩展到了汉水上游地区。大地湾文化最终演变为新石器时代晚期的典型仰韶文化,其地域范围从渭水流域和汉水上游扩大到豫西、晋南。不仅如此,新石器时代晚期,仰韶文化获得了高度的发展,将与大地湾文化同时代的磁山文化、裴李岗文化分布区一并纳入,并且扩展到了汉水中游地区,形成一个"大仰韶文化"或"仰韶文化群"或"仰韶群体文化",从而奠定了中原文化的分布格局。囊括整个黄河中游地区并扩展到汉江流域的仰韶文化群的形成,可能与古史传说中华夏集团的形成与扩展有关。

由于仰韶文化的高度发展,汉江中游地区也成为仰韶文化的地域范围,这里分布着仰韶文化群中的下王岗文化,或称仰韶文化下王岗类型。这一情形表明,在新石器时代,汉江中上游地区在文化区系上属于中原文化系统,在族群分布上为华夏集团的活动地域,华夏集团活动范围的最南端直达汉水中游的宜城平原北部和随枣走廊,与创造了屈家岭文化、石家河文化的三苗集团相邻。而炎帝族裔作为华夏集团的重要成员,在屈家岭文化一统江汉地区以前可能就有部分支裔活动在汉江流域。

屈家岭文化兴起后,华夏集团可能退出了汉江中游地区。但三苗的北进导致华夏集团与三苗集团之间爆发了激烈的冲突,冲突的地域主要是在汉江中游地区。至龙山时代晚期,华夏集团与三苗集团的冲突更加激烈,双方爆发了大规模的战争,战争的结果是三苗集团彻底失败,从此消失,江汉地区成为中原文化的边缘组成部分。中原地区龙山时代的煤山文化南下,占有了原属屈家岭、石家河文化的江汉地区。这在族群上的含义即是华夏集团再次进入江汉地区,整个江汉地区由此成为华夏集团的活动地域。在此过程中,除了中原华夏族群进入汉江流域活动外,原来三苗集团的遗民也改宗中原文化,这些改宗了中原文化的三苗遗民在夏商时期发展成为楚蛮族群。[1] 楚蛮族群虽由三苗遗民发展而来,但因其改宗中原文化,则中原文化的信仰、传说当亦为楚

---

① 参见刘玉堂、尹弘兵:《楚蛮与早期楚文化》,《湖北大学学报》2010年第1期。

蛮所遵奉。

夏商两代,汉江流域虽然只是夏商王朝的边缘部分,但一直是夏商王朝的南土疆域,商王朝更在盘龙城建立了据点,其势力和影响远达长江以南。逮至西周,周人从立国之初就开始了对南方地区的经营,徐中舒总结说:"周人自大王居岐以后,即以经营南土为其一贯之国策。"①周人经营江汉地区,可从《太保玉戈》窥其一斑。《太保玉戈》于1902年出土于陕西岐山,其铭文记载:"六月丙寅,王才(在)丰,令大保省南国,帅汉。"②太保即召公,王为成王,帅训为循,"帅汉"即沿汉水南下,其年代为成王前期,铭文是说成王命太保召公沿汉水南下,召集诸侯向周王朝见。李学勤认为,此事当发生在周公东征平定三监以后,是周王朝巩固南方统治的一项措施。《诗序》:"《甘棠》,美召伯也,召伯之教明于南国。"③可见,周初时南土疆界就已达汉水。郑玄《毛诗谱》亦谓:"至纣,又命文王典治南国江、汉、汝旁之诸侯。"足见汉江中游地区在商末周初时就已成为周人的势力范围。《左传》昭公九年记詹桓伯辞晋之言,述及周初时的政治地理格局:"及武王克商,蒲姑、商奄,吾东土也。巴、濮、楚、邓,吾南土也。肃慎、燕、亳,吾北土也。"所言南土诸侯巴、濮、楚、邓,皆在汉江流域。

西周晚期,因鄂国叛乱导致周朝的南方防线瓦解,于是宣王重理疆土,封王舅申伯于南阳盆地,同时改封于南阳盆地的还有同出姜姓的吕国,吕国又称为甫国,《诗经·大雅·崧高》曰:"维申及甫,维周之翰。"这是有明确记载的姜姓诸侯进入汉江流域活动。两周之际,申、吕为南方强国,《国语·郑语》记史伯于西周亡前对郑桓公曰:"申、吕方强"。而南迁后申、吕等姜姓诸侯的活动和影响,则可能达到汉江以南的南河流域。南河古名彭水,为古彭国所在,商末周初时,有一支"彭"人在此

① 徐中舒:《殷周之际史迹之检讨》,载《徐中舒历史论文选辑》,中华书局1998年版,第688页。
② 庞怀靖:《跋太保玉戈——兼论召公奭的有关问题》,《考古与文物》1986年第1期。
③ 李学勤:《太保玉戈与江汉的开发》,载《楚文化研究论集》第二集,湖北人民出版社1991年版。

活动,即《牧誓》八国中的"彭",西周晚期时犹与姬姓国族通婚,两周之际时,彭国犹存。《左传》载楚文王时有令尹彭仲爽,1974 年南阳西关发掘了申公彭宇墓,后来又在此地发现楚彭氏家族墓地,现一般认为,彭宇为彭仲爽之子,为楚申县第一任县公。彭氏族人入申,或与春秋早期的兼并形势有关。从文献中所记楚彭氏之彭仲爽、彭名、彭生和南阳彭氏墓地的发现来看,楚彭氏家族是由彭入申,再由申入彭。① 彭氏族人入申,表明南阳申国与汉江以南的彭国当有某种联系。楚灭申后,彭氏族人彭仲爽受楚文王重用任令尹,"实县申、息",其子彭宇为首任申公,彭氏后代亦仕楚为高官,为楚国重要外来宗族。② 另南河下游的谷城县,其得名传为因神农在此尝植百谷,或与历史上姜姓诸侯在南河流域的活动有关。

在方城外的许昌,为另一姜姓诸侯许国所在。许国于西周初年已封于此地,春秋时期,许国为郑所逼,请迁于楚。此后许国辗转迁徙达六次之多,其中两次在汉江流域,一次是鲁昭公十八年迁于析,故城在今河南西峡县东北一千米的莲花寺岗③,另一次是楚灵王时,"迁许、胡、沈、道、房、申于荆焉"④,灵王迁诸国于荆,当是迁于楚国内地,按春秋时楚核心区在今宜城平原,则诸国所迁之地或在宜城平原附近地区,总之不出汉水中游。另楚灵王所迁诸国,除申、许为姜姓外,房国旧说为祁姓,然唐兰先生以为房国应为姜姓⑤,沈国则为姬姓。此次灵王迁诸国于楚国腹地,虽时间不长,平王即位后即复诸国于故地,但也由此可知姬姓、姜姓诸国曾在楚国腹心地区活动。

楚国兴起之后,大力吸收中原文化,并将境内各种来源不同、文化各异的国、族熔于一炉,形成了统一的楚人、楚族和楚文化,原来楚国疆域内的楚蛮、淮夷和华夏诸国以及百越的文化也成为楚文化的重要来

---

① 参见徐少华:《彭器、彭国与楚彭氏考论》,载《古文字与古代史》第二辑,台湾"中央研究院"历史语言研究所,2009 年。

② 参见田成方:《东周时期楚国宗族研究》,武汉大学博士学位论文,2011 年。

③ 参见徐少华:《周代南土历史地理与文化》,武汉大学出版社 1994 年版,第 204 页。

④ 《左传》昭公十三年,《春秋经传集解》,上海古籍出版社 1988 年版,第 1389 页。

⑤ 参见唐兰:《昭王总论》,《西周青铜器铭文分代史征》卷 4 上,中华书局 1986 年版。

源与组成部分。到战国时期,楚国成为战国七雄,楚文化也成为华夏正统之一。西汉时期,秦、楚文化剧烈碰撞,秦文化与六国文化交融,西汉王朝承秦制、融楚俗,楚文化又成为汉文化的重要来源,最终形成了大一统的汉文化,上古华夏集团在江汉地区所留下的印迹,亦随之融入统一的中华文化之中。

总之,中原文化在汉江流域的分布、华夏集团在江汉地区的活动、大一统的中华文化的形成,是炎帝神农传说在汉江地域流传的历史与人文背景。

二、神农与炎帝

神农是上古时代的"三皇"之一。文献中三皇有各种说法,但多数说法都有伏羲与神农,可见伏羲与神农确为三皇之一。至于三皇的第三位,则有燧人、有巢、女娲、祝融等各种说法。[①]

《周易·系辞下》:"古者包牺氏之王天下也,仰则观象于天,俯则观法于地,观鸟兽之文与地之宜,近取诸身,远取诸物,于是始作八卦以通神明之德,以类万物之情;作结绳而为网罟,以佃以渔,盖取诸离。包牺氏没,神农氏作,斫木为耜,揉木为耒,耒耨之利,以教天下,盖取诸益;日中为市,致天下之民,聚天下之货,交易而退,各得其所,盖取诸噬嗑。神农氏没,黄帝、尧、舜之作……"包牺即伏羲,由这里可以看出,在古人的观念中,伏羲、神农、黄帝是三个连续但不同的时代。伏羲"结绳而为网罟,以佃以渔",这是渔猎经济时代;神农则作耒耜,发明农业、集市,这是农业经济时代。可见伏羲、神农明显指前后相继的渔猎时代和农业时代,而在现代社会科学理论中,人类社会的经济形态正是从渔猎阶段发展到农业阶段,正与人类社会生产发展规律正相符合。

可见,古代文献中的伏羲氏、神农氏,不但不可简单地理解为人名,甚至也不可简单地理解为氏族,而是某种通用的称呼,非实指。如《庄子·盗跖》谓:"古者禽兽多而人民少,于是民皆巢居以避之。昼拾橡

---

① 参见许顺湛:《五帝时代研究》,中州古籍出版社 2005 年版,第 5、6 页。

栗、暮栖木上,故命之曰有巢氏之民。"此处的有巢氏,即是泛指,而非实指氏族名或人名,因为"民皆巢居"显然是一种普遍的情形,于是巢居之民皆可称为有巢氏之民,这显然不是将"氏"理解为"氏族"所能概括得了的。因此,古史传说中的"三皇"不应理解为具体的人或氏族,而应从大的社会历史时代来看待。①

从年代上讲,神农的年代要远远早于炎帝。神农属于三皇时代,是真正的上古,而炎帝的年代则与黄帝相当,已进入五帝时代。在社会形态上,据《庄子·盗跖》:"神农之世,卧则居居,起则于于,民知其母,不知其父,与麋鹿共处,耕而食,织而衣,无有相害之心,此至德之隆也。然而黄帝不能致德,与蚩尤战于涿鹿之野,流血百里。"明白指出神农的时代尚处于母系时代,此时的社会较为平和,而黄帝的时代则不然,已开始出现战争,并非真正的上古之世。《商君书·画策》也说:"神农之世,男耕而食,妇织而衣,刑政不用而治,甲兵不起而王。"可知神农之世,不用甲兵、不用刑政,人民之间无有相害之心,也就是说,社会尚处于较为平等的氏族社会,这属于典型的原始时代,而黄帝时代则已开始出现征战和公共权力,战争以及进行战争的组织已成为氏族生活的正常职能,此阶段摩尔根、恩格斯谓之"军事民主制"。

《越绝书》卷11《越绝外传记宝剑第十三》载风胡子曰:"轩辕、神农、赫胥之时,以石为兵,断树木为宫室,死而龙臧。夫神圣主使然。至黄帝之时,以玉为兵,以伐树木为宫室,凿地。夫玉,亦神物也,又遇圣主使然,死而龙臧。禹穴之时,以铜为兵,以凿伊阙,通龙门,决江导河,东注于东海。天下通平,治为宫室,岂非圣主之力哉?当此之时,作铁兵,威服三军。天下闻之,莫敢不服。此亦铁兵之神,大王有圣德。"风胡子此处亦是明确将历史区分为"以石为兵""以玉为兵""以铜为兵"和"以铁为兵"几个时代,神农属于"以石为兵"的时代,明确早于"以玉为兵"的黄帝时代。风胡子的历史分期法由于与现代社会科学理论中的石器时代、铜器时代和铁器时代接近,故备受学者重视。这里有一点

---

① 参见许顺湛:《五帝时代研究》,中州古籍出版社2005年版,第8页。

要指出的是,风胡子所言之"玉",并非是现代矿物学意义上的"玉",《说文》:"玉,石之美者。"因此在上古时代,玉的含义是指磨制精美的石器。从考古学的角度来说,风胡子的"石兵时代"是指从旧石器时代至新石器时代的前期,轩辕、神农、赫胥属于这个时代。而新石器时代的晚期,出现磨制精美的石器(玉器),即是风胡子的"玉兵时代",下接的"铜兵时代"即是通常所言的青铜时代。风胡子的"玉兵时代"相当于新石器时代的最晚一段,正处在石器时代与青铜时代之间,而青铜时代已是明确的文明时代,因此风胡子的"玉兵时代"在中华文明起源探索上有极为重要的意义。新石器时代晚期,考古遗存中正好出现大量的精美玉器,故许多学者主张中国历史上有一个"玉器时代"。玉器时代是从黄帝到大禹之前,正好相当于古史传说中的五帝时代。这也从另一个方面证实,神农的时代早于炎帝、黄帝的时代。

神农的时代要早于黄帝,而炎帝与黄帝同时代,因此神农与炎帝非一人。在《史记·封禅书》中有明确的记载:"齐桓公既霸,会诸侯于葵丘,而欲封禅。管仲曰:'古者封泰山禅梁父者七十二家,而夷吾所记者十有二焉。昔无怀氏封泰山,禅云云。虙羲封泰山,禅云云。神农封泰山,禅云云。炎帝封泰山,禅云云。黄帝封泰山,禅亭亭。'"这里是明确将神农与炎帝分开的。

直到西晋时期,谯周还明确地说:"女娲之后五十姓至神农,神农至炎帝一百三十三姓。"①所言虽有虚饰之词,但亦明白地透露出神农与炎帝在年代上相距甚远,二者非同一时代。

可见在早期文献中,神农与炎帝是分开的,二者并非一回事。神农代表一个时代,徐旭生考察"神农"一词在先秦古书中的含义后指出:"神农与有巢、燧人为同类,是战国时期的思想家为从社会进步的阶段而想出来的指示时代的名词","战国时期的学术界普遍相信在黄帝以前农业已经发展,成了一个特别的时代。此时人民素朴,和平相处,直

——————————
① 《礼记·曲礼篇》"太上贵德"节"正义"引,《礼记正义》,李学勤主编:《十三经注疏》,北京大学出版社 1999 年版,第 18 页。

至炎帝、黄帝与蚩尤相争斗，才打破了这个和平空气。神农一词就是要指黄帝以前的一个时代。"①

具体而言，神农时代在经济发展阶段上是农业的产生与发展，在社会发展阶段上处于母系时代和较为平等的氏族社会时代，尚未出现明显的社会分化，也就是较为典型的原始社会。这个时期孔子称为"大同"。先秦时期，各家对于原始社会的一般状况皆有所描述，而以《礼记·礼运》所言最为全面："大道之行也，天下为公，选贤与能，讲信修睦。故人不独亲其亲，不独子其子，使老有所终，壮有所用，幼有所长，矜寡孤独废疾者，皆有所养。男有分，女有归，货恶其弃于地也，不必藏于己，力恶其不出于身也，不必为己。是故谋闭而不兴，盗窃乱贼而不作。故外户而不闭，是谓大同。"伏羲、神农之世，及燧人、有巢等上古时代，无疑是属于这个"大同之世"。

"大同"之后是"小康"："今大道既隐，天下为家。各亲其亲，各子其子，货力为己。大人世及以为礼，城郭沟池以为固。礼义以为纪，以正君臣，以笃父子，以睦兄弟，以和夫妇，以设制度，以立田里，以贤勇知，以功为己。故谋用是作，而兵由此起。禹、汤、文、武、成王、周公，由此其选也。此六君子者，未有不谨于礼者也。以著其义，以考其信，著有过，刑仁、讲让，示民有常。如有不由此者，在埶者去，众以为殃。是谓小康。"孔子将禹、汤、文、武、成王、周公作为小康时代的标志，亦基本与文明时代相符。

但在明确的文明时代与明确的原始时代之间，有一个过渡时期，今天称为"文明起源"阶段。这一时代从古史传说来看，始自黄帝。《史记·五帝本纪》曰："轩辕之时，神农氏世衰。诸侯相侵伐，暴虐百姓，而神农氏弗能征。于是轩辕乃习用干戈，以征不享，诸侯咸来宾从。而蚩尤最为暴，莫能伐。炎帝欲侵陵诸侯，诸侯咸归轩辕。轩辕乃修德振兵，治五气，蓺五种，抚万民，度四方，教熊罴貔貅貙虎，以与炎帝战于阪泉之野。三战，然后得其志。蚩尤作乱，不用帝命。于是黄帝乃征师诸

① 徐旭生：《中国古史的传说时代》，文物出版社 1985 年版，第 221、226 页。

侯,与蚩尤战于涿鹿之野,遂擒杀蚩尤。而诸侯咸尊轩辕为天子,代神农氏,是为黄帝。天下有不顺者,黄帝从而征之,平者去之,披山通道,未尝宁居。"可见,炎帝是与黄帝、蚩尤同时代,这一时期已是"神农氏世衰",即处于神农氏之末年,整个社会已不复伏羲、神农时代的和平与安详,"谋用是作""兵由此起",掠夺与战争成了社会生活的常态,摩尔根与恩格斯称之为"军事民主制",原始社会开始瓦解,在孔子的角度,就是"大同"之世结束,走向所谓"小康"时代。

春秋战国时代,随着思想文化的发展,伏羲、神农这些原本的时代名词,开始逐渐向氏族名称的方向发展,在《庄子》书中,即是有时将神农作为时代,有时又作为人名。据徐旭生考察,当时的学者在此过程中开始注意到氏族的存在,于是神农就与氏族结合起来成为神农氏,但此时作为神农氏族的含义尚不固定,在这一进程中,神农与炎帝逐渐合一。公元前二世纪时,神农与炎帝尚未合户,合户的工作大约进行于公元前一世纪。[1]

张正明先生对神农与炎帝合二为一的历程进行了详细的考察,指出神农与炎帝合一大致经历了共处、同尊、合并三个阶段。[2]

战国时代,五行学说大盛,五行与五方、五色相配,相关的古帝也不得不按五行学说就位,《淮南子·天文训》就说:"中央土也,其帝黄帝";"南方火也,其帝炎帝"。中央为黄色,黄帝是正称,南方为赤色,因而炎帝别称赤帝。五行学说把炎帝定于南方后,于是炎帝便与南方流传的神农传说联系起来,这是第一阶段:共处。

周朝建立后,奉炎帝为始祖的姜姓各族陆续被周室封建到淮、汉之间,成为周朝的南土诸侯,于是炎帝的传说开始在淮、汉地区流行开来,而关中地区反而因为姜姓各族的东迁和西周的灭亡导致的重大变故反而不大流传。南迁到汉水流域的姜姓周人尊奉炎帝,与汉水流域的神农传说相互影响,这是第二阶段:同尊。

春秋中期以后,楚国席卷汉、淮地区,南迁的周朝诸侯和江汉土著

---

① 参见徐旭生:《中国古史的传说时代》,文物出版社 1985 年版,第 225 页。

② 参见张正明:《炎帝杂论》,载《炎帝与炎帝文化》,湖北人民出版社 1991 年版。

皆为楚国所并,各种来源不同的族群融合成为统一的楚人,在此一过程中,炎帝与神农也逐渐合一,成为炎帝神农氏。这是第三阶段:合并。

合并的过程,大约完成于秦汉之际,炎帝神农氏的称号始见于成书于秦汉之际的《世本·帝系》,但此说要为公众普遍接受,还有较长的过程要走。到司马迁写《史记》时,对于炎帝与神农的关系仍然说得颇为含糊,两汉以后,炎帝即神农的说法才成为主流,但仍时有异议,如上文所引晋代学者谯周之言。

三、炎帝神农与随州厉山

在春秋时代的资料中,农业的发明者是烈山氏之子,名叫柱。《国语·鲁语》记春秋时期鲁国大夫展禽曰:"昔烈山氏之有天下也,其子曰柱,能殖百谷百蔬。夏之兴也,周弃继之,故祀以为稷。"《左传》昭公二十九年记晋太史蔡墨之言:"有烈山氏之子曰柱,为稷,自夏以上祀之。周弃亦为稷,自商以来祀之。"稷是农神,由此可知在夏代以前,农神是烈山氏之子柱,受到普遍的祭祀,夏代以后,周人的始祖周弃成为农神,取代了柱的农神地位。夏代建立伴随着剧烈的政治与社会动荡,烈山氏虽是上古时代农业的发明者,但在此变迁中可能因未能进入夏代的政治架构而边缘化,失去了农神的地位。但烈山氏的传说并未因此而消失,仍然保留在社会上,其后裔也并未消失,而是仍有传承。

烈山氏这个名称,可能也与农业起源有关。因为农业要开垦荒地成为农田,上古时代,开垦荒地的主要办法是放火烧山,烧去林草之后才能耕种,后世称为"刀耕火种",这是原始时代的农耕技术。而烈山的本意大概就是烧山,《孟子·滕文公上》曰"烈山泽而焚之",烈,炽也,《说文·火部》:"烈,火猛。"可见烈山即放火烧山。

《国语》所载展禽之言,大约成书于战国或汉初的《礼记·祭法》几乎全文引录,但是改"烈山"为"厉山",改"柱"为"农",郑玄注说:"厉山氏,炎帝也,起于厉山,或曰'有烈山氏'。"《汉书·古今人表》作"列山",皇甫谧《帝王世纪》"列山""烈山"同用。按上古"烈""列""厉"三字均为月部来纽入声,读音相同,故可通用。《楚辞·招魂》:"厉而不爽些"，王逸注："厉，烈也。"《诗经》："垂带而厉"，郑玄注："厉字当作烈。"可见厉山、列山、烈山是可以通用的。

到战国时期，神农说兴起。神农的本意最初可能是农神，《吕氏春秋·季夏纪》："无发令而干时以妨神农之事。水潦盛昌，命神农将巡功；举大事则有天殃。"此语又见于《礼记·月令》，文字小有异同。东汉高诱注《吕氏春秋》曰："昔炎帝神农能殖嘉谷，神而化之，号为神农，后世因名其官为神农。"郑玄注《礼记》曰："土神称曰神农者，以其主于稼穑"。高、郑二氏都是将神农作为神来理解。徐旭生认为，在农业开始发展时把土神叫作神农可能是此词最初的意思，以后才用它表明时代，在神农说兴起后，烈山氏的传说就同神农融合起来，于是出现神农烈山氏。① 大约战国时期，神农作为农神出现后，于是上古时代的农业发明就渐归于神农名下，于神农作为后起的农神一统农业起源。而东汉末至三国时，郑玄、韦昭等已将炎帝与烈山氏合一，如郑玄注《礼记·祭法》曰："厉山氏，炎帝也，起于厉山，或曰'有烈山氏'"；韦昭注《国语》曰："烈山氏，炎帝之号也。起于烈山，《礼（记）·祭法》以烈山为厉山也"。至西晋时皇甫谧作《帝王世纪》，融合战国以来诸说，将烈山氏与神农、炎帝合一："神农氏，姜姓也。母曰任姒，有乔氏之女，名女登，为少典妃。游于华阳，有神龙首感女登于尚羊，生炎帝，人身牛首，长于姜水，因以氏焉。有圣德，以火承木，位在南方，主夏，故谓之炎帝。""神农氏本起于烈山，或时称之"；"位南方主夏，故曰炎帝。作耒耜，始教民耕农。尝别草木，令人食谷以代牺牲之命，故号神农，一号魁隗氏，是为农皇"。"魁隗氏又曰连山氏，又曰列山氏"。于是，烈山氏、神农、炎帝三者合一，烈山氏遂成为神农之别称。

夏代以后，虽然烈山氏失去了农神的地位，但作为上古时期著名的部族，且有发明农业之大功德，因此其后裔在周代仍有幸存，这就是古厉国。周代有两个厉国，一在江汉，一在淮域。江汉地区的厉国，位在随枣走廊一带。《左传》桓公十三年（前699年）载楚屈瑕伐罗，"楚子使

---

① 参见徐旭生：《中国古史的传说时代》，文物出版社1985年版，第224、229页。

赖人追之",杜预注:"赖国在义阳随县。赖人,仕于楚者。"《汉书》卷28 上《地理志》南阳郡"随"县条班固原注:"厉乡,故厉国也";颜师古注:"厉读曰赖"。另《左传》昭公四年载楚率诸侯之师"灭赖",而《公羊》《穀梁》二传并作"灭厉",可见厉又作赖,赖国即春秋之厉国。江汉厉国为烈山氏后裔所建,《史记》卷 1《五帝本纪》"神农氏世衰"句下《正义》引《括地志》云:"厉山在随州随县北百里,山东有石穴,昔神农生于厉乡,所谓列山氏也,春秋时为厉国。"江汉古厉国,据徐少华教授考证,故地在今随州以北(略偏东)百余里的旧殷家店一带。①

江汉厉国始见于西周初年,据《太保玉戈》铭文记载:"六月丙寅,王在丰,令太保省南国,帅汉,遂殷南,令厉侯辟,用鼄走百人"②。意为太保受周王之令,出行视察南土诸国,到达汉水流域,并与厉侯发生了交往,征用厉侯的役供等。"太保"即周初成康时期辅弼大臣召公奭,时能受命出行南国,说明其还年富力强,当为周初成王时事,戈铭之"王",应是成王。铭文所载之"厉侯",陈梦家、江鸿先生认为即《左传》与《汉志》所载位于随州北境之故厉国。③ 又宋代出土的"安州六器"之一的《中觯》铭载:"王大省公族于庚,振旅,王赐中马自厉侯四秉……"④江鸿先生认为:"'庚'即唐国,……'厉'即厉国"⑤,即周王南巡时于庚(唐)地检阅公族,并将厉侯所献的马转赐予大臣中。关于安州六器的时代,唐兰先生认为系西周昭王南征时所作。⑥ 周昭王南征时厉侯则向昭王献马以助征战,说明厉国为周室南土诸国之一,具有

---

① 参见徐少华:《古厉国历史地理考论》,载《荆楚历史地理与考古探研》,商务印书馆 2010 年版。
② 李学勤:《太保玉戈与江汉的开发》,载楚文化研究会编:《楚文化研究论集》第二集,湖北人民出版社 1991 年版。
③ 参见陈梦家:《西周铜器断代》(二)23"太保簋(下)",《考古学报》第十册(1955)和(五)之"附记",《考古学报》1956 年第 3 期;江鸿:《盘龙城与商朝的南土》,《文物》1976 年第 2 期。
④ 郭沫若:《两周金文辞大系图录考释》录 7,考 18,科学出版社 1957 年版。
⑤ 江鸿:《盘龙城与商朝的南土》,《文物》1976 年第 2 期。
⑥ 参见唐兰:《西周青铜器铭文分代史征》卷 4 上《昭王总论》与卷 4 下《中方鼎》《中觯》《中甗》诸器,中华书局 1986 年版。

一定的经济文化基础和实力,其受封立国,则当更早。

第二节　三苗的兴衰及其与华夏的战争

一、古史传说中的三苗

三苗又称为苗民、有苗、南蛮,是生活在江汉地区的远古部族。因苗与蛮二声阴阳对转,古字同音同义,因此徐旭生称为苗蛮集团。[①] 三苗的年代,大致与古史传说中尧、舜、禹的年代相当,尧的时代三苗已存在,则其上限当更早于唐尧。

三苗居地大体在长江中游地区,其具体范围,吴起说是"左彭蠡之波、右洞庭之水,文山在其南,而衡山在其北"[②]。然《魏策》所记的"左彭蠡之波,右洞庭之水",其左、右方位与他书不同。《史记·吴起列传》云:"昔三苗氏左洞庭,右彭蠡"。《韩诗外传》卷三云:"当舜之时,有苗不服,其不服者,衡山在南,岐(当为'汶'之误)山在北,左洞庭之波,右彭泽之水,由此险也。"《说苑·君道》则说:"当舜之时,有苗氏不服,其所以不服者,大山在其南,殿山在其北,左洞庭之波,右彭蠡之川。"也有不指明洞庭、彭蠡方位的,如《淮南子·修务训》高诱注:"三苗之国在彭蠡,舜时不服,故往征之。"

古书所载三苗左、右方位有异,一般认为,吴起之言是魏王出行时、吴起伴随左右,是以魏为中心南向而视指划方位,故彭蠡在左而洞庭在右,而后世以北为准划定左右方位,故洞庭在左而彭蠡在右。

从吴起所言来看,三苗居地在彭蠡、洞庭之间。考定了这两处,三苗的地望就可大致确定。洞庭当即今洞庭湖,历史时期洞庭湖的大小、范围屡有变化,但其位置大体不变。彭蠡一般认为即今鄱阳湖,但古彭蠡泽与今鄱阳湖并无关系,古彭蠡泽在江北,先秦时期,江汉合流后出

---

① 参见徐旭生:《中国古史的传说时代》,文物出版社 1985 年版,第 57、58 页。
② 《战国策》卷 22《魏策一》"魏武侯与诸大夫浮于西河"章,上海古籍出版社 1985 年版,第 782 页。

武穴后,在九江盆地形成一个大冲积扇,江水在冲积扇上形成分岔水道,此即古之"九江",江水在这些分岔水道上潴汇而成古彭蠡泽,其具体范围为今安徽宿松、望江间的长江河道及其以北的龙感湖、大官湖和泊湖等湖沼地区。①

三苗居地的南北范围为文山和衡山。文山不知其所在,衡山则有争议,但可以肯定不是今湖南省南部的衡山,徐旭生主张此衡山应是豫州和荆州的界山,可能在江北,衡、横二字古通用,南北为纵、东西为横,故东西向的山脉可称衡山,有可能是指桐柏、大别等山脉。因此徐旭生认为,总的来说,三苗的范围在今湖北、湖南、江西一带,西面和南面的界限,文献无征,东面的界限,今江西的大部分地区仍当属于苗蛮,其北界较为明确,大约在河南西部熊耳、外方、伏牛诸山脉间;具体而言,东以大别山脉为界邻于东夷集团,西则北越南阳一带,侵入外方、伏牛山脉间,北邻于华夏集团。② 徐旭生考定的这一区域大体与屈家岭文化和石家河文化的分布范围相当。

三苗与古史传说中的尧、舜、禹同时代,尧、舜、禹之后的年代为夏代,与夏代相当的考古学时代为二里头文化时代,二里头文化之前的考古学时代为龙山时代,再前为仰韶时代,因此古史传说中的尧、舜、禹的时代大致相当于考古学上的龙山时代,长江中游地区与之年代相当的考古学文化为屈家岭文化和石家河文化。在地域上,徐旭生考订的苗蛮集团地域,与屈家岭文化和石家河文化的分布范围大致相合,其盛衰亦基本同步,因而学术界普遍认为,考古学上的屈家岭文化、石家河文化即三苗所创造的文化遗存。③

---

① 参见谭其骧、张修桂:《鄱阳湖演变的历史过程》,《复旦学报》(社会科学版),1982年第2期。
② 参见徐旭生:《中国古史的传说时代》,广西师范大学出版社2003年版,第65—67、75—76页。
③ 参见俞伟超:《先楚与三苗文化的考古学推测》,《文物》1980年第10期;李龙章:《江汉新石器文化族属考》,《江汉考古》1988年第2期;张绪球:《长江中游新石器文化概论》,湖北科学技术出版社1992年版,第318—323页;孟华平:《长江中游史前文化结构》,长江文艺出版社1997年版,第240—244页;何介钧:《长江中游新石器时代文化》,湖北教育出版社2004年版,第467页。

三苗之"三"究竟是实指，还是泛指，学术界有一些不同看法。东汉高诱注《淮南子·原道训》说："三苗，尧时所放浑敦、穷奇、叨殄之等。"他在为《淮南子·修务训》作注时又说："三苗，盖谓帝鸿氏之裔子浑敦，少昊氏之裔子穷奇，晋云氏之裔子饕餮。三族之苗裔，故谓三苗。"然高诱此说释三苗之"三"，实有望文生义之嫌。袁珂也认为，"'盖谓'云者，乃臆想之辞，难于凭信"①。当代也有人认为三苗可能是三个部落②。但以"三"为实数，实过于机械。在中国古籍中，"三""九"等数字，常用来泛指多数。三苗之"三"，九黎之"九"，当是极言其多，以示族类纷繁，部落众多。《墨子·兼爱》引《禹誓》曰："若予既率尔群对诸群，以征有苗"（按，今本《尚书》已逸此文）。此处"尔群"即指华夏族，"诸群"当指三苗。三苗以"诸"称，说明它并非由单一民族组成，因此有学者认为，三苗当是由众多民族组成的一个部落联盟的总称。③ 考之屈家岭文化的构成，其说当是。

在屈家岭文化兴起之前，江汉地区至少存在四个不同的考古学文化系统：一是汉东地区的边畈文化、油子岭文化系统，为屈家岭文化的直接前身；二是鄂西地区的城背溪文化、大溪文化系统；三为洞庭湖区的彭头山文化、汤家岗文化系统；四为汉水中游地区的仰韶文化系统。这几个考古学文化系统各有不同的来源与各自独立的地理背景，代表着不同的族群。屈家岭文化兴起后，将这四大文化系统合而为一，形成了涵盖整个长江中游地区，统一性很强的考古学文化体系。如果这一考古学文化体系反映的是一个大型族团的话，其内部组成当不是单一的，而是多个来源不同的族群在强势的屈家岭文化下形成的统一体，因此三苗之"三"，或是泛言其多，其内部组成颇为复杂之故。

二、三苗与华夏的战争

在古史传说中，尧、舜、禹所领导的华夏集团与南方的三苗集团发

① 袁珂：《山海经校注》，上海古籍出版社 1980 年版，第 193 页。
② 参见郭沫若主编：《中国史稿》，人民出版社 1962 年版。
③ 参见吴永章：《湖北民族史》，华中理工大学出版社 1990 年版，第 10 页。

生过大规模的战争。

汉江中游地区最初为华夏集团地域,可以得到考古学与文献学两方面的证实。在考古学文化区系上,汉江中游至上游地区均为属于中原系统的仰韶文化。在文献记载上,早在尧的时代,尧子丹朱即活动在丹江地区。《世本》:"尧娶散宜氏之子(女),谓之女皇,女皇生丹朱。"按上古所谓"生",并非亲生之意,而是氏族分离的关系,因此帝尧"生丹朱",当是丹朱部族出自尧部族之意。《汉书·律历志·世经》:尧"让天下于虞,使子朱处于丹渊为诸侯"。《太平御览》卷69引《尚书逸篇》云:"尧子不肖,帝使居丹渊为诸侯,故号丹朱。"丹朱之名,因其处丹水而得。古本《竹书纪年》则谓:"放帝子丹朱于丹水。"可见尧舜时代,即有中原核心部族活动在丹江流域。

屈家岭文化兴起后,强势北进,包括丹江流域在内的汉江中游地区成为屈家岭文化的地域,由此爆发了华夏集团与三苗集团的激烈冲突。双方之间的冲突首先在丹江流域展开。《吕氏春秋·召类》:尧与三苗"战于丹水之浦,以服南蛮",《淮南子·后略训》亦云"尧战于丹水之浦"。此次双方战争的结果,《淮南子·修务训》说是尧"窜三苗于三危",《庄子·在宥篇》亦说尧"投三苗于三峗",《史记·五帝本纪》则说:"(尧之时)三苗在江淮、荆州数为乱。于是舜归而言于帝,请流共工于幽陵,以变北狄;放驩兜于崇山,以变南蛮;迁三苗于三危,以变西戎;殛鲧于羽山,以变东夷:四罪而天下咸服。"《大戴礼记·五帝德》则谓:尧"杀三苗于三危,以变西戎。"从文献记载来看,似乎华夏集团在此次战争中占了上风。但此次战争是在丹水流域展开,而这里原来是华夏集团的地域,因此这次战争中华夏集团显然是处于防御的态势,而三苗则是处于进攻的态势。从考古学文化上来看,屈家岭文化晚期时,正是江汉文化系最为强势的时期,不但迅速取代了丹淅水、唐白河流域的仰韶文化,而且其影响力远达黄河沿岸,对豫中、豫西的华夏核心区构成了严重的威胁,因此文献所言或有不尽不实之处。由此而论,唐尧时代双方战争的结果,最多是华夏集团抑制住了三苗的北进态势,守住了豫中、豫西的华夏核心区,取得了防御战的胜利,并可能有局部的反攻,将战争后俘获的三苗最北线的部分族群迁徙到了三危之地,或即《尚书·舜典》所载的"三载考绩,三考黜陟幽明,庶绩咸熙,分北三苗"。

唐尧时代华夏与三苗的战争,可能持续了很长时间,到尧晚期时,大政已由舜来主持,对三苗的战争也是如此,故尧时代"分北三苗""窜三苗于三危",其主持者实为舜。

虞舜时期,经过前一阶段的战争之后,双方的局势看来是稳定了下来,因此文献中颇多舜对三苗采取德化政策的记载。《战国策·赵策二》:"昔舜舞有苗,而禹袒入裸国,非以养欲而乐志也,欲以论德而要功也。"《韩非子·五蠹》:"当舜之时,有苗不服,禹将伐之,舜曰不可,上德不厚而行武,非道也。乃修教三年,执干戚舞,有苗乃服。"《吕氏春秋·上德》:"三苗不服,禹请攻之,舜曰以德可也。行德三年而三苗服。"《淮南子·齐俗训》:"故当舜之时,有苗不服,于是舜修政堰兵,执干戚而舞之。"《淮南子·氾论训》:"舜执干戚而服有苗。"《韩诗外传》卷三:"以其(三苗)不服,禹请伐之,而舜不许,曰:'吾喻教犹未竭也。'久喻教,而有苗民请服。"《说苑·君道》:"当舜之时,有苗氏不服……禹欲伐之,舜不许曰:'吾谕教犹未竭也。'乃谕教焉,而有苗氏请服。天下闻之,皆非禹之义而归舜之德。"这些记载或有美化之嫌,但似可说明,经过前一阶段的战争后双方曾有较长时间的和平相处。

到虞舜后期时,双方之间的战争再次爆发。《淮南子·修务训》载舜晚年时亲驾"南征三苗",结果"道死苍梧"。《史记·五帝本纪》则云:"(舜)南巡狩,崩于苍梧之野。葬于江南九疑,是为零陵。"《礼记·檀弓上》《大戴礼记·五帝德》皆言舜死后葬于苍梧之野。《山海经·海内南经》说舜葬于苍梧之阳,《山海经·海内经》和《五帝本纪》又言舜葬于江南九嶷山。按苍梧山即九嶷山,又名九疑山。[1] 苍梧、九嶷所在,后世皆以为在今湖南零陵。此外,文献中还有大量舜二妃死于湘江

---

[1] 参见张正明、刘玉堂:《湖北通史》(先秦卷),华中师范大学出版社 1999 年版,第177 页。

的传说。《水经注·湘水篇》:"(舜)二妃(娥皇、女英)从征,溺于湘江。"张华《博物志》:"舜崩,二妃啼,以涕挥竹,竹尽斑。"《列女传》:舜死于苍梧,"二妃死于江湘之间"。《史记·秦始皇本纪》谓舜妃葬湘山,为湘水神,号湘君。但今湖南地区的这些传说可能是后来华夏地域扩大后的结果①。东周时期,楚国开发湖南地区,于春秋中期进入湘北地区,春秋晚期发展到湘中的长沙、湘乡、溆浦一带,战国时期开始全面开发湖南并进入湘南地区②,苍梧、九嶷等地名及舜的传说当是随着楚人的南下而进入湖南,并为汉文化所继承从而进入华夏话语系统。而唐虞之时,华夏势力甚至连南阳盆地这块故土都未能收复,华夏势力深入汉江下游、接近长江尚要到禹征服三苗之后,在有三苗阻隔的情形下,尧舜时代华夏势力绝无可能越过三苗、渡过长江进入今湖南地区。结合考古学文化区系来看,在屈家岭文化最盛时期,其北部分布已达方城一带,文化影响则直抵黄河沿岸,豫中地区的禹县谷水河遗址,兼出王湾二期仰韶文化、大汶口文化和屈家岭文化陶器,其中屈家岭文化器型有卷边足小罐形鼎、深腹豆残片、高圈足杯、扁腹壶等,说明此处是屈家岭文化与其他两种文化的交汇地。③ 而到了石家河文化时期,石家河文化的北部区域则较屈家岭文化有明显的后退,退缩到南阳盆地的南缘。④ 若石家河文化在南阳盆地的后退是此次战争的结果的话,则舜死葬之地的苍梧、九疑之地当在今南阳盆地中北部一带。

总的来说,舜晚期与三苗的战争取得了一定成果,将三苗的势力压缩到了南阳盆地南缘,但在三苗的剧烈抵抗下未能取得进一步进展,并且还遭到了较大的损失,舜本人也殁于南征之中。

---

① 参见舜死于苍梧、葬于九疑之说,与战国秦汉时期南方政治进程与人群流动有关,是历史记忆而非真实的历史。参见于薇:《先秦两汉舜故事南方版本发展与潇水流域的政治进程——兼论零陵九疑舜陵舜庙的实体化》,《学术研究》2013 年第 7 期。
② 参见李海勇:《楚人对湖南的开发及其文化融合与演变》,武汉大学博士学位论文,2003 年。
③ 参见张绪球:《长江中游新石器时代文化概论》,湖北科学技术出版社 1992 年版,第 181 页。
④ 参见中国社会科学院考古研究所:《中国考古学》(新石器时代卷),中国社会科学出版社 2010 年版,第 657 页。

到了禹时,战争更加激烈,最后禹利用三苗出现内乱、遭逢天灾之机大举进攻,取得决定性胜利。《墨子·兼爱下》记载了禹出征三苗时的誓言,称为《禹誓》:

> 济济有众,咸听朕言:非惟小子,敢行称乱,蠢兹有苗,用天之罚,若予既率尔群对诸群,以征有苗。

对于禹征三苗,《墨子·非攻下》有详细记述:

> 昔者三苗大乱,天命殪之,日妖宵出,雨血三朝,龙生于庙,犬哭乎市,夏冰,地坼及泉,五谷变化,民乃大振。高阳乃命玄宫,禹亲把天之瑞令,以征有苗。四电诱祇,有神人面鸟身,若瑾以侍,搤矢有苗之祥,苗师大乱,后乃遂几。禹既已克有苗,焉磨为山川,别物上下,卿制大极,而神民不违,天下乃静。则此禹之所以征有苗也。

从《禹誓》的口气来看,此时的禹已正式取代了舜的地位,而且比舜更有权威,这表明中原文化在社会结构上取得了重大的进步,禹已经具有国王的地位,这种社会进步使得中原文化的内部组织性更强,从而使得华夏集团获得了相对三苗的军事优势。

在三苗这一方,不但是在社会结构和军事组织上已落后于华夏集团,而且遭逢天灾,"日妖宵出,雨血三朝,龙生于庙,犬哭乎市,夏冰,地坼及泉",表明三苗其时正逢暴雨水灾,以致"五谷变化",作物不能按时成熟,"民乃大振",社会出现动荡,内部不稳。在禹的大举进攻下,"苗师大乱,后乃遂几",《说文》:"几,微也,殆也。"三苗惨败并被彻底征服。另《尚书·吕刑》有"遏绝苗民,无世在下""苗民无辞于罚,乃绝厥世"的说法,可见三苗经此大败后就灭亡了。《国语·周语下》说:"王无亦鉴于黎、苗之王,下及夏商之季,上不象天,而下不仪地,中不和民,而方不顺时,不共神祇,而蔑弃五则。是以人夷其宗庙,而火焚其彝器,子孙为隶,不夷于民"。三苗从此退出历史舞台,不再见于文献。后世屡见于文献的楚蛮、荆蛮、荆楚等夏商时期的南方居民,当为三苗的遗裔。

古史传说中尧、舜、禹对三苗的战争及三苗的灭亡,在相关考古遗存中有所反映。长江中游地区在屈家岭文化时代极为兴盛,屈家岭文化强盛时,"不断向北扩展,原为下王岗文化的鄂西北、豫西南地区已成为屈家岭文化的活动领域"①,其文化影响则深入到了豫中和陕南地区,这是古史传说中尧、舜、禹所领导的中原华夏集团与南方三苗集团发生大规模战争的考古学文化背景。而江汉地区的考古学文化演进,则印证了古史传说中华夏集团与三苗集团的战争。

尧与三苗发生战争的地点,据文献记载是在丹水之浦。《吕氏春秋》卷20《召类》:"尧战于丹水之浦,以服南蛮。"《帝王世纪》亦云:"诸侯有苗氏处南蛮而不服,尧征而克之于丹水之浦。"②可知华夏集团与苗蛮集团最初是在丹水地区发生冲突,而丹江流域,正是黄河中游考古学文化与江汉地区考古学文化的交界地区,这一地区考古学文化的变迁,正好反映了华夏集团与苗蛮集团的战争过程。

丹江地区原为仰韶文化分布区,属中原系统,到屈家岭文化兴盛时期,丹江地区又成为江汉文化系统的势力范围,在屈家岭文化的最盛时期,其文化影响可达豫中,这种势头一直保持到石家河文化早期。龙山时代晚期,在中原文化的强大冲击下,丹江地区相当于石家河文化晚期的遗存受到以煤山文化为主的中原文化的强烈影响,中原文化系统的因素占据了主导地位,此类遗存现称为后石家河文化或三房湾文化,是中原文化南下后改变了当地的文化格局的结果③;再往后,丹江地区出现了二里头文化,成为二里头文化的分布区,中原文化再度占据统治地位。丹江地区考古学文化的变迁过程,正可与古史传说中尧、舜、禹对

① 向绪成:《中国新石器时代考古》,武汉大学出版社1993年版,第305页。
② 《太平御览》卷80《皇王部五》"帝尧陶唐氏"条引,《太平御览》第一卷,河北教育出版社1994年版,第685页。
③ 参见王劲:《关于后石家河文化定名的思考》,《江汉考古》2007年第1期。

三苗的战争相印证。由于三苗的强盛,三苗势力向北发展,占有了原属中原文化系统的丹江地区,引发了华夏与三苗的战争,因此丹江地区成为华夏集团与三苗集团最早发生战争的地区,故《吕氏春秋》所记尧与三苗战于"丹水之浦",当非虚言,可能是上古时期曾真实发生过的历史事件。龙山时代晚期,中原文化重新取得了优势地位,于是丹江地区的石家河文化晚期遗存中就掺入了大量的中原文化因素,导致了文化结构发生了变化,这就是后石家河文化的来历。后石家河文化的出现,是中原文化对原有的石家河文化进行改造的结果。到了夏代,丹江地区成为二里头文化的分布地区,表明在两大文化系统的斗争中,中原文化系统取得了最终的胜利,从考古学的角度,印证了有关尧、舜、禹与三苗战争的古史传说。

三、后石家河文化与禹征三苗

江汉地区的新石器时代考古学文化发展到后石家河文化时,其文化性质发生了巨变。从石家河文化到后石家河文化,是一次巨大而猛烈的变化。这一变化的实质是以王湾三期文化为主体的中原龙山时期文化对石家河文化的取代。以王湾三期文化为主体的中原龙山时期文化大幅向南扩张,代替了豫南、湖北地区原有的石家河文化,同时又保留了部分当地的因素,按距离的远近,越靠近中原地方,文化面貌就越接近中原。在紧邻中原的南阳盆地,邓州八里岗、唐河寨茨岗、茅草寺等遗址上的石家河文化是直接被王湾三期文化遗存所代替。在稍远一些的丹江下游地区,则保留了部分原有的石家河文化因素,形成了后石家河文化乱石滩类型(有学者称为乱石滩文化),"龙山时代晚期,丹江下游与南阳盆地文化面貌差异较大。丹江下游地区为乱石滩文化,其分布范围局限在丹江下游"①。鄂西地区的石板巷子遗存距王湾三期文化的距离又远一些,而汉东地区,石家河文化核心区的肖家屋脊晚期

---

① 樊力:《豫西南地区新石器文化的发展序列及其与邻近地区的关系》,《考古学报》2000 年第 2 期。

遗存的地方特色则最浓厚。后石家河文化各类型虽然各有特点,但其共性是与王湾三期文化后期遗存有共同之处:均以灰陶为主,篮纹普遍,主要器类都是直领瓮、罐形鼎、直柄豆、平底碗和圈足盘。因此,这不是能用一般的文化交流和影响所能解释的,而是说明它们和王湾三期文化(后期)已经属于同一个大的文化系统。①

通过分析后石家河文化的构成可以看出,源于石家河文化的因素不足二分之一,新的文化因素已占主导地位,即在石家河文化后期,随着新文化因素的不断增加,文化性质已由量变发展到质变。后石家河文化的成因,虽不排除石家河文化自身的发展演变和改进创新的可能性,但其大部分因素却是外来文化的渗入而导致文化性质的质变,起决定作用的是北面中原地区王湾三期文化(尤其是煤山类型)南下的冲击与融合,打破了汉江流域原有的文化传统,使江汉地区传统的新石器文化发生了断层现象,从根本上改变了长江中游地区的传统文化结构。②

从石家河文化到后石家河文化的发展变化可以看出,中原文化首先是进入南阳盆地,取代了当地的石家河文化,然后进入丹江流域,改造当地的石家河文化为后石家河文化乱石滩类型,次之再沿汉水南下鄂西地区和汉江地区,形成后石家河文化石板巷子类型和三房湾类型。因此,后石家河文化是中原文化南下江汉地区后,融合本地部分因素并在当地特定的环境中形成的一种文化类型。后石家河文化已属于夏代初年,结合文献记载似可由此确认,这应是禹征服三苗后迫使三苗居民改宗中原文化的结果。

三苗与华夏集团的战争,主要是由于三苗的兴盛导致利益上的冲突,三苗强大后不断向北发展,占有了原属华夏集团的汉江中游地区,其势力和影响则直逼华夏核心区,于是三苗集团与中原华夏集团间发生了尖锐的矛盾和冲突。但双方在文化、宗教上的冲突也是一个重要

---

① 参见杨新改、韩建业:《禹征三苗探索》,《中原文物》1995 年第 2 期。
② 参见王劲:《后石家河文化定名的思考》,《江汉考古》2007 年第 1 期。

的原因。《尚书》卷19《吕刑》有"苗民弗用灵"的说法：

> 苗民弗用灵。制以刑，惟作五虐之刑曰法。杀戮无辜，爰始淫为劓、刵、椓、黥。越兹丽刑并制，罔差有辞。民兴胥渐，泯泯棼棼，罔中于信，以覆诅盟。虐威庶戮，方告无辜于上。上帝监民，罔有馨香，德刑发闻惟腥。皇帝哀矜庶戮之不辜，报虐以威，遏绝苗民，无世在下。

关于"苗民弗用灵"中"灵"为何义，历来学者有不同解释。一种引《礼记·缁衣》"苗民匪用命"，认为"灵"与"命"相通，义为政令，认为苗民不服从统一政令，自制五刑，故遭灭族①；另一种引《说文·玉部》"灵，巫也"，认为正是因为三苗的巫教与中原不同，才导致被骂"弗用灵"。此外，徐旭生先生在《中国古史的传说时代》中提到孙星衍的观点，他说："按《诗笺》云：'灵善也'与'令'通义。'弗用灵'，当是弗用善以治奸民。"②然解释为"政令"或"善"都不得其本义。设想一下，在当时尚未有国家的情况下，苗民为何要服从华夏人的政令？苗民"弗用善治奸民"与华夏人有何关系？文献中有关苗民宗教习俗的记载甚少，只有装束方面提到一点。《淮南子·齐俗训》："三苗髽首，羌人括领，中国冠笄，越人劗鬋，其于服一也"。何谓"髽首"？解释有三：以枲麻束发，"屈布为巾"或"去缅而纷"，总之不用簪笄，与中原不同。③ 在湖北天门石家河遗址群发现过不少双手抱鱼的小陶人，头部似为束发，恰好与文献中"方捕鱼"和"髽首"的记载相合。④ 另从考古发掘来看，石家河文化居民与宗教活动相关的器皿多用红陶⑤，其所代表的习俗和宗

---

① 参见杜勇：《蚩尤非东夷考》，《天津师范大学学报》社会科学版2004年第4期。
② 徐旭生：《中国古史的传说时代》，广西师范大学出版社2003年版，第122页。
③ 参见俞伟超：《先楚与三苗文化的考古学推测》，《文物》1980年第10期。
④ 参见《山海经·大荒北经》："颛顼生驩头，驩头生苗民，苗民厘姓"。表明三苗与驩头或为同族。《山海经·海外南经》又讲："驩头国……其为人，人面，有翼、鸟咏，方捕鱼"。《山海经·大荒南经》说："驩头……食海中鱼"。
⑤ 参见宋豫秦：《石家河文化红陶杯与陶塑品之功用》，《江汉考古》1995年第2期。

教活动确与中原地区不同,中原地区以龟甲、兽骨作为通灵占卜的工具,而在南方,特别是屈家岭—石家河文化分布地带却鲜见此类物,可见将"灵"释为"巫"确有合理之处。[1]

因此徐旭生先生认为,当时苗蛮集团信奉的是原始的巫教,而中原地区自帝颛顼进行宗教改革以后就采信了较进步、宗教性较浓厚的巫教,于是北方集团以他们的眼光看苗民自然就很不顺眼。另外,苗蛮集团中的刑罚特别严酷,于是北方集团便以上天的名义前去征伐。《吕刑》在痛斥苗民刑罚残酷后说:"皇帝哀矜庶戮之不辜,报虐以威,遏绝苗民,无世在下。"其意为:上帝哀怜众得罪人的真正无罪,拿严威答复行虐政的苗民,要阻止苗民,使他们在下土不得有后嗣。这种文化、宗教上的冲突也是苗蛮集团与华夏集团发生战争的原因之一,虽然并不是冲突的主要原因,但却可以增加冲突的激烈程度。[2]

由于三苗与华夏在宗教、习俗上格格不入,因此华夏与三苗的战争就带上了文化、宗教的背景。从舜的时代起,华夏集团就试图对三苗进行文化改造,让苗民接受中原文化。《吕氏春秋》卷20《召类》:"尧战于丹水之浦,以服南蛮;舜却苗民,更易其俗;禹攻曹魏,屈骜有扈,以行其教。"可见,华夏集团在对外扩张时,让被征服部族接受中原文化是其一贯政策,更何况华夏与三苗的冲突本身就带有强烈的文化、宗教背景。

后石家河文化在文化面貌、文化结构上发生的重大变化,应当就是华夏集团战胜三苗后,对苗民"易其俗""行其教"的结果。

禹征三苗以后,三苗灭亡,江汉地区的文化发展出现了中断。此后江汉地区在文化上和政治上不再是独立的区域主体和文化主体,而是作为中原文化和中原政治体系的附庸和边缘组成部分。夏商王朝与江汉地区的三苗遗民之间的关系颇为复杂,一方面,三苗遗民接受了中原文化和中原王朝的统治,另一方面,作为边缘地区,中原王朝对江汉地

---

① 参见苗利娟、陈钦龙:《三苗来源考》,《江汉考古》2009 年第 4 期。

② 参见徐旭生:《中国古史的传说时代》,广西师范大学出版社 2003 年版,第 121—124 页。

区的统治并不稳定,江汉地区土著居民与中原王朝的关系在时叛时服之间,文化发展也表现出较大的特殊性,虽然从大的方面来说属于中原文化系统,但同时又有自身的强烈地方特色,在陶系、器类、器型等多方面都与中原有较大的差异,只能算是中原文化系统的地方变体。

第八章

夏商时期汉江流域的历史与文化

在中国历史体系中,尧、舜、禹的时代均属传说时代,历史时代从夏朝开始。关于夏王朝的年代问题,当代学术界一般认为,夏王朝的纪年范围是在公元前21世纪至公元前16世纪。"夏商周断代工程"将夏代的基本年代框架估定为公元前2070年至公元前1600年,商代的基本年代框架为公元前1600至公元前1046年。[①]

夏、商王朝所留下的遗迹、遗物,就是考古学意义上的夏文化与商文化。对于商文化,目前学术界有较为一致的看法:商代晚期的文化遗存为殷墟文化,商代早期的文化遗存为二里岗文化,但二里岗文化与殷墟文化之间存在一定缺环,而且殷墟一带发掘武丁以前的遗存较少,因此近年来考古学界又提出了"中商文化"的概念,将从仲丁到武丁之前的盘庚、小辛、小乙时期的文化遗存称为"中商文化"。

对于夏文化,学术界曾有很长时期的争议。对于夏文化的定义,《中国考古学》(夏商卷)将其定义为:夏王朝时期、夏王朝统治区域的夏族(或以夏人为主体的族群)所留下的考古学文化遗存。为探索夏文化,考古学界曾进行了长期的努力,目前学术界对夏文化的看法,主要分为两家:一种学说认为,二里头文化一至四期就是彻头彻尾的夏文化,包括新砦期文化在内的早于二里头文化的文化遗存和晚于二里头文化的文化遗存,都不是夏文化;另一学说则认为,二里头文化的主体

---

① 参见夏商周断代专家组:《夏商周断代工程1996—2000年阶段成果报告(简本)》,世界图书出版公司,2000年。

是夏文化,但夏文化的上限应前推至二里头文化一期之前,早期夏文化应包括新砦期文化甚至王湾三期文化晚期遗存①。考虑到二里头文化的年代范围为公元前19世纪中叶到前16世纪中叶②,二里头文化并不足以涵盖夏代的全部纪年范围,因此二里头文化可能只是夏代中晚期的文化。经过多年研究,现在考古界已普遍认为,二里头文化是在王湾三期文化的基础上经"新砦期"遗存发展而来的。《中国考古学》(夏商卷)据此认为分布在夏王朝中心区域内、处于夏代纪年范围内,与二里头文化有清楚传承关系的王湾三期文化和"新砦期"遗存,应当就是夏人建立夏王朝前后的文化遗存。③

本章主要依据文献和考古资料,对夏商时期汉江流域的历史与文化作一简要叙述。

第一节　二里头文化在汉江流域的分布

后石家河文化已进入夏代积年,与之同时代的王湾三期文化亦已进入夏代积年范围。如果按王湾三期文化晚期遗存即已属于夏文化的观点,后石家河文化中的中原文化因素即是夏人南下的结果。夏人和夏文化的南下对汉江流域产生了强烈的影响,至二里头文化时期,长江中游地区主要表现出黄河中游二里头文化的特征。④ 但汉江流域各地的情形有较大差异。

一、南阳盆地与襄宜地区

在汉江中游地区,以南阳盆地为中心,受二里头文化强烈影响的遗

---

① 参见中国社会科学院考古研究所:《中国考古学》(夏商卷),中国社会科学出版社2003年版,第29页。

② 参见中国社会科学院考古研究所:《中国考古学》(夏商卷),中国社会科学出版社2003年版,第81页。

③ 参见中国社会科学院考古研究所:《中国考古学》(夏商卷),中国社会科学出版社2003年版,第46页。

④ 参见孟华平:《长江中游史前文化结构》,长江文艺出版社1997年版,第165页。

址主要有方城八里桥①、邓州陈营②、穰东③,湖北丹江口熊家庄④,襄阳王树岗⑤,枣阳墓子坡⑥等。从公布的材料来看,方城八里桥的资料较为丰富,襄阳王树岗的资料则较少,邓州陈营、丹江口熊家庄、枣阳墓子坡三处材料则未正式公布。

方城八里桥遗址位于河南省方城县西南近4千米处的潘河西岸,地处南阳盆地的东北部,长江水系与淮河水系的分界处。1984年由北京大学考古系、南阳市文物考古研究所和方城县博物馆发掘。遗址堆积单纯,其第二三层为二里头时期堆积,遗物主要为石器和陶器。陶器以夹砂灰陶居多,其次为黑陶,还有一些褐陶。纹饰以绳纹居多,其他有附加堆纹、弦纹、压窝纹、鸡冠耳、花边口、刻槽等。器类有鼎、罐、盆、甑、豆、簋、大口尊、瓮、缸、爵、杯等,主要特征与伊洛地区的二里头文化基本一致。发掘简报将其归属于二里头文化,并断其年代相当于二里头文化第三期。

邓州穰东遗址1989年由河南省文物考古研究所发掘,是一处较为单纯的二里头文化遗址,遗迹发现15个灰坑和1座墓葬,遗物只发现石器和陶器。陶器以夹砂灰陶和泥质灰陶为主,纹饰以绳纹为主,其他为弦纹、附加堆纹、花边纹、篮纹、方格纹等。陶器多轮制,器形规整。器类以平底器为大宗,三足器、圜底器较少,主要器形有中口罐、圆腹罐、花边罐、捏口罐、盆、擂钵、鼎、豆、三足盘、大口尊、缸、瓮、器盖、爵、鬶、甑、盆形钵、带流罐、小罐等。年代为二里头文化二、

---

① 参见北京大学考古学系等:《河南方城县八里桥遗址1994年春发掘简报》,《考古》1999年第12期。

② 参见袁广阔:《邓州市陈营二里头文化遗址》,《中国考古学年鉴1990》,文物出版社1991年版,第244页。

③ 参见河南省文物考古研究所:《邓州穰东遗址的发掘》,《华夏考古》1999年第2期。

④ 参见国家文物局:《中国考古60年(1949—2009)》,文物出版社2009年版,第352页。

⑤ 参见襄石复线襄樊考古队:《湖北襄阳法龙王树岗遗址二里头文化灰坑清理简报》,《江汉考古》2002年第4期。

⑥ 参见叶植:《襄樊市文物史迹普查实录》,今日中国出版社1995年版,第131、132页。

三、四期。与伊洛地区的二里头文化相比,穰东遗址的二里头文化在陶系方面有一定的地域特征,但尚不足以构成地方类型,仍属二里头类型。

熊家庄遗址位于丹江口,其资料未发表,据报道为典型的二里头文化二里头类型。

王树岗遗址陶器以灰褐陶为主,器类中罐、盆、大口尊较多,其他见鼎、簋、豆、杯、高领罐等,某些陶器如大口尊、深腹罐、鼎特征与二里头文化同类器基本一致,是长江中游地区同时期诸遗址中二里头文化因素较典型的一处。该遗址年代的主体仍然在二里头文化三、四期,但上限可能更早一些。

枣阳墓子坡遗址未经发掘,采集陶器以夹砂灰陶为主,夹砂红陶次之。所见器类有鼎、鬲、尊、盆、罐,所出鬲的时代特征可至二里岗文化时期。该遗址遗物总的特征与二里头文化接近,但陶器中鼎的按窝纹做法较特别,一些器形特征亦与二里头文化有所不同。

乱葬岗遗址出土陶器主要有鼎、高足、大口尊、盆、盘、豆等,各器类几乎在二里头文化中都可以找到可比器,但器物特征又与二里头文化存在一定区别,如陶器陶色呈浅灰色、罐类器少见、器口多卷沿侈口、尊长颈折腹不明显、不出某些二里头文化常见的器类等,陶器面貌暗示该遗址社会等级应当较低。

由以上遗址的情形来看,南阳盆地因与中夏核心区比邻,故其文化面貌与伊洛地区的二里头文化二里头类型较为一致,虽有一定的地方特色,但总体而言仍属二里头类型,其分布范围最南为邓州穰东遗址,西南端为丹江口熊家庄遗址,这一地区基本上属于较为典型的二里头文化。在南阳盆地以南的襄宜地区,则已属于二里头文化向南扩展的边缘地带,这里的二里头文化遗址分布数量很少,遗存亦不丰富,遗物所反映出的社会等级较低,文化面貌上总体而言仍属较为典型的二里头文化,但较南阳盆地的地方特色更为浓厚。王树岗等遗址应是二里头文化经由南阳盆地、顺汉水向南传播的结果。值得注意的是在最南端的乱葬岗遗址,文化因素与其南边不远处的荆南寺遗址差异颇大,因此学者认为,从文化传播的角度看,他们之间似乎并未发生直接联系。① 乱葬岗遗址可能是中原二里头文化经南阳盆地向南发展传播的极限。

二、汉丹地区

在南阳盆地的西侧,丹江流域和丹江口以上的汉江上游部分地区,合称汉丹地区,这里是中原、关中、江汉等文化系统的交流碰撞区。夏代时,这一地区受二里头文化强烈影响,但文化面貌有较强的地方特色,与南阳盆地较为单纯的二里头文化有所差异。主要的遗址有河南淅川下王岗②、陕西商洛东龙山③、商州紫荆④、湖北均县乱石滩⑤、郧县辽瓦店子⑥等遗址。这里的淅川下王岗、商洛东龙山、郧县辽瓦店子三处遗址均经大规模发掘,材料最为丰富。

淅川下王岗遗址发掘于1971年至1974年,前后历时4年,发掘总面积2309平方米,共清理房基47座,陶窑5座,灰坑348个,墓葬689座,各类遗物7254件。遗址上下叠压着不同时期的文化层,自下而上分别为仰韶文化、屈家岭文化、龙山文化(石家河文化)、二里头文化和西周文化。下王岗的二里头时期文化遗存,发掘报告将其分为两期并直接称为"二里头文化一期"和"二里头文化三期"。但学术界对其年代和性质尚有不同看法:樊力将其与龙山时代遗存合称为"乱石滩文化"⑦,多数学者如赵芝荃⑧、李龙章⑨、董琦⑩等均认为它们属于二里头文化的地方

① 参见张昌平:《夏商时期中原与长江中游地区的文化联系》,《华夏考古》2006年第3期。
② 参见河南省文物研究所等:《淅川下王岗》,文物出版社1989年版,第264—306页。
③ 参见陕西省考古研究院、商洛市博物馆:《商洛东龙山》,科学出版社2011年版。
④ 参见王世和、张宏彦:《1982年商县紫荆新石器时代遗址的发掘》,《文博》1987年第3期。
⑤ 参见中国社会科学院考古研究所长江工作队:《湖北均县乱石滩遗址发掘报告》,《考古》1986年第7期。
⑥ 参见武汉大学考古与博物馆学系:《郧县辽瓦店子遗址》,《湖北省南水北调工程重要考古发现Ⅰ》,文物出版社2007年版。
⑦ 参见樊力:《乱石滩文化初论》,《江汉考古》1998年第4期。
⑧ 参见赵芝荃:《试论二里头文化的源流》,《考古学报》1986年第1期。
⑨ 参见李龙章:《下王岗晚二期文化性质及相关问题探讨》,《考古》1988年第7期。
⑩ 参见董琦:《虞夏时期的中原》,科学出版社2000年版,第121—122页。

类型。《中国考古学》(夏商卷)以其中的"二里头文化三期"遗存作为二里头文化豫西南地区的地方类型——"下王岗类型"的典型材料。①

下王岗二里头文化一期层叠压在石家河文化层之上,又被叠压在二里头文化三期层之下,文化堆积厚 0.05—0.70 米不等,一般厚 0.25 米左右。发现的遗迹主要有房基 2 座、灰坑 28 个、瓮棺葬 24 座。出土遗物较为丰富,共 303 件,遗物中有生产工具、生活用器、装饰品等。生产工具 211 件,有石器、骨器、陶器等。生活用器 68 件,为陶器,以夹砂灰陶居多,泥质黑陶数量较少。主要器型有罐、鼎、钵、杯、豆、甑、盆、壶、瓮、盉等,器表多饰篮纹、绳纹,少量为方格纹和弦纹,个别器物上有刻划符号。其中,诸如鸡冠形扁足鼎、圜底罐、双耳篮罐、浅盘竹节豆、盆形活箅甑等比较典型,与河南偃师二里头文化一期和郑州洛达庙遗址二期出土的同类器相近。装饰品 24 件,有绿松石耳坠、骨笄、陶环、陶珠、玉璧、玉戈等。此外,还出土有铜器一件,惜仅存一长方形柄部。

在下王岗二里头文化三期遗存中,发现灰坑 34 个,瓮棺葬、土坑墓各 3 个。出土文化遗物 414 件,其中生产工具 336 件,生活用器 57 件,装饰品 21 件。生产工具以石、骨器为主,亦发现钩状残青铜器。陶器有罐、鼎、豆、壶、盘、大口尊等。陶质以夹砂灰陶居多,泥质灰陶次之。纹饰以绳纹为主,另有附加堆纹和弦纹。绳纹较二里头文化一期变粗,附加堆纹增多。其中附加堆纹间绳纹的敛口方鼎、大口尊、带鸡冠形鋬手的盆形甑、敛口折肩瓮等,与偃师二里头文化三期的同类器相同或相似,而其垂腹罐、刻槽罐则独具特色。

在下王岗遗址二里头文化遗存中,发现有人殉,表明这时已出现阶级分化,青铜工具一般认为是文明时代的标志之一,玉戈则表明已存在礼仪活动等文明要素。这些与偃师二里头遗址的文化现象是基本相同的。

---

① 参见中国社会科学院考古研究所:《中国考古学》(夏商卷),中国社会科学出版社 2003 年版,第 96、97 页。

淅川下王岗遗址在汉江流域的二里头文化中处于非常重要的地位,该遗址位处汉江支流丹江的下游,处于汉江中游地区的北部边缘地带,是汉江流域最早接受中原夏文化的地区。一般认为,中原夏文化的南传,其主要的线路之一即是通过丹江、汉江而逐渐向南移动的。

商洛东龙山遗址位于丹江上游,秦岭东南麓,1997年至2002年进行了发掘。二里头文化相关遗存分布于Ⅰ区和Ⅲ区。

其中Ⅲ区发现的为夏代早期遗存,年代相当于二里头文化一、二期,叠压于龙山文化地层上,被夏代晚期存叠压。共发现房址8座,灰坑62个,墓葬36座(土坑墓34座、瓮棺葬2座)。遗物有生产工具、生活用具、礼器、装饰品及其他。生产工具有石器、骨器、陶器和蚌器,生活用器全为日用陶器,可辨器形340件,以夹砂陶为主,陶色以灰、灰褐和黑褐为主,红陶与红褐次之,纹饰以绳纹为主,其次有素面、弦纹,少量方格纹和刺划纹。器型主要有鬲、鼎、盉、爵、斝、大口尊、盆、钵、甗、簋、豆、杯、壶、罐、瓮和器盖等,以陶罐和盆为最多。礼器共95件,器形有牙璋、戚、圭和璧,以璧的数量最多,牙璋和戚为玉质,余为石质。装饰品有石环、石钻芯、骨饰、蚌饰和泥器等。报告认为东龙山夏代早期遗存在年代上与二里头文化一、二期大致相当,文化面貌上也有一定联系,但差别是主要的,与二里头文化一、二期是大异而小同,不是同一种考古学文化,同类遗存也分布于关中东部及丹江上游地区,因此发掘报告主张可以考虑作为一种新的考古学文化单独命名为"东龙山文化"。

夏代晚期遗存主要发现于东龙山Ⅰ区,共发现灰坑40个、墓葬8座(土坑墓7座,瓮棺葬1座)。出土遗物有生产工具、生活用器、礼器及其他,有石器、骨器、陶器等遗物400余件。报告认为这批遗存与河南偃二里头遗址第三、四期为代表的文化遗存之间有较多的共同因素,从陶器群所代表的文化面貌来看,东龙山夏代晚期遗存与二里头文化同期遗存之间的文化关系基本上可概括为大同小异。依大同可以视作同一文化,依小异可以视为二里头文化的一个地方类型,并提议将其视为二里头文化的一个地方类型——"商洛类型"。王力之则认为应将东龙山夏代遗存与下王岗二里头文化遗存归入同一类型,即"东龙山类型"。[1]

郧县辽瓦店子遗址的二里头文化相关遗存数量丰富。遗迹有房址10余座,墓葬20余座,灰坑100余个。出土的遗物也很多,主要为陶器,以夹砂红陶为主,有少量灰陶和黑皮陶,器类有单耳罐、双耳罐、高领罐、釜、鼎、盆、豆等,其中高领罐、釜、鼎、盆等与本地新石器时代晚期同类遗物相同,细柄浅盘豆、釜形鼎等与二里头文化同类器相似,而带耳罐明显受到了陕南地区同期文化影响。辽瓦店子夏商时期遗存分为三期六段,其中夏商时期第一期遗存分两段,属于二里头时期,主要器物均为二里头文化的典型陶器,年代相当于二里头文化一期,其中一段偏早,上限不超过煤山二期,约为煤山二期到二里头文化一期早段,二段偏晚,约为二里头文化一期晚段;辽瓦店子遗址夏商二期遗存的年代为夏末或夏商之际,文化面貌上夏文化衰弱,本地文化及周边其他文化兴起。辽瓦店子遗址夏商时期第一期遗存以中原煤山文化或二里头文化因素占主导地位,主要体现在器类组合基本一致,本地因素仅体现在陶系和某些器形的特色,I段遗存与"后石家河文化"相似,受中原煤山文化影响极大,II段遗存为I段遗存的发展,典型二里头文化因素已出现,表明辽瓦店子遗址已被纳入夏文化版图;而二期遗存中本地文化因素占主导地位,表明二里头文化已退出该地区。辽瓦店子遗址夏商时期遗存的一大特点是虽受中原煤山文化和二里头文化极大影响,但大量使用釜,与鼎一起构成主要的炊器组合,据王然、傅玥研究,辽瓦店子夏商遗存中的釜应是来源于鄂西峡江地区[2]。

均县乱石滩遗址在均县城(今丹江口市均县镇)东7.5千米的汉江北岸,1958—1959年间曾三次小规模发掘,其上层遗存被发掘者称为"乱石滩文化"。发掘者认为"乱石滩上层新石器时代末期文化和河南龙山文化及青龙泉文化均有一些关系,但有本质的区别",它的"相对年代应晚于青龙泉文化"。乱石滩上层出土的遗物有许多同于下王

---

[1] 参见王力之:《试论商洛地区的夏商文化》,北京大学硕士研究生学位论文,1999年。

[2] 参见王然、傅玥:《湖北郧县辽瓦店子遗址夏商时期文化遗存研究》,载《石泉先生九十诞辰纪念文集》,湖北人民出版社2007年版。

岗二里头文化时期的遗物,如扁三足形盆形鼎、小口高领罐、浅盘竹节形豆等。此外,乱石滩上层还有一些器物虽不见于下王岗二里头文化,但常见于二里头文化早期或河南龙山文化晚期,如敛口罐与煤山二里头文化早期遗址所出的器物接近,簋形器与煤山二里头文化早期圈足盘相同,与折肩直壁或折肩斜壁残器盖类似的器物在二里头文化早期及河南龙山文化晚期流行,可见乱石滩上层文化内涵与下王岗二里头文化较为一致,同属二里头文化早期的文化遗存。①

总体而言,丹江流域及汉江上游地区的二里头文化遗存因地处多种文化交汇地带,故表现出较强的地方属性,上述遗存均以二里头文化因素为主,同时也表现出较强的地域性,如除灰陶外,可见到部分黑陶、红陶和红胎黑皮陶,器类常见本地石家河文化晚期的釜、高领罐等,带耳器物较多,为关中及其西部地区的文化传统。可见,汉江、丹江地区的二里头文化遗存含有多种不同来源的文化因素,使其文化面貌有异于其东侧的南阳盆地。

三、汉江下游至长江沿岸

在汉江下游以至长江沿岸地区,二里头文化的分布可以分为两种情形。

在汉东地区,著名的黄陂盘龙城遗址发现有二里头文化遗存②,但二里头文化时期,盘龙城聚落的规模并不大,而以盘龙城为核心,在鄂东北地区分布着少量二里头文化遗存,主要地点有大悟墩子畈、聂家寨,另曾在滠水、澴水流域采集到一些类似于二里头文化时期的遗物,在孝感城郊徐家坟 H1 曾发现相当于二里头文化一期的陶器。③ 但除了盘龙城外,资料均未发表。在汉江以南至长江沿岸地区,荆州荆南寺④、沙市

① 参见万全文:《长江中游先秦考古学文化》,湖北教育出版社 2006 年版,第 22 页。
② 参见湖北省文物考古研究所:《盘龙城——1963—1994 年考古发掘报告》,文物出版社 2001 年版。
③ 参见熊卜发:《鄂东北地区古代文化发展序列概述》,载《鄂东北考古报告集》,湖北科学技术出版社 1996 年版。
④ 参见荆州博物馆:《荆州荆南寺》,文物出版社 2009 年版。

李家台①等遗址发现有二里头文化性质的遗存,但这里夏商时期文化性质颇为复杂,包含多种文化因素。

盘龙城遗址以商时期文化遗存为主体,但也有明显的二里头文化时期或二里头文化因素的遗存。发掘报告将遗址堆积共分为七期,其中前三期为二里头文化遗存,并推断其一期年代相当于二里头文化二期或三期偏早,二期年代相当于二里头三期,三期年代相当于二里头四期至二里冈下层偏早。

盘龙城遗址的二里头文化阶段遗存仅在南城垣、王家嘴等地点发现。其陶器以夹砂灰、灰黑陶为主,器类中两、鼎、深腹罐、豆、大口尊数量略多,至较晚阶段已有鬲、鼎、罐、甑、爵、盉、杯、簋、盆、豆、壶等。陶器的陶系、器类、纹饰均与二里头文化近似,但也有一些个性特征,如陶系中红陶的数量略多,器形上鬲口沿较平而唇部较尖,鬲档较平甚至下垂,大口尊的肩部不甚明显,等等。这些个性有的还为本地区二里岗阶段文化所继承。

对于盘龙城遗址二里头文化遗存的性质,目前有不同看法,湖北地区的学者一般认为盘龙城遗址的二里头文化遗存应是二里头文化直接传播的结果,它应是二里头文化在长江中游的一个地方类型。② 但《中国考古学》(夏商卷)则有不同看法,认为盘龙城二里头文化遗存中,虽有许多器物同二里头遗址二至四期同类器相似,但缺乏或不见二里头文化典型的深腹罐、圆腹罐、卷沿盆、三足器、捏口罐等,而大口尊的数量甚多,有的形态发生变异,且口径普遍大于肩径,大量的平档或弧档高实足根鬲也显出与二里头遗址迥然不同的特点,因此盘龙城遗址二里头文化遗存究竟是二里头文化南下至长江沿岸形成的一个地方类型还是吸收二里头文化因素的一支当地土著文化,还有待今后进一步讨论。③

---

① 参见沙市市博物馆:《湖北沙市李家台遗址发掘简报》,《考古》1995 年第 3 期。

② 参见张昌平:《夏商时期中原与长江中游地区的文化联系》,《华夏考古》2006 年第 3 期。

③ 参见中国社会科学院考古研究所:《中国考古学》(夏商卷),中国社会科学出版社 2003 年版,第 88 页。

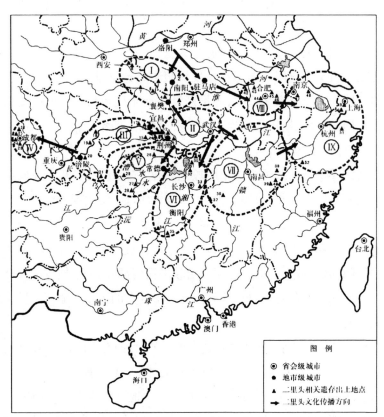

图 14 南方地区的二里头文化及南传路线①

长江沿岸地区主要有荆州荆南寺、沙市李家台等遗址。

荆南寺遗址夏商时期遗存在发掘报告中共分八期,其中第一期遗存仅 H23 一个灰坑,报告断其年代相当于二里头文化二期;二期遗存较为丰富,报告断其年代为二里头四期或二里冈下层一期。这两期陶

---

① 图片采自向桃初:《二里头文化向南方的传播》,《考古》2011 年第 10 期。

器有扁足盆形鼎、联裆鬲、深腹罐、花边口沿罐、大口尊、米粒纹釜、凸肩小平底罐等,文化面貌很复杂,陶器中有二里头文化常见器类,其特征与二里头陶器极为接近,但也包含大口红陶缸、米粒纹釜、小平底凸肩罐、联裆鬲等地方因素,这些因素既有本地新石器文化传统,也有来源于四川盆地文化系统的因素,可见荆南寺二里头文化时期遗存面貌之复杂。

沙市李家台遗址早期遗存年代约相当于二里头文化晚期至早商文化二里岗下层偏早阶段。遗物主要为陶器,可辨器形有深腹罐、卷沿垂腹釜、凸肩小平底罐、大口尊、深腹盆、算珠柄豆、圜底钵等,其中深腹罐、大口尊、深腹盆、算珠柄豆等与二里头文化有渊源,余为地方因素,在秭归朝天嘴、宜昌路家河等遗址出土较多,其文化面貌与荆南寺较为接近。

荆南寺遗址与钟祥乱葬岗遗址相距很近,但文化面貌差异很大,两遗址之间似乎并未发生直接联系。从目前的情形来看,荆南寺遗址反而是与盘龙城之间存在文化上的联系,因此学者推测二里头文化应当是由豫东南经大悟、孝感一带传播至盘龙城,而后逆江而上至荆南寺遗址。①

综上所述,夏代时,二里头文化在汉江流域的分布有较为复杂的情形。在邻近中夏核心区的南阳盆地,受到了二里头文化较强的影响,这里的二里头文化虽有一定的地方特色,但仍属二里头文化二里头类型,这种较为典型的二里头文化,其最南端为邓州穰东遗址,西南端为丹江口熊家庄遗址,这一范围内的二里头文化属较为典型的二里头类型。在南阳盆地以南的襄宜地区,已处于二里头文化向南发展的边缘地带,这里在夏商时期十分荒凉,不复屈家岭、石家河时代的繁荣景象,文化面貌仍属二里头类型,是从南阳盆地的二里头文化直接发展而来,但较

①　参见张昌平:《夏商时期中原与长江中游地区的文化联系》,《华夏考古》2006年第3期。

南阳盆地的地方特色更浓厚一些,遗址的社会等级也很低,钟祥乱葬岗遗址为二里头文化经南阳盆地沿汉江向南发展的极限。在南阳盆地西侧的丹江流域和汉江上游地区,为豫、陕、鄂多种文化系统的交汇地区,二里头文化进入该地区后,与关中、鄂西等地的文化因素相融合,形成了二里头文化下王岗类型(或东龙山类型),因此这一地区虽以二里头文化因素为主,但表现出较强的地域性。在汉江下游地区,二里头文化从南阳盆地过随枣走廊进入长江中游的江汉平原地区,进入鄂东北的滠水、澴水、涢水和举水流域,形成以盘龙城为中心的分布态势,沿长江而上将其影响传至荆沙地区,并以盘龙城和荆南寺为据点,向南对湘北地区、向西对三峡地区甚至更西的地区产生影响,二里头文化的觚、盉(或鬶)、深腹罐均可以在这些地区相当或略晚时期遗存中找到变体或遗型。

第二节　夏末商初中原王朝对荆蛮的征伐与安抚

　　江汉地区自禹征三苗后,在政治上为中原王朝统治区域,在文化上是中原文化的地方类型。原来创造了屈家岭—石家河文化的三苗遗民在禹征服三苗之后改宗中原文化,这些改宗了中原文化的三苗遗裔后来发展成为夏、商、周时期的楚蛮族群。夏商及西周时期,江汉地区只是中原王朝的边缘地域,因而夏商王朝对江汉地区的统治很不稳定,夏商王朝与楚蛮族群之间有着复杂的关系,楚蛮虽在夏商王朝的统治之下,但时叛时服,因而夏商王朝屡次发动对楚蛮的军事打击。

一、夏桀征"荆"

　　禹征三苗之后,中原王朝对荆蛮的征伐最早是在夏末。据《今本竹书纪年》记载,夏朝末年,商师曾奉夏桀的命令征"荆":"(夏桀)二十一年,商师征有洛,克之。遂征荆,荆降。"有洛当在洛水流域(详见后文),此地为夏王朝核心区,这时商汤大概已起反心,但尚未公然反夏。另据《今本竹书纪年》,次年,即夏桀二十二年,"商侯履来朝,命囚于夏台"。商侯履即成汤,名履。此事又见于《史记·夏本纪》:"桀乃召汤而囚之于夏台。"可见,商师征有洛时,商汤犹服事于夏,因此商师征有洛一事,当是夏末的政治形势之下,夏王朝内部开始离心离德,有洛作为夏核心区的部族,可能与夏桀发生较大矛盾,于是夏桀征借商族以镇压内部的反对力量。

作为夏朝的末代君主,夏桀是中国历史上的昏君之首,按后世文献所说,夏桀十分荒淫残暴。《古本竹书纪年》说:"夏桀作倾宫、瑶台,殚百姓之财。"《管子·轻重甲篇》说:"昔者桀之时,女乐三万人,端谍晨乐闻于三衢,是无不服文绣衣裳者……桀无天下忧,饰妇女钟鼓之乐。"《史记·夏本纪》则云:"夏桀之时,自孔甲以来而诸侯多畔夏,桀不务德而武伤百姓,百姓弗堪。"其他文献中亦有大量有关夏桀荒淫残暴的记载。虽后世所传夏桀事迹恐未必尽为事实,但夏桀不是一个受欢迎的首领则当无疑问。《尚书·汤誓》谓夏民诅咒夏桀曰:"时日曷丧? 予及汝皆亡!"此言虽出于商朝方面的宣传,但多少也应可反映出夏朝内部的紧张局势。有洛氏被灭的原因,很可能是由于夏桀的征发无度导致有洛氏无法忍受而起兵反叛,于是夏桀调用商师来征讨有洛。但此役中商族的力量又引起夏桀的警惕,于是有夏桀囚商汤的事件发生。又次年,夏桀二十三年,"释商侯履,诸侯遂宾于商"。然后商汤才开始起兵反夏。

有洛为古族名,《逸周书·史记解》:"昔者有洛氏宫室无常,池囿广大,工功日进,以后更前,民不得休。农失其时,饥馑无食,成汤伐之,有洛以亡。"所记商汤灭有洛之事与《今本竹书纪年》相同,唯不言商师伐有洛是奉夏桀之命。张华《博物志》卷10亦有类似记载:"昔有洛氏宫室无常,囿池广大,人民困匮,商伐之,有洛以亡。"二书皆言有洛氏是因大兴宫室以至人民困匮而招致成汤伐灭。但《今本竹书纪年》很明确地记载商汤伐灭有洛氏是在夏桀之时,且尚在夏桀囚商汤于夏台之前,则所谓有洛氏大兴宫室以至民不聊生当不是有洛自己所为,而是夏桀所为,是夏桀大兴宫室以至"百姓弗堪",有洛氏作为夏之核心部族,当在夏桀的大兴土木中成为主要的征发对象,因夏桀的征发无度而不堪忍受,所谓"时日曷丧? 予及汝皆亡",当为以有洛为首之夏民对夏桀的征发和镇压而发出的诅咒之言。正因如此,商汤伐灭有洛氏根本不是在替天行道,而是在助桀为虐。后世为了保护商汤的圣人地位,掩盖商汤助桀为恶的行为,遂有此掩饰之词。

可见,商族此次军事行动当是商汤奉夏桀的命令征讨有洛,获胜后夏桀又命商师继续征"荆",然后"荆"族降于商汤及其所代表的夏朝。商汤灭夏后,此"荆"族又归服于商。《越绝书·吴内传》谓"汤献牛荆之伯"及汤行仁义,荆伯归顺于商汤。

二、商汤与荆蛮

此次商师所征之"荆",是否为荆蛮?值得讨论。夏桀时商师所伐之"荆"族与"有洛"必然有空间上的联系,两族所居之地即使不是相邻,也必相距不太远,所以商师才能在征讨有洛之后继续征"荆"。因此,讨论商师所伐之"荆",要先确定有洛的位置。

有洛氏之族,既以洛为名,则当在洛水流域。《尚书·五子之歌》:"太康尸位以逸豫,灭厥德,黎民咸贰。乃盘游无度,畋于有洛之表,十旬弗反。"《书序》云:"太康失邦,昆弟五人须于洛汭,作《五子之歌》。"孔《传》:"太康五弟与其母待太康于洛水之北,怨其不反,故作歌。"可见有洛曾为夏太康田猎之所,太康正是在此地游猎过久,结果导致"有穷后羿,因民弗忍,距于河"。孔《传》:"距太康于河,不得入国,遂废之。"国即国都,《左传》隐公元年:"先王之制,大都不过参国之一。"太康之都,据《古本竹书纪年》:"太康居斟寻,羿亦居之,桀又居之。"目前一般认为,夏都斟寻即二里头遗址,因此有洛氏及洛水,可以明确为河南的洛水,此洛水流域内正有二里头遗址,为夏文化核心区。《水经注·洛水篇》则明确说:"洛水又东北流入于河,……谓之洛汭。……昔夏太康失政,为羿所逐,其昆弟五人,须于洛汭,作《五子之歌》于是地矣。"《后汉书·郡国志一》"河南"条刘昭注引《帝王世纪》曰:"城西有郏鄏陌,太康畋于有洛之表,今河之南。"汉河南县故城在今洛阳市西郊涧河东岸小屯村。① 可见,有洛氏位在河南洛水流域当无疑问。

---

① 参见钱林书:《续汉书郡国志汇释》,安徽教育出版社 2007 年版,第 11 页。

另上文已考有洛氏可能是因夏桀大兴宫室以至无法负担而反抗,则其地当在夏核心区内,距夏桀之都斟寻(即二里头遗址)当不太远,这也是有洛氏当在洛水流域的证据。

有洛既在洛水,而商师征有洛之后再征"荆",可知此"荆"必与洛水较为邻近。与洛水相邻之"荆",就地名而言,大概有三处。其一为北条荆山。《禹贡》:"导岍及岐,至于荆山。"据《汉书·地理志》和《水经注》,此荆山在今陕西大荔县朝邑镇南,在今镇南洛河南岸有一362米的高地,地近黄河,疑为《汉志》之北条荆山。① 其二为今河南灵宝阌乡南的荆山,又名覆釜山,相传黄帝采首山之铜,铸鼎于此。钱穆《史记地名考》:"河南阌乡县南三十五里有荆山,山下有铸鼎原,云即黄帝采首阳之铜铸鼎处。其山亦名覆釜山。"②其三为荆蛮及与荆蛮相关之南条荆山。按荆蛮之地,当在古三苗的分布范围内,即熊耳、伏牛、外方诸山脉以南的南阳盆地及其更南地区。夏商时期的荆蛮地域当在鄂豫陕交界的丹淅水、唐白河流域和汉东地区。③ 南条荆山传统说法谓在今湖北西部、南漳县西北40千米处,但据石泉先生考证,今丹淅附近、邓县与内乡间、湍河以西,有最古的荆山。④

以上三地,北条荆山附近有北洛水,但有洛氏之地为河南的洛水,与陕西的北洛水并无关系,可知北条荆山及北洛水,当与有洛氏及"荆"族无关。至于河南灵宝的荆山,灵宝与伊洛地区紧邻,商师征有洛之后再征灵宝的荆山,似乎顺理成章。但商师所征之"荆",很明显首先是族群名称,且《越绝书·吴内传》对其事有详细的记载:"汤献牛荆之伯。伯者,荆州之君也。汤行仁义,敬鬼神,天下皆一心归之。当是时,荆伯未从也,汤于是乃饰牺牛以事,荆伯乃愧然曰:'失事圣人礼'。乃委其诚心,此谓汤献牛荆之伯也。"明言荆伯乃荆州之君。故

① 参见《中国历史大辞典·历史地理》,上海辞书出版社1996年版,第609页,"荆山"条。
② 钱穆:《史记地名考》,商务印书馆2001年版,第51页"釜山"条。
③ 参见刘玉堂、尹弘兵:《楚蛮与早期楚文化》,《湖北大学学报》2010年第1期。
④ 参见石泉:《楚都丹阳及古荆山在丹、淅附近补证》,《江汉论坛》1985年12期;又载《古代荆楚地理新探》,武汉大学出版社1988年版,第208页。

荆伯当为江汉地区以三苗遗部为主体的荆人部族之首领,结合《今本竹书纪年》商师征荆,荆降的记载来看,当是商汤在征伐"荆"族之后,采怀柔手段、行羁縻之策,获得了成功,"荆"族由此"委其诚心",归顺商汤。

从地理上说,荆蛮(楚蛮)为古三苗的后裔,则荆蛮当在古三苗的分布范围内,而苗蛮集团及其遗裔楚蛮(荆蛮、荆楚、蛮荆)与中夏隔熊耳、伏牛、外方诸山脉为界,以北即伊水、洛水流域和嵩山地区,为华夏核心区,以南即丹淅水、唐白河流域,属荆蛮地域,而古荆山正在内乡附近(按内乡在淅水以东不远处),正属丹淅流域。可见,商师所征之荆蛮,当在伏牛、熊耳、外方山脉以南的丹淅流域。

商师征荆及随后荆蛮归服商汤,亦见于《诗经·商颂·殷武》:"维女荆楚,居国南乡。昔有成汤,自彼氐羌,莫敢不来享,莫敢不来王,曰商是常。"《殷武》是商人赞颂武丁功绩的诗篇,其歌颂武丁南伐荆楚的功绩时追述"荆楚"自商汤时即已臣服于商。此诗所叙,涉及商初时荆蛮部族臣服于商的史事及武丁时商王朝对荆蛮一族的征伐,与《越绝书》及《今本竹书纪年》所记正可互为印证,可见商汤伐荆蛮及荆蛮臣服于商一事,并非杜撰。另《商颂》一诗,为春秋时期宋大夫正考父得之于周太师处,原诗作于商代,但在传承过程中有所加工增补,杂入后人之词,此为古书之常见情形。因古书往往不成于一时一人之手,流传过程中,往往有所增益,因此早期著作中往往有较晚时期的内容[1]。尤其是宋襄公时期,欲复兴商室,"修行仁义,欲为盟主",故"追道契、汤、高宗,殷所以兴"[2],《商颂》一诗在此时受到宋国统治者特别是襄公的大力弘扬,因此《商颂》一诗中杂入了春秋时期的一些观念。如"荆楚",学者认为,这应是春秋时期的概念,并非意味着商汤时已有"荆楚"之称,因此诗中的"荆楚"就是商汤时的荆或荆蛮,其意是说:成汤时,从西方的氐羌到南方的荆蛮,无不奉汤为君长,按期朝贡,即所谓

---

[1] 关于古书之流传情形,参余嘉锡:《古书通例》,上海古籍出版社 1985 年版,第 25 页;李零:《简帛古书与学术源流》,三联书店 2004 年版,第 194—198 页。

[2] (汉)司马迁:《史记》卷 38《宋微子世家》,中华书局 1982 年版,第 1633 页。

"莫敢不来亨、莫敢不来王"①。但后来商势力中衰时失去了对荆楚的控制,至武丁时,殷道复兴,遂出兵征伐荆蛮。

第三节　盘龙城与南方的商文化

进入商朝,在夏代的基础上,商人对南方的经营大为加强。商人基本上是沿着夏人的足迹南下,由豫东越过桐柏山,顺潕水、溠水等河流进入江汉之汇,在此建立了著名的盘龙城,并以此为基础,进一步辐射至江西、湖南,溯长江而上至荆沙地区,并将其影响传播至更远的地区。

一、盘龙城遗址

盘龙城商城是长江中游地区首次发现的商代早期城址,距今约3500年,是我国同时期保存最为完好的城址之一。位于武汉市黄陂区滠口镇叶店村境内的盘龙湖畔,府河之边,南距中心市区5千米,遗址保护区面积约4平方千米。1954年武汉市文物管理委员会在配合武汉防汛工程的考古调查中,发现了盘龙城城址及附近的杨家湾遗址,1956年即公布为省级重点文物保护单位,1988年公布为全国重点文物保护单位。1963年至1994年间曾多次进行发掘②,2001年获20世纪100项中国考古大发现殊荣。盘龙城以其丰富的文化内涵名闻中外,被誉为"武汉城市之根"。

盘龙城地理位置优越,地处江、汉、涢三条重要河流的交汇处,江汉平原的东部。城址所在的黄陂区,地处鄂东北,北面和东北面为大别山,西北为随枣走廊,南与汉口相邻,是丘陵向平原的过渡地带。盘龙城的东边为长江支流滠水和举水,发源于大别山南麓,南流入长江,其西为潕水和涢水,涢水下游又称为府河,东南流入长江,盘龙城即位于

---

① 刘玉堂、王本文、张硕:《武汉通史》(先秦卷),武汉出版社2006年版,第140页。
② 参见湖北省文物考古研究所:《盘龙城——1963—1994年考古发掘报告》,文物出版社2001年版。

府河下游北岸。早期的府河是流入汉水的,《水经注·涢水》:"涢水又南分为二水,东通滠水,西入于沔,谓之涢口也。"盘龙城附近是河湖交错地貌,当时的汉口尚是一片低洼地带,汉江则以多条汊流汇入长江,汛期时河水泛滥,一片汪洋,而海拔44.8米的盘龙城,则正是汉口一带地势的制高点。从交通条件看,盘龙城的水陆交通极为便利,尤其地处江、汉、涢交汇处,为长江中游地区的水陆交通枢纽。近代以前,涢水具有重要的航运功能,船舶可直通随州,府河是当时鄂东北交通的主要通道,并且是沟通鄂东北与河南的重要交通线。由随州往西北,经随枣走廊可连接南阳盆地,进而沟通中原。由涢水和滠水往北经桐柏山与大别山交界处的通道(南北朝时称为"义阳三关"),可北通中原,连接商朝核心区,夏商时期,中原势力正是经此而南下江汉地区,在鄂东北一带沿涢、澴、滠、举等河流分布。由盘龙城溯江而上可进入鄂西,并远达三峡,入洞庭湖可连接湘北地区。顺江而下可达鄂赣铜矿区,或经九江进入鄱阳湖,或沿长江直下吴越。因此,盘龙城以长江、汉水、涢水、滠水为主要航线,连接江汉湖泊,在长江中游地区处于枢纽地位。

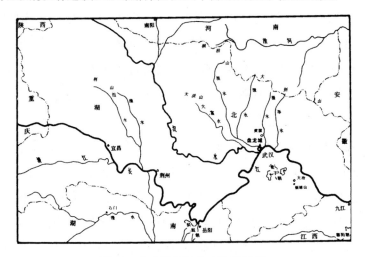

图 15　盘龙城遗址地理位置图①

①　图片采自湖北省文物考古研究所:《盘龙城——1963—1994 年考古发掘报告》,文物出版社 2001 年版。

遗址坐落在一个伸入盘龙湖的半岛上,东、西、南三面环水,早商时期的遗址断断续续地分布在东西长约1100米、南北约1000米的丘陵地带,城垣位于东南部,实际是一处以城址为中心的商文化遗址群。

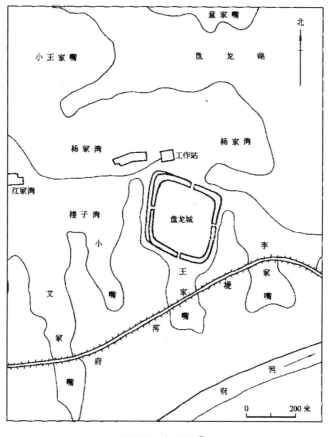

图16　盘龙城①

盘龙城分为宫城和外城。宫城城垣为夯土筑成,城址平面呈方形,南北长约290米,东西宽约260米,周长约1100米,面积75400平方米,四面各有一座城门,城门的基部地面铺有一层石头作为门道。城外250—500米处,发现有带状夯土痕迹断续分布,可能是盘龙城的外城城廓。

---

① 图片采自中国社会科学院考古研究所:《中国考古学》(夏商卷),中国社会科学出版社2003年版,第232页。

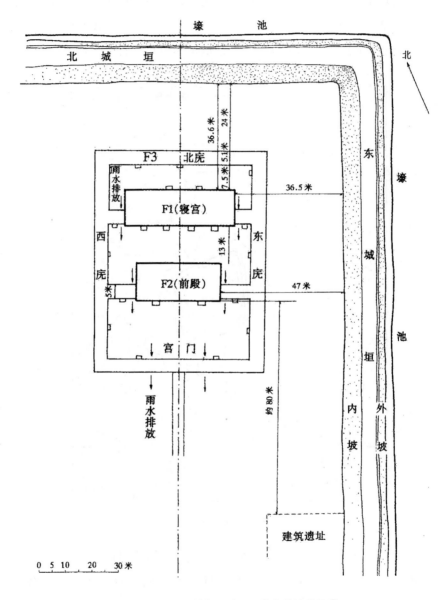

图 17　盘龙城"前朝后寝"三进院落结构图①

———————————

①　图片采自湖北省文物考古研究所:《盘龙城——1963—1994 年考古发掘报告》附录
　　一一,文物出版社 2001 年版,第 643 页。

城内东北部地势较高,建有大型宫殿,已发现三座宫殿建筑基址,建筑在高出周围地面约 0.2 米的台基上,前后并列,坐北朝南地排列在一条中轴线上。其中 1 号宫殿基址东西长 39.8 米,南北宽 12.3 米,中央有东西并列的四室,四壁木骨泥墙,中间二室较宽,前后各有二门,两侧的两室较窄,各仅南面一门,台基周围还有一圈檐柱。依据这些遗迹,可复原成一座"茅茨土阶"式的四周有回廊,中央为四室的四阿重屋高台寝殿建筑。2 号宫殿基址在 1 号宫殿南 13 米,其东西长 27.5 米,南北宽 10.5 米,四周有柱洞,可能是一座两侧开门的厅堂式建筑。此基址内部未有隔墙但有大柱洞,形制为一座大空间的厅堂,可能是正殿。在 F2 基址两侧台基边缘,设有南北向的陶水管,应是宫殿区的排水设施。这两座建筑与文献记载中的"前朝后寝"的建筑布局极为相似,应是当时盘龙城的统治者用作朝会、宴享和寝居的场所。[1] 而围绕这组建筑之外的城址,是宫殿群的防御设施。城的面积不大,仅 75000 平方米,城内除宫殿建筑外无其他遗迹,因此是一座宫城。

在南北城垣外有宽约 14 米、深约 4 米的城壕,在城南壕沟底部曾发现桥桩的柱穴,可能是当时架桥通过的遗迹。城壕不仅具有防御功能,也有水路交通的功能。从南城壕剖面来看,内坡为两级缓坡,在两岸一级土坡上有木桩设施,可能是船舶依靠两岸的设施,并发现有一片横竖排列的木板结构遗迹。外坡为一陡坡,稍低于内坡,推测应与活动桥有关。南城壕两岸,多有木构设施,显然是因南面有府河,为水上运输而设置。

2001 年,在盘龙城遗址群的外缘发现了一大片带状夯土遗迹,东起杨家嘴,西至艾家嘴,北起杨家湾,南抵府河,而这一区域,正是考古发现的文化堆积层密集区,带状夯土遗迹就着地势蜿蜒而伸,断断续续几可连为一体。经勘探发现,以带状夯土遗迹为界,其内、外的文化遗

---

① 参见杨鸿勋:《从盘龙城商代宫殿遗址谈中国宫廷建筑发展的几个问题》,《文物》1976 年第 2 期。

迹大不相同,内侧存在较厚的商代前期文化堆积,外侧几乎没有或少有文化堆积。这表明夯土带是作为一个整体而存在的,其发挥作用的时间当在商代前期。钻探中发现的少量陶片,也可以看出这一文化层相当于盘龙城四期或略早,即盘龙城始建的年代。对这一夯土遗迹的性质,考古人员认为以城垣的可能性为大。遗迹外侧陡峭而少有文化堆积,内侧平缓而文化堆积较厚,符合城垣的防守要求和条件。其依地势而延伸的特征及出土遗物表现的时代特征都可表明是作为一种拱卫"宫城"的重要军事防御设施即外城垣而存在的。①

　　盘龙城外城垣的发现,第一次将"宫城"外围的各遗址完整联系起来,原先所谓的"城外遗址"之间并不存在明显的分界,而是连绵为一个整体,盘龙城也不再是一个小城,而是一个覆盖整个遗址,南北长 1100 米、东西宽 1000 米,有内外两重城垣,有完整功能分区的宏大城市遗址。

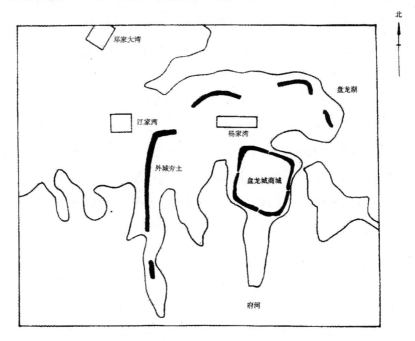

图 18　盘龙城外城城墙②

① 参见刘森森:《盘龙城外缘带状夯土遗迹的初步认识》,《武汉文博》2002 年第 1 期。
② 图片采自王震中:《商代都邑》,中国社会科学出版社 2010 年版,第 151 页。

盘龙城的宫城是贵族活动中心,城内东北部有三座大型宫殿,显然是统治中心所在地。城壕除具有防御功能外,还有水上交通的职能。城外分布有居民区、手工业区和墓葬区。在建城之前的夏商之际,在盘龙湖畔散布着李家嘴、杨家湾和杨家嘴三处规模不大的聚落,盘龙湖东南岸的王家嘴一带则是当时的制陶场地。到盘龙城宫城建成之后,北面的杨家湾和杨家嘴为一般贵族及平民居住区,多单体地面建筑及半地穴式简易建筑,形制较小,同时也是重要的铸铜作坊区,有大片的作坊遗迹;王家嘴遗址北面扩增为平民居住区,楼子湾和童家嘴在二里岗时期增为平民居住区。手工业作坊在东、西、北三面的李家嘴、楼子湾、杨家湾、杨家嘴等平民居住区均有分布,这些作坊可分为酿酒、制陶、冶炼等中心。在墓地方面,东面的李家嘴墓地为贵族墓地,西面的楼子湾墓地为普通贵族墓,北面的杨家湾、杨家嘴和童家嘴墓地是平民墓地。

这里需要介绍的是李家嘴 2 号墓,长 3.67 米,宽 3.24 米,葬具为重椁单棺,木椁长 2.78 米,宽 2.02 米,椁板有精细的饕餮纹和云雷纹雕花,内侧涂朱,共发现 16 块椁板板痕,出土时色彩斑斓。墓底有腰坑,内有殉狗一只,墓内有三具殉人。墓内随葬品十分丰富,共有铜、陶、玉和木器 77 件,其中铜器 50 件,陶器 9 件、玉器 12 件。铜器有礼器、兵器和工具等,青铜礼器有鼎 4、鬲 1、甗 1、簋 1、瓿 1、爵 1、斝 3、盉 1、尊 1、盘 1,青铜工具有斨、锛、凿、锯各 1,青铜兵器戈 1、矛 1、钺 2、刀 5、镞 1,青铜饰件 2。玉器有戈 4、柄形器 6、花头构件 1、绿松石饰 5。该墓是盘龙城墓葬中最大的一座,也是到目前为止商代二里岗时期墓葬中规模最大、随葬品最多的一座,墓主应是盘龙城的最高统治者。墓中出土 1 件青铜钺,长 41 厘米,刃宽 26 厘米,是目前所发现商代铜钺中最大的一件。该墓出土巨大的铜钺及大量青铜礼器,说明墓主人是生前拥有军事统率权的统治者。李家嘴 3 号墓出土的一件大玉戈,长 94 厘米,器形之大,是我国商墓出土的玉戈之最,厚度仅 1 厘米,显示了高超的琢玉技术。楼子湾一带的墓葬,墓圹长约 2.6 米,宽约 1.2 米,皆有棺椁和腰坑,坑内有殉狗一只,随葬品有青铜礼器斝、鼎、瓿、

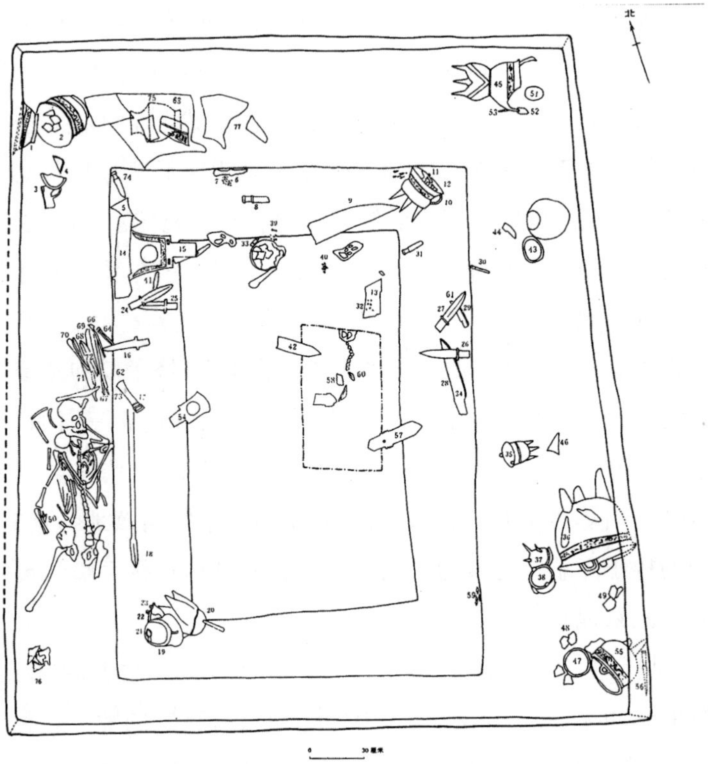

1. 铜盘 2. 铜簋 3. 铜臿 4. 硬（釉）陶双折肩斜腹尊 5. 铜粗腰觚 6. 铜曲背刀 7. 绿松石 8. 玉斜刃柄形器 9. 铜镞 10. 铜弧腹斝 11. 铜折腹爵 12. 铜折腹爵 13. 玉戈 14. 玉戈 15. 铜钺 16. 铜戈 17. 铜锛 18. 铜矛 19. 铜弧腹斝 20. 铜盉 21. 铜折腹爵 22. 铜弧腹斝 23. 铜弧腹爵 24. 铜戈 25. 铜直内戈 26. 铜戈 27. 铜戈 28. 玉戈 29. 玉平刃柄形器 30. 玉花头构件 31. 玉尖刃柄形器 32. 绿松石 33. 玉斜刃柄形器 34. 绿松石 35. 铜锥足鼎 36. 铜锥足鼎 37. 铜扁足鼎 38. 铜鬲 39. 绿松石 40. 绿松石 41. 玉平刃柄形器 42. 铜鼎 43. 铜泡 44. 铜泡 45. 铜甗 46. 铜鼎足 47. 陶溜肩弧腹罐 48. 陶折沿联裆鬲 49. 硬（釉）陶小口瓮 50. 铜镞 51. 铜泡 52. 铜泡 53. 铜泡 54. 铜戈 55. 铜锥足鼎 56. 铜矛 57. 玉戈 58. 玉戈 59. 铜镞 60. 陶带流壶 61. 陶饼 62. 陶饼 63. 木雕印痕 64. 铜锛 65. 铜曲背刀 66. 铜曲背刀 67. 铜刀 68. 铜曲背刀 69. 铜锯 70. 铜直背刀 71. 铜曲背刀 72. 铜凿 73. 铜镦 74. 玉平刃柄形器 75. 铜尊 76. 陶缸 77. 陶圆肩圆腹罐

图 19　盘龙城李家嘴 2 号墓①

爵、鬲，另外还有戈、镞、斧、锛等青铜武器和工具，石镰等农具，鬲、缸等陶器和尊、瓮等原始瓷器，应为普通贵族墓。杨家湾一带的平民墓，墓圹窄小，宽仅 40 厘米，长 2 米左右，有棺无椁，但有殉狗的腰坑，随葬有

① 图片采自湖北省文物考古研究所：《盘龙城——1963—1994 年考古发掘报告》，文物出版社 2001 年版。

很少的陶器,有时也出一两件小型青铜器,如爵等。

盘龙城的年代,发掘报告将整个盘龙城遗址的文化遗存分为七期,其中盘龙城一至三期相当于二里头文化的二至四期或偏晚,即夏代晚期至商代初期;盘龙城四至七期相当于郑州二里岗下层二期至二里岗上层。盘龙城城址始建于盘龙城文化的第四期偏晚,并使用延续到盘龙城文化的第六期,在盘龙城文化第七期即已废弃,并在城墙上埋有墓葬。即盘龙城城址始建时代相当于郑州二里岗文化上下层之交,毁废于二里岗上层二期晚段,其使用时代基本上相当于二里岗上层文化时期。① 《中国考古学》(夏商卷)则认为盘龙城始建年代有可能为早商文化二期,废弃年代为中商二期。② 这样,盘龙城应属于早商后期和中商时期的城邑。

其具体年代,根据文献记载和夏商周断代工程的结果,可以盘庚迁殷为界将商代分为前后期,商代前期约从公元前 1600 至公元前 1300年,商代后期约从公元前 1300 至公元前 1046 年。③ 若盘龙城城址始建于二里岗上下层之间,废弃于二里岗上层二期晚段,则其始建年代约为商王中丁在位或稍早的公元前 1450 年左右,废弃于盘庚迁殷的公元前 1300 年之前,即在盘庚迁殷以前几十年,盘龙城城址即已遭毁废。此后一段时间内(即盘龙城遗址第七期至殷墟一期),这一带虽还有部分遗民仍在活动,但盘龙城城址却已失去了作用,因而此时的墓葬直接葬在了城垣上,可见这一地区的政治、经济、军事、文化中心已转移到他处。盘龙城遗址七期至殷墟一期之后,这一带未见更晚的商周时期的遗迹和遗物,说明在盘龙城被废弃之后不久,即盘庚迁殷之后,再没有

---

① 参见湖北省文物考古研究所:《盘龙城——1963—1994 年考古发掘报告》,文物出版社 2001 年版,第 441—449 页。

② 参见中国社会科学院考古研究所:《中国考古学》(夏商卷),中国社会科学出版社 2003 年版,第 233、234 页。

③ 参见夏商周断代工程专家组:《夏商周断代工程 1996—2000 年阶段成果概要》,《文物》2000 年第 12 期。

规模较大、地位较高的人群在此活动。①

二、盘龙城的文化面貌与性质

整个盘龙城遗址文化遗存可分为七期,其中一至三期相当于二里头文化时期或延至二里岗下层一期偏早,文化面貌上属于夏代的二里头文化或延至商初的二里头文化,应是夏代至夏商之际中原势力南下所留下的遗迹;四至七期属于早商时期的二里岗文化,是盘龙城文化遗存的主体。

经过长期的考古发掘,盘龙城遗址出土了大量的遗物,有石器、陶器、铜器、玉器等,以铜器和陶器最能反映盘龙城的文化面貌。

青铜器有礼器、兵器、工具等。礼器的种类有鼎、鬲、甗、簋、卣、斝、瓿、爵、罍、盉、盘。其中铜食器簋为目前同类遗存中所仅见。青铜器的特征和二里岗基本相同,除了甗、簋等少数几种尚未见于二里岗类型外,其余均和二里岗类型的同类器比较接近,和郑州二里岗文化青铜容器有基本相同的器类、组合和器形;装饰以兽面纹为主的,使用种类与结构基本相同的纹饰;可能使用相同的铸造技术。但盘龙城青铜器的独特之处也很明显,例如有的瓿细腰外鼓,有的斝足断面为圆形,有学者将两地出土青铜器进行细致研究后发现,盘龙城青铜器无论是器形还是纹饰上都存在一些细微差异。② 另一方面,虽然迄今为止盘龙城遗址一直没有发现直接证据证明当地可能铸造青铜器,但学者认为盘龙城青铜器个性特征的存在,无疑为这一铜器群是当地生产的结论提供了重要依据。③ 出土的兵器数量大、种类多,主要有戈、矛、钺、刀、镞等,工具有锸、斨、斧、锛、凿等,其中的矛和锸尚未见于二里岗类型。盘龙城的玉器有柄形饰、戈、笄、雕刀及各种饰物。石器有斧、锛、铲、镰、

---

① 参见徐少华:《从盘龙城遗址看商文化在长江中游地区的发展》,《江汉考古》2003年第1期。
② 参见张昌平:《盘龙城青铜容器初步考察》,《江汉考古》2003年第2期。
③ 参见张昌平:《夏商时期中原与长江中游地区的文化联系》,《华夏考古》2006年第3期。

勺等。

陶器的器类、形制基本特征亦与二里岗文化相同,但也表现出较多的地方特征,与二里岗的共性和差异都很明显。盘龙城的鬲、甗、爵、斝、簋、豆、深腹盆、中腹盆、刻槽盆、单把圈足杯、大口尊、小口瓮等器类的形态与二里岗类型的同类器相似。这组陶器占盘龙城已复原陶器的60%,在整个陶器群中占主导地位。

盘龙城陶器与二里岗陶器的差异主要在于:1. 从陶系来看,红陶偏多,约占总数的50%—60%;陶器的制法以手制为主。2. 二里岗类型的若干器类罕见或不见于盘龙城,如深腹罐、盆形鼎、平口瓮、捏口罐等。3. 一些器类的器形有所变异,如有些陶鬲裆部较平、形制接近于鼎等。4. 红陶大口缸数量特多,而这类器物源于江汉地区的屈家岭—石家河文化,是长江中游夏商时期最为流行的一种器物。[1] 5. 有较多的硬陶和原始瓷器等南方文化因素,在盘龙城二者约占陶器总数的6%以上,所占比例远比中原商文化要大,有些器类未见于二里岗类型。[2]

在遗迹方面,盘龙城商文化与中原商文化在城垣的夯筑方法与技术、城内大型宫室基址二进院落和三进院落的格局、四阿重屋的建筑风格、木椁墓及埋葬习俗中的熟土二层台、殉人、腰坑内殉狗,以及葬式中的仰身葬和俯身葬等方面,都有极大的共同性和一致性,就连盘龙城在宫室建筑中所采用的木骨泥墙技术,近年在偃师商城中也有发现。

总之,盘龙城的文化面貌与郑州二里岗商文化有较大的一致性,邹衡先生早先在研究商文化分区时就直接将盘龙城遗址称为早商文化的盘龙城类型。[3]《盘龙城报告》在将遗址所出陶器按文化因素分为四组,甲组代表中原商文化的因素,乙组反映当地文化的特征,丙组体现

① 参见熊传新、郭胜斌:《长江中游商时期大口缸的探讨》,《中国考古学会第七次年会论文集》,文物出版社1992年版。
② 参见中国社会科学院考古研究所:《中国考古学》(夏商卷),中国社会科学出版社2003年版,第200页。
③ 参见邹衡:《试论夏文化》,载《夏商周考古学论文集》,文物出版社1980年版。

长江下游湖熟文化的影响,丁组具有江西吴城文化的风格,而其中甲组占有显著地位:"总观盘龙城遗址出土的商代陶器,以具有中原商文化特征的甲组陶器数量最多,具有江汉土著文化特征的乙组陶器为次,具有江南商文化及印纹硬(釉)陶文化因素的丁组陶器占少量,具有长江下游湖熟文化因素的丙组陶器,仅具有微量。由此认为,盘龙城遗址的商代文化性质属商文化系统。"①应该说,盘龙城遗址是商文化在长江中游地区的一个地方类型,但文化遗物特别是陶器带有较多的地方特点,印纹硬陶和原始瓷表明了南方文化因素的影响,应是以南下的中原商文化为主体,融合本地石家河文化,并吸收了某些南方文化因素而形成的一种独具特色的文化。

关于盘龙城的性质,学术界有两种观点:一种看法认为盘龙城是中原商人南下建立的军事据点;另一种看法则认为是商王朝的南土方国。但从盘龙城城址、宫殿、贵族墓葬的存在及文化面貌的性质来看,其为南方土著方国的可能性不大,应是商人南下所建的直系方国的都邑所在。② 从考古发掘资料及盘龙城的重要性来看,盘龙城拥有一支用先进武器装备起来的强大军队,因此其统治者很可能是从商王朝直接派来的。"方国"一词,从广义上说,应包含所有的国,既含称"方"的国,也含不称"方"的国,学者经对比研究后发现,商代的"方",绝大多数与商的关系在时叛时服之间,而不称"方"的国始终臣服者占绝大多数,因此可见在商代,称"方"的国与不称"方"的国是有区别的。③ 由此看来,盘龙城不太可能是对商朝时叛时服的外系方国,而是与商王室有直接统属关系,是由商王室直接派遣出去的直系诸侯。因此《盘龙城》报告认为,盘龙城当是商朝在南方的军事点,也是商王朝掠夺南方矿产

---

① 湖北省文物考古研究所:《盘龙城——1963—1994 年考古发掘报告》,文物出版社 2001 年版,第 498 页。

② 参见徐少华:《从盘龙城遗址看商文化在长江中游地区的发展》,《江汉考古》2003 年第 1 期。

③ 参见孙亚冰、林欢:《商代地理与方国》,中国社会科学出版社 2010 年版,第 254 页。

资源的中转站，更是商王朝统治南方地区的政治中心。[①]《武汉通史》（先秦卷）更进一步认为，盘龙城在中国历史上占有更为重要的地位，还在于它是商代南方的青铜文化中心。[②]

三、盘龙城与商人对南方的开发

从目前已知的资料来看，早商时期，商人在夏朝经营南方的基础上，沿着二里头文化的足迹南下，由豫东越过桐柏山，沿澴水、滠水等河流进入江、汉、涢交汇处，建立了盘龙城作为经营南方的据点。与夏代相比，商朝经营南方的力量大为加强：在以盘龙城为中心的鄂东北地区，商人沿涢水、澴水、滠水等重要河流分布，留下了大量的遗址，已知的有40余处，较为重要的遗址有安陆晒书台，孝感聂家寨、殷家敦，云梦好石桥等[③]，这些遗址的文化面貌、延续时间与盘龙城相同，由此形成盘龙城类型早商文化。商人盘龙城周围似乎还设立一些次一级的重要据点：新州阳逻香炉山商时期遗址中出土有鼎等铜器；黄州下窑嘴发现有二里岗上层阶段墓葬，随葬鬲、觚、爵、斝、瓿等16件青铜器[④]；随州庙台子遗址商文化面貌与盘龙城相似，遗存可能延续至殷墟文化第一期[⑤]；距庙台子遗址不远的淅河也出土有商代铜器[⑥]。武汉大学考古系曾在云梦发现特征与盘龙城相似的早商城址，可见商人对鄂东地区的经营的不遗余力。

到中商时期，虽然从历史上说，中商是商朝的动乱时期，政局动

---

① 参见湖北省文物考古研究所：《盘龙城——1963—1994年考古发掘报告》，文物出版社2001年版，第502—503页。

② 参见刘玉堂、王本文、张硕：《武汉通史》（先秦卷），武汉出版社2006年版，第181页。

③ 参见熊卜发：《鄂东北地区古代文化发展序列》，载《鄂东北考古报告集》，湖北科学技术出版社1996年版。

④ 参见黄冈地区博物馆等：《湖北省黄州市下窑嘴商墓发掘简报》，《文物》1993年第6期。

⑤ 参见武汉大学历史系考古教研室等：《西花园与庙台子》，武汉大学出版社1993年版。

⑥ 参见随州市博物馆：《湖北随州发现商代青铜器》，《文物》1981年第8期。

荡,都城屡迁,诸侯不朝。但是,文化与政治并非是同步的。中商时期商朝虽在政治上动荡,但在文化上仍然是极为强势的,中商时期文化的分布地域比早商时期有进一步的扩大。在南方,中商时期,盘龙城类型商文化进一步向长江南岸的湘江、澧水下游以及赣江下游发展,在这些地方出现了商文化的若干据点。"因此盘龙城类型中商文化虽然是对盘龙城类型早商文化的继承发展,但其影响已大大超过了其前身。"[1]

早商时期盘龙城类型商文化已在长江以北、汉江以东地区站稳了脚跟,尤其是在鄂东北地区有较为密集的分布。到中商时期,商人以盘龙城为据点,商文化在长江中游地区进一步传播,其影响达到高峰,长江中游大部分地区都可见商文化的影响。商文化由盘龙城向东发展至黄梅[2],并进一步向长江以南发展,在东南方向发展到江西九江地区,江西瑞昌铜岭[3]、九江神墩[4]等处应是伸入到赣江下游的商文化据点。瑞昌铜岭是迄今为止发现的年代最早的铜矿采冶遗址,其年代上迄早商晚期或中商早期。神墩遗址商代遗存相当于中商二至三期,既有以陶鬲为主的中原商文化因素,又有硬陶、原始瓷罐、尊等当地文化因素,体现出地方特点。商文化势力在九江地区虽未像盘龙城那样占有绝对优势,但商势力的存在可能的确与铜矿资源相关,瑞昌铜岭矿冶遗址11号竖井是南方地区首个年代明确属于二里岗文化时期的矿冶遗存。至于鄂东南地区的铜矿资源如大冶铜绿山是否在商时期得到开采,目前还不能证实。

大约在早商文化第二期时,商文化开始进入洞庭湖区。岳阳铜鼓

① 中国社会科学院考古研究所:《中国考古学》(夏商卷),中国社会科学出版社 2003年版,第 266 页。
② 黄梅意生寺遗址发现有堆积丰富的商文化遗存,参见张昌平:《夏商时期中原与长江中游地区的文化联系》,《华夏考古》2006 年第 3 期。
③ 参见江西省文物考古研究所铜岭遗址发掘队:《江西瑞昌铜岭商周矿冶遗址第一期发掘简报》,《江西文物》1990 年第 3 期。
④ 参见江西省文物工作队、九江市博物馆:《江西九江神墩遗址发掘简报》,《江汉考古》1984 年第 4 期。

山遗址①揭示了商文化越过长江南进的情形。铜鼓山遗址可分为五期,第一至二期相当于早商文化二、三期,第三期相当于中商一期,第四期相当于中商二期,第五期则已为非商文化。据报道,铜鼓山遗址还曾发掘墓葬一座,出土铜鼎、觚、爵各 1 件,其组合方式与中原商墓完全相同。不过,铜鼓山遗址的文化面貌颇为复杂,含有明显的地方因素,既有江汉地区常见的红陶缸,又有当地文化特有的盘口鼎、折肩釜,还有来自澧水流域的釜鼎和长江下游的硬陶,商文化的鬲、大口尊、簋、豆等文化因素占有相当大的比例。商人在当地的地位,可能与九江地区的形势相似。另据近年来的考古调查,商文化进入岳阳地区后,似未再向南发展,但对湘江中上游地区曾产生过重大影响,如浏阳樟树塘上层②即可见到某些接近铜鼓山遗址的商文化因素,有学者认为,铜鼓山遗址为盘龙城类型商文化向湘江流域推进的前哨据点③。

商文化势力向西的发展,依然是溯长江而上,沿着夏人的脚步再次到达荆州荆南寺及邻近区域。荆南寺遗址④的文化面貌颇为复杂,也包含中原夏商文化因素,本地新石器文化因素,来自三峡地区的凸肩小平底罐、灯座形器、灯座形豆等由于三星堆文化东扩而形成的朝天嘴——路家河文化因素,盘口罐形鼎等澧水流域青铜文化因素,印纹硬陶和原始瓷等吴城文化因素,以及本地的米粒纹釜和可能东来于盘龙城等不同性质的文化因素。荆南寺遗址所见各类文化因素如中原文化因素都颇为典型,而距离荆南寺遗址不远且年代与之相当的沙市李家台遗址⑤,陶器则以当地文化的米粒纹釜、红陶缸和三星堆文化的小平底罐等为主,商文化因素只占极小的比重。鉴于荆南寺一带是多种文化的

① 参见湖南省文物考古研究所、岳阳市文物工作队:《岳阳市郊铜鼓山商代遗址与东周墓发掘报告》,《湖南考古辑刊》第 5 辑,《求索》杂志社 1989 年。
② 参见湖南省文物考古研究所:《湖南浏阳樟树塘遗址发掘的主要收获》,《考古》1994 年第 11 期。
③ 参见何介钧:《试论湖南出土商代青铜器及商文化向南传播的几个问题》,《中国商文化国际学术讨论会论文集》,中国大百科全书出版社 1998 年版。
④ 参见荆州博物馆:《荆州荆南寺》,文物出版社 2009 年版。
⑤ 参见沙市市博物馆:《湖北沙市李家台遗址发掘简报》,《考古》1992 年第 3 期。

交汇地带,因此有学者推测荆南寺遗址在当时似乎是一处自由贸易港之类的地点。①

盘龙城不仅是中原夏商王朝在南方的据点和统治中心,更是中原文化向南方地区传播的窗口,是中原与长江流域进行文化交流的枢纽。通过盘龙城,南方一些文化因素也传播至中原,如郑州商城发现的红陶缸、硬陶与原始瓷等。盘龙城是商代南方的青铜文化中心,由于青铜文明长时间的发展,当地应当已经掌握青铜铸造技术。近年来,越来越多的学者开始注意到殷墟文化时期南方地区青铜器包括青铜礼器具有与殷墟青铜器不同的特征,这些个性特征的形成以及南方地区较发达青铜文明的出现应当与商文化在南方的传播有关。南方各土著民族在吸收了商文化带来的青铜文明之后,发展起了自己的青铜文化。而盘龙城作为青铜文化中心在其中起到了极为重要的作用。

上述情形表明,当时商人在长江中游地区的经营并不仅仅是一个孤立的据点,而是以盘龙城为中心,分布有一批相互联系、相互依存的网点。商人向南行进线路是沿着二里头人的足迹前行,其重点区域主要在长江以北的鄂东北地区,但随着商人势力的扩展,长江中游水道也极有可能为商人所控制,因此我们可以说长江以北地区当时属于商王朝的疆域范围。除了商文化向南传播之外,富有江汉地区文化特色的大口红陶缸在长江中游分布普遍,长江下游的硬陶文化通过吴城文化传播到盘龙城并进一步向西传至荆南寺,这两种文化因素又都为商人所接受并在二里岗遗址中有明显的反映,这些都说明了当时文化之间的互动关系。

不过中商时期也是商文化盛极而衰的转折点,中商晚期商文化突然衰落,"到中商三期前后,商文化由长江以南向北收缩。至晚商早期,即相当殷墟一期阶段,长江流域广大地区已基本为地方性考古学文化覆盖"②。中原与南方的关系格局发生了根本性的改变。殷墟一期

---

① 参见张昌平:《夏商时期中原与长江中游地区的文化联系》,《华夏考古》2006 年第 3 期。
② 中国社会科学院考古研究所:《中国考古学》(夏商卷),中国社会科学出版社 2003 年版,第 266 页。

之后商文化前沿由长江沿岸退缩至大别山北麓的河南罗山一带,盘龙城被废弃,由辽瓦店子遗址可知,此时商文化也退出了汉江上游地区,南阳盆地的情形尚不清楚,但就目前所知南阳地区晚商文化遗存分布稀少。[①] 可知到殷墟文化时期,商文化几乎退出了整个汉江流域。而在商文化的影响下产生的各种土著青铜文化则空前活跃,填补了商文化退潮后的空白,商代晚期时商文化的衰退和各地的土著文化的兴起及他们对商朝的冲击,正是晚商时期战争频繁的历史与文化背景。

第四节　武丁"奋伐荆楚"

一、武丁南征荆楚的历史背景

在商朝的历史上,早商和晚商是商朝较为稳定的时期,分居商朝的前后两个阶段,而中间的从中丁到盘庚时期,是商朝较为动荡的时期,商史上谓之"九世五迁",又称为"九世之乱",其间商朝政治较为动荡,都城屡经迁徙。《史记》卷3《殷本纪》:"自中丁以来,废嫡而更立诸子,弟子或争相代立,比九世乱,于是诸侯莫朝。"商朝在"九世之乱"期间,国力衰微,力量受到严重削弱。商朝屡次迁都的原因,学者有众多的讨论,但有较大可能是统治阶级的内部斗争所致,据学者研究,中商时期在王位继承上确实发生了问题,中丁和南庚的继位都是不合制度的,因此中商时期商都的屡迁与此时因王位争夺而发生的"九世之乱"应该是有因果关系的。[②] 而屡次迁都又导致"荡析离居,罔有定极"[③],进一步激化了内部矛盾,这是内忧。另一方面,在商朝内部发生较大问题的同时,外患也加剧了,据《古本竹书纪年》记载:"仲丁即位,征于蓝夷。"又载河亶甲时"征蓝夷,再征班方"。可见,商朝在"九世之乱"时

① 参见中国社会科学院考古研究所:《中国考古学》(夏商卷),中国社会科学出版社2003年版,第320页。
② 参见王震中:《商代都邑》,中国社会科学出版社2010年版,第226页。
③ 《尚书正义》,李学勤主编:《十三经注疏》,北京大学出版社1999年版,第293页。

期,既有内忧又有外患,可谓是内外交困。

因此,商朝的历史实际上可以分为早商、中商和晚商三期。与之相对应的是,在考古学上,随着考古发掘的进展和研究的深入,考古学界在过去二里岗早商文化和殷墟晚商文化的基础上,对于早商时期的二里岗文化和晚商时期的殷墟文化之间的过渡阶段有了更为清晰的认识,提出了新的"中商文化"概念。中商文化现分为三期,日历年代为公元前1400至公元前1250年。① 按夏商周断代工程的意见,公元前1250年即武丁始年,而按今天考古学界的意见,殷墟文化始自武丁,武丁以前的盘庚、小辛、小乙则归入中商文化。

中商在历史上是一个较为动荡的时期,商朝的国力在此期间较为衰弱,是商王朝的一个中衰时期。但从文化上来看,此时的商文化仍然未遇挑战,中商文化的分布地域甚至一度比早商还要有进一步的扩大,直到中商晚期时,商文化才面临地方性考古学文化兴起的挑战,导致商文化在晚商时期的大规模退缩。在南方,中商三期时,商文化由长江以南向北收缩,至晚商早期,相当于殷墟一期阶段,长江流域的广大地区已基本为地方性考古学文化覆盖。②

考古学文化上的中商三期,在商朝历史上相当于盘庚、小辛、小乙时期。盘庚、小辛、小乙时期,是商朝由"九世五迁"的动荡时期走向强盛稳定的晚商时期的过渡阶段。其标志性的事件是"盘庚迁殷"。

盘庚迁殷,是商朝历史上的一次重大事件,其结束了中商的动荡时期,开启了强盛而稳定的晚商时期。盘庚所迁之殷,一般认为即殷墟,今河南安阳。安阳在传统的商核心区范围内,但地理位置较为偏北,在黄河以北地区。商都迁至黄河以北的殷墟地区后,虽然商朝的统治稳定下来,商朝的青铜文化在晚商发展至巅峰状态,军事上也处于极大的优势,但周边民族在吸收了商朝的先进文化之后也发展起来,导致在陶器遗存

---

① 参见中国社会科学院考古研究所:《中国考古学》(夏商卷),中国社会科学出版社2003年版,第253页。

② 参见中国社会科学院考古研究所:《中国考古学》(夏商卷),中国社会科学出版社2003年版,第253、266页。

上,商文化处于全面的退缩状态。就总体而言,晚商文化的分布范围较之早商时期大大退缩,"今湖北、陕西、山西、江苏境内许多原早商和中商文化分布带,至晚商时期不复为商文化的滞留地,而为性质不同的其他考古学文化所取代。惟山东境内商文化向东保持着微弱的进取势头"①。

　　而在南方,商朝的内乱和商都北徙带来的后果显然更为严重,商朝在南方的据点盘龙城,始建于商王中丁在位或稍早的公元前 1450 年,废弃于盘庚迁殷的公元前 1300 年之前。② 在盘龙城类型商文化的全盛时期,不仅湖北境内汉江以东及鄂东北地区为商文化占据,长江以南的湘江、澧水下游,甚至赣江下游地区,也出现了商文化的若干据点。长江以南的瑞昌铜岭、九江神墩等地点应是介入到赣江下游的商文化据点,瑞昌铜岭遗址是迄今发现的年代最早的铜矿采冶遗址,其年代上溯至早商晚期或中商早期。洞庭湖区的岳阳铜鼓山遗址,则是盘龙城类型商文化向湘江流域推进的前哨据点,商文化进入岳阳地区后,似未再向南发展,但对湘江中上游地区曾产生过重大影响。③ 但在盘龙城废弃之后,商文化退出了长江中游地区,商朝失去了对长江中游地区的控制,可见中商时期商朝内乱与盘龙城的废弃当有直接关系。随着盘龙城的废弃及商朝势力的北撤,其必然的后果是当地土著族群荆蛮也随之脱离了商朝的政治统治和文化势力范围。

二、武丁南征荆楚及其目的

　　进入晚商,经过盘庚迁殷以后的恢复,到武丁在位时期,商朝的势力复振,开始了对外的反击。武丁是复兴商朝的一代名君,他任用贤臣傅说,把商王朝推向极盛,在商人中享有崇高声望。《史记·殷本纪》:"武丁修政行德,天下咸欢,殷道复兴。帝武丁崩,子祖庚立。

---

① 参见中国社会科学院考古研究所:《中国考古学》(夏商卷),中国社会科学出版社 2003 年版,第 305 页。

② 参见徐少华:《从盘龙城遗址看商文化在长江中游地区的发展》,《江汉考古》2003 年第 1 期。

③ 参见中国社会科学院考古研究所:《中国考古学》(夏商卷),中国社会科学出版社 2003 年版,第 266、268 页。

祖已嘉武丁以详雉为德，立其庙以为高宗，遂作《高宗肜日》及《训》。"在商人的先公先王中，仅少数有尊号，据《殷本纪》，太甲称"太宗"、太戊称"中宗"、武丁称"高宗"，甲骨文中则有高祖上甲、高祖乙（大乙）、中宗祖丁、中宗祖乙，除上甲属商先公，其余六位为大乙、大甲、大戊、仲丁、祖乙、武丁，加盘庚则为七位，孟子曾称赞说"由汤至于武丁，贤圣之君六七作"①。武丁还是除汤之外，商先王近祖中唯一一个被谥为"武"者。武丁时期，商王朝对全面兴起的四方各族群发动了大规模的战争，在甲骨文中留下了武丁时期征伐四方的大量记载。武丁时期的征伐卜辞，林小安统计为早期战争 35 次、中期战争 12 次、晚期战争 5 次，共计 52 次②，王宇信统计则为武丁前期战争 12 次、晚期 7 次，共计 19 次③，范毓周则统计武丁早、中、晚三个时期的征伐对象分别为 34 次、12 次、14 次，总计为 60 次④。可见，武丁时商朝武功之盛。而南方的荆蛮族群因其久已脱离商朝的统治，因而也在武丁的征伐之列。

武丁征伐荆楚，在《诗经·商颂·殷武》中有较详细的记载："挞彼殷武，奋伐荆楚。罙入其阻，裒荆之旅。有截其所，汤孙之绪。"《殷武》是商人及周代宋国歌颂殷王武丁的诗篇。诗中武丁所征之"荆楚"，西汉《毛公传》以为"殷武，殷王武丁也；荆楚，荆州之楚国也"。《毛公传》以为武丁所伐之"荆楚"为楚国。东汉郑玄《笺》："殷道衰而楚人叛，高宗（即武丁）挞然奋扬威武，出兵伐之，冒（深）入其险阻。谓踰方城之隘，克其军率而俘虏其士众。"《诗经》中所云："有截其所，汤孙之绪。"郑玄《笺》曰："绪，业也。所，犹处也。高宗所伐之处，国邑皆服其罪，更自敕整截然齐壹，是乃汤孙大甲之等功业。"郑玄以方城来释武

---

① （清）焦循：《孟子正义》，中华书局 1987 年版，第 177 页。

② 参见林小安：《殷武丁臣属征伐与行祭考》，《甲骨文与殷商史》第二辑，上海古籍出版社 1986 年版。

③ 参见王宇信：《武丁期战争分期的尝试》，《甲骨文与殷商史》第三辑，上海古籍出版社 1991 年版。

④ 参见范毓周：《殷代武丁时期的战争》，《甲骨文与殷商史》第三辑，上海古籍出版社 1991 年版。

丁伐荆楚,很显然亦是以为武丁所伐之荆楚为楚国,因方城为后世楚国在北部的重要防线,《左传》僖公四年载楚屈完答齐桓公,有"楚国方城以为城,汉水以为池"之语,据杜注及《史记正义》载,方城为山名,在南阳叶县西南,楚国在此筑有长城,也号为方城。郑玄以"踰方城之隘"来解释武丁伐荆楚,李学勤认为是拿春秋时期的形势来套商代的古史。① 可见,自汉代起,便有武丁所伐之"荆楚"为楚国的说法,后世学者也颇有以为商代已有楚国,故武丁所征之荆楚为芈姓楚国者。然考之史籍,商代之时,芈姓部族尚未建国,王光镐曾著文《商代无楚》,论述商代无楚国。② 另据最新发表的清华简《楚居》,商代时,不仅尚未有芈姓楚国,甚至芈姓部族尚未与楚发生交集,未有楚人之称,至丽季(《楚世家》称为熊丽)时(此时已为商末周初),才因穴熊的配偶妣厉之死而"抵今曰楚人",而在此之前的武丁时期,芈姓季连部族尚在中原地区,与盘庚之子比邻而居,并娶盘庚之孙女为妻。③ 按武丁为盘庚弟小乙之子,盘庚之侄,武丁的班辈与盘庚之子相同,可见季连娶盘庚之孙女比佳时,正当武丁在位时,可知武丁所伐之"荆楚",只能是南方地区已脱离商朝统治的楚蛮或荆蛮,而不可能是正与盘庚之子联姻的芈姓季连部族。

武丁南伐荆蛮,在甲骨文中亦有所反映:

> 乙未[卜],贞:立事[于]南,右比[我],中比舆(举),左比曾。
> 乙未卜,贞:立事[于南],右比我,[中]比舆(举),左比[曾]。
> 十二月。④

这两条甲骨文均属武丁时代,"立",即莅;事,即"国之大事,在祀与戎"

---

① 参见江鸿:《盘龙城与商朝的南土》,《文物》1976 年第 2 期。
② 参见王光镐:《商代无楚》,《江汉论坛》1984 年第 1 期。
③ 参见清华大学出土文献研究与保护中心编、李学勤主编:《清华大学藏战国竹简(壹)》,中西书局 2010 年版。
④ 郭沫若主编、胡厚宣总编:《甲骨文合集》,中华书局 1978 年版,第 3 册第 5504、5512 片。

的戎事。"立事于南",是说商王武丁亲临南方,指挥战争。我、曾、举均为商代方国,据李学勤考证,曾在今湖北、枣阳、随县、京山到河南西南的新野这一范围内,举在汉东举水流域①,我的地望不可考,当与曾、举相邻。"比"则有联合、配合之义。② 罗运环认为,这两条卜辞是说:商王武丁亲帅右、中、左三军,在我、举、曾三个方国的配合下征伐荆楚。③ 这两条甲骨卜辞,正好与《诗经·商颂·殷武》记载商王武丁"奋伐荆楚"相互印证和补充。

这两条卜辞中的举当与举水有关。举水位于湖北省东北部,发源于大别山南麓,位于长江中游下段北岸,北与河南接壤,东与巴水毗邻,西与倒水交界,流经河南省新县局部、湖北省麻城市大部、红安县小部、武汉市新洲区大部,由黄冈市团风县处注入长江,是鄂东北地区的一条较大水系。举水以西不远即是滠水、澴水和涢水流域,早商和中商时期曾有密集的商文化分布,举如在此地,正与早商至中商时期商文化在鄂东地区的分布状况相合。

至于曾国,学者很早就认为,曾国即随国,在今随州地区。2011 年湖北省文物考古研究所与随州市博物馆在随州市东北的叶家山发现西周早期的曾国墓地,证明西周早期时曾国即在今随州一带。④ 举、曾两国均在汉东地区,则武丁所征之荆楚当去举、曾之地不远,正是商代楚蛮的分布地域。另西周早期昭王南征荆楚,其征伐对象亦非是楚国而是汉东地区的楚蛮。⑤ 在记载昭王南征史事的安州六器铭文、静方鼎铭文中,多次提到周王南征时"在鄂师次","在鄂、曾师",曾国在今随州东北的叶家山一带。另 2007 年随州博物馆在随州西部的安居镇羊

---

① 参见江鸿:《盘龙城与商朝的南土》,《文物》1976 年第 2 期。
② 参见林沄:《甲骨文中的商代方国联盟》,《古文字研究》第 6 辑,中华书局 1981 年版。
③ 参见罗运环:《楚国八百年》,武汉大学出版社 1992 年版,第 68 页。
④ 参见湖北省文物考古研究所、随州市博物馆:《湖北随州叶家山西周墓地发掘简报》,《文物》2011 年第 11 期;黄凤春、陈树祥、凡国栋:《湖北随州叶家山新出西周曾国铜器及相关问题》,《文物》2011 年第 11 期。
⑤ 参见尹弘兵:《周昭王南征对象考》,《人文杂志》2008 年第 2 期。

子山抢救发掘了一座西周墓葬,出土大批有铭铜器,证明该墓为西周早期鄂侯墓,表明西周早期的鄂国则在安居镇羊子山①,羊子山与叶家山两地直线距离仅 25 公里,这些最新考古发现证明昭王南征是以随州地区的鄂、曾两国为据点的,其所征伐的地区当为汉东地区,而西周早期时的楚国无论如何也不可能在汉东,因此昭王所征伐的对象也只能是汉东地区的楚蛮(或荆蛮)。

　　武丁征伐荆楚,治事南土,除了镇压荆蛮反叛之外,或与重新控制江南铜矿资源有关。商代前期,商人在江汉之交建立了盘龙城,由盘龙城向北,在鄂东北地区的滠水、澴水和涢水流域,分布着密集的商代遗址,已发现 40 余处遗址和 5 处墓地,主要分布在河流两岸台地。② 由这三条河流上行,即直达桐柏山东端南麓,而桐柏山东端与大别山交界处,山势较为低矮,有著名的"义阳三关"通道,为连接中原与江汉的重要通道。在桐柏、大别山以北的信阳、罗山蟒张及其以北的郾城孟庙、许昌大陆陈村、新郑望京楼等地,均为重要的商文化遗址,几乎可以连成一条笔直的交通线,其北端为郑州商城和安阳殷墟,南端为盘龙城,成为一条江南物资北运殷都的重要交通线。而这些物资中最为重要的显然是铜。据学者研究,江南地区是商周时期最主要的铜料供应基地③,以江西瑞昌铜岭、湖北大冶铜绿山为中心的鄂赣铜矿区是当时重要的产铜中心。因此,武丁南征荆楚,驾临汉水,打通铜路应当是重要目的,武丁"立事于南"卜辞确确凿凿地证实了商王国曾对江汉地区用兵,或联合这里的方国征讨其他方国或部族,保障铜路的畅通④,而殷墟妇好墓出土的大量精美青铜器应是商朝控制青铜矿料产地的直接反映⑤。

① 参见随州市博物馆:《随州出土文物精粹》,文物出版社 2009 年版。
② 参见熊卜发:《鄂东北地区古代文化发展序列概述》,载《鄂东北考古报告集》,湖北科学技术出版社 1996 年版;熊卜发:《孝感地区商周古文化调查》,载《鄂东北地区文物考古》,湖北科学技术出版社 1995 年版。
③ 参见华觉明、卢本册:《长江中下游铜矿带的早期开发和中国青铜文明》,《自然科学史研究》第 15 卷第 1 期(1996 年)。
④ 参见张永山:《武丁南征与江南"铜路"》,《南方文物》1994 年第 1 期。
⑤ 参见万全文:《商周王朝南进掠铜论》,《江汉考古》1992 年第 3 期。

第五节　城洋铜器与宝山文化

　　夏商时期,汉江上游地区与秦岭以北的文化联系减弱,而与成都平原、川东和鄂西地区的文化联系加强,形成一个大的文化圈,从而奠定了历史时期汉江上游地区的文化格局,并一直延续到现代。

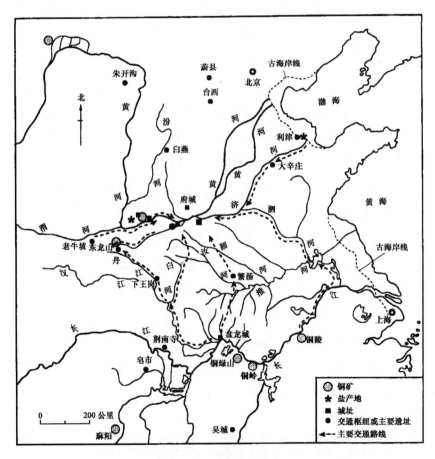

图 20　早期王朝时代的河流水系及重要自然资源分布图①

---

①　图片采自刘莉、陈星灿:《中国早期国家的形成——从二里头和二里岗时期中心和边缘之间的关系谈起》,载《古代文明》第 1 卷,文物出版社 2002 年版,第 92 页。

一、城洋铜器

城固、洋县位于陕南汉中盆地,两县地界毗连,城固县位于汉中盆地中部,洋县在城固县东,处于汉中盆地的东缘,汉水自西向东流经两县。城洋地区自然环境优越,旧石器时代起即有人类在此生息,文化遗存十分丰富。据传早在清代,洋县境内就出土过青铜器,20世纪50年代以来,两县境内就有青铜器出土。这些青铜器,时代基本为商代,具有明显的地方特色。据统计,自1955年至2004年,两县境内共发现青铜器33批,出土于19个地点,加上零星出土,总数达710件。[①] 这些铜器,较集中地出土于湑水河下游及汉江两岸东西约40公里、南北10多公里的范围内。

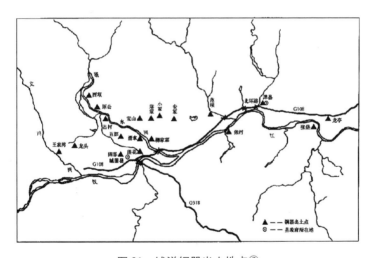

图21　城洋铜器出土地点[②]

铜器出土地点多在土台上,这类土台中央有一土堆,铜器多埋于土堆周围地表下1—4米深处,也有埋在土堆半腰处。铜器通常直接埋在土坑中,或用织物包裹,器物在坑中有一定顺序。从铜器点的分布规律与埋藏形式,推测其性质或与祭祀有关,或与突发原因的财富埋藏有

---

① 赵丛苍主编:《城洋青铜器》,科学出版社2006年版,"前言"第Ⅲ页。
② 图片采自赵丛苍:《城洋青铜器》,科学出版社2006年版,"前言"第Ⅴ页。

关,少数可能为墓葬随葬品。而埋有铜器的土堆,或为举行祀典的礼仪活动场所。

城洋铜器群的器类主要有鼎、簋、鬲、尊、罍、瓿、提梁卣、壶、盘、觚、爵、斝、觥、戈、钺、戚、矛、镞、刀、弯形器、泡、具面、饰件等二十多种。纹饰种类则有兽面纹、云雷纹、乳钉纹、弦纹、连珠纹、镂孔、蝉纹、鸟纹、蕉叶纹、扉棱及各种动物纹饰。城洋铜器群的年代,相当于二里岗上层晚段到殷墟四期偏早,按中商文化的概念,则为中商至晚商二期。其中殷墟一、二期的器物占大多数,其次为二里岗上层时期的,殷墟三期之后仅属个别。

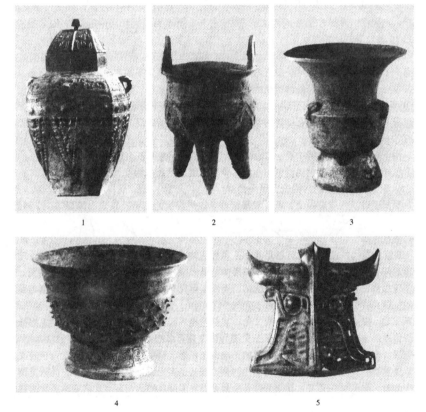

1. 方罍 (苏村 76:139) 2. 鼎 (五郎庙村 73:9) 3. 尊 (苏村 74:2) 4. 簋 (吕村 75:145) 5. 牌饰 (苏村 64:16)

图 22　城洋铜器之一①

---

① 图片采自中国社会科学院考古研究所:《中国考古学》(夏商卷),中国社会科学出版社 2003 年版,第 518 页。

按文化因素可分为以下三组:

A组具有代表性的器物有空足分裆鼎、瓿、尊、罍、簋、鬲、卣、盘、觥、瓤、爵、斝、窄长援直内戈、长胡四穿戈、戚、双翼镞等。该组器物造型及所饰的饕餮纹、夔纹、蕉叶纹等纹饰,均与中原商文化类似,属于典型的商文化因素。该组器物多为容器,数量较少。

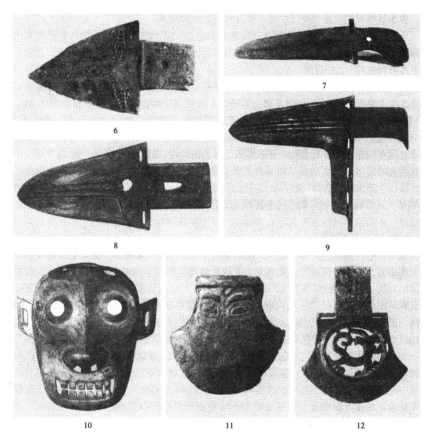

6. 戣(五郎庙村 64:15)　7. 戈(五郎庙村 64:14)　8. 戣(苏村 76:140)　9. 戈(苏村 76:144)

10. 面具(苏村 76:147)　11. 斧(五郎庙村 64:56)　12. 钺(五郎庙村 64:13)

图23　城洋铜器之二①

① 图片采自中国社会科学院考古研究所:《中国考古学》(夏商卷),中国社会科学出版社 2003 年版,第 518 页。

B 组有代表性的器物有三足壶、三角援直内戈、长胡四穿戈、镰形戈、直内钺、璋等。该组器物明显是模仿中原夏商文化的同类器，但又有自己的特点。其特点是，在同一件器物上，既存在中原商式铜器的作风，又具有新的特点，是在吸收中原文化因素的基础上再创造的结果，但无论如何它已呈现出不同于商式风格的面貌。

C 组具有代表性的器物有直口双耳罐、有銎钺、人面或兽面形面具、泡、镰形器、勾形器、鸟形饰等，均为商文化所罕见或少见，具有明显的地域特征。

上述三组铜器中，B、C 两组均具有地方特色，二者的区别仅是与中原商文化的区别大小而已。据统计，属于典型商文化因素的 A 组器物仅占总数的 10% 左右，远小于具有地方特色的 B、C 两组。

综观城洋铜器群，可以看出其具有明显的特点：一是兵器与饰件类器物占据铜器群的高比例。二是兵器、饰件类器物特色显著，有些是本地仅有的特殊器类或在同类器中造型特殊，可以说，兵器、仪仗、饰件类器物代表了城洋铜器群的主流。三是礼器有一定特点，城洋铜器群中的礼器多见于中原，但有自身的特点；在纹饰上，礼器纹饰多与中原相同，但兵器上的纹饰特色鲜明，礼器上的中原纹饰也有一些自身的特点。城洋铜器与中原商文化、川西地区青铜文化、长江中下游青铜文化、关中老牛坡商文化和先周文化等均有一定联系。

二、宝山遗址与宝山文化

宝山遗址位于今陕西省汉中市城固县宝山镇宝山村，北依秦岭，南近汉江，汉水支流湑水河自西折向东南流过，遗址面积近 5 万平方米。1990 年，西北大学文博学院教授赵丛苍为寻找与城洋铜器群相关的遗址，在对城固、洋县境内的铜器出土地点及相关地域进行专题调查时发现，1998 年 1 月至 1999 年 5 月进行发掘，面积达 1720 平方米，分 A、B 两区，A 区收获丰富，发现新石器时代和商时期烧烤坑 65 个，房屋基址 6 座，墓葬 8 座，还有汉代储藏坑及其他遗迹,并出土陶器、青铜器、骨器等大量遗物。①

城固宝山遗址延续时间较长,从新石器时代到汉代。主要的文化堆积有仰韶文化时期、龙山文化时期和商时期,其中以商时期的文化堆积为主,是城固宝山遗址的主体遗存,文化层堆积遍及遗址全区域,发掘所获商时期的资料也最为丰富。商时期遗存的年代为二里岗上层至殷墟三期。

宝山遗址商时期遗存的遗迹主要有烧烤坑、房屋基址、墓葬等。烧烤坑是商时期遗存中数量最多的遗迹,共清理烧烤坑 61 座。烧烤坑一般建于露天,少数建在室内,形制以椭圆形和圆形为主,少数为不规则形、圆角三角形、8 字形等。坑内堆积为卵石、灰烬、动物残骸、陶器等。除烧烤坑外,还有烧土圈(坑)遗迹,圈内有烧烤坑,可能是烧烤坑使用者的生活活动空间,烧土圈是为加固坑边缘而设计的。商时期的房屋基址发现 2 座,铺石遗迹发现 4 座,陶器坑、动物坑各发现 1 座,墓葬 8 座。

商时期遗物以陶器为主,还有骨器、青铜器、石器等。陶质有夹砂陶和泥质陶两大类,泥质陶多于夹砂陶,泥质陶主要用于制作豆、高颈小平底尊和高柄器座、簋、杯、罍等器物;夹砂陶主要用于制作釜、大口深腹罐、鬲、鼎等类器物。陶色有褐陶、灰陶、黑皮灰胎、黑皮红胎四大类,以褐陶为主。纹饰除素面外,主要有绳纹、线纹、篮纹、方格纹、弦纹、镂孔、贝纹、蛙纹、鸟纹、目纹等,以绳纹为主。器形则以高柄器和圈足器为最多,圜底器、小平底器次之,平底器、三足器较少。陶器种类主要有釜、豆、高颈小平底尊、小底尊形杯、高柄器座、大口深腹罐,还有扁腹壶、有柄尊、罍、簋、鬲、锥足鼎、瓿、圈足罐、杯、钵、器盖等,其中釜的数量最多。青铜器主要有镰、镞、针、器柄、串珠等。骨、角器多为发饰和骨镞。石、蚌器多为生产工具。

宝山遗址的烧烤坑是极有特色的遗迹,从龙山时代起就开始使用,揭示出汉水上游地区在龙山时期和商代的独特生活习俗,这在全国考古发现中尚属首次。这类烧烤坑在使用中,是将烧烤食物和生活活动

---

① 参见西北大学文博学院:《城固宝山——1998 年发掘报告》,文物出版社 2002 年版,第 2 页。

中的废弃物连同灰烬等尽皆堆积于坑中,堆满之后,再造新坑。在国内以往的考古发掘中发现,古人类基本上都是挖坑作为倒埋垃圾,考古学上命名为"灰坑"。而宝山遗址的坑是将烧烤食物和堆放废弃物等功能集于一身,宝山商时期遗存没有单独的灰坑,这种现象意味着宝山地区的古人类使用了另一种填埋垃圾和烧烤食物并用的"烧烤坑"。

宝山商时期房屋一般为长方形,多为木骨泥墙形式,结构清楚,保存良好。其中一个建筑基址面积超过 100 平方米,布局设置规格等级很高;同时还发现了很多小开间连作长条形建筑基址,最长的一处达15 米以上,极富特色,具有非常重要的学术研究价值。

宝山遗址出土陶器近三十种,造型新颖独特,烧造精致细腻,为早期陶器之精品。这里出土的成年男女、幼童墓及直肢葬、屈肢葬等多样的墓葬形式,为研究当时的葬仪葬俗提供了翔实的实物资料。

宝山商时期遗存发现有可能为高等级礼仪性的大型建筑,并出土有大量具特殊用途的陶礼器和青铜礼器,这些非一般遗址所能具备。现已发现同时期同类文化遗存的其他遗址,其遗址规模及文化堆积的丰富性,皆不能与宝山遗址相比。同时,在宝山遗址附近,发现有多处商时期青铜器埋藏地点,说明宝山遗址商时期遗存很有可能是一处中心聚落遗址,不排除作为一处政治中心的可能性。

宝山遗址的发掘不但获得了丰富的陶器资料,而且发现了镞、镰等青铜器,从而为城洋铜器群与宝山商时期遗存找到了联系,对于确认城固、洋县等地商代青铜器群的文化性质,进而认识汉水上游地区青铜时代文化面貌,研究汉江流域与长江三峡地区夏商时期文化的联系以及中原文化的关系等,都提供了十分重要的实物资料。

宝山商时期遗存反映出独特的文化面貌,且同类遗存在汉江上游地区分布较为普遍,仅城固、洋县境内已发现六七处遗址,如果加上铜器地点,则有数十处之多,在该地区东部出土的紫阳白马石遗址商时期遗存①,亦

---

① 参见陕西省考古研究所等:《陕南考古报告集》,三秦出版社 1988 年版,第 359—387 页。

当属于此类文化,而宝山遗址在同类遗存中面积最大、堆积最为丰富。

此类文化遗存有特色鲜明的器物群,铜器中以兵器占大宗,中原式的铜容器仅占很小比例,铜器的个性特征十分明显。遗迹方面普遍采用木骨泥墙,存在小空间连作的特殊建筑形式,墓葬流行浅穴土坑墓,多见仰身直肢葬式,并有屈肢葬式,大量使用烧烤坑,没有灰坑。渔猎经济为其主要的生计方式。与同时期其他考古学文化相比,文化面貌特色突出,并有自己相对独立的分布区域,文化存续的年代较长,因此发掘报告主张将此类遗存命名为"宝山文化"。

宝山文化与商文化有较多的联系,铜器受典型商文化的影响较大,陶器则受关中地区商文化的影响较大。宝山文化与成都平原的三星堆文化有密切的联系,有大量的器物共通,三星堆文化中的商文化因素,有可能是通过宝山文化吸收的。但二者的差异也很明显,宝山文化以陶釜为主要炊器,这与三星堆文化明显不同,反而与鄂西地区相同。鄂西地区夏商时期的朝天嘴—路家河文化一般被认为是由三星堆文化向东扩张的结果,是三星堆文化在向东扩张的过程中挟带部分川东因素、融合峡区土著因素而形成的,以釜为主要的炊器,这一点与宝山遗址是一致的。因此,宝山文化与鄂西地区的朝天嘴—路家河文化有着最为密切的关系,文化面貌上较为接近,二者似有亲缘关系。

第
九
章

西周时期汉江流域的历史与文化

商人自迁殷后,进入政治上相对稳定的新时期,商人在青铜文化上的发展也达至巅峰,但经历了商文化的大扩张后,周边各族充分吸收了商文化的成果,有了长足的进步,对商朝构成了严重的冲击。面对此一严重局面,尽管商人在政治、军事上极力振作,在军事上连续取得胜利,但无法改变商势力处于退缩之中的局面。更为严重的是,周边各族的冲击使得商王朝顾此失彼,商末帝辛(即纣王)统治时期,东夷叛乱,《左传》昭公四年:"商纣为黎之蒐,东夷叛之。"商末与东夷的战争,在卜辞中也多有反映,殷墟五期卜辞中,帝乙、帝辛时期有很多征夷方的记载,其战争时期往往经年,所驻跸之地则遍及济、汶、淮诸水,尤其是帝辛十祀征夷方,在甲骨文中有很多记载,此役商纣亲率王师大举征讨,并有侯喜大军配合和东土方国的参与,几乎是起倾国之兵。据学者研究,此次商人大举征夷方,前后历时 250 日,往返所费时日约略相等。① 虽然商末帝乙、帝辛时的战争大多取得了胜利,但长期的战争消耗了国力,激化了内部矛盾,埋下了商朝灭亡的种子。故《左传》昭公十一年有"纣克东夷而殒其身",《左传》宣公十二年有"纣之百克而卒无后"的说法。

当商朝深陷于与东夷的战争时,位居西土的周人乘机发展势力,迅速崛起,王季之时即"受禄无丧,奄有四方"②,文王继位后"乃阴修德

---

① 参见罗琨:《商代战争与军制》,中国社会科学出版社 2010 年版,第 326 页。
② 《诗·大雅·皇矣》,《毛诗正义》,李学勤主编:《十三经注疏》北京大学标点本,北京大学出版社 1999 年版,第 1024 页。

行善,诸侯多叛而往归西伯。西伯滋大,纣由是稍失权重。"①《左传》襄公四年则谓:"文王帅殷之叛国以事纣",到文王晚期,周人已尽占关中,复夺夏地,已是"三分天下有其二"②的局面。最后周人乘虚而入,一举灭商。

第一节　周初经营南土

周人从立国之初,就很注意对南方地区的经营,在周人伐商大业中,西方、南方各部族成为周人的重要同盟军,徐中舒先生在总结了殷、周之际史事后得出结论说:"周人自大王居岐以后,即以经营南土为其一贯之国策。"③

一、文王化行南国

在《诗序》中有周文王化行南国的说法,《诗经·周南·关雎》序:"《关雎》、《麟趾》之化,王者之风,故系之周公。南,言化自北而南也。《鹊巢》、《驺虞》之德,诸侯之风也,先王之所以教,故系之召公。"《汉广》序:"文王之道被于南国,美化行乎江汉之域,无思犯礼,求而不可得也。"《甘棠》序:"《甘棠》,美召伯也。召伯之教,明于南国。"毛《传》:"召伯,姬姓,名奭,食采于召,作上公,为二伯,后封于燕。此美其为伯之功,故言'伯'云。"可见,召伯即召公。《羔羊》序:"《羔羊》,《鹊巢》之功致也。召南之国,化文王之政,在位皆节俭正直,德如羔羊也。"《摽有梅》序:"《摽有梅》,男女及时也。召南之国,被文王之化,男女得以及时也。"总括《诗序》之意,是说文王的教化由召公推行于南国。郑玄《周南召南谱》亦谓:"至纣,又命文王典治南国江、汉、汝旁之诸侯。"

①　(汉)司马迁:《史记·周本纪》,中华书局1982年版,第107页。
②　《论语注疏》,李学勤主编:《十三经注疏》,北京大学出版社1999年版,第107页。
③　徐中舒:《殷周之际史迹之检讨》,《徐中舒历史论文选辑》,中华书局1998年版,第688页。

但自近世以来,文王化行南国之说,颇为学者所疑。清崔东壁即谓:"先儒说二南者,皆谓文王徙都于丰,分歧故地为周公、召公之采邑,使周公为政于国中,而召公宣布于诸侯,于是德化大成于内,而江、沱、汝、汉之间,莫不从化。余按经传,二公皆至武王之世始显,迨成王朝始分陕而治,当文王时,二公年皆尚少,况有虢叔、闳夭之属亲旧大臣在朝,必无独任二公分治内外……由说者,误以二南为文王时诗,故曲为之解耳。"①至近代,疑古之风起,学者更谓《诗序》为伪作,所言自不足信,且文王之时,周势力未出歧、丰之域,其势力未达于江、汉之间,就更谈不上文王之教化行乎南国了,二南的时代,不得超过周宣王,可能是来自南国地区,诗序所言,乃是误以为二南为文王时诗,误以南国为周之统治基地,而曲为之说罢了。②

以今言之,以上议论所疑,固有其理,然似有过于拘泥之嫌。召公的时代,跨文王、武王、成王三代,文王时周、召二公确然在政治上尚未有后来武、成时期的重要地位,但亦已在政治上崭露头角。而召公将文王之教化推行于南国,亦未必为文王时之事,若决然以为此必为文王时事,则拘之过甚,亦求之过深。按文王为周人基业的奠基者,周人言必称文王,是以文王为旗帜,作为一种政治号召,乃是一种政治上的象征。武王即位不改元,仍以文王受命之年为元年,以武王即位后的一年为八年,次年,即文王受命之九年,"武王上祭于毕,东观兵,至于盟津,为文王木主,载之车,中军。武王自称太子发,言奉文王以伐,不敢自专。"③盟津之会时,诸侯不期而会者八百诸侯,在这个重要盟会中,武王为标榜周之号召力,犹自称为"太子发"。此皆周人(尤其是周初之时)以文王为政治旗帜之证。且《诗序》已明言是"文王之道",由召公施行于南国,按周人的立场和观点,周之政教皆得谓"文王之道",文王这面旗

①　(清)崔述:《丰镐考信录》卷一,《崔东壁遗书》,上海古籍出版社1983年版,第170页。
②　参见郭人民:《文王化行南国与周人经营江汉》,《河南师范大学学报》1980年第2期。
③　(汉)司马迁:《史记·周本纪》,中华书局1982年版,第120页。

帜,连武王都不能代替,何况召公?因此召公推行文王之教化于南国,未必一定要在文王之时,若强解为文王,反而不美。

又据《史记·周本纪》,商末周文王礼贤下士,"散宜生、鬻子、辛甲大夫之徒皆往归之"。鬻子即楚之先祖鬻熊,鬻熊之居地,《世本》言其"居丹阳"①,此丹阳之名,当为秦人对早期楚都的称呼,古以山南水北为阳,丹阳当与丹山或丹水有关,即今南阳盆地西部的丹水流域,有关这方面,学者已有大量论述,本书亦有论证,兹不赘述。可见楚人事周,当即周人势力及于汉江中游地区的实证之一。

周武王盟津之会时,号为"八百诸侯",此"八百诸侯"当主要为叛商而归周的西土、南土方国和部族。两年后武王伐纣时,参加牧野之战的,除周的"锐兵"外,还有"庸、蜀、羌、髳、微、卢、彭、濮人",是为《尚书·牧誓》中所说八国,学者对《牧誓》中八国有不少的研究,虽意见有所分歧,但八国中的庸、卢、彭、濮人位于汉江流域这一点当无疑问。这也是文王化行江汉的旁证。

二、太保玉戈与周势力进入江汉

召公在南国推行文王之教化的说法,虽有若干缘饰之词,但可得到出土文献方面的印证。1902 年,岐山秀才武敬亭向逃避八国联军侵华而暂住西安的慈禧太后请得国库专款,在岐城西南八里之刘家原创修召公祠时出土太保玉戈。出土时有两件:一件有铭一件无铭,有铭的一件出土后归端方所有,收入其《陶斋古玉图》,有摹本,端方死后于1919年流出国外,现藏于美国华盛顿弗利尔美术馆,李学勤先生曾两次观察过原件;另一件则不知所终。另据柯昌济《金文分域编》卷十二记载,此戈实出自墓葬,出土器物甚多,皆不能名,又有金冠一枚。②

① 《左传》桓公二年孔颖达《正义》引,《春秋左传正义》,李学勤主编:《十三经注疏》,北京大学出版社 1999 年版,第 150 页。
② 参见庞怀靖:《跋太保玉戈》,《考古与文物》1986 年第 1 期;石志廉:《周初太保玉戈》,《中国文物报》1986 年第 23 期;李学勤:《太保玉戈与江汉的开发》,《楚文化研究论集》第二集,湖北人民出版社 1991 年版。

据李先生目睹,太保玉戈玉质细腻温润,雕琢工致,表面光润,呈灰白色,布有黑色斑点。此戈的形制很大,依拓本度量,长66.3厘米,最宽9.8厘米。铭文共27字:

> 六月丙寅,王在丰,令太保省南国,帅汉,遂殷南,令厉侯辟,用髳走百人。

玉戈的形制与文字,都具有商末周初的特点,戈铭中的太保,即召公,出土地点刘家原,庞怀靖以为即召公采邑召亭所在。而发现玉戈的墓葬也很可能与召公有关。

"六月丙寅"为纪月日,同类形式见于甲骨文。"王在丰",丰即今陕西长安沣西的丰京。"令太保省南国",是周王命太保召公巡视南土。"南国"一词,见于《诗经》《左传》《国语》及西周铜器铭文,周人对其政治势力所能达到的四方疆土称为"四国",对本土以南的地区称为"南土""南邦""南国"或"南诸侯"①,故南国或南土当指周国之南的地区。南国的范围,徐少华认为包括南阳盆地和淮河上中游两个地区,西起秦岭南坡的汉水支流丹江流域,东至淮河中游今安徽寿春一带,南以汉水和桐柏、大别山脉为限,北抵汝、颍、涡诸水上游的今河南汝阳、禹县、太康、永城一线,即文献所载的周王朝南部境土。②"帅汉","汉"指汉江,"帅"训为"循",即沿汉江而下。由关中的周京南下,可能走丹江通道,沿丹江而下然后入汉江。"遂殷南","殷"为殷见,即诸侯会集朝见周王。此次殷见南国诸侯,是由周王主持,地点应在周京。可见,召公巡视南国,沿汉而下,是为了召见汉江流域的诸侯朝见周王。此事可能发生在周初东征之后。"令厉侯辟","厉"即今随州以北的厉国,"辟"训为"君",是封建厉侯的意思。"用髳走百人","用"训为"以","髳"读为"驺",为御者,"走"为仆人。其意为周王赏赐厉侯仆御一百

---

① "南国"之称见《诗·小雅·四月》和《大雅》之《崧高》《常武》诸篇;"南邦"见《诗·大雅·崧高》;"南诸侯"见铜器之《驹父盨》。
② 参见徐少华:《周代南土历史地理与文化》,武汉大学出版社1994年版,第1页。

名,命之就封。

　　铭文的大意是说,六月丙寅这一天,成王在丰京命太保召公巡视南国,沿着汉水南下,召集汉江流域的诸侯前往周京朝见成王,并封厉侯为君,赏赐给厉侯仆御一百名。

　　《太保玉戈》铭文留下了周初召公经营南国的宝贵史料。由此可知,周初成王时,召公确曾在汉江流域活动,足证汉江流域在商末周初时就已成为周人的势力范围,正可与文献记载中召公在江汉地区推行文王之教化相印证。

三、西周早期汉江政治地理

　　周人进入江汉地区后,在南方封建诸侯,由此形成了周代的南土,江汉地区是周人南土的主要组成部分。西周早期,周势力由关中、洛阳南下进入南阳盆地,由北而南至南阳盆地南缘,转向东进入随枣走廊,再南下直抵长江。

　　(一)南阳盆地北部
　　南阳盆地是汉江流域的一个单独地理单元,汉江支流唐白河流经南阳盆地并在襄阳汇入汉江,南阳盆地西部山地则有汉江最大支流丹江流过。南阳盆地在周代具有重要的地理意义,其西北可通过丹江通道联系关中,东北则可通过方城隘口联系中原,因此南阳盆地在周代南土中占有重要地位,在南阳盆地北部,已知有楚、鄀、谢三国。

　　1. 鄀国与早期楚国
　　鄀国,是商周时期一个历史悠久、具有较高文化水平的国族,鄀人于西周中晚期即有上鄀、下鄀的支分[1],可见其时具有一定的社会地位和经济实力。

　　西周时期,鄀部族活动于今河南西南部的丹水流域,与楚国为邻。

---

[1]　参见郭沫若:《两周金文辞大系图录考释·鄀国铜器考释》,上海书店出版社 1999年版,第 174—176 页。

都国和早期楚国不仅居地甚近,而且交往颇多。据清华简《楚居》简文中记载,楚熊绎、屈绅之时,"为鞭室,室既成,无以内之,乃窃都人之犆以祭"①。此则简文说明了楚、都相邻,二国甚至可能在目视范围之内,都、楚两国的情形可能与西周初年曾、鄂两国的情形较为类似,现已知西周早期的曾国在今随州东的淅河镇,鄂国在今随州西的安居镇,两国之间的直线距离仅 25 千米,西周早期都、楚两国情形当与之相似。

都国地望,《左传》僖公二十五年:"秋,秦、晋伐都,楚斗克、屈御寇以申、息之师戍商密。"杜预注:"都本在商密,秦、楚界上小国,其后迁于南郡都县。"可见商密即都都,郦道元《水经注》、江永《春秋地理考实》、顾祖禹《读史方舆纪要》等文献均同。② 商密之地,依杜预注在汉晋之时的丹水县,《水经注》卷二十《丹水》:"丹水又迳丹水县故城西南,县有密阳乡,古商密之地,昔楚申息之师所戍也。"③可知北魏时丹水县已迁徙,位于故城所临丹水下游的北岸。《大清一统志》嘉庆本卷二一一《南阳府二》古迹"丹水故城"条云:"在淅川县西,本古都国。"④丹水故城,在丹水北岸,即今淅川老城附近,因此都都商密大致在今河南淅川县西南、淇水汇入丹水之处上游的寺湾西北一带。⑤ 都后迁于南郡都县,故地在今湖北钟祥市汉水以西胡集镇东 10 千米处的罗山遗址。⑥

---

① 清华大学出土文献研究与保护中心编、李学勤主编:《清华大学藏战国竹简》(壹),中西书局 2010 年版,第 181、185 页注 27—28。犆,即无角之牛。

② 《左传》僖公二十五年,《春秋经传集解》,上海古籍出版社 1988 年版,第 357 页;《水经注疏》卷二八《沔水中》,江苏古籍出版社 1989 年版,第 2399—2400 页;(清)江永:《春秋地理考实》卷一《僖公》二十五年,《四库全书》第 181 册,台湾商务印书馆影印文渊阁本 1983 年版,第 273 页;(清)顾祖禹:《读史方舆纪要》卷七九《襄阳府》宜城县"都城"条,中华书局 2005 年版,第 3712 页。

③ 杨守敬、熊会贞:《水经注疏》,江苏古籍出版社 1989 年版,第 1731—1732 页。

④ 《大清一统志》第五册,上海古籍出版社 2008 年版,第 319 页。

⑤ 参见徐少华:《都国铜器及其历史地理研究》,《江汉考古》1987 年第 3 期;徐少华:《〈水经注·丹水篇〉错简考订——兼论古析县、丹水县的地望》,《中国历史地理论丛》1988 年第 4 期。

⑥ 参见徐少华:《古都国、都县及楚都都地望辨析》,载武汉大学历史地理研究所编:《石泉先生九十诞辰纪念文集》,湖北人民出版社 2007 年版;武汉大学历史地理研究所、钟祥市博物馆:《钟祥罗山遗址调查简报》,《江汉考古》2007 年第 3 期。

2. 谢国

谢国,在今河南南阳市。《诗·大雅·崧高》记西周末年周宣王封申伯于谢,南宋朱熹《诗集传》:"谢,在今邓州南阳县,周之南土也。"①《急就篇》卷一《谢》条颜师古注:"谢,南方国名也,周宣王后父申伯于此作邑。"②西周晚期宣王封申伯于谢之前,谢是周之南土的重要诸侯之一。③

谢国又见于安州六器之中方鼎二、三铭文:"佳(唯)王令南宫伐反虎方之年,王令中先省南或(国),贯行,钒王应(居)在𦥑𩵦真山。中乎归生凤于王。钒于宝彝。"(《释文》2751、2752)此铭是说南宫伐反虎方之年,昭王为南征之事命中省视南国,并设立行帐。𩵦字从弓从矢,为南国地名,是中设立行宫的地点之一。据徐少华则考证,此字当释"射",射即谢,即古谢国,地在今河南南阳市,周宣王封王舅申伯于此后,谢国南迁于今新野县东的棘阳城遗址。④ 此处为昭王南征所设行帐之地,当即位于今南阳市之古谢国。⑤

(二)汉水中上游沿岸地区

在汉水中游沿岸地区,由陕南至南阳盆地南缘,西周早期时,目前已知有巴、庸、濮、邓等国族。

1. 巴国

巴国,旧说在今重庆一带,但这是战国时期的巴国。殷墟卜辞中已有"巴方"之名,在武丁时为商人攻伐的对象,另据《华阳国志》,巴国曾参与武王伐纣。卜辞中的巴方之所在,段渝认为殷末时巴方居汉水上源古沔水一带,属姬姓集团成员之一,所居之地也是殷代千里王畿的西土之所在⑥,杨

---

① (宋)朱熹注,赵长征点校:《诗集传》,中华书局 2011 年版,第 283 页。

② (汉)史游:《急就篇》,丛书集成本,商务印书馆 1936 年版,第 81 页。

③ 关于谢国地望及历史,参见徐少华:《周代南土历史地理与文化》第二章第五节"谢国",武汉大学出版社 1994 年版。

④ 参见徐少华:《周代南土历史地理与文化》,武汉大学出版社 1994 年版,第 48、49、51 页。

⑤ 参见尹弘兵:《地理学与考古学视野下的昭王南征》,《历史研究》2015 年第 1 期。

⑥ 参见段渝:《试论宗姬巴国与廪君蛮夷的关系》,载四川省社会科学院历史研究所编:《四川历史研究文集》,四川省社会科学院出版社 1987 年版。

铭认为商代巴方原在山西南部，商末时迁至汉水中上游一带①。周代的巴国，当即卜辞中的巴方，春秋时屡见于《左传》，与楚国曾有密切的关系，春秋早期时，巴国曾请楚国介绍与邓国建交，可见巴国与邓、楚等国较为邻近，童书业先生据《左传》考订其地望应在今陕西东南境、大巴山以北②，石泉先生结合文献及考古材料，考证先秦时巴国在今陕东南、汉水中上游的安康一带③，彭万廷等则据汉水中游陕南城固一带出土较多商周时期巴式青铜器，认为商周时期巴族的中心应在此地④。可见周初时巴国在汉水中上游、今安康一带。

2. 庸

自安康地区沿汉水而下有古庸国，亦见于《尚书·牧誓》，孔《传》："庸、濮在江汉之南。"⑤《汉书》卷六《武帝纪》："济东王彭离有罪，废徙上庸。"李贤注引应劭曰："春秋时庸国。"⑥《左传》文公十六年载"庸人率群蛮以叛楚"，杜预注："庸，今上庸县，属楚之小国。"⑦西晋司马彪《续汉志·郡国五》"汉中郡"条："上庸本庸国。"⑧北魏郦道元《水经注》卷二八《沔水中》："堵水又东北迳上庸郡，故庸国也。《春秋·文公十六年》，楚人、秦人、巴人灭庸。庸，小国，附楚，楚有灾不救，举群蛮以叛楚，故灭之。"⑨《史记》卷四十《楚世家》唐张守节《正义》引《括地志》云："房州竹山县，本汉上庸县，古之庸国。昔周武王伐纣，庸蛮在

---

① 杨铭：《巴人源出东夷考》，《历史研究》1999 年第 6 期。

② 参见童书业：《古巴国辨》，《童书业历史地理论集》，中华书局 2004 年版，第 243、244 页。

③ 参见石泉：《古巫、巴、黔中故址新探》，载《古代荆楚地理新探·续集》，武汉大学出版社 2004 年版，第 14 页。

④ 参见彭万廷等：《巴蜀文化源流》，湖北教育出版社 2003 年版，第 10—20 页。

⑤ 《尚书正义》，李学勤主编：《十三经注疏》标点本，北京大学出版社 1999 年版，第 284 页。

⑥ 《汉书》卷六《武帝纪》，中华书局 1962 年版，第 182 页。

⑦ 《左传》文公十六年，《春秋经传集解》，上海古籍出版社 1988 年版，第 507、508 页。

⑧ 《后汉书》，中华书局 1965 年版，第 3506 页。

⑨ 杨守敬、熊会贞：《水经注疏》，江苏古籍出版社 1989 年版，第 2348 页。

焉。"《史记》卷四《周本纪》张守节《正义》引《括地志》则作"房州竹山县及金州,古庸国"①。可见,汉唐学者均认为庸国在汉上庸县、魏晋以后的竹山县。

但这是春秋时的庸国及楚汉上庸县,此地为汉水支流堵河流域,属今湖北省竹山县、竹溪县,深处于武当、荆山、大巴山之中,商末时庸国如在此地,则与周人相距过远,恐难与周人建立密切联系。周人自大王居岐以后,即重视经营南土②,但周人经营南土主要是在汉水沿岸地区,而堵河流域处深山之中,商代的庸国如在此地,似难作为周人的重要同盟军参与伐商之役。故叶植认为,庸国早期居地在鄂西北的汉水南岸,鄂西北山区竹山县的庸是庸国在楚人进攻下败退的结果,早期的庸国在丹江口市西北至郧县一带。③

3. 濮

濮亦为牧誓八国之一,但濮并没有形成统一的政权,故《牧誓》称之为"濮人",春秋时还处在各自"离居"的状态,因此又被称为"百濮"。濮之地望,孔《传》已谓其与庸同在"江汉之南"。

商周时期濮地所在,后代学者多有考订,顾颉刚先生认为濮在武当、荆、巫诸山脉中。④ 童书业先生以为濮地应近汉水⑤,徐中舒先生认为濮在均、郧、房三县的汉水流域,即由郧、均、房至襄、樊一带之地⑥,石泉先生则认为,春秋时期的古麋国、楚麋邑地在今随枣走廊西口外、今滚河入唐白河后的唐白河下游西北岸地,与之相

① 《史记》卷四十《楚世家》、卷四《周本纪》,中华书局 1982 年版,第 1692、123 页。
② 参见徐中舒:《殷周之际史迹之检讨》,《徐中舒历史论文选辑》,中华书局 1998 年版,第 688 页。
③ 参见叶植:《试论楚熊渠称王事所涉及到的历史地望问题》,载楚文化研究会编:《楚文化研究论集》第四集,河南人民出版社 1994 年版,第 401 页。
④ 参见顾颉刚:《牧誓八国》,《史林杂识初编》,中华书局 1963 年版,第 31 页。
⑤ 参见童书业:《春秋时濮族所在》,《童书业历史地理论集》,中华书局 2004 年版,第 361 页。
⑥ 参见徐中舒:《巴蜀文化续论》,《徐中舒历史论文选辑》,中华书局 1998 年版,第 1086 页。

邻近的百濮,其地当在今枣阳市境桐柏、大洪两山间的山区丘陵地带①。段渝则据"百濮离居"认为百濮居地当不限于一处,而是在西周时代的南土有广泛的分布,襄阳以西到竹山以南和襄阳以东汉水东北岸及滚河下游一带,均为西周时代百濮离居之地。② 虽各家说法不一,但西周春秋时的濮,大体当在汉水中游至上游部分地区,今鄂北地区一带,就区域而言,可以认为上述各家的意见是基本一致的。又濮字从水,《左传》昭公十九年载"楚子为舟师以伐濮"③,则濮之民族,必与水有关,此水必为汉水或其支流。由此论之,濮当在汉水中上游两岸地区居住,与庸、邓及西周晚期以后的楚国相去不远。

4. 邓国

邓国,本为中原古族,夏商以前邓部族就在黄河流域有了广泛的活动。④ 邓国地望,旧说在今河南邓县⑤,不确。据石泉先生考证,周代邓国当在今襄樊市西北 5 千余米的古邓城遗址⑥,此说证据确凿,令人信服。邓城城址面积约 60 万平方米,至今保存较好,城址尚未发掘,邓城以东的沈岗墓地曾发现一座西周墓,出土陶器组合为簋、豆、罐,年代为西周中期晚段;⑦城址北部的韩岗遗址发现了春秋早期以来的遗迹和遗物;⑧邓城以北 15 千米处的黄集镇小马家遗址发现三个西周时期的灰坑,其中的 H3 可早至西周早期后段的康王时期,H1 不晚于西周中期偏早阶段,大致相当于昭、穆王时期,H2 为西周中期偏晚阶段,大

---

① 参见石泉:《春秋"百濮"地望新探》,载《古代荆楚地理新探·续集》,武汉大学出版社 2004 年版,第 10—11 页。

② 参见段渝:《西周时代楚国疆域的几个问题》,《中国史研究》1997 年第 4 期。

③ 《左传》昭公十九年,《春秋经传集解》,上海古籍出版社 1988 年版,第 1440 页。

④ 参见徐少华:《周代南土历史地理与文化》,武汉大学出版社 1994 年版,第 10 页。

⑤ 参见(清)顾祖禹:《读史方舆纪要》卷五一,河南六"邓州"条,中华书局 2005 年版,第 2414 页。

⑥ 参见石泉:《古邓国、邓县考》,载《古代荆楚地理新探》,武汉大学出版社 1988 年版。

⑦ 参见襄樊市文物考古研究所:《襄樊沈岗西周墓发掘简报》,载襄樊市文物考古研究所编:《襄樊考古文集》第一辑,科学出版社 2007 年版。

⑧ 参见湖北省文物考古研究所:《湖北襄阳邓城韩岗遗址发掘报告》,《江汉考古》2002 年第 2 期;襄樊市博物馆:《湖北省襄樊市邓城遗址试掘简报》,《江汉考古》2004 年第 2 期。

致相当于共、懿、孝王时期;①邓城以东不到 1 千米处的黄家村遗址亦发现西周晚期至战国早期的遗存,并发现有西周中期的遗物。考古界据此推测,邓城至少从西周中期开始就是邓国都城之所在。② 另据北宋时所出的"安州六器"中的《中甗》铭文,周昭王南征时,事先曾派大臣"中"到"方、邓"等地视察,唐兰先生认为此邓即邓国③,与《左传》所记詹桓伯之言相合。

5. 绞国

绞,为汉水中游的一小国,地处今谷城县境④,绞在《左传》中被称为"绞人",可能其并未得到周朝的封爵,当非周之封国,绞国的族属亦不明,但从其与庸、谷等国相邻来看,其文化当去谷、邓等国不远,另绞国曾于鲁桓公十一年参与随、州、蓼、郧的伐楚联盟,表明其与汉阳诸姬也有一定的联系。

(三)随枣走廊

随枣走廊为南阳盆地通往江汉平原东端、江汉交会处的通道,在南北交通上有重要意义,也是西周在南土的重要区域,西周在随枣走廊东端分布有西蓼,中端则有唐国,东端则有曾、鄂、厉诸国,均为重要诸侯,并且是昭王南征的前进基地。

1. 西蓼

周代有三个蓼国,一在南阳盆地,是为西蓼;一在淮河中游的河南固始县,是为东蓼;此外,还有作为"群舒"之一的舒蓼。⑤

西蓼国见于《左传》桓公十一年,蓼与郧、随、绞、州诸国谋伐楚而

---

① 参见襄樊市文物考古研究所、襄阳区文物管理处:《襄阳黄集小马家遗址的简报》,载襄樊市文物考古研究所编:《襄樊考古文集》第一辑,科学出版社 2007 年版。

② 参见王先福:《邓城——樊城演进历程考》,《襄樊学院学报》2007 年第 1 期。

③ 参见唐兰:《论周昭王时代的青铜器铭刻》(上编)《"中甗"考释》,《古文字研究》第二辑,中华书局 1981 年版,第 88 页。

④ 参见石泉:《楚都何时迁郢》,载《古代荆楚地理新探》,武汉大学出版社 1988 年版,第 354 页;李海勇:《古绞国地望蠡测》,《江汉考古》1997 年第 4 期。

⑤ 参见徐少华:《周代南土历史地理与文化》,武汉大学出版社 1994 年版,第 54 页。

未成。杜预注:"蓼国,今义阳棘阳县东南有湖阳城。"①蓼,又写作鄝,按蓼、廖、飂、鄝均为一字之异文,均从翏得声。其地所在,《汉书·地理志》南阳郡"湖阳"县班固原注:"故蓼国也。"②

自班固、杜预以后,历代地理著作如《水经注》《通典》《寰宇记》《方舆纪要》等一致认为古湖阳县(今为唐河县湖阳镇)为古蓼国之所在。③ 此地还有蓼山,《隋书·地理志》舂陵郡"湖阳"县下曰"有蓼山"④。《寰宇记》亦云:"蓼山,在县东北二里。"《大明一统志》卷三十,南阳府山川"蓼山"条云:"在唐县南九十里,古蓼国地,上有蓼王庙。"⑤《大清一统志》卷二一〇,《南阳府》山川"蓼山"条亦云:"在唐县南九十里,去湖阳城二里,古蓼国以此名,山上有蓼王庙。"⑥可见,西蓼国在今河南唐河县南,邻近湖北枣阳县的湖阳镇一带。

2. 唐国

唐国见于《国语·郑语》:"当成周者,南有荆蛮、申、吕、应、邓、陈、蔡、随、唐。"韦昭注:"应、蔡、随、唐,皆姬姓也。"⑦表明唐为周之宗室,汉阳诸姬之一,成周以南的重要诸侯。另安州六器之"中𣪘"铭文:"王大省公族于庚,振旅。""庚"字李学勤先生释为"唐",即江汉之唐国⑧,李说为学界所认同。

唐国地望旧有二说。《汉书·地理志》南阳郡"舂陵"县原注:"侯

① 《左传》桓公十一年,《春秋经传集解》,上海古籍出版社 1988 年版,第 106 页。

② 《汉书》卷二八《地理志》,中华书局 1962 年版,第 1564 页。

③ 参见《水经注》卷二九《比水》,杨守敬、熊会贞:《水经注疏》,江苏古籍出版社 1989 年版,第 2485 页;(唐)杜佑:《通典》卷一七七《州郡七》,唐州"湖阳"县,中华书局 1988 年版,第 4672 页;(宋)乐史:《太平寰宇记》卷一四二《山南东道·唐州》,唐州"湖阳"县,中华书局 2007 年版,第 2762 页;(清)顾祖禹:《读史方舆纪要》卷五一《南阳府》唐县"湖阳城"条,中华书局 2005 年版,第 2407 页。

④ 《隋书》,中华书局 1973 年版,第 892 页。

⑤ 《大明一统志》,三秦出版社 1990 年版,第 520 页。

⑥ 《大清一统志》嘉庆本,上海古籍出版社 2008 年版,第 309 页。

⑦ 《国语》卷十六《郑语》"史伯为桓公论兴衰"章,上海古籍出版社 1978 年版,第 507 页。

⑧ 参见江鸿:《盘龙城和商朝的南土》,《文物》1976 年第 2 期。

国,故蔡阳白水乡。上唐乡,故唐国。"①春陵侯国为元朔五年武帝分封
长沙定王子刘买,是据推恩令列长沙国而封,初在长沙国附近,别属零
陵郡②,至其孙刘仁时,"上书求减邑内附。元帝初元四年,徙封南阳之
白水乡"③。《左传》宣公十二年杜预注:"义阳安昌县东南有上唐乡",
晋安昌县即前汉春陵县④,是唐国位于汉春陵县(晋安昌县)之东南。
唐张守节《史记正义》引《括地志》:"上唐乡故城在随州枣阳县东南百
五十里,古之唐国也。《世本》云唐,姬姓之国。"⑤其后地理志书均将
上唐乡故城定在随州西北的唐城一带,今随州西北约 40 千米的唐县
镇⑥,近世学者亦颇从之。⑦ 清江永《春秋地理考实》则提出古唐国在
唐之唐州、当时的河南南阳府唐县⑧,石泉先生经详细考证,亦认为古
唐国不在今随枣走廊内,而应在南阳盆地的今唐河县南境⑨。近期田
成方综考文献、清人观点和出土唐国铜器、清华简《系年》等,提出唐县
镇为古唐国始封地和早期居地,故文献中称为"上唐",而唐河县则是
春秋晚期唐国、楚唐县之所在。⑩ 今按,《国语》所载西周晚期史伯之言
及《左传》所载春秋末楚大夫子谷之言:"观丁父,鄀俘也,武王以为军
率,是以克州、蓼,服随、唐,大启群蛮。"⑪皆以随、唐并称,可见至少西

① 《汉书》卷二八上《地理志上》,中华书局 1962 年版,第 1564 页。
② 参见马孟龙:《西汉侯国地理》,上海古籍出版社 2013 年版,第 272—273 页。
③ 《后汉书》卷十四《宗室四王三侯列传·城阳恭王祉传》,中华书局 1965 年版,第 560 页。
④ 参见《水经注》卷二八《沔水中》"洞水"条,杨守敬、熊会贞:《水经注疏》,江苏古籍
   出版社 1989 年版,第 2382 页。
⑤ 《史记》卷四十《楚世家》,中华书局 1982 年版,第 1716 页。
⑥ 参见(清)顾祖禹:《读史方舆纪要》卷七七,《德安府》随州"唐城"条,中华书局 2005
   年版,第 3618 页。
⑦ 参见杨伯峻:《春秋左传注》宣公十二年,中华书局 1981 年版,第 740 页。
⑧ 参见(清)江永:《春秋地理考实》宣公十二年"唐"条,《皇清经解》卷二五三,第 20
   页;《春秋战国史研究文献丛刊》第四册,国家图书馆出版社 2009 年版,第 88 页。
⑨ 参见石泉:《从春秋吴师入郢之役看古代荆楚地理》,载《古代荆楚地理新探》,武汉
   大学出版社 1988 年版。
⑩ 参见田成方:《汉淮地区唐国铜器及其历史地理考论》,载出土文献与中国古代文明
   研究协同创新中心中国人民大学分中心编:《出土文献的世界:第六届出土文献青
   年学者论坛论文集》,中西书局 2018 年版。
⑪ 《左传》哀公十七年,《春秋经传集解》,上海古籍出版社 1988 年版,第 1829 页。

周晚期至春秋早期时随、唐二国当较邻近。田成方之说认为,早期唐国
当在枣阳东南、随州西北的唐县镇一带。

3. 曾国

商代时已有曾国,在甲骨文中有"王次于曾""克曾"等,于省吾《释
曾》一文认为:"甲骨文曾字常见,每用为地名"①。此商代曾国见于武
丁时期的征伐卜辞:

> 乙未[卜],贞:立事[于]南,右比[我],中比舆(举),左比曾。
> 乙未卜,贞:立事[于南],右比我,[中]比舆(举),左比[曾]。
> 十二月。②

这两条卜辞均与武丁南征有关。李学勤先生认为曾在今湖北、枣阳、随
县、京山到河南西南的新野这一范围内。③ 此商代曾国与商王朝的关
系,张昌平认为:"武丁时期应当是臣服于商,而廪辛、文丁时期则可能
出现交恶的情形。"④

西周早期的曾国,叶家山曾国墓地证实西周早期时,曾国在今随州
以东淅河镇的叶家山附近。另据调查,在叶家山以南 1 千米处,有一处
面积达 30 万平方米的庙台子聚落群遗址,可能是西周早期的曾国国都
所在。⑤ 叶家山曾国墓地与安居羊子山一带的鄂国,相距仅 25 千米,
表明西周早期时,曾、鄂两国均在今随州地区。

2009 年,随州文峰塔一号墓出土春秋晚期曾侯舆钟铭文⑥,文中自

---

① 于省吾:《释曾》,载于省吾:《甲骨文字释林》,中华书局 1979 年版。
② 郭沫若主编,胡厚宣总编:《甲骨文合集》第 3 册,中华书局 1978 年版,第 5504、
   5512 片。
③ 参见江鸿:《盘龙城与商朝的南土》,《文物》1976 年第 2 期。
④ 张昌平:《曾国青铜器研究》,文物出版社 2009 年版,第 360 页。
⑤ 参见黄凤春、陈树祥、凡国栋:《湖北随州叶家山新出西周曾国铜器及相关问题》,
   《文物》2011 年第 11 期。
⑥ 参见湖北省文物考古研究所、随州市博物馆:《随州文峰塔 M1(曾侯舆墓)、M2 发
   掘简报》,《江汉考古》2014 年第 4 期;徐少华:《论随州文峰塔一号墓的年代及其学
   术价值》,《江汉考古》2014 年第 4 期。

叙其先祖:"伯适上庸(用),左右文武,达(挞)殷之命,抚奠(定)天下。王遣命南公,营宅汭土,君此淮夷,临有江夏。"是说曾国的祖先伯适(南公)因为辅佐周文王、武王伐商、革除殷命、安定天下有功而被分封于南土,统治淮夷,监领江汉。目前学界已倾向认为南公即商末周初的周室名臣南宫适(括),为曾国之祖。① 2019年出土的曾公编钟铭文则谓:"皇且(祖)建于南土,敝蔡南门,质应京社,适于汉东。南方无疆,涉征淮夷,至于繁阳。"②句意为庇守蔡国南门,应国都邑,至于汉水以东的广阔疆域,后文又谓"邵王南行,豫(舍)命于曾:'咸成我事,左右有周,易(赐)之甬(用)钺,用政南方。'"学者认为曾国在昭王时期曾二次受命,进一步扩大了曾国在周代南土的权重和影响,昭王"赐之用钺"确立了曾国在蔡国、应国以南、汉水以东的周人"南土"地区的核心地位,这大概是"汉东之国随(曾)为大"的最初渊源。③ 文献记载西周初年成王在周公的辅佐下平定三监之乱后,分封太公、周公、召公诸大臣立国于东土、北土,镇抚诸侯、藩屏王室。而曾国的地位与鲁、燕颇为类似,为西周在南土的统治中心。

4. 鄂国

鄂原为中原古国,商末鄂侯与西伯昌、九侯并称三公④,商代鄂国原在黄河以北的沁水流域,其地望大致不出今沁阳县城或略偏南一带⑤。周代鄂国地望则有东鄂和西鄂两说,东鄂在今鄂州,西鄂在今南阳北。对于周代鄂国地望,学术界曾有长期的争论,东鄂说和西鄂说均有学者力主,二说相持不下。

东鄂说认为鄂国在今湖北鄂州一带,以王国维、陈梦家、殷崇浩、陈

① 参见黄凤春、胡刚:《再说西周金文中的"南公"——二论叶家山西周墓地的族属》,《江汉考古》2014年第5期。
② 郭长江、凡国栋、陈虎等:《曾公编钟铭文初步释读》,《江汉考古》2020年第1期。
③ 参见田成方:《曾公钟铭初读》,《江汉考古》2020年第4期。
④ 参见《史记》卷三《殷本纪》、卷八三《鲁仲连邹阳列传》,中华书局1982年版,第106、2463页;《战国策》卷二十《赵策三》"秦围赵之邯郸"章,上海古籍出版社1985年版,第707页。
⑤ 参见徐少华:《周代南土历史地理与文化》第二章第二节《鄂国》,武汉大学出版社1994年版。

佩芬、刘翔等学者为代表。近代学者中,以王国维最早主张东鄂说。①
陈梦家在《西周铜器断代》一文中亦论及鄂的位置,他根据上海博物馆所
藏的"鄂叔簋""鄂侯弟卣""鄂季簋"所出土之地——武昌,认为西周时
期鄂国的地望在东鄂。② 殷崇浩在《楚都鄂补》中综合考虑了鄂地的地理
位置,从军事防御方面论证东鄂说。③ 刘翔在《周夷王经营南淮夷及其与
鄂之关系》一文中,根据对周夷王征伐南淮夷历史的考证,加上对相关有
铭青铜器的解读,认为鄂国地望是在东鄂,而且正是由于鄂国与南淮夷
的关系密切才导致鄂国的灭亡。④ 陈佩芬也认为鄂国应在东鄂,即今湖
北鄂城一带。⑤ 此外,罗运环、张正明等先生也倾向于东鄂说。⑥

西鄂说则认为西周鄂国在南阳盆地的汉代西鄂县故城一带。以徐
中舒、马承源、张剑、黄盛璋、徐少华、张昌平等学者为代表。20 世纪 50
年代,徐中舒先生在系统研究《禹鼎》铭文时,认为西周鄂国的地望应
如《楚世家》正义所说,位于南阳盆地内的西鄂故城⑦,黄盛璋认为《禹
鼎》记载的"禹以武公徒驭至于噩,敦伐噩京,休获厥君驭方",此噩即
西鄂,在今南阳市北。⑧ 马承源⑨、张剑⑩,亦同此说。20 世纪 90 年代,
张昌平从姞姓之国的分布区域多不出黄河中、下游或中原地区,商周时
期的另外两个姞姓国密须、南燕也是如此,推断姞姓的鄂国活动区域在
中原地区则比较合理。⑪ 徐少华通过对与鄂国相关的青铜器的推断和
解读,包括商代的鄂国的历史及地望、鄂国的南迁、鄂国与南淮夷的关

---

① 参见王国维:《观堂集林》第三册,中华书局 1959 年版,第 890—891 页。
② 参见陈梦家:《西周铜器断代》,中华书局 2004 年版,第 70—72 页。
③ 参见殷崇浩:《楚都鄂补》,《江汉考古》1984 年第 1 期。
④ 参见刘翔:《周夷王经营南淮夷及其与鄂之关系》,《江汉考古》1983 年第 3 期。
⑤ 参见陈佩芬:《上海博物馆新收集的西周青铜器》,《文物》1981 年第 9 期。
⑥ 参见罗运环:《楚国八百年》,武汉大学出版社 1992 年版,第 105 页;张正明:《楚
 史》,湖北教育出版社 1995 年版,第 45 页。
⑦ 参见徐中舒:《禹鼎的年代及其相关问题》,《考古学报》1959 年第 3 期。
⑧ 参见黄盛璋:《朴君述鼎国别、年代及其相关问题》,《江汉考古》1987 年第 1 期。
⑨ 参见马承源:《记上海博物馆新收集的青铜器》,《文物》1964 年第 7 期。
⑩ 参见张剑:《洛阳市博物馆馆藏的几件青铜器》,《文物资料丛刊》第 3 辑,文物出版
 社 1980 年版。
⑪ 参见张昌平:《噩国与噩国青铜器》,《华夏考古》1995 年第 1 期。

系以及鄂国的灭亡,对整个鄂国的历史与地望进行详细的论述,亦主张鄂国地望当以西鄂说为是。① 又 20 世纪发现的《鄂君启节》铭文,虽然为战国晚期文物,但楚国的鄂君所在,亦当与西周鄂国有关联,因此从《鄂君启节》来论证鄂地所在,就成为又一重要途径。在这方面,日本学者船越昭生在 1972 年《东方学报》(京都版)发表论文《鄂君启节考》,主张"西鄂说",将《鄂君启节》铭文之鄂置于河南邓县。陈伟又对鄂君启节之鄂进行了进一步的讨论,从古文字角度论证鄂地应在西鄂,并从《鄂君启节》铭文的解读中论证了"东鄂说"的不合理性。② 晏昌贵、郭涛的《〈鄂君启节〉铭文地理研究二题》从鄂君启节铭文解读出发,综合铭文所提及的地点,认为把铭文中的"鄂"理解为西鄂比较合理。③

　　东鄂说与西鄂说都有自己的文献依据和大量的考古材料。但进入 21 世纪以来的最新考古发现表明,两种说法均有局限性。早在 1975 年,随州安居镇羊子山一带曾发现 4 件青铜器,其中一件铜尊有铭文"鄂侯弟历季作旅彝"④,另上海博物馆曾于 20 世纪 50 年代末、60 年代初收集到一件铜卣⑤,洛阳市博物馆也收集到一件铜簋⑥,铭文与羊子山所出鄂侯弟历季尊相同,这 3 件鄂器同为鄂侯之弟历季所作,应为同一组礼器,表明上海、洛阳两地的鄂侯弟历季铜器亦当出于随州羊子山。1980 年羊子山 M1 曾出土 18 件青铜器。⑦ 以上两批青铜器年代皆为西周早期。曹淑琴曾据此提出鄂的地望从江汉平原一带着手探索可能更为合理,并认为随州出土鄂侯弟历季铜器为在汉水下游寻找鄂

----

① 参见徐少华:《周代南土历史地理与文化》,武汉大学出版社 1994 年版;徐少华:《鄂国铜器及其历史地理综考》,《考古与文物》1994 年第 2 期。

② 参见陈伟:《〈鄂君启节〉之"鄂"地探讨》,《江汉考古》1986 年第 2 期。

③ 参见晏昌贵、郭涛:《〈鄂君启节〉铭文地理研究二题》,《华北水利水电学院学报》2012 年第 5 期。

④ 随州市博物馆:《湖北随县发现商周青铜器》,《考古》1984 年第 6 期。

⑤ 参见马承源:《记上海博物馆新收集的青铜器》,《文物》1964 年第 7 期。

⑥ 参见张剑:《洛阳市博物馆馆藏的几件青铜器》,《文物资料丛刊》第 3 辑,文物出版社 1980 年版。

⑦ 参见随州市博物馆:《湖北随县安居出土青铜器》,《文物》1982 年第 12 期。

国故城遗址提供了远比其他地点更为可信的依据，今后如能加强这一地区的考古工作，或可解开鄂地之谜。① 到 2007 年时，随州地区考古工作的进展验证了这一预言。

2007 年 11 月，湖北随州安居羊子山 M4 出土了青铜器 27 件，其中大部分铜器上有"鄂"或"鄂侯"铭文，年代属于西周早期。② 可见，随州安居羊子山 M4 的墓主人可能是西周早期的某一代噩（鄂）侯，即鄂国的国君，安居羊子山应为西周早期的鄂国公室墓地。③ 而墓地与居地是有联系的，墓地一般距居地不太远，因此西周早期的鄂国应在随州安居附近。

由于羊子山 4 号墓的发现，使西周早期鄂国地望得以清晰起来，因此学者普遍认为西周早期的鄂国确在随州安居附近。④ 而在安居羊子山鄂国墓地附近，正有一处安居遗址。据 1984 年武汉大学荆楚史地与考古研究室调查，安居遗址大体分布于安居镇及其北面的安居中学之间，中心范围在安居镇与北邻的杨家湾一带，此次调查确定安居遗址有周代遗存。⑤ 安居遗址很有可能就是西周早期的鄂国都城。

可知西周早期时曾、鄂两国均在今随州地区，曾在随州东的淅河镇一带，鄂在随州西的安居镇一带，两地直线距离仅 25 千米，此情形与西周在山东的布局相类似。西周在山东封建有齐、鲁两国，齐在泰山北、鲁在泰山南，鲁为周公之后，姬姓宗亲，齐为太公之后，既是功臣又是姻亲，此为东土情形。南土的曾国为姬姓宗亲诸侯，鄂国则为姞姓姻亲诸侯，可见鄂国在周代南土地理格局中的地位与齐在东土的地位相当。

---

① 参见曹淑琴：《噩器初探》，《江汉考古》1993 年第 2 期。
② 参见随州市博物馆：《随州出土文物精粹》，文物出版社 2009 年版。
③ 参见李学勤：《由新见青铜看西周早期的鄂、曾、楚》，《文物》2010 年第 1 期。
④ 参见张昌平：《论随州羊子山新出噩国青铜器》，《文物》2011 年第 11 期；朱继平：《考古所见楚对鄂东铜矿的争夺与控制》，《中国历史文物》2010 年第 6 期；傅钥、高旭旌：《从羊子山 M4 青铜器群看西周鄂国的地望》，楚文化研究会编：《楚文化研究论集》第九集，上海古籍出版社 2011 年版。
⑤ 参见武汉大学荆楚史地与考古研究室：《随州安居遗址初次调查报告》，《江汉考古》1984 年第 4 期。

5. 厉国

今随州附近还有古厉国。《左传》桓公十三年“楚子使赖人追之”句下杜预注：“赖国在义阳随县。赖人，仕于楚者。”①《汉书》卷二八《地理志（上）》南阳郡“随”县条班固原注：“厉乡，故厉国也”；颜师古注：“厉读曰赖”。②《左传》昭公四年载楚率诸侯之师“灭赖”，而《公羊》《穀梁》二传并作“灭厉”，可见赖国即厉国，地在随县境内之厉乡。据徐少华教授考证，此古厉国在今随州市东北50余千米的殷店一带。③

太保玉戈铭文亦载有厉侯，陈梦家、李学勤均以为即《左传》与《汉书·地理志》所载位于随州北境之古厉国。④ 又安州六器之中觯铭载有侯，李学勤先生释为厉，即古厉国。⑤

（四）长江北岸

周人自太王居岐后即大力经营南土，随枣走廊东端的今随州地区成为周人经营南方的重要基地，封建有曾、鄂、厉等重要诸侯，至昭王时期，周人以曾、鄂等国为据点发动了大规模的攻势，周势力由随州地区向南延伸至长江北岸，在孝感地区和距盘龙城不远的黄陂鲁台山建立据点。

1. 中与福土

北宋末年在孝感县（时属安州）出土六件西周早期的有铭铜器，后学术界统称为“安州六器”。据宋薛尚功《历代钟鼎彝器款识法帖》和王黼《博古图录》记载，此六器于宋徽宗重和戊戌（1118年）出土，时人以为天降祥瑞，送到京城后，由蔡京献给皇帝。又安州六器名为六器，但实为九器。⑥

安州六器的作器者为“中”，据张亚初先生考证，“中”并非一般的

---

① 《左传》桓公十三年，《春秋经传集解》，上海古籍出版社1988年版，第112、113页。

② 《汉书》卷二八上《地理志上》，中华书局1962年版，第1565页。

③ 参见徐少华：《古厉国历史地理考异》，载《荆楚历史地理与考古探研》，商务印书馆2010年版。

④ 参见陈梦家：《西周铜器断代》（二），《考古学报》1955年第2册；《西周铜器断代》（五），《考古学报》1956年第3期；江鸿：《盘龙城与商朝的南土》，《文物》1976年第2期。

⑤ 参见江鸿：《盘龙城与商朝的南土》，《文物》1976年第2期。

⑥ 参见宋焕文：《安州六器辨正》，《江汉考古》1989年第2期。

王朝职官，而是生活在汉水一带的地方诸侯，为汉阳诸姬之一，熟悉当地情形，地在今随县均川附近。① 张亚初先生对"中"的考释非常精到，不过据张懋镕研究，周人不用日名②，而中甗铭文"用作父乙宝尊彝"，可见"中"的父亲名"父乙"，因此"中"是否为姬姓诸侯和"汉阳诸姬"之一，还应更深入研究。当然对周人不用日名，这本身还有深入讨论的必要③，张懋镕先生本人也认为要全面理解与引用"周人不用日名说"④。但无论"中"是否为"汉阳诸姬"之一，其为汉东地区的地方诸侯，且在昭王南征中发挥了重大的作用当无可疑。

孝感一带"中"器的出土并非仅北宋这一次。据光绪《孝感县志》记载，明万历二年(1574 年)甲戌九月，孝感县城拓展城墙，民工挖得一匣，匣中出古鼎一件，有铭文 60 字，据王世贞考订，为周初南宫仲父方鼎，稽正薛尚功《历代钟鼎彝器款识》，文字皆合。⑤ "中"器屡出于孝感，看来并不是偶然情形，从"中"携带重器驻于孝感一带来看，应该就是在此时被昭王安置在孝感地区，负有在长江北岸建立稳定统治的重任。《中方鼎》铭文记载昭王赐予中"[illegible]"，此字薛氏释为"懷"、王氏释为褔，至唐兰定为"褔"⑥，此后学者多从之。"褔土"为昭王赐予中之采邑，其地所在，李学勤先生认为安州(即孝感)为《中方鼎》铭文中昭王赐予"中"之"褔土"。⑦ 王长丰则认为"褔土"为"中"受封之采邑，中方鼎出土地应在受赐者宗庙所在今孝感附近。⑧ 但不论孝感地区是

① 参见张亚初：《论鲁台山西周墓的年代和族属》，《江汉考古》1984 年第 2 期。

② 参见张懋鎔：《周人不用日名说》，《历史研究》1993 年第 5 期。

③ 参见周言：《"周人不用日名说"考》，《九州学林》2010 年冬季号，上海人民出版社 2011 年版。

④ 张懋鎔：《再论"周人不用日名说"》，《文博》2009 年第 3 期；又见张懋镕：《古文字与青铜器论集》第三辑，科学出版社 2010 年版。

⑤ 参见宋焕文：《安州六器辨正》，《江汉考古》1989 年第 2 期。

⑥ 参见唐兰：《论周昭王时代的青铜器铭刻》，《古文字研究》第二辑，中华书局 1981 年版，第 90 页。

⑦ 参见李学勤：《中方鼎与周易》，《文物研究》第 6 辑，黄山书社 1999 年版。

⑧ 参见王长丰：《西周"[illegible]"土考——再释〈中作父乙方鼎〉之"[illegible]"土及其地望》，《江汉考古》2006 年第 2 期。

"中"地还是"中"之封邑"福土",孝感地区在西周早期时为周之重要据点当无疑问,且与昭王南征有关。

但昭王大军南征时发生了意外,六师尽丧,昭王本人也殒命于汉中。从安州六器的出土情形来看,六器是出于田野中,应是窖藏而非墓葬。由此看来,"中"可能是遭逢重大事变,以致遗弃重器仓皇撤退。这应当就是昭王大军意外覆没后,周人原准备挟战胜之威在当地建立稳定统治的打算成了泡影,导致了周人在长江北岸地区的紧急撤退,而且这种撤退相当狼狈。

2. 黄陂鲁台山西周遗存与"长子"

1977 年至 1978 年,湖北省博物馆、孝感地区博物馆和黄陂文化馆在武汉附近的黄陂县城关镇(今黄陂区鲁台镇)的鲁台山发掘了一批两周墓葬和一个灰坑,其中有五座西周贵族墓葬,出土大批陶器、青铜器、玉器、原始瓷器等,其中有 47 件铜器,9 件有铭文。[①]

鲁台山西周墓的年代,发掘者认为 M28、M34、M36 为成王时期,M30为康王时期,M31 为昭王至穆王时期。[②] 但张亚初重新考订后认为,鲁台山 M28 为成康之际,M36、M34 为康王时期,M30、M31 为昭王时期。[③]

鲁台山西周遗存的规格很高。从规模上看,在滠水左岸的鲁台山范围内,分布着许多两周古文化遗迹。整个遗址南北长 1625 米,东西宽 775 米,总面积约 1259375 平方米,在墓地的周围及西周墓葬填土中,发现有商代二里岗期的红陶、灰陶鬲足,西周时期的红陶豆柄,东周时期的泥质灰陶豆,推断这一带还有商周时期的遗址。在鲁台山对岸还有椅子山遗址,文化内涵与鲁台山相同,面积约 30000 平方米。若两地同属西周时期的居住遗址,这个规模是很大的。这些说明鲁台山遗址在当时可能是一处区域性的政治、经济、文化中心。在墓葬等级上,鲁台山 M30 墓室长 6 米,宽 3 米,有 8 米长的墓道,平面呈"甲"字形,

---

① 参见黄陂县文化馆、孝感地区博物馆、湖北省博物馆:《湖北黄陂鲁台山两周遗址与墓葬》,《江汉考古》1982 年第 2 期。

② 参见陈贤一:《黄陂鲁台山西周文化剖析》,《江汉考古》1982 年第 2 期。

③ 参见张亚初:《论鲁台山西周墓的年代和族属》,《江汉考古》1984 年第 2 期。

出土 14 件铜器和车马饰、玉瑗等。根据目前的材料及有关研究,商周墓葬有墓道,并出有不同方鼎者,只有王和王室重臣,及诸侯夫妇或方国国君夫妇。① 因此,M30 墓主身份当为仅次于王和王室重臣的诸侯夫妇或方国国君夫妇,这也与鲁台山遗址的规模相称。

鲁台山 M30 出土八件有铭铜器,可分为两组:一组是"长子狗"为其"父乙"作器;一组是"公大史"为其女"姬弄"所作。据张亚初研究,这个"公大史",不是毕公高之子,就是召公奭之子,毕公高或召公奭均为周初重臣。② 则鲁台山 M30 的墓主,不是姬弄就是其配偶(毕公高或召公奭之孙女婿),其身份为诸侯国君或其夫人。③ 至于"长子狗"的族属,张亚初认为系箕子之后或辛甲之后,黄锡全则认为当系殷墟甲骨文中向商王贡龟的"长子"方国,周灭商后又臣服于周。④

鲁台山与盘龙城相去不过 30 千米左右,二地皆在先秦时代的汉水入江处,广义而言均属江汉之会。鲁台山的"长子",在周代南方政治地理中的地位,可能与商人所建之盘龙城有相似之处,即作为中原王朝在南方经营的基地,向长江流域的广大地区扩展势力,进而打通与鄂赣铜矿区的联系,保障铜锡资源的供给,从而恢复商代以盘龙城为中心控制长江中游地区的政治地理格局。但由于昭王丧六师于汉,周人的这一意图成为泡影。

第二节　昭王南征

西周早期时昭王南征,是西周史上的一件大事,其事见于《左传》《吕氏春秋》《楚辞》《竹书纪年》等文献。一般认为昭王南征是伐楚国,出土金文中亦屡见昭王南征楚荆事,因此昭王南征亦与早期楚史和楚文化研究有极重要的关系,亦是考订西周时楚国地域和楚都丹阳地

---

① 参见杨宝成、刘森淼:《商周方鼎初论》,《考古》1991 年 6 期。
② 参见张亚初:《论鲁台山西周墓的年代和族属》,《江汉考古》1984 年第 2 期。
③ 参见王光镐:《黄陂鲁台山西周遗存国属初论》,《江汉考古》1983 年第 4 期。
④ 参见张亚初:《论鲁台山西周墓的年代和族属》,《江汉考古》1984 年第 2 期;黄锡全:《黄陂鲁台山遗址为"长子"国都蠡测》,《江汉考古》1992 年第 4 期。

望的重要基点。但这样一件西周史和楚史上的重大事件，却因为周人的隐讳而蒙上了重重迷雾。周昭王南征虽然一度取得重大胜利，但最后却是丧师殒命，古本《竹书纪年》："周昭王十九年，天大曀，雉兔皆震，丧六师于汉。"又云："周昭王末年，夜有五色光贯紫微，其年，王南巡不返。"①这样的结果当然很不光彩，故周人讳言其事，《史记》卷4《周本纪》："昭王之时，王道微缺。昭王南巡狩不返，卒于江上。其死不赴告，讳之也。"由于周人的掩饰，昭王南征便隐藏在历史的迷雾中，文献记载多语焉不详，金文中亦只见获得胜利的昭王十六年第一次南征，因此学者便主要依据金文资料来进行分析，唐兰先生早年即依据昭王时期的铜器铭文资料对昭王南征作过较详细的探讨②，后来尹盛平穷搜金文，以金文来复原昭王南征的情形③，黄锡全等学者则主要依据安州六器铭文探讨昭王南征④。本节则在学者已有的研究成果的基础上，对周昭王南征楚荆一事再作考察。

一、昭王南征对象非楚国

昭王南征的对象究竟是谁，这是首先要弄清楚的问题。文献记载中，昭王南征的对象是"楚"或"楚荆""荆"。

《左传》僖公四年：

> 齐侯以诸侯之师侵蔡。蔡溃，遂伐楚。楚子使与师言曰："君处北海，寡人处南海，唯是风马牛不相及也，不虞君之涉吾地也何故？"管仲对曰："昔召康公命我先君大公，曰：'五侯九伯，女实征

---

① 方诗铭、王修龄：《古本竹书纪年辑证》，上海古籍出版社 2005 年版，第 46 页。又本节所引《竹书纪年》均出自此书，不另注。

② 参见唐兰：《论周昭时代的青铜器铭刻》，《古文字研究》第二辑，中华书局 1981 年版。

③ 参见尹盛平：《金文昭王南征考略》，《陕西历史博物馆馆刊》第二辑，三秦出版社 1995 年版；又见尹盛平著《西周史征》，陕西师范大学出版社 2004 年版。

④ 参见黄锡全：《湖北出土商周文字辑证》，武汉大学出版社 1992 年版；刘礼堂：《关于周昭王南征江汉地区有关问题的探讨》，《江汉考古》2000 年第 3 期。

之,以夹辅周室!'赐我先君履,东至于海,西至于河,南至于穆陵,北至于无棣。尔贡包茅不入,王祭不共,无以缩酒,寡人是征。昭王南征而不复,寡人是问。"对曰:"贡之不入,寡君之罪也,敢不共给。昭王之不复,君其问诸水滨!"

古本《竹书纪年》:

周昭王十六年,伐楚荆,涉汉,遇大兕。

今本《竹书纪年》:

(昭王)十六年,伐楚,涉汉,遇大兕。

(昭王)十九年春,有星孛于紫微,祭公、辛伯从王伐楚。天大曀,雉兔皆震,丧六师于汉。王陟。

金文资料中,昭王南征的对象亦是"楚"或"楚荆""荆"。
《令簋》:

唯王于伐楚伯,在炎。①

《㲃馭簋》:

---

① 中国社会科学院考古研究所编:《殷周金文集成释文》4300、4301,香港中文大学中国文化研究所 2001 年版;华中师范大学中国文字研究与应用中心编:《金文引得》5038,广西教育出版社 2001 年版。按《令簋》铭文无绝对纪年,其年代有成王、康王、昭王三说:郭沫若《两周金文辞大系》认为《令簋》系成王时器,唐兰则认为《令簋》系昭王时器,参见唐兰:《论周昭王时代的青铜器铭刻》,载《古文字研究》第二辑,中华书局 1981 年版;王光镐则据类型学从器型上考证《令簋》系昭王时器,参见王光镐:《商代无楚》,《江汉论坛》1984 年第 1 期;彭裕商则据从纹饰、铭文字体、辞例诸方面断为昭世,参见彭裕商:《西周青铜器年代综合研究》,巴蜀书社 2003 年版,第 257、258 页。

狀馭從王南征,伐楚荆,有得,用作父戊寶尊彝。①

《過伯簋》:

過伯從王伐反荆,孚金,用作宗室寶尊彝。②

《鴻叔簋》:

鴻叔從王員征楚荆,在成周,諆作寶簋。③

《驫簋》:

驫從王伐荆,孚,用作餗簋。④

《墙盘》:

宏鲁昭王,廣斂楚荆,唯寏南行。⑤

上述诸有铭铜器,据学者研究,除《墙盘》外均系昭王时器,其铭文所记

---

① 中国社会科学院考古研究所编:《殷周金文集成释文》3976,香港中文大学中国文化研究所 2001 年版;《金文引得》4850,广西教育出版社 2001 年版。
② 中国社会科学院考古研究所编:《殷周金文集成释文》3907,香港中文大学中国文化研究所 2001 年版;《金文引得》4819,广西教育出版社 2001 年版。
③ 中国社会科学院考古研究所编:《殷周金文集成释文》3950、3951,香港中文大学中国文化研究所 2001 年版;《金文引得》4843,广西教育出版社 2001 年版。
④ 中国社会科学院考古研究所编:《殷周金文集成释文》3932,香港中文大学中国文化研究所 2001 年版;《金文引得》4703,广西教育出版社 2001 年版。
⑤ 中国社会科学院考古研究所编:《殷周金文集成释文》10175,香港中文大学中国文化研究所 2001 年版;《金文引得》5411,广西教育出版社 2001 年版。

系为周昭王南征史事。① 这些金文记载的昭王南征之对象,亦是"楚"或"荆"。

后世楚通荆,我们在这里暂且不考虑荆、楚关系的产生及演变,只依荆楚相通、楚即荆来讨论。文献与金文均表明,昭王南征的主要对象确实是"楚"。但这个"楚",到底是指什么,却是需要详加考辨的。一般认为,这里的"楚"指楚国,但这个认识恐怕有问题,因为"楚"并不是只有"楚国"这一个含义。清代朴学主张"读书先识字",张之洞说:"由小学入经学者,其经学可信;由经学入史学者,其史学可信"②。因此,欲明辨昭王南征之对象,需先对这个"楚"字下一番训诂的功夫。

检索文献,"楚"字大抵有四义:一是特指某种野生林木。《诗经》卷一之三《汉广》:"翘翘错薪,言刈其楚。"郑《笺》:"楚者,杂薪之中尤翘翘者。"类似用法在《诗经》中多见,如"葛生蒙楚,蔹蔓于野"③,"绸缪束楚,三星在户"④,"交交黄鸟,止于楚"⑤,"扬之水,不流束楚"⑥,"楚楚者茨,言抽其棘"⑦,从《诗经》所述来看,楚是一种分布很广的野生林木,不仅南方,北方地区亦多见。二是指中原某些地区。《左传》隐公七年:"戎伐凡伯于楚丘以归";僖公二年:"诸侯城楚丘而封卫焉";襄公十年:"宋公享晋侯于楚丘";昭公二十二年:"王师军于京楚"。这些楚丘、京楚,皆在中原,而这些地方以楚为名,可能与楚木有

---

① 参见唐兰:《论周昭王时代的青铜器铭刻》,《古文字研究》第二辑,中华书局 1981 年版。
② 张之洞撰,范希曾补正:《书目答问补正》,上海古籍出版社 2001 年版,第 258 页。
③ 《诗·唐风·葛生》,《毛诗正义》,李学勤主编:《十三经注疏》,北京大学出版社 1999 年版,第 401 页。
④ 《诗·唐风·绸缪》,《毛诗正义》,李学勤主编:《十三经注疏》,北京大学出版社 1999 年版,第 391 页。
⑤ 《诗·秦风·黄鸟》,《毛诗正义》,李学勤主编:《十三经注疏》,北京大学出版社 1999 年版,第 429 页。
⑥ 《诗·王风·扬之水》,《毛诗正义》,李学勤主编:《十三经注疏》,北京大学出版社 1999 年版,第 259 页。
⑦ 《诗·小雅·楚茨》,《毛诗正义》,李学勤主编:《十三经注疏》,北京大学出版社 1999 年版,第 810 页。

关,为中原地区的楚木丛生之地。① 三是指楚蛮。《史记》卷40《楚世家》:"封熊绎于楚蛮",又记楚熊渠称雄江汉,封其三子为王,"皆在江上楚蛮之地"。可知楚蛮为商周时代的一大部族,其历史早于芈姓楚国,而楚国则是在楚蛮之地发展起来的,后来楚通荆,故楚蛮又称荆蛮,但文献中一般多见荆蛮而少见楚蛮,如《诗经》中屡有"荆"和"蛮荆"之称,《国语》《吴世家》《齐世家》《汉书》《竹书纪年》等均称荆蛮。四是指楚国。周成王之时,始封熊绎为诸侯,自此始有芈姓楚国,而芈姓与"楚"发生交集,芈姓一族有"楚人"之称,据清华简《楚居》,始自丽季(即《楚世家》之熊丽):"抵今曰楚人",此前芈姓一族无楚人、楚族之称。

在人文地理的意义上,"楚"则有二义:一是指芈姓楚国;二是指南方楚蛮。芈姓一族自丽季时代起,由中原旧族变身成为楚蛮,而熊绎的封地亦在楚蛮之地,因此楚蛮与芈姓部族和楚国是有交集的,后来楚国与楚蛮完全融合,于是楚国与楚蛮二者,便不大分得清楚。按商代时,只有楚蛮而无楚国,西周及东周早期时,则是楚国与楚蛮并立的局面,此时楚国小而楚蛮大,楚国在楚蛮之内;到了东周时,楚蛮为楚国所并,楚国奄有南方之地,而楚蛮则不再见于史籍。由于东周时楚蛮消失,只有楚国而无楚蛮,于是人们便不免下意识地认为文献中的"楚"必是楚国,其实西周时期,楚蛮与楚国并存于世,而且此时的楚蛮要比楚国大得多。因此,周昭王南征之"楚",须考察到底是楚蛮还是楚国。

流行说法指昭王南征之"楚"为楚国,此说法出现得很早,《楚辞·天问》:"昭后成游,南土爰底? 厥利惟何,逢彼白雉?"东汉王逸注:"言昭王背成王之制而出游,南至于楚,楚人沉之,而遂不还也。"考王逸之言,是以为昭王南征之"楚"为楚国,可见东汉时人已认为昭王所征之"楚"为楚国。而后世学者,亦多信此说,于是昭王南征楚国几成定论。

然昭王南征楚国一说,实有不可解之处。其一,昭王南征的规模很大,《墙盘》说是"奋伐荆楚",《竹书纪年》则说昭王"丧六师于汉",可

———————————
①　王光镐:《商代无楚》,《江汉论坛》1984年第1期。

知昭王南征是尽起六师,倾力南下,则其对手必然相当强大。但周初之时,楚国位卑国小,周封熊绎时,"封以子男之田",楚武王亦曰"乃以子男田令居楚"①,爵称是周爵中最低的子男,按熊绎受封时未得分器(事见《左传》昭公九年),岐阳之会时未得与盟(事见《国语·晋语八》),可见其在周室的地位之低。其封地大小,诸书皆言仅25千米,《史记》卷47《孔子世家》载楚令尹子西曰:"且楚之祖封于周,号为子男五十里";卷14《十二诸侯年表》则称:"齐、晋、秦、楚其在成周微甚,封或百里或五十里"②;至春秋早期,楚地尚"土不过同",杜预注:"方百里为一同,言未满一圻。"孔颖达《正义》:"言田虽至九百里,犹止名同,故云'不过同',非谓百里以下也。"③此亦可证楚国初封时地域之小。昭王之时去周初未久,此时的楚国无论如何不足以成为昭王大举南征的对手。其二,昭王第一次南征时收获颇丰。《过伯簋》言"孚金",《驭簋》云"有得",然此时的楚国既小又穷,恐怕没有那么多的财富(尤其是铜)来让昭王掠夺,楚右尹子革曾说熊绎"辟在荆山。筚路蓝缕,以处草莽,跋涉山林,以事天子。唯是桃弧、棘矢,以共御王事"④,可见初期的楚国是很贫弱的,能拿得出手的东西只有桃木弓、荆条箭,没有那么多的贵金属可供昭王去掠夺。其三,据今本《竹书纪年》:"(穆王)十四年,王帅楚子伐徐戎,克之。"⑤若昭王果真因南征楚国而命丧楚人之手,则周、楚必为不可解的死敌,楚国不可能在穆王十四年还作为周朝的封国参与伐徐之役。而楚国参与穆王伐徐之役,亦表明此时的楚国

---

① (汉)司马迁:《史记》卷40《楚世家》,中华书局1982年,第1695页。

② (汉)司马迁:《史记》卷47《孔子世家》,卷14《十二诸侯年表》,中华书局1982年版,第1932、509页。

③ 《左传》昭公二十三年,(晋)杜预:《春秋经传集解》,上海古籍出版社1988年版,第1504、1506页。

④ 《左传》昭公十二年,(晋)杜预:《春秋经传集解》,上海古籍出版社1988年版,第1356—1357页。

⑤ 今本《竹书纪年》,自王国维以来,学界皆以为伪书,然今人陈力、美籍学者夏含夷等皆认为今本《竹书纪年》不伪,参见陈力:《今本竹书纪年研究》,《四川大学学报丛刊》第28辑,1985年10月版;夏含夷:《古史异观》,上海古籍出版社2005年版。按本书所引今本《竹书纪年》,一般来说与其他文献配合引用,此处为独引,故特加说明。

还在周朝的政治体系之内,在周朝的政治控制之下,这也符合此时楚国的地位与实力。其四,昭王南征楚国一事,不见于《楚世家》,《周本纪》虽言昭王南征,但语焉不详,仅以"康王卒,子昭王瑕立。昭王之时,王道微缺。昭王南巡狩不返,卒于江上。其卒不赴告,讳之也"一语带过,且《周本纪》中,对整个昭王时代之史事,也仅此一句而已。若昭王南征对象果为楚国,则必为楚史上空前的大事,按《史记》体例,司马迁既于《周本纪》一语带过,则当于《楚世家》内详言其事,但《楚世家》记熊绎至熊渠史事曰:"熊绎生熊艾,熊艾生熊䵣,熊䵣生熊胜。熊胜以其弟熊杨为后。熊杨生熊渠。"可见,从熊绎受封,到熊渠称雄江汉,楚国几乎无事可记,仅有一个世系而已,亦反证昭王南征对象不可能为楚国。

因此,昭王南征楚国一说,实难信从。于是一些学者便试图给出另外的解释,龚维英首倡昭王南征对象为殷商遗民之说:"殷、周世代相仇,殷亡,武庚联络三监叛乱失败;周公东征,成王践奄,殷人及其同盟部落,纷纷避往南鄙江汉、淮海一带。周昭王南征,当是主要对付这些夙敌,不料竟为其所害。"[1]近年曹建国又结合出土文物重申其说。[2]王光镐则据黄陂鲁台山西周高等级墓提出荆、楚二国论,主张西周时汉东存在一个强大的荆国,"昭王曾经征伐并惨败而终的汉东方国并非其它,而只能是'荆'"[3]。张正明亦不信昭王南征是伐楚国,认为昭王南征之"楚荆","应是以地名代族名,泛指长江中游江汉之间桀骜不驯的诸多方国和部落,其中的土著被周人称为'荆'或者'楚荆'、'荆蛮'、'荆楚'、'楚蛮',此外还有些是殷人的遗民"[4]。牛世山亦认为昭王南征的对象不是楚国而是荆族,此荆族为商周时代江汉地区的土著

---

[1]　龚维英:《周昭王南征史实索隐》,《人文杂志》1984 年第 6 期。

[2]　参见曹建国:《昭王南征诸事辨考》,《阜阳师范学院学报》(社会科学版) 2003 年第5 期。

[3]　王光镐:《黄陂鲁台山西周遗存国属初论》,《江汉考古》1983 年第 4 期。

[4]　张正明:《楚史》,湖北教育出版社 1995 年版,第 41 页。

居民,后来成为楚国的基本族众。①

但这些新说并不能完全解释昭王南征的对象问题。龚维英、曹建国言昭王南征之对象为殷商遗民,我们相信昭王南征的对象中可能包括殷商遗民在内。这一点,可以得到考古学方面的证实,鄂东蕲春县的毛家咀和新屋湾西周早期遗存,其文化面貌与当地的商周文化迥异,由殷商文化因素与当地土著因素组合而成,以殷商文化为主体,出有典型殷墟风格的铜器,最重要的盂方鼎,作器者为殷王文丁之子盂,因此毛家咀遗址的居民非同一般,他们使用的是殷商王室的重器,学者据此推测该遗址是商亡之后逃窜于此的殷王室成员的居住遗存。② 但此类遗存极为稀少,表明南逃至此的商遗民人数很少,因此殷商遗民最多只是昭王南征对象中的一小部分,且殷商遗民从无楚、荆之称,无从考证楚或荆或楚荆就是殷商遗民。至于王光镐以黄陂鲁台山西周遗存为荆国,亦很难令人信服。鲁台山西周墓规格很高,出有 47 件铜器,其中 10 件有铭文③,从这些金文资料中并不能得出鲁台山西周遗存为荆国的结论。张亚初、黄锡全依据鲁台山出土有铭铜器论证黄陂鲁台山遗址为“长”国或“长子”国④,故黄陂鲁台山西周遗存不可能为荆国。张正明之说别出心裁,虽颇有道理,惜较为笼统,未详加论证。牛世山之言则延续了王光镐荆、楚二分的说法,只是改荆国为商周时代南方广泛存在的荆族,兼有王光镐、张正明二说之长,但在荆楚关系上似乎过于简单,只言荆、楚之分,未对荆与楚之间的联系、荆族为何又有“楚”称作深入探讨,但文献及金文中均明确记录昭王南征的对象是楚或荆或楚荆,仅言昭王南征对象为荆族,其说服力似有不足。

---

① 参见牛世山:《西周时代的楚与荆》,《古代文明》第 5 卷,文物出版社 2007 年版,第 298—299 页。

② 参见程平山:《蕲春毛家咀和新屋湾西周遗存性质略析》,《江汉考古》2000 年第 4 期。

③ 参见黄陂县文化馆、孝感地区博物馆、湖北省博物馆:《湖北黄陂鲁台山两周遗址与墓葬》,《江汉考古》1982 年第 2 期。

④ 参见张亚初:《论黄陂鲁台山西周墓的年代和族属》,《江汉考古》1984 年第 2 期;黄锡全:《黄陂鲁台山遗址为“长子”国都蠡测》,《江汉考古》1992 年第 4 期。

二、昭王南征对象为楚蛮

首先,昭王南征的对象既然不可能是楚国,亦非殷商遗民或荆国,那就只能是楚蛮。楚蛮在《楚世家》中称为楚蛮,在其他文献中则多称为荆蛮,是商周时代的南方居民,为古三苗的后裔,三苗崩溃后在南方形成一个新的族群,是南方居民中与中原关系较密切的一部分,其族源属南方的苗蛮集团。商周时期,楚蛮相当活跃。今本《竹书纪年》:"(帝癸)二十一年,商师征有洛,克之。遂征荆,荆降。"帝癸即夏桀,《越绝书·吴内传》亦谓"汤献牛荆之伯"。可知夏商之际时已有楚蛮。商代后期,武丁曾征楚蛮,今本《竹书纪年》:"(武丁)三十二年,伐鬼方,次于荆"。武丁伐荆,又见于《诗经·商颂·殷武》:"挞彼殷武,奋伐荆楚。罙入其阻,裒荆之旅。有截其所,汤孙之绪。"周初,则有周成王封熊绎于楚蛮,西周晚期,楚熊渠称雄江汉,并封其三子为王,"皆在江上楚蛮之地"①。春秋早期,"楚成王初开荆蛮有之"②,此后楚蛮不见于史籍,当是楚蛮为楚国所并。楚蛮的地域,则大抵在原三苗之居的范围内。商代楚蛮可能是汉水以东以北(含汉水中游沿岸谷地)的商代考古学文化中的一支,周代早期时,这些地区为南土诸国所占,此时的楚蛮当与南土诸国杂居。约当西周中期时,有一支考古学文化进入汉水以南、以西的襄宜平原和沮漳河流域一带③,楚蛮可能是其中的重要组成部分。楚蛮这一族群,虽然人数众多,分布较广,但始终没有如从前的三苗和后来的楚国一样形成一个强大统一的政治体,只是一些分散的部落,这种情形下的楚蛮正适合作为昭王南下侵掠的对象。

其次,昭王南征的主要目的之一是为了掠夺南方的铜锡资源,金文资料证实昭王第一次南征时,掠获颇丰,大小贵族均兴高采烈地作器铭功,然此时的楚国既小又穷,楚蛮却是地广人众,其分布地区资源丰富,

---

① (汉)司马迁:《史记》卷40《楚世家》,中华书局1982年版,第1692页。
② (汉)司马迁:《史记》卷32《齐太公世家》,中华书局1982年版,第1491页。
③ 参见张昌平:《试论真武山一类遗存》,《江汉考古》1997年第1期。

江南的铜矿产地与楚蛮紧邻。宋代出土的安州六器铭文曾详载昭王十六年第一次南征的情形,由安州六器铭文看来,昭王第一次南征的主要区域是汉东地区,第二次南征时殒命之地也在汉水下游①,汉东地区过长江后就是著名的铜绿山矿区,因此楚蛮手中应有大量的铜,昭王南征只有征楚蛮,才能与金文所记南征获铜的情况相吻合,也与昭王南征的主要目的相符合。在青铜时代,铜是极重要的战略资源,张光直认为,青铜器在三代的政治斗争中具有中心地位,"对三代王室而言,青铜器不是宫廷中的奢侈品或点缀品,而是政治权力斗争上的必要手段。没有青铜器,三代的朝廷就打不到天下。没有铜锡矿,三代的朝廷就没有青铜器"②。由于中原地区铜矿资源匮乏,而江南地区铜锡矿藏资源十分丰富,主要的矿区分布在湖北大冶到安徽铜陵一线的长江南岸。因此,学者认为历史上商周王朝进攻南方的主要目的是为了掠夺南方的铜料。③ 张光直甚至认为,三代都城之迁移皆与追求铜锡有关,是对铜锡这一主要政治资源的战略性追求。④ 而昭王大举南征,其目的当也是为了获取江南的铜。⑤

再次,文献记载亦表明昭王南征是征楚蛮而非楚国,《吕氏春秋》卷6《季夏纪》之《音初》云:"周昭王亲将征荆蛮,辛余靡长且多力,为王右。还反涉汉,梁败,王及祭公抎于汉中。"⑥《吕氏春秋》的时代,已是楚、荆通用,故此处的荆蛮即楚蛮,而非楚国。

综上所考,可知周昭王南征之对象,当为楚蛮或荆蛮,非楚国,亦非荆国或殷商遗民。

---

① 参见唐兰:《论周昭王时代出土的青铜器铭刻》,《古文字研究》第二辑,中华书局1981年版;黄锡全:《湖北出土商周文字辑证》,武汉大学出版社1992年版;杨宝成主编、黄锡全副主编:《湖北考古发现与研究》,武汉大学出版社1995年版,第104—107页。
② 张光直:《中国青铜时代》,三联书店1999年版,第36页。
③ 参见裘士京:《江南铜研究》,黄山书社2004年版,第6—11页。
④ 参见张光直:《中国青铜时代》,三联书店1999年版,第55页。
⑤ 参见曹建国:《昭王南征诸事辨考》,《阜阳师范学院学报》(社会科学版)2003年第5期。
⑥ 按今本《吕氏春秋》"荆"下无"蛮"字,据《左传》僖公四年《正义》引补。

三、安州六器铭文史事辨考

安州六器是北宋末年在孝感县(时属安州)出土的六件西周早期的有铭铜器,据宋薛尚功《历代钟鼎彝器款识法帖》和王黼《博古图录》记载,此六器于宋徽宗重和戊戌(1118年)出土,时人以为天降祥瑞,送到京城后,由蔡京献给皇帝。又安州六器名为六器,然据今人考证,安州所出实为九器。① 安州六器的年代,唐兰据《中方鼎》铭文中的"在"字考证:"在字从土才声,与《盂鼎》同,商及周初只有才字,康王末年的《盂鼎》最先见在字,可见此器当在康王以后。"据此唐兰定安州六器为周昭王时器。② 黄锡全从器物形制、纹饰方面及《中甗》铭文"日传昭王鲁休"与周昭王时《善夫克鼎》铭文"克其日用鬻朕辟鲁休"类同分析,亦定其为周昭王时代。③

安州六器记载了西周南征的重大事件,故历来为学者所重视。六器铭文所载史事,唐兰释《中方鼎》铭文曰:"隹王令南宫伐反荆方之年",据此认为"此当是昭王十六年南征前事,当时是先命南宫伐反荆方,而后昭王准备南征,才命中去作前行的"④。因此,唐兰认为安州六器铭文所记即昭王南征楚荆之事。唐兰的观点,是以对"荆"字的考释为基础的,但《中方鼎》铭文中的"南宫伐反荆方"之"荆",古文字学界有不同看法,今日古文字学界多释此字为"虎",因此《中方鼎》铭文中的"南宫伐反荆方"应为"南宫伐反虎方"。南宫所伐之虎方,李学勤先生以为即甲骨文中的虎方。⑤ 由于《中方鼎》铭文中有"南宫伐反虎方"一语,故颇有学者以为安州六器铭文所记是南宫伐虎方⑥,或谓与

---

① 参见宋焕文:《安州六器辨正》,《江汉考古》1989年第2期。

② 参见唐兰:《论周昭王时代的青铜器铭刻》,《古文字研究》第二辑,中华书局1981年版。

③ 参见杨宝成主编、黄锡全副主编:《湖北考古发现与研究》,武汉大学出版社1995年版,第105页;又见黄锡全:《湖北出土商周文字辑证》,武汉大学出版社1992年版。

④ 唐兰:《西周青铜器铭文分代史徵》,中华书局1986年版,第284页。

⑤ 参见江鸿:《盘龙城与商朝的南土》,《文物》1976年第2期。

⑥ 参见杨宽:《西周史》,上海人民出版社1999年版,第555、556页。

昭王南征非是一事①。黄锡全则取折中说,虽认为中器所记南征是伐虎方,但此"虎方"也可能属广义上的"荆楚"②。有鉴于此,需考辨安州六器铭文所记到底是昭王南征楚荆还是南宫伐虎方。

安州六器均有铭文,其中《中方鼎一》和《中方鼎二》铭文相同,《中鼎》铭文则仅四字,实际可供考察的铭文共四篇,按年代先后介绍如下:

《中甗》:

王令中先省南或(国),贯行,轨应在曾。史儿至,以王令曰:"余令女(汝)史(使)小大邦,厥又舍女(汝)刍量,至于女庸小多处(?)。"中省自方、邓、洀(汜)、鄝邦(?),在鄂白(师)鈰(次)。白买父令(?)台(以)厥人戍(?)汉中州,曰段、曰旟。厥人虏廿夫。厥贮者(?)言曰:宾□贝。曰传敬王□休。辪肩又羞。余□□糒,用作父宝彝。③

此篇铭文所叙史事,为中奉王令省视南国,并为昭王南行准备行宫,白买父则在汉水沿岸布置防线。通览全篇,是说中和白买父为昭王南征作准备之事。

《中方鼎一、二》:

佳(唯)王令南宫伐反/虎方之年,王令中先省南或(国),贯行,轨/王庀(居)在夒陴真山。中乎归生凤/于王。轨于宝彝。

------

① 参见刘礼堂:《关于周昭王南征江汉地区有关问题的探讨》,《江汉考古》2000年第3期。
② 杨宝成主编,黄锡全副主编:《湖北考古发现与研究》,武汉大学出版社1995年版,第107页。
③ 本书所引安州六器铭文及考释,均出自前揭《湖北考古发现与研究》及《湖北出土商周文字辑证》,不另注。

这一篇铭文是说中省视南国之事，发生在"南宫伐反虎方之年"，中省视南国的具体内容，则多见于《中甗》铭文。《中方鼎》铭文是许多学者认为安州六器所记是伐虎方而非伐楚荆的依据，但考索文意，此铭文是记中省视南国，而非南宫伐虎方，铭文中的"隹（唯）王令南宫伐反虎方之年"，仅是一个大事纪年，与铭文内容非一事。

《中觯》：

> 王大省公族于庚振/旅。王易（锡）中马，自隬（厉）/侯，四鸦（妈）。南宫兄（贶），王曰/"用先"。中孰王休，用乍（作）父乙宝/障彝。

《中方鼎三》：

> 隹（唯）十又三月庚寅，/王才（在）寒𦎫（次），王令大史兄（贶）福土。王曰兹："中，/福人入事，易（锡）于珷王乍（作）臣。今兄（贶）畀/女（汝）福土，乍（作）乃采。"中对王休令，𢊈父乙/障。/隹（唯）臣尚中臣，七八六六六六，八七六六六六。

这两篇铭文是叙述昭王南征获胜归来后，开庆功会，大赏群臣，"中"于是作器铭功，记录昭王的赏赐。

通览四篇铭文，前二篇是记中省视南国，为昭王南征作准备，后二篇是记昭王南征获胜后，赏赐群臣。由此可知安州六器所记均为昭王南征史事，并不是南宫伐虎方，《中方鼎一》和《中方鼎二》铭文中"南宫伐反虎方之年"，仅是一个大事纪年而已，表示中省视南国之事发生的时间，与铭文所记史事并无直接关系，其例同于楚简中的"大司马悼滑救郙之岁"，"大司马邵阳败晋师于襄陵之岁"，仅表示纪年，并不表示这就是铭文或简文所记史事，铭文或简文所记史事则是另外的内容。

南宫伐虎方一事，又见于近出之《敔甗》：

惟十又[二]月,王[令]南宫[伐][虎]方之年,[惟]正[月]
既死霸庚申,[王]在[宗]周,王□□戴使于繁,易贝[五]□,[戴]
扬对王[休],用乍□□□[彝],子子[孙][孙][永]□□□。

《戴甗》的年代,孙庆伟据器型和铭文考证属西周早中之际,与安州六
器同时代,铭文内容与昭王南征有密切关系,此器已残,铭文也有残缺,
但文义大体清楚,即在王令南宫伐虎方之年的正月,王在宗周令戴出使
于繁,王赐贝,戴作器以纪念之。①

综合《中方鼎》与《戴甗》铭文,看来中省视南国与虎方反叛及南宫
伐虎方之间,也可能有某种联系。推测可能是由于虎方反叛,遂有南宫
伐虎方之事,但未竟全功,于是昭王决定亲征。故唐兰先生所释的"荆
方"虽不为今日古文字学者所认同,但他认为"当时是先命南宫伐反荆
方,而后昭王准备南征,才命中去作前行的"这一看法,则是正确的。
虎方之地,李学勤先生认为当与曾、与(举)相邻,应距汉东举水流域不
远②,黄锡全同此说,亦认为虎方离汉东举水流域不远③,杨宽则以为
虎方即春秋时代之夷虎,地在肥水流域,即《水经注》肥水流域的死虎
塘、死虎亭一带,今安徽长丰南④。戴出使之繁地,孙庆伟以为即《左
传》中屡见的繁阳,地在今河南新蔡县北。⑤ 中省视南国之区域,黄锡
全认为大体在今方城、南阳、襄樊一带。⑥

上述虎方、繁阳、南国,大体均在今汉东地区或邻近汉东。则昭王
南征之地,亦应不出以上地区,或与之相邻。按昭王以前,周人对南方
关注不多,自周初汉水流域被纳入周朝势力范围以后,南方一直无事,

---

① 参见孙庆伟:《从新出戴甗看昭王南征与晋侯燮父》,《文物》2007年第1期。

② 参见江鸿:《盘龙城与商代的南土》,《文物》1976年第2期。

③ 参见杨宝成主编,黄锡全副主编:《湖北考古发现与研究》,武汉大学出版社1995年
版,第106、107页。

④ 参见杨宽:《西周史》,上海人民出版社1999年版,第556页。

⑤ 参见孙庆伟:《从新出戴甗看昭王南征与晋侯燮父》,《文物》2007年第1期。

⑥ 参见杨宝成主编,黄锡全副主编:《湖北考古发现与研究》,武汉大学出版社1995年
版,第105—107页。

周人在南方也无大的行动,成康时代大部分是和平时期,《史记》卷4《周本纪》谓:"成康之际,天下安宁,刑错四十余年不用。"此言虽非事实,但成康时代用兵皆在东、西、北三面,未闻有向南用兵者。到了昭王时,就对南方大举用兵。周初平定了东方,成康时进一步巩固了北方和西方并平定东夷大反,昭王时将注意力转向南方,本是正常的。但昭王亲征南方且是空国而出(史载昭王丧六师于汉),就有些突兀了。从金文所记中省视南国、载出使繁地等均发生在南宫伐虎方之年来看,或许是在昭王十六年南征之前,就发生了虎方叛乱,昭王命南宫前去讨伐,但没有彻底解决问题,于是昭王下决心亲征,这才有中省视南国、载出使繁阳,二人之所为均是为昭王亲征南方作准备。

四、昭王南征的路线与区域

由于周人"讳之",史籍中对昭王南征语焉不详。但在出土金文中,反映昭王南征的资料不少,学者据此对昭王南征作了相当详细的考订。[①] 但较全面反映昭王南征的区域、路线等地理问题的,仍以安州六器铭文所载为详。黄锡全据安州六器铭文并结合启卣、启尊铭文,考订昭王南征的路线及大致情形如下:

昭王自洛阳成周出发,越过嵩山脚下的上侯、滶川南下,命中省视南国,为大军南下作准备。中在方城外的曾(缯关)地安排了行帐,然后出省南国,首先到达方城,而后到邓国、洧水,北返到鄂国,最后在西鄂迎接昭王。中省视邓国时,在邓南鄘鄾的障真山,设置了下一步的行帐。白买父沿汉水一线布置防线,保障昭王的安全。昭王南征获胜后,班师于随州北面的唐国,开祝捷大会,大省同姓诸侯。昭王十八年十三月,在中原寒地,昭王再次论功行赏。从以上路线来看,此次南征,昭王抵汉水后可能并没有南渡,而是折向东南。[②]

---

① 参见尹盛平:《金文昭王南征考略》,《陕西历史博物馆馆刊》第二辑,三秦出版社1995年版;又见尹盛平:《西周史征》,陕西师范大学出版社2004年版。

② 参见杨宝成主编,黄锡全副主编:《湖北考古发现与研究》,武汉大学出版社1995年版,第107页。

上述结论,得到随州地区最新考古发现的证实。2007年11月,随州博物馆在随州市西的安居镇羊子山墓地抢救性发掘了一座西周早期墓葬,出土一批鄂国青铜器①,证明西周早期的鄂国确在今随州一带。这样,《中甗》铭文中的"在鄂师次"的地点就可以得到确认,昭王南征中在鄂地驻军的地点为今随州安居。可证昭王南征的路线确是从关中或洛阳成周经南阳盆地转入随枣走廊,最后在随州安居的鄂国驻军,其征伐区域则当在随州以南。

以上从金文考订出来的昭王第一次南征的范围,大体在汉东地区,这也与安州六器的出土地点相吻合。

昭王第二次南征时,丧师陨命,《竹书纪年》说是"天大曀,雉兔皆震,丧六师于汉",《周本纪》说是"卒于江上",《吕氏春秋》说是"还反涉汉,梁败,王及祭公抎于汉中",可知昭王第二次南征时,死于汉水之中。由此看来,昭王第二次南征时,确曾渡过汉水。昭王卒地,《水经注》卷28《沔水中》记载较详:

> 沔水又东迳左桑,昔周昭王南征,船人胶舟以进之。昭王渡沔,中流而没,死于是水。齐、楚之会,齐侯曰:昭王南征而不复,寡人是问。屈完曰:君其问诸水滨。庾仲雍言:村老云:百姓佐昭王丧事,于此,成礼而行,故曰佐丧。左桑,字失体耳。沔水又东合巨亮水口,水北承巨亮湖,南达于沔。沔水又东得合驿口,庾仲雍言:须导村耆旧云:朝廷驿使,合王丧于是,因以名焉。今须导村正有大敛口,言昭王于此殡敛矣。

这些记载,多采自晋庾仲雍《汉水记》,唐兰认为,虽多杂民间传说,但未必没有一些根据。以上各地点,唐兰认为:"沔水即汉水的别称,左桑在今沔阳附近。巨亮湖当即现在的沈湖,其地在孝感西南一百数十里"②。

---

① 参见随州市博物馆:《随州出土文物精粹》,文物出版社2009年版,第9页。
② 唐兰:《论周昭王时代的青铜器铭刻》,《古文字研究》第二辑,中华书局1981年版。

熊会贞则认为左桑、巨亮水口均在今天门县东南①，与唐说相去不远。合唐、熊二氏之说，则昭王殒命之地，在汉水下游、孝感西南方向。

　　由此可知，昭王第二次南征，仍是以汉东地区为主要目标，并不是自襄阳附近渡汉水入襄宜平原、再南下沮漳河流域，折往东在今天门、沔阳以下、孝感附近渡汉水返程。从自然地理的角度讲，这要过云梦泽，完全不具备可行性。先秦时期的古云梦泽，石泉认为在汉水中游的今京山、钟祥间②，谭其骧认为春秋中叶以前的古云梦泽在江汉之间，江陵以东，具体而言则有二处：一在今应城、天门等县；另一则在汉晋华容县西北，今沙市以东，约当今江陵、潜江、荆门接壤地带③。而且汉江下游地区直到很晚的历史时期都是湖沼地貌，洪水期为汪洋一片，枯水期则是河湖相间地貌，这样的地区不可能有居民在此长期居住，只能短期内活动。在人文地理上，整个商代及西周早期，襄宜平原还十分荒凉，目前汉水以南直至长江北岸（不含），至今尚未发现商代遗址的踪迹，西周遗址最早也只到西周中期。④　由此可知，至西周早期时，汉水以南基本是一片蛮荒之地，昭王以大军入蛮荒之地，实难置信。而且夏商两代都没有打通从南阳盆地直达长江的通道，从现有资料来看，夏商时期中原文化对江汉腹地的影响，主要路线是从北方进入盘龙城一带，再溯江而上至荆南寺，并与三峡地区的文化发生交互影响。⑤　因此比较可信的解释是，昭王第二次南征，其着眼点乃是巩固并扩大第一次南征的成果，大军抵达孝感地区后，向各个方向作深远进击，并有意在孝感至武汉一带建立巩固的据点，以恢复商代早期盘龙城的格局，将疆域稳定地推进至长江沿线，以保障铜锡资源的获取。

---

① 参见杨守敬、熊会贞：《水经注疏》，江苏古籍出版社 1989 年版，第 2414 页。
② 参见石泉：《先秦至汉初"云梦"地望探源》，《石泉文集》，武汉大学出版社 2006 年版。
③ 参见谭其骧：《云梦与云梦泽》，《长水粹编》，河北教育出版社 2000 年版。
④ 目前汉南最早的商周遗存为襄樊真武山遗址，年代可早至西周中期，参见湖北省文物考古研究所、襄樊市博物馆：《湖北襄樊真武山周代遗址》，《考古学集刊》第九集，科学出版社 1995 年版。
⑤ 参见拓古：《二里头文化时期的江汉地区》，《江汉考古》2002 年第 1 期。

至于昭王大军抵达孝感地区后转向西南过汉水,可能带有探路的性质。江汉地区在新石器时代,曾有过非常繁荣的人类社会,但石家河文化解体之后,江汉核心区几成蛮荒之地。夏代的江汉地区相当荒芜,商代江汉地区的人类社会有了较大的恢复,但主要是在汉北和汉东地区,江汉核心区仍是荒凉之地,而武汉以上长江沿岸一线的商周文化与汉东、汉北有较大差异,故考古学者认为,汉水两岸在考古学文化的分布、面貌、发展序列、与中原的关系等方面有较大的差别,汉水成了湖北境内商周时期南北分界线。① 夏商时期江汉地区考古学文化的演进结果,是汉水成了江汉地区的人文地理分界线。汉东、汉北地区与中原地区有密切的联系,较为繁荣,汉南、汉西之地则是人烟稀少,与中原也较为隔膜,汉水成了商周时期的南北天堑。这种局面,直到东周时期楚国在汉水西南兴起才被打破。另一方面,商代中期时,随着统治中心的北移,商在南方的据点盘龙城被放弃了。② 这导致中原王朝对南方地理缺乏了解。可能昭王在孝感地区站稳脚跟后,一头扎进了汉水下游南岸、江汉之间的湖沼地区,发现无路可行之后返回,结果在回渡汉水时发生了意外。

"安州六器"的作器者"中",从其携带重器驻于孝感一带来看,应该就是在此时被昭王安置在孝感地区,可能就是封于当地,负有在长江北岸建立稳定统治的重任。但昭王大军在回师时发生了意外,六师尽丧,昭王本人也殒命于汉中。这一下子打乱了原来的全盘计划。从安州六器的出土情形来看,六器是出于田野中,应是窖藏而非墓葬;又明万历二年甲戌九月,孝感县城拓展城墙,民工挖得一匣,匣中出古鼎一件,有铭文 60 字,据王世贞考订,为周初南宫仲父方鼎,稽正薛尚功《历代钟鼎彝器款识》,文字皆合③,此器应与宋代所出为同一批器物,

---

① 参见杨权喜:《湖北商文化与商朝南土》,载湖北省文物考古研究所:《奋发荆楚 探索文明》,湖北科学技术出版社 2000 年版。

② 参见徐少华:《从盘龙城遗址看商文化在长江中游地区的发展》,《江汉考古》2003 年第 1 期。

③ 参见宋焕文:《安州六器辨正》,《江汉考古》1989 年第 2 期。

出土时藏于匣中,应为窖藏。由此看来,"中"可能是遭逢重大事变,以致遗弃重器仓皇撤退。这应当就是昭王大军意外覆没后,周人原准备挟战胜之威在当地建立稳定统治的打算成了泡影,导致了周人在长江北岸地区的紧急撤退,而且这种撤退相当狼狈。

分析可见,"中"在昭王南征中发挥了极为重要的作用,不但在第一次南征时受命为昭王南征作准备工作,第二次南征时又携带重器驻于孝感地区,似是准备在当地作长期打算。据张亚初考证,这个"中"并非一般的王朝职官,而是地方诸侯,熟悉当地情形,为汉阳诸姬之一,地在今随县均川附近。[1] 在昭王丧师殒命后,"中"可能仍返回均川的原封地。

黄陂鲁台山西周遗存的情形,亦可旁证昭王南征失败后周朝在长江北岸地区的全面撤退。鲁台山出有五座西周墓,原报告定为成王至昭穆之际,但张亚初重新考订后认为,鲁台山西周墓的年代晚不到穆王,下限在昭王时期。鲁台山西周墓有较强的殷文化色彩,鲁台山 M30 墓主"长子狗",张亚初认为系箕子之后或辛甲之后,黄锡全认为即殷墟甲骨文中向商王贡龟的"长子"方国,周灭商后又臣服于周,我们认为当以黄说为是。其夫人姬弄,据张亚初考证系毕公高或召公奭之孙女。[2] 鲁台山西周高等级墓表明,在昭王南征时,周人将与其有联姻关系的某商代贵族分封于此,可能有在长江北岸建立直接统治,打通金道,恢复商代盘龙城格局的意图,因此鲁台山墓地有可能是昭王第一次南征的结果。但随着昭王第二次南征的失败,导致了鲁台山据点的废弃,周人恢复商代盘龙城格局的意图遭到了失败。

五、昭王南征与荆楚关系之产生

由上分析可知,昭王南征的区域均在汉水以东地区,汉东地区在西

---

① 参见张亚初:《论黄陂鲁台山西周墓的年代和族属》,《江汉考古》1984 年第 2 期。
② 参见陈贤一:《黄陂鲁台山西周文化剖析》,《江汉考古》1982 年第 2 期;张亚初:《论黄陂鲁台山西周墓的年代和族属》,《江汉考古》1992 年第 4 期;黄锡全:《黄陂鲁台山遗址为"长子"国都蠡测》,《江汉考古》1992 年第 4 期。

周时期与芈姓楚国无关,可见昭王南征的对象并不是通常认为的芈姓楚国,而应是汉东地区的土著民族,这些土著民族可能就是史籍中记载的楚蛮(或称荆蛮)。

如果昭王南征的对象并不是楚国,而是商周时期居住在江汉地区的楚蛮民族,于是昭王南征楚蛮就产生了一个很复杂的问题,即楚国与楚蛮如何区分?西周初年,周人可能是用不同的字形来区分楚国与楚蛮的,在周原甲骨中有"楚子"与"楚伯",这二个"楚"字的写法是不一样的,"楚子"之楚从林从足,字形为"楚"与金文中的楚一致;"楚伯"之楚从林从口,字形为"楙"。两个"楚"字差别较大。王光镐认为,从足之楚字是周人的创造,"它应是特为代指当时的芈姓楚国应运而生的",只有从足之楚才是楚国。① 可见"楚子"应是指熊绎之楚国,至于"楚伯",如"楚伯"之"楚"所释无误的话,这个"楚伯"当与楚国无关,或是指楚蛮,应是指楚蛮之首领,当然楚蛮并无真正的首领,因此这个"楚伯"可能只是楚蛮中势力较大者,可在一定程度上代表楚蛮民族。但西周早期,南方无事,周人对南方关注也不够,由于楚国是周的封国,周楚之间有密切的关系,于是西周的史官记载和各种文书中就逐渐只有楚国之"楚",本来专指楚国的从足之"楚"字就流行开来,结果,原来专指楚国的从足之"楚"字,就从专指楚国变成了兼指楚国与楚蛮。昭王时的铜器铭文中,《??驭簋》中有"伐楚荆",《鸿叔簋》中有"征楚荆",其楚字字形都是一样的,均从足从林,与金文中的楚国之"楚"完全一致,学者一致认为,这几篇金文应与昭王南征有关,而昭王南征的对象并不是楚国,而是楚蛮。由此可见,到昭王时代,周人已习用从足之楚字来兼指楚国与楚蛮。在南方无事的情况下,这样做或许并无不妥,但到昭王大举南征楚蛮时,原来隐藏着的问题就暴露出来,西周史官就会吃惊地发现,他们需要区分楚国与楚蛮:楚国是周的封国,楚蛮却是周朝的征伐对象,可是一个"楚"字下来到底是伐楚国还是伐楚蛮呢?对于文书系统来说,这可是个大问题。如果我们前面的推测——

---

① 参见王光镐:《商代无楚》,《江汉论坛》1984年第1期。

周昭王南征楚蛮——不误的话,那么,昭王南征就必然使得楚国与楚蛮相混的问题浮出水面,由此导致西周史官采取措施区分楚国与楚蛮,就是一个合乎逻辑的发展。

分析昭王时期言及南征楚荆的铜器铭文,《𫐓驭簋》《鸿叔簋》说是伐"楚荆",《𧢼簋》《过伯簋》说是"伐荆"或"伐反荆",从这里可以很明显地看出,西周史官采用的方法是用"荆"字来代指楚蛮,当然用"荆"代"楚"有一个过程,故《𫐓驭簋》《鸿叔簋》都是"楚荆"并用,《𧢼簋》《过伯簋》才单称"荆"。按"荆"字不见于甲骨文,最早的"荆"字见于《𧢼簋》,字形作 ,此字的解释,吴其昌认为是从虎省形而来,是谓荆虎同源说①。唐兰则谓:"本象人的手足因荆棘而被创伤,人形讹为刀形,因而或加井形而作𢧵字,即创伤之创的本字,增艸而为荆棘之荆。"②从荆字的演变来看,《𧢼簋》的"荆"应是最早的荆字,其出现之时,就是专指楚蛮,至于荆字的来历,或与虎方有关。依本书所考,南宫伐虎方为昭王南征的前奏,且与昭王南征为同一对象、同一区域,只是昭王南征的范围更广、规模更大。在此背景下,西周史官对原来的"虎"字加以改造,省形而为"荆"字,或有可能,《𫑋甗》中的"虎"字就与金文中常见的"虎"字如《师虎簋》有所差别,没有虎字常见的向右高高翘起的尾巴。但"荆"字出现后,用"荆"代"楚"来专指楚蛮有一个过程,于是《𫐓驭簋》《鸿叔簋》和《墙盘》中均是楚荆并用。在传世文献中,亦有楚荆并用之例,如《古本竹书纪年》:"周昭王十六年,伐楚荆,涉汉,遇大兕。"③但混用楚字指代楚蛮和楚荆并用指代楚蛮只持续了一个很短的时期,随后周人便专用荆字来指代楚蛮,以后在传世文献中,凡涉及楚蛮者,几乎都称为荆蛮,仅《楚世家》仍用楚蛮之名,荆蛮一名并进而成为中原人对南方民族带有贬义的通用称呼。

在《竹书纪年》中,可以明显地看到从混用楚字或楚荆并用再到荆

---

① 参见吴其昌:《金文历朔疏证》,北京图书馆出版社 2004 年版,第 131 页。
② 唐兰:《论周昭王时代的青铜器铭刻》,《古文字研究》第二辑,中华书局 1981 年版。
③ 本书所引《古本竹书纪年》与《今本竹书纪年》,皆出自诗铭、王修龄:《古本竹书纪年辑证》修订本,上海古籍出版社 2005 年版,不另注。

楚二分的发展过程。《古本竹书纪年》是楚荆并用,但《今本竹书纪年》则是混用楚字,昭王十六年南征,《今本竹书纪年》云:"十六年,伐楚,涉汉,遇大兕。"昭王十九年南征,《今本竹书纪年》记曰:"十九年春,有星孛于紫微。祭公、辛伯从王伐楚。天大曀,雉兔皆震,丧六师于汉。"由此可以看出,在《今本竹书纪年》的体系中,昭王之世是混用楚字指代楚蛮。但昭王以后,《今本竹书纪年》很明确地将荆、楚二分:楚仅指楚国,荆则专指楚蛮(荆蛮)①。检索《今本竹书纪年》,昭王以后单称楚之例如下:

> 穆王十四年,王帅楚子伐徐戎,克之。
>
> 夷王七年,楚子熊渠伐庸,至于鄂。
>
> 厉王元年,楚人来献龟贝。
>
> 厉王六年,楚子延卒。
>
> 厉王十六年,楚子勇卒。
>
> 厉王二十五年,楚子严卒。
>
> 宣王二十八年,楚子狗卒。
>
> 宣王三十七年,楚子鄂卒。

单称荆之例如下:

> 穆王三十五年,荆人入徐,毛伯迁帅师败荆人于泲。
>
> 穆王三十七年,大起九师,东至于九江,架鼋鼍以为梁。遂伐越,至于纡。荆人来贡。
>
> 厉王十四年,召穆公帅师追荆蛮,至于洛。
>
> 宣王五年秋八月,方叔帅师伐荆蛮。

----

① 按《今本竹书纪年》,自王国维以来,学界皆以为伪书,然今人陈力、美籍学者夏含夷等皆认为《今本竹书纪年》不伪,说见陈力:《今本竹书纪年研究》,《四川大学学报丛刊》第28辑,1985年10月版;夏含夷:《古史异观》,上海古籍出版社2005年版。

仔细分析,《今本竹书纪年》中昭世以后单称楚之例共八条,其中七条有楚子,七条中六条有楚君名称,则这七条楚子系指芈姓楚国无疑,而厉王元年所记献龟贝之楚人,应也是芈姓楚国,考《楚世家》,熊渠于周夷王时利用周室衰微之机,一度称雄江汉,并封其三子为王,"及周厉王之时,暴虐,熊渠畏其伐楚,亦去其王"。熊渠自去王号后可能再次向周朝屈服称臣,按 1998 年陕西周原曾出土一件《楚公豪钟》①,"豪"字张振林释为"家"②,张亚初认为"渠"通"家",均为鱼部字,"渠"为群纽,"家"为见纽,楚公豪即熊渠③,此器出于周原,当是熊渠向周朝进贡而来,由此可证《今本竹书纪年》所记厉王元年献龟贝之楚人,亦应为熊渠之楚国。

昭世以后单称荆之例共四条,其中厉王十四年、宣王五年两条明确记载是"荆蛮",而穆王三十五年、三十七年之荆人,亦应与芈姓楚国无关。考《今本竹书纪年》,穆王十四年时,楚国犹从穆王伐徐戎,则此荆人应非楚国,此时的楚国也还不具备与周朝相对抗的实力,则穆王三十五年入徐之荆人,只能是荆蛮而非楚国。而穆王三十七年之荆人,则应与三十五年之荆人为同一部族,为穆王三十五年之役的后续发展,周朝为彻底解决荆、徐叛乱的问题,大起九师征伐,最后的结果是荆蛮向周朝臣服。

此外,《今本竹书纪年》的厉王之世,荆、荆蛮与楚子几乎是同时出现,如厉王六年,楚子熊延卒,十四年,即有召穆公帅师追荆蛮之事,又二年,楚子熊勇卒。可见在《今本竹书纪年》的体系中,自昭世以后,史官将楚、荆二字区分得十分清楚,楚指芈姓楚国,荆指荆蛮,二者泾渭分明。

由是可知,周昭王南征荆楚,不仅使原来居住在汉东地区的楚蛮民族受到重大打击,使楚蛮开始向汉西地区迁徙,而且还直接导致了周朝史官面临楚国与楚蛮相混的问题,于是周人遂改用荆字来专指楚蛮,由

① 参见罗西章:《陕西周原新出土的青铜器》,《考古》1999 年第 4 期。
② 参见张振林:《试论铜器铭文形式上的时代标记》,《古文字研究》第 5 辑。
③ 参见张亚初:《论楚公豪钟和楚公逆镈的年代》,《江汉考古》1984 年第 4 期。

此产生了荆楚关系的复杂问题。

第三节　真武山类型遗存与江汉
核心区的重新开发

江汉地区在新石器时代,曾有过非常繁荣的人类社会,但石家河文化解体之后,江汉地区几乎成了蛮荒之地,江汉地区的夏文化遗存极为稀少,仅有江陵荆南寺①、钟祥乱葬岗②及襄阳法龙王树岗③等少数几处遗址,而且荆南寺遗址和乱葬岗遗址的夏文化堆积都很薄,遗物稀少,王树岗遗址则遭严重破坏,仅清理了两个灰坑,这表明夏代的江汉地区相当荒凉。到了商代,江汉地区的人类社会有了较大的恢复,但主要是在汉北和汉东地区,江汉核心区仍是一片蛮荒。而武汉以上长江沿岸一线的商周文化与汉东、汉北有较大差异,故考古学者认为,汉水两岸在考古学文化的分布、面貌、发展序列、与中原的关系等方面有较大的差别,汉水成了湖北境内商周时期南北分界线。④ 从文物普查资料来看,襄宜平原及汉水中游地区的夏商时期遗存几乎是空白,普遍的情形是没有从新石器到西周的连续遗存,许多遗址的调查资料都是新石器遗物、周代遗物,就是没有中间的夏商遗物。⑤ 结合石家河等遗址的发掘情形来看,我们有理由认为,江汉平原中北部和汉水中游地区在夏商时代直至西周早期是比较荒凉的,至少是没有新石器时代的繁荣景象。但从西周中期以后,江汉平原的荒凉景象开始有了转变,一支考古学文化进入了襄阳—大洪山以南的江汉腹地,原来新石器时代屈家

---

① 参见荆州博物馆:《湖北江陵荆南寺遗址一、二次发掘简报》,《考古》1989 年第 8 期。

② 参见荆州市博物馆、钟祥市博物馆:《钟祥乱葬岗夏文化遗存清理简报》,《江汉考古》2001 年第 3 期。

③ 参见襄石复线襄樊考古队:《湖北襄阳法龙王树岗遗址二里头文化灰坑清理简报》,《江汉考古》2004 年第 2 期。

④ 参见杨权喜:《湖北商文化与商朝南土》,载湖北省文物考古研究所:《奋发荆楚　探索文明》,湖北科学技术出版社 2000 年版。

⑤ 参见国家文物局主编:《中国文物地图集》(湖北分册),西安地图出版社 2002 年版;叶植主编:《襄樊市文物史迹普查实录》,今日中国出版社 1995 年版。

岭—石家河文化的核心区重新得到开发。

一、真武山类型遗存的分布与文化面貌

这一支考古学文化,张昌平称为真武山类遗存。① 汉水以南最早的周代遗存是襄樊真武山遗址,年代为西周中期②,襄宜平原上其他的同类遗存主要有宜城郭家岗③、宜城肖家岭④、宜城桐树园⑤等遗址所出西周晚期至春秋早期遗物。在鄂西地区、江汉平原西南部,沙市周梁玉桥遗址发现有少量西周器物⑥,松滋博宇山遗址有少量西周遗存,年代可到西周晚期⑦,江陵张家山遗址⑧、荆南寺遗址⑨、梅槐桥遗址⑩均出有少量西周晚期遗物,此外,潜江龙湾遗址⑪、当阳杨木岗遗址⑫、当阳磨盘山遗址⑬等出有少量西周晚期遗物。在汉东地区,钟祥六合遗

① 参见张昌平:《试论真武山一类遗存》,《江汉考古》1997 年第 1 期。
② 参见湖北省文物考古研究所、襄樊市博物馆:《湖北襄樊真武山周代遗址》,《考古学集刊》第九集,1995 年版。
③ 参见武汉大学历史系考古教研室、湖北省宜城市博物馆:《湖北宜城郭家岗遗址发掘》,《考古学报》1997 年第 4 期。
④ 参见湖北省文物考古研究所、宜城县博物馆:《湖北宜城县肖家岭遗址的发掘》,《文物》1999 年第 1 期。
⑤ 参见湖北省文物考古研究所、宜城县博物馆:《宜城桐树园遗址发掘简报》,《江汉考古》1996 年第 1 期。
⑥ 参见沙市市博物馆:《湖北沙市周梁玉桥遗址试掘简报》,《文物资料丛刊》第 10 辑,文物出版社 1987 年版。
⑦ 参见荆州地区博物馆:《湖北松滋博宇山遗址试掘简报》,《文物资料丛刊》第 10 辑,文物出版社 1987 年版。
⑧ 参见陈贤一:《江陵张家山遗址的试掘与探索》,《江汉考古》1980 年第 2 期。
⑨ 参见荆州博物馆:《荆州荆南寺》,文物出版社 2009 年版。
⑩ 参见湖北荆州地区博物馆、北京大学考古系:《湖北江陵梅槐桥遗址发掘简报》,《考古》1990 第 10 期。
⑪ 参见湖北省潜江博物馆、湖北省荆州博物馆:《潜江龙湾——1987—2001 年龙湾遗址发掘报告》,文物出版社 2005 年版。
⑫ 参见湖北省博物馆、武汉大学历史系考古专业:《当阳冯山、杨木岗遗址试掘简报》,《江汉考古》1983 年第 1 期。
⑬ 参见宜昌地区博物馆:《当阳磨盘山西周遗址试掘简报》,《江汉考古》1984 年第 2 期。

址出土西周中期遗物①,天门土城遗址有西周中晚期遗物②,天门笑城遗址原为新石器时代城址,西周晚期以后重新得到利用③。

上述遗址的周代遗存有着大抵相同的面貌,以春秋早期为界大体可划分为两大阶段,前段陶器以夹砂红陶为主,器类单调,鬲占绝大多数,其他器类有红陶缸、罐、豆、盆、甗等,但数量较少。器形中以瘪裆鬲的长期流行最有特色。这一阶段文化与典型的周文化表现出较多的联系。春秋早期以后泥质灰陶比例增大,器类中鬲、盆、豆、罐均较常见。器物特点与楚文化同期器风格一致,到春秋中晚期时已可明确划入楚文化范畴。

但总体而言,真武山类型遗存是一脉相承的、单一的文化,其发展去向即是春秋晚期以后的典型楚文化。这一支考古学文化从西周中期开始进入襄宜平原和汉东大洪山南麓、江汉平原中北部原屈家岭、石家河文化故地,使石家河文化解体之后荒废了千年之久的江汉核心区重新得到了开发。天门的笑城遗址在这方面反映得特别明显,笑城遗址本是一处屈家岭文化晚期城址,使用至石家河文化时期,但石家河文化之后笑城遗址即告废弃,表明原来的居民在此之后消失了,笑城遗址也彻底荒废了,直到千年之后的西周晚期,才有一支新的人群进入笑城遗址生活,他们沿用了原来屈家岭文化时期的城址,重新加以修缮利用,一直使用到春秋中期。

不仅如此,这一支考古学文化更进一步向江汉平原西南部发展,在西周晚期时代替了荆沙地区原来的土著文化荆南寺类型和周梁玉桥文化,使荆沙地区的考古学文化面貌与襄宜地区接近,进入春秋以后,江汉平原西南部的文化面貌与襄宜地区已是大同而小异。

真武山类型遗存对江汉核心区和荆沙地区的重新开发,使得荒废

---

① 参见荆州地区博物馆、钟祥县博物馆:《钟祥六合遗址》,《江汉考古》1987 年第 2 期。

② 参见荆州地区博物馆:《湖北荆门、钟祥、京山、天门四县古遗址调查》,《文物资料丛刊》第 10 辑,文物出版社 1987 年版。

③ 参见湖北省文物考古研究所、天门市博物馆:《湖北天门笑城城址发掘报告》,《考古学报》2007 年第 4 期。

了千年的江汉核心区重新焕发了活力,并为楚国在江汉地区的兴起打下了基础。

二、真武山类型遗存的文化性质

首先,真武山类型遗存与周文化存在密切的关系。此类遗存是在典型周文化的基础上发展起来的,主要的器类均见于关中周文化,器形也有直接的联系。西周时期器物形态的变化与中原周文化保持着相当程度的同步性。这种同步性的变化实际上就是对中原文化因素的吸收,其强弱程度在不同时期并不一致,在西周中期只是表现在鬲足等局部形态上,在西周晚期则表现在整体作风上,包括晚期出现较多的陶盆也属于这种情况。从总体看来,这里无论是器物种类还是器物形制,都略显单调而不及宗周地区的繁复,这应是地方文化与中心地区的差异。

其次,真武山类型遗存保留了一些商代江汉地区土著文化因素。如红陶缸是长江中游商文化的一种典型器物,源于江汉地区的屈家岭—石家河文化,是长江中游夏商时期最为流行的一种器物,其影响所及,东起盘龙城遗址,西至长江三峡路家河类型文化,南及澧水流域商文化,都发现大量的红陶缸。西周中期时,红陶缸仍有相当数量,此后才逐渐消失。陶系的情况也是如此,商周时期中原文化陶器始终以灰陶为主,而江汉地区红陶占绝对优势的现象直到春秋早期以后才得以改变,陶色的差别是因为陶器烧制技术的不同,对这种技术的保留实际上是一种社会习俗的延续。值得注意的是,真武山类型遗存文化中保留的实际上是江汉地区商代文化中的土著文化因素,而商文化因素则几乎荡然无存。

强势文化传播后一般会与当地文化产生融合,从而形成新的文化类型。真武山类型文化是在周文化基础上发展起来的,但周文化因素一经传入,便发生了一些变化,在较为基层的领域,由于制陶技术的差异导致陶系与关中周文化明显不同。不仅如此,陶器形制也是这样,虽然真武山类型中几乎所有的器类都能在周文化中找到其祖形,但同时又都与关中地区的原形有一望而知的区别,如鬲的个体普遍较大,腹部较深,瘪裆的程度都较大,折盘豆把较细,等等。说明这支文化具有鲜明的地方特性,而到了春秋早期,便已开始脱离周文化的发展模式,开始向自成体系方向发展,最终成为一种新的文化类型。其发展趋势越来越接近楚文化,至春秋晚期阶段已然是确定无疑的楚文化。由此学者认为,真武山类型遗存是周文化向南传播而形成的一支地方文化,其早期发展与周文化有密切的关系,它在发展过程中继续向南发展,吸收地方因素,最终形成已知的楚文化。因此,真武山类型遗存的早期阶段是现已确认的楚文化的一支重要来源,在探索早期楚文化上有重要的意义,很可能是楚文化的直接渊源或早期楚文化。①

第四节　宣王重理南疆

西周晚期,王朝的统治遇到全面危机。西周的危机主要体现在两个方面:一是外族入侵和地方反叛;另一个是王室的财政危机。对外,东南的淮夷和西北的猃狁同时对西周发动进攻:在东南方向,鄂侯驭方联合淮夷和东夷对西周发动了大规模的进攻,一度把西周逼到极其危险的境地②,淮夷甚至一度进逼到伊洛流域;在西北地区,厉王时猃狁明显占据了上风,对泾河上游的西周聚落及族群展开了频繁的攻击③。对内,抵御外族入侵和镇压地方反叛需要大量的人力、物力和财力,但由于西周封建制陷入结构性的危机,贵族力量的增长削弱了王室的权威,而王室的财产也因封建制下的土地赏赐而日益缩减④,周王室的支配力、控制力和影响力每况愈下,直接导致周王室经济衰退、财力枯竭,

---

① 参见张昌平:《试论真武山一类遗存》,《江汉考古》1997年第1期。
② 鄂侯驭方叛乱及其对西周的严重影响,见于《禹鼎》铭文,学者对此有大量考释。参见徐中舒:《禹鼎的年代及相关问题》,《考古学报》1959年第3期;徐少华:《周代南土历史地理与文化》第一章第二节"鄂国",武汉大学出版社1994年版;李峰:《西周的灭亡》,上海古籍出版社2007年版,第120页;许倬云:《西周史》增补本,三联书店2001年版,第312页。
③ 参见李峰:《西周的灭亡》,上海古籍出版社2007年版,第120—122页。
④ 关于西周国家的结构性危机,参见李峰:《西周的灭亡》第二章"混乱与衰落:西周国家的政治危机",上海古籍出版社2007年版。

连续的战争更使得王室的财政雪上加霜。到了西周厉王统治时期，外族入侵和地方反叛愈演愈烈，导致财政更加恶化，内外危机相叠加，西周国家陷入恶性循环之中。为摆脱困境，挽救财政，厉王可能采用了一些较为激烈的政策，将原来由贵族共享的财源改由王室专享，史籍称之为厉王"专利"。

周厉王不顾大贵族的反对，一意孤行地推行"专利"政策，引发了同贵族阶级的激烈冲突，于是厉王采取了更加严厉的政策，用"弭谤"之类的极端高压措施进行镇压。公元前842年，厉王与贵族阶层的冲突终于引发了大规模的反叛运动——"国人暴动"，周厉王被逐彘邑（今山西霍州）。共伯和摄政，践行天子位，史称"共和行政"。共和十四年（公元前828年），周厉王卒于彘，共伯和使诸侯奉厉王太子静即位，是为周宣王。

宣王即位后，在名臣韩侯、召虎、南仲、方叔、尹吉甫、仲山甫等的辅佐下，整顿朝政，《史记·周本纪》谓"（宣王）修政，法文、武、成、康之遗风"，《左传》昭公二十六年谓"宣王有志，而后效官"。《诗经·大雅·江汉》则称颂宣王"明明天子，令闻不已，矢其文德，洽此四国"。整顿内政后，宣王加强了王朝的防御，讨伐侵扰周朝的猃狁和淮夷、徐方、蛮荆，并迁徙申、吕等国以保南土，使衰落的周王朝一时得以复兴，号称"宣王中兴"。

一、整理内政

宣王即位后，对内政进行了全面的整理。[1] 首先针对厉王时期的政治弊端进行革新，他总结厉王时"无唯正闻（昏），弘其唯王智，乃唯是丧我国"的教训，即厉王拒绝诤谏、杀戮"谤者"，于是大臣们都唯王意是从，造成了社会的动荡。因此告诫大臣"弘唯乃智，余非庸又闻（昏），汝毋敢妄宁，毋折缄（闭口），告余先王若（顺）德"[2]。从而广开

---

[1]　关于宣王整理内政，参见杨善群：《论周宣王中兴》，《史林》1988年第1期。

[2]　郭沫若：《"毛公鼎"考释》，《两周金文辞大系图录考释》，上海书店出版社1999年版，第134—135页。

言路、博采众议。

宣王在位期间,还重视选拔人才,"进用贤良,樊侯仲山父、尹吉父、程伯休父、虢文公、申伯、韩侯、显父、南仲、方叔、仍叔、邵穆公、张仲之属,并为卿佐"①。这些人都是有名的贤臣,建立了卓著的功勋。由于君臣相得,宣王时期统治集团内部关系得到缓和,不再是厉王时的紧张局面,《诗经·大雅·假乐》歌颂曰:"威仪抑抑,德音秩秩。无怨无恶,率由群匹。……百辟卿士,媚于天子。不解于位,民之攸塈。"此诗之要旨,学者认为是"美周宣王之德"②,表现了宣王时期君臣一心、百姓生息的局面。

宣王时期王室与诸侯的紧张关系也得到缓解。厉王时,"诸侯不享",即诸侯拒绝朝贡王室,至宣王即位,"诸侯复宗周"。《今本竹书纪年》载宣王四年:"命蹶父如韩,韩侯来朝。"此事又见于《诗·韩奕》,描述了韩侯来朝觐见天子的盛况。这次朝觐韩侯不仅受到周王优渥的礼遇和丰厚的赏赐,同时还娶了蹶父的女儿,也就是厉王的侄女。按西周中期河北平原似乎与周王朝断绝了来往,这次外交行动和联姻重新建立了王室与河北平原的联系。

宣王也积极促进经济上的复苏。厉王时期,由于政治和社会的动荡,田野荒芜,农民逃散,"乱生不夷,靡国不泯"③,宣王"安集兆民"④,使农民回到土地上重新从事劳作,从而恢复农业生产。《诗·鸿雁·毛诗序》:"美宣王也。万民离散,不安其居,而能劳来、还定、安集之。至于矜寡,无不得其所焉。"郑玄《笺》:"宣王承厉王衰乱之敝而起兴复先王之道,以安集众民为始也。"⑤是说宣王对逃避赋役、灾荒而离散的万民,召集他们回到原籍,并安排他们盖好住宅定居下来,从而为恢复

① (晋)皇甫谧:《帝王世纪》,《二十五别史》,齐鲁书社 2000 年版,第 45 页。
② (汉)王充:《论衡·艺增篇》,黄晖:《论衡校释》,中华书局 1990 年版,第 383 页。
③ 《诗经·大雅·桑柔》,《毛诗正义》,李学勤主编:《十三经注疏》,北京大学出版社 1999 年版,第 1178 页。
④ (晋)皇甫谧:《帝王世纪》,《二十五别史》,齐鲁书社 2000 年版,第 45 页。
⑤ 《诗·小雅·鸿雁》,《毛诗正义》,李学勤主编:《十三经注疏》,北京大学出版社 1999 年版,第 660 页。

农业生产创造条件。

　　农民定居下来后，宣王下令减轻赋役，据《毛公鼎》铭文可知，宣王告诫大臣说："汝推于政，勿壅律（累）庶民；贮（赋），毋敢龚橐（中饱），龚橐乃矜（侮）鳏寡；善效乃友正，毋敢湎于酒。"郭沫若认为："凡此所言禁制，均针对厉王往事而言：厉王禁谤，是壅塞民意也；厉王好利，是横征暴敛、鱼肉鳏寡也；厉王时'荒湛于酒'，是官纪败坏，酗于酒德也。时王谆谆以此为戒，均痛定思痛之意。"①宣王对毛公的告诫，也是对各级官吏的训令。

　　宣王的另一项重大改革是废止了自周初以来实行的籍田制。籍田制是分封制度下的产物，西周时期，普遍存在公社及其土地所有制即井田制，各级领主将农村公社的一部分土地作为公田，迫使村社成员在公田上进行无偿劳动，榨取农民的劳役。《国语·周语上》："宣王即位，不籍千亩"。"千亩"是王室的公田（当然实际不止千亩），其收入用于祭祀和王室的各种开支。有学者认为，宣王"不籍千亩"是一种解放奴隶的革命措施，是把千亩以上的土地分割成小块，交给奴隶去自由生产，从而使奴隶蜕变成了农奴。② 以今之眼光来看，废止籍田制有可能是宣王将王室公田分配给农民耕种，然后从农民实际耕种的土地（包括公田和私田）的收入中按比例征收实物租，村社成员则由对领主贵族有较强人身依附关系的农奴身份转变为有一定自由的农民，促使农奴经济开始向小农经济转变。因此，有学者进一步认为，宣王"不籍千亩"乃是"履亩而税"之始，首先在畿内打破了"公田"与"私田"的界线，放弃了"借民力助耕"公田的剥削方法，这些措施的施行，无疑会缓和已经尖锐的社会矛盾，从而使生产有所恢复和发展，而且履亩而税与清查户口之间有必然的联系，所以宣王废除籍礼之后便有料民之举，标志着我国的古代公社组织开始破坏，个体小农正在形成之中，是适应生产力发展而出现的生产关系的相应调整，有利于生产力的发展，使西周

① 郭沫若：《"毛公鼎"考释》，《两周金文辞大系图录考释》，上海书店出版社 1999 年版，第 135、138 页。
② 李亚农：《西周与东周》，《欣然斋史论集》，上海人民出版社 1962 年版，第 749 页。

国势得以恢复,是宣王时期出现中兴、取得对周边战争的一系列胜利的根本原因。①

二、讨伐南土

西周自夷王以下,四周夷狄不断侵扰,步步紧逼,而周王室国力日益衰退,逐渐处于守势。厉王时期,鄂侯驭方叛乱,"率南淮夷、东夷,广伐南国、东国",周朝动员了西六师、殷八师全力征讨,下达了"无遗寿幼"的残酷命令才把鄂国叛乱镇压下来。宣王即位后,着手整顿军事,《今本竹书纪年》载:宣王元年"作戎车",战车是西周时期最重要的军事装备,表明宣王即位后即开始为军事行动做准备。在政治秩序稳定、经济得到恢复的基础上,宣王便开始征伐四周的敌人,重理周朝疆土了。

周朝的主要劲敌来自西北方的猃狁。宣王时期,西周与猃狁的战争纵贯始终,从《兮甲盘》《虢季子白盘》《不其簋》以及《逨鼎》等器物铭文中可见端倪。② 在东方,宣王在厉王之世对淮夷战争胜利的基础上进一步征讨淮夷和徐方,西周在东方的局势较厉王时代有较大的改善。

在南土,自昭王南征失利后,西周在南土处于防守态势。西周中期以后,楚蛮(荆蛮、蛮荆)族群进入江汉核心区,脱离了周朝的统治。与此同时或稍后,随着楚蛮族群进入江汉核心区开发已荒废千年的这一地域,与楚蛮有千丝万缕联系的芈姓楚国也随着楚蛮族群的脚步进入江汉地区。楚熊渠在位时,"甚得江汉间民和",在江汉地区开疆拓土,并封其三子为王,"皆在江上楚蛮之地",楚国进入江汉地区与楚蛮打成一片,并成为楚蛮的首领,使得在西周的统治区域之外兴起了不受西周统治的一大势力。

---

① 胡方恕:《略论西周宣王改革》,《东北师大学报》(哲学社会科学版)1986年第6期。
② 《殷周金文集成》10174、10173、4329,分别为宣王五年、十二年、十三年之事。"逨鼎",为宣王四十二年之事,参见李学勤:《眉县杨家村新出青铜器研究》,《文物》2003年第6期;裘锡圭:《读逨鼎铭文札记三则》,《文物》2003年第6期。

楚蛮势力在江汉地区的兴起,使西周王朝感到了威胁。在扑灭了鄂国叛乱之后,宣王时期就开始了对江汉地区"蛮荆"的征伐。《诗经·小雅·采芑》记载了宣王时期对荆蛮的征伐,《诗序》:"《采芑》,宣王南征也。"《集传》:"宣王之时,蛮荆背叛,王命方叔南征,军行采芑而食,故赋其诗以起兴。"按《采芑》所述,方叔南征时,"其车三千",这已大大超出春秋早期的军队规模,齐桓公称霸时,总兵力也不过八百乘,晋楚城濮之战,晋国兵力也只有七百乘,宣王南征兵力多达三千乘,足见其规模之大。《采芑》第四章云:

> 蠢尔蛮荆,大邦为仇。方叔元老,克壮其犹。方叔率止,执讯获丑。戎车啴啴,啴啴焞焞,如霆如雷。显允方叔,征伐猃狁,蛮荆来威。

这是说方叔以元老的身份统率大军出征,声势浩大,战果辉煌,方叔战功显赫,曾征伐猃狁,又威服荆蛮。此事《今本竹书纪年》记为宣王五年八月。宣王时代的荆蛮部族,当即真武山类型遗存所反映的族群,其分布区域在襄阳—大洪山以南的江汉核心区,楚国自熊渠之后与楚蛮(荆蛮)为伍,并成为楚蛮的首领,也已脱离了周朝的统治,宣王南征荆蛮,楚国可能亦在其中。

宣王时期对南土的征伐还见载于《诗经·大雅·江汉》:

> 江汉浮浮,武夫滔滔。匪安匪游,淮夷来求。既出我车,既设我旟。匪安匪舒,淮夷来铺。
>
> 江汉汤汤,武夫洸洸。经营四方,告成于王。四方既平,王国庶定。时靡有争,王心载宁。
>
> 江汉之浒,王命召虎:式辟四方,彻我疆土。匪疚匪棘,王国来极。于疆于理,至于南海。
>
> 王命召虎:来旬来宣。文武受命,召公维翰。无曰予小子,召公是似。肇敏戎公,用锡尔祉。

厘尔圭瓒，秬鬯一卣。告于文人，锡山土田。于周受命，自召
祖命，虎拜稽首：天子万年！

虎拜稽首，对扬王休。作召公考：天子万寿！明明天子，令闻
不已，矢其文德，洽此四国。

召虎又见于"瑚生簋"（《殷周金文集成》4292—4293），这首诗赞美了
召虎在重整江汉秩序中所作的贡献，据近人考证，该诗就是存世的召虎
簋铭之一。此诗通常被认为是征淮夷，但考之全诗，《江汉》全诗共六
章，仅第一章言及淮夷，后面五章所言之事，则未必与淮夷有关，且全诗
既以江汉为名，又皆言江汉、南海，则全诗所言非仅是征淮夷而已。
《江汉》第二章云"经营四方"，显见周师在江汉地区的行动不仅是与淮
夷有关，第三章更明确地说"江汉之浒，王命召虎：式辟四方，彻我疆
土。匪疚匪棘，王国来极。于疆于理，至于南海。"浒，水边也，可见宣
王是在"江汉"水边对召虎发表命令，其征讨范围直至南海，可见全诗
所云，不仅是指征淮夷。

诗中所言"江汉"，通常以为当即长江和汉水。然西周之时，仅在
昭王时代曾一度抵达长江岸边，今黄陂鲁台山可能是昭王南征时建立
的一个据点，然自昭王丧六师于汉之后，西周在南土处于守势，鲁台山
的据点也随之废弃，此后周之势力就再未抵达长江沿岸，而是局促于鄂
东北北部和随枣走廊，宣王之时亦是如此。西周晚期的南土范围，可从
《国语·郑语》所载史伯对郑桓公之言略窥一二，据史伯所述，"当成周
者，南有荆蛮、申、吕、应、邓、陈、蔡、随、唐"。史伯所言诸国，即是西周
晚期周人的南土范围，所言诸国中，申、吕在今南阳，唐在今唐河县，邓
在今襄阳邓城，以上诸国皆在南阳盆地，随在今随州，应在今河南平顶
山，陈在今河南淮阳，蔡在今河南上蔡，以上诸国在今淮北汝颍流域[①]，
至于荆蛮，是西周的征伐对象，与上述诸国有所不同，其地当在襄阳——

① 诸国地望，以徐少华《周代南土历史地理与文化》一书为准，武汉大学出版社 1994
年版。

大洪山以南。可见周之南土范围，直到宣王之后的西周末年时，在长江中游地区只局限于南襄盆地和随枣走廊，南襄盆地和随枣走廊以南则是荆蛮，属于西周南土的外围或边缘区。

由此可见，《诗·江汉》之"江"，若释为长江，窒碍难通。且从全诗来看，周师当是在自己的地盘上驻扎，准备征伐，因此"江汉"当为西周的一处前进基地，由此出发可以征淮夷，可以至南海，故宣王才得以在此地对召虎发表命令。若此基地在长江边上，则至少也在荆州至武汉或武汉以下，这已非周之疆土而是周的征伐区域。

可见在整个西周时期，除了昭王时期很短的一段时间外，周人几乎是没有到过长江的，周人在东南方向的主要对手是淮夷，其政治军事活动主要是在淮河流域，因此周人对长江的了解会非常有限。那么，对西周文献中的"江"，我们就有必要作谨慎的对待，不能照后世的概念理解为"长江"。石泉先生很早就指出，"江"不是长江的专名，汉水亦有"江"名①，早期的"江"实际上是南方语言中河流的共名，所谓"南江北河"②，陈立柱进一步指出，古文献中的"江淮"应为"淮江"的倒语，古语中大共名往往前置，"淮江"即"淮河"③，则《诗经》中的"江汉"亦当作"汉江"解。且召虎此次出军至少是最初与淮夷有关，若以"江汉"为长江和汉水，则去淮夷过远，无论自然地理与人文地理，都难以讲通。若以为"江汉"之江为"长江"，周师至南阳盆地之后，沿汉水直下长江，此时周师所驻之地当在武汉附近，再由武汉向东进入淮南，这个距离恐怕太远了一些。更为麻烦的是"南海"，若周师在长江边上驻扎，则"南海"就只能指长江以南，而江南是西周的军事与政治势力从未涉足过的区域。

因此"江汉"当与陈立柱所论"江淮"同例，为倒语，即"汉江"之

① 参见石泉：《古文献中的"江"不是长江的专称》及《关于"江"和"长江"在历史上名称与地望的变化问题》，均载《古代荆楚地理新探》，武汉大学出版社1988年版。
② ［美］张洪明著，颜洽茂、邓风平译：《汉语"江"词源考》，《浙江大学学报》2005年第1期。
③ 参见陈立柱：《楚淮古地三题》，《江汉考古》2010年第1期。

意,其地当在汉江中游地区,南襄盆地南缘,此地正有邓、谷、唐等诸侯,是西周在南土的重要封国,且是西周南土疆界的边缘,周师经营南土,谷、邓等位在汉江中游的诸侯正好作为前进基地。周师驻扎在此,正可两面用兵:东进可征淮夷,南下可征荆蛮。

周师在汉江地区活动,宣王也在汉江边上对召虎发布命令,命召虎开拓疆土至南海,表明周师是在汉江边上的谷、邓等国集结准备征伐淮夷及南海地区。可见此处的"南海",必在汉江中游以南地区,以自然地理论之,宣王命召虎拓疆所至之"南海",当为今之江汉湖群,即汉江下游的湖沼地区。联系到西周晚期时荆蛮(族群)和真武山类型遗存在江汉地区的活动,亦可确认召虎所拓之疆当为襄阳—大洪山以南的江汉核心区,其征伐目标为史伯所言成周之南的"荆蛮"族群,在考古学文化上为真武山类型,所至之"南海",应为江汉盆地底部、汉江下游的江汉湖群。

三、迁申、吕等国于南土

厉王时期鄂侯驭方的叛乱给周朝在南土的统治带来严重的影响,虽然鄂侯驭方的叛乱被扑灭,南淮夷的进攻也被击退,但鄂国的叛乱及其被伐灭给西周在南土的统治秩序带来严重影响。而宣王晚期对外用兵多遭失败,"亡南国之师",南阳盆地属周之南国,是西周征伐荆楚、淮夷和经营江汉地区的重要后方基地。宣王所丧南国之师,当为南阳盆地的西周势力。南国之师既丧,南土陷入空虚境地,为了加强对南土诸国的防御,维持周王朝的统治,宣王迁王舅申伯于南阳。《诗经·大雅·崧高》对宣王改封申伯于南阳一事记叙颇详:

崧高维岳,骏极于天。维岳降神,生甫及申。维申及甫,维周之翰。四国于蕃,四方于宣。

亹亹申伯,王缵之事。于邑于谢,南国是式。王命召伯,定申伯之宅。登是南邦,世执其功。

王命申伯,式是南邦。因是谢人,以作尔庸。王命召伯,彻申伯土田。王命傅御,迁其私人。

　　申伯之功,召伯是营。有俶其城,寝庙既成。既成藐藐。王锡申伯,四牡蹻蹻,钩膺濯濯。

　　王遣申伯,路车乘马。我图尔居,莫如南土。锡尔介圭,以作尔宝。往近王舅,南土是保。

　　申伯信迈,王饯于郿。申伯还南,谢于诚归。王命召伯,彻申伯土疆,以峙其粮,式遄其行。

　　申伯番番,既入于谢,徒御啴啴。周邦咸喜,戎有良翰。不显申伯,王之元舅,文武是宪。

　　申伯之德,柔惠且直。揉此万邦,闻于四国。吉甫作诵,其诗孔硕;其风肆好,以赠申伯。

　　这一篇长诗非常生动地再现了申伯受封的过程,把周王与申伯的亲密关系、周王分封申国于南阳盆地谢邑一带的政治目的、分封就国前的准备工作、出发时的隆重饯行、赠送高规格的车辆宝物以及申伯率众南迁新国时的浩大声势和壮观场面,同时周王还下令沿途储备粮食以供旅程所需等等都写得很清楚,反映出西周王朝对此次分封的高度重视,而申国在当时的地位及其重要性,亦可略见一斑。

　　申,为姜姓国,本在陕西西部,与早期的周相邻,周文王之祖母便是申女。① 周立国后,便受封立国。西周时期,申与周时有通婚,周厉王之后、宣王之母即为申女,故称申伯为"王之元舅"。传世之厉王时期的《大克鼎》和《伊簋》铭文中记载周王册命善夫克和伊时,均以"申季"为傧右。② 申季,为供职于王氏的申人,或为申伯之弟。可见申、周关系密切。故而,宣王试图重理南土之时,首先选择了申国。

　　从诗文中可知,申国所迁之地是谢邑。谢,即古谢国,文献中也作"徐"或"序",《诗经·大雅·崧高》"申伯番番,既入于谢",王逸《楚辞

━━━━━━━━━━

① 《国语·周语中》有"齐、许、申、吕由大姜","大姜"即太姜,为周太王之妃、王季之母。

② 参见郭沫若:《两周金文辞大系图录考释》,上海书店出版社1999年版。

章句》引作"既入于徐","于邑于谢",王符《潜夫论·志氏姓篇》引作"于邑于序",《潜夫论·三式篇》又作"于邑于谢",朱右曾《诗地理征》曰:"徐、序、谢俱声近字易",王先谦《诗三家义集疏》云:"序、谢古音通转。"谢国在宣王封申伯之前是周之南土的重要诸侯国之一,朱熹《诗集传》曰:"谢,在今邓州南阳县,周之南土也。"又颜师古注汉史斿《急就篇》卷1"谢"条曰:"谢,南方国名也,周宣王后父申伯于此作邑。""安州六器"中的"中方鼎"铭文载:"佳王命南宫伐反虎方之年,王命中省南国,贯行艺王位在射、□真山……""射"即"谢",古本一字,音义相通。在今南阳市一带,位于"中甗"铭文中的"方、邓"之间。① 其战略位置尤为重要,故宣王将申国迁往此地,原谢国公族则迁往今新野、唐河一带。

申国南迁后,被称为"南申",原来的西土故国称为"西申"。南申位处南阳盆地核心地带,是保护西周南土的屏障。

申国的地理位置,《汉书·地理志》南阳郡"宛"县班固原注:"故申伯国";《左传》隐公元年杜预注:"申国,今南阳宛县"。古宛城在今南阳市区的东北部,有大小城两重,小城即现在的老城区,是沿前代城址改建而来,城周3千米,正好位于大城内西南部。大城东北隅城墙遗迹十分清楚,据1960年调查,残高10米,宽15米,夯层厚约8厘米,内含大量周代和汉代陶片,城外宽敞的护城河遗迹还清晰可辨。在城址内外,常有大量周至汉代遗物发现。此地即申国故都、楚申县所在。② 1981年,在位于古宛城东北角外的南阳市砖瓦厂取土场地,一座周代残墓出土了一批青铜器,计鼎、盘各一件,簋二件,其中鼎、簋均有铭文③,由铭文知器主为中再父,时任南申大宰,为宣王从兄弟,生活于西周晚期。④

---

① 参见徐少华:《周代南土历史地理与文化》,武汉大学出版社1994年版,第49页。

② 参见徐少华:《周代南土历史地理与文化》,武汉大学出版社1994年版,第31—32页。

③ 参见崔庆明:《南阳市北郊出土一批申国铜器》,《中原文物》1984年第4期。

④ 参见李学勤:《论中再父簋与申国》,《中原文物》1984年第4期。

与申国同时迁往南土,构建南土屏障的诸侯还有吕国。

吕,同为姜姓国。文献中又称为"甫"。①《国语·周语下》载周灵王太子晋曰:(夏禹时)"胙四岳国,命为侯伯,赐姓曰姜,氏曰有吕。"《史记·齐太公世家》载齐太公吕望之先祖"尝为四岳,佐禹平水土,甚有功,虞夏之际封于吕,或封于申,姓姜氏,夏商之时,申、吕或封枝庶子孙,或为戍人"。"四岳"即太岳,《左传》庄公二十二年载:"姜,太岳之后也。"太岳,在今山西霍县东之霍山。② 吕国所活动的范围,便是在以霍山为中心的山西西南境内。

商末,吕与周联合伐商。齐太公吕望即为吕人,"尝事纣,纣无道,去之。……而卒归周西伯。"后因辅佐周武王伐纣有功,封于齐,但其旧族之吕仍居中土。周穆王时,吕侯曾负责周王室的刑法制定,即《尚书》中记载的《吕刑》,有"吕伯簋"传世。西周中期以后,王室衰微,吕侯称王,有传世器"吕王鬲"等。③

西周早中期的吕国一直活动在今山西境内,考古发现中的西周时期吕器也多见于北方。④ 直至宣王时期,吕方与申先后迁入南阳以实周之南土。吕国所迁之地,位于申国西边不远,即今南阳市以西约 15千米处⑤。

《国语·郑语》载史伯于西周灭亡之前对郑桓公曰:"申、吕方强。"足见申、吕在西周末年都已成为南土大国,《诗经·大雅·崧高》言及"维申及甫,维周之翰",将申、吕作为周南土屏障的地位表达得淋漓尽致。平王东迁后,南阳盆地为东周南面的门户和屏障,此时楚国已在江

---

① 参见《史记·周本纪》中的"吕侯",《汉书·古今人表》中作"甫侯";《诗经·王风·扬之水》中也以"戍申""戍甫""戍许"并称,可见"甫"即吕。

② 参见徐少华:《周代南土历史地理与文化》,武汉大学出版社 1994 年版,第 40 页。

③ 参见中国社会科学院考古研究所编:《殷周全文集成释文》635,香港中文大学中国文化研究所 2001 年版。

④ 参见王玉哲:《先周族最早来源于山西》,《中华文史论丛》1982 年第 3 期;甘肃省博物馆文物工作队:《甘肃灵台县西周墓葬》,《考古》1976 年第 1 期;宋为霖:《吕季姜丰壶》,《文物》1982 年第 10 期。

⑤ 参见《水经注·淯水篇》《史记索隐》《读史方舆纪要》《大清一统志》等文献都记载吕城在南阳县西 15 千米之董吕村。

汉地区兴起,平王为防御楚国北侵,保障南国的安全,从诸侯抽调兵力助守申、吕、许等地①,反映周室对南土的重视和申、吕与周之间的密切关系。随着周王室的持续衰微,诸侯离析,再也派不出兵力助守南土,春秋早期时申、吕二国就被迅速强大起来的楚国所灭。

---

① 参见《诗·王风·扬之水》,《毛诗正义》,李学勤主编:《十三经注疏》,北京大学出版社 1999 年版,第 258—260 页。

第十章

楚蛮的源流、地域与考古学观察

　　三苗灭亡后,其遗民在华夏集团的统治下改宗中原文化,夏商时期,这些改宗中原文化的原三苗遗民形成了楚蛮族群,文献中又称为荆蛮、荆楚、楚荆、蛮荆等。夏商周时期,楚蛮是南方土著居民的主体部分,主要活动在汉江流域,与中原王朝有着复杂的关系。在政治上,楚蛮受中原王朝统治,但时叛时服,因而又时常受到中原王朝的征伐。在文化上,楚蛮受中原文化影响,同时又有自身的特色,在考古学文化谱系上是中原文化的地方变体。夏、商、周三代,这些由三苗遗民发展而来的楚蛮族群在中原王朝的统治下,一方面放弃了原有的文化传统而改宗中原文化,另一方面也保留了部分江汉地区原有的文化因素,从而将中原文化和江汉地区原有的部分文化因素融合起来,在夏、商、西周时期的江汉地区发展起了一种新型的土著文化,这一土著文化与早期楚文化有密切的联系,最终在楚国的主导下发展成为东周时期辉煌一时的楚文化。

第一节　楚蛮的源流

一、楚蛮的起源

　　三苗衰微之后,"三苗""有苗""苗民"等称呼消失不见,可知三苗作为一个族群已经瓦解,但禹不可能彻底灭绝三苗之人,三苗的遗裔仍在江汉地区生息繁衍。夏商时期,他们发展成一个人数众多、有一定势力的族群,但这一族群在整个夏、商、周时期,并没有像以前的三苗和后来的楚国一样形成一个强大统一的政治体,只是一些分散的居民,政治上附庸于中原王朝,文化上也较为落后,文化面貌上则是中原文化的地方变体。

　　楚蛮在文献中最早出现于夏末商初。《今本竹书纪年》:"(帝癸)二十一年,商师征有洛,克之。遂征荆,荆降。"帝癸即夏桀,可见夏末商初时已有荆蛮(后世楚通荆,故荆蛮即楚蛮)。《越绝书·吴内传》则谓:"汤行仁义,敬鬼神,天下皆一心归之。当是时,荆伯未从也,汤于是乃饰牺牛以事,荆伯乃愧然曰:'失事圣人礼'。乃委其诚心,此谓汤献牛荆之伯也。"这两条文献虽然年代较晚,但至少可以说明在后代人的记忆中,荆蛮于夏商之际时已经存在,而其形成则当更早,可知楚蛮当形成于夏代。而楚蛮这一族群的出现,当是禹征三苗的结果。至于荆服于商,是行征伐还是行仁义的结果,并不是一个重要的问题。

　　商代后期亦有楚蛮的记载,《今本竹书纪年》:"(武丁)三十二年,伐鬼方,次于荆"。武丁伐荆一事,又见于《诗经·商颂·殷武》:"挞彼殷武,奋伐荆楚。罙入其阻,裒荆之旅。有截其所,汤孙之绪。维女荆楚,居国南乡。昔有成汤,自彼氐羌,莫敢不来享,莫敢不来王,曰商是常。"殷武即殷王武丁,是商人赞颂武丁功绩的诗篇,从《殷武》所载来看,荆蛮在商汤之时已臣服于商,此亦商初时已有楚蛮之证,但后来商朝失去了对楚蛮的控制,至武丁时,遂出兵征伐楚蛮。这两条文献互证,可知商代后期时楚蛮已较为强大,居于南方,占地广泛。

　　西汉贾捐之曾述及商周王朝与楚蛮的关系:"武丁、成王,殷周之大仁也,然地东不过江、黄,西不过氐、羌,南不过蛮荆,北不过朔方,而颂声作。"[①]贾捐之之言,亦反映出在中原文献的视野中,荆蛮是商周时期的南方居民。

　　但《商颂》一诗,年代向有争议,这里需顺便提及。《史记》卷38《宋微子世家》谓:"襄公之时,修行仁义,欲为盟主。其大夫正考父美之,故追道契、汤、高宗,殷所以兴,作《商颂》。"后人多以此为据,谓《商

━━━━━━━━━━
① (汉)班固:《汉书》卷64《贾捐之传》,中华书局1962年版,第2831页。

颂》一诗作于宋襄公之时,然此说未必可信。唐司马贞《索隐》驳之曰:"裴骃引《韩诗·商颂章句》亦美襄公,非也。今按:《毛诗·商颂序》云正考父于周之太师'得《商颂》十二篇,以《那》为首'。《国语》亦同此说。今五篇存,皆是商家祭祀乐章,非考父追作也。又考父佐戴、武、宣,则在襄公前百许岁,安得述而美之?斯谬说耳。"①《商颂》的年代之争,已有两千余年,清代经今文学复兴后,宋诗说占上风,至刘大杰《中国文学发展史》取宋诗说后,宋诗说几成定论。然 1956 年杨公骥、张松如作《论商颂》,次年杨公骥又作《商颂考》,力主商诗说②,张松如后又作《商颂研究》,对商诗说作了全面论证③,现在商诗说已占主导,"学术界认定《商颂》为商诗已成为主导倾向,商诗说取代宋诗说已是大势所趋"④。在楚文化界,王光镐《商代无楚》一文作于 20 世纪 80 年代早期,其时宋诗说占主导,但王光镐亦认为《商颂》"所言荆楚诸事无由晚到春秋时期"⑤,且《商颂·殷武》所载史实正可与《今本竹书纪年》互证。

　　楚蛮的地域,则大抵为原三苗之居,出现年代当在三苗解体之后。对楚蛮(荆蛮)的族源,学者有较一致的看法,均认为楚蛮为古三苗之后:张正明主编的《楚文化志》谓:"所谓楚蛮,即楚地的蛮族,其主体是三苗的遗裔"⑥;张正明著《楚史》同此说,亦谓楚蛮的主体应是传说时代"三苗"的遗裔⑦;伍新福认为商周时期的荆蛮是原三苗的后裔,"他们经过数百年的较为和平的发展后,势力又强盛起来,同中原华夏族发生接触和冲突,中原人就不再把他们叫着'三苗'、'有苗',而以地命

①　(汉)司马迁:《史记》卷38《宋微子世家》,中华书局 1982 年版,第 1633 页。
②　杨公骥、张松如:《论商颂》,《文学遗产增刊》第二辑,1956 年版;杨公骥:《商颂考》,载《中国文学》第一分册,吉林人民出版社 1957 年版,又收入《杨公骥文集》,东北师范大学出版社 1998 年版。
③　张松如:《商颂研究》,南开大学出版社 1995 年版。
④　陈桐生:《〈诗经·商颂〉研究的百年巨变》,《文史知识》1999 年第 3 期。
⑤　王光镐:《商代无楚》,《江汉论坛》1984 年第 1 期。
⑥　张正明主编:《楚文化志》,湖北人民出版社 1988 年版,第 5 页。
⑦　参见张正明:《楚史》,湖北教育出版社 1995 年版,第 52 页。

名,称之为荆蛮。其实,他们就是三苗的后裔"[1];刘玉堂亦认为禹征三苗之后,"以三苗遗部为主体的'荆'或'荆蛮'成为江汉地区的主要民族"[2]。按学者认定楚蛮或荆蛮为古三苗之后,除了居地相同、时代相接外,也因苗与蛮实为一义,苗、蛮二字属阴阳对转,古字同音同义,因此徐旭生说:"这个集团,古人有时叫它作蛮,有时叫它作苗,我们感觉不到这两个名词中间有什么分别,所以就综括两名词,叫它作苗蛮。"[3]石宗仁则从民族学和语言学角度论证,Mao(或 Mu)—髦—蛮—模—猫—苗均为同音异译,至今中部苗族犹以猫(Mao)或模(Mu)即蛮为自称[4],因此石宗仁主张荆蛮、三苗、苗族实为同一族群在不同历史时期的称谓[5]。

综上可知,楚蛮为古三苗的遗裔,文献中又称为荆蛮或荆、蛮荆、荆楚、楚荆等。三苗灭亡后,在南方形成一个分布较广的族群,其族源属南方的苗蛮集团,与中原的华夏集团有别。但由于禹征三苗和商汤、武丁征荆,楚蛮与中原王朝有较多的交往,在政治上为中原王朝的附庸,在文化上为中原文化的地方变体。

二、商代的楚蛮

楚蛮出现于商代,亦可从甲骨文资料中得到佐证。殷墟甲骨文中已有"楚"字,这些"楚"字可分为二类:一类为地名,从林或木又从⿱𦥑口,字形为⿲林⿱𦥑口,皆出自郭沫若《殷契粹编》:

岳于南单,岳于三门,岳于楚。(《殷契粹编》七三)
于楚又雨。(《殷契粹编》一五四七)

---

① 伍新福:《荆蛮、楚人与苗族关系新探》,《求索》1988 年第 4 期。
② 刘玉堂:《夏商王朝对江汉地区的镇抚》,《江汉考古》2001 年第 1 期。
③ 徐旭生:《中国古史的传说时代》,广西师范大学出版社 2003 年版,第 65 页。
④ 参见石宗仁:《苗族自称与荆地蛮夷、熊绎之关系》,《中南民族学院学报》(哲学社会科学版)1996 年第 3 期。
⑤ 参见石宗仁:《苗族与楚国关系新论》,《中央民族大学学报》(哲学社会科学版)1994 年第 6 期。

刚于楚。(《殷契粹编》四五〇)

甲申卜午楚言。(《殷契粹编》一三一五)

甲骨文中的上述楚字,从文义来看,均为地名,其地理范围,郭沫若认为即河南滑县的楚丘①,陈梦家泛言在周代卫国境内,所指亦为河南滑县的楚丘②,徐中舒认为这些地名"为王田猎所及之地,似不能远至荆楚"③,王光镐也认为这些"楚"字"皆为地理名称,是专门用来代指位在中原的某些地方的"④。可见,对于甲骨文中的上述楚地,学术界有较一致的看法,认定其与江汉楚地无关。

但殷墟甲骨文中还有另外一类楚字,此类楚字均与"妇"连称,从林从ꠂ,字形为 🌿:

妇楚。(《小屯殷墟文字丙编》六三)

妇楚来。(《殷墟文字缀合》二一九)

辛卯妇楚。(《殷墟卜辞》二三六四)

对于这类"妇楚",学术界的看法颇不一致,胡厚宣、丁山等认为与江汉楚国有关,如胡厚宣认定"殷商必早有楚国,则可信而不可疑也",其依据即是"'楚'字果已见于甲骨文矣"⑤,丁山《甲骨文所见氏族及其制度》亦有类似看法,认为甲骨文中的我、楚诸名,必然都是我氏、楚氏的简称,而"殷商王朝,每个氏族,都有食邑,所有的氏族,就是城主,也就是诸侯了"⑥。王光镐则力驳胡、丁之论,认为"妇楚"之"楚"字所释有

---

① 参见郭沫若:《殷契粹编》,科学出版社1965年版,考释第15页。

② 参见陈梦家:《殷墟卜辞综述》,中华书局1988年版。

③ 徐中舒:《殷周之际史迹之检讨》,载《徐中舒历史论文选辑》,中华书局1998年版,第669页。

④ 王光镐:《甲文"楚"字辨》,《江汉考古》1984年第2期;王光镐:《楚文化源流新证》,武汉大学出版社1988年版,第52页。

⑤ 胡厚宣:《楚民族源于东方考》,《史学论丛》第一册,北京大学潜社1934年版。

⑥ 丁山:《甲骨文所见氏族及其制度》,科学出版社1956年版,第16、44页。

误,此字当是"杞"字而非"楚"字。①

我们认为,既然古文字学界释此字为楚,则当尊重古文字学界的主流看法。不过甲骨文中的"妇楚",确有进一步讨论的必要。甲骨文中有很多的"妇某","妇楚"为其中之一,胡厚宣认为"帚婡、帚好、帚姐之婡好姐,当为姓,亦即地名",是为"诸妇之封"②,则胡厚宣以为妇某之某有二义,既是姓,又是地名。丁山的看法,又与胡厚宣有所不同,《甲骨文所见氏族及其制度》谓"凡是卜辞所见的妇某,某也是氏族的省称"③,丁山于此处所言甚简,或有宽泛之处,在其遗著《商周史料考证》中则有较详细的论述,丁山否认胡厚宣的"诸妇之封"说,认为"这不是'多妇'的受封之地,宜是他们母国的姓氏",并推定妇妌即妌姓、妇妊即任姓、妇羊即姜姓,均以母国之国姓命名,一如春秋经传所谓王姜、王姚等,皆后妃母国之国姓,故"甲骨文所见王妌、王媞、王姓、妇妊、妇羊其下一字,均为母国的国姓",而武丁元妃妇好之好,丁山亦据春秋时宋国实行内婚制,考定"好"为国姓,即商人之子姓,但丁山同时亦认为妇楚、妇井之类,不是母国国姓而是母国氏族名。④ 综胡、丁二氏之论,均以为妇某之某为姓称,在这一点上,二氏是有共识的。

但学界对于妇某之某,还有氏名说(或族名说)⑤、妇子私名说⑥、女字说⑦等多种说法。陈絜《商周姓氏制度研究》是有关商周姓氏研究的一部力作,此书力辨女姓说之误,主张妇某之某,是父族之族氏名号,表示的是该女子所自出之国名或族氏之名号,并认为商代女子不以姓称。⑧ 其立论最主要的基础,是甲骨文中的"妇某"多达上百,而文献及

① 参见王光镐:《楚文化源流新证》,武汉大学出版社 1988 年版,第 53 页。
② 胡厚宣:《殷代封建制度考》,载《甲骨学商史论丛初集》,河北教育出版社 2002 年版,第 24 页。
③ 丁山:《甲骨文所见氏族及其制度》,科学出版社 1956 年版,第 28 页。
④ 参见丁山:《商周史料考证》,中华书局 1988 年版,第 115 页。
⑤ 参见李学勤:《论殷代亲族制度》,《文史哲》1957 年第 11 期。
⑥ 参见李学勤:《考古发现与古代姓氏制度》,《考古》1987 年第 3 期。
⑦ 参见陈梦家:《殷墟卜辞综述》,中华书局 1988 年版,第 491—492 页;郭沫若:《骨臼刻辞之一考察》,载《郭沫若全集·考古编》第 1 卷,科学出版社 1982 年版。
⑧ 参见陈絜:《商周姓氏制度研究》,商务印书馆 2007 年版,第 78、89 页。

金文中所见的先秦古姓只有 30 多个,这个差距过大,如释妇某之"某"为女姓,则无法解释。

但殷代制度与周代制度不同,殷代制度是自然形成的,周代制度则是在商代基础上经过人工整理、由人工构建的。周人通过封建制度,构建了一个华夏主体,在此基础上形成了一种华夏认同,而通婚则是这种华夏认同的重要组成部分。在周代的封建体系和华夏认同下,通婚一般只能在华夏内部进行,而婚姻又与姓氏不可分。在周代,未受王命、不经封建,则不得列入诸侯之林,就会被贬为蛮夷,也就很难与诸侯或卿大夫通婚,其姓氏就不会载于史册,当然更不会有彝器传世,除非他们能发展出一种足与西周相抗衡的政治与文化体系,如东夷集团,曾发展到相当强大的程度。而且华夏一般是不与蛮夷通婚的,一直到隋唐时代,通婚仍然是士族认同的重要手段,以至于唐朝皇帝要下令禁山东士族自为婚姻。[1]

周代的诸侯,其总数已大大少于商代,而这些诸侯中,能进入到周朝的封建体系之中的,数量更少。周代诸侯总数,据《礼记》卷 11《王制》:"凡九州,千七百七十三国。天子之元士,诸侯之附庸,不与。"所谓不与,据郑玄注,即"不在数中也"。又《孝经说》曰:"周千八百诸侯,布列五千里内。"[2]可见,周代诸侯总数在一千八百左右。但这些诸侯并不全在周的统治之下,其中接受周天子统治、臣服于周的部分,据《吕氏春秋》卷 16《先识览》之《观世》:"此周之所封四百余,服国八百余,今无存者矣。"[3]又武王伐商时,"诸侯不期而会盟津者八百诸侯"[4]。可见,周代诸侯总数中,臣服于周者约八百而已。可是这八百诸侯,还并不全在周的封建体系之内。在西周时,只有周之封国,曾受

① 《太平广记》卷 184"七姓"条引《国史纂异》:"高宗朝,以太原王、范阳卢、荥阳郑、清河博陵二崔、赵郡陇西二李等七姓,其族望耻与诸姓为婚,乃禁其自相姻娶。"

② 《礼记》卷 11《王制》,《礼记正义》,李学勤主编:《十三经注疏》,北京大学出版社 1999 年版,第 344 页。

③ (先秦)吕不韦:《吕氏春秋》卷 16《先识览》,许维遹:《吕氏春秋集释》,中华书局 2009 年版,第 400 页。

④ (汉)司马迁:《史记》卷 4《周本纪》,中华书局 1982 年版,第 120 页。

周天子封建者,才能跻身周朝的封建体系之列,有周一代,未受王命,不经封建者,则不得列入华夏之林,或者说,不能进入西周的政治体系。而周之封国的数量,就极为有限了,前引《吕氏春秋·观世》云:"周之封国四百余。"太史公说:"武王、成、康所封数百。"①班固则说:"周监于二代,三圣制法,立爵五等,封国八百,同姓五十有余。"②这个四百到八百的说法,是周代封国数目的最高估计,但这个数据可能过高,而且《史记》《汉书》之言,或从《吕氏春秋》而来,其说晚出,难以信据。早于《吕氏春秋》的战国时人荀子曾说:"(周)兼制天下,立七十一国,姬姓独居五十三人。"③《韩诗外传》则谓:"立国七十一,姬姓五十二。"④说法稍异,按荀子为当时著名学者,曾任齐稷下学宫祭酒,所言当更可凭信。又荀、韩之言,还可从春秋时期的诸侯数量来印证,春秋时见于史籍的诸侯总数,清顾栋高统计为 147 国⑤,今人顾德融、朱顺龙统计为 154 国⑥。需要指出的是,这一百四五十,乃是春秋时期诸侯之总数,其中封国的数量要少于此数,可见荀、韩所言周之封国数,当去实际不远。粗略估计,周代封国数量仅以百计而已,这数量有限的封国中,大多数还为周之同姓,其余为周之姻亲、功臣,少量为古帝王之后。

可知甲骨文中的妇某之某,大多不见于文献及金文,是因为这些古姓没有进入周人的政治体系,因此也就湮没无闻了。而且,西周初年的诸侯总数约 1200 到 1800 国,到春秋时期就只剩下 150 国左右,只及西周初年的约十分之一左右,可见仅西周一代,诸侯的数目就减少了大约九成。而诸侯是姓氏的载体,诸侯数目的大量减少,也必然伴随着大量上古姓氏的消亡。以祝融八姓为例,据《郑语》记载,董姓为夏所灭,彭姓为商所灭,秃姓舟人灭于周,斟姓无后自灭,可知经历夏商及西周的

---

① (汉)司马迁:《史记》卷 17《汉兴以来诸侯王年表》,中华书局 1982 年版,第 801 页。

② (汉)班固:《汉书》卷 14《诸侯王表》,中华书局 1962 年版,第 391 页。

③ 《荀子》卷 4《儒效篇》、卷 8《君道篇》,引自《诸子集成》本,中华书局 1954 年版。

④ (汉)韩婴:《韩诗外传》卷四,许维遹:《韩诗外传集释》,中华书局 1980 年版,第 146 页。

⑤ 参见(清)顾栋高:《春秋大事表》卷五《列国爵姓及存灭》,中华书局 1993 年版。

⑥ 参见顾德融、朱顺龙:《春秋史》,上海人民出版社 2001 年版,第 27—37 页。

发展,祝融八姓就只剩下四姓,金文中亦只见己(妃)、妘(娟)、曹(嬲)、芈(妳)四姓①,与《郑语》所载史伯之言相合。祝融一系身世显赫,尚且如此,则其他势力较小的商代古姓,其湮没无闻者当更多。由此,文献及西周金文中的古姓要远远少于甲骨文中的"妇某",是相当合理的,并非不可解释之事,反过来倒是一件不合理的事。

此外,欲释妇某之"某"为氏族名,主张殷代妇女不以姓称,还需证明"妇好"之"好"等不是姓,于是有学者释"好"为"子方",释"妇好"为"子方"之女②,但这个解释并不比释"妇好"之"好"为商人之子姓更可靠。释"好"为子姓,至少还有以下依据:其一,有周代的"妇姜"可以比附,妇姜之名,见于《春秋》文公四年:"夏,逆妇姜于齐。"此妇姜为齐女,按齐虽姜姓,为太公之国,但齐国地在东夷,且太公治齐,"简其俗,因其礼",其政有异于鲁③,即因其故俗而治,可见齐国保存了较多的东夷故俗,而商亦出于东方族群,可能女名称妇某乃东夷故俗,而甲骨文中正有妇妌,按妌即姜,姜为姓称,则妇好之好当亦如是。又周代宋国实行内婚制,宋国国君皆娶其大夫之女,而宋大夫皆出自公室,《公羊传》僖公二十五年:"宋三世无大夫,三世内娶也。"可见,释妇好之好为商人之子姓,有着相当充分的论据,要比释为妇好为子方之女可信一些。

周代的姓与氏是有严格区分的,男子称氏、女子称姓,商代可能没有这么严格,但周代的姓氏制度当有来历,非从天而降。从周代有"妇姜"来看,周代妇名称国及姓,可能是由商代的妇某演变而来,只是将泛称的"妇"字,改为较有确指的国族名,这比商代"妇"+姓的称呼方法要进了一步。可见"妇楚"之"楚",当与"妇好"之"好"同为姓称。

此处还可以补充一条旁证,西周末年,史伯为郑桓公论天下形势,

① 参见李零:《楚国族源、世系的文字学证明》,《文物》1991年第2期。

② 参见曹定云:《"妇好"乃"子方"之女》,载《庆祝苏秉琦考古五十五年论文集》,文物出版社1989年版。

③ 参见(汉)司马迁:《史记》卷32《齐太公世家》、卷33《鲁周公世家》,中华书局1982年版,第1480、1524页。

言及楚国时曾说:"融之兴者,其在芈姓乎? 芈姓夔越,不足命也。蛮芈蛮矣,唯荆实有昭德,若周衰,其必兴矣。姜、嬴、荆、芈,实与诸姬相代干也。"①史伯所言"唯荆实有昭德"之荆,是指芈姓楚国,后文所言之"姜、嬴、荆、芈,实与诸姬相代干也"之荆,却值得探究,此处"荆"与姜、嬴、芈、姬并称,肯定不是指芈姓楚国,只能是与姜、嬴、芈、姬同样的姓称。按西周时期,周人为区分楚国与楚蛮,改用荆字来代指楚蛮,西周晚期时,已是荆、楚开始通用的时代②,故史伯此处所言之"荆",当是指楚蛮,可见楚蛮之"楚",亦可作为姓称来看待。

姓的起源早于氏,一般认为,姓代表母系之所出,故曰"女生为姓"③,因此姓多带女旁,如子(好)姓、姬姓、姒姓、姞姓、妘姓、姜姓、芈(嬭)姓、嬴姓等,而甲骨文中的妇某之某,亦多带女旁。④ 但甲骨文中还有大量的如妇楚之类不带女旁的姓,这应当是有原因的。

周代楚国出自祝融八姓中的芈(嬭)姓,史有明文,不可更改,因此这个商代的楚姓,肯定与周代楚国无直接关系。因此殷墟甲骨文中的楚姓,当系某个晚起的浅近部族之姓,因其不属华夏集团,故无带女旁的华夏古姓,但因与商人通婚,于是只好以族名为姓,因此"妇楚"之楚,可能是以部族名为姓,既是姓称,又是部族之名,或即甲骨文中"妇楚"的来历。

这个商代以楚为姓、又以楚为名的部族,考之文献,当即《楚世家》所载"封熊绎于楚蛮"中的楚蛮,亦即史伯所言"姜、嬴、荆、芈,实与诸姬相代干也"之荆。商代之时只有楚蛮,还没有楚国,再以《楚世家》与甲骨文中的"妇楚"互证,可知这个非华夏集团出身、又是晚起的浅近部族,应即商代时活动于南方的楚蛮族群。

---

① 《国语》卷16《郑语》"史伯为桓公论兴衰"章,上海古籍出版社1978年版,第511页。

② 参见尹弘兵:《周昭王南征对象考》,《人文杂志》2008年第2期;尹弘兵:《荆楚关系问题新探》,《江汉论坛》2010年第3期。

③ (南宋)郑樵:《氏族序》,载《通志二十略》,中华书局1995年版,第2页。

④ 参见丁山:《卜辞所见诸妇的氏族》,《甲骨文所见氏族及其制度》,科学出版社1956年版,第28—30页。

三、周代的楚蛮

楚蛮(荆蛮)在周代亦屡见于文献。周初时,周成王封熊绎于楚蛮,《楚世家》:"熊绎当周成王之时,举文、武勤劳之后嗣,而封熊绎于楚蛮。"西周早期,周昭王亦曾南征荆蛮,《吕氏春秋·季夏纪》云:"周昭王亲将征荆蛮。"①西周晚期周夷王时,熊渠统治下的楚国曾一度强大,称雄江汉,并封其三子为王,"皆在江上楚蛮之地"②。周厉王时,又有"召穆公帅师追荆蛮,至于洛"③之事。西周末年,郑桓公惧被祸,欲东迁,乃问计于史伯,史伯分析东方形势说:"当成周者,南有荆蛮、申、吕、应、邓、陈、蔡、随、唐",可知西周末年荆蛮分布于成周以南。《今本竹书纪年》亦载:"(宣王五年)秋八月,方叔帅师伐荆蛮。"方叔伐荆蛮,又见于《诗经·小雅·采芑》:"蠢尔蛮荆,大邦为仇。方叔元老,克壮其犹。方叔率止,执讯获丑。戎车啴啴,啴啴焞焞,如霆如雷。显允方叔,征伐玁狁,蛮荆来威。"至东周早期齐桓公时,"周室微,唯齐、楚、秦、晋为疆。晋初与会,献公死,国内乱。秦穆公辟远,不与中国会盟。楚成王初收荆蛮有之,夷狄自置"④。所谓"楚成王初收荆蛮有之",当是指楚蛮主体被楚国兼并。这是楚蛮最后一次出现在历史上,此后楚蛮作为一个族群不再存在,可能只有少量残余生活在边远地区。楚成王之后,文献中虽偶也有荆蛮或楚蛮之称,但或指楚国,或指楚地,如鲁昭公二十六年(公元前516年),王子朝奔楚,遣使告诸侯曰"兹不谷震荡播越,窜在荆蛮",此时已无楚蛮,故王子朝所言之荆蛮,当指荆蛮故地,已尽为楚国。

楚成王之后,楚蛮作为一个族群不再存在,但其余脉在文献中仍有所反映。《左传》文公十六年载庸国率群蛮叛楚,按庸国在今湖北竹山县一带,这里是周代楚蛮的边缘地带(详后文),因此文公十六年(公元

---

① 按今本《吕氏春秋》荆下无蛮字,此据《左传》僖公五年孔颖达《正义》引补。
② (汉)司马迁:《史记》卷40《楚世家》,中华书局1982年版,第1692页。
③ 《今本竹书纪年》厉王十四年。
④ (汉)司马迁:《史记》卷32《齐太公世家》,中华书局1982年版,第1491页。

前 611 年）庸国所率之群蛮,应为楚蛮。群蛮又见于《左传》哀公十七年楚大夫子谷之言:"观丁父,鄀俘也,武王以为军率,是以克州、蓼,服随、唐,大启群蛮。"子谷所叙为楚武王时之事,则观丁父所启之"群蛮",可能亦是楚蛮。文公十六年群蛮叛楚一事,在楚国取得胜利后,以"群蛮从楚子盟"而告终,其后再不见群蛮活动之记载,应是楚国加强了对群蛮的统治,将楚蛮余部完全融合。

《左传》哀公四年又记有楚昭王灭蛮子国、俘蛮子赤之事,按蛮子国在汝水上游地区,具体地点在汝水以南、今河南临汝至汝阳一带①,就地理来看,此蛮子国已脱出楚蛮之地的范围,但《春秋》哀公四年"晋人执蛮子赤归于楚"句下杜预注:"赤本属楚,故言归。"由杜注来看,蛮子国虽位于汝水上游,但有可能原属楚蛮之一,后因不愿受楚国统治而退至汝水上游独立建国。蛮氏又见于南宋郑樵《通志·氏族略》,有"瞒氏"和"蛮氏"。"瞒氏"条:"《风俗通》云,荆蛮之后。本姓蛮,音讹遂为'瞒氏'。《左传》有司徒瞒成";"蛮氏"条:"芈姓,荆之后,因氏焉"。可见蛮、瞒本同氏,后分为两支,据《风俗通》,这两支蛮氏为楚蛮之后裔,当然,郑樵言蛮氏为芈姓有误,当因楚蛮尽入楚国,故后世误以蛮氏为芈姓,或楚蛮之后冒楚之姓,这应当是楚国与楚蛮融合的后果之一。楚灭蛮子国后,楚境内再无蛮族活动的记录,蛮子国成为楚蛮之绝响。

第二节 楚蛮的地域

一、夏商时代楚蛮之地域

夏商时代楚蛮的活动地域,据《今本竹书纪年》记载,夏桀二十一年,"商师征有洛,克之。遂征荆,荆降。"有洛为古族名,《逸周书·史记解》:"昔者有洛氏宫室无常,池囿广大,工功日进,以后更前,民不得休。农失其时,饥馑无食,成汤伐之,有洛以亡。"张华《博物志》卷 10

---

① 参见徐少华:《周代南土历史地理与文化》,武汉大学出版社 1994 年版,第 272 页。

亦谓:"昔有洛氏……人民困匮,商伐之,有洛氏以亡。"有洛氏之族,当在洛水流域,《尚书·五子之歌》:"太康尸位以逸豫,灭厥德,黎民咸贰。乃盘游无度,畋于有洛之表,十旬弗反。"《书序》云:"太康失邦,昆弟五人须于洛汭,作《五子之歌》。"孔《传》:"太康五弟与其母待太康于洛水之北,怨其不反,故作歌。"可知有洛当在洛水流域。而商师征有洛之后再征荆,则此荆必近洛水,又荆蛮(楚蛮)为古三苗的后裔,则荆蛮之地,应在古三苗的分布范围之内,至少不会相去太远,按苗蛮集团的北界在今河南西部南阳以北、熊耳、伏牛、外方诸山脉间,正与洛水流域相邻。从自然地理来看,熊耳、伏牛、外方山脉以北,为伊水、洛水流域,以南即丹淅水、唐白河流域,而丹淅水、唐白河流域正好在苗蛮集团的分布区内,属传统的楚地范围。由此可见,商师所征之荆蛮,当在伏牛、熊耳、外方山脉以南的丹江流域。此外,据石泉先生考证,内乡(按内乡在淅水以东不远处)附近,有最古的荆山①,荆蛮之称,或与此荆山有关,这也是夏商时代荆蛮或楚蛮曾活动于丹淅流域的旁证。由此可知,汉江中游地区的丹淅流域,应为夏商时期楚蛮(荆蛮)的活动地区。

又据《商颂·殷武》和《今本竹书纪年》,武丁曾伐荆楚,甲骨文中亦有武丁南征的记载:

乙未[卜],贞:立事[于]南,右比[我],中比舆(举),左比曾。
乙未卜,贞:立事[于南],右比我,[中]比舆(举),左比[曾]。
十二月。②

这两条甲骨文均属武丁时代,"立",即莅;事,即"国之大事,在祀与戎"的戎事。"立事于南",是说商王武丁亲临南方,指挥战争。我、举、曾

_____

① 参见石泉:《楚都丹阳及古荆山在丹、淅附近补证》,《古代荆楚地理新探》,武汉大学出版社 1988 年版,第 208 页。

② 参见郭沫若主编,胡厚宣总编:《甲骨文合集》,中华书局 1978 年版,第 3 册第 5504、5512 片。

均为商代方国,据李学勤先生考证,曾在今湖北、枣阳、随县、京山到河南西南的新野这一范围内,举在汉东举水流域①,我的地望不可考,当与曾、举相邻。"比"则有联合、配合之义②,罗运环认为,这两条卜辞是说:商王武丁亲帅右、中、左三军,在我、举、曾三个方国的配合下征伐荆楚③。举、曾两国均在汉东地区,则武丁所征之荆楚当去举、曾之地不远。武丁伐荆楚,或与商代楚蛮的兴起及盘龙城的废弃有关。盘龙城城址始建于二里岗上下层之间,废弃于二里岗上层二期晚段,则其始建年代相当于商王中丁在位或稍早的公元前1450年左右,废弃于盘庚迁殷前的公元前1300年之前④,盘龙城的性质,现一般认为是商人在南方的重要军事据点。考《史记》卷3《殷本纪》:"自中丁以来,废嫡而更立诸弟子,弟子或争相代立,比九世乱,于是诸侯莫朝。"商朝在"九世之乱"期间,国力衰微,而地方势力则乘机兴起,商的势力处于退缩之中,可能商朝在此期间失去对荆蛮的控制,而盘龙城之废弃,或与此背景有关联。至盘庚迁殷之后,商朝国力复振,极力对外反击,尤其是武丁在位期间,大征四方,武丁征荆蛮一事或在此背景下发生。可见,汉江下游东岸地区在夏商时期亦为楚蛮活动地区。

二、周代楚蛮之地域

商周鼎革之后,政治地理和人文地理格局都发生了较大的变化。商代后期,政治中心北迁至黄河以北的殷墟,虽然商朝的统治相对稳定下来,国势也有较大的振作,但对南方地区却有鞭长莫及之势,盘龙城作为商人在南方的据点,自废弃后始终未能恢复,可见商北迁后无力顾及南方。而周人在立国初期,就开始了对南方地区的经营,徐中舒先生

---

① 参见江鸿:《盘龙城与商朝的南土》,《文物》1976年第2期。
② 参见林沄:《甲骨文中的商代方国联盟》,《古文字研究》第6辑,中华书局1981年版。
③ 参见罗运环:《楚国八百年》,武汉大学出版社1992年版,第68页。
④ 参见徐少华:《从盘龙城遗址看商文化在长江中游地区的发展》,《江汉考古》2003年第1期。

谓:"周人自大王居岐以后,即以经营南土为其一贯之国策。"①《太保玉戈》记载周王令太保召公省视南土,沿汉江南下,召集江汉地区的诸侯朝见周王。② 郑玄《毛诗谱》亦谓:"至纣,又命文王典治南国江、汉、汝旁之诸侯。"可见,汉江流域在商末周初时就已成为周人的势力范围。

《左传》昭公九年记周大夫詹桓伯辞晋之言,述及周初时的政治地理格局:"及武王克商,蒲姑、商奄,吾东土也。巴、濮、楚、邓,吾南土也。肃慎、燕、亳,吾北土也。"詹桓伯所言周之南土,巴国于春秋时屡见于《左传》,与楚国曾有密切的关系,童书业先生据《左传》考订其地望应在今陕西东南境、大巴山以北③,石泉先生结合文献及考古材料,考证先秦时巴国在今陕东南、汉水中上游的安康一带④,近年来汉水中游陕南城固一带出土较多商周时期巴式青铜器,可见商周时的巴国当在此地⑤。濮,是一个古老的部族,曾参与武王伐纣之役,为"牧誓八国"之一,但濮并不是一个邦国,没有形成统一的政权,故《牧誓》称之为"濮人",直到春秋时期,濮还处在各自"离居"的状态,因此又被称为"百濮"。濮之地望,孔《传》:"庸、濮在江汉之南。"孔颖达《正义》亦引《左传》文公十八年伐楚之役论证之。石泉先生则认为,春秋时期的古麇国、楚麇邑地在今随枣走廊西口外、今滚河入唐白河后的唐白河下游西北岸地,与之相邻近的百濮,其地当在今枣阳市境桐柏、大洪两山间的山区丘陵地带。⑥ 段渝则据"百濮离居"认为百濮居地当不限于一

---

① 参见徐中舒:《殷周之际史迹之检讨》,《徐中舒历史论文选辑》,中华书局 1998 年版,第 688 页。

② 参见李学勤:《太保玉戈与江汉的开发》,《楚文化研究论集》第二集,湖北人民出版社 1991 年版。

③ 参见童书业:《古巴国辨》,《童书业历史地理论集》,中华书局 2004 年版,第 243、244 页。

④ 参见石泉:《古巫、巴、黔中故址新探》,载《古代荆楚地理新探·续集》,武汉大学出版社 2004 年版,第 14 页。

⑤ 参见彭万廷等:《巴蜀文化源流》,湖北教育出版社 2003 年版,第 10—20 页。

⑥ 参见石泉:《春秋"百濮"地望新探》,《古代荆楚地理新探·续集》,武汉大学出版社 2004 年版,第 10—11 页。

处,而是在西周时代的南土有广泛的分布,襄阳以西到竹山以南和襄阳以东汉水东北岸及滚河下游一带,均为西周时代百濮离居之地。[1] 顾颉刚先生则认为濮在武当、荆、巫诸山脉中。[2] 虽然对濮的具体定位还有一些困难,各家的说法不一,但西周春秋时的濮,大体当在今襄樊附近地区,就区域而言,可以认为上述各家的意见是基本一致的。邓即今襄樊邓城遗址,楚在丹淅之会。可见,鄂豫陕交界的汉江中游地区在西周初年即已成为周朝的势力范围。至周昭王南征以后,汉东地区又成为"汉阳诸姬"所在。

鄂豫陕交界的汉江中游地区和延伸至汉江下游的汉东地区,在商代均为楚蛮分布之地,商周之际当亦大抵如是。但由于周人对南土的经营,这一切都发生了变化。周初时,首先是汉江以北成了周朝的南土,昭王南征以后,汉东地区也成为"汉阳诸姬"所在。于是商代及周初时的楚蛮居地,多为周人所占。但楚蛮并未退出历史舞台,终西周一世,楚蛮颇为活跃,可见楚蛮应是转移到周人势力所不及之地,开始了新的发展。

由于周人对南土的经营,楚蛮的地域可能因而发生变化。汉江中游地区和汉江下游东岸地区,在商代均为楚蛮分布之地,商周之际当亦大抵如是。但周初时,首先是汉江中游地区成了周朝的南土,昭王南征以后,周人分封"汉阳诸姬",将南土的疆界推进到几乎整条汉江。于是商代及周初时的楚蛮居地,多为周之南土诸侯所占。但在此情形下,楚蛮并未退出历史舞台。西周早期时,南土诸国还可同楚蛮杂居,但随着周朝统治的稳固,楚蛮要么被南土诸国所同化,要么就只有另居他地,迁移到周朝统治所不及的地区去。

西周后期时楚蛮的居地,可由楚熊渠的活动范围略知一二。据《史记》卷 40《楚世家》:

---

[1]　参见段渝:《西周时代楚国疆域的几个问题》,《中国史研究》1997 年第 4 期。

[2]　参见顾颉刚:《史林杂识初编》,中华书局 1963 年版,第 31 页。

当周夷王之时,王室微,诸侯或不朝,相伐。熊渠甚得江汉间
民和,乃兴兵伐庸、杨粤,至于鄂。熊渠曰:"我蛮夷也,不与中国
之号谥。"乃立其长子康为句亶王,中子红为鄂王,少子执疵为越
章王,皆在江上楚蛮之地。及周厉王之时,暴虐,熊渠畏其伐楚,亦
去其王。

熊渠征伐所及范围及三子封地,皆为"江上楚蛮之地",也就是说,熊渠
的活动范围,在西周晚期的楚蛮地域之内。

其具体地点,庸国,见于《左传》文公十六年"庸人率群蛮以叛楚"。
杜预注:"庸,今上庸县,属楚之小国。"唐张守节《正义》引《括地志》
云:"房州竹山县,本汉上庸县,古之庸国。昔周武王伐纣,庸蛮在焉。"
日本泷川资言《史记会注考证》:"今湖北郧阳府竹山县,古庸国。"可见
古庸国应在今湖北竹山县。但叶植认为,庸国早期居地在鄂西北的汉
水沿岸,鄂西北山区竹山县的庸是庸国在楚人进攻下败退的结果,早期
的庸国在丹江口市西北至郧县一带。①

杨粤,唐司马贞作《索隐》时已不知其确切地点,只笼统地说:"地
名也。"从"伐庸、杨粤,至于鄂"这一句来看,杨粤即使不在庸与鄂之
间,也应与庸、鄂两地相距不太远。

鄂,是熊渠远征所达的最远点。鄂地自古即有东鄂和西鄂两说,东
鄂在今鄂州,西鄂在今南阳北。熊渠所伐之鄂,是东鄂还是西鄂,学术
界有不同看法。从鄂的起源来看,西鄂起源甚早,商代时已有鄂侯,商
末鄂侯与西伯昌、九侯并称三公②。据徐少华考订,商代鄂国原在黄河
以北的沁水流域,其地望大致不出今沁阳县城或略偏南一带,西周时迁
至南阳盆地,鄂国进入南阳盆地的时间,上限在成王初年,不迟于西周

---

① 参见叶植:《试论楚熊渠称王事所涉及到的历史地望问题》,《楚文化研究论集》第
四集,河南人民出版社 1994 年版,第 401 页。
② 参见《史记》卷 3《殷本纪》、卷 83《鲁仲连邹阳列传》及《战国策》卷 20《赵策三》"秦
围赵之邯郸"章。

早中期的昭穆之际,鄂已立国于南阳盆地。① 而东鄂之名,最早见于屈原《九章·涉江》:"乘鄂渚而反顾兮",王逸注:"鄂渚,地名。"洪兴祖补注:"鄂州,武昌县地是也。"渚为水中的小块陆地,罗运环亦认为:"鄂渚因鄂地而得名。鄂渚的鄂当即东鄂。"② 由此看来,东鄂之名出现甚晚,有可能迟至战国晚期。张正明虽主东鄂说,但认为"东鄂和西鄂不是并世共存而是异时相承的"③,此言颇有见地。又鄂地见于 20 世纪 50 年代出土的《鄂君启节》,陈伟认为舟节铭文"自鄂市,逾由"一句中"由"即"育","油水"即"淯水",即今天南阳盆地的白河,并进而论定《鄂君启节》中的"鄂"为南阳盆地的"西鄂"。④ 此说已得到学术界认可。朱继平认为,东鄂是由南阳盆地的西鄂迁过来的,公元前 301 年的垂沙之役,楚国惨败,尽失南阳盆地和方城之地,原居"西鄂"的楚人及鄂君族人或在故地失于韩后,迁居于江南的今鄂州一带,因地随人迁之故,形成后世的"东鄂"。⑤ 从目前材料来看,西周时期,只有西鄂而无东鄂。另从考古学的角度考察,今鄂东南一带的西周时期考古学文化面貌,迥异于以鬲、盂、豆、罐为主要特征的西周时期的早期楚文化遗存,据刘玉堂分析,此类遗存可能与杨越有关⑥,因此西周时期,鄂东南一带应为越人所居,此地未见有与楚文化或早期楚文化相关的考古学遗存,因此现在看来,熊渠足迹应未至鄂东南,直到春秋中期以后,楚人才开始进入鄂东地区⑦。又顾祖禹《读史方舆纪要》卷 76 湖广二武昌府武昌县"鄂城"条云:"本楚邑。《史记》:熊渠当周夷王时兴兵伐庸、杨粤、至于鄂,又封中子红为鄂王,孔氏以为南阳之鄂,误矣。时楚兵未

---

① 参见徐少华:《周代南土历史地理与文化》第二章第二节"鄂国",武汉大学出版社 1994 年版。

② 罗运环:《楚国八百年》,武汉大学出版社 1992 年版,第 105 页。

③ 张正明:《楚史》,湖北教育出版社 1995 年版,第 45 页。

④ 参见陈伟:《〈鄂君启节〉之"鄂"地探讨》,《江汉考古》1986 年第 2 期。

⑤ 参见朱继平:《"鄂王城"考》,《中国历史文物》2006 年第 5 期。

⑥ 参见刘玉堂:《杨越与楚国》,载《楚学论丛》,《江汉论坛》专刊 1990 年 9 月版。

⑦ 参见朱继平:《鄂东楚文化的历史进程与特征》,武汉大学硕士学位论文,2005 年。

能逾汉而北也。"①顾氏之言,是学界主张东鄂说的重要依据之一。考顾氏之言,一是以西周时楚国当在汉南;二是西周时楚兵不大可能由汉南深入至南阳盆地。按西周时期,南阳盆地是周朝经营江汉地区和淮河流域的重要基地,也是周朝防御南淮夷和楚蛮的重要屏障,就此而论,熊渠伐取鄂地的可能性几乎没有。但周夷王时,发生了鄂侯御方叛乱的重大事件,据《禹鼎》铭文记载,鄂侯御方叛乱后,周朝十分震惊,尽起西六师、殷八师往讨,周夷王甚至下令"无遗寿幼"②。熊渠远征至鄂地,当是在鄂国因叛乱被讨灭的情形下发生的,属于趁虚而入,而《楚世家》不言熊渠伐鄂,仅言熊渠"伐庸、杨粤,至于鄂",亦可证熊渠只是趁鄂国覆灭之机占领鄂地,而不是伐灭鄂国。

因此,就以往的资料而论,熊渠征伐所及之鄂,当为西鄂而非东鄂。但 2007 年至 2009 年间随州安居羊子山又陆续发现了西周康昭时期的鄂国墓葬,出土了一批精美的鄂国铜器,其中 M4 出土的一批鄂侯之器,造型精美,并保留有浓厚的晚商铜器装饰风格。③ 此外,1975 年湖北随州安居羊子山曾出土一件西周早中期之际的鄂侯弟历季铜尊④,与上海博物馆收集的一件铜卣为同一人所作⑤,由于随州一带屡次发现西周早期的鄂国铜器,因此学者对西周时期的鄂国地望有了新的看法,现一般据随州所出西周早期鄂侯墓及鄂国铜器,认为西周时期的鄂国应在汉东随州一带,鄂国后于西周晚期因鄂侯驭方叛乱而被周朝扑灭,而现在所出土的曾国铜器其上限皆不超出西周晚期,这也暗示随州地区的曾国是在鄂国已被攻灭之后才建立的,铭文中称"曾"是沿用都

① (清)顾祖禹:《读史方舆纪要》,中华书局 2005 年版,第 3526 页。

② 关于《禹鼎》铭文及鄂国史迹,参见徐中舒:《禹鼎的年代及其相关问题》,载《徐中舒历史论文选辑》,中华书局 1998 年版;徐少华:《周代南土历史地理与文化》第二章第二节"鄂国",武汉大学出版社 1994 年版。

③ 参见随州市博物馆编:《随州出土文物精粹》,文物出版社 2009 年版,"前言"第 3 页。该书发表了 2007 年随州安居羊子山 M4 出土的多件青铜器,其中包括噩侯提梁卣、噩侯方彝、鄂侯簋、鄂侯盘等,时代均在西周早期康、昭之世。

④ 参见随州市博物馆:《湖北随县发现商周青铜器》,《考古》1984 年第 6 期。

⑤ 参见马承源:《记上海博物馆新收集的青铜器》,《文物》1964 年第 7 期。

邑原有的地名①。此说依据最新考古发现，且能与曾国铜器所反映的曾国地理相吻合。但在鄂国地望问题上，我们还需考虑随州之鄂与南阳之鄂的关系，南阳之西鄂当有来历，其与鄂国的关系，我们必须加以考虑，不能对之采忽视态度。据鄂侯驭方鼎铭文记载，周王南征淮夷之角、鄮后还在坏地，鄂侯驭方纳献于天子，并与周王同宴、会射，周王赏赐鄂侯玉、马、矢等物，鄂侯为感谢天子之赐，而作鼎铭载。② 从鼎铭内容分析，周王是在南征淮夷后回师的路上受到鄂侯朝见，并与之共宴、会射，说明此时鄂国当在周王出师征伐淮夷后回师时所经之地。按之地理，淮夷在淮水流域，而随州位于江汉地区，其北面为桐柏山，桐柏山绵延往东为大别山，在地理上统称为淮阳丘陵，为江淮分水岭，周王征淮夷之后越过桐柏山与大别山交界处的低山地带，绕道南方，深入江汉地区再经随枣走廊返回关中，转一个大圈子，虽然并非不可能，但总归是一件难以讲通的事。但如果此时的鄂国在南阳西鄂，周王南征淮夷之后经南阳盆地返回关中，在地理上就较为通顺。又据禹鼎铭文所载鄂侯驭方叛乱事可知，鄂侯驭方是率南淮夷、东夷广伐南国、东国，给周朝造成极大威胁③，如此时的鄂国还在淮阳丘陵以南的随枣走廊，这里传统上是楚蛮的分布范围，西周晚期的鄂国如在此地，似难与淮夷建立密切的联系，也难以对周朝构成巨大威胁，如此时的鄂国在南阳盆地，则鄂侯驭方率南淮夷、东夷叛乱就较易理解，自南阳盆地出发也能对西周政治核心区构成致命威胁。此外，2012 年 4 月，南阳夏响铺发现鄂国贵族墓地，初步分析，其年代为西周晚期晚段至春秋早期④，因此禹鼎所记鄂国于周厉王时已被灭并不全面，虽然目前尚无法证明鄂国在

---

① 参见李学勤：《由新见青铜器看西周早期的鄂、曾、楚》，《文物》2010 年第 1 期。

② 参见郭沫若：《两周金文辞大系图录考释》录 90，考 107"鄂侯鼎"，科学出版社 1957
年版；徐少华：《周代南土历史地理与文化》，武汉大学出版社 1994 年版，第 23 页。

③ "前言"禹鼎铭文及鄂侯驭方叛乱事，参见徐中舒：《禹鼎的年代及其相关问题》，载
《徐中舒历史论文选辑》，中华书局 1998 年版；徐少华：《周代南土历史地理与文化》
第二章第二节"鄂国"，武汉大学出版社 1994 年版。

④ 参见崔本信、王伟：《南水北调中线工程南阳夏响铺鄂国贵族墓地发掘成果》，《中国
文物报》2013 年 1 月 4 日第 8 版。

西周中晚期时的位置,但我们初步的看法,西周早期时鄂国应在随州一带,但西周中晚期的鄂国恐仍应在南阳西鄂。

杨粤之地,唐代学者已不知其所在,只能笼统地说:"地名也。"现代学者试图加以解释,段渝从声音相通出发,谓汉代以前,於、雩、于、越诸字本可互用,从於之字,多有阴郁、淤塞之意。释越为於中,地在今内乡、邓县与襄樊之间。① 顾铁符、舒之梅认为杨越与扬州有关②,何浩、张正明、罗运环、黄锡全等则认为杨越与杨水有关,乃杨水附近的越人。③ 这些说法,都有一定道理。但叶植指出,杨粤当是一个具体地名而非地名兼族名,杨越作地名兼族名讲时,一般是指笼统区域概念兼笼统的族名概念,在此概念上,《史记》均作杨越而不作杨粤。另从考古学的角度来看,江、汉、沮、漳之地并不是越文化的分布地区,春秋中晚期以后尤其是楚灭越后,才有少量的越文化因素进入楚核心区。因此,熊渠所伐之杨粤非是既作族名又作地名的杨越,而只能是汉水中游的一个具体地名。④ 叶说有理有据,信而可从。因此对于熊渠所伐之杨粤,当另行探求。

我们或可从熊渠征伐所及之地与熊渠三子的封地之间的关系来推定杨粤之地,从《楚世家》所叙来看,熊渠所征之地与其三子的封地应有联系。熊渠中子红为鄂王,当即熊渠所征之鄂地。长子康为勾亶王,裴骃《史记集解》引张莹曰:"今江陵也。"但未知何据,现代学者开始怀疑张莹以句亶为江陵之说,赵逵夫就认为句亶之地当近庸,非在江陵。⑤ 其

---

① 参见段渝:《楚熊渠所伐庸、杨粤、鄂的地理位置》,《历史地理》第 8 辑,上海人民出版社 1990 年版。

② 参见顾铁符:《楚国民族述略》,湖北人民出版社 1984 年版,第 108 页;舒之梅:《"夔越"乎?"夔、越"乎?》,载《百越民族史论丛》,广西人民出版社 1985 年版。

③ 参见何浩:《楚灭国研究》,武汉出版社 1989 年版,第 23、24 页;张正明:《楚文化史》,上海人民出版社 1987 年版,第 24 页;罗运环:《楚国八百年》,武汉大学出版社 1992 年版,第 104 页;黄锡全:《楚地"句亶"、"越章"新探》,《人文杂志》1991 年第 2 期。

④ 参见叶植:《试论楚熊渠称王事所涉及到的历史地望问题》,载《楚文化研究论集》第四集,河南人民出版社 1994 年版,第 399—401 页。

⑤ 参见赵逵夫:《屈氏先世与句亶王熊伯庸》,《文史》第二十五辑,中华书局 1985 年版。

后,句亶地望及熊渠征伐之地得到了学者的关注,取得了一些研究成果。黄锡全赞同赵逵夫的意见,肯定句亶之地绝非在江陵,并从文字学的角度来加以论证:句字无义,古地名冠以"句"字之例在古籍中常见,如句容、句注等,句亶之"句"当同此例,亶从旦声,《世本》作祖,句亶、句祖当即离"庸"不远的"句澨",亶、祖、澨上古读音是很接近的,音近可以假借,故"句澨"又可作"句亶""句祖",这是因音近而出现的不同写法,故"句亶"即是离庸不远的"句澨"。"句澨"作地名可能是取义迂曲的水堤边,具体地点在"庸"之东北,汉水南岸,东离丹水入汉处不远。① 叶植也认为勾亶即《左传》文公十一年"楚师次于勾澨"之"勾澨",地在汉水游南岸,今丹江口市西北至郧县一带,春秋时为庸、楚交界处,西周时为庸国国都,熊渠攻占其地后封给长子康,号勾亶王,而春秋时位于今湖北竹山县的庸国则是后来庸国在同楚国的斗争中败退的结果。② 段渝则认为,张莹之说无任何历史根据,不足凭信,段渝认为勾亶即巫诞,《晋书·地理志》"上庸郡"属县有"北巫",为今竹山县,证明从先秦至晋竹山均称巫,因此巫诞应指竹山一带,其地跨有今堵河中游两岸,正在熊渠所伐的庸地范围内。另据《世本》,熊渠长子康原作庸,康、庸形近,或许就是因为封于庸地之故。因此句亶即巫诞,熊渠伐庸后将其地封以长子康、立其为王。③ 以上赵逵夫、黄锡全、叶植、段渝诸说相距不远,分别从不同的角度论证句亶不当为江陵,而是"句澨",尤其是诸家之说均以为勾亶与庸国有关,地当在庸国境内,应是可取的。

由此看来,熊渠长子为勾亶王,当与熊渠所征伐之庸地有关,中子红为鄂王,当与鄂地有关,则熊渠少子所封之越章王,应与杨粤有关,至少不会相去太远,又越与粤通,亦越章与杨粤有关之旁证。越章之地,学者多以为即吴师入郢时所经过的豫章。豫章所在,《左传》定公四年

① 参见黄锡全:《楚地"句亶"、"越章"新探》,《人文杂志》1991 年第 2 期。
② 参见叶植:《试论楚熊渠称王事所涉及到的历史地望问题》,载《楚文化研究论集》第四集,河南人民出版社 1994 年版,第 404 页。
③ 参见段渝:《西周时代楚国疆域的几个问题》,《中国史研究》1997 年第 4 期。

杜预注云："汉东江北地名。"未能确指。孔颖达《正义》："《汉书·地理志》：豫章，郡名，在江南。此在江北者。《土地名》云：'定二年，吴人伐楚师于豫章，吴人见舟于豫章，而潜师于巢，共军楚师于豫章。又伯举之役，吴人舍舟于淮汭，而自豫章与楚师夹汉，此皆在江北淮南。盖后徙在江南之豫章。'"然这个江北淮南之说亦未能实指，清顾栋高则试图划定其范围，谓江西之九江、饶州，江北之安庆府，直到颍、亳、庐、寿、光、黄，"皆为楚之豫章地"①。这样，自江南至淮北，皆属豫章，但从《左传》及《史记》有关豫章的叙述来看，豫章当是一个具体地名，至多是一个小区域，不可能是一个如此大范围的地区。另一说则定豫章在今安陆的章山，始于南宋王象之《舆地纪胜》②，《大清一统志》即采此说③，今人何光岳认为："故越章王的地望确定在安陆之章山、章水一带是无疑了。"④罗运环亦谓越章在今云梦一带的可能性比较大。⑤ 石泉先生则通过对吴师入郢的行军路线及军事地理形势的考证与分析，认为吴师与楚师夹汉之豫章，当在汉水中游附近，亦即《水经注》卷31《淯水篇》所记淯水下游（今白河）左（东）岸、近汉水之豫章大陂一带。⑥叶植则认为杨粤即陽穴，杨、瑒、煬皆从易得声，上古音、形、义皆完全相同，为同一字，偏旁系后加，粤（越）与穴上古亦存在通假关系，杨粤即麇子国之国都陽穴⑦，陽穴见于《左传》文公十一年："潘崇复伐麇，至于陽穴。"按麇子国为百濮首领，《左传》文公十六年："庸人帅群蛮以叛楚，麇人率百濮聚于选，将伐楚。"麇国及陽穴地望，传统说法认为在今

① （清）顾栋高：《春秋大事表》卷4《列国疆域表·春秋时楚豫章论》，中华书局1993年版，第552页。
② （宋）王象之：《舆地纪胜》卷77《德安府景物》上"章山"条，四川大学出版社2005年版，第五册第2690页。
③ 《嘉庆重修一统志》卷343《德安府山川》"章山"条，中华书局1986年版，第22册第17290页。
④ 何光岳：《"越章"考》，《江汉论坛》1984年第10期。
⑤ 参见罗运环：《楚国八百年》，武汉大学出版社1992年版，第107页。
⑥ 参见石泉：《楚都丹阳地望新探》及《从春秋吴师入郢之役看古代荆楚地理》，均载《古代荆楚地理新探》，武汉大学出版社1988年版，第191、360页。
⑦ 参见叶植：《试论楚熊渠称王事所涉及到的历史地望问题》，《楚文化研究论集》第四集，河南人民出版社1994年版，第401—402、404页。

湖北郧县西,不确,据石泉先生考订,麇国当在雍澨东北不远处,邻近吴楚之战的主战场柏举,地当在随枣走廊西口外,今滚河西入唐白河后的唐白河下游东岸。① 按杜预注《左传》时已不知麇国及阳穴地望,传统说法始自晚于杜预的晋司马彪《后汉书·郡国志》,而石说乃据吴师入郢的行军路线及相关战场进行详细考证而来,所依据的原始资料是《左传》,可见石说远较传统说法优胜。石泉先生所考订之麇国、锡穴和越章(豫章)、百濮地望,与叶说主张杨粤即阳穴及《左传》所记麇率百濮叛楚正可互证,从地理体系的角度来看,上述诸地点相互之间可紧密吻合。分析可见,越章地望当依石说,在唐白河入汉处,麇国及其国都阳穴,还有与麇关系密切的百濮,虽然可能有迁徙,但大体上应在这一地区。据考古调查,今襄阳县黄龙镇高明村附近,有一西周时期的古城址,今名楚王城,年代为西周中晚期②,此地位于唐白河入汉水处以东不远,正在石泉先生考订的越章范围内,或即熊渠少子执疵所封之越章,附近地区应即熊渠所伐之杨粤。

又熊渠的活动区域是在"江汉间"或"江上",所谓江汉间,当非指今长江与汉水之间地,应是专指汉水。石泉先生曾详细考证,古代文献中的"江"不是长江的专称,汉水亦有江名③,因此"江上楚蛮之地"的江上,当指汉水。赵逵夫先生亦谓:"先秦时代常常江汉连称,是古人亦以汉属南方。司马迁不知三王的封地究竟在何处,故以'江上楚蛮之地'一语概言之。他又说熊渠'其得江汉间民和'。可见在司马迁的概念中,'楚蛮之地'也包括汉水流域在内。"④又据学者对"江"之词源

---

① 参见石泉:《从春秋吴师入郢之役看古代荆楚地理》,《古代荆楚地理新探》,武汉大学出版社 1988 年版,第 388、389 页;又见石泉:《春秋"百濮"地望新探》,载《古代荆楚地理新探·续集》,武汉大学出版社 2004 年版,第 10 页。

② 参见叶植主编:《襄樊市文物史迹普查实录》,今日中国出版社 1995 年版,第 21—23 页;国家文物局主编:《中国文物地图集·湖北分册》,西安地图出版社 2002 年版,上册第 134—135 页,下册第 72 页。

③ 参见石泉:《古文献中的"江"不是长江的专称》《关于"江"和"长江"在历史上名称与地望的变化问题》,均载《古代荆楚地理新探》,武汉大学出版社 1988 年版,第 57—72 页。

④ 赵逵夫:《屈氏先世与句亶王熊伯庸》,《文史》第二十五辑,中华书局 1985 年版。

的研究,早期的"江"实际上是南方语言中河流的共名,所谓"南江北河"①,陈立柱进而指出,《史记》卷40《楚世家》所记"是时越已灭吴,而不能正江淮北",卷41《越王勾践世家》所记"越兵横行江淮东"之"江淮",应为"淮江"的倒语,古语中大共名往往前置,"淮江"即"淮河"②。准此,则"江汉"可解为"汉江",即"汉水",所谓江汉间,当指汉水两岸地区,亦即后文所谓"江上"之地。则"江上楚蛮之地",应是指汉水流域楚蛮聚居地,"江上"未可解为长江。

由此看来,熊渠征伐之地及三子封地,均在汉水中游一带,这一地区在"江上楚蛮之地"的范围内。故西周晚期时当有较多的楚蛮生活在汉水中游地,而熊渠于此开疆拓土,表明熊渠统治下的楚国已开始在汉水中游地区发展,在汉水中游的楚蛮民族中扩张其势力。

又《楚世家》所记熊渠征伐之地,应当是熊渠兵力所及的最大边缘,因此庸、鄂、杨粤之地,应亦为楚蛮之边缘地带,不能理解为楚蛮的核心区。而庸地在汉水上中游南岸,杨粤在汉水中游边上,正是楚蛮与周代南土的分界线,则熊渠封三子为王,意在楚蛮与南土的交界地区建立据点,只有鄂地远离汉水,直达南阳,应是熊渠趁虚所占。《楚世家》又谓熊渠"甚得江汉间民和",有此基础后,熊渠才能"兴师伐庸、杨粤,至于鄂",则此江汉之民,应非周朝之民。此时已是西周晚期,周在南土的统治已十分巩固,周之南土范围内的土著民要么迁走,要么已为南土诸侯所统治或同化;在地域上,此江汉地区又称"江上楚蛮之地",可见西周时期的江上楚蛮之地应该是不受西周统治,地在西周疆域之外,是不受王化的江汉蛮族聚居地区。周之南土大抵以汉水为界,则楚蛮之地大体上在汉水中游两岸,而以汉南为主,具体而言当在庸国至豫章大陂一线以南,襄宜平原及其附近地区。而南漳西北的古荆山(将军石),海拔1046米,其东、北、南三面的山峰,海拔高度都只有五六百米,

① [美]张洪明:《汉语"江"词源考》,颜洽茂、邓风平译,《浙江大学学报》2005年第1期。
② 陈立柱:《楚淮古地三题》,《江汉考古》2010年第1期。

仅西面远处才有更高的山峰，从襄宜平原远望，此山就极为瞩目，其形貌正合汉末王粲《登楼赋》："平原远而极目兮，蔽荆山之高岑。"[1]因此，荆山地名，有可能随着楚人的南迁而移到了汉水以南，南漳西北的古荆山因其突出高耸且邻近平原，就成为江、汉、沮、漳之地的"山镇"。

第三节　楚蛮的考古学观察

楚蛮作为商周时期南方的主体居民，其居住范围包括了江汉地区的大部分，其延续的时间包括了夏、商、周三代，则楚蛮必然要留下相应的考古遗存。而从考古的角度来分析楚蛮，探讨楚蛮留下的考古学文化遗存，对于早期楚文化和早期楚国历史地理的研究亦具有重要意义。

一、商代楚蛮的考古学观察

三苗瓦解之后，楚蛮取代了三苗成为中原文献视野中的南方居民。从楚蛮与商周王朝有较密切的联系及商周王朝曾征伐楚蛮来看，楚蛮在地理上应与中原较为邻近。从族源来看，楚蛮为古三苗的后裔。在政治上，楚蛮是中原政治体系的边缘部分，与中原王有着复杂的关系，一般来说受中原王朝的统治，但叛服无常，常受到中原王朝的征伐。在文化上，由于与中原王朝有密切的关系，作为中原政治体系的边缘部分，在中原强势文化的影响下，楚蛮在文化上必然会受到中原文化的强烈影响，应是中原文化体系的边缘部分。综合以上分析，这一部分在地理上邻近中原、政治上接受中原王朝的统治、文化上接受了中原文化的南方民族，可能就是商周时期屡见于文献的楚蛮（荆蛮）。

进一步讨论，楚蛮在文化上可能有三种属性。在共时性上，楚蛮与中原文化有较高的一致性，是中原文化体系的边缘部分。在历时性上，向上追溯，作为古三苗的后裔，楚蛮在文化上应与本地新石器文化有某

---

[1]　石泉：《楚丹阳及古荆山在丹、淅附近补证》，《古代荆楚地理新探》，武汉大学出版社 1988 年版，第 202 页。

种渊源关系,在文化序列上应有从石家河文化到后石家河文化和夏商文化的连续性,在文化因素上有本地新石器文化因素的传承;向下延伸,考虑到楚蛮与楚国纠缠不清的关系,楚蛮应与后来的楚文化有较为密切的联系,楚蛮的考古遗存应能与楚文化遗存建立逻辑联系。

依据上述标准,我们对江汉地区的商文化逐个进行分析,或可从考古学上对商代的楚蛮作出一些大致的推定。

在鄂西沿江及峡区内,夏商时期是朝天嘴—路家河文化的持续发展,这一支考古学文化具有时间上的连续性,但朝天嘴—路家河文化与中原相距过远,与中原夏商文化缺乏联系,文化面貌中来自中原的影响极为微弱,倒是与四川盆地文化系统有着紧密的联系,目前考古学界已普遍认定,这一支考古学文化是四川盆地的三星堆文化系统向东扩张的结果[1],由此判断朝天嘴—路家河文化当与楚蛮无关。

在江汉平原南部的荆沙地区,分布着荆南寺类型商文化和周梁玉桥文化。荆南寺类型所在地区虽与中原相距较远,但荆南寺类型商文化与中原商文化有较紧密的联系,是中原商文化与朝天嘴—路家河文化及本地新石器传统融合的产物,另有少量澧水流域青铜文化和长江下游青铜文化因素[2],荆南寺遗址还具有从新石器到夏商的连续地层,就此而论,荆南寺类型为楚蛮的可能性颇大,但荆南寺类型并未得到延续发展,其下限仅至殷墟一期,以后即为周梁玉桥文化所取代[3],并未发展至周代或商末周初之时,缺乏向下的延续性,其文化没有得到连续的发展。以此而论,荆南寺类型不可能是楚蛮。此外,荆南寺类型仅此一个遗址,迄今为止并未发现大面积的分布。

---

① 参见林春:《宜昌地区长江沿岸夏商时期的一支新文化类型》,《江汉考古》1984 年第 2 期;林春:《长江西陵峡远古文化初探》,载长江流域规划办公室库区规划设计处编:《葛洲坝工程文物考古成果汇编》,武汉大学出版社 1990 年版。

② 参见王宏:《荆南寺商代陶器试析》,载湖北省考古学会选编:《湖北省考古学会论文选集(一)》,武汉大学学报编辑部,1987 年。

③ 荆州地区博物馆、北京大学考古系:《湖北江陵荆南寺遗址第一、二次发掘简报》,《考古》1989 年第 8 期;王宏:《论鄂西南、湘西北地区的夏商时期文化》,载王光镐主编:《文物考古文集》,武汉大学出版社 1997 年版。

周梁玉桥文化则是一支受澧水流域青铜文化影响的地域文化,时代比荆南寺略晚,相当于中原殷墟阶段,其文化构成有两种主要的因素:第一种以釜、釜形鼎、高领广肩罐为代表,鼎、釜形态相似,区别仅在于有无三足,此类因素在周梁玉桥文化中占有绝对优势地位,釜和釜形鼎占出土炊器的80%以上;第二种以鬲、簋为代表,受中原商文化影响。总的来说,中原文化因素在周梁玉桥文化中的影响很小,其文化面貌与相距仅10千米的江陵荆南寺截然不同,与后来的早期楚文化也完全不类,难以建立联系,但与澧水流域的青铜文化有一定联系。在时间上,周梁玉桥文化在殷墟一期时与荆南寺类型共存,殷墟二期以后取代了荆南寺类型占有荆沙地区,西周早期时衰微,以后即在荆沙地区消失了。① 周梁玉桥文化是以釜和釜形鼎为代表的文化体系,楚文化则是以鬲为代表的文化体系,故高崇文认为"二者泾渭分明,没有任何内在联系"②,杨宝成亦认为"以鬲为陶器组合核心的鄂西西周晚期文化与以鼎釜为核心的西周早中期文化,当为两个不同族属的文化共同体,两者虽在时代序列上相互衔接,但并不存在直接的承继关系"③。由此看来,周梁玉桥文化亦非楚蛮。

在汉东地区,是盘龙城类型商文化的分布区域。盘龙城是江汉地区最重要的商代遗址,是一处以宫城建筑为中心,周围分布着众多居民遗址、手工作坊和各类墓葬的遗址群。盘龙城遗址经历过多次发掘,研究工作也做得较为细致。盘龙城遗址的时代从二里头文化晚期一直到殷墟文化初期,即从夏代晚期到商代早中之际。在鄂东北地区,除盘龙城遗址外,目前还发现有40余处商代遗址、5处商代墓地④,在文化面貌

① 参见王宏:《论周梁玉桥文化》,《江汉考古》1996年第3期;王润涛:《鄂西古代文化浅识》,载王光镐主编:《文物考古文集》,武汉大学出版社1997年版。
② 高崇文:《从夏商时期江汉两大文化因素的源流谈楚文化起源》,载楚文化研究会编:《楚文化研究论集》第三集,湖北人民出版社1994年版,第33页。
③ 杨宝成:《试论西周时期汉东地区的柱足鬲》,载楚文化研究会编:《楚文化研究论集》第四集,河南人民出版社1994年版,第466页。
④ 参见熊卜发:《鄂东北地区古代文化发展序列概述》,载熊卜发、李端阳、涂高潮编著:《鄂东北考古报告集》,湖北科学技术出版社1996年版。

上,盘龙城文化与中原商文化有很高的一致性,《盘龙城》报告将陶器遗存分为四组,甲组为中原商文化因素、乙组为本地特征、丙组受长江下游的湖熟文化影响、丁组则为江西吴城文化因素。四组因素中以甲组为主,乙组为次,有少量的丁组,丙组仅具微量①,因此考古学界普遍认为盘龙城文化是商文化在长江中游地区的一个地方类型。至于盘龙城的性质,有方国说和商朝在南方的据点两说,目前一般认为盘龙城是商人在南方的一处军事据点。同时,作为商文化的一个地方类型,在其发展过程中受到土著文化因素及周边因素的影响,如陶系中红陶比例较大,红陶大口缸较多见。高崇文认为盘龙城文化中的红陶器虽与商文化中的同类器相似,但在陶质、陶色及局部器形上又有一定的差异性,与典型商文化中的灰陶器不同,是当地土著在中原文化影响下产生的一种新因素,"这批器物本身就体现了两种文化因素"②。至于红陶大口缸,在江汉平原使用了很长时间,张万高、笪浩波均认为是来自屈家岭、石家河文化的江汉地区传统因素③。在与楚文化的关系方面,盘龙城王家嘴遗址下层,相当于夏代的文化遗存中出土的连裆鬲,是目前楚式鬲所能追溯到的最早的源头。④ 高崇文早年认为,西周时期鄂西地区的早期楚文化,与本地夏商时期的土著文化无缘,反而与汉东地区的夏商文化有着内在的亲缘关系⑤,现在高崇文对此观点有所修正,认为江汉平原的商文化遗存与西周时

---

① 湖北省文物考古研究所:《盘龙城——1963—1994年考古发掘报告》,文物出版社2001年版。

② 高崇文:《从夏商时期江汉两大文化因素的源流谈楚文化起源》,载楚文化研究会编:《楚文化研究论集》第三集,湖北人民出版社1994年版。

③ 参见笪浩波:《湖北商时期古文化分区探索》,张万高:《江陵荆南寺夏商遗存文化因素简析》,均载湖北省考古学会选编:《湖北省考古学会论文选集》(二),《江汉考古》增刊,1991年。

④ 参见王光镐:《楚文化源流新证》,武汉大学出版社1988年版,第151、152页;杨权喜:《江汉地区楚式鬲的初步分析》,载楚文化研究会编:《楚文化研究论集》第一集,荆楚书社1981年版。

⑤ 参见高崇文:《从夏商时期江汉地区两大文化因素的源流谈楚文化起源》,载楚文化研究会编:《楚文化研究论集》第三集,湖北人民出版社1994年版。

期的楚文化遗存还不是直承发展的文化系统①。高崇文的这一修正当然是正确的,早期楚文化不是从湖北汉东地区的夏商文化中直接发展起来,不是一个直承发展的文化系统,中间还隔着周文化,但早期楚文化可在汉东夏商文化中找到渊源却也是不争的事实,如盘龙城商文化中的红陶器,有别于以灰陶为主的典型商文化因素,从近期对早期楚文化的研究来看,红陶正是早期楚文化的一个重要特征②,楚式鬲也可在盘龙城夏商文化中找到最早的渊源。在地域上,汉东地区与中原相邻。总之,以目前的资料及认识而论,盘龙城类型商文化有可能包含了部分与中原联系较紧密的江汉土著蛮族,商代的楚蛮(或荆蛮)可能是使用这支考古学文化的人群之一。

鄂豫陕交界地区的商文化以武汉大学考古与博物馆学系近年发掘的辽瓦店子遗址为代表,该遗址的资料尚未发表,但已有部分披露。据王然、傅玥研究,辽瓦店子遗址夏商遗存第三期为典型的商文化遗存,分三段,第一段为二里岗上层,第二段为中商二期至殷墟一期,第三段为商末或商周之际。辽瓦店子第三期遗存第一、二段,中原商文化因素占绝对优势地位,第三段时典型商文化退出该地区,本地文化则在商文化的影响下继续发展,并开始受到西周文化影响。③ 鄂豫陕交界地区的考古学文化是连续发展的,从石家河、后石家河到二里头、商、西周,此地区一直保持了文化发展的连续性,没有出现江陵地区从荆南寺类型到周梁玉桥文化的变迁。从该地区早年发掘的均县朱家台④、襄樊

① 参见高崇文:《楚文化渊源新思考》,载楚文化研究会编:《楚文化研究论集》第六集,湖北教育出版社 2005 年版,第 492 页。
② 参见张天恩:《丹江上游西周遗存与早期楚文化关系试析》,载《周秦文化研究论集》,科学出版社 2009 年版。
③ 参见王然、傅玥:《湖北郧县辽瓦店子夏商时期文化遗存研究》,载武汉大学历史地理研究所编:《石泉先生九十诞辰纪念文集》,湖北人民出版社 2007 年版,第 194—195 页;傅玥:《汉水上游地区夏商时期遗存出土陶器研究》,武汉大学硕士学位论文,2006 年。
④ 参见中国社会科学院考古所长江工作队:《湖北均县朱家台遗址》,《考古学报》1989 年第 1 期。

真武山①及最近披露的陕西商南县过风楼②等遗址的情况来看,鄂豫陕交界地区的西周文化能与鄂西地区的楚文化建立直接的联系③。辽瓦店子东周遗存,年代上限可至两周之际,下限可至战国中晚期,与楚文化有密切联系,发掘简报中认为至少从春秋早期开始就主要属于楚文化范畴④。在地域上,鄂豫陕交界地区是文献中明确记载的"南蛮之地",且邻近中原。由此看来,楚蛮有可能是商代时鄂豫陕交界地区的古代居民之一。

分析可见,在江汉地区的商代文化中,汉东地区和丹江地区在地理上较为邻近中原,在文化上受中原文化影响较深,是中原文化的地方变体,主体文化面貌与中原商文化一致,同时又有一类受中原商文化影响、但又有别于中原商文化的新因素。在文化上既有本地新石器文化因素,又与楚文化有密切的联系,则商代的楚蛮可能就在这一类考古学文化中,是使用此类考古学文化的古代居民之一。

二、周代楚蛮的考古学观察

周初时楚蛮的分布应大抵与商代相当,但西周时期,汉北和汉东均成为周之南土,汉水成了周朝南土的疆界线。随着周王朝在南方统治的加强,商代楚蛮生活的汉东地区和丹江地区,成为周朝的稳固疆土。但楚蛮在西周时期并未消失,终西周一代,楚蛮相当活跃,直至东周时期楚国兴起之后,楚蛮才不见于文献。在此背景下思考,楚蛮与西周的南土诸国和汉阳诸姬可能有较为复杂的关系,西周早期,楚蛮与南土诸国和

---

① 参见湖北省文物考古研究所、襄樊市博物馆:《湖北襄樊真武山周代遗址》,《考古学集刊》第九集,科学出版社1995年版。

② 参见杨亚长、王昌富:《陕西地区楚文化遗存初探》,《考古与文物》增刊2002年先秦考古专号。

③ 参见谭远辉:《试论朱家台西周遗存与楚文化的关系》,载楚文化研究会编:《楚文化研究论集》第三集,湖北人民出版社1994年版;张昌平:《试论真武山一类遗存》,《江汉考古》1997年第1期;张天恩:《丹江上游西周遗存与早期楚文化关系试析》,载《周秦文化研究论集》,科学出版社2009年版。

④ 参见武汉大学考古与博物馆系、湖北省文物局南水北调办公室:《湖北郧县辽瓦店子东周遗存的发掘》,《考古》2008年第4期。

汉阳诸姬应是杂居,西周中期以后,随着周朝统治的稳固,南土诸国和汉阳诸姬可能将其统治下的楚蛮同化,但看来南土诸国和汉阳诸姬并未能将楚蛮尽数融合,仍有部分楚蛮游离于周人的统治之外,可能有部分楚蛮民族在周人的压力下离开原居地,进入汉水以南地区独立发展。

从考古材料来看,在襄宜地区,夏代遗存目前仅见有法龙王树岗遗址一处,商代遗存几乎是空白,西周早期遗存也不见,西周中期开始,襄宜地区出现了一支周代的考古学文化,目前已发掘的有襄樊真武山①、宜城肖家岭②、宜城桐树园③及宜城郭家岗④等遗址,以真武山遗址和郭家岗遗址为代表,年代上限为西周中期,下限可至战国。此类遗存是在周文化基础上发展起来的,主要器类与典型周文化一致,但又存在一定的差别,如鬲的个体普遍较大、腹部较深,瘪裆的程度较大,折盘豆把较细,折肩盆腹略浅而肩又较宽。同时,该类型中又保留有土著文化因素,如红陶大口缸的普遍存在,陶系中红陶较多等,早期更是以红陶为主。从分布范围来说,这一类型的遗存东面达钟祥附近,南及沮漳河,而且越往南,其时代就越晚。⑤ 此类遗存当是周初以后从汉北地区逐渐南下的居民所留下的,楚蛮则可能是其中较为重要的部分。

在荆山以南的沮漳河流域和鄂西沿江地区,情形要比襄宜地区复杂一些。据杨宝成研究,西周时期,这一地区存在着两类不同性质的遗存:一类是以鬲为核心的西周晚期遗存,陶鬲具有楚式鬲的特征;另一类遗存以鼎、釜为核心,年代为西周早中期。⑥ 第一类遗存主要有当阳

① 参见湖北省文物考古研究所等:《湖北襄樊真武山周代遗址》,《考古学集刊》第9集,科学出版社1995年版。
② 参见湖北省文物考古研究所等:《湖北宜城县肖家岭遗址的发掘》,《文物》1999年第1期。
③ 参见湖北省文物考古研究所等:《宜城桐树园遗址发掘简报》,《江汉考古》1996年第1期。
④ 参见武汉大学历史系考古教研室:《湖北宜城郭家岗遗址发掘》,《考古学报》1997年第4期。
⑤ 参见张昌平:《试论真武山一类遗存》,《江汉考古》1997年第1期。
⑥ 参见杨宝成:《试论西周时期汉东地区的柱足鬲》,载楚文化研究会编:《楚文化研究论集》第四集,河南人民出版社1994年版。

赵家湖①、磨盘山②、杨木岗③、宜昌覃家沱④等遗址，主要的文化特征是：陶系以夹砂红陶为主，纹饰以绳纹、弦纹为主，主要器类有鬲、甗、罐、盂、豆等，这些特点与春秋时期的典型楚文化一脉相承，尤其是这些遗址中出土的大量红陶绳纹高足鬲，具有楚式鬲的典型特征，学者一般认为应属早期楚文化。第二类遗存主要有松滋博宇山⑤、当阳磨盘山早期等，此类遗存以鼎、釜为主要炊器，不见或极少见鬲，与本地夏商时期的周梁玉桥文化有亲缘关系，可能是周梁玉桥文化在西周时期的后续发展。这两类遗存在文化面貌上的差异并不是因为时代的早晚不同，而是它们分属不同的文化系统，"以鬲为陶器组合的鄂西西周晚期文化与以鼎釜为核心的西周早中期文化，当为两个不同的文化共同体。两者虽在时代序列上相互衔接，但并不存在直接的承继关系"⑥。

　　周梁玉桥文化只分布在荆沙地区，年代下限只延续至西周早期，以后就在荆沙地区消失了。与此同时，周梁玉桥文化因素出现在荆沙以西的宜昌地区，松滋博宇山和当阳磨盘山等遗址的周梁玉桥文化因素当是从荆沙地区西迁而来。不仅如此，当周梁玉桥文化还一直向西扩展到了三峡地区。周梁玉桥文化在荆沙地区消失后，一支使用红陶绳纹柱足鬲的考古学文化进入了沮漳河流域，年代在西周晚期。20世纪80年代时，杨权喜、高崇文、杨宝成等学者依据当时的考古资料，认为沮漳河流域的西周晚期遗存与汉东地区的商周文化存在亲缘关系。自

---

① 参见湖北宜昌地区博物馆、北京大学考古系：《当阳赵家湖楚墓》，文物出版社1992年版。

② 参见宜昌地区博物馆：《当阳磨盘山西周遗址试掘简报》，《江汉考古》1984年第2期。

③ 参见湖北省博物馆：《当阳冯山、杨木岗遗址试掘简报》，《江汉考古》1983年第1期。

④ 参见湖北省博物馆：《宜昌覃家沱两处周代遗址的发掘》，载国家文物局三峡工程文物保护领导小组湖北工作站编：《三峡考古之发现》，湖北科学技术出版社1998年版。

⑤ 参见荆州地区博物馆：《湖北松滋博宇山遗址试掘简报》，《文物资料丛刊》第10辑，文物出版社1987年版。

⑥ 杨宝成：《试论西周时期汉东地区的柱足鬲》，载楚文化研究会编：《楚文化研究论集》第四集，河南人民出版社1994年版，第466页。

20 世纪 90 年代以后,随着襄宜地区两周考古的进展,学者开始注意到沮漳河流域的西周晚期遗存与襄宜地区的真武山类遗存的关系,认为襄宜地区的真武山类遗存与沮漳河流域的西周晚期遗存在文化面貌上更为接近,二者的陶系、器类基本相同,器物形制也颇为类似,而且此类遗存与鄂西地区春秋晚期遗存是一脉相承的。①

由此可知,沮漳河流域以鬲为核心的西周晚期遗存,当是从外地迁入的结果,而非是从本地夏商时期考古学文化发展而来。至于其来源,有可能是从襄宜地区继续南下,或从汉东地区进入,但这一问题还需要作更进一步的探讨,这有待于今后更进一步的发掘与研究,就目前的资料来说沮漳河流域的西周晚期遗存与襄宜地区的联系更为密切一些。从前面的分析来看,沮漳河流域的此类遗存可能亦与楚蛮有关,是西周时期南下开发江汉地区南部的楚蛮所留下的遗存。

从更广泛的范围来说,西周早期以后,在江汉地区形成了一种新的考古学文化共同体,其最早的来源当如高崇文所论,是江汉地区在中原夏商文化的影响下产生的一种新文化因素,商代时,这种新的文化因素还处在萌芽期②,西周时,这种文化因素又开始受周文化影响,至迟西周中期以后,形成了一种受周文化强烈影响,但又有别于典型周文化、与鄂西地区春秋中期以后的遗存(即通常所说的典型楚文化)一脉相承的考古学文化③。这一支考古学文化可能是由楚蛮民族在商代产生的一类新因素与南土诸国带来的周文化因素融合而成的,其具体的文化面貌在不同的区域有所差异,但有共同的特征:陶系以红陶或红褐陶为主(关中周文化则是以灰陶为主);以鬲为主要炊器,鬲的特征是饰绳纹、弧裆或联裆、空足较浅、柱足较高,柱足鬲占绝对主导地位,袋足

① 参见张昌平:《试论真武山类遗存》,《江汉考古》1997 年第 1 期;王力之:《早期楚文化探索》,《江汉考古》2003 年第 3 期。
② 参见高崇文:《从夏商时期江汉地区两大文化因素的源流谈楚文化起源》,载楚文化研究会编:《楚文化研究论集》第三集,湖北人民出版社 1994 年版。
③ 参见张天恩:《丹江上游西周遗存与早期楚文化关系试析》,载《周秦文化研究论集》,科学出版社 2009 年版;王先福:《襄宜地区西周遗存出土陶器的初步研究》,载楚文化研究会编:《楚文化研究论集》第七集,岳麓书社 2007 年版。

鬲只处于从属地位,与关中有异,鬲足的演变是由矮到高,与关中正相反,西周中期时就出现了被称为"楚式鬲"典型特征的"二次包制"柱形鬲足①;其他主要器类如甗、簋、盂、小口折肩罐等均见于关中,但器型却与关中有一定差别,如甗的比重较大、甗腰较细;簋沿外卷、腹浅、圈足较高,与沣西地区有区别;盂一般为外翻沿、圆凸肩,与沣西地区斜折沿、折肩的风格有较大差异;小口折肩罐折肩在上部,最大径亦偏于肩部,而沣西地区最大径一般偏于中部。可见,江汉地区的西周时期考古学文化受到关中周文化的强烈影响,但又与周文化有一定的差异,这支考古学文化应是江汉土著民族与南土诸国共同创造的,其周文化因素来源于关中自不待言,其土著文化因素则是来源于江汉土著民族在商代受商文化影响所产生的一类新因素。而作为商周时期南方最大族群,商周江汉土著民族的主体,楚蛮应是这支考古学文化中最重要的一支。从目前的资料及研究成果来看,此类遗存继续发展下去就是春秋时期的典型楚文化。

---

① 襄樊市文物考古研究所、襄阳区文物管理处:《襄阳黄集小马家遗址发掘简报》,载襄樊市文物考古研究所:《襄樊考古文集》(第一辑),科学出版社 2007 年版。

第十一章

早期楚文化

　　在考古学上,楚文化的典型特征形成于春秋中期前后,目前尚未见到早于春秋中期的楚式青铜器,但与楚式青铜器并存的一批具有楚文化特征的陶器,则可上溯至西周时期甚至更早。这些与典型楚文化有直接渊源关系的陶器遗存,目前学术界一般称之为早期楚文化。这组陶器以鬲为核心,以鬲、盂、豆、罐或鬲、盆、豆、罐为基本组合。鬲很有特点,器形上是北方的鬲与南方的鼎结合而成,似鼎非鼎、似鬲非鬲,又被称为"鼎式鬲"或"鬲式鼎",与商式的分裆鬲和周式的瘪裆鬲区别明显,一般为联裆或弧裆,空足很浅甚至略有略无,高柱足,足跟与器身分开制作,俗称此制法为二次包制,学界称之为楚式鬲①。陶系则多为红陶或红褐陶,少部分为灰陶,一般饰绳纹,俞伟超先生称之为"高腿锥足红陶绳纹鬲"②。

　　早期楚文化与楚国、楚民族与楚文化的起源及形成、楚国早期历史地理等有极为密切的关系,对汉江流域的文化进程和历史发展具有重要意义。由于楚国早期历史地理难以取得一致意见,一些考古学者试图主要依靠考古学分析来探索楚都,通过确定早期楚文化中心区来推定西周时期的楚人聚居区,并进而确定楚国都城之所在,因为楚文化的中心地区就是楚国都城在考古学文化上的表现形式。于是考古学界对楚式鬲和早期楚文化进行了大量的探讨。

---

① 参见苏秉琦:《从楚文化探索中提出的问题》,《江汉考古》1982 年第 1 期。
② 俞伟超:《先秦与三苗文化的考古学推测》,《文物》1980 年第 10 期。

第一节　早期楚文化的初步考察

一、江汉地区的早期楚文化遗存

在早期楚文化研究中,对楚式鬲的探讨是核心问题。就目前所知,联裆鬲起源于鄂东地区,在武汉盘龙城遗址的王家嘴下层,相当于夏代的文化遗存中,出土有目前最早的联裆鬲①,已初具楚式鬲的基本特征。由此可知,早期楚文化的时间范围,最早可以追溯至夏,其下限则在楚文化特征形成之前的春秋早期,而其主体部分、也最为学术界所关注的,则是在西周时期。

鄂东和鄂东北地区的早期楚文化遗存是目前最早的。在鄂东的盘龙城遗址,发现有大量的平裆鬲和罐形鼎,据盘龙城报告,盘龙城遗址可分七期,其一期相当于二里头文化二期或三期偏早,最晚的第七期则相当于二里岗上层二期晚段,盘龙城遗址的罐形鼎主要见于盘龙城一至三期,大致为二里头文化时期,平裆鬲和联裆鬲则在盘龙城七期遗存中都有发现。② 从器形上看,盘龙城的罐形鼎和平裆鬲、联裆鬲明显是由鼎与鬲融合而来,一般为夹砂红陶或夹砂红胎黑陶、黑灰陶,锥足较高,有很浅的足窝,发掘报告将器底略下弧者称之为罐形鼎、器底略上凹或平底者称之为平裆鬲,后又出现联裆鬲。由这些特征可知,这类罐形鼎和平裆鬲、联裆鬲是由南方的鼎与北方的鬲融合而成,为南北文化融合的产物,是鬲与鼎融合的最初形态,可称之为鼎式鬲。这种陶鬲亦见于鄂东南的阳新大路铺遗址,大路铺遗址商代遗存中的 A 型鬲亦是此类鼎式鬲,其特征亦是夹砂褐红陶、联裆、高锥足,饰绳纹,与盘龙城的平裆鬲和罐形鼎如出一辙。③ 蕲春毛家嘴遗址,年代为西周初年,许

---

① 参见王光镐:《楚文化源流新探》,武汉大学出版社 1988 年版,第 151—153 页。
② 参见湖北省文物考古研究所:《盘龙城——1963—1994 年考古发掘报告》,文物出版社 2001 年版。
③ 参见湖北省文物考古研究所、阳新县博物馆:《阳新大路铺遗址东区发掘简报》,《江汉考古》1992 年第 3 期。

多器物保留有殷末的风格①;另在毛家嘴遗址西 600 米处,发现有铜器窖藏②,该铜器窖藏应是从属于毛家嘴遗址的,年代为商末,其中的盂方鼎,作器者盂,为殷王文丁之子、帝乙的兄弟③,学者认为毛家嘴遗址的性质为商亡后南逃于此的殷王族成员的遗存④。毛家嘴遗址所出陶器,共同的特点是皆为柱足,按其形制,有分裆柱足鬲、联裆柱足鬲、平裆柱足鬲三种,其中平裆柱足鬲明显是从夏商时期的平裆高锥足鬲发展而来。此类融合南北文化的陶器遗存被创造出来后体现了强大的生命力,到西周时期,更进一步与周文化结合起来。黄陂鲁台山所出西周早期遗物中,年代较早的Ⅱ式鬲明显具有周文化的瘪裆、锥足风格,较晚的Ⅲ式鬲则已变为柱状足,裆部虽仍为瘪裆,但开始向弧裆发展。⑤在鄂东北的大悟吕王城遗址,西周早期陶鬲亦多具周文化风格,与沣西较为一致,但吕王城 T2⑦:160,已初具楚式小口鬲作风,较晚的吕王城 T2⑥:147、T2⑤B:118,虽仍为瘪裆,但已与楚式鬲风格较为一致⑥。武汉新洲阳逻镇的香炉山遗址分为南北两区,其南区第 2 层和北区第 11 层属商代遗存,南区商代遗存年代为二里岗上层,北区大体为殷墟时期,但南、北两区商代遗存文化面貌迥异,南区商代遗存文化面貌与中原接近,北区则与香炉山早周遗存有相似性,以红陶为主,部分器物与早周同类器难以区分,西周时期,周文化进入,锥足瘪裆鬲出现并演变

---

① 参见中国科学院考古研究所湖北发掘队:《湖北蕲春毛家嘴西周木构建筑》,《考古》1962 年第 1 期。

② 参见湖北黄冈市博物馆、湖北蕲春县博物馆:《湖北蕲春达城新屋垸西周铜器窖藏》,《文物》1997 年第 12 期。

③ 参见李学勤:《谈盂方鼎及其他》,《文物》1997 年第 12 期。

④ 参见程平山:《蕲春毛家嘴和新屋垸西周遗存性质略析》,《江汉考古》2000 年第 4 期。

⑤ 参见黄陂县博物馆、孝感地区博物馆、湖北省博物馆:《湖北黄陂鲁台山两周遗址与墓葬》,《江汉考古》1982 年第 2 期。

⑥ 参见孝感地区博物馆:《大悟吕王城重点调查简报》,《江汉考古》1985 年第 3 期;熊卜发:《大悟吕王城遗址》,载熊卜发编著:《鄂东北地区文物考古》,湖北科学技术出版社 1995 年版;熊卜发:《鄂东北地区两周时期陶器分期与文化特征初探》,载熊卜发、李端阳、涂高潮编著:《鄂东北考古报告集》,湖北科学技术出版社 1996 年版。

为柱足鬲,最后在西周晚期出现楚式鬲。① 武汉放鹰台遗址西周遗存,年代大抵为西周早中期,文化面貌与大悟吕王城、黄陂鲁台山、新洲阳逻香炉山等属同一类型,而与香炉山遗址最为接近,所出鬲、甗、盆、盂、豆、罐,为早期楚文化基本组合,器型亦大体相类,鬲足采用包制方法,这是楚式鬲的基本特征之一,CaⅢ式陶鬲,夹砂褐陶,圆唇、束颈、弧裆,柱足较高,与真武山、郭家岗等地所出陶鬲器型风格一致,C型侈口折壁豆盘亦与真武山较为一致,Aa型鬲(T3②:1)造型奇特,上部为直口、带盖、管状冲天流,下部为分裆稍平,柱足较高,与江汉地区周式鬲较为一致,应是南北文化交融的产物。② 罗田庙山岗遗址西周遗存,年代约为西周中晚期,陶系以夹砂红陶和红褐陶为主,器类有鬲、甗、罐、瓮、缸、盂、钵、豆等,纹饰以绳纹为主,与均县朱家台和大悟吕王城西周遗存关系密切,鬲分大口和小口两类,均为长方体、卷沿、侈口、弧裆、柱足较高,A型鬲有较明显的瘪裆风格并有扉棱,B、C型鬲则为弧裆微瘪型,与襄宜地区出土的早期楚式鬲一致。③ 汉川乌龟山亦出有少量西周晚期遗存,文化面貌与上述遗存基本一致。④ 上述鄂东及鄂东北地区西周时期遗存都有一个共同特点,就是有较为明显的来自北方的姬周文化与江汉土著文化融合的趋势。

　　丹江流域亦有较为广泛的早期楚文化分布,丹江上游地区,商南县过风楼遗址是目前极受关注的遗址,所出西周遗存年代约为西周中期,其陶器特征与关中周文化相去甚远,而与江汉楚文化有较为明显的亲缘关系。另东龙山、巩家湾、陈塬等遗址亦有类似遗存,年代大抵为西周中晚期。⑤

---

① 参见香炉山考古队:《湖北武汉市阳逻香炉山遗址考古发掘纪要》,《南方文物》1993年第1期。

② 参见湖北省文物考古研究所:《武昌放鹰台》,科学出版社2003年版。

③ 参见湖北省文物考古研究所、黄冈地区博物馆、罗田县文物管理所:《湖北罗田庙山岗遗址发掘报告》,《考古》1994年第1期。

④ 参见湖北省文物考古研究所:《汉川乌龟山西周遗址试掘简报》,《江汉考古》1997年第1期。

⑤ 参见杨亚长、王昌富、曹玮:《近年来陕西境内新发现的楚文化遗存》,载《楚文化研究论集》第五集,黄山书社2003年版;张天恩:《丹江上游西周遗存与早期楚文化关系试析》,《周秦文化研究论集》,科学出版社2009年版。

丹江下游地区,淅川下王岗遗址西周早期遗存大抵与沣西无异,但其中的Ⅳ式鬲,侈口、圆唇、鼓肩、收腹,联裆圆柱状足,与早期的楚式鬲颇有类似之处。① 均县朱家台遗址西周遗存出有较典型的楚式陶鬲和较完整的鬲、甗、盆、罐、豆组合②,文化面貌和年代与真武山、郭家岗等遗址所出西周晚期遗存基本一致。近期备受关注的郧县辽瓦店子遗址,发现了有关楚文化起源的重要线索。

襄宜地区发现的早期楚文化遗存较多,汉水以南年代一般较晚,基本为西周中期以后的遗存。襄樊真武山遗址年代可早至西周中期③,宜城郭家岗遗址年代可早至西周晚期偏晚或两周之际④,由于地处楚文化核心地区,两遗址的两周时期遗存序列完整,陶器组合齐全,其西周至春秋早期遗存与春秋中期以后的典型楚文化陶器遗存有直接的逻辑演变关系,故通常被学术界视为早期楚文化的代表性遗存。钟祥六合遗址出有少量西周时期遗存,陶系以红陶为主,器物组合有鬲、甗、豆、罐、钵、缸等,陶鬲与真武山西周中期陶鬲较为接近。⑤ 汉水东北地区则有年代较早的遗存,枣阳毛狗洞 H1,出土遗物与黄陂鲁台山较为近似,器类以鬲、缸为主,陶系以红陶为主,红陶比重略小于鲁台山,鬲的基本特征是侈口、尖唇、束颈、联裆、裆上内瘪、裆高中等,器形较粗大,截锥足或柱足,年代为西周早期。⑥ 襄樊小马家遗址,年代为西周早中期,其西周早期遗物与关中近似度较高,如鬲为近空袋状分裆柱足,盆为宽沿深腹,均与关中同类器相近,西周中期遗存则明显具有楚

---

① 参见河南省文物研究所、长江流域规划办公室考古队河南分队:《淅川下王岗》,文物出版社 1989 年版。

② 参见中国社会科学院考古所长江工作队:《湖北均县朱家台遗址》,《考古学报》1989年第 1 期。

③ 参见湖北省文物考古研究所、襄樊市博物馆:《湖北襄樊真武山周代遗址》,《考古学集刊》第九集,1995 年。

④ 参见武汉大学历史系考古教研室:《湖北宜城郭家岗遗址发掘》,《考古学报》1997年第 4 期。

⑤ 参见荆州地区博物馆、钟祥县博物馆:《钟祥六合遗址》,《江汉考古》1987 年第2 期。

⑥ 参见襄樊市博物馆:《湖北枣阳毛狗洞遗址的调查》,《江汉考古》1988 年第 3 期。

文化特征,出现了二次包制鬲足,以柱足鬲为主,盂一般为外翻沿、圆凸肩,与沣西地区斜折沿、折肩的风格有较大差异。此外,陶系中红陶比重较大,鬲、甗、罐等器物较为粗大,这些特征与枣阳毛狗洞 H1 十分接近。① 枣阳周台遗址出有较丰富的西周中晚期至春秋早期遗存,其文化面貌与郭家岗、真武山遗址相近而又有自身的特点,主要是陶系中灰陶比例较大,红陶较少,器物组合虽然大体相同,但某些器类更接近于关中,如周台遗址的陶盆与真武山差距较大,其斜折沿、折肩的风格更接近于关中周文化。② 另外,河南内乡黄龙庙岗遗址商代晚期遗存中发现有一种二次包制的矮柱足鬲,为该遗址的特征性器物,这类鬲折沿,腹微鼓,深袋足,分裆,裆较浅,截锥足较矮,与枣阳毛狗洞、新洲阳逻香炉山等遗址出土的西周早期的柱足鬲很相似。③

在西陵峡地区,庙坪遗址发现了几件较完整的西周陶鬲④,除纹饰为方格纹外,其余特征与真武山、郭家岗等地所出陶鬲基本一致,具有早期楚式鬲的特点,其年代,原报告定为西周中期,此年代明显偏早,应为西周晚期。此外,西陵峡区的宜昌上磨垴⑤、秭归柳林溪⑥等遗址,均出土有与早期楚文化有关的周代遗存,这批遗物的年代,大抵为两周之际前后。

在长江北岸,湖北地区的江陵荆南寺遗址出土了鬲、盂、豆、罐的完

---

① 参见襄樊市文物考古研究所、襄阳区文物管理处:《襄阳黄集小马家遗址发掘简报》,载襄樊市文物考古研究所编:《襄樊考古文集》(第一辑),科学出版社 2007 年版。

② 参见襄樊市文物考古研究所、枣阳市文物考古队:《枣阳周台遗址发掘报告》,载襄樊市文物考古研究所编:《襄樊考古文集》(第一辑),科学出版社 2007 年版。

③ 参见杨宝成:《论西周时期汉东地区的柱足鬲》,《楚文化研究论集》第四集,河南人民出版社 1994 年版;杨宝成:《内乡县黄龙庙岗商代遗址及战国秦汉墓葬》,《中国考古学年鉴(1989)》,文物出版社 1990 年版。

④ 参见国务院三峡工程建设委员会办公室、国家文物局:《秭归庙坪》,科学出版社 2003 年版。

⑤ 参见湖北省文物考古研究所:《湖北宜昌县上磨垴周代遗址的发掘》,《考古》2000 年第 8 期。

⑥ 参见国务院三峡工程建设委员会办公室、国家文物局:《秭归柳林溪》,科学出版社 2003 年版。

整组合,年代约为西周晚期,文化性质属典型的早期楚文化①。另盘龙城出土的平裆鬲与罐形鼎亦见于荆南寺夏商遗存(报告中均称为 A 型鬲),但只见于较早的地层中,年代约为二里头晚期至二里岗上层一期。② 江陵梅槐桥遗址未见有西周时期地层,但在扰乱层中出土一件完整的陶鬲,鬲体较廋长,折沿近平、高直颈、肩微弧、瘪高裆,柱足较高,经刮削略呈疙瘩状③,与真武山所出西周陶鬲较为近似,年代应为西周晚期。潜江龙湾遗址亦出有西周晚期遗存,陶系以红褐陶和红陶为主,多饰绳纹,陶器有楚式鬲、盂、豆、罐的完整组合。④ 湖南地区亦发现了一些与早期楚文化有关的西周遗存,澧县文家山遗址乙区灰坑出有一鬲一豆,鬲的形态为弧形连裆浅空足,足尖乳突状,拍绳纹,外侧再包制较高的截锥足,束颈卷沿圆唇,这是较典型的楚式鬲形态,稍晚的澧县周家湾、周家坟山遗址则出土了楚式鬲、盂、豆、罐的完整组合。⑤ 岳阳阎家山、骆坪遗址也出土了西周时期的楚式鬲、盂、豆、罐组合。⑥

综上所述可见,早期楚文化的分布地域,夏商时期仅限于鄂东盘龙城一带,到西周时期,东至鄂东和鄂东北,北至丹江流域,西至西陵峡,南至长江沿岸,基本上涵盖了整个江汉地区。

二、早期楚文化的时空进程

粗略分析,江汉地区早期楚文化遗存可分为三期:

第一期为夏代及商前期,即二里头文化至二里岗文化时期。主要

① 参见荆州地区博物馆、北京大学考古系:《湖北江陵荆南寺遗址第一、二次发掘简报》,《考古》1989 年第 8 期。
② 参见荆州博物馆:《荆州荆南寺》,文物出版社 2009 年版。
③ 参见湖北荆州博物馆、北京大学考古系:《湖北江陵梅槐桥发掘简报》,《考古》1990 年第 10 期。
④ 参见湖北省潜江博物馆、湖北省荆州博物馆:《潜江龙湾》,文物出版社 2005 年版。
⑤ 参见湖南省文物考古研究所等:《湖南澧县商周时期古遗址调查与探掘》,载《湖南考古辑刊》第四集,岳麓书社 1987 年版。
⑥ 参见岳阳市文物工作队:《湖南岳阳市效毛家堰——阎家山周代遗址发掘简报》,《文物》1993 年第 1 期。

的代表性遗存有盘龙城外的王家寨、李家嘴等遗址及荆南寺遗址部分夏商遗存。这一时期是早期楚文化的萌芽阶段,也是北方的鬲文化与南方的鼎文化开始融合的时期。陶器遗存以鼎式鬲为代表,已初步具有楚式鬲的基本特征,如陶系以红陶和红褐陶为主,空足极浅,似有略无,锥足较高,足为二次包制等,鄂东地区夏商时期出现的鼎式鬲,虽然还不能称之为楚式鬲,但我们可以确定,这是楚式鬲在江汉地区最早的起源,是江汉地区的土著民族融合中原文化因素与自身原有文化传统的结果。此外,在盘龙城遗址中,鼎式鬲与鬲式鼎基本上是同时出现,但总的发展方向是向鬲演变,盘龙城的罐形鼎主要盛行于盘龙城一至三期,相当于二里头文化时期,而平裆鬲的发展则贯穿了整个盘龙城文化,盘龙城二期时又从平裆鬲发展出联裆鬲,延至盘龙城七期。萌芽时期的早期楚文化,器物组合有平裆鬲、联裆鬲、罐形鼎、甗、斝、尊、大口缸、盆等器物,陶系以红褐陶和红胎黑陶为主,陶器部分来源于江汉地区新石器文化,如红陶大口缸,部分来源于中原商周文化,但与中原同类陶器在陶质、陶色和器形上有一些差异,显然是经过了当地土著民族的改造。高崇文认为,这批红陶器是在中原商文化影响下产生的一种新文化因素,本身就体现了两种文化因素。[1] 这一时期或可称为鼎式鬲时期。

第二期为商代晚期至西周早期。代表性遗存有蕲春毛家嘴西周遗存、黄陂鲁台山 H1、枣阳毛狗洞 H1 及 Ⅰ、Ⅱ式陶鬲、武汉阳逻香炉山北区第 11 层、河南内乡黄龙庙岗晚商遗存等。这一时期的主要特点是柱足鬲成为主流。第一期的高锥足平裆鬲(鼎式鬲)和联裆鬲本期均发展成为柱足,第一期的商式分裆鬲本期亦发展成为柱足分裆鬲,陶鬲的柱足作风成为早期楚文化最重要的特征。从毛家嘴遗址来看,商末周初时,平裆柱足鬲、联裆柱足鬲及分裆柱足鬲并存,但到西周早期时,可能是由于强势周文化的影响,平裆鬲消失,分裆鬲也极罕见,截锥足

① 参见高崇文:《从夏商时期江汉两大文化因素的源流谈楚文化起源》,载《楚文化研究论集》第三集,湖北人民出版社 1994 年版,第 25 页。

联裆鬲成为主流,并在周文化的影响下出现瘪裆作风。陶系仍以夹砂红陶、红褐陶或夹砂红胎黑陶为主,器型普遍较大。陶器组合为鬲、甗、罐、盆、缸等,尚未出现早期楚文化典型的陶器组合。这一时期的典型特征是高锥足鼎式鬲发展成为柱足鬲(实为截锥足),虽然就目前资料来看,这一时期尚未出现早期楚文化的典型陶器组合,但柱足鬲的出现,标志着早期楚文化发展到了一个新阶段,因此这一时期是早期楚文化的发展期,以柱足鬲为代表,或可称为柱足鬲时期。

第三期为西周中晚期到春秋早期。主要的代表性遗存有襄樊真武山 H36、39、85、79、81、G3,宜城郭家岗 H109、H187,肖家岭 H22,荆州荆南寺西周遗存等。这一时期的主要特点,一是柱足鬲发展成为楚式鬲,上一期较短的截锥足发展成较高的圆柱足,虽仍保留周式的瘪裆作风,但已具备楚式鬲的基本特征,与春秋中期以后楚式大口绳纹陶鬲有直接的演变关系,可以认为,这种带瘪裆的红陶绳纹高柱足鬲就是楚式鬲的早期形态,是早期的楚式鬲。二是出现了较完整的鬲、盆(或盂)、豆、罐陶器组合,且此组合与春秋中期以后的典型楚文化陶器组合一致。从以上两方面来看,只有到了这一时期,才真正出现了具有成熟器形和完整陶器组合的早期楚文化遗存。因此,这一时期可视为早期楚文化的形成时期,其最具代表性的器物是楚式鬲,又可称为楚式鬲时期(早期楚文化中陶鬲的演变)。

由上简单分析可知,早期楚文化在江汉地区经历了较为复杂的发展历程,其最初的创造者是江汉地区的土著民族,这些江汉土著民族在强势中原文化的统治下,将来自中原的商周文化与自身原有的文化传统融合起来,形成了一种新的、具有强大生命力的鬲文化,这一支鬲文化到后来即演变为早期楚文化。夏代至早商,是早期楚文化的萌芽阶段,鬲与鼎开始融合,出现了鼎式鬲或鬲式鼎;晚商至西周早期,是早期楚文化的发展阶段,商末周初时,平裆柱足鬲、联裆柱足鬲和分裆柱足鬲并存,这些器物基本是上期陶鬲的发展形态,至西周早期,带瘪裆作风的截锥足联裆鬲成为主流,柱足成为江汉陶鬲最主要的共性特征;西周中晚期至春秋早期,则是早期楚文化形成时期,出现带瘪裆作风的高柱足红陶绳纹鬲,也就是早期楚式鬲,并出现了鬲、盂(盆)、豆、罐的完整陶器组合。

在空间结构上,夏商时期,江汉地区的鼎式鬲遗存出现在以鄂东为中心的地区,就目前材料而论,此类遗存在鄂东地区有较为广泛的分布,长江两岸均为此类鼎式鬲遗存,向西则分布到了江陵荆南寺遗址。此时的南北文化融合还处在很初级的阶段。

晚商至西周早期,商文化退出江汉地区,周文化开始影响江汉土著民族。在这样的背景下,汉水东北一线,由南阳盆地至长江北岸,出现柱足鬲遗存。此时早期楚文化遗存的分布局限于汉水东北,尚未越过汉水和大洪山,进入江汉核心区,而汉水西南的考古学文化与汉水东北的早期楚文化有着完全不同的来源和面貌。①

西周中期以后,早期楚式鬲和早期楚文化陶器组合形成。在空间分布上,这一时期早期楚文化遗存大举南下,进入夏商时期尚较为荒凉的江汉平原核心地区,并直达长江沿岸。此时早期楚文化遗存已遍及江汉地区,但重心则明显在鄂西地区,其发展态势是从北向南,北部襄宜地区的早期楚文化遗存年代较早,最早可至西周中期,南部荆沙地区则较晚,不超过西周晚期。而原来早期楚文化最早渊源的鄂东及鄂东北地区,虽然仍可在广义上归入早期楚文化,但其文化面貌与自身的发展进程明显与鄂西地区较为典型的早期楚文化有了一些差异,在文化面貌上有更强一些的周文化特征,如陶系中灰陶比重远大于鄂西地区,某些器型如盂、盆等类器物更接近于关中。我们推测,出现这种变化的原因,当是由于汉东地区成为西周嫡系的汉阳诸姬封地,而鄂西地区则为楚蛮及其他江汉土著所居②,故西周中晚期时,汉东地区在文化发展上与鄂西地区拉开了一些距离。

第十一章 早期楚文化

---

① 参见杨权喜:《湖北商文化与商朝的南土》,《奋发荆楚 探索文明》,湖北科学技术出版社 2000 年版;杨宝成:《论西周时期汉东地区的柱足鬲》,《楚文化研究论集》第四集,河南人民出版社 1994 年版。

② 参见刘玉堂、尹弘兵:《楚蛮与早期楚文化》,《湖北大学学报》2010 年第 1 期。

第二节　早期楚文化的民族环境

一、夏商时期早期楚文化的民族环境

江汉地区新石器时代晚期的屈家岭文化、石家河文化都是很发达的古代文化。这时的江汉地区在区域上是具有自主性的区域主体,在文化上是具有自主性的文化主体,在政治上是具有独立性的政治主体。屈家岭文化时期,江汉文化体系曾向北扩张,占有了原属于中原文化区域的丹江地区,其文化影响则直到豫中地区。但到了石家河文化晚期,形势逆转,中原文化日益强盛,对邻近的山东龙山文化和石家河文化产生了强烈的影响,石家河文化中出现了大量来自中原文化的因素。由于中原文化因素的大量进入,江汉地区的考古学文化性质发生了质变,其陶器群体已失去石家河文化的共性特征,长江中游地区的本地特征越来越少,除少量因素外,主体部分与石家河文化并无关系,因此考古学界普遍认为,这应是不同于石家河文化的另一支考古学文化。此类遗存,目前考古学界一般称为后石家河文化或三房湾文化。①

后石家河文化是三苗衰微后南下的中原文化与江汉地区的原石家河文化融合的产物,因此后石家河文化本身就是华夏与三苗战争的结果。但后石家河文化在夏商时期并未得到持续的发展,江汉地区的考古学文化在后石家河文化之后出现了中断。

后石家河文化解体之后,江汉地区的文化发展出现了中断,原来已发展到很高程度的人类社会在江汉地区消失了。夏商时期的江汉地区相当荒凉,夏商遗存在江汉腹地几乎不见,仅有零星的分布,而在原来江汉文化区的边缘地带,则保持了文化发展的连续性,但文化性质发生了变化,不是原有新石器文化的延续发展,而是中原夏商文化的地方变体。

---

① 　孟华平:《长江中游史前文化结构》,长江文艺出版社 1997 年版,第 101 页;王劲:《关于后石家河文化定名的思考》,《江汉考古》2007 年第 1 期。

夏商时期的早期楚文化就产生于江汉地区的夏商文化之中。在盘龙城遗址,有四组文化因素,甲组为中原商文化因素、乙组为本地特征、丙组为长江下游的湖熟文化影响、丁组则为江西吴城文化因素。四组因素中以甲组为主,乙组为次,有少量的丁组,丙组仅具微量。① 高崇文认为,盘龙城遗址出土遗物中以分裆不明或连裆鬲为代表的一批红褐陶器,从总体上看,与商文化系统的同类器相似,但在陶质、陶色及局部器形上又有一定的差异性,不能不看作是一种新产生的文化因素。② 盘龙城遗址出土的这类陶鬲与中原的鬲有较大区别,可见这类尚处于萌芽状态的早期楚文化因素,并不是中原夏商文化直接传播的结果,而是江汉土著居民在中原夏商文化的影响下所创造出来的一种新因素,是中原夏商文化与本地原有文化传统融合的产物。这些江汉土著居民,有较大的可能就是古三苗的遗裔,三苗灭亡之后,他们改宗中原文化,将北方的鬲与江汉地区原有的鼎文化传统融合起来,创造出了一种非鬲非鼎、似鬲似鼎、亦鬲亦鼎的"鼎式鬲"或"鬲式鼎",此类陶鬲已具备了楚式鬲的典型特征,后来的楚式鬲,正是在此基础上逐步发展起来的。

三苗瓦解以后,夏商时期的江汉土著民族为楚蛮。楚蛮在文献中始见于夏商之际,据《今本竹书纪年》:"(帝癸)二十一年,商师征有洛,克之。遂征荆,荆降。"帝癸即夏桀,可见夏末商初时荆蛮已出现。《越绝书·吴内传》则谓:"汤行仁义,敬鬼神,天下皆一心归之。当是时,荆伯未从也,汤于是乃饰牺牛以事,荆伯乃愧然曰:'失事圣人礼'。乃委其诚心,此谓汤献牛荆之伯也。"古代文献中荆楚通用,这两条文献虽然年代较晚,但至少可以说明在后代人的记忆中,楚蛮于夏商之际时已经存在,其形成则当在夏代,至于荆服于商,是行征伐还是行仁义的结果,并不是一个重要的问题。商代的楚蛮分布在汉东地区和以丹江

---

① 　湖北省文物考古研究所:《盘龙城——1963—1994 年考古发掘报告》,文物出版社 2001 年版。

② 　高崇文:《从夏商时期江汉两大文化因素的源流谈楚文化起源》,《楚文化研究论集》第三集,湖北人民出版社 1994 年版。

库区为核心的鄂豫陕交界地区。① 鄂东地区的盘龙城遗址一至三期均属二里头文化,相当于二里头文化二至四期或偏晚②,正与楚蛮族群形成的时间相符。可见,楚蛮当是古三苗的遗裔改宗中原文化之后形成的一类新族群,他们将中原文化与江汉地区原有的文化传统融合,创造出了有鲜明地方特色的一类新文化因素。此种文化因素并不是独立发展起来的,而是在中原夏商文化的影响下产生的,但又有别于典型的中原夏商文化,属中原夏商文化的地方变体。也就是说,夏商时期的楚蛮族群与古三苗有很大的不同,楚蛮在文化上是中原文化的附庸,在政治上受中原王朝的统治,在地理上是中原文化区的边缘组成部分。

二、西周时期早期楚文化的民族环境

西周时期,早期楚文化的分布范围遍及整个江汉地区,因此,西周时期早期楚文化的民族环境也就是西周时期江汉地区的民族构成与分布。

西周时期,江汉地区分布着为数众多的国、族,按与西周关系的远近,大抵可分为以下几类:

(一)周之同姓与姻亲诸侯

江汉地区的周之同姓诸侯,即史籍所常称的"汉阳诸姬"。汉阳诸姬,见于《左传》僖公二十八年所载晋大夫栾贞子之言:"汉阳诸姬,楚实尽之。"汉阳诸姬的分布范围,清人易本烺《春秋楚地问答》谓:"西自汉水以东,南自汉水以北,东至光、黄,北至于淮汝。"今人也颇有持此说者,谓汉阳诸姬的分布范围包括汉江流域和淮水流域③,然据《左传》桓公六年载斗伯比之言:"汉东之国,随为大",按古以山南水北为阳,汉水自襄阳转南流,故汉水在襄阳以南当以东为阳,是汉东即汉阳,而

---

① 参见刘玉堂、尹弘兵:《楚蛮与早期楚文化》,《湖北大学学报》(哲学社会科学版)2010年第1期。
② 参见湖北省文物考古研究所:《盘龙城——1963—1994年考古发掘报告》,文物出版社2001年版,第441—443页。
③ 参见杨东晨、杨建国:《汉阳诸姬国史述考》,《学术月刊》1997年第8期。

"汉东"或"汉阳"之地,是以随为首,亦即随为"汉阳诸姬"之首。而淮、汝之间多大国,清人钱大昕即谓"蔡,姬姓之大国也,非汉阳诸姬可比"①,可知"汉阳诸姬"当为汉东地区的一系列姬姓小国,其地域范围仅为汉淮之间,以随为首,其核心地域应为随枣走廊至南阳盆地一带,这一带的姬姓小国,除随、唐外多不见于文献,以至有学者认为"汉阳诸姬"是文献和地理学上的双重讹误,"汉阳诸姬"并不存在。② 按西周对南方的统治并不如北方和东方那样严密,西周晚期更遭逢鄂国之乱和淮夷入侵,导致西周在南方的统治秩序曾一度完全失控,直到宣王时期改封申、吕于南阳才得以重振王朝在南方的统治秩序,至于南阳东南的随枣走廊,很有可能已在某种程度上失去了控制。另春秋早期,楚在江汉间扩张时,曾与多个小国征战,这些小国虽见于《左传》但无周朝封爵,其地理位置则多在襄阳以南和大洪山南麓,这些地区在西周时期并不属于王朝统治地域,是随着真武山类型遗存的南下而在江汉腹地独立建国,至春秋时期因与楚国发生冲突而见于史籍。这些小国至现在为止,大多无铜器传世,无法在考古上加以印证。而随枣走廊地区亦当有类似情形,在王朝统治秩序实际上鞭长莫及之时,可能亦有姬姓子孙如江汉诸小国一样僭制建国,而随枣走廊地区姬姓势力很强,一些姬姓子孙很可能在随枣走廊地区仿江汉小国而自立,此或为"汉阳诸姬"的来历。《左传》僖公二十年:"随以汉东诸侯叛楚。"表明汉东地区存在许多小国,这些小国以随为首,当即所谓"汉阳诸姬"或其主体成分为姬姓子孙在王朝秩序失范时自立者。

唐国,西周末年周大夫史伯与郑桓公讨论东方局势时曾说:"当成周者,南有荆蛮、申、吕、应、邓、陈、蔡、随、唐"③,可见唐国至迟在

① (清)钱大昕:《潜研堂文集》卷7《答问四》,《潜研堂集》,上海古籍出版社1989年版,第97页。
② 参见于薇:《"汉阳诸姬":基于地理学的证伪》,《历史地理》第二十四辑。
③ 《国语》卷16《郑语》"史伯为桓公论兴衰"章,上海古籍出版社1978年版,第507页。

西周晚期时已在南土江汉地区。另据学者研究,安州六器铭文中已有唐,则西周前期时,唐已在江汉地区。① 唐之族姓,有姬姓、祁姓两说,当以姬姓为是,为"汉阳诸姬"之一。② 唐国地望,后人颇多歧见,石泉先生结合实物资料,考订唐国当在今南阳盆地的唐河县境内。③

南阳盆地还有申、吕二国,均姜姓,为周宣王母舅之国。西周晚期,周宣王重理疆土,为加强南土的防御,迁申、吕二国于南阳。申国在今南阳市,吕国在申国西面不远处,南阳县西 30 千米有吕城,当即吕国所在。姜姓诸侯世与周室通婚,为周朝的姻亲诸侯,其文化当与关中姬周及汉阳诸姬接近。

上述周之同姓及姻亲诸侯,大抵分布在随枣走廊至南阳盆地东侧。"汉阳诸姬"及申、吕等国,是江汉地区与姬周文化联系最为密切的族群。

另申、吕两国南迁之前,南阳盆地有谢、鄂两国,均在今南阳附近。

鄂国,为中原古国,姞姓,商代时与鬼侯、文王并为纣之三公,据《禹鼎》铭文记载,鄂国于西周晚期时因鄂侯御方叛乱被周夷王伐灭,周夷王甚至下令"无遗寿幼"④。据学者考证,商代鄂国在今河南沁阳附近⑤,西周时期,鄂国南迁,其地望有东鄂、西鄂两说。陈佩芬、刘翔等先生认为鄂应在今湖北鄂城之东鄂⑥,而徐中舒、马承源等先生则多

---

① 参见江鸿:《盘龙城与商朝的南土》,《文物》1976 年第 2 期。
② 参见徐少华:《周代南土历史地理与文化》,武汉大学出版社 1994 年版,第 57—59 页。
③ 参见石泉:《从春秋吴师入郢之役看古代荆楚地理》,《古代荆楚地理新探》,武汉大学出版社 1988 年版。
④ 关于《禹鼎》铭文及鄂国史迹,参见徐中舒:《禹鼎的年代及其相关问题》,《徐中舒历史论文选辑》,中华书局 1998 年版;徐少华:《周代南土历史地理与文化》第二章第二节"鄂国",武汉大学出版社 1994 年版。
⑤ 参见李学勤:《殷代地理简论》,科学出版社 1959 年版,第 23—30 页;徐少华:《周代南土历史地理与文化》,武汉大学出版社 1994 年版,第 20 页。
⑥ 参见陈佩芬:《上海博物馆新收集的西周青铜器》,《文物》1981 年第 9 期;刘翔:《周夷王经营南淮夷及其与鄂之关系》,《江汉考古》1986 年第 3 期。

主张西鄂说,此说后成为主流观点①。但 2007 年至 2009 年随州安居羊子山又陆续发现了西周康昭时期的鄂国墓葬,出土了一批精美的鄂国铜器,其中 M4 出土的一批鄂侯之器,造型精美,并保留有浓厚的晚商铜器装饰风格。② 羊子山屡次发现西周早期鄂国铜器,表明这一带可能是西周鄂国中心地域。但南阳盆地的西鄂故城当有来历,且 20 世纪 50 年代出土的《鄂君启节》有"自鄂市,逾由",陈伟认为"由"即"育","油水"即"淯水",即今天南阳盆地的白河,并进而论定《鄂君启节》中的"鄂"为南阳盆地的"西鄂"③,此说已得到学术界认可。2012 年 4 月,南阳夏响铺发现鄂国贵族墓地,初步分析,其年代为西周晚期晚段至春秋早期④。因此南阳盆地的西鄂并未可轻易否定,疑西周早期时鄂国在随州一带,后迁至南阳盆地,至于周夷王所灭之鄂,仍当以南阳西鄂为是。从区域角度来看,鄂国地域,不出随枣走廊至南阳盆地,此地为汉阳诸姬及周之姻族所在,且姞姓亦周之姻族,《左传》宣公三年:"姬、姞耦,其子孙必蕃。"

　　谢国亦在南阳,申、吕南迁以前,谢为南土重要诸侯,任姓。西周末,周宣王"丧南国之师,乃料民于太原"⑤,宣王所丧南国之师,当包括谢国在内。由于谢国遭严重削弱,于是周宣王迁申、吕于南阳,封其母舅申伯于谢,《诗经·大雅·崧高》载宣王封申伯曰:"式是南邦,因是谢人,以作尔庸。"谢国则南迁至今新野、唐河二县之间、古棘阳之谢城。⑥

① 参见徐中舒:《禹鼎的年代及其相关问题》;马承源:《记上海博物馆新收集的青铜器》,《文物》1964 年第 7 期;张剑:《洛阳市博物馆馆藏的几件青铜器》,《考古》1984 年第 6 期;黄盛璋:《朴君述鼎国别、年代及其相关问题》,《江汉考古》1987 年第 1 期;徐少华:《周代南土历史地理与文化》上编第二章第二节"鄂国",武汉大学出版社 1994 年版,第 25—26 页;朱继平:《"鄂王城"考》,《中国历史文物》2006 年第 5 期。
② 参见随州市博物馆编:《随州出土文物精粹》"前言",文物出版社 2009 年版,第 3 页。该书发表了 2007 年随州安居羊子山 M4 出土的多件青铜器,其中包括噩侯提梁卣、噩侯方彝、鄂侯罍、鄂侯盘等,时代均在西周早期康、昭之世。
③ 参见陈伟:《〈鄂君启节〉之"鄂"地探讨》,《江汉考古》1986 年第 2 期。
④ 参见崔本信、王伟:《南水北调中线工程南阳夏响铺鄂国贵族墓地发掘成果》,《中国文物报》2013 年 1 月 4 日第 8 版。
⑤ 《国语》卷 1《周语上》"仲山甫谏宣王料民"章,上海古籍出版社 1978 年版,第 24 页。
⑥ 参见徐少华:《周代南土历史地理与文化》上编第二章第五节"谢国",武汉大学出版社 1994 年版。

另唐河县南的湖阳镇一带还有个蓼国,见于《左传》桓公十一年,曾与随、郧、绞、州等国伐楚而未成,蓼国族姓,早期文献无载,宋以后志书则谓其为己姓之嗣飂叔安之后,但未能证实。①

谢、蓼两国,虽非周之姻亲,但其地处南阳盆地,与申、吕、唐等国紧邻,则其文化当与"汉阳诸姬"相近。

可见,南阳盆地至随枣走廊一线,大多为周之同姓与姻亲诸侯,间或有一二异姓小国,其文化面貌亦当与汉阳诸姬相似,与关中姬周文化的近似度当是最高的。

(二)周异姓诸侯

主要有巴、楚、邓、郜、谷等,诸国皆列名《经》《传》,有周之封爵。

邓国,为中原古国,曼姓。《左传》昭公九年:"及武王克商……巴、濮、楚、邓,吾南土也。"可见邓为周初封国。邓国地望,据石泉先生考证,在今襄樊邓城遗址。② 邓国在《经》《传》中称为邓侯,与"汉阳诸姬"中的随、唐等同列,与被贬为夷狄之属的"楚子""巴子""郧人"等区别明显,可见邓国的政治地位较为重要,与周室有较为密切的关系。传世的邓国铜器较多,以西周中晚期至两周之际最为多见,可见邓国在文化上当亦有较高水准。③

谷国见于《春秋》桓公七年:"夏,谷伯绥来朝。邓侯吾离来朝。"谷伯绥与邓侯吾离一同前往鲁国访问,《经》《传》称其爵名,可知谷国是有周朝封爵的,当属周之异姓诸侯。谷国地望,后人多以为在今湖北谷城西北,今人进一步考订在汉水支流南河两岸。④ 其族姓,孔颖达云:"不知何姓",郑樵《通志·氏族略二》与罗泌《路史·后纪七》都以谷国为嬴姓。

---

① 参见徐少华:《周代南土历史地理与文化》上编第一章第六节"(西)蓼国",武汉大学出版社 1994 年版。
② 参见石泉:《古邓国、邓县考》,《古代荆楚地理新探》,武汉大学出版社 1988 年版。
③ 参见徐少华:《周代南土历史地理与文化》上编第二章第一节"邓国",武汉大学出版社 1994 年版。
④ 参见张正明、刘玉堂:《湖北通史》(先秦卷),华中师范大学出版社 1999 年版,第 266 页。

郡国,据《世本》记载:"郡,允姓国,昌意降居为侯"①。按昌意为黄帝次子,可见郡是由中原古老部族发展成为国家的。郡国至迟在商代晚期已立国,传世郡国铜器颇多,商代郡器较为多见,表明郡国是商代的重要方国,有较高的政治地位和经济文化水平,其首领在商朝世任要职,入周后又受周王室册封。郡国因居若水而得名,若水即今之汝水,可见郡国原在河南汝水流域,西周时郡国在丹淅流域。至迟西周晚期时,郡国分为上、下郡,下郡在今淅川县西部的寺湾一带,上郡则在今西峡县城西 15 千米处的丁河故城。郡国历史悠久,文化底蕴较为深厚,从出土铜器来看,郡国不用周历,而是用"郡正",有自己的历法。②

巴国,是一个古老的方国,卜辞中即有"巴方"的记载,据《华阳国志》,巴国曾参与武王伐纣之役,《左传》昭公九年记詹桓伯言周初时四境:"巴、濮、楚、邓,吾南土也",可见巴国在周初时即已列名南土诸侯之一。至春秋早期时,巴国曾请楚国介绍与邓国建交③,可见巴国与周、邓、楚较为邻近,其地在汉水上中游、今陕东南的安康一带④。巴国族属,一般认为,巴国为姬姓,《左传》昭公十三年记楚共王"与巴姬密埋璧于大室之庭",按周代妇名称国及姓,巴为国名、姬为国姓,则巴姬当为嫁到楚国的巴国之女,可见巴国当为姬姓,《华阳国志·巴志》亦谓"武王既克殷,以其宗姬封于巴"。但巴国的历史较为长远,武王所封之宗姬,当非周之子孙,只是巴王族与周同源。⑤巴国虽于周初即已跻身南土诸侯之林,且与邓、楚邻近,但巴国所在已超出目前所知早期楚文化的分布范围,故本书仍将巴国列入周异姓国之列。

---

① 《世本·氏姓篇》(秦嘉谟辑补本),《世本八种》,商务印书馆 1957 年版,第 303 页。
② 参见徐少华:《郡国铜器及其历史地理研究》,《江汉考古》1987 年第 3 期。
③ 参见《左传》桓公九年。
④ 参见童书业:《古巴国辨》,载《童书业历史地理论集》,中华书局 2004 年版;石泉:《古巫、巴、黔中故址新探》,《古代荆楚历史地理新探·续集》,武汉大学出版社 2004 年版。
⑤ 参见段渝:《巴人来源的传说与史实》,《历史研究》2006 年第 6 期。

（三）江汉间小国

西周早期以前,江汉核心区是一片蛮荒之地,西周中期以后,才有一支以鬲为核心的考古学文化进入江汉腹地①,江汉核心区由此重新得到开发。在此过程中,原本是蛮荒之地的江汉核心区出现了一系列的小国,这些小国虽大都列名《经》《传》,但一般无爵称,或如楚国一样被称为"子",可见这些小国并未得到周朝的封爵,非周之封国,不在西周的封建体系之内,当是西周中期以后进入江汉地区的诸多部族中发展水平较高而独立建国者。

这些江汉小国主要有罗、卢戎、鄢、郧、贰、轸、州、麇、权、南巴、庸、绞、蓼等国。

罗、卢戎、鄢均为襄宜地区的小国。罗国,《左传》桓公十三年杜预注:"罗,熊姓国,在宜城县西山中,后徙南郡枝江县。"卢戎,公族为妫姓,其臣民则多戎人,故地旧说在今南漳县东北 25 千米的中庐城,今有学者则改订于襄阳县西的泥嘴镇附近。② 楚武王四十二年（前 699年）,罗与卢戎联军曾大败楚军。鄢,亦襄宜地区的小国,其族姓不明,地在今宜城县境。③

郧国,又作邧或云,其族姓不详。两周之际,郧国曾与楚国联姻,楚君若敖曾娶邧女,楚大夫斗伯比即郧女所生,楚令尹子文亦生于郧。楚武王四十年郧国曾联合随、绞、州、蓼四国攻楚。郧国地望所在,旧说在安陆,石泉先生则考订古郧国、汉晋云杜县在今湖北京山、钟祥两县之间④,二者皆在汉东。

贰、轸,均汉东地区的小国,族姓不详,《左传》桓公十一年:"楚屈瑕将盟贰、轸。"

州,亦江汉间小国,族姓不详,其地望所在,杜预以为其国在"南郡

---

① 参见张昌平:《试论真武山一类遗存》,《江汉考古》1997 年第 1 期。
② 参见石泉主编:《楚国历史文化辞典》,武汉大学出版社 1997 年版,第 105 页。
③ 参见石泉:《古代荆楚地理新探》,武汉大学出版社 1988 年版,第 118 页。
④ 参见石泉:《云杜、绿林故址新探》,《古代荆楚地理新探》,武汉大学出版社 1988 年版,第 158—173 页。

华容县东南",然此说恐非。州国亦见于《左传》桓公十一年:"楚屈瑕将盟贰、轸。郧人军于蒲骚,将与随、绞、州、蓼伐楚师。"按春秋早期,楚人活动范围尚在汉水中游一带及其以北地区,另从《左传》所记来看,州国当与贰、轸及郧、随、绞、蓼等国邻近,不当在汉水西南,则州国当亦在汉东,去郧、随等国不远。

麇,其族姓不明,楚穆王十年,因麇君逃离厥貉之会,遭楚师讨伐,楚庄王三年,麇人曾率百濮叛楚。麇国地望,据石泉先生考证,当在今襄樊市东,随枣走廊西口外,今滚河西入唐白河后的唐白河下游东岸。①

权国,江汉间小国,春秋初为楚武王所灭。权之族姓不明,后人或云为子姓,其地望所在,据《左传》庄公十八年杜预注:"权,国名,南郡当阳县东南有权城。"石泉先生则认为权在汉水中游西岸。②

南巴,《左传》庄公十八年:"及文王即位,与巴人伐申而惊其师。巴人叛楚而伐那处,取之,遂门于楚。"杜预注:"那处,楚地,南郡编县东南有那口城。"汉晋编县,据唐宋时人的记载,皆云在长林县,唐宋长林县地望,后人解释不一,小有异同,但皆云在今钟祥、荆门之间。③ 石泉先生认为,此巴与汉水中上游之巴非为一国。④

除江汉腹地外,鄂西北地区亦有一些小国,或因其与巴、楚、邓、谷等国较为邻近,受其影响而得以独立建国,主要有庸、绞等国,在本书中,因其并无周朝封爵,故将其与江汉间诸小国并列。

庸国是一个很古老的方国,据《尚书·牧誓》记载,庸国曾参与周武王伐商,为牧誓八国之一,庸之族属不明,但据《左传》所记来看,庸

---

① 参见石泉:《从春秋吴师入郢之役看古代荆楚地理》,《古代荆楚地理新探》,武汉大学出版社 1988 年版,第 388—389 页;又见石泉:《春秋"百濮"地望新探》,《古代荆楚地理新探·续集》,武汉大学出版社 2004 年版,第 10 页。
② 参见石泉:《古代荆楚地理新探》,武汉大学出版社 1988 年版,第 354 页。
③ 参见《读史方舆纪要》卷 77《湖广三》,安陆府荆门州"长林废县"及"编县城"二条;《嘉庆重修一统志》卷 352,《湖北省荆门直隶州古迹》,"编县故城"及"长林故城"条。
④ 参见石泉:《古代荆楚地理新探·续集》,武汉大学出版社 2003 年版,第 14 页注②;《石泉文集》,武汉大学出版社 2006 年版,第 358 页。

与江汉土著民族如濮、蛮有较为密切的关系,其地望,据张守节《史记正义》引《括地志》,在今湖北竹山县。

绞,为汉水中游的一小国,地在今谷城县境。① 绞在《左传》中称为"绞人",可能其并未得到周朝的封爵,当非周之封国,绞国的族属亦不明,但从其与庸、谷等国相邻来看,其文化当去谷、邓等国不远,另绞国曾于鲁桓公十一年参与随、州、蓼、郧的伐楚联盟,表明其与汉阳诸姬也有一定的联系。

夔国亦是一个古老方国,卜辞中有"归方",可见归国于殷商时代即已存在,"归"即夔,归、夔乃一音之转。商代归国族姓不明,西周晚期,楚熊渠之后熊挚红因在国内政治斗争中失败,自窜于夔,代为夔君,是为芈姓夔国,其地在湖北秭归。考古界目前对夔文化还在探讨之中,但从考古资料来看,西周时期三峡地区的考古学文化有其自身的特点。

(四)江汉土著民族

西周时期,汉阳诸姬和巴、邓、楚等国占有了原属于楚蛮等江汉蛮族所居的汉东、汉北之地,西周中期以后,这些江汉蛮族大举进入夏商时期尚是一片蛮荒的江汉腹地,这些江汉土著民族主要为楚蛮、百濮等,为当时江汉地区的主体居民。

楚蛮当是西周时期江汉地区的主体族群,其人数众多,分布广泛。西周初年周封熊绎于楚蛮,周昭王亦曾大举南征荆蛮②,周夷王时,熊渠统治下的楚国曾一度强大,称雄江汉,并封其三子为王,"皆在江上楚蛮之地"。周厉王时,又有"召穆公帅师追荆蛮,至于洛"③。至齐桓公时,"周室微,唯齐、楚、秦、晋为疆。晋初与会,献公死,国内乱。秦穆公辟远,不与中国会盟。楚成王初收荆蛮有之,夷狄自置"④。所谓"楚成王初收荆蛮有之",当是指楚蛮主体被楚国兼并,此后楚蛮作为

① 参见石泉:《楚都何时迁郢》,《古代荆楚地理新探》,武汉大学出版社1988年版,第354页;李海勇:《古绞国地望蠡测》,《江汉考古》1997年第4期。
② 尹弘兵:《周昭王南征对象考》,《人文杂志》2008年第2期。
③ 《今本竹书纪年》厉王十四年。
④ (汉)司马迁:《史记》卷32《齐太公世家》,中华书局1982年版,第1491页。

一个族群不再存在。

濮,是一个古老的部族,曾参与武王伐纣之役,为"牧誓八国"之一,但濮并不是一个邦国,没有形成统一的政权,故《牧誓》称之为"濮人",直到春秋时期,濮还处在各自"离居"的状态,因此又被称为"百濮"。两周之际,楚君蚡冒始启濮,《国语》视之为周天子失权、诸侯代兴的标志①,春秋早期,楚武王"始开濮地而有之"②。可知濮是楚国较早兼并的江汉土著民族。濮之地望,《孔传》:"庸、濮在江汉之南。"孔颖达《正义》亦引《左传》文公十八年伐楚之役论证之。石泉先生则认为,春秋时期的古麇国、楚麇邑地在今随枣走廊西口外、今滚河入唐白河后的唐白河下游西北岸地,与之相邻近的百濮,其地当在今枣阳市境桐柏、大洪两山间的山区丘陵地带。③ 段渝则据"百濮离居",认为百濮居地当不限于一处,而是在西周时代的南土有广泛的分布,襄阳以西到竹山以南和襄阳以东汉水东北岸及滚河下游一带,均为西周时代百濮离居之地。④ 顾颉刚先生则认为濮在武当、荆、巫诸山脉中。⑤ 虽然对濮的具体定位还有一些困难,各家的说法不一,但西周春秋时的濮,大体当在今襄樊附近地区,就区域而言,可以认为上述各家的意见是基本一致的。

综上所述,西周时期,江汉地区的民族构成极为复杂,既有西周的同姓及姻亲诸侯,亦有受到周朝封爵的异姓诸侯,还有进入江汉腹地的诸多小国和楚蛮、百濮等江汉土著民族。

那么,楚国在其中处于什么位置呢? 从以上的分析来看,楚是属于周朝的异姓诸侯,与邓、鄀、谷等国同列,只是早期楚文化中很小的一支。

---

① 《国语》卷 16《郑语》"史伯为桓公论兴衰"章,上海古籍出版社 1978 年版,第524 页。

② (汉)司马迁:《史记》卷 40《楚世家》,中华书局 1982 年版,第 1695 页。

③ 参见石泉:《春秋"百濮"地望新探》,《古代荆楚地理新探·续集》,武汉大学出版社2004 年版,第 10—11 页。

④ 参见段渝:《西周时代楚国疆域的几个问题》,《中国史研究》1997 年第 4 期。

⑤ 参见顾颉刚:《史林杂识初编》,中华书局 1963 年版,第 31 页。

三、早期楚文化的民族属性

由上分析可知,早期楚文化最初是由夏商时期的江汉土著民族所创造的,这些江汉土著民族可能就是文献中记载的楚蛮,为古三苗的遗裔。早期楚文化的起源与芈姓楚国、楚族、楚人无关。楚国源自祝融八姓,为华夏古族。对祝融八姓的分布,学者作过较多的研究。李学勤认为:"祝融八姓的早期分布,北起黄河中游,南至湖北北部,可以说是环处中原"①。徐少华认为,从氏族社会后期到夏代末年,"祝融各族所居,东至今山东西部、江苏西北,南未过淮河、方城,西未及关中,而北至山西西南和河南北部,基本未出黄河中游地区"②。可见,夏代以前,祝融族系的足迹尚不及江汉地区,芈姓祝融一支此时也与"楚"尚无交集,无楚国、楚族或楚人之号。进入商代,祝融族系各支在夏商鼎革中受沉重打击,芈姓部族的发展亦遭重大挫折,不仅居地不明,连世系也不清楚,"其后中微,或在中国,或在蛮夷,弗能纪其世"③,可见芈姓部族在商代极为衰微,世系不明、居地不清,几乎失去传承。至商末周文王时,始有季连之后裔曰鬻熊出现在历史上。在商代绝大部分时期,芈姓一族即使已进入江汉地区,也是一微不足道的小部族。因此,夏商时期的早期楚文化并不是由楚人或楚族所创造的,与祝融族系无关,而是江汉土著民族在中原文化的影响之下创造出来的一类新文化因素,是原石家河文化的遗民在改宗中原文化之后,将北方夏商文化的鬲与江汉地区传统的鼎结合起来,形成了一种新的似鼎非鼎、似鬲非鬲、亦鼎亦鬲的鼎式鬲或鬲式鼎。此时的早期楚文化是江汉土著民族的文化,文献记载中的楚蛮,可能就是这些江汉土著民族的主体。这种新式的鬲文化出现后,很快在江汉地区扩散开来,成为周代江汉地区的主流文化传统。

西周时期,早期楚文化是由包括楚国在内的周代南土诸侯和江汉

---

① 李学勤:《谈祝融八姓》,《江汉论坛》1980 年第 2 期。

② 徐少华:《论祝融八姓的流变及其分布》,《湖北省考古学会论文选集(三)》,《江汉考古》编辑部 1998 年版。

③ (汉)司马迁:《史记》卷 40《楚世家》,中华书局 1982 年版,第 1690 页。

间的小国及楚蛮、濮等江汉土著蛮族共同创造的,其中既有与周室关系
最为紧密的姬姓诸侯和周之姻亲诸侯,亦有与周室关系稍远一些的邓、
郡、楚等异姓诸侯,亦有卢戎、罗、贰、轸等江汉小国,亦有楚蛮、百濮等
江汉土著民族。西周时期早期楚文化的主体当是江汉间诸小国和楚
蛮、濮等江汉土著蛮族,而芈姓楚国仅是其中很小的一支。但春秋早期
以后,随着楚国的迅速强大,楚国成了这一支考古学文化的继承者,主
导了这一支考古学文化的发展,将早期楚文化发展成了东周时期的典
型楚文化。而楚国与楚文化的高度发展,也将江汉地区各种来源不同
的居民融合成了楚人这一新型的族群。

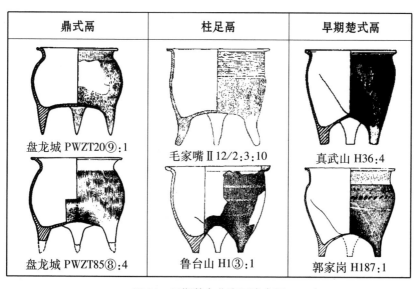

图 24　早期楚文化陶鬲演变图

楚国的传说时代及楚先祖的迁徙历程

第十二章

　　楚人的直系祖先季连,见于《世本》《国语·郑语》《大戴礼记·帝系》及《史记·楚世家》等史籍,但对于季连的居地,则未有明言,缺乏明确的材料,后世学者只能依据相关资料作一些推测,如顾铁符推测季连居地在今河南鄢陵县境内①,罗运环则推测季连居地在旧许(今河南许昌)②,以上地域,大体在祝融之虚(今河南新郑)左近。以前的出土文献,涉及楚先祖老童、祝融,但未见有季连。2010 年年底发布的《清华大学藏战国竹简(壹)》(以下简称清华简)③,其中的《楚居》一篇,备载历代楚君及其所居之地,从楚始祖季连开始,下至战国中期的楚肃王,对楚国历史地理与文化研究具有极其重要的意义,引起了学术界的高度关注。

　　《楚居》中的楚先祖,起至季连,中经穴熊、丽季,终于熊狂,所载的季连、穴熊及丽季史事均有传说色彩,而熊狂所居之京宗,亦是从季连时代就留下的地名,这表明在《楚居》的体系中,从季连至到熊狂均属于传说时代,楚国的历史时代是从熊绎开始的。对于传说时代史事,不能完全视作信史,也就不能以单纯历史学的思维来对待,在很多的情况下,要结合民族学、人类学和考古学来作相应的解读。因此,在讨论之前,我们首先要弄清楚,《楚居》中所载的季连、穴熊与丽季、熊狂,这些传说时代的人名应如何看待。

---

①　参见顾铁符:《楚国民族述略》,湖北人民出版社 1984 年版,第 18—19 页。
②　参见罗运环:《楚国八百年》,武汉大学出版社 1992 年版,第 58 页。
③　参见清华大学出土文献研究与保护中心编,李学勤主编:《清华大学藏战国竹简》(壹),中西书局 2010 年版。

虽然季连的时代下限已进入商代,从总的架构来说已进入了历史时期,但从楚史的角度来讲,此时的芈姓部族仍处于传说时代,这是由于不同族群的发展速度不太一致而导致的情形。在一般情形下,传说时代的人名不是指特定的个人,而是部族和部族首领的名称。古人对此,其实很早就有认识,《左传》文公十八年载季氏大夫大史克曰:"昔高阳氏有才子八人,苍舒、隤敳、梼戭、大临、尨降、庭坚、仲容、叔达,齐、圣、广、渊、明、允、笃、诚,天下之民谓之八恺。高辛氏有才子八人,伯奋、仲堪、叔献、季仲、伯虎、仲熊、叔豹、季狸,忠、肃、共、懿、宣、慈、惠、和,天下之民谓之八元。此十六族也,世济其美,不陨其名。"大史克前言"才子八人",后言"十六族",可见大史克所言之"子",与"族"同义,所言之"人名",即"族名",同时也是部族首领之名。晋郭璞则谓:"诸言生者,多谓其苗裔,未必是亲所产。"①唐司马贞释"少典之子"时说:"少典者,诸侯国号,非人名也。"②可见,古人早已认识到上古时代的人名与族名相混,不可作为个人来理解。近代以来,学者们对此有了更明确的认识,徐旭生强调,在治传说时代的历史时,"顶重要需要声明的一事,就是在当时社会的单位是氏族,而氏族的名字与个人的名字常相混淆,无法分辨"。徐旭生并明确说明:"古人所用地名、氏族名、个人名,常常不分。……《山海经》所记三代以前的某生某、《国语》所记有虞氏与夏后氏所禘的黄帝、殷人所禘的舜、周人所禘的喾,大约全是氏族分离的关系,与个人的血统关系无干。时代越近,所谓生的、所祖祭、郊祭、宗祭、报祭的才多由于真正血统的关系,是因为当时氏族制度渐渐衰歇、退处无力的缘故。所以治此时代的历史的人必须注意土地名、氏族名、个人名的常相合一,然后爬梳纠纷的史实才能比较容易。"③白寿彝总主编《中国通史》则明确指出:"神话传说中的所谓炎帝、黄帝、

---

① 《山海经·大荒东经》"帝俊生黑齿"条郭璞注,袁珂:《山海经校注》,上海古籍出版社1980年版,第348页。
② (汉)司马迁:《史记》卷1《五帝本纪》"少典之子"句下司马贞《索隐》,中华书局1982年版,第2页。
③ 徐旭生:《中国古史的传说时代》,广西师范大学出版社2003年版,第45、40页。

蚩尤、颛顼、共工之类的'人物',他们之间的相互关系比较复杂,或结盟、或通婚、或兵戎相见。如果把他们当作某些具体人物来看待,那就错了,因为他们并非具体的人,而是指某些氏族或部落。然而,把这些'人物'名字完全理解成氏族部落的名称,也未必然。因为在原始社会时期,人名往往是和部落名相一致的。史书上经常说的某人生某人的现象,除了存有父子关系的意味外,其基本含义则是氏族分支或部落分支的关系。"①由是可知,《楚居》所载楚传说时代之人名,由季连至熊狂,均不得以个人来看待,而是应视之为部族名与部族首领之名,而季连生绬伯、远仲,穴熊生侸叔、丽季,则亦不可视为父子关系,而是部族内部的分支,绬伯、远仲、侸叔、丽季,亦不是个人,而是部族内部的支系。

进而言之,《楚居》中的季连,有几层含义:首先是指季连部族;其次是指季连部族的首领;再次才是指在某个特定时期担任季连部族首领的个人。如追求比佳的季连,同时具有这三层含义:首先是在第三层含义上存在,是此时担任季连部族首领的特定个人;其次是指一般意义上的季连部族首领;最后才是最一般意义的季连——季连部族。而大部分语焉不详的季连,所指仅是季连部族和季连部族的首领,不能用指某个特定的个人。只有在某些特别情形下,传说时代的人名才能理解为特定个人。明确这一点,对理解《楚居》中所载的楚先祖史事非常重要。

另外需要说明的是,传统的简帛文献研究是将出土简帛与传世文献互证,但《楚居》一篇有其特殊性,其所载地名及史事多不见于文献,因此很难将其与文献对照,以致对《楚居》所载地名尤其是较早的楚先祖季连居地,各种观点差距过大,甚至无法求同存异。在方法论上,现在探讨《楚居》中楚先祖居地,多用《山海经》作参照,用音韵通假的方法来建立联系。《山海经》对于古代地理虽有重要的参考价值,然其本身已含有较多的神话成分,司马迁撰写《史记》,亦曰:"至《禹本纪》、

---

① 白寿彝总主编:《中国通史》第三卷,上海人民出版社 1989 年版,第 168 页。

《山海经》所有怪物,余不敢言之也。"①可见,对于《山海经》,本身已需要谨慎使用,而当整个的论证体系是建立在通、转、假的基础上时,尤令人不安。高崇文即认为,用声韵通假之法来解释,似乎有些牵强,难以信从。② 虽然这是针对《楚居》中"京宗"的考释而论的,但对整个的《楚居》地理研究,尤其是传说时代的楚先祖地理问题,也是适用的。

本节的讨论是以清华大学出土文献与保护中心所作释文为基础,并参考复旦大学古文献与古文字研究中心研究生读书会所作工作③,在传统文献学和历史学研究的基础上,吸收民族学和考古学的研究成果,试图通过文化地理的分析来对《楚居》所载楚始祖季连的居地作一初步解析,主要是从区域的角度来考察,梳理出一个可信的线索,从而为以后的进一步研究打下一个较为可靠的基础,或有抛砖引玉之效,敬祈方家指正。

第一节 季连的早期活动及其居地

一、季连初降之地

季连的居地,史籍中未有明确的记载,但《楚居》为我们提供了线索。《楚居》所载季连故事如下:

> 季繋(连)初降于騩山,氐(抵)于空(穴)窮(窮)。遄(前)出于喬山,宅(宅)尻(處)爰波。逆上泏水,見盤庚之子,尻(處)于方山,女曰比(妣)佳,秉茲衔(率)相,晋胄四方。季繋(连)聞(聞)亓(其)又(有)噅(聘),從,及之盤(泮),爰生緯白(伯)、遠中(仲)。

① (汉)司马迁:《史记》卷 123《大宛列传》,中华书局 1982 年版,第 3179 页。
② 高崇文:《清华简〈楚居〉所载楚早期居地辨析》,《江汉考古》2011 年第 4 期。
③ 复旦大学出土文献与古文字研究中心研究生读书会:《清华简〈楚居〉研读札记》,载复旦大学出土文献与古文字研究中心网站,2011 - 1 - 5,http://www.guwenzi.com/SrcShow.asp? Src_ID=1353。

妣(毓)竷(徜)羊(徉),先尻(處)于京宗。①

所言季连之居地,有郳山、穴穷、乔山、爰波、泏水、方山、京宗等地,但这些地名,多不见于文献,难以稽考,很难通过将简文与传世文献互证的传统研究方法来探求,我们只能依据多方面的线索,作一些初步的推断。

《楚居》开始即说"季连初降于郳山"。"降",可作出生解,《楚辞·离骚》:"惟庚寅吾以降"。可见郳山为季连的出生地。用民族学和人类学的观点来解释,即季连部族的最初形成之地。"郳山",整理者认为:"郳山,疑即騩山。《山海经》中有楚先祖世居騩山之说,《西山经·西次三经》去三危之山'又西一百九十里,曰騩山,其上多玉而无石,神耆童居之',郭璞注'耆童,老童,颛顼之子'。"②

今按:騩山即大騩山,騩字又作隗,一名大嵬山,又名具茨山,地在今河南省禹州市、新郑市、新密市三市交界处,嵩山山脉南麓,属于嵩山余脉。具茨山与黄帝有关,《庄子》卷6《徐无鬼》:"黄帝将见大隗乎具茨之山。"《水经注》卷22《溮水篇》:"大騩即具茨山也。黄帝登具茨之山,升于洪隄之上,受《神芝图》于黄盖童子,即是山也。"可见,大騩山一带早年即为黄帝活动地区。从考古学文化上讲,具茨山一带属传统的中原文化区,这也可以旁证具茨山与黄帝有关。另据上引《西山经·西次三经》及郭璞注,大騩山为耆童所居,耆童即老童,老童则为颛顼之子,黄帝之后,亦是楚之远祖。《大戴礼记·帝系》:"老童娶于竭水氏,竭水氏之子,谓之高絧氏,产重黎及吴回。吴回氏产陆终。"重黎、吴回、陆终即祝融。《楚世家》亦载楚之先祖本出自颛顼高阳,《楚

---

① 清华大学出土文献与保护中心编:《清华大学藏战国竹简》(壹),中西书局 2010年版,第 181 页。按本文所引释文均出自此书,并参考复旦大学出土文献与古文字研究中心研究生读书会的意见,除单独引用外,正文中引用一般尽量用通行字,不另注。

② 清华大学出土文献与保护中心编:《清华大学藏战国竹简》(壹),中西书局 2010 年版,第 182 页。

辞·离骚》载屈原自谓："帝高阳之苗裔兮，朕皇考曰伯庸。"在望山楚简、包山楚简和新蔡葛陵楚简等出土文献中，老童、祝融、穴熊并列为"三楚先"，受到楚人的祭祀。可见大騩山与祝融集团关系至深。又大騩山东北即新郑，《明一统志》谓大騩山在新郑县西南20千米，新郑即祝融故地，《左传》昭公十二年："郑，祝融之虚也。"《汉书》卷28下《地理志下》："郑国，今河南之新郑，本高辛氏火正祝融之虚也。"郑国初封在陕西华县一带，西周末年，郑桓公为避难，东迁于济、洛、河、颍之间，更名新郑，今河南省新郑市。可见，大騩山既与祝融集团有极深的渊源，又紧邻祝融故居，因此成为祝融后裔之一的季连出生地是完全有可能的，整理者释郳山为騩山应无误。

由上分析可知，季连初降之"郳山"，应即大騩山，又名具茨山，其地在"祝融之虚"附近。我们以前曾推测，由于季连是最后才从父体中分离出来，因此季连的居地当去"祝融之虚"不远。① 今按《楚居》所载，季连初降之"郳山"，很有可能正如整理者所释，即騩山，其地正在新郑附近。另顾铁符、罗运环等学者所推测的季连居地，其实亦在新郑附近。又《国语·周语上》有"昔夏之兴也，融降于崇山"之说，韦昭注："融，祝融也。崇，崇高山也。夏居阳城，崇高所近。"按崇高即嵩高，即后世之嵩山，在今河南登封县北②，可见嵩山一带既为夏人所居，禹都所在，亦为祝融所居。另由此可见，以名山为部落或部族最初形成之地，似本为祝融一系的传统，故季连部族也循此传统，以祝融之虚附近的大騩山为其初降之地。

二、季连部族的历史背景分析

季连部族大致形成于唐虞之世③，至于其年代下限，从《楚居》所载

---

① 参见尹弘兵：《楚国都城与核心区探索》，湖北人民出版社2009年版，第20页。

② 参见徐元诰：《国语集解》，中华书局2002年版，第29页。

③ 参见罗运环：《楚国八百年》，武汉大学出版社1992年版，第49页；徐少华：《论祝融八姓的流变及其分布》，载《湖北省考古学会论文选集》（三），《江汉考古》编辑部1998年版，第135页。

来看,应为晚商的武丁时期甚至更晚一些,则季连部族主要活动于虞、夏、商三代。但季连部族存在的时间如此之长,则我们探讨《楚居》所载季连故事及其居地时,就不可一概而论,须加以区分,将季连的故事放在相应的时代背景中来讨论。

季连"初降于騩山"时,约相当于唐虞之世,而居于方山,追求比隹,生绖伯、远仲并居于京宗时已至晚商的武丁时期。只有季连部族形成后所迁徙的穴穷、乔山、爰波等地,其时代不太明确。因此,欲讨论穴穷、乔山、爰波等季连部族早期活动地区,须首先确定其大致的年代范围与历史背景。

季连部族约形成于唐虞之世,此时昆吾、彭祖已为华夏集团的核心成员。据《吕氏春秋》卷17《审分览·君守》:"奚仲作车,苍颉作书,后稷作稼,皋陶作刑,昆吾作陶,夏鲧作城"。后稷、皋陶、夏鲧均为尧舜时华夏集团的重要首领,昆吾与之并列,可见其在华夏集团中的地位和影响。另据《史记》卷1《五帝本纪》,彭祖与禹、皋陶、契等同时受到舜的任用。进入夏代,祝融各系颇为活跃,为祝融族系的繁盛时期,尤其是昆吾一系,《墨子》卷11《耕柱》谓:"昔者夏后开使蜚廉折金于山川,而陶铸之于昆吾"。可见昆吾因长于制陶,自夏初时起即有重要地位,昆吾后更主持夏政,成为夏王朝的最重要支柱。《国语》卷16《郑语》谓"昆吾为夏伯",《风俗通义》则载"夏后太康,娱于耽乐,不循民事,诸侯潜差,于是昆吾氏乃为盟主,诛不从命,以尊王室",并将昆吾与商之大彭、豕韦,周之齐桓、晋文并称为"五伯"。商汤灭夏时,祝融集团因与夏的紧密关系,成为商人的征伐对象,尤其昆吾在商汤灭夏的过程中首当其冲,《诗经·商颂·长发》:"韦、顾既伐,昆吾夏桀",《郑笺》:"韦,豕韦,彭姓也;顾、昆吾皆己姓也,三国党于桀恶,汤先伐韦、顾,克之,昆吾、夏桀则同时诛也"。今本《竹书纪年》谓商师于夏桀三十年"征昆吾",三十一年"克昆吾",同年夏亡①,《左传》亦言昆吾与夏桀同

---

① 参见王国维:《今本竹书纪年疏证》,附于方诗铭、王修龄:《古本竹书纪年辑证》,上海古籍出版社2005年版,第223、224页。

以乙卯日亡①。可见祝融族系在夏商鼎革过程中受到重大打击。徐少华经综合考察后指出："进入夏代以后,是祝融八姓一个较大的发展时期,八姓各族与夏人的关系甚密,昆吾为夏伯,以其为首的顾、大彭、豕韦、羕龙、飂夷各支均为夏王朝的忠实同盟和强有力的支持者,以致在商汤兴起之时,欲灭夏故先翦其羽翼,而先后灭了昆吾、顾、飂夷,同时征服了大彭、豕韦等八姓诸支,使祝融集团受到了一次空前的打击,族体和势力受到了极大的削弱。"②这是季连部族在夏商时期的历史背景,而季连部族的活动,则须在这一历史背景下来考察。

若将《楚居》所载季连传说与祝融集团在历史上的发展兴衰结合起来探讨,可以夏商鼎革为分界,将季连部族的活动时间分为早晚两期,虞夏时期为早期,商代则为晚期。这样,我们大概可以推定,季连部族形成之后,辗转于穴穷、乔山、爰波等地的时间大致为虞夏时期。

这里需要说明的是,季连部族早晚两期的生存环境大不一样。夏代时祝融族系正处于兴盛时期,季连在虞夏两代虽无大的作为,其名声不显,但同族各支多声名显赫,其处境当大致不差。到了商代,情形则完全不同,此时的季连部族既失去同族的奥援,又在商朝的打击下日益艰困,其处境当甚为艰难,甚至在文献中失载,《楚世家》谓之"中微"。

虽然穴穷、乔山、爰波这三地均不见于文献,几乎是无迹可寻,但我们推定了这三地均为季连部族早期活动地区,事在"逆上洲水,见盘庚之子"以前,大致在虞夏时期,也可以得出一些粗略的意见。

三、虞夏时期祝融族团之分布

季连为祝融八姓之一,祝融八姓的分布,学者已作过较多的研究,李学勤认为"祝融八姓的早期分布,北起黄河中游,南至湖北北部,可

---

① 参见《左传》昭公九年杜预注及孔颖达疏;《尚书·汤誓》孔颖达疏则曰:"《左氏》以为昆吾与桀同以乙卯日亡,韦、顾亦尔。"

② 徐少华:《论祝融八姓的流变及其分布》,载《湖北省考古学会论文选集》(三),《江汉考古》编辑部 1998 年版。

以说是环处中原"①。徐少华搜罗文献,经严密考证后认为,从氏族社会后期到夏代末年,"祝融各族所居,东至今山东西部、江苏西北,南未过淮河、方城,西未及关中,而北至山西西南和河南北部,基本未出黄河中游地区"②。

但这些从文献中考证出来的祝融族系之分布,可能包含了较晚一些时候的情形,当是在长期历史变迁中族群迁徙的结果,不能用以分析其较早的情形。以杞国为例,杞为夏禹之后,初为商汤所封,是为殷杞,武王克殷,又封禹后东楼公,是为周杞,周杞初在雍丘(今河南杞县),春秋时迁于缘陵(今山东昌乐东南),依附于齐国,商杞原在"今新泰、宁阳、泰安三县交界地区",地近鲁,春秋时依附于鲁、晋,终灭于楚。③ 按杞本中原旧族,大禹之后,是最正宗的华夏,商周两代却活动在山东地区,与东夷为伍,后来更由中原旧族变身为东夷一员,《左传》僖公二十七年:"杞桓公来朝,用夷礼,故曰子。"杜预注:"杞,先代之后,而迫于东夷,风俗杂坏,言语衣服有时而夷,故杞子卒,传言其夷也。"杞的经历,正是商周时期族群迁徙及族群属性变化的例证。

其实杞国进入东夷地区,从而转变其族群属性,并非孤立案例。在商周时期剧烈的政治变动中,中原旧族因各种原因无法在中原立足而进入东夷地区谋求生存,应为当时较普遍的情形。1986 年出土于陕南安康的史密簋,记载了懿王时期南夷莒、虎联合杞夷、舟夷侵扰齐国的史事。④ 史密簋所载杞夷,应该不是周杞,此时周杞应尚在河南杞县,且周杞身为周之封国,身在周之封建体系内,不会被周人贬称杞夷,既称杞夷,则必为夷族一员,从后世的情形来看,即使是先代旧族,用夷礼

---

① 李学勤:《谈祝融八姓》,《江汉论坛》1980 年第 2 期。
② 徐少华:《论祝融八姓的流变及其分布》,载《湖北省考古学会论文选集》(三),《江汉考古》编辑部 1998 年版。
③ 参见王恩田:《从考古材料看楚灭杞国》,《江汉考古》1988 年第 2 期;何浩:《楚灭国研究》,武汉出版社 1989 年版,第 272—274 页。
④ 参见李启良:《陕西安康出土西周史密簋》,《考古与文物》1989 年第 3 期;孙敬明:《史密簋铭笺释》,《故宫学术季刊》1992 年第 9 卷第 4 期。

就会被周人贬称为夷,故此杞夷当为殷杞①,因长期与东夷杂居,语言风俗受东夷影响,用夷礼而被周人贬称杞夷。至于舟夷,通常释为"州夷",指春秋时之州国,故地在今山东安丘县东北15千米。但祝融八姓中有秃姓舟人,《国语·郑语》:"秃姓舟人,则周灭之矣"。按卜辞中常见舟族、舟妇,晚商铜器中亦有舟器,彭邦炯认为此即秃姓舟族,为商人所伐,武丁时被商人征服,此后即为商之同盟,故地在今新郑、密县、长葛、禹县间②,朱继平进而认为史密簋中的舟夷不当释为"州夷",应为晚商时舟族后裔,但此时的舟夷已迁至山东境内,与齐、莒、莱、杞等为邻,可见商周时期有大批中原旧族进入东夷地区③。按舟人故地本在新郑附近(考详下),西周时的舟夷却在山东,可见商周时族群迁徙的情形。史伯谓舟人为西周所灭,或有可能即亡于是役。

祝融族系中的彭祖,《国语·郑语》韦昭注曰:"大彭,陆终第三子,曰篯,为彭姓,封于大彭,谓之彭祖,彭城是也。"彭城即今徐州,后世多以为彭城为彭祖居地。但彭祖的年代很长,《史记·五帝本纪》谓彭祖为帝尧时臣,与禹、皋陶、契等同时受到任用,张守节《史记正义》曰:"彭祖自尧时奉用,历夏、殷封于大彭。"可见,彭姓部族自唐尧时即有盛名,历夏、商一直为侯伯。唐尧时尚处于氏族社会时代,彭祖既为唐尧时华夏集团重要成员,则其当居于中原,其族群为华夏,而徐州一带为东夷所居,且深处东夷后方,从族群地理上讲是东夷核心区。在华夏与东夷两大族群对立的情形下,彭姓部族初起时即居于徐州一带可能性甚小。直到晚商时代,商人还在山东西部地区与东夷作艰苦的拉锯战,商势力尚未能进入山东东部及苏北地区。逮至西周,周初东征后,封齐、鲁二国于山东,均为原东夷故地。西周初,齐、鲁二国只占有山东西部地区,山东东部和苏北徐海地区仍为东夷所占,徐州一带终西周之

① 参见朱继平:《从淮夷族群到编户齐民——周代淮水流域族群冲突的地理学观察》,人民出版社2011年版,第43、94页。
② 参见彭邦炯:《甲骨文所见舟人及相关国族研究》,《殷都学刊》1995年第3期。
③ 参见朱继平:《从淮夷族群到编户齐民——周代淮水流域族群冲突的地理学观察》,人民出版社2011年版,第94—95、53、54页。

世都是夷人居住区。徐州地区既为东夷深远后方,则作为华夏集团核心成员之一的彭姓部族,在唐尧时只可能生活在中原,不当生活在东夷核心地区,故彭城不可能为彭姓始居地。按今河南新郑附近有舟邑,为郑东迁时寄地之一,李学勤认为"可能即舟人故地"①。舟人亦为祝融八姓之一,《国语·郑语》韦昭注:"秃姓,彭祖之别。舟人,国名"。是舟人为彭姓之分支,因此罗运环认为彭祖最初当居住在这里,后来才东迁彭城,留下其支系舟人另建舟国②。徐州地区则距新郑甚远,因此彭城只可能是夏商鼎革后彭姓部族迁徙之地而非其始居地。

昆吾为陆终长子,其居地有二说。《左传》昭公十二年载楚灵王语:"昔我皇祖伯父昆吾,旧许是宅"。旧许,为周代许国故地,楚灵王言此事时,许已南迁,故曰"旧许",故城在今河南许昌市东③。另《左传》哀公十七年记卫国都邑有"昆吾之虚",杜预注:"卫有观在昆吾氏之虚,今濮阳城中"。汉晋时的濮阳城,故地在今河南濮阳西南10千米。④ 两者孰先孰后,多有争议,近代以来,学者多认为昆吾先居许昌,后迁濮阳。⑤ 今按,许昌地近新郑,新郑为祝融故居,昆吾部族自祝融分离出来,则昆吾初居之地不得离新郑太远,可见昆吾初居之地不得远在濮阳。邹衡先生不赞成许昌之说,认为昆吾居地应在新郑、密县之间⑥,虽在具体地望上稍异,但就区域而言却是一致的。

然濮阳虽有昆吾之虚,昆吾氏是否从旧许迁至此地,实甚可疑,与夏商之际的政治地理形势不合。按昆吾于夏代后期为夏伯、主持夏政,为夏王朝的重要支柱,则其居地必在二里头文化二里头类型的分布范

① 李学勤:《谈祝融八姓》,《江汉论坛》1980年第2期。
② 参见罗运环:《楚国八百年》,武汉大学出版社1992年版,第56页。
③ 参见许国的地望及迁徙,参见徐少华:《周代南土历史地理与文化》,武汉大学出版社1998年版,第201页。
④ 《嘉庆重修一统志》卷35,大名府古迹"濮阳故城"条,上海古籍出版社2008年版,第一册,第514页。
⑤ 参见李学勤:《谈祝融八姓》,《江汉论坛》1980年第2期;徐少华:《论祝融八姓的流变及其分布》,载《湖北省考古学会论文选集》(三),《江汉考古》编辑部1998年版。
⑥ 参见邹衡:《夏文化分布区域内有关二里头文化传说的地望考》,载《夏商周考古学论文集》(第二版),科学出版社2001年版,第212—215页。

围内,而濮阳之地,则在先商文化的范围内,昆吾作为主持夏政的夏代诸侯,不在夏势力范围却跑到商势力范围的后方,是不可能的。夏代后期时,商势力已兴起,夏与先商势力以黄河北面的沁河为界,沁河东北为先商文化分布区,西南为夏文化分布区①,在夏代后期夏商对立的形势下,用政治地理来解释,即是夏商势力隔沁河对峙。至夏末,商人在商汤的带领下在夏商斗争中渐占上风,郑州一带原为二里头文化分布区,但夏商之际,郑州地区却为商人所占,出现"先商文化南关外类型",为商人初到郑州时留下的遗存。② 不仅如此,商人还在郑州筑城,即郑州商城。按郑、洛地区本为一体,商人占据郑州及郑州商城的出现,表明商人对夏朝开始实行战略进攻。而随着夏商之间态势的逆转,在郑州西北的荥阳大师姑村出现了目前仅有的一座二里头文化时期城址,城址始建于二里头文化二期偏晚,废弃于二里头文化四期至二里岗下层一期偏晚,发掘者认为可能为夏朝在东境的军事重镇或方国都城,有可能即韦、顾之一③,有学者认为大师姑城址就是为阻止商人西进而建立的④。郑州商城和大师姑夏城的出现,表明夏末时商人已推进到郑州地区,与夏势力在郑州短兵相接。而濮阳一带已属先商文化东部边缘,深处先商势力的后方,在夏商对立的前线已达郑州的情形下,夏末时身为夏伯、并作为抵挡商汤主力的昆吾,却地处商人势力的后方,殊难想象。

按旧史多谓昆吾与夏桀同以乙卯日亡,《左传》昭公九年:"辰在子卯,谓之疾日",杜预注:"疾,恶也。纣以甲子丧,桀以乙卯亡,故国君以为忌日。"孔颖达《正义》:"昆吾之死与桀同日,知桀以乙卯亡也。以

---

① 参见北京大学考古专业商周组等(邹衡执笔):《晋豫鄂三省考古调查简报》,《文物》1982 年第 7 期;李伯谦:《夏文化与先商文化探讨》,《中原文物》1991 年第 1 期;刘绪:《论卫怀地区的夏商文化》,载北京大学考古系编:《纪念北京大学考古专业三十周年论文集(1952—1982)》,文物出版社 1990 年版。
② 参见邹衡:《试论夏文化》,载《夏商周考古学论文集》,文物出版社 1980 年版。
③ 参见郑州市文物考古研究所:《郑州大师姑》,科学出版社 2004 年版;王文华等:《河南荥阳大师姑夏代城址的发掘与研究》,《文物》2004 年第 11 期。
④ 参见袁广阔:《郑州大师姑二里头城址发现的意义》,《中国文物报》2005 年 3 月 29日第 7 版。

此二王之亡为天诛之日,故国君以为忌日,恶此日也。"《左传》昭公十八年:"乙卯,周毛得杀毛伯过,而代之。苌弘曰:'毛得必亡,是昆吾稔之日也,侈故之以。'"杜预注:"昆吾,夏伯也。稔,熟也。侈恶积熟,以乙卯日与桀同诛。"昆吾与桀亡于同日,则其亡地必近。皇甫谧曰:"今安邑见有鸣条陌、昆吾亭,《左氏》以为昆吾与桀同以乙卯日亡,韦顾亦尔。故《诗》曰:'韦顾既伐,昆吾夏桀。'于《左氏》昆吾在卫,乃在濮阳,不得与桀异处同日而亡,明昆吾亦来安邑,欲以卫桀,故同日亡,而安邑有其亭也。且吴起言险以指安邑,安邑于此而言,何得在南夷乎?"①安邑在今山西夏县,此地有鸣条陌、昆吾亭,故皇甫谧以为昆吾是在被商汤击败后与夏桀会合一同退往安邑,并在此地与夏桀同日灭亡。现代学者则普遍认为,今偃师二里头遗址即桀都斟寻,孙淼、张立东均以为夏桀是在伊洛地区失败后,向西北逃往安邑,夏桀灭亡的鸣条之战在安邑西,最后逃奔之南巢则在中条山中。② 因此皇甫谧言昆吾与夏桀同往安邑,故亡于同日,其言甚是。可见,昆吾当与夏桀同以乙卯日这一天亡于安邑附近,不得迁至濮阳。然濮阳的昆吾之虚史料来源甚早,并不能轻易否定,故濮阳的昆吾之虚必有来历,颇疑昆吾在安邑附近灭亡之后,其遗民被商人安置在濮阳,此地处先商文化东部边缘,为商人根据地的后方,与东夷邻近,在先商核心区的边缘,距夏核心区甚远,商人将昆吾遗民安置在此,显有就近监视之意并使其远离夏核心区和祝融族团聚居区,于是濮阳遂有昆吾之虚。虚通墟,可解为住所、居地,然亦有废墟之意。

陆终第四子求(莱)言,《世本》曰:"是为邹人,邹人者,郑是也"。《国语·郑语》韦昭注:"陆终第四子曰求言,为妘姓,封于邹。邹,今郑也。"可见邹为求言所居,妘姓本支。邹国所在,《世本》与韦昭均以为即"郑",按此"郑"为春秋郑国,即新郑。然邹国所在虽近新郑,但并不

① 《尚书·汤誓》孔颖达《正义》引,《尚书正义》,李学勤主编:《十三经注疏》,北京大学出版社1999年版,第190页。
② 参见孙淼:《夏商史稿》,文物出版社1987年版,第316页;张立东:《夏都与夏文化》,载《夏文化研究论集》,中华书局1996年版。

就在新郑,徐少华据《左传》僖公三十三年杜预注及裴骃《集解》、《大清一统志》、杨守敬《水经注疏》等,考证郐国故地在今河南密县(今新密)东或东北、新郑西北①,河南省考古界曾在新密以东的曲梁东南约十余里处发现一处遗址,认为即周代郐国遗址②,其地正与徐考相合。

陆终幼子季连,始居地按《楚居》所言在郬山,即大騩山,其地如上考在今新郑、禹州、新密之间。

由是可知,陆终六子中,其始居地望可考者,均在今新郑附近。此现象当未必为偶然。罗运环即认为,陆终六子昆吾、彭祖、莱言的始居地均在今河南中部新郑、密县、许昌等地,因此六子独立之初,均应当居住在今新郑周围一带。③ 按新郑为祝融之虚所在,从部落枝分的角度来说,祝融故地既然在新郑,而陆终六子均自祝融部族中分离而来,则陆终六子最初形成之地及初期活动地域,均应在新郑周围,故其始居之地皆应距新郑不远,其早期活动地域亦当在以新郑为中心的自然地理和人文地理区域内。由此而论,唐、虞、夏三代,祝融族系各支应是从新郑的祝融故居逐步外迁,从而形成以昆吾为首,以新郑的祝融故居为中心的祝融族团。到了夏代,此一族团强大到成为夏代极重要的政治势力。昆吾能柄夏政、为夏伯,也是因其身为祝融之长,领导祝融族团的缘故。祝融族团的这一聚居局面,至夏朝灭亡才被商人的攻伐所打破。由此可见,虞夏时期的季连,是昆吾所领导的祝融族团中并不起眼的一支,不太可能脱离整个祝融集团单独活动,则季连的早期活动地域亦当今河南省中部、嵩山山脉以南的新郑、许昌一带,依同族而居,不太可能超出这一地域范围。

今河南省中部的新郑、许昌、新密、禹州等地,就自然地理而言,地处嵩山山脉以南、伏牛山脉以北,是一个相对独立的地理单元。从人文地理来说,龙山时代以后,嵩山南北同属王湾三期文化,后来更同属二

---

① 参见徐少华:《论祝融八姓的流变及其分布》,载《湖北省考古学会论文选集》(三),《江汉考古》编辑部 1998 年。
② 参见邹衡:《夏商周考古学论文集》(第二版),科学出版社 2001 年版,第 183 页注 7。
③ 参见罗运环:《楚国八百年》,武汉大学出版社 1992 年版,第 56、57 页。

里头文化二里头类型。按现在的观点,王湾三期文化、新砦期文化和二里头文化即夏文化。祝融族团在此发展,正与其作为尧舜时期华夏集团的核心成员相符,也与昆吾为"夏伯"的身份相符。而祝融族团在嵩山山脉以南的郑、许之地繁衍壮大,亦与从王湾三期到二里头时期,从禹到夏代后期的人文地理变迁过程相符。夏部族的早期活动地域,虽遍及嵩山南北,但其重点看来是在嵩山以南,文献中所载禹都阳城、启都夏(阳翟),近人多以为在今河南登封、禹州①,此二地均在嵩山山脉以南,到了太康以后,夏朝的中心显然是移到了斟寻,《古本竹书纪年》:"太康居斟寻,羿亦居之,桀又居之。"斟寻现一般认为即二里头遗址。从文化地理变迁的角度来分析,王湾三期文化时,禹州瓦店遗址面积达40万平方米,新砦遗址面积则达100多万平方米,均具备中心聚落的条件,这两处遗址同时也是城址,尤其是新砦城址,规模宏大,拥有内外三重城壕,有围壕与城墙,遗址的中心部发现了面积不少于1000平方米、约相当于夏代早期的大型建筑基址。在该遗址周围,发现数个同时期的小型遗址,表明当时这一带存在着以新砦遗址为中心的聚落群。由此判断,新砦遗址可能是当时的一个政治中心,有学者认为新砦城址可能就是夏启之居②。可见,王湾三期文化时,夏中心地域可能在嵩山以南,但二里头文化时期,二里头文化的核心区域则在嵩山以北的伊洛地区,二里头遗址显然是整个二里头文化的中心聚落。祝融族团在嵩山以南的郑、许之地发展壮大并形成聚居局面,或许与夏中心地域转到嵩山以北的伊洛地区这一背景有关。

四、季连早期活动的地理考察

从考古学文化上分析,河南东部、江苏北部及山东西部地区在夏代属岳石文化的分布范围,再往前属于与中原文化系统并立的山东文化系统。自新石器时代起,中原地区和山东地区,无论在自然地理和人文

---

① 参见孙淼:《夏商史稿》,文物出版社1987年版;郑杰祥:《夏史初探》,中州古籍出版社1988年版。

② 参见赵春青:《新密新砦城址与夏启之居》,《中原文物》2004年第3期。

地理上均有重大区别,是两个完全不同的独立系统。山东及苏北地区是一个以泰沂山系为中心的独立地理单元,与中原和江淮地区有黄河和淮河作为自然阻隔,因此山东地区的史前文化自成体系,文化谱系为北辛文化——大汶口文化——山东龙山文化——岳石文化,其族属为东夷,岳石文化即是夏代的东夷文化,而整个的山东地区新石器时代文化均属东夷远古文化系统。① 中原地区以山西南部和河南中西部地区为主,其文化谱系为磁山文化、裴李岗文化——仰韶文化——中原龙山文化——二里头文化,其族属为华夏。

虽然新石器时代两大系统之间曾发生过较为剧烈的碰撞,以至山东西部、河南东部交界地区的文化往往受东西两方面的影响。到了夏代,中原地区的二里头文化、河南北部和河北地区的下七垣文化,山东及江苏北部、河南东部的岳石文化同时并存,目前一般认为,二里头文化即是夏文化,下七垣文化是先商文化,岳石文化则是东夷的文化。

以这一文化地理和族群地理来考察,祝融族团作为华夏集团的核心成员和夏王朝的重要支柱,则唐虞夏时期应在中原龙山文化——二里头文化的分布范围内。但从文献中考据出来的祝融八姓的地理分布,许多已在岳石文化和东夷族群的分布范围。这应当是商周时期族群迁徙的结果,但如果认为这是祝融八姓最初形成及初期活动区域,则很难理解。在尧、舜、禹、夏的时代,祝融族系不可能在东夷地盘上活动。

另一方面,到了夏代,中原文化取得了独大的地位,新石器时代那种各文化体系并行发展的局面不复存在,从考古所见的物质遗存来看,与二里头同时代的岳石文化虽有一定的先进性,但岳石文化明显是一种衰落的文化,其发展水平较之龙山文化有明显的倒退。② 而祝融各系为中原旧族,很难想象作为夏王朝重要支柱的祝融族系会生活在当时经济文化水平远落后于二里头文化的岳石文化区域。祝融后裔迁入

---

① 参见严文明:《东夷文化的探索》,《文物》1989 年第 9 期。

② 参见方辉:《岳石文化衰落原因蠡测》,《文史哲》2003 年第 3 期。

苏鲁豫皖交界地区当是夏商、商周两次王朝更迭及夏商周三代多次大规模的族群迁徙与冲突、融合的结果。

基于以上分析,我们可以较有把握地推断:祝融族系既为颛顼之后,唐虞时已为华夏集团核心成员,夏代时又与夏王朝关系密切,是夏王朝的紧密同盟者和忠实的支持者,则其夏代时其活动区域不可能进入落后的岳石文化区域,也不可能在与夏王朝尖锐对立的先商文化(下七垣文化)的范围内,而只能在二里头文化的分布范围内。

目前,考古学界对二里头文化的研究已相当成熟,"二里头文化的分布中心是河南省中、西部的郑州、洛阳地区和山西省西南部的运城、临汾地区。向西突入了陕西关中东部、丹江上游的商州地区,南及豫鄂交界地带,往东至少分布到豫东开封地区,北抵沁河岸旁。"①我们可以在这一范围内作一些进一步的推定。

首先,考虑到祝融集团在夏王朝中的地位,则季连部族的活动范围应在二里头文化的核心区而非边缘地区,更不应在二里头文化的范围之外。按《中国考古学》(夏商卷)的意见,二里头文化可分为二里头、东下冯、牛角岗、杨庄和下王岗等五个类型,在五个类型中,牛角岗类型分布在豫东地区,杨庄类型分布在豫南驻马店一带,其北界与二里头类型接壤,下王岗类型则分布在伏牛山以南的豫西南汉水支流地区,这三个类型均为二里头文化的边缘地区,距二里头文化核心区较远,当非季连部族的活动地区。而二里头文化的核心区,就目前的考古发掘与研究而言,可以肯定的就是河南省中、西部和山西省南部,即二里头文化二里头类型和东下冯类型的分布地区。这两个地区中,我们可以首先将山西省南部地区排除,就目前资料来看,尚未有充分证据表明季连部族曾涉足于黄河以北,因此季连部族的早期活动地区,当在二里头文化的主体——二里头类型中探求。

二里头类型的分布范围,"以洛阳盆地为中心,东面包括郑州地

---

① 中国社会科学院考古研究所:《中国考古学》(夏商卷),中国社会科学出版社 2003年版,第 82 页。本文有关二里头文化的类型及分布,均以此书为准。

区,北面到达沁水沿岸,西北部包括晋南黄河北岸一带,西抵三门峡地区(陕县七里铺、西崖村),南到南阳地区(方城八里桥),约东西 200 多公里、南北 300 多公里"①。则季连部族早期所居之穴穷、乔山、爰波三地,当在这一范围内。上文所考虞夏时期祝融族团的分布区域为以祝融之墟为中心的新郑、许昌地区,此地为嵩山山脉以南的今河南省中部地区,正在二里头类型的分布范围内。

再进一步探求,二里头类型本身也是可以进一步细分的,其在黄河以北的部分可以不予考虑,豫西洛阳地区则为二里头类型心脏地带,夏王室所在,而祝融各系只是夏王朝的紧密同盟者,毕竟不是夏王室的嫡系,而且豫西地区也非祝融族系的传统活动地区,则季连部族进入豫西夏王室核心区的可能性不大。

从自然地理来说,季连始居的大騩山地处嵩山山脉南麓,与祝融故地的新郑同在嵩山以南,其北即嵩山主脉,嵩山以北即郑洛地区。从文化地理而言,自龙山时代以来,嵩山南北的郑洛地区和新郑、许昌地区即属同一文化区,龙山时代同为王湾三期文化,按以王湾三期为代表的遗存为河南龙山时期文化的核心和主体,与二里头文化有直接的渊源关系。二里头文化时期,嵩山南北同为二里头文化二里头类型。此地自龙山时代以来即为中原文化区的核心地带。祝融族团作为华夏核心部族之一,一直在嵩山以南地区活动。进入夏代,随着夏核心区迁往嵩山以北的伊洛地区,祝融族团遂在嵩山以南、伏牛山脉以北,以新郑为核心的今河南省中部地区发展壮大。季连即为昆吾所领导的祝融族团成员,亦当在这一地区内活动,与同族各支为邻,其活动范围不太可能脱离虞夏时期祝融族团分布地域,故穴穷、乔山、爰波三地,或在嵩山山脉至伏牛山脉之间的区域范围内。

---

① 中国社会科学院考古研究所:《中国考古学》(夏商卷),中国社会科学出版社 2003 年版,第 90 页。

第二节　商代的芈姓部族及其迁逃

一、季连部族在商代的活动

进入商代,季连部族的外部环境发生了重大的变化,在商朝的打击下,祝融族系各支或灭或迁,不复夏朝时的盛况。《楚世家》谓:"季连生附沮,附沮生穴熊。其后中微,或在中国,或在蛮夷,弗能纪其世。"所言虽不准确,但基本反映了商代时季连部族的处境。因此学者认为,季连部族之中衰,当与商人对祝融集团的打击有关。[①] 季连部族在夏代时就未能发展起来,可能已较为边缘化,入商以后,季连部族的处境当更为困难,沦为一无足轻重的小部族。我们应在此一背景下探讨《楚居》所载季连部族在商代时"逆上汌水""见盘庚之子""处于方山""先处于京宗"及追求比佳等活动。

商代时季连部族所谓"逆上汌水",究是哪一条水? 所居之"方山",究是哪一座山? 初处之"京宗",究为何地? 殊难锁定。但季连部族因"汌水"而见"盘庚之子",并因此而居于"方山""京宗"等地,则我们可由盘庚之子的居地来推测季连在商代晚期的活动区域。

我们认为,作为盘庚之子,则其身份为商王族,是商王室的核心成员,其居地当在商朝核心区内。而商核心区,我们可以通过考古学文化分析,从文化地理的角度来确定。在考古学上,晚商文化分为多个类型,而其最为核心、最为重要的,显然是殷墟类型,殷墟类型的分布地区,就是商王朝核心区所在。因此,盘庚之子的居地,必在晚商文化殷墟类型的分布范围内,而晚商时与盘庚之子有密切关系的季连居地,虽不知其具体地点所在,但可确知其亦在殷墟类型的分布范围内。我们即可由此推定:晚商时期,季连部族仍在商朝的政治势力与文化范围内

---

① 参见徐少华:《论祝融八姓的流变及其分布》载《湖北省考古学会论文选集》(三),《江汉考古》编辑部1998年版;张万高:《简论芈姓祝融的南迁及相关问题》,《江汉考古》1988年第2期。

活动,因此"测水""方山"及最初的"京宗"等地,均应在晚商文化殷墟类型的分布区内探求。

叙述至此,有必要对晚商时期的政治与文化地理格局作一些简单梳理,才能从政治与文化背景的角度,解读季连部族在晚商时期的活动。

自盘庚迁殷之后,商朝结束了"九世之乱"的动荡时期,从武丁开始,商朝进入了稳定而强盛的晚商时期(殷墟时期)。晚商时期,商朝在政治、军事及青铜文化上均达至了全盛状态。但晚商并未能扭转中商以来商势力的衰退局面,周边民族则是全面兴起,对商朝发动了一波又一波的进攻,前赴后继,此伏彼起,尽管商人极力振作,大杀四方,在军事上取得连续胜利,但商人在军事上的胜利并未能改变商朝势力的全面退缩局面,反映在陶器遗存上,晚商文化的分布范围较之早商时期大大退缩,"今湖北、陕西、山西、江苏境内许多原早商和中商文化分布带,至晚商时期不复为商文化的滞留地,而为性质不同的其他考古学文化所取代。惟山东境内商文化向东保持着微弱的进取势头"[1]。

相对于季连部族可能的活动地区来说,湖北地区的商文化主要分布在汉水下游、鄂东盘龙城一带,盘龙城类型商文化的年代只是从二里岗上层一期到上层二期晚段[2],如按中商文化的概念,盘龙城遗址最晚可至中商二期,湖北地区也分布有较为广泛的中商文化遗存,但不见有晚商遗存,至晚商早期商文化已退出湖北,长江流域的广大地区基本为地方性考古学文化所覆盖[3];在汉水上游,新近发掘的辽瓦店子遗址表明,最迟至殷墟一期以后,商文化亦退出汉水上游地区[4];陕南商洛地

① 中国社会科学院考古研究所编著:《中国考古学》(夏商卷),中国社会科学出版社2003年版,第305页。
② 参见湖北省文物考古研究所:《盘龙城——1963—1994年考古发掘报告》,文物出版社2001年版。
③ 参见中国社会科学院考古研究所编著:《中国考古学》(夏商卷),中国社会科学出版社2003年版,第266—267页。
④ 参见王然、傅玥:《湖北郧县辽瓦店子遗址夏商时期文化遗存研究》,载《石泉先生九十诞辰纪念文集》,湖北人民出版社2007年版。

区属丹淅流域,从东龙山遗址可知,其商文化遗存亦只到二里岗时期,不见有殷墟遗存①。可见,晚商时期,商文化已全面退出湖北、陕南,由此可以推知季连所居的"洵水""方山"及最初的"京宗"等地,因与盘庚之子有关,故不得位在湖北、陕西等地。但河南全境仍属晚商文化分布区,其中殷墟类型分布于河南省北部及中南部地区。在豫西南地区,晚商遗址分布较少,虽然其面貌尚不清晰,但相对于河南省中部和北部地区来说,其已属于商朝势力的边缘地带,应可确定。豫南的信阳地区则为晚商文化天湖类型分布地,河南罗山县蟒张天湖墓地,出有多件带族徽的铜器,据学者考证为商代息国贵族的墓地②,可见信阳一带当为古息国所属,文化也表现出一定的地方特性。因此,这些地区很难视为"盘庚之子"的居地,也就不太可能为晚商时季连所居。

晚商时季连的活动既与"盘庚之子"有密切关系,则其居地当与"盘庚之子"为邻,不得离"盘庚之子"太远。既为"盘庚之子",其身份为显赫的商王族,则其不当位在商文化分布较为稀少的豫西南地区,这里已是晚商边缘区,更不当在晚商文化南部边缘的豫南地区,这里是古息国所在,因此"盘庚之子"的居地必在晚商文化殷墟类型的范围内。晚商文化殷墟类型的分布范围,是以安阳殷墟为中心,包括今河北中南部和河南北部及中部地区。③ 考虑到季连部族旧居地在新郑附近,今河南省中部地区也是殷墟文化分布较为密集之地,而豫北安阳地区则为晚商王都所在,豫西洛阳地区则为商朝镇抚夏民之重点,筑有偃师商城,因此晚商时期季连部族所活动的"洵水""方山"及"京宗"等地,不当位在以上二地,仍当位在嵩山山脉以南的今河南省中部地区为宜,或较夏代时更偏南、偏西一些。

另《史记·殷本纪》谓"盘庚渡河南,复居成汤之故居",虽近世学

① 参见王昌富、杨亚长:《商州发现一处大型夏商遗址》,《中国文物报》1997 年 10 月 26 日;杨亚长等:《商州东龙山遗存考古获重要成果》,《中国文物报》1998 年 11 月 25 日;杨亚长:《东龙山遗址的年代与文化性质》,《中国文物报》2000 年 8 月 9 日。
② 参见李伯谦、郑杰祥:《后李商代墓葬族属试析》,《中原文物》1981 年第 4 期。
③ 参见中国社会科学院考古研究所:《中国考古学》(夏商卷),中国社会科学出版社 2003 年版,第 305 页。

者多从《竹书纪年》之言,谓盘庚迁殷,"二百七十三年,更不徙都",所迁之殷在殷墟,今安阳小屯一带,几已成定论。然《史记》之言,必其来有自,《集解》《正义》《括地志》《帝王世纪》等亦均谓盘庚居汤之故地。而殷墟地区经多年考古发掘,极少发现盘庚时期的遗存,亦表明《竹书纪年》所言未必可靠。至于殷墟以北的洹北商城,自发现以来对其性质就有不同认识,有学者认为应即盘庚所迁之殷①,另有学者则认为是河亶甲所居之相②。目前所发现的商城,几乎全为早商时期,尤其是中原地区的商城,应是夏商政治军事斗争的直接产物。陈朝云认为,这些早商时期的城,始建时无一例外都是出于军事上的考虑,不仅是为了防御,而且也为了建立对外征战的基地。③ 而晚商时期并没有城,甚至连殷墟也没有城,由此看来,"城"这种建筑是出于直接的政治军事目的才会修筑的,至少在东周以前,并不是"都""邑"的必备要素,"城"与"都""邑""市"等完全融为一体以至无法区分,以至出现"都城""城市"等概念,那是后代政治、经济与军事发展的产物。就商代来说,盘庚是商朝复兴的起点,而一个强盛的王朝是不需要"都城"的,故三代之都,二里头、殷墟与丰镐皆无"城",三代之"都城",一般是有特殊原因的,如郑州商城为伐夏所建,偃师商城是为镇抚夏民所建,成周是为统治东部所建,这些三代"都城"都是有直接的政治军事动因才会修建。筑城要耗费大量的人力物力,如非有非建不可的原因,在生产力很低的三代时期,是不会无缘无故筑城的。盘庚时商朝正在复兴之中,故盘庚迁都之后未必一定会筑城,而河亶甲之时,正是所谓"九世之乱"时期,《史记》卷3《殷本纪》:"自中丁以来,废适而更立诸弟子,弟子或

① 参见唐际根、徐广德:《洹北花园庄遗址与盘庚迁殷问题》,《中国文物报》1999年4月14日;杨锡璋、徐广德、高炜:《盘庚迁殷地点蠡测》,《中原文物》2000年第1期;岳洪彬、何毓灵:《洹北商城花园庄东地商代遗存的认识》,《2004年安阳殷商文明国际学术研讨会论文集》,社科文献出版社2004年版。另新出商代史卷五《商代都邑》一书,亦主洹北商城为盘庚所迁之殷,参见宋镇豪主编,王震中著:《商代都邑》,中国社会科学出版社2010年版,第219—223、265—273页。
② 参见文雨:《洹北花园庄遗址与河亶甲居相》,《中国文物报》1998年11月25日。
③ 参见陈朝云:《商代城市的择立要素及其社会功能的多元一体》,《江汉论坛》2004年第11期。

争相代立,比九世乱,于是诸侯莫朝。"且明言"河亶甲时,殷复衰"。河亶甲之后,还有"帝阳甲之时,殷衰"。在"九世之乱"时期,王室衰微,殷王室面临直接的威胁,于是筑城以御之,是很有可能的。从我们的角度来分析,洹北商城应为河亶甲所居之相,并非盘庚所迁之殷。故《史记》谓盘庚居河南,居成汤故地,未可轻易否定。至于汤都所在,近世有郑亳、偃师西亳二说,虽二说有异,然二地皆在黄河以南的郑洛地区,盘庚之迁若在此,郑洛地区以南的新郑、许昌一带,从人文地理与自然地理两方面来说,与郑洛地区既有同一性又有一定区别,则盘庚之子居于此,亦正相宜。

由此看来,季连部族的活动范围就一直未曾离开河南省中部地区,其具体的区域范围仍为嵩山山脉至伏牛山脉东段之间的地区。从上述分析可见,虽然季连部族在夏代的发展并不如意,商代时的处境更是极为困难,总的来说是日趋边缘化,但始终未曾离开传统的中原文化核心区。

至于季连追求比隹一事,此事既被楚人郑重记载下来,则此事当对楚人有重要意义。考虑到季连部族乃至整个祝融族系在商朝的处境,则此事很可能是季连部族为摆脱艰困局面的一次重大努力。季连部族自形成之后,发展就一直不太顺畅,夏代时的地位就不太显赫,远不如同出一门的昆吾等,入商之后,既失去同族的奥援,又在商人的打击与限制下日益衰落,沦为一无足轻重的小部族,用《楚世家》的话说是"中微,或在中原、或在夷狄,弗能纪其事",在后世文献中完全失载。季连部族为摆脱这一困境,遂主动与正在复兴中的商王族势力联姻,以谋求整个族群的生存与发展,这应当是季连追求比隹的原因和历史背景。

而季连部族与商王室的联姻,看来也确实对部族的复兴起了一定作用,《楚居》说季连与比隹成婚后,"毓徜徉",其意为生育顺畅,并生绲伯、远仲。此传说的真实含义,当是指季连部族与商王室联姻之后,处境大为改善,部族繁衍、人口增殖。作为人口增殖的表现之一,就是内部开始出现新的支系,这些新的支系如进一步发展就会分离出去形成新的部族,只是季连部族的恢复性发展并未到这一步而已。另绲伯、远仲这二个支系,其远仲之"远",疑即后来的楚"蓮氏"。

总的来说,季连部族自形成以后并未能像同族的昆吾那样得到较大发展,成为中原王朝政治结构中的一支重要力量,因而在夏商两代逐步边缘化,但始终未离开传统的中原文化核心区。

二、穴熊、丽季的活动与迁徙

季连之后就是穴熊,《楚居》所载有关穴熊、丽季和熊狂的活动如下:

> 穴酓遅(迟)遷(徙)于京宗,爰昬(得)妣鼜(厉),逆流哉(载)水,乕(厥)瓶(狀)橜(轟)耳,乃妻之,生侸胥(叔)、麗季。麗不從行,渭(潰)自鼑(协)出,妣鼜(厉)賓于天,晉(巫)𢾅(并)賅(该)亓(其)䓊(脅)以楚,氏(抵)今日楚人。至酓悝(狂)亦居京宗。

学者已论证穴熊即鬻熊。《楚居》中,与穴熊有关的活动首先就是"穴熊迟徙于京宗"。京宗之地,前文已言季连"先处于京宗"。看来季连时,楚人曾涉足于京宗之地,至穴熊时,始正式徙于京宗。这里首先可以明确的是,季连"先处"之京宗,与穴熊"迟徙"之京宗应为一地,此地名不见于文献,其具体地望所在,今已不可考,但从前文所考季连的活动范围来看,亦当在今河南省中部、嵩山山脉至伏牛山脉东段之间的地区。

另一个问题是季连与穴熊的关系。在《楚居》中,季连的后裔是绖伯、远仲,并非穴熊,穴熊的后裔则是侸叔、丽季,丽季后成为楚君,从这个世系中看不出季连与穴熊之间有亲缘关系,而且新蔡、包山、望山等楚简中的"三楚先"均没有季连,赵平安先生据此认为,《楚居》中的季连、穴熊是兄弟,因为穴熊的后裔为王,所以季连不在后世楚人祭祀的"三楚先"中。① 另《楚世家》对季连、穴熊的描述是"季连生附沮,附沮

---

① 赵平安:《"三楚先"何以不包括季连》,李宗焜主编:《古文字与古代史》第三辑,台湾"中央研究院语言研究所"2012 年版;又载《邯郸学院学报》2011 年第 4 期。

生穴熊"。前文已考,附沮这一代是不存在的。此外《楚居》中对穴熊的描述也有些突然,在季连"先处于京宗"之后直接就是穴熊"迟徙于京宗",前后衔接上过于突兀。因此综合来看,鬻熊当非季连之后裔。至于兄弟之说,可能性似不大,季连之兄弟,那应当是祝融后裔、陆终之子,文献中对此的记载相当完整,季连本身已是陆终幼子,季连不可能再有兄弟。

探讨季连与穴熊的关系,民族学可提供一些借鉴。在这方面,民族学或人类学可以为我们提供一些借鉴。在早期民族中有收养的习俗,外人可以被收养入部落,摩尔根就曾被易洛魁联盟塞讷卡部落的鹰氏族收养为成员。据摩尔根的观察,易洛魁人的氏族常收养外人为本氏族的成员,收养的外人不仅赐以氏族成员的权利,而且还赐以本部落的族籍,人口稀少的氏族也用收养的办法来补充成员,有一个时期,塞讷卡部落中的鹰氏族人口大大减少,有灭绝之虞,为了拯救这个氏族,经过双方同意,将狼氏族的一部分人以收养的方式集体转移到鹰氏族。① 季连部落到了商代时极为衰微,可以想见其人口必然很少,因此用收养的方法来扩大人口是很有可能的。而一旦被收养入族,就成为部落的正式成员,从理论上说,也具备成为部落首领的资格。罗马的克劳丢斯是这方面的一个类似的例证,克劳丢斯原为萨宾人,罗马王政时代最后一任王高傲者塔克文在被废黜后,煽动已与罗马人订有和约的萨宾人反对罗马,但萨宾人中的克劳丢斯反对破坏与罗马人订立的和约,于是他带着其亲族、朋友和奴隶共5000多人逃往罗马,罗马人给了他们以住所、耕地和市民权,还把克劳丢斯选为元老,为他设立了一个新的氏族。金始祖函普,是完颜部第一个可考的祖先,但据《金史》及宋洪迈《松漠记闻》等记载,函普并非完颜部之人,而是来自高丽,其族属后人有不同说法,但本非完颜部人则可知,其入于完颜部时,年已六十余,后因调解完颜部与邻族的纠纷而被推为完颜部首领,其后的完颜部首领

① [美]路易斯·亨利·摩尔根著,杨东莼、马雍、马巨译:《古代社会》,商务印书馆1981年版,第78页。

及金王室,皆为函普之后,金人记其祖先,亦只记函普这个外人。

又,在楚文化中保留有较为深厚的商文化色彩,后世文献中鬻熊的智者形象也表明鬻熊有较高的文化素养,由此看来,穴熊(鬻熊)的身份似有可能原为商贵族,由于某种原因在商末动荡的社会中不能立足,于是因季连与盘庚孙女联姻的关系而得以进入季连部落,并因其较高的文化素养和身份地位而成为季连部落的继承者,或许有些类似于徐旭生所言"从深化人民出去,跑到浅化人民中间去做首领"①。

穴熊徙居京宗之后,主要的活动是见到妣厉,并娶妣厉为妻,生侸叔、丽季。但《楚居》叙述穴熊的这些活动时,有一句"逆流载水",由此句可知,此时穴熊可能已离开最初的"京宗"之地,有所迁徙。

穴熊娶妣厉之后,看来部落又有所发展,其内部又出现了侸叔、丽季两个支系,其中的丽季,又称为"丽",整理者认为即《楚世家》所言鬻熊之子熊丽。②

丽季的年代有一些较为特殊之处,丽季出现时,已近周,接近楚人的历史时代,但从《楚居》所载来看,丽季的事迹,仍充满传说色彩,因此丽季仍处于楚人的传说时代。总的来看,丽季处于楚人的传说时代与历史时代的交界处。

熊丽的活动,有两点值得注意:

一是部落内部似是发生了某种冲突。《楚居》叙丽季的出生时说:"丽不从行,溃自胁出,妣厉宾于天"。从这一句来看,丽季并非是某个特定的个人,而是部落内部的支系名称。"丽不从行"一句,整理者释"从"为"顺"。"宾于天",整理者认为是"死的婉称"。"渭(溃)自䏪(胁)出"一句,整理者注:"文献中有楚先祖自胁出的记载,《楚世家》云:'陆终生子六人,坼剖而产焉。'《世本》也说:'陆终娶于鬼方氏之妹,谓之女嬇,是生六子,孕而不育,三年启其左胁,三人出焉;启其

① 徐旭生:《中国古史的传说时代》,广西师范大学出版社 2003 年版,第 75 页。
② 参见清华大学出土文献与保护中心编:《清华大学藏战国竹简(壹)》,中西书局2010 年版,第 184 页。

右胁,三人出焉。'简文'渭'可读为'溃',义与坼、剖等义近。"①复旦大学出土文献与古文字研究中心研究生读书会则认为:"《大戴礼记》、《风俗通》、《汉书》等均有陆终娶于鬼方的记载,并认为媸、隗、溃等是鬼方氏之女的名字。根据简文,我们认为媸、隗、溃应该都是读为'溃',为剖、坼之意,文献流传过程中有人不明其意,误解为鬼方女名。"②全句意为丽季的出生并不顺利,是从妣厉的胁下出来,结果妣厉因此而去世。熊丽故事充满传说色彩,但我们将那层神话的外衣脱去,则此传说所反映的就是部落衍生的情形。

《楚居》中的"溃自胁出",在古籍中有类似的表述,如前引《大戴礼记·帝系》和《史记·楚世家》,均谓陆终六子自胁而出,"坼剖而产"。但陆终六子并非是真实的六个人,而是六个部落,因此文献记载中所谓的自胁而出,"坼剖而产"与《楚居》中的"溃自胁出"就并非是指妇女生产,而是指部落枝分,父部落裂解析分为若干个子部落。而丽季也并非是某个具体的个人,而是部落内部的支系,这种支系进一步发展下去就是脱离父体成为一独立的部落或替代父部落。

但《楚居》中的叙述有其特异之处,就是"溃自胁出"的结果导致"妣厉宾于天"。这似可理解为丽季支系的出现不太顺利或丽季支系出现后部落内部发生了较为严重的斗争。从《楚居》所载来看,丽季是芈姓祝融四大支系中的最后一支、出现的时间最晚,但这一支却是后来居上,取得了部落领导权,成为穴熊的继承者,这恐怕不是顺利得来。而《楚居》中另外三大支系缙伯、远仲、侸叔,只有远仲一支可能是后来楚薳氏的先祖,而缙伯、侸叔两支在后来的楚国历史中完全无迹可寻,可能就是在这一次的内部斗争中消失了。

二是丽季的活动最终导致"吾(巫)爰(并)賅(该)亓(其)䚢(胁)以

---

① 清华大学出土文献与保护中心编:《清华大学藏战国竹简(壹)》,中西书局2010年版,第184页。
② 复旦大学出土文献与古文字研究中心研究生读书会:《清华简〈楚居〉研读札记》,复旦大学出土文献与古文字研究中心网站,http://www.gwz.fudan.edu.cn/SrcShow.asp? Src_ID=1353。

楚,抵今曰楚人"。此事件在芈姓祝融的发展历程中占有十分重要的地位,由这一句简文看来,芈姓祝融此前并无"楚人"的称呼,与"楚"并无交集,自此以后始被称为"楚人"。整理者将此句释为"用荆条将妣厉之胁缠包复合",因此这一句仍是部落浒生的传说,但其含义值得深究。

解读这一传说,首先仍要确定其时空关系。

从时间上说,丽季出现时,是穴熊部落内部的支系,也就是说,此时还有穴熊。丽季支系的出现导致"妣厉宾于天",则此事发生时,尚有妣厉,有妣厉则有穴熊,由此而论,此事发生时,尚在穴熊时代,具体当为穴熊时代的晚期,此时楚世系尚未从穴熊过渡到熊丽。前文已论,穴熊的年代是从商代晚期略偏早至商末,更进一步推论,此事当发生在鬻熊(穴熊)投奔周文王、与周人建立联系之前。另外需要说明的是,此时的芈姓祝融已临近传说时代的结束,因此丽季支系的出现不能按从前的情形来理解,即丽季出现后立即取代了穴熊,楚世系就此进入了熊丽的时代。可见丽季出现时,芈姓祝融仍处于穴熊的时代。

从空间上说,这一句表明丽季时芈姓祝融的地理空间发生了变化。在季连早期,芈姓祝融作为祝融后裔,是无可置疑的华夏核心部族,但丽季时却成了"楚人"。这里我们要明白,"华夏"与"楚"不但是两个不同的族群,亦同时表示两个不同的地理空间,因上古时代族名与地名往往合一,徐旭生谓"古人所用地名、氏族名、个人名,常常不分"[1],因为族群必然是居住在特定的地理空间范围内的。季连部族出自祝融,祝融集团属于华夏,这表明在地理上季连部族一直活动在华夏区域内,也就是中原文化核心区。此时的芈与祝融与楚地或生活在楚地上的楚蛮之类南方土著族群全然无关。但到穴熊后期时,却与"楚"地、"楚"人发生了交集,丽季的出现就是芈姓部族与"楚地"的楚蛮族群发生交集的产物。而"楚"与"华夏"不单是两个不相兼容的族群,而且是两个不相兼容的区域。因此穴熊晚期时芈姓祝融与"楚"地、"楚"人发生交集,这只能表明此时芈姓部族离开了中原华夏区域,进入了南方"楚"

---

① 徐旭生:《中国古史的传说时代》,广西师范大学出版社 2003 年版,第 40 页。

地并有了"楚人"的族群属性。因此学者认为,商末周初之时,鬻熊(穴熊)一族的居地应靠近关中。①

而在此之前,穴熊已离开最初的京宗故地。由此可以推定,发生此事时,芈姓祝融正处在从今河南省中部的故土向关中附近地区迁徙的路途之中。进一步还可以推定,芈姓祝融迁徙路线当是从河南省中部(嵩山山脉与伏牛山脉东段之间)地区出发,越过分隔南阳盆地和豫中平原的伏牛山余脉和方城山,辗转经南阳盆地,再逆丹水而上到达秦岭南麓、邻近关中的地区。考虑到自然地理与人文地理环境,其迁徙所经地区的最大范围,西边的最大界限当在丹水,南边的最大界限应是汉水。迁徙中的芈姓祝融不可能渡汉南下进入汉南,江汉腹地在新石器时代曾极为繁荣,有发达的古代文化,但自禹征三苗之后,江汉地区的古代文化解体,整个夏商时期,江汉地区极为荒凉,直到西周中期才有一支考古学文化南下进入原石家河文化故地②,因此迁徙中的芈姓祝融不可能渡汉水南下进入当时尚是一片蛮荒之地的汉南地区。由此判断芈姓祝融迁徙时所经地区,基本在南阳盆地。另从"逆流载水"一句来看,芈姓祝融似是到达南阳盆地西南部后,经丹水逆流而上至秦岭南麓、丹水中上游地区。

三、"京宗"地望辨析

"京宗"是《楚居》中传说时代的一个重要地名,对"京宗"的考释,学界讨论较多,虽对具体地望有歧异,但一般认为"京宗"当与荆山或荆山之首的景山有关③,高崇文则认为不能仅凭声韵通假之法来指"京

① 参见石泉、徐德宽:《楚都丹阳地望新探》,《江汉论坛》1982 年第 3 期;又载石泉:《古代荆楚地理新探》,武汉大学出版社 1988 年版,第 186—190 页。

② 参见尹弘兵:《禹征三苗与楚蛮的起源》,《武汉科技大学学报》(社会科学版)2011 年第 2 期。

③ 参见李学勤:《论清华简〈楚居〉中的古史传说》,《中国史研究》2011 年第 1 期;宋华强:《清华简〈楚居〉1—2 号释读》,武汉大学简帛研究中心网站,http://www.bsm. org.cn/show_article.php? id=1391,2011 年 1 月 15 日;笪浩波:《从近年出土新材料看早期楚国中心区域》,《文物》2012 年第 2 期。

宗"即"荆山"或"景山","京宗"应即周人之"镐京宗周"①,亦有人认为京宗即《左传》昭公十四年"楚子使然丹简上国之兵于宗丘"的宗丘,地在湖北秭归西北②。

我们认为,讨论地理问题,要有时间概念。京宗之地,从《楚居》所载来看,商代晚期时,季连始居于京宗,穴熊(鬻熊)亦居于京宗,至西周初,熊狂亦居于京宗,穴熊(鬻熊)与熊狂之间还有丽季(即《楚世家》中的熊丽),其居地则未有明言,可能是丽季之时芈姓部族正处在迁徙之中。可见"京宗"的时间跨度甚大,从商代晚期到西周初年,而这一时期正是商周之际剧烈变动的时代,芈姓部族在此一时期很有可能曾发生迁徙。古代地随人迁的现象相当普遍,因此《楚居》所记载的"京宗"很有可能并不是一个地点,而是不同时期楚人居地之通名。因此,我们在探讨"京宗"地望所在时,应把不同时期的"京宗"区分开来。

前文已考,季连所居之"京宗",当与"洲水""方山"等地一样,位在晚商文化殷墟类型的范围之内,也就是嵩山山脉以南的河南中部地区。另晚商时期,商文化已退出湖北、陕南地区,甚至有可能还退出了南阳盆地,因此季连及其二子所居之"京宗",就不可能位在鄂西及鄂豫陕交界地区,其在南阳盆地的可能性也很小,亦不可能在关中地区,因周人在武乙时始迁于岐,此时尚无镐京宗周。

至于穴熊所居之"京宗"。从《楚居》所记穴熊的活动来看,在季连及其二子"先处于京宗"之后接着就说"穴熊迟徙于京宗",由此看来,穴熊最初所居之"京宗",当即季连所居之"京宗",亦在今河南省中部地区。

穴熊之后就是丽季,《楚居》中未言丽季的居地,丽季之后即熊狂,《楚居》曰:"至熊狂亦居京宗"。熊狂,熊绎之父,大概是《楚居》所载楚先世中第一个可以确指的历史人物,但其所居仍为"京宗",表明熊

---

① 参见高崇文:《清华简〈楚居〉所载楚早期居地辨析》,《江汉考古》2011 年第 4 期。
② 参见陈民镇:《清华简〈楚居〉集释》,载复旦大学出土文献与古文字研究中心网站,http://www.gwz.fudan.edu.cn/SrcShow.asp? Src_ID = 1663。按:陈民镇谓京宗即宗丘,仅见于此文,此外陈民镇并未在正式论文中提及此观点。

狂在《楚居》的体系之中,仍处在传说时代,准确地说处于传说时代与历史时代之交,是传说时代结束与历史时代开始的人物。

熊狂之子熊绎约当周成王之时,则熊狂的年代大致为周武、成之交。从文献记载来看,商周之际,周楚关系颇为密切,从鬻熊开始,芈姓部族就与周人建立了密切的关系,《楚世家》记载鬻熊曾与太颠、闳夭、散宜生、辛甲大夫等周初重臣投奔周文王,并曾为文王师。鬻熊事周,当是以其人生经验和政治智慧辅佐周文王,鬻熊的子孙也因此得以服事周室①,熊绎受封时,是以"文、武勤劳之后嗣"而受封。成、康时期,熊绎与鲁公伯禽、卫康叔子牟、晋侯燮、齐太公子吕伋俱供职周室(事见《楚世家》及《左传》昭公十二年楚灵王语)。周成王举行岐阳之会,熊绎亦曾参与,在会中负责守燎(事见《国语·晋语八》),周原甲骨文亦记载周初时楚与周的关系:"曰今秋楚子来告父后哉";"其微、楚□乎夔,师氏受夔"②。这些记载表明,商末周初时,鬻熊及其子孙与周室保持着密切的关系,楚君不仅前往关中拜会周王,而且曾参与周室的燎祭,并在周室的重大盟会中任守燎之职。

因此之故,许多学者主张,商末周初之时,芈姓一族的居地应靠近关中,这就是早期楚都探索中著名的丹阳淅川说及由淅川说发展而来的丹阳商县说的重要论证。石泉先生认为,"丹江流域与关中平原联系最为近便的地带,是位于今陕南商县(旧称商州)附近的丹江上游河谷平原,由这里往西北,溯丹江上源,经蓝关,越过秦岭(这一带山势较平缓,是古来交通要道之一),就到达关中平原的蓝田县境;更往西北不远就是西周初年的都城丰——镐(在今西安市西)。"不仅如此,在丹江上游的西面,今商县西北、西南以至东南的商洛镇一带,有多处的楚山、楚水,在楚山、楚水的东北方丹江上流北部(偏东),还有荆水。荆、楚二水入丹江处,相去 12.5 千米,商州城位于这一段丹江的河湾之中,

---

① 参见尹弘兵:《鬻熊史事解析》,《江汉论坛》2008 年第 5 期。

② 陕西周原考古队:《陕西岐山凤雏村发现周初甲骨》,《文物》1979 年第 10 期;侯志义、陈全方、陈敏:《西周甲文注》,学林出版社 2003 年版。

正在"丹水之阳"。在考古方面,此地分布着大量的古遗址,有较发达的古代文化,考古学文化面貌与关中平原有密切的联系,自然条件也较为优良,是丹江上游河谷平原中面积较大、生产条件较好的地方,最早的丹阳当在此地。①

《楚居》中并无"丹阳",对这一问题还要加以深入探讨。但丹阳淅川说及由淅川说发展而来的丹阳商县说与商末周初时期周楚之间的关系契合度最高,在早期楚都的探索上有重要意义,对我们探讨熊狂"京宗"居地亦有重要的启示。因此熊狂之时的"京宗",当在距周京不远之处,其区域应为陕南丹江流域。

综合以上分析,我们可以得出一些初步的意见,即"京宗"不是一个固定的地点,商代晚期季连所居之"京宗"和穴熊最初所居之"京宗"应在中原地区,周初熊狂所居之"京宗"应在靠近关中的某个地区,或在丹江流域,二者肯定不是一回事。

由此看来,"京宗"应是传说时代末期楚人居地的统一名称,其含义与后来楚都名"郢",或有相似之处。

高崇文先生对"京宗"的含义作了详细的考释,指出"京"在周代有特殊含义,用来指都邑,此后"某京"一般指表示为某处都邑,周之镐京又称为"宗周","宗"字原义为宗庙,殷商时代已常用,甲骨文中殷人宗庙称为某某宗,如大乙宗、大丁宗、大甲宗、大戊宗、大庚宗、中丁宗、祖乙宗、祖辛宗、祖丁宗、小乙宗、武丁宗、祖甲宗、康丁宗、武乙宗、文丁宗等等,而镐京之所以称为"宗周",是因为其地有周王室的宗庙,镐京之称为宗周,是表示此地为周人祖神与王权所在之地。②

高先生的考释给我们重大的启示,"京"字在周代往往用指都邑所在,按郭沫若《两周金文辞大系考释》的意见,"京"字"象宫观臺廱之

① 参见石泉、徐德宽:《楚都丹阳地望新探》,《江汉论坛》1982 年第 3 期;又载石泉:《古代荆楚地理新探》,武汉大学出版社 1988 年版,第 186—190 页。
② 参见高崇文:《清华简〈楚居〉所载楚早期居地辨析》,《江汉考古》2011 年第 4 期。

形。在古朴之世非王者所居莫属。王者所居高大,故有大义、有高义。"①可见"京"字本义当指宫观,即王所居之处,而"宗"字在商代起即有宗庙之义。通俗一点说,"京"字指王所居之宫殿,有政治中心地的含义;"宗"字指宗庙,有宗教或祭祀中心地的含义。先秦时代,"国之大事,在祀与戎",故政治中心必有宗庙,或者说,有宗庙之地才是政治中心,《左传》庄公二十八年:"凡邑,有宗庙先君之主曰都,无曰邑。"可见"都"是建有宗庙的聚居地。或者说,三代之"都",是政治中心与宗教祭祀中心的复合体。故"京宗"之义即在于此,兼指政治中心与祭祀中心,二者合一,即古代之"都"。由此可见,"京宗"即是芈姓首领所居之宫观与芈姓一族祭祀先祖之宗庙的合称,用以指代都邑所在,可见在《楚居》之中,"京宗"的含义,即是芈姓一族"都邑"的专用名称,犹后世楚都之称"郢",周都之称"镐京宗周"。

而商代晚期至商末周初,芈姓一族已极为衰微,只是一个很小的部族,可能只有一个居地,此居地内必有芈姓首领之宫殿与芈姓一族的宗庙,故其居地名之为"京宗"。而有宗庙、有首领之宫殿,即为古代之"都"。

---

① 《郭沫若全集》考古编第八卷《两周金文辞大系图录考释》(二),科学出版社 2003年版,第 113 页。

第十三章

楚国的崛起

商末周文王时,楚之先鬻熊"往归之"①,"子事文王"②。其后,"熊绎当周成王之时,举文、武勤劳之后嗣,而封熊绎于楚蛮,封以子男之田,姓芈氏,居丹阳。"③这是周王室对楚在荆蛮之地统治的承认,从此,楚君开始跻身于诸侯之列,楚国的历史帷幕也正式拉开。

熊绎所封丹阳,在今丹淅流域。④ 其地不可谓不小也,"号为子男

① (汉)司马迁:《史记·周本纪》,中华书局 1959 年版,第 116 页。
② (汉)司马迁:《史记·楚世家》,中华书局 1959 年版,第 119 页。
③ (汉)司马迁:《史记·楚世家》,中华书局 1959 年版,第 1691—1692 页。
④ 关于楚人早期所居丹阳之地,古今学者都做过相当多的讨论,传世文献中主要有四种观点:当涂说、枝江说、秭归说、丹淅说等。随着考古研究的深入,当涂说和秭归说逐渐沉寂,枝江说和丹淅说成为主流意见,其中枝江说的代表论著,参见俞伟超:《关于楚文化发展的新探索》,《江汉考古》1980 年第 1 期;《先楚与三苗文化的考古学推测》,《文物》1980 年第 10 期;《关于当前楚文化的考古学研究问题》,载《湖南考古辑刊》第 1 辑,岳麓书社 1982 年版,第 39—46 页;宗德生:《楚熊绎所居丹阳应在枝江说》,《江汉考古》1980 年第 2 期;高应勤:《再谈丹阳》,载湖北省楚史研究会编:《楚史研究专辑》,《武汉师范学院学报》编辑部 1982 年版,第 60—64 页;刘彬徽:《再论楚都丹阳的地望》,载湖北省楚史研究会编:《楚史研究专辑》,第 46—59 页;黄盛璋等:《楚的起源和疆域发展》,《历史地理论集》,人民出版社 1982 年版,第 405—410 页。关于丹淅说的论著,参见吕思勉:《先秦史》,上海古籍出版社 1982 年版,第 163 页;童书业:《春秋左传研究》,上海人民出版社 1980 年版,第 230 页;白寿彝:《中国通史》(下册),上海人民出版社 1994 年版,第 1007 页;李玉洁:《楚史稿》,河南大学出版社 1988 年版,第 20 页;石泉:《楚都丹阳地望新探》,《江汉论坛》1982 年第 3 期;《楚都丹阳及古荆山在丹、淅附近补证》,《江汉论坛》1985 年第 12 期;张正明:《楚都辨》,《江汉论坛》1982 年第 4 期;《熊绎所居丹阳考》,载《楚学论丛》江汉论坛专刊,1990 年,第 8—21 页;王光镐:《楚文化源流新证》,武汉大学出版社 1988 年版,第 376 页;徐少华:《周代南土历史地理与文化》,武汉大学出版社 1994 年版,第 242—254 页;刘士莪、黄尚明:《荆山与丹阳》,载《楚文化研究论集》第四集,河南人民出版社 1994 年版,第 28—36 页;张昌平:《早期楚文化探索之检讨》,

五十里"①；其地位不可谓不低也，"昔我先王熊绎，与吕伋、王孙牟、燮父、禽父并事康王。四国皆有分，我独无有"②；其国力也不可谓不弱也，"辟在荆山，筚路蓝缕，以处草莽。跋涉山林，以事天子。唯是桃弧棘矢，以共御王事"③。然而，楚人却在这里奋发图强，逐步扩张自己的势力。

第一节　熊渠开拓江汉

历史的车轮在向前行驶着。由于多次与淮夷争战，周朝消耗了大量的财力和兵力，到了周夷王时期，王室衰微，诸侯交相攻伐，楚"熊渠甚得江汉间民和，乃兴兵伐庸、杨粤，至于鄂"④。从《史记》中的这一记载可见，在熊渠之前楚人便已涉足江汉地区了，于是才有了熊渠时期的"甚得民和"，熊渠是带领楚人开拓江汉的里程碑人物。他所攻伐之庸、杨粤，都是汉水中上游的古民族。

庸，《尚书·牧誓》记载参与周武王伐纣诸国中便有庸人，《通志·氏族略二》将其列为"夏、商以前国"，以国为氏。⑤《读史方舆纪要》卷

《中华文化论坛》1996 年第 4 期；王力之：《早期楚文化探索》，《江汉考古》1996 年第 3 期；王红星：《楚都探索的考古学观察》，《文物》2006 年第 8 期；尹弘兵：《楚国都城与核心区探索》，湖北人民出版社 2009 年版，第 166—170 页。需要说明的是，徐少华先生在《楚都丹阳地望探索的回顾和思考》一文中，对有关楚丹阳地望的讨论进行了综述，并结合考古发现，对这一研究进行反思和检讨，认为沮漳河中下游地区应是楚文化的中心之一，而丹江库区以及丹江上中游地区的考古发现也将对丹阳所在提供新的证据，该文载于徐少华主编、晏昌贵副主编：《荆楚历史地理与长江中上游开发——2008 年中国历史地理国际学术研讨会论文集》，湖北人民出版社 2009 年版，第 51—63 页。而笪浩波通过对楚文化遗存的分布特点进行分析，认为早秋楚人中心区在不同时期处在不同地域，而丹江流域和古沮漳河流域都是其文化的中心地，参见氏文：《由楚文化遗存的分布特点看早期楚文化的中心区域》，《华夏考古》2010 年第 1 期。

① （汉）司马迁：《史记·孔子世家》，中华书局 1959 年版，第 1932 页。
② 杨伯峻：《春秋左传注》，中华书局 1990 年版，第 1339 页。
③ 杨伯峻：《春秋左传注》，中华书局 1990 年版，第 1339 页。
④ （汉）司马迁：《史记·楚世家》，中华书局 1959 年版，第 1692 页。
⑤ 郑樵：《通志二十略》夏、商以前国"庸氏"条曰："商时侯国。周武王时，来助伐纣。今房州西二百五十里故上庸城是。文十六年，楚灭之。子孙以国为氏。"中华书局 1995 年版，第 69 页。

79，湖广五，郧阳府竹山县"上庸城"条记："县东四十里，本庸国。《书》所谓庸、蜀、羌、髳，是也。《左传》文十六年，庸率群蛮叛楚，楚灭之。"此上庸城大抵即是庸国所在。

杨粤是汉水中上游地区的一个部落，在今湖北郧县一带。① 而所至之鄂国，即今河南南阳西鄂县。②

熊渠在攻伐了庸、杨粤及于鄂后，还以"我蛮夷也，不与中国之号谥"为由，立其长子康为句亶王、中子红为鄂王、少子执疵为越章王。句亶，或即当时庸国的核心所在，近几年随着郧县辽瓦店子遗址的发掘，发现所出西周中期遗存兼有中原周文化的因素，晚期遗存同于襄宜平原的典型楚器，与熊渠伐庸年代吻合，结合辽瓦店子的自然地理位置，有学者认为，郧县辽瓦店子遗址可能就是句亶所在。③ 执疵所封越章王，当与杨粤有关。而据考古调查，今湖北襄阳县黄龙镇高明村附近有一名为"楚王城"的故城址，年代为西周中晚期④，即中子红为鄂王所居之地。熊渠所封三子之处，皆在江上楚蛮之地，同时也可见楚人逐步开拓汉水中上游的行动。尽管出于对周厉王强硬政策的担忧，熊渠自行削去了三王的封号，但楚人踏足江汉地区的步履则越走越远。

熊渠之后，熊挚奔夔，对江汉地区的开发也起到了一定的作用。熊挚与熊渠的关系，因为文献记载不明，历来纷纭莫辨。《楚居》的出土，证明熊挚乃熊渠之孙、熊毋康之子。而且据《楚居》记载，熊挚曾为楚

① 即春秋时期所称"锡穴"，"锡"为"阳"声，《史记》卷40《楚世家》载："熊胜以弟熊杨为后，熊杨生熊渠。"《索隐》云："邹诞本作熊锡，一做炀"。"穴"，为入声质部匣纽。"粤（越）"，为入声月部匣纽，"粤（越）"与"穴"声同韵近，当可通假。参见叶植：《试论楚熊渠称王事所涉及到的历史地望问题》，载《楚文化研究论集》第四集，第401—402页。

② 参见徐少华：《周代南土历史地理与文化》，武汉大学出版社1994年版，第25—26页；陈伟：《〈鄂君启节〉之"鄂"地探讨》，《江汉考古》1986年第2期。

③ 参见黄凤春：《郧县辽瓦店子与楚句亶王——楚熊渠分封三王地理的检讨之一》，《江汉考古》2010年第2期。

④ 参见叶植主编：《襄樊市文物史迹普查实录》，今日中国出版社1995年版，第21—23页；国家文物局主编：《中国文物地图集》（湖北分册），西安地图出版社2002年版，上册第134—135页、下册第72页。

君,在位期间从熊渠所居之地再次迁徙,其弟熊延即位后则又一次进行搬迁。结合《楚世家》,大致可以推定:熊挚即位后,其弟熊延发动政变,推翻了熊挚政权,熊挚奔夔,熊延也另迁。虽然我们尚且不能对其所迁之具体所在做明确认定,但是,不可否认的是,楚人至迟在熊渠至熊挚时期活动于江汉之间,并对这一区域进行了一定程度的开发。《楚世家》又记熊霜之后三弟争立,叔堪避难于濮,表明有楚人开始进入江汉地区活动。

若敖至蚡冒时期,"筚路蓝缕,以启山林"①。蚡冒之时还"始启濮""服陉隰"②。陉隰大概是濮地,濮,在汉水中游两岸河谷地带散居。可见若敖至蚡冒时期,其核心区虽"土不过同",但其活动范围已经发展到汉水以南、以西地区,与当地的土著民族濮人发生了冲突。

于是,自楚人从熊渠时期始,便开始在江汉地区活动,又通过熊挚奔夔,以及若敖至蚡冒时期的扩张和发展,为楚人在江汉地区建立政治核心区奠定了基础。

第二节　武王称雄南国

一、南交东征,迁都汉西

蚡冒十七年卒,其弟熊通弑蚡冒子而代立,是为楚武王。武王前中期,楚人的主要活动仍以汉北为主,曾讨伐郧国,以郧俘观丁父为军率,郧国,大致在丹水北岸、今淅川寺湾一带。③ 武王还侵扰申、甫(吕)、许等国④,并使蔡、郑"始惧楚也"⑤。

① 杨伯峻:《春秋左传注》,中华书局 1990 年版,第 731 页。
② 杨伯峻:《春秋左传注》,中华书局 1990 年版,第 618 页。
③ 据徐少华先生考证,楚、郧交兵在公元前 704 年之前。参见徐少华:《郧国铜器及其历史地理研究》,《江汉考古》1987 年第 3 期。
④ 参见何浩:《楚灭国研究》,武汉出版社 1989 年版;徐少华:《周代南土历史地理与文化》,武汉大学出版社 1994 年版。
⑤ 杨伯峻:《春秋左传注》,中华书局 1990 年版,第 90 页。

　　此时,汉水中上游的北岸有邓国,上游有巴人。楚武王与邓联姻,娶邓曼。邓国迤西,汉水流向转而向南,水之东边便是随国。汉阳诸姬,随为大,故而楚武王曾多次讨伐随国,试图巩固自己在汉水中上游的地位,然均"不得志于汉东也"①。公元前706年(熊通三十五年),楚再次侵随。先使苋章作使者入随都见随侯以"求成"。同时,在随国地界上布下军队待命。随侯使少师与楚人和谈。斗伯比认为,楚国要是以武力来解决,以随国为首的汉东诸国一定会联合在一起抵抗楚人,楚便难以离间各国而得利。但是随国自大,轻视其他小国,如果想法使其他小国背弃随国,则楚人就可以从中得利了。而随少师好大喜功,又是随侯的宠臣,因此斗伯比建议故意让少师看到楚国羸弱的军队而小看楚军,以便引诱随师出城与楚师作战。果然,少师回随后便主张随师出战。由于季梁的劝谏,随侯才未同意,自修内政,楚人只得收兵回国。

　　《史记·楚世家》载此次伐随之时,熊通在和谈中要求随国替楚向周天子请命,曰:"今诸侯皆为叛相侵,或相杀。我有敝甲,欲以观中国之政,请王室尊吾号。"此言中透露了楚国的军力强盛,以及楚人欲显其大志的雄图伟心。随侯听从了楚人的要求,果真向周天子进言了。然而被周天子拒绝,随人通报给楚人。熊通大怒,于是再次伐随。此时随国少师最为国君所宠,正是楚人利用随国内部矛盾伐之的大好时机。果不出其然,少师与季梁意见不合,随侯遵少师之意,迎战楚军,又随军主力抵抗楚王之军队,随师大败,随侯逃逸,只得与楚人请和。斗伯比认为,随国失去了少师便是去掉了其诟病,以随之大并不能一时便灭,故而楚人与随国盟约而还。自此,楚人开始顺畅地开发汉水中上游地区了。②

　　而对于周天子拒绝尊楚人之号,熊通认为"王不加位,我自尊耳",于是自立为楚武王,迁都于郢,开始将其政治核心区定于汉水以南、以

①　杨伯峻:《春秋左传注》,中华书局1990年版,第110页。
②　《史记·楚世家》记楚与随盟而去后,"于是始开濮地而有之"。[(汉)司马迁:《史记》,中华书局1959年版,第1695页。]

西之地。① 新出《楚居》也载:"至武王酓脪自宵遲(徙)居免,……氐(抵)今日郢。"②印证了楚武王时期迁都之说。

二、伐国设县,巩固核心

楚武王在汉西建立政治核心区后,遭到周边原有诸国族的威胁,要在此地真正立住脚,楚国必须要平定这些国族,确保核心区的安全。

首先,武王灭掉了权国。权国故地,在漳水以东、汉水以西今湖北荆门一带。③《左传》庄公十八年记载:"初,楚武王克权,使斗缗尹之。"楚国任用斗缗来治理权地,说明该地在当时是楚国较为边缘的地区。杨伯峻认为楚人对权地的统治手段,可能与周初管、蔡监殷情形相近,属于"监理"。④ 何浩先生也认为斗缗尹权,只是对权地进行监管。这也是楚县制的早期模式,管理手段尚不成熟,所以很快就让斗缗据权叛乱。⑤ 楚武王平定斗缗之乱后,"迁权于那处,使阎敖尹之"。那处,何浩先生认为是"聃国"之所在,位于今湖北钟祥县胡集附近。⑥ 那处与楚郢都较近,故楚人将权国公族迁置于此。而这种迁其公族、在原地派遣官员管理的做法,成为楚人扩疆过程中的惯用手段,逐步形成楚国的县制。

与楚交好的巴人,试图借楚的关系与邓结交,武王三十八年(前703年),"巴子使韩服告于楚,请与邓为好。楚子使道朔将巴客以聘于

---

① 文献中有记载楚人迁郢之事,石泉先生分析,认为楚迁郢在武王时期,"盖不出楚武王三十八年至四十二年初"。当是。

② 清华大学出土文献研究与保护中心编,李学勤主编:《清华大学藏战国竹简》(一),中西书局2010年版,第181页。

③ 按,杜预注曰:"南郡当阳县东南有权城。"《春秋经传集解》,上海人民出版社1977年版,第171页。而当阳县非指今之当阳,而是汉魏之时的当阳故城,谭其骧将其定在漳水以东、汉水以西处。参见谭其骧:《中国历史地图集》第一册"楚、吴、越"幅,地图出版社1982年版,第29—30页。

④ 参见杨伯峻:《春秋左传注》,中华书局1990年版,第208—209页。

⑤ 参见何浩:《楚灭国研究》,武汉出版社1989年版,第93—95页。

⑥ 参见何浩:《楚灭国研究》,武汉出版社1989年版,第36—37页。

邓。"①然邓国南边境上的鄾人却袭杀了道朔和巴行人,夺其礼币,从而引发了楚、邓间的战争。楚王使薳章向邓国抗议,邓侯竟拒绝接受,于是,楚巴联手围鄾。邓国大夫养甥、聃甥帅师救鄾,中了楚将斗廉的诱敌之计,陷入楚巴联军重围,大败而归。

公元前701年(楚武王四十年),楚人准备与汉东的贰(今湖北应山县境)、轸(今湖北应城县西)结盟。但与贰、轸相邻的郧国(今湖北安陆)唯恐楚与之联盟将不利于己,于是欲图与随、绞、州、蓼诸国联合伐楚师。随,在今湖北随县;州,在今湖北监利市;蓼,在今河南唐河县;唯独绞,在汉水以西。它们实际上是楚军东征途中汉水沿线的国家,故而郧国试图与之联军阻拦楚军。郧师集结于郊外的蒲骚,等待其他四国军队。楚莫敖屈瑕甚为担忧,斗廉建议屈瑕率兵驻扎于郊郢,以戒备其他四国军队,自己则率领精兵突袭郧师,趁其不备大败郧师,其他四国之师也随之撤离。于是,楚人与贰、轸结为盟国,巩固了楚在汉东的霸主地位,"克州、蓼,服随、唐,大启群蛮"②。

位于汉西的绞国参与了这次行动,楚人看到了它对自己的威胁,于是楚国次年便开始伐绞了。绞为小国而又寡谋,楚驻师于绞国之南门,设计派一些采樵的役徒诱惑绞人。绞人果然只顾抓这些役徒,楚人大败其军,与之结城下之盟。

楚师伐绞途中要渡过彭水(今南水),过河之时,罗国企图乘机伐楚。大夫伯嘉暗自侦查楚军情况,多次点算楚军人数,或自知不敌,罗人没有出战。但楚人却发现罗国的企图。于是次年春,楚屈瑕率军伐罗。古罗国在鄢水之北、今宜城西北境与襄阳西南境一带。③ 屈瑕居功自傲,根本不把小小罗国放在眼里,于是不听任何谏言,直奔罗国。

---

① 杨伯峻:《春秋左传注》,中华书局1990年版,第124页。
② 杨伯峻:《春秋左传注》,中华书局1990年版,第1708页。
③ 参见石泉:《古代荆楚地理新探》,武汉大学出版社1988年版,第351页。或在今南漳县安集镇东3千米的罗家营遗址东约100米处的古城址。(参见武汉大学荆楚史地与考古研究室:《南漳县几处古文化遗址调查简报》,《江汉考古》1986年第2期。)

楚军要到罗国,必须要渡鄢水(今蛮河),因急于成行,楚军乱军渡河,完全不成阵列,也没有做任何防备。将近罗都时,罗与卢国两军联合袭击楚军,屈瑕预料不及,楚师腹背受敌,阵脚大乱,迅即溃败。

卢国,殷商时期便已存在,《尚书·牧誓》所载的跟随周人伐纣的"庸、蜀、羌、髳、微、卢、彭、濮人",都是周王朝最初的盟邦,卢国便在其中,跟随武王一起伐纣。其地在今襄阳县泥咀镇西六七里的翟家垭子附近。① 卢国历史久远,具有一定的实力和影响力。楚国迁来后与之联姻,《国语·周语中》记周大夫富辰谏襄王曰:"……卢由荆妫,是皆外利离亲者也。"从中透露出两个信息:一是卢是妫姓国;二是卢和楚曾经是姻亲之国。随着楚国的日益强大,卢国必然受到威胁,故而此次与罗国联军伐楚。

楚军大败后,屈瑕自缢,楚武王免了其他诸帅之惩。此后几年间,楚相继灭掉了卢、罗两国,除掉了这两个近在肘腋间的威胁。②

三、称霸南国,壮心未已

楚伐罗之役遭受到挫折后,文献中未载有楚人的其他军事行为。应该说,这次战役给了踌躇满志的武王一次警醒,就是必须要清除核心区周边的威胁,巩固腹地的安全之后再谋图扩疆。于是,楚国貌似偃旗息鼓、一片平静,暗自却在积蓄着发展的张力。

楚武王五十一年,周天子召见了随侯,指责其尊楚为王之事。既得天子训斥和支持,随不免开始与楚疏远了。楚武王大怒,再次大举伐随。此时楚军的装备也得到了加强,用上了茅戈合体的戟。即将出征前的斋戒时,武王感觉到不适。看着已步入暮年的武王,夫人邓曼知其寿命将近,只能祈求将士没有损失,便是国之大福。③

---

① 参见石泉:《古代荆楚地理新探》,武汉大学出版社 1988 年版,第 273 页。
② 参见何浩先生认为罗国当在屈瑕鄢北失利之后至武王第三次伐随之前即公元前 698 年至前 691 年之间被楚国所灭。(参见何浩:《楚灭国研究》,武汉出版社 1989 年版,第 159 页。)
③ 《左传》庄公四年记邓曼曰:"王禄尽矣。……若师徒无亏,王薨于行,国之福也。"

即使如此,武王仍然率兵出征了,果真卒于楠木树下。应是在去世之前就已经布下了策略,武王死后,楚人并未停止行动,令尹斗祈、莫敖屈重秘不发丧继续前行,开路、在溠水上架桥,直至随国外筑营。随人害怕了,向楚人求和。莫敖借武王之名与随侯在汉水边上会盟。其后,楚人班师回国。渡过汉水之后,才为武王发丧。

楚武王的一生,为楚国的发展奠定了重要的基础。他将楚国的核心区迁至汉水以南、以西地区,创造了楚国的生存空间,又通过战争或结盟逐一清除了核心区周边的威胁,为其后文王时期楚国的发展和扩张创造了条件。

武王逝后,其子熊赀继为文王。文王时期北上伐申、灭邓,又灭谷、绞,楚国的政治核心区逐步稳定和扩大。

第三节　成王与令尹子文

一、成王夺位,子文为相

楚文王死后,其长子熊艰即位。① 至多不过七岁的他,并不能真正执掌楚国的政权,于是由旧臣们操控着的楚国发生了争夺君位的政治危机。在位三年后熊艰政权准备杀掉其弟熊頵,熊頵跑到随国避乱,又借助随师袭杀了熊艰,取其而代之,是为成王。②

成王初年为公元前 671 年。刚即位时,采取了布德施惠、结交旧好的政策,并派使者向周天子纳贡,周惠王赐其祭肉,肯定其地位,曰:"镇尔南方夷越之乱,无侵中国。"此时的楚国,已是方圆逾千里,全然是南方大国的气势了。

这时辅助成王的重臣是文王之弟子元。成王六年(前 666 年)秋,子元兴师伐郑,以六百乘车进入郑都的外城。这场浩浩荡荡的战争,原

---

① 熊艰,《左传》称之为堵敖,《史记·楚世家》称为庄敖。其在位时间前者记为三年,后者则记为五年。应以《左传》所载为是。

② 《史记·楚世家》记为"熊恽",《左传》记为"頵"。"頵"与"恽"音同。传世器有《楚王頵钟》,故依其改之。

本也是子元为了讨好文王夫人所为。文王夫人貌美而天生丽质，子元对其想入非非，在其宫室之侧营造了自己的宫邸，在宫中奏万舞。万舞集武舞和文舞之大成，而主要是武舞。相传周武王伐商纣王时，从征的巴蜀将士在战场上载歌载舞，英勇豪迈，商师前军的徒兵倒戈，周师乘机击溃商军。万舞中的武舞就是根据巴蜀将士的歌舞改编的，节奏强烈，乐声嘹亮。子元奏万舞即为吸引文夫人，结果文夫人认为文王在世时奏万舞意在整军经武，而子元非但不去攻打敌国，反而以此为乐，对其行为表示不屑和愤怒。此话传到子元那里，不觉大惭，故而借攻打郑国来向文夫人证明自己。然而，子元却是一个优柔寡断的人，在他看到郑人内城的悬门居然没有放下之时，他担心内有伏兵，将部队全部撤退到城外，又惧怕齐、晋派兵来援郑，便连夜不声不响地退兵而回。其实郑国压根就没有想到楚人会进兵，没有做任何准备，子元由于自己疑心过重无功而返。回楚之后，子元居然搬入了王宫，大夫斗射谏言其举不当，子元将其关押起来，引起了斗氏家族的愤怒。成王八年（前664年），申公斗班杀死了子元，其父斗谷於菟成为新的令尹，这就是令尹子文。

子文是若敖的孙子，其父斗伯比即若敖娶郧国女子所生，是武王时期的重臣。斗伯比养于郧国，与舅家女子相好，生下了子文。后郧夫人将其丢弃在野外，正好遇到郧君在打猎，路过此处看见一只雌虎正在给其喂奶，当即罢猎而归，郧夫人听说之后，赶紧将弃婴抱回来，郧君给其取名为"谷於菟"。《左传》宣公四年云："楚人谓乳谷，谓虎於菟，故命之为斗谷於菟。"

诛灭子元后，子文面临的是其遗留下的财政危机。为了缓解经济困难，子文献出自己的家财，《左传》庄公三十年载："斗谷於菟为令尹，自毁其家，以纾楚国之难。"能够将自己的家财献出来，应该说是非常难能可贵的。但是用一己之财便可缓解国家经济危机，如若是真，也可见斗谷於菟家的经济状况实在是太好了。或许是将所有家财都奉于国家了，抑或作为令尹的子文廉洁自律，史书上记载子文任令尹之后，"有饥色，妻、子冻馁。"《战国策·楚策》记莫敖子华对楚威王说："昔令尹子文,缁帛之衣以朝,鹿裘以处,未明而立于朝,日晦而归食,朝不谋夕,无一月之积。"因此种状况,每逢子文上朝,成王都给他准备一串干肉、一筐米饭作为午餐。史书所载未必没有夸张之处,但子文为国为民的行为是在楚国历史上留下了一抹重彩。也正是有子文为相辅佐,踌躇满志的成王开始了楚国的争霸之路。

二、齐楚争霸,东征淮域

成王十三年(前659年)楚伐郑国,缘由是郑与齐国交好。此时的齐国打着尊王攘夷的旗号,四处征讨戎狄之属,实力扶摇而上居于五霸之首。郑国位于齐、楚之间,如若郑亲齐,楚国必然受到威胁,反之亦然。因此成王开始讨伐亲齐的郑国。但是这一年只是警告性的讨伐,故而与郑盟于荦而还。其明年,又伐郑,再明年,复伐郑。三年三伐郑国,实际上是与齐国争夺盟友。

成王十六年(前656年),齐国借侵蔡之机又以诸侯之师伐楚。侵蔡,缘于齐桓公与夫人蔡姬乘舟游于水上,蔡姬戏弄惧水的桓公,故意摇晃舟船,结果引得桓公大怒,遣其归蔡,结果蔡侯将其再嫁。谁料齐桓公只是一时之怒并未想与蔡姬断绝关系,如此一来齐侯深感受辱,便纠集诸侯之师伐蔡。事实上,因蔡姬之事大兴诸侯之师是没有必要的,其目的实为伐楚。楚国使者与齐臣进行了一场唇枪舌剑的对话。面对楚人对其楚师缘由的质问,齐相管仲说:"尔贡苞茅不入,王祭不共,无以缩酒,寡人是征。昭王南征而不复,寡人是问。"①

向天子贡苞茅以缩酒,是楚人先祖之时便存在的纳贡行为。《国语·晋语》载周成王在岐山之阳与诸侯会盟时,楚君在场便是"置茅蕝",韦昭注曰:"蕝,谓束茅而立之,所以缩酒。"至今鄂西仍有这种缩酒之祭法。一般是在桌上放置容器,在容器之上竖放几束茅草,然后在上方倒酒,使其经茅草过滤至容器之中,表示"象神歆之"。因此齐国以此为由是说得过去的,所以楚人承认了这方面确实是对天子不敬。

① 杨伯峻:《春秋左传注》,中华书局1990年版,第290—291页。

然昭王南征所征,并非楚人而是楚蛮,楚蛮虽属于楚国民族的一部分,但齐人将天子之死的责任推给楚国,这实在是欲加之罪。面对昭王南征而不复的罪责,楚人是不予承担的。于是,齐师前进至楚方城以东的陉山(今河南郾城县东南)。既然辩论不能阻挡大军,楚人便也开始动用武力了,于是派屈完率师与齐军对峙,齐军便退至了召陵(今河南郾城县东)。齐军首先向屈完炫耀武力,说:"以此众战,谁能御之? 以此攻城,何城不克?"屈完对曰:"君若以德绥诸侯,谁敢不服? 君若以武力,楚国方城以为城,汉水以为池,虽众,无所用之。"①从此番对话中可以看出,楚国的军事实力还不能和齐国相比,但是齐国远道而来也不能对楚人用强,所以齐国的这次讨伐,以与楚盟而告终。但自此之后,楚人加快了军事扩张的步伐,齐楚争霸的序幕也正式拉开。

　　而这个时候,周天子却明显偏向于晋、楚之国。周惠王原本想立其幼子为储君,但是齐桓公竟然会诸侯于首止(卫地,今河南睢县东南),"谋宁周也"②。这事引起了惠王的不满,于是命郑弃齐向晋、楚,郑君果然从之,从首止之盟逃回。有了天子的支持,郑国也投向楚国这一边,楚国的势力可见一斑。第二年,齐国带领诸侯伐郑,楚国便围攻其盟国许国,而给郑国解困。又明年,齐国又伐郑,郑求好于齐。从此,郑国便成了一只风信鸡,在楚、齐之间凭其实力而朝齐暮楚。

　　这一年,令尹子文灭弦国。弦,在今仙居店以东。弦国与江、黄、道、柏等诸国皆为姻亲,又都与齐国交好,显然是为了抵抗楚国势力在淮域的扩张而结成的同盟。之前楚文王灭息国,在淮河上游建立了据点,此时灭弦,一方面在于稳固、扩大息县基地,同时因召陵之盟楚北进受阻,占有了淮南的弦国,可以进一步向东向北发展提供经济上的保障。

　　弦子投奔到黄国。黄国在今潢川县西。《左传》僖公二年记"盟于贯,服江、黄",可见之前江、黄应是楚国的盟国,随着齐桓霸业的兴起,

---

① 《左传》僖公四年。《史记·齐太公世家》载:"楚方城以为城,江、汉以为沟,君安能进乎?"
② 杨伯峻:《春秋左传注》,中华书局 1990 年版,第 305 页。

淮域诸国纷纷依附于齐,"谋伐楚也"①。江、黄依附于齐国,楚成王二十三年(前649年),楚人开始征伐黄国,次年夏灭黄。

成王二十七年(前645年),楚伐徐国,败徐于娄林(今安徽泗县东)。公元前643年,齐桓公去世,齐国大乱,宋、曹、卫、郑合兵伐齐,齐、楚争霸以楚国完胜而告终。

成王东征淮域,起因在于其北进的道路被齐国与其盟军阻碍,故转而沿淮水向东。其动机,是为了谋求长江中下游的铜资源。东征后,楚人控制了大别山南北通道,使长江中游的铜矿(今黄石大冶铜绿山)成为囊中之物。在郑国又倒向楚国之时,楚成王还以铜作为礼物赠送给郑国铸钟。在青铜时代,谁拥有了大量铜,谁就拥有争霸的基础,铜已成为楚人用来争霸的有力武器了。

三、城濮之战,楚师败绩

齐桓公死后,楚国已独步于诸侯国之前。然而宋襄公却不自量力,两次召集诸侯会盟,并讨伐亲楚的郑国。楚成王先是在盟会上抓了宋襄公,后又释之,又在泓水战败了宋国,解救了郑国的危难,又讨伐了亲宋的陈国,帮助受到陈国威胁的顿国营建新都。惩戒敌国同时又立德于弱小,于是,诸侯莫能与楚争雄了。

此时的晋国,正经历着内乱。公子奚齐、夷吾、重耳争位,奚齐死,重耳外逃,夷吾归国为晋惠公。外逃的重耳先在其母舅国狄国居住了12年,其后又到卫、齐、曹、宋、郑等国,诸国国君对其态度不一,尤其是卫、曹、郑三国对其不礼。颠沛流离的重耳尝尽了人间百味。到了楚国,楚成王以诸侯之礼待之,并送其到达秦国,在秦国的帮助下,重耳归国即位,为晋文公。

应该说,在重耳处于人生低谷的时候,成王这种态度和做法是有恩于他的。然而春秋时期自己的利益永远高于一切,文公即位两年便与秦国一起攻伐楚之附庸国——鄀国。鄀,其都城在商密(今河南淅川

---

① 杨伯峻:《春秋左传注》,中华书局1990年版,第286页。

县西),与早期的楚人就是邻居,楚国日益强大后都国成为其附庸国,然地处楚之西北边缘,与秦、晋两国相邻,故而成为这三国争夺的地方。这一次,秦与晋联合起来攻打都国,楚申公斗克和息公屈御寇率申、息之师至商密戍守。秦军在此之前绕过商密到达析邑(今河南西峡县),将自己的役徒捆绑起来,冒充析人,趁着夜色,包围了商密,入夜掘地杀牲取血,给都人感觉就是秦与楚师结盟了,出卖了都国。于是商密人大惊,投降了秦人。秦囚申公、息公而还。在这次战役中,主要是以秦与楚对峙为主,晋只是在旁边摇旗呐喊,真正让晋楚两军对垒的还是城濮之战。

公元前633年,楚、陈、蔡、郑、许伐宋,之前宋在泓之战后与楚国结交,但随着晋国的发展,宋便即晋叛楚,故而遭到楚及其同盟国家的攻伐。宋向晋国求救,晋文公召集群臣商议,大夫先轸提出可以通过战争"报施,救患,取威,定霸"①,"报施""救患"是指报答宋襄公曾礼待重耳之事,救其于危难中。实际上楚人也曾更为礼遇他,因此晋国的真正目的还是"取威""定霸"。但是又不好直接表露出来,所以采取先向楚之盟国——曹、卫下手,等楚去救曹、卫,便可曲线救宋了。公元前632年,晋攻伐曹(都于今山东定陶县)、卫(都于今河南滑县)。在晋攻破曹都之后,楚并未放弃攻打宋国。于是晋设计联合齐、秦一起抗楚,楚成王闻讯后撤军。

然而率军攻宋的令尹子玉却不听从成王的撤军命令,坚持继续作战。其目的并非忠心爱国,而是要向国人证明自己的实力。子玉,是令尹子文所推荐的继承者,是一位勇于争战的将领。他曾于公元前635年引兵伐陈,将在楚国避难的顿子护送至顿城;公元前634年秋,子玉又和司马子西引兵灭了楚之同姓国夔国(今湖北秭归)。

伐宋之前子玉与子文同时阅兵,子文只用了一个早晨,没有惩罚一个士兵,子玉却用了一整天,鞭打了七个士卒,用箭刺穿了三个士兵的耳朵,由此可见子玉治兵之严厉。老臣们都觉得子文推荐子玉是知人

---

① 杨伯峻:《春秋左传注》,中华书局1990年版,第445页。

善任,向子文恭贺。只有芮贾认为子玉并不适于治民,也不善于治兵,如果带兵超过300乘的话,一定会打败仗。这种评论当然使子玉心有不服,因此希望借此一仗来证明自己做令尹的实力。于是,子玉坚决不退兵,成王虽然生气,但为了顾全大局还是给子玉增派了援兵。

晋师听闻子玉率兵而来,准备撤退。先前被诛杀的子元之子王孙启,已投奔至晋国做大夫,正随同出征,他一心想报家仇,肯定不会放过报复的机会,故而坚决劝谏先轸迎战,说与楚国结盟的诸侯大约有一半不再追随子玉,若敖氏也不再听从于他,而楚王派来的援军又只有东宫和西广,楚师必败无疑。[①] 于是,先轸率晋师迎战,私下以让曹、卫复国的条件要求其叛楚即晋,却扣留了子玉派来要求以允许曹、卫复国换取楚国撤兵的使者。子玉大怒,撤围宋之师,全力攻伐晋军。晋军先是接连撤退了三天,表面上是遵从了先前重耳对楚王所许"退避三舍"的诺言,实际上可能是为了避楚人之锋芒。子玉乘势追击,直至城濮(今山东范县)。第二日,两军对阵,子玉将中军,子西将申、息之师为左军,子上将陈、蔡之师为右军。楚俗尚左,申、息为楚之大县,其军队实力雄厚,而右军之陈、蔡是楚之附庸国,实力较弱。因此晋首先以其下军攻楚之右军,使得陈、蔡之师大乱,争相逃散。子西带领楚左军追击晋国上军部队,受到了晋上军和中军的夹攻,伤亡惨重。子玉所率中军失去了左、右两军的保护,担心被晋军包围,只能退回楚国,此战役以楚师败绩而告终。子玉失败后,因无颜见父老而自尽。

应该说,子文推荐子玉继位令尹还是有道理的。《史记·晋世家》载城濮之战后,晋文公曰:"子玉犹在,庸可喜乎?"听闻子玉自尽后,文公大喜,云:"我击其外,楚诛其内,内外相应。"而知继为令尹的是蒍吕臣,晋文公评价:"莫余毒也已!蒍吕臣实为令尹,奉己而已,不在民矣。"[②]既然蒍吕臣"不在民",相应地,子玉应该是"在民"之人,因此子

① 参见《国语·楚语》,上海古籍出版社1978年版。东宫,是随从太子的兵车,约15乘;西广,是随从楚王的兵车,约15乘。《左传》僖公二十八年中记载还有"若敖氏之六卒"。

② 杨伯峻:《春秋左传注》,中华书局1990年版,第468页。

玉对楚国的发展还是起了重要作用。《汉书·傅喜传》中载有汉代人对子玉的评价曰："楚以子玉轻重，……楚跨有南土，带甲百万，邻国不以为难。子玉为将，则文公侧席而坐；及其死也，君臣相庆。"然而，子玉凭功自傲，刚愎自负不听指挥，最终导致楚军大败。

成王在位前三十年，有子文做令尹辅助，楚国北伐东征，扩疆千里，奠定了楚国霸业之根基。然而他的晚年却是极为可悲的。成王先立商臣为太子，虽然遭到令尹子上的进谏，成王依然坚持己见，还听由商臣的谗言处死了子上。后来，成王发现商臣果然不是理想的继承人，打算废其太子位改立王子职。然而这事竟然被商臣听到了风声，他故意激怒成王之妹江芈，从江芈那里确定了消息的真实性，于是他率领东宫的甲士包围了王宫，逼迫成王自尽，连成王最后想吃熊掌的要求都不予理会，自立为穆王。

无独有偶，令尹子文也因其后辈跋扈而家族覆灭。子文的家族若敖氏因子文而备受王室倚重，从成王到庄王前期，楚国的令尹大都是若敖氏担任。随着权势的极盛，到了子文的侄子子越为令尹时，竟公然与庄王对抗，在皋浒（今湖北襄樊市西郊）之战中射击庄王，被庄王尽灭其族，只有子文的孙子箴尹斗克黄因恪守厥职而独存。

第四节 庄王称霸

一、栖于幽谷，蜚将冲天

楚穆王即位后，由于北上中原的道路为晋所阻，故而军事行为以东征淮域为主。穆王三年（前 623 年），楚灭江（今河南息县西）。其明年，又灭六（今安徽六安县北）。同年，都国由于夹于秦楚之间不得自保，故请求南迁于楚腹地（今湖北钟祥县西北）。穆公八年（前 618 年），又征伐了从晋的郑国和陈国，迫其亲楚。穆公十一年（前 615 年），楚令尹成嘉伐群舒，俘获舒子平。自此楚师在淮南可以来去自如。

公元前 614 年,楚穆王去世,其子熊旅继立为庄王,史书记载"方弱"①。朝政为大臣们所执,因此仍承穆王时期东征的路线,子孔、潘崇等袭群舒,公子燮和子仪守在国都,但公子燮与子仪作乱,执庄王出,准备到商密。子仪,即成王时期的申公斗克,在楚成王三十七年发生的秦楚都之战中,被秦军所俘。后因秦晋殽之战,秦失败后,放斗克归楚国,以求得楚人的帮助,但自此斗克"不得志"②。公子燮,曾想当令尹而未能如愿,因此趁令尹子孔、太师潘崇东征之际,与斗克一起作乱,筑郢并使人杀子孔未成,于是挟持国君出逃。商密,即原都国之都,都国内迁后属于楚国所有,斗克原在此地戍守,有一定的政治影响力,故而胁庄王至此。然而刚走到已为楚属县的卢国故地,被大夫戢黎和叔麇诱杀,庄王才得以自由。

人祸又遇到天灾。庄王三年(前 611 年),楚遇到饥荒,于是北方的戎、西北的庸、麇以及群蛮、百濮全部联合起来,一同攻伐楚国。《左传》文公十六年记载此事曰:

> 楚大饥,戎伐其西南,至于阜山,师于大林。又伐其东南,以侵訾枝。庸人帅群蛮以叛楚,麇人率百濮聚于选,将伐楚。于是申、息北门不启。楚人谋徙于阪高。……

戎,即楚国以北、成周以南的陆浑之戎,在今河南方城县西北方向。③庸、麇均在楚国西北部,楚穆王时期,楚军曾为惩罚"厥貉之会"逃离的麇子,两度伐麇,到达麇国的国都。于是,乘楚国遭遇饥荒,戎在北部攻楚,庸、麇便也带领周围的族群一起征伐楚国,楚人只得加紧北方申、息两县的防御,并试图迁都,足见楚国这时期的政治核心区处于动荡

---

① 《国语·楚语上》,上海古籍出版社 1998 年版,第 537 页。
② 杨伯峻:《春秋左传注》,中华书局 1990 年版,第 605 页。
③ 参见陈伟、徐少华:《〈左传〉文公十六年伐楚之戎地望辨析》,《江汉论坛》1988 年第 12 期。

之中。

《史记·楚世家》载："庄王即位三年，不出号令，日夜为乐，令国中曰：'有敢谏者死无赦！'"对于庄王为何即位三年无所作为的原因，已不得而知，或许因其初即位就遭遇被挟持事件而余悸犹存，抑或如贾谊《新书·先醒》篇中所说"昔楚庄王即位，自静三年，以讲得失"？

然而，楚国的诸多贤臣还是前赴后继地向庄王进谏。《史记·楚世家》又记："伍举入谏。庄王左抱郑姬，右抱越女，坐钟鼓之间。伍举曰：'愿有进。'隐曰：'有鸟在于阜，三年不蜚不鸣，是何鸟也？'庄王曰：'三年不蜚，蜚将冲天；三年不鸣，鸣将惊人。举退矣，吾知之矣。'居数月，淫益甚。大夫苏从乃入谏。王曰：'若不闻令乎？'对曰：'杀身以明君，臣之愿也。'于是乃罢淫乐，听政，所诛者数百人，所进者数百人，任伍举、苏从以政，国人大说。"

面对这次政治危机，楚庄王原想迁都避祸，大夫苋贾反对，认为楚人能去的地方，敌人也可以去，还不如伐庸。他分析道，庸和百濮都以为楚人遭受到了大饥荒没有军事力量，所以才会趁机伐楚，但如果看到楚人有实力出击，庸人必然害怕而回师，百濮本身就是一些乌合之众，依附庸人才集聚到一起，庸人撤退，百濮必定也各归其国，根本顾不上来伐楚。于是，庄王从其议，决心伐庸。百濮一见楚人出师了，很快就散去了。楚师全力伐庸，自卢县开始，便开各地粮仓给将士们补给。部队驻扎在句澨，句澨就是熊渠时期封其长子的勾亶，是楚境之西界。先派卢大夫戢黎带兵伐庸，一直到达庸国的方城。方城是庸国用以防御外敌所建，类似于楚之方城，防守必然严谨。楚人不敌，连逃了三天。戢黎原想撤退，汇合楚军大部队一起伐庸。大夫潘尪想到楚先君蚡冒伐陉隰（汉水中上游濮地）之时采用的策略，建议先让庸人得胜，使其因骄傲而懈怠，同时楚军因落败而激怒，从而打败庸人。于是，楚人故意七战七退，只有裨、鯈、鱼等部落之人追逐着楚人。庸人果真开始轻楚了，放松了警惕，不再防备。这个时候，楚人已经联合了秦、巴两国，又与群蛮结盟，于是，楚庄王乘着战车，与楚师汇合，分兵两路夹攻庸人，最终灭掉了庸国。

通过这次战争，楚庄王这只栖于幽谷的雏凤终于一飞冲天了。此后更是一发不可收拾，楚国在庄王的统治下逐步走上霸主的历史舞台。

二、问鼎中原，饮马黄河

春秋时期的历史舞台风起云涌，你方唱罢我登场。先前文公掌权时期的晋国与楚国抗衡，郑、蔡、陈等诸国亲晋背楚，由此阻拦了楚北上的道路，随着晋文公的去世，其后的晋灵公既淫侈且不听谏言，这种局势又开始扭转了。

郑国是夹在楚、晋之间的小国，哪国强便依附于哪国，"居大国之间，而从于强令"①。偏偏晋灵公对宋国丝毫不信任，又在率诸侯之师伐宋、齐时接受贿赂无功而返，于是郑国认为晋不足以依靠，"不竞于楚"，于是转而投向楚国了。

庄王六年（前 610 年），楚、郑联军伐陈、宋。晋国救陈、宋，攻伐郑国，楚国救郑，在北林（今河南郑州东南）之役大败晋军。次年春，郑国受楚之命伐宋，大胜宋军，抓获将领华元，战车 460 乘，战俘 250 人。晋国率诸侯之师为报此役之仇伐郑，因楚出兵救郑而还。这个时候，晋人对其国君晋灵公的不满彻底爆发了，赵氏杀灵公，立晋襄公之弟为成公。

庄王八年（前 606 年），楚伐陆浑之戎，一直到达了周王畿郊外的洛水，列阵向周王示威。即位不久的定王派王孙满前去慰劳。气势正如日中天的庄王向王孙满问询周天子的鼎有多大，轻重如何，其内心实际上想向周王朝炫耀楚人的势力和财富。然而，王孙满不卑不亢地回答说："在德不在鼎。"庄王不以为然，认为"楚国折钩之喙，足以为九鼎"，觉得周天子的九鼎也没什么大不了的。王孙满回答庄王说："昔夏之方有德也，远方图物，贡金九枚，铸鼎象物，百物而为之备，使民知神、奸。故民入川泽、山林，不逢不若。魑魅魍魉，莫能逢之。用能协于上下，以承天休。桀有昏德，鼎迁于商，载祀六百。商纣暴虐，鼎迁于

---

① 杨伯峻：《春秋左传注》，中华书局 1990 年版，第 627 页。

周。德之休明,虽小,重也。其奸回昏乱,虽大,轻也。天祚明德,有所底止。成王定鼎于郏鄏,卜世三十,卜年七百,天所命也。周德虽衰,天命未改。鼎之轻重,未可闻也。"王孙满的这席话,实际上说明了有德才是立国之根本,而周王朝虽然衰落,但庄王如若无德,即使有再多再重的鼎也无用。庄王听进了这番话,于是撤兵转而伐郑。

楚人伐郑的原因在于,郑国在晋国的威力下再次背楚即晋了,这对于周转于楚、晋之间的郑来说已是常事了。这年冬郑穆公去世了,郑灵公即位,楚庄王向其示好,送了一只大鼋(俗称脚鱼)给灵公,结果引发了郑国的一场内乱。大夫子公和子家杀死了灵公,立其弟公子坚为襄公。这场内乱暴露了郑国内部的危机,同时对于楚来说,不费一兵一卒之力竟然换取了他国的更新换代,无疑给楚征服郑国带来了机会。夺得了郑国的依附,楚人才能打通北上中原的道路。此后,楚人连年伐郑。

这期间,楚国也发生了一场公族与王室之间的斗争。楚国自成公时期始,便由若敖氏家族担任最高官位令尹之职。至庄王时期,仍是由子文之子斗班、之侄斗椒(即子越)相继为令。蒍贾先为工正,设计杀死斗班后,为司马。子越因与其有隙,带领若敖氏之族,将蒍贾囚禁后杀之。又担心庄王会诛杀自己,便带着私卒谋反攻打庄王。庄王先是以三位先王的子孙作人质,让子越放弃谋反。但是子越不听。于是,楚庄王带兵与子越战于皋浒(今湖北襄樊市西郊)。子越在阵前向庄王连发两箭,均射中了庄王的战车。前锋军队撤退,庄王派人鼓舞将士士气,说子越偷取先王克息之时所得三支利箭,现已用两支,不足为惧了。于是鸣鼓进军,尽灭若敖氏。子文之孙斗克黄任箴尹出使齐国,返回到宋国的时候便听闻了此事,不顾他人告诫坚持回到楚国复命。庄王因念其祖子文之功业,仍存其为箴尹,改名为生。若敖氏权高位重,不免骄扬跋扈,竟公然与王室对抗,不能不说给整个楚王室和公族一次教训和打击。若敖氏在楚国的地位一落千丈,代而取之的则是蒍氏家族。蒍艾猎成为令尹,使楚国的面貌为之一新。《左传》宣公十一年记载:"令尹蒍艾猎城沂,使封人虑事,以授司徒。量功命日,分财用,平板榦,称畚筑,程土物,略基趾,度有司。事三旬而成,不愆于素。"芳艾猎即芳贾之子,沂,在今河南正阳县,其地南控淮域,北通陈、宋,在此处筑城当是作为军事据点。通过筑城一事,足见蒍艾猎规划严谨细致,且卓有成效。

庄王十七年(前597年),楚人再次伐郑,与郑人议和。晋师救郑,到达黄河边上就听闻郑国与楚国结盟了,中军统帅荀林父准备撤返,副帅先縠却不同意,他独自率领自己的一支军队渡过了黄河。因恐其孤军作战失利,荀林父只得率领晋军全部渡过黄河。楚师驻扎在郔(今河南郑州市北)地,听闻晋国渡河而来,庄王和令尹孙叔敖原本打算撤军,伍参认为晋国统帅荀林父上任不久,没有多大的资历,副将先縠资历深厚却刚愎不仁,不肯听命,主副将领意见不合,则晋军必败。于是庄王命孙叔敖领兵北行,自己在管邑(今河南郑州市)驻扎。

晋师到达今河南荥阳县北的敖山、鄗山之间。郑卿皇戌又向晋师表白自己的忠心,同时建议晋师应趁楚师获胜后骄纵而不设防时袭之。先縠听了大喜,曰:"取楚、服郑,于此在矣。"[1]事实上,晋军内部对是否与楚作战也有不同的意见,楚庄王也表现出与晋结盟之意,然而在会盟之前,楚师已先发制人地向晋师挑战了。于是,晋魏锜、赵旃相继到楚营请战,被楚潘党驱逐。赵旃自己坐于楚军门外,派士兵们进入营门挑衅。庄王乘左广逐赵旃,赵旃弃车逃进了树林。左广车右屈荡追至林中与赵旃搏斗,抓下了赵旃之盔甲。晋军担心魏锜和赵旃激怒楚师有失,派出一支车队迎接他们。潘党远远看到晋军战车扬起的尘土,赶紧告之楚军。楚人担心庄王有失,也赶紧出兵列阵。令尹孙叔敖命令全速前进,战车奔驰、士卒飞奔,很快就冲散了晋军。荀林父不知道该做什么了,竟然击鼓命令军队撤退,先渡河者有赏。结果中军和下军争抢着过河,互相攻击,舟中到处都是残肢。晋之上军因埋伏于敖山故而没有受到损失,楚派潘党联合唐惠侯攻击晋上军,然晋上军在士会的指挥下安全撤退。在逃跑中晋人的战车有的陷入了泥坑中动弹不得,楚人

---

[1]　杨伯峻:《春秋左传注》,中华书局1990年版,第730页。

还帮助他们解困。到了黄昏,楚师驻扎于邲水之旁,晋军则连夜渡河而逃。

晋国自文公重耳时期称霸,与楚国曾多次作战。在楚成王时期的城濮之战中楚师败绩,此次的邲之战则以楚大胜而告终。虽说胜败乃兵家常事,但每次的胜负都与双方军队乃至国家的实力息息相关,表现的是统治者的领导能力。这个时期的楚国,在庄王的统治下已经在诸侯之中享有了极高的声望。晋栾武子在此役前评论曰:"楚自克庸以来,其君无日不讨国人而训之于民生之不易、祸至之无日、戒惧之不可以怠;在军,无日不讨军实而申儆之于胜之不可保、纣之百克而卒无后,训之以若敖、蚡冒筚路蓝缕以启山林。"①楚庄王顾及民生,《国语·楚语》记伍举言其"为匏居之台,高不过望国氛,大不过容宴豆,木不妨守备,用不烦官府,民不废时务,官不易朝常"。其军队"不骄"且"直"(即有理),因此获取了晋楚之战的胜利。战后,潘党建议庄王筑"京观"以示子孙不忘武功,庄王言道:"夫文,止戈为武。……夫武,禁暴、戢兵、保大、定功、安民、和众、丰财者也。"而若"使二国暴骨,暴矣;观兵以威诸侯,兵不戢矣;暴而不戢,安能保大?犹有晋在,焉得定功?所违民欲犹多,民何安焉?无德而强争诸侯,何以和众?利人之几,而安人之乱,以为己荣,何以丰财?武有七德,我无一焉,何以示子孙?其为先君宫,告成事而已。……武非吾功也。"②庄王对"武"的定义表达了他对军事力量的认识,而这种认识无疑是正确的。正是不以武力为功而重德和关注民生的行为,使楚国日益强大,从而称霸于诸侯国。

三、讨逆抚顺,称霸诸侯

"止戈为武"和重德并不代表就不需要武力,事实上,楚庄王正是通过强大的军事力量讨伐诸国来实现自己的霸业的,只是庄王用武力来讨伐不利于己的诸国,而对顺于自己的国家采取安抚的方式,"伐

---

① 杨伯峻:《春秋左传注》,中华书局1990年版,第731页。
② 《左传》宣公十二年。京观,即收敌军之尸,封上土后插上表木,在其上书写其事,以记载和炫耀战绩。

叛"而"柔服"。

郑、宋是夹于晋、楚之间的诸侯国。楚、晋称霸之时,郑采取的是孰强便依附之的策略,故而楚庄王即位后,几乎连年伐郑。邲之战之前,庄王又伐郑,却围而不攻,待三月之后才攻克了郑国,与郑议和。这种做法,实际上是为了使郑国心甘情愿臣服于楚。待楚师入城之时,郑襄公肉袒牵羊迎接庄王,并说:"孤不天,不能事君,使君怀怒以及敝邑,孤之罪也,敢不唯命是听? 其俘诸江南,以实海滨,亦唯命;其翦以赐诸侯,使臣妾之,亦唯命。若惠顾前好,徼福于厉、宣、桓、武,不泯其社稷,使改事君,夷于九县,君之惠也,孤之愿也,非所敢望也。敢布腹心,君实图之。"①

郑君所言之"俘诸江南,以实海滨""翦以赐诸侯"和"夷于九县",正是历代楚王在开疆拓土之时对所征服的国族采取的处理手段。针对"夷于九县",前两者是指被灭社稷的。何谓社稷? 社稷就是土神和谷神,《周礼·春官·大宗伯》:"以血祭祭社稷五祀五岳。"郑玄注曰:"社稷,土谷之神,有德者配食之。"《白虎通·社稷》曰:"王者所以有社稷何? 为天下求福报功。人非土不立,非谷不食。土地广博,不可遍敬也,五谷众多,不可一一而祭也,故封土立社,示有土尊;稷,五谷之长,故封稷而祭之也。"古代凡建邦立国必先立社稷,社稷迁毁则象征灭国绝祀,故社稷又是国家政权的标志。② 社稷与土地是相联系的,此外,还有社稷的统治者,因此郑伯所说的三种政策是楚国对所降伏国族的处理方法。

楚国的大臣们均建议灭郑,独庄王同意保留郑之社稷,与郑国再次结盟。对于此事,晋士会评价曰:"楚君讨郑,怒其贰而哀其卑。叛而伐之,服而舍之,德、刑成矣。伐叛,刑也;柔服,德也,二者立矣。昔岁入陈,今兹入郑,民不罢劳,君无怨讟,政有经矣。商、农、工、贾不败其业,而卒乘辑睦,事不奸矣。蒍敖为宰,择楚国之令典;军行,右辕,左追

① 杨伯峻:《春秋左传注》,中华书局1990年版,第721—722页。
② 参见石泉:《楚国历史文化词典》,武汉大学出版社1996年版,第212页。

蓐,前茅虑无,中权,后劲。百官象物而动,军政不戒而备,能用典矣。其君之举也,内姓选于亲,外姓选于旧。举不失德,赏不失劳。老有加惠,旅有施舍。君子小人,物有服章。贵有常尊,贱有等威,礼不逆矣。德立、刑行,政成、事时,典从、礼顺,若之何敌之?见可而进,知难而退,军之善政也。兼弱攻昧,武之善经也。"①

　　陈、蔡是郑之盟国,从《左传》文公十七年郑国向晋国上书中的记载可知,陈、蔡两国都是由于郑国的缘故而亲晋,"以陈、蔡之密迩于楚,而不敢贰焉,则敝邑之故也"。楚庄王时期也是多次伐陈,庄王十六年(前598年)楚与陈结盟。其年冬,以讨伐自立为陈侯之夏徵舒为由,楚派军进入陈国,设其为楚县。因其出兵有理,故诸侯、县公均祝贺庄王,独申叔时不以为然。他认为:"夏徵舒弑其君,其罪大矣;讨而戮之,君之义也。"故而庄王伐陈是有道之事,但是设其为楚县则是"贪其富"的不义之举。他举例劝庄王曰:"抑人亦有言曰:'牵牛以蹊人之田,而夺之牛。'牵牛以蹊者,信有罪矣;而夺之牛,罚已重矣。诸侯之从也,曰讨有罪也。今县陈,贪其富也。以讨召诸侯,而以贪归之,无乃不可乎?"②庄王听闻此言,颇以为然,马上使陈复国,仅从每乡俘获一人在楚国腹地建立了"夏州"(在今湖北省武汉市汉阳北)。庄王伐陈灭之为县,又使之复国,也是行刑、立德之举,故而《左传》书其"有理",《史记·陈世家》中则记孔子对此事的评价云:"贤哉楚庄王!请千乘之国而重一言。"

　　与视其强弱而朝晋暮楚的郑国相比,宋则属于毫无自知之明且顽固不化的国族。自楚成王打破了宋襄公称霸的局面,又在泓之战中射伤宋襄公之后,楚、宋两国便结下了冤仇。楚庄王时期,宋亦是亲晋而背楚的。庄王十七年(前597年)冬,楚灭宋之盟国——萧,更是翦宋之羽翼。庄王十九年(前595年),庄王故意让使臣申舟不向宋借道而过其领土,激怒宋人而引发了楚、宋之间的战争。其年九月,楚包围宋

① 杨伯峻:《春秋左传注》,中华书局1990年版,第720页。
② 杨伯峻:《春秋左传注》,中华书局1990年版,第715页。

都。宋国向晋求救,晋一边打定主意不去救宋,一边又派遣解扬到宋国去假意说晋国大军快来了,命其不要降楚。郑人俘获了解扬,将他送至楚庄王处。楚庄王对其施以厚赂,让他实言晋国不来救宋之事,遭到拒绝,如此再三才得其同意。于是,解扬登上楚军的楼车,高声向宋人宣布晋军马上将至。见其言而无信,庄王非常愤怒,质问解扬,解扬以"信义"之说对答,曰:"臣闻之,君能制命为义,臣能承命为信,信载义而行之为利。谋不失利,以卫社稷,民之主也。信无二命。……"①庄王听闻此言,竟放其归晋。

一直到了第二年五月,战时已历 9 个月,由于粮尽,楚军准备班师回国了。申舟之子申犀认为其父明知必死依然不敢违背庄王之命,庄王却食言了,并未征服宋国却要撤退了。庄王无言以对。申叔时建议"筑室、反耕",即向宋国表明楚军准备打持久战。宋国国都此时业已缺粮,民众易子而食,饿殍满野,于是派华元连夜到楚军中乞和,要求楚军后退 15 千米,与楚议和,盟曰:"我无尔诈,尔无我虞。"②

从楚庄王对待郑、宋两国的态度上不难看出,庄王采取的是对顽固者进行惩罚、对顺服者则加以施恩的政策,恩威并举,在诸侯中获得了声望。同时,对待国内民众,一边亲率大军四处讨伐,一边又重视民生,在宋之役后就息兵养民,获取了民心,凝聚了国力,因此楚国在此时称霸于诸侯,国力也达到了顶峰时期。公元前 591 年,庄王去世,但他留给后代楚王的却是一个强大的国家和一群有力的官属。史书记载庄王请士亹为太子老师,教其"诗""礼""乐""令""语""故志""训典",明白"忠""信""义""礼""孝""事""仁""文""武""罚""赏""临"之理。③ 学习华夏的先进文化,从而促进楚国的文化进步以及文化融合,应该也是在庄王时期达到了高峰。其后,继为楚王的共王"抚有蛮夷,奄征南海,以属华夏,而知其过"④,不得不说也是庄王对其的教育之功。

① 杨伯峻:《春秋左传注》,中华书局 1990 年版,第 760 页。
② 杨伯峻:《春秋左传注》,中华书局 1990 年版,第 761 页。
③ 参见《国语》,上海古籍出版社 1998 年版,第 528 页。
④ 杨伯峻:《春秋左传注》,中华书局 1990 年版,第 1002 页。

第五节　吴师入郢与昭王复国

一、灵、平时期的楚国政局

公元前 506 年（楚昭王十年），吴国军队长驱而入，攻至楚国郢都，致使国君外逃，楚国遭受到了严重的政治危机。

与任何一次政治危机一样，内政不修是造成国家政局不稳的主要原因。从楚国发展的历史上看，楚灵王、平王时期的政治混乱是较为明显的，也是造成吴师入郢的直接原因。

楚灵王作为令尹之时，诛杀了大司马蒍掩，又乘郏敖病重杀死郏敖及其两子，自立为王。即位后，滥用财力民力，造章华台，"国民罢焉，财用尽焉，年谷败焉，百官烦焉，举国留之，数年乃成"①。他还对其他国族尤其是淮水上游地区诸国进行大肆迁徙，尽管在一定程度上割裂了原有地缘上的政治结构，但是对当地百姓生活的影响是相当大的，迁徙的也大多是王室，百姓则通常留居，对楚国的管理有着抵触情绪，也造成了该地的政局不稳。《左传》昭公十三年所记对灵王执政期间的行为做了归纳："及即位，夺蓬居田；迁许而质许围。蔡洧有宠于王，王之灭蔡也，其父死焉，王使与于守而行。申之会，越大夫戮焉。王夺斗韦龟中犨，又夺成然邑，而使为郊尹。蔓成然故事蔡公。故蓬氏之族及蓬居、许围、蔡洧、蔓成然，皆王所不礼也，因群丧职之族启越大夫常寿过作乱，围固城，克息舟，城而居之。"灵王一即位，就夺取了蓬居的土地，加之此前作为令尹之时，杀大司马蒍掩，引起蓬氏族的不满，又夺斗韦龟之中犨、蔓成然之属邑，引发了公子比、公子黑肱、公子弃疾、蔓成然等公族率领陈、蔡、不羹、许、叶诸师攻入统治中心，灵王逃逸自缢而亡。

公子弃疾即楚平王。他联合流亡在外的公子干、公子皙攻占郢都，待灵王逃亡在外自缢后，他设计使公子干、公子皙自杀，自立为王。即

---

① 《国语》，上海古籍出版社 1998 年版，第 542 页。

位之初,楚平王曾经实行息兵休养政策,还不分国野地进行军事制度整合。同时,还将楚灵王时期所迁各国迁回原地,以图改善楚国与这些国族的关系。然而很快,由于他亲佞臣费无忌,信其谗言,杀害伍奢父子,使得伍举投吴,还强娶给太子建所纳之妻,后又逼使太子建出奔于宋,引起王室的内乱。而且楚平王还大肆驱使民力修筑楼台宫室,使"宫室无量,民人日骇,劳罢死转,忘寝与食"①。此后楚平王多次与他国争战,同样对所属之国采取迁徙政策,"使民不安其土"②。

灵、平两代,楚国政治统治充斥着王位的争夺和公室间的争斗,统治阶层骄奢荒淫,尤为突出的就是令尹子常(即囊瓦)。子常在平王时期就是令尹,《左传》昭公二十三年曾记其为令尹时"城郢"。沈尹戌对此评价曰:"子常必亡郢。苟不能卫,城无益也。古者,天子守在四夷;诸侯守在四邻;诸侯卑,守在四竟。慎其四竟,结其四援,民狎其野,三务成功。民无内忧,而又无外惧,国焉用城?今吴是惧,而城于郢,守已小矣。卑之不获,能无亡乎?昔梁伯沟其公宫而民溃,民弃其上,不亡,何待?夫正其疆场,修其土田,险其走集,亲其民人,明其伍候,信其邻国,慎其官守,守其交礼,不僭不贪,不懦不耆,完其守备,以待不虞,又何畏矣?"虽然是针对子常城郢之事,但可以说明楚国已经面临着亡国的政治危机,沈尹戌指出的一系列应当做的行为,都是统治阶级没有做到的,足可反映出当时楚国的统治混乱。

作为令尹的子常则又是一个不仁好贪之徒。平王死后,昭王年幼即位,子常继为令尹掌握实权,他的执政给楚国带来了灾难性的后果。楚庄王九年,蔡昭侯带着玉佩和裘皮到楚朝觐,献给昭王后,子常看中另一件就向蔡昭侯所取,被拒之后,竟然将其扣留在楚国三年之久。同年唐成公带着两匹好马来楚,也遭到子常的索要,被拒之后也遭到三年的拘禁。直到唐人、蔡人相继将宝物送给子常之后,才放唐、蔡两国君归国。虽然唐、蔡属于楚的附庸国,但拘其国君三年不放,是对这两国的莫大侮

---

① 杨伯峻:《春秋左传注》,中华书局1990年版,第1405页。
② 杨伯峻:《春秋左传注》,中华书局1990年版,第1468页。

辱,因此,蔡侯发誓永不朝楚,"余所有济汉而南者,有若大川!"①并将太子作为人质联合晋国攻楚。子常的贪欲,是造成蔡、唐联合吴师伐楚的直接原因。虽然从文献记载中看,吴师入郢之战中主要军队是吴军,然而蔡、唐的参与,在楚人北方牵制着楚军的行动,并且还可借道于吴,使吴军在淮河上游行动畅通无阻,为吴师入郢提供了战略性的帮助。

二、吴师入郢

楚国与吴国自公元前 584 年(鲁成公七年、楚共王七年)始,便开始在淮域进行战争。《左传》成公七年记,楚申公巫臣投奔晋国,子重、子反杀其族,分其室,巫臣为了报复,为晋国策划联吴制楚的策略,亲自到吴国训练车战和战术,使"蛮夷属于楚者,吴尽取之",楚人疲于奔命。此后到公元前 506 年吴师入郢前,78 年间楚、吴战争不断,其结果则是此消彼长②。

但是,由于楚国内政的日益混乱和吴国拥有伍员、孙武等良将军事势力益趋强大,吴又有了蔡、唐两国支援,公元前 506 年,吴军竟长驱而入,直奔楚国腹地而来。

《左传》定公四年记此役吴师"舍舟于淮汭,自豫章与楚夹汉"。淮汭,应在今新蔡东南的史河口。③ 豫章,在今湖北省境襄樊市东北约 20千米外的唐河与白河之间近白河东岸处,亦即新野以南、汉水以北的南阳盆地南部较低洼地带。④ 吴国正是和蔡、唐联盟,蔡、唐可以借道于吴,故吴国从蔡国境内登陆,从而也避免了楚国息县及同盟国随国的军事力量,与楚军隔汉水对峙。

---

① 杨伯峻:《春秋左传注》,中华书局 1990 年版,第 1532 页。
② 按,徐少华先生曾经将两国之间的战争局势进行过较为详细的分析,总结道:从楚共王七年至康王十五年间,楚国略强于吴;楚郏敖元年至平王三年,是楚、吴相持的时期;楚平王四年之后至吴师入郢后一段时间,则是吴强于楚。参见徐少华:《论春秋时期楚人在淮河流域及江淮地区的发展》,载《荆楚历史地理与考古探研》,商务印书馆 2010 年版,第 130—148 页。
③ 参见陈立柱:《楚淮古地三题》,《江汉考古》2010 年第 1 期。
④ 参见石泉:《古代荆楚地理新探》,武汉大学出版社 1988 年版,第 360 页。

但这还不是吴师的全部力量。舟船里载的应是吴师的辎重和战车,吴师的大批陆军还是沿着其西界巢(今六安)向西,越大别山经麻城关口西行,与先头部队在汉水东岸汇合,一起攻楚。

楚左司马沈尹戌谋划对吴之策,使令尹子常沿汉水上下防备吴军,自己准备从方城而出,毁掉停泊在淮汭的吴师战船,而后塞大隧、直辕、冥轭等城口,目的在于对吴师水、陆退路进行封锁。

但是子常为了争夺首功,抢先渡过汉水与吴师开战,结果楚人在小别到大别一带三战失利。大别、小别在汉水以东大洪山一带。① 陆路而来的吴师又与楚军战于柏举(今麻城境内)。楚人在这里一直建有军事据点。1993 年至 1995 年发掘的李家湾楚墓,从其文化内涵看,出土成套青铜礼器的 6 座墓的棺椁制度、礼器的组合、器形、纹饰及铸造工艺都与淅川下寺墓群有"惊人的相似之处"②,同时还出土了有"楚

𤱭之石沱"铭文的铜鼎。𤱭,当是楚共王十六年(前 575 年)在晋、楚鄢陵之战中被晋军所俘的公子茷。③ 根据对此地考古及紧邻的安徽中西部同时期的"舒器"文化面貌的分析,发现这两种考古学文化是相对独立的,因此,李家湾楚墓地表明是军事设防的需要。④

因子常不仁,其部下"莫有死志",吴夫概王领兵先攻子常之军队,大败之。吴军大部队随后而至,到达今安陆县的清发,利用楚军渡水之时再次打击了楚师。再往西行,趁楚军吃饭之时攻打楚军,在雍澨(今湖北京山)一带再次重击楚军。如此五战,吴军水路两师攻入了楚之郢都。

三、昭王复国

吴师入郢之后,对郢都进行了毁灭性的破坏。《左传》定公四年载其"以班处宫"。《淮南子·泰族训》记吴师入郢后,"烧高府之粟,破九

---

① 参见石泉:《古代荆楚地理新探》,武汉大学出版社 1988 年版,第 380—386 页。
② 湖北省文物考古研究所:《湖北麻城市李家湾春秋楚墓》,《考古》2000 年第 5 期。
③ 参见王然、丁兰:《麻城李家湾楚墓考析》,《江汉考古》2000 年第 4 期。
④ 参见丁兰:《试论春秋中晚期楚国在鄂东地区的军事存在》,《中南民族大学学报》(人文社会科学版)2006 年第 5 期。

龙之钟,鞭平王之墓"。烧粟,是破坏楚国的经济;破钟,是灭楚国之王权;鞭平王之墓,乃伍员为报父兄之仇而为。《史记·伍子胥列传》云:"伍子胥求昭王,即不得,乃掘楚平王墓,出其尸,鞭之三百,然后已。"

吴师入郢前楚昭王出奔,自蛮河下游渡过汉水,到达今钟祥县境的云中,再至楚郧县,越过大洪山到达今随州市西北安居镇北的随国。① 当吴师追至随国,许诺随若将昭王交出来,汉东即为随国所有。但随人矢口否认昭王在随,并对吴人说:随国只是一个小国,是楚把自己保护下来使之存在,因为随与楚世代都有盟誓,至今如此,如果遇到了危难就背盟约,又怎么能侍奉吴国国君呢? 而且吴国想灭楚国这样的大事担心的不仅仅是昭王一个人,而是楚国的广大人民,只要平定了整个楚国,随国哪里还敢不唯命是从呢? 由于随国的保护,加之吴国夫概王的内乱,吴军急于回国平乱,未能抓住昭王。

与随等国的友好关系,说明昭王是一个很得人心的君主,也甚得百姓及官员的拥护。《新书·输诚》篇记吴师入郢前两年严寒之季,昭王"出府之裘以衣寒者,出仓之粟以振饥者"。吴师入郢后,曾受昭王之赐的百姓们奋起反抗吴人,以致吴君阖庐一晚上要换五个住处逃避。《汉书·刑法志》记昭王出奔时郢都父老为其送行:"王曰:'父老反矣! 何患无君?'父老曰:'有君如是其贤也!'相与从之。"《左传》定公四年记载,昭王在出奔途中,遭遇盗贼袭击,王孙由于替他挡戈;钟建还背负着昭王之妹季芈随之而行。至郧时,郧公之弟想趁机杀之,以报平王杀其父之仇,遭到郧公的拒绝,并护送昭王投奔随国。昭王奔随后,楚人群起反吴,"各致其死,却吴兵,复楚地"②。

吴师入郢后,伍员之密友申包胥对伍员鞭平王之墓的行为十分不满,劝阻未果后,申包胥到秦国乞师,秦先是拒绝,申包胥依墙而哭,日夜不绝,如此七天最后感动秦君求得秦军出兵讨伐占楚之吴。此时,与吴相邻的越国趁吴国国内空虚,攻袭其本土。秦楚联军一同攻吴,楚又

---

① 参见石泉:《古代荆楚地理新探》,武汉大学出版社 1988 年版,第 391—396 页。
② 刘文典:《淮南鸿烈集解》,中华书局 1989 年版,第 688 页。

打败了唐国。此时的吴国也起了内讧,夫概王率领自己的部队私自归国,自立为王。面对秦楚联军的攻伐和国内的大乱,吴师终于从郢都撤退,楚昭王得以复国。

昭王在归国后,先赏赐了功臣,就连在其出奔途中欲图杀之的斗怀也没有惩罚,反而称其有大德,显现了昭王的宽容之心。昭王还接纳了与阖庐争夺王位失利的夫概王,将其安置在楚国的棠溪(今河南遂平县北)。对帮吴伐楚的蔡国,昭王也是从宽发落,公元前494年(楚昭王二十二年),楚与陈、随、许合并伐蔡,围其都,蔡人投降后,昭王允其迁往离吴国较近的地方。

发生在楚国核心区的这次政治危机,对楚国的打击是相当大的,不仅国君出奔,撼动了整个统治阶层,还对整个郢都的建设都造成了毁灭性的影响。两年之后(前504年),楚人仍因惧怕吴师再次入郢,不得不迁都于都,以"改纪其政,以定楚国"①。然而,得人心者得天下,"所谓善败不亡者也",昭王正是以其"知大道"之举赢得了百姓的拥护和国家的重生。②

史书记载,昭王时期的楚国以"观射父、左史倚相"③等为宝,最能体现楚昭王时期重才的事实。《左传》哀公六年记昭王患病,周太史建议实行禳祭,将病患转移给令尹和司马。昭王断然拒绝,认为令尹和司马是股肱之臣,不能将自己的疾患转移到股肱之臣身上。甚至有卜者言称昭王得病是河神作祟,群臣准备祭河神,昭王都不应许,他认为:"三代命祀,祭不过望。江、汉、雎、漳,楚之望也。祸福之至,不是过也。不谷虽不德,河非所获罪也。"不嫁祸于股肱、不移罪于山河,昭王这种举动是非常得人心的,连孔子听闻,都赞其曰:"楚昭王知大道矣!"虽在临终之际,他首先想到的是立子西、子期、子闾为王,而非自己的儿子。可以说,正是因其重人才,昭王才能依靠臣僚们的辅佐复国并强国,并给后代楚君和国家留下了丰富的人文及精神财产。

---

① 杨伯峻:《春秋左传注》,中华书局1990年版,第1557页。
② 参见(东汉)班固:《汉书》,中华书局1962年版,第1089页;杨伯峻:《春秋左传注》,中华书局1990年版,第1636页。
③ 《国语》,上海古籍出版社1998年版,第580页。

第十四章

楚国的强盛与衰亡

　　随着历代楚君北上中原、东征淮域的战争,楚人既学习中原地区的先进文化,又不满足于此,从而创造了属于自己的灿烂文明,于是一个强大而富庶的国家在汉水之西建立起来。

　　伴随着一个国家中央集权逐渐加强的,便是来自各个阶层的社会矛盾:王室与公族之间、公族之间、王公贵族与平民百姓之间,利益上的冲突此起彼伏,相互博弈。好在,楚王室总有贤明之君、精干之臣来试图化解这些纷争,从而力挽狂澜,经历过吴起变法和宣威时期的中兴,楚国成为"地方五千余里,带甲百万,车千乘,骑万匹,粟支十年"①的霸主之国,达到了辉煌的顶峰。

　　然而,当矛盾积累到一定程度之时,便会爆发。而此时的统治阶级业已逐渐失去了先君们筚路蓝缕的斗志,沉溺于权力的享受之中,国势如江河日下。与此同时,居于崤山之东的秦国则日渐强盛。最终,秦军沿汉江和川峡而下,一举攻破楚之郢都,致使楚东迁淮域,却也改变不了为秦所灭的命运。历史往往这样,落后者依其斗志昂扬之势而后来居上,先进者却因之日益懈怠而为他所灭。

　　即使如此,楚依然因其灿烂辉煌的多元文化,对此后的秦汉国家大统一以及多元文化的形成具有重要而深远的意义。

---

① (汉)司马迁:《史记》,中华书局 1959 年版,第 2259 页。

第一节　吴起变法

一、变法前的楚国

楚惠王即位后,因有昭王留下的一批贤才良相辅佐,初期的楚国朝中无事,一幅歌舞升平的景象。直到惠王十年,发生了白公之乱。

白公,即楚平王的先太子建之子王孙胜。当初先是平王自取欲给太子建娶之妻,后太子建又受到佞臣费无忌的诬陷,称其谋反,故而逃往宋国,后宋国内乱,太子建经郑国到晋国,再回郑国时,被郑人所杀。太子建师傅伍奢之次子伍员携太子建之子王孙胜逃往吴国。35 年之后的惠王二年(前 487 年),子西派使者迎王孙胜及其弟归楚,封在白县(今河南息县东)为县公。白公胜为报郑人杀其父之仇,主张讨伐郑国,遭到子西的拒绝。惠王八年,晋伐郑,楚又救郑,白公胜愤怒之余,开始谋反了。此年趁着吴人伐慎(今安徽颍上县北),白公大败吴军,在获准入朝献捷后,王孙胜杀子西、子期,劫持了惠王。叶公沈诸梁听闻叛乱消息后,率军火速奔赴郢都救难,他下令打开大府将里面储藏的物资分给国人,又打开高库将兵器发给国人,于是官民一心,平息了白公胜之党。次年,又灭掉了在白公作乱时期趁火打劫的陈国为陈县,《史记·货殖列传》言:"陈在楚、夏之交,通鱼、盐之货,其民多贾。"陈地入楚,楚国的经济和军事实力都得到了进一步的增强。

白公之乱,如同扔进一个石子到水里,溅起了一片涟漪,马上水面又恢复了平静,楚国的历史车轮依旧往前行驶着,度过了简王、声王时期。简王时期,楚国政务清明,除攻灭莒国,没有实际上的战争。声王时期,又开始发起战端,《吕氏春秋·慎势》载,楚师围攻了宋都长达十月,却又徒劳无功,让国人饱受战争之苦,于是声王六年(前 402 年)声王为"盗"所杀,悼王得立。

这时候,北方的晋国由于公室与众卿的争斗,一分为三,形成鼎足之势,分占了黄河中游的北部,各自内求稳固,外求扩张,彼此时而联合,时而对抗,四面出击。楚国欲往北扩张,势必与三晋形如水火。声王四年(前405年),周烈王册命魏文侯、赵烈侯、韩景侯的诸侯身份,三晋更是拥有了名副其实的地位,其中韩都阳翟便在今河南禹县,位于楚、郑之间。悼王二年(前400年),三晋联军败楚于乘丘(今山东巨野县西南);十一年(前391年),三晋合兵伐楚,攻克大梁(今河南开封市西北)和榆关(今河南中牟县境)两处要地,以致楚不得不厚赂秦国,使秦师攻伐韩之六邑,才转移了三晋对楚的战争压力。

战争上的失败,给楚国带来了沉重的压力。以"戎"为国之大事的楚人,尤其是作为楚君的悼王,身上背负的担子异常沉重。与此同时,楚国内部的矛盾也达到了一定的程度。

自春秋中期始,盛行于诸国的井田制开始瓦解,由于社会生产力的进步,特别是铁器的使用,大量的土地得到开垦,贵族、卿大夫对土地的占领欲望也日益强烈。早在楚庄王时期,子重凭借围宋之役中有功,公然要求取申、吕两地作为赏田而为己有。在遭到申公巫臣的反对后,于共王时期竟伙同子反杀巫臣之族而分其室。楚康王十二年(前548年),令尹子木使司马蒍掩整治军赋,《左传》襄公二十五年记:"楚蒍掩为司马。子木使庀赋,数甲兵。甲午,蒍掩书土、田,度山林,鸠薮泽,辨京陵,表淳卤,数疆潦,规偃豬,町原防,牧隰皋,井衍沃,量入修赋,赋车、籍马、赋车兵、徒兵、甲楯之数。"子木使庀赋,主要是军赋,而且这种军赋的征收是根据对境内的土、田、山林、薮泽等进行登记和归类,方才"量入"而行的。刘家和先生指出这种做法"反映了楚国的国人和非国人的区别在更广大的范围内的逐渐消失"[1]。如此贵族的赏田或采地失去了特殊的地位,抢夺和兼并土地的现象愈演愈烈。楚国盛行公子执政制度,《左传》中记载的从楚武王到庄王的11个令尹中就有10个是公族。春秋时期,自孙叔敖任令尹至春秋末年令尹子国止,17个令尹中12个由楚王室公子担任[2],司马之职亦如此。贤如楚庄王,都

---

① 刘家和:《关于蒍掩庀赋》,《江汉论坛》1983年第4期。
② 参见李玉洁:《楚史稿》,河南大学出版社1988年版,第106页表。

不外如此。《左传·宣公十二年》已有明确记载:"其君(楚庄王)之举也,内姓选于亲,外姓选于旧。举不失德,赏不失劳。"这种制度在初期起到了强化王权的作用,逐渐形成了王权旁落,大臣、封君权力过重的局面。而且封君的封地,也是面积广大,规模类似于大县或附庸小国,且封君在封地里的权力较大,或拥有一套行政机构来治理封邑。① 大臣强势必会带来王室之弱,此时的悼王外有敌患,内有权忧,要想改变局面,必然要进行改革。与此同时,各国的变法运动风起云涌,魏有李悝变法,赵有公仲连改革,使魏、赵的国力得到增强,于是,楚悼王也开始着手改革。正好,魏文侯去世后,继位的魏武侯对吴起生疑,吴起因而去魏而奔楚,与悼王一拍即合,开始在楚国兴起一场轰轰烈烈的变法运动。

二、吴起变法的内容

吴起为卫人,先后仕于鲁、魏等国,能治国,善用兵。他主张严刑明赏、教戒为先的治兵方针,在魏国任西河郡守时,曾与诸侯大战 76 次,全胜 64 次,"辟土四面,拓地千里"。公元前 389 年,吴起在阴晋之战中,以 5 万魏军击败了 10 倍于己的秦军,使魏国成为战国初期强大的国家。故而《史记·孙子吴起列传》载:"楚悼王素闻起贤,至则相楚。"

关于吴起变法的时间,《韩非子·和氏》篇说:"悼王行之期年而薨矣,吴起肢解于楚。"所谓"期年",论者常以为是指"一年",楚悼王死于公元前 381 年,故吴起变法时间在公元前 382 或公元前 383 年左右。② 实际上,"期年"或许指"十年",《战国策·秦一》中谈到商鞅变法时说:"商君治秦,法令至行,公平无私,罚不讳强大,赏不私亲近,法及太子,黥劓其傅。期年之后,道不拾遗,民不妄取,兵革大强,诸侯畏惧"。《史记·商君列传》中称,商鞅变法"行之 10 年,秦民大说,道不拾遗,

---

① 参见郑威:《吴起变法前后楚国封君领地构成的变化》,《历史研究》2012 年第 1 期。

② 参见朱绍侯主编:《中国古代史》,福建人民出版社 2004 年版;郭沫若主编:《中国史稿》(二),人民出版社 1979 年版。

山无盗贼,家给人足"。可见,战国时期的"期年"实指10年①。故而吴起入楚变法的时间应在公元前390年楚悼王十二年前后。

吴起变法前,对楚国的实际情况是有所了解的。他认为,楚国"大臣太重,封君太众,若此则上逼主而下虐民,此贫国弱兵之道也"②。《吕氏春秋·贵卒》载吴起对悼王说:"荆所有余者,地也;所不足者,民也。今君王以所不足益所有余,臣不得而为也。""以所不足益所有余",即是认为把公室所缺乏的民户赏赐给已占有过多土地的贵族,从而使得权力下移和分散,国君的实力减弱。这和楚悼王的忧虑是不谋而合的,所以在悼王的支持下,吴起开始进行变法。

吴起变法的内容史有明文,具体内容包括:

其一,削减贵族特权。主张降低大臣和封君的爵位,缩小他们的封地,减少他们的属民③;同时限制传袭的世代,"使封君之子孙三世而收爵禄"④;纠正封赏太滥的做法⑤,强制将一些贵族搬迁到地广人稀的边疆,既收回了旧贵族原有的部分良田,也有利于地广人稀地区的开发⑥。

其二,整饬吏治。即"明法审令"⑦,"罢无能,废无用,损不急之官,塞私门之请,一楚国之俗"⑧,"私不害公,谗不蔽忠,言不取苟合,行不取苟容,行义不固毁誉"⑨。主张精简庸吏,裁减无能之人,从而整顿了楚国官员的风气,禁止私门请托,并强调不能因私事妨害国家的利

---

① 杨宽先生也认为吴起变法经历时间有十年,参见杨宽:《战国史》,上海人民出版社1957年版。

② (清)王先慎:《韩非子集解》,中华书局1998年版,第97页。

③ 《淮南子·道应训》云:"衰楚国之爵而平其制禄,损其有余而绥其不足。"《史记·范雎蔡泽列传》载:"为楚悼王立法,卑减大臣之危重。"

④ (清)王先慎:《韩非子集解》,中华书局1998年版,第96页。

⑤ 《史记·孙子吴起列传》载:"废公族疏远者。"[(汉)司马迁:《史记》,中华书局1959年版,第2168页。]

⑥ 《吕氏春秋·贵卒》云:"令贵人往实广虚之地。"(张双棣、张万彬等:《吕氏春秋译注》,吉林文史出版社1987年版,第779—780页。)

⑦ (汉)司马迁:《史记》,中华书局1959年版,第2168页。

⑧ (汉)司马迁:《史记》,中华书局1959年版,第2423页。

⑨ 《战国策》,上海古籍出版社1998年版,第212页。

益,不能以谗言掩盖忠义,言行都要一致,为国家政权效力。

其三,强兵经武。其主要措施为"要在强兵,破驰说之言从横者"①,"禁游客之民,精耕战之士"②,"砥砺甲兵,时争利于天下"③。禁止纵横家进行游说,影响国家强兵的本质,扰乱军心,混淆视听;禁止士兵脱离农耕和行伍,鼓励士兵耕种,储备粮食,操练兵法,从而实现兵精粮足。同时以均平爵禄所得来补充军费,"以奉选练之士"。在备战过程中,吴起改革了楚人两版垣(即用夹板填土筑墙)的简单方法,启用四版筑城法加强城防工事的建筑速度和质量,并加强武器装备,训练一批精兵良将。

从以上内容来看,吴起的变法是针对楚国所存在的困境而实施的,对于国君而言,维护和增强了权力的集中,相反对于贵族和封君而言,则触犯了他们的既得利益和特权,于是,遭到了他们的强烈反对。早在变法之前,吴起向息县大屈宜臼叙述变法主张时,便受到告诫:"昔善治国家者,不变其故,不易其常。"④变法实施后,更是引起了贵族们的怨愤。于是在悼王逝世后,权贵们群起而攻之,向伏在悼王尸体上的吴起连射带刺,杀死后又对其进行肢解。不过正在他们弹冠相庆之时,由于作乱时将箭误发于悼王尸首之上而被一律处死,且罪及三族。于是,肃王即位后,便命令尹捕杀了70余家杀死吴起的权贵及其三族。一场浩浩荡荡的变法,便这样终结于纷乱之中。

三、吴起变法的历史功效

吴起变法的主要内容实际上包括了两部分:其一是改变大臣和封君权力过剩的局面,此即悼王时期楚国的内忧;其二是强军兴兵,增强了楚国的军事力量,此为解决楚国外患的途径。而通过前者可以将国家财富集中起来,把附着在贵族身上的平民解脱开来,改善平民处境,

---

① (汉)司马迁:《史记》,中华书局 1959 年版,第 2168 页。
② (汉)司马迁:《史记》,中华书局 1959 年版,第 2423 页。
③ 刘文典:《淮南鸿烈集解》,中华书局 1989 年版,第 396 页。
④ 刘文典:《淮南鸿烈集解》,中华书局 1989 年版,第 396 页。

从而国力强盛,粮饷充足,百姓富裕,才能赢得战争的胜利。

变法的实际功效如何,历史上有不同的评价。《韩非子·问田》篇云:"楚不用吴起而削乱,秦行商君而富强。"将吴起和商鞅的变法进行对比,承认了商鞅对秦国富强的作用,却贬斥了吴起变法的不成功,称之为"乱"。

从封君领地的构成来看,吴起变法之后的楚国,虽封君数量并未减少,封君的世袭制也未完全得以废除,以《包山楚简》中记录的封君来看,距吴起约 60 年后的怀王时期,封君仍有二十余人,不少封君之名与惠王时期的《曾侯乙墓竹简》中记录的封君名称相同,当属于同一家族。然而封邑数量增多,规模则受到压缩,而原有的封邑,也常常被割裂为两个或数个地区,以设立新的封邑或县邑,从而削弱了地方实力,促进了中央权力的加强,可见吴起变法以及此后的相关影响和措施在这一方面收到了部分成效。①

从经济方面来看,近 20 余年的考古发现也证实,悼王至宣王时期楚国王畿的楚墓增长幅度最大,其陪葬品也是战国早期陪葬品的 2 倍之多,可见此时期人口、财力都得到了较大的增长。②

最为突出的成就,表现在楚国的军事行为上。楚悼王二十一年(前 381 年),赵因在魏国帮助下的卫国夺取了河东之地,向楚国求救,于是吴起率楚军攻魏救赵,兵锋直指中原,饮马于黄河之边,收复了楚国北疆的失地,其中包括原陈、蔡两国的某些领土,从而楚、赵结好,赵不参与韩、魏伐楚之事,三晋联盟逐渐瓦解。吴起还率军南平百越,百越处于洞庭与苍梧之间,有农桑、金锡之利,自春秋晚期始,楚人开始踏入此间,在吴起平百越之后,开始开拓此地,将百越土著纳入楚民族范围中,为多元的楚文化增添了新的血液。故而《史记·孙子吴起列传》云:"于是南平百越,北并陈、蔡,却三晋,西伐秦,诸侯患楚之强。""楚

---

① 参见陈伟:《包山楚简初探》,武汉大学出版社 1996 年版,第 105—107 页;郑威:《吴起变法前后楚国封君领地构成的变化》,《历史研究》2012 年第 1 期。

② 参见徐士友:《吴起变法别析》,《湖北大学学报》(哲学社会科学版)2000 年第 5 期。

国兵震天下,威服诸侯。"①

如此看来,吴起变法达到了部分的预期目的,具有显著成效,只不过他变法的步子迈得稍微快了一些,楚悼王又去世得过早了一些,所以看起来不过是一场纷乱的结局,其下却依然埋藏着对后世楚人的宝贵财富。宣、威二世楚国的极盛时代,便是在此基础上从容而来。

同时,吴起的变法给后世也提供了宝贵的经验。虽吴起死于非命,其后韩国申不害、齐国邹忌、秦国商鞅的变法运动也随之蓬勃开展,绵延不绝。同是卫人的商鞅,公元前 365 年至魏,公元前 361 年去秦,生活足迹始终沿着吴起的步伐前进,就连商鞅在秦国进行的变法内容,也无不遗留着吴起变法的印记。商鞅变法经历过公元前 356 年、公元前 350 年两次,其主要举措包括:颁布法律,制定连坐法,轻罪用重刑;奖励军功,禁止私斗;重农抑商,奖励耕织垦荒;焚烧儒家经典,禁止游宦之民;推行县制,迁都咸阳;统一度量衡,按人口征收军赋;等等。这与吴起变法的内容相同之处颇多,尽管商鞅变法是针对秦国具体国情而作出的,但肯定借鉴了早于他的同乡——吴起的变法具体措施。就连他因变法损害了贵族的利益,最终受车裂之刑而死的结局,也和吴起莫不相似。稍有不同的是,商鞅变法使落后的秦国得以"大治",开始凌驾于山东六国之上,效果显著,故而被称为成功的范例。其实这也得益于当时秦国较为落后的国力和文化,正是因为它的落后才更显得进步,相反,吴起变法的楚国,即使有众多的弊端,却依然在当时列于强国之林,文化也走在前列,因此吴起变法的效果便没那么明显,更是被淹没在一片政治纷乱之中。

第二节 宣、威二世的极盛

一、韬光养晦的宣王时期

吴起变法以纷乱结束,肃王即位后,乘机铲除了权力过大的诸多贵

---

① (汉)司马迁:《史记》,中华书局 1959 年版,第 2423 页。

族,一定程度上肃清了国家政治机构中的毒瘤。虽然也因缺乏有经验的贤臣良将加强对外的拓张,却给百姓们带来了少有的休养生息。肃王十一年(前370年)薨,无子,其弟熊良夫继位,是为楚宣王。

楚宣王承袭了肃王时期的平稳方针,置身于诸侯的争霸斗争之外,韬光养晦,蓄积着楚国的国力和兵威。

这个时期,周王室和诸侯国大都经历着内忧外患:宣王元年(前369年),韩、赵、魏三分晋室;宣王三年(前367年),周王室内乱,分为西周和东周。

公元前369年,秦国力量开始强大起来,取得了周天子的承认,"周天子贺秦献公。秦始复强……"①自公元前366年(楚宣王四年)始,秦加强了对魏的攻势,以至于公元前361年,魏徙都于大梁。是年,秦孝公立,"楚、魏与秦接界。魏筑长城,自郑滨洛以北有上郡。楚自汉中,南有巴、黔中,皆以夷翟遇秦,摈斥之,不得与中国之会盟。"②孝公二年(前360年),周显王"致文武胙于秦孝公"③。但此时秦国国力不算诸侯国中最强,它主要的对手依然是来自崤山之西的三晋。一方面它采用商鞅变法来试图增强国力和兵威;另一方面依然是与魏等三晋互相博弈,与楚国之间的直接战争则并不明显。

楚宣王十六年(前354年),魏伐赵,赵求救于齐、楚。齐威王以田忌为主帅,以孙膑为军师,率军救赵。楚宣王召群臣议,昭奚恤主张暂不出兵,意图使赵、魏两败俱伤,而不影响到楚国。景舍认为楚若不出兵,赵或因怨恨楚而顺从于魏,"与魏合而以谋楚",对楚则不利,他主张"不如少出兵以为赵援",从而使赵国仗着有楚兵相助而坚守,魏见楚兵不多而继续强攻赵之邯郸,齐和秦则因见楚出兵而合力击魏,"则魏可破也"。楚宣王听从了景舍的建议,"使景舍救赵"④。楚国救赵只是表面为之,真正救赵的是齐国。田忌在孙膑的建议下,采取"围魏

---

① (汉)司马迁:《史记》,中华书局1959年版,第1720页。
② (宋)司马光等:《资治通鉴》,中华书局1956年版,第43页。
③ (汉)司马迁:《史记》,中华书局1959年版,第160页。
④ 《战国策》,上海古籍出版社1998年版,第1276页。

救赵"的策略,直扑魏国首都大梁,试图引魏军回救大梁而解赵邯郸之困。结果魏军吸取以往经验,竟一直等到攻破了邯郸之后才返回救邯郸,回途之中,于桂陵遭齐军埋伏而大败。此次战役中,唯一受益的就是楚国,几乎不费吹灰之力,便趁齐、魏之战夺取了睢、濊二水之间的魏地。

昭奚恤和景舍是楚宣王时期杰出的贤才。《战国策·楚策一》中记载了多篇有关昭奚恤的史迹,言其为北方诸侯所忌惮之人,足智多谋。并且他还敢于直谏,在宣王宠臣江乙试图拉拢魏国山阳君、向宣王请求封其为楚国封君时,昭奚恤执意因"山阳君无功于楚国,不当封"而反对。《韩非子·内储说》《战国策·楚策一》还载有昭奚恤断案的事例,都足以说明他的机智和正直。景舍也是一位颇受诸侯国尊重的贤能之才,楚宣王十八年(前352年),秦伐魏,取其都安邑,齐、宋和卫国趁魏之危,侵其东土,魏便与韩合兵大败齐、宋、卫联军于襄陵。齐只好请景舍出面,向魏国求和,得到魏国应允。正是由于有昭奚恤和景舍这些忠臣良相,楚国日益恢复实力,又逐渐兴盛起来。反过来,也可以看到宣王既有听取忠言、善于纳谏之心,又有不偏听偏信、不误信谗言之功,如此君明臣贤,楚国的政治环境显得尤为稳定,其军事策略则主要以不参与他国战争以求自保为主,大有休养生息、韬光养晦之势。

宣王二十年(前350年)以后,魏国逐渐成为七雄之首。宣王二十四年(前346年),魏伐楚,取上蔡。公元前344年,魏称王,是年,魏惠王为逢泽(今河南开封市东南)之会,率韩、宋、卫、鲁等诸侯朝见周显王。公元前342年,魏伐韩。其明年,齐救韩,齐、魏战于马陵(今山东郯城县境),齐大败魏,俘魏太子申。又明年,齐、赵、秦分别伐魏,魏军疲于奔命。这一切,楚国都没有参与。

公元前340年(宣王三十年),宣王去世。宣王时期,最大的成就便是政治上的稳定和军事上的保留,给威王时期楚国的极盛积蓄了力量。

二、楚国的极盛时期

经过宣王时期长达 30 年的休养生息,楚国的国力得到了恢复并进一步蓬勃发展起来。

这个时候,齐国正面临着来自于楚、越的压力。楚师逐渐往淮域进发,危及齐国西南部的领土安全;越国则北上,侵犯齐国东南部境域。齐威王派使者对越王无强说:"越不伐楚,大不王,小不伯。"意图将越国的战火引向楚国。果真,公元前 335 年,无强挥师西向,攻掠楚地。

魏国由于马陵之败元气大伤,魏惠王以惠施为相,欲设计激怒楚人伐齐,破坏齐、楚之间的联盟关系。于是,公元前 334 年,魏会齐威王于徐州,尊其为王,相约共同伐楚。

于是,楚威王七年(前 333 年),楚以景翠为元帅,歼灭越师主力,杀越王无强,尽取越人所占吴地,越人从此离散,诸公子争立,"或为王,或为君,滨于江南海上,服朝于楚"①。同年,景翠率军北上,于徐州大败齐师。

楚还收复了魏国所占之鲁阳。鲁阳,即今河南鲁山县,是楚出南阳盆地、越伏牛山北去中原的战略通道,盛弘之《荆州记》曰:"鲁阳县,其地重险,楚之北塞也。"楚肃王十年(前 371 年),"魏取我鲁阳"②。鲁阳入魏,使楚国失去了方城以北的一个重要屏障。《包山楚简》中多次提到楚怀王初年时期的"鲁阳县"③,其县公率师助郑筑城为守,可见,鲁阳至迟在威王时期便已收回。

于是,楚国的版图西起大巴山、巫山、武陵山,东至大海,南起五岭,北至汝、颍、沂、泗。《史记·苏秦列传》载苏秦所言:"楚,天下之强国也;王,天下之贤王也。……地方五千余里,带甲百万,车千乘,骑万匹,粟支十年。此霸王之资也。"

所谓楚国的极盛时期,指的是楚国的版图达到最为广阔的时期,其

---

① (汉)司马迁:《史记》,中华书局 1959 年版,第 1751 页。
② (汉)司马迁:《史记》,中华书局 1959 年版,第 1720 页。
③ 湖北省荆沙铁路考古队:《包山楚简》,文物出版社 1991 年版,第 349 页。

经济实力也最为强大。但表面上的极盛,掩盖不了繁荣之下的危机重重。

楚威王时期,秦国日益强大,公元前 334 年,"周显王致文武胙于秦惠王"①。楚、韩、赵三国都奉行着联秦制魏的方针,故而也一同朝见秦惠王,向其致贺。然而,随着秦国的进一步发展,楚、秦之间的对峙和战争也如同暗流般汹涌而来,虽然秦国的版图和财富尚不及楚,但其兵威经商鞅变法后急速地发展强大,与楚相抗衡,"楚强而秦弱,秦强则楚弱,其势不两立"②。

面对这种局势,纵横家们开始游说于秦、楚之间,言及纵横术,"从合则楚王,衡成则秦帝"。合纵,即是使函谷关(今河南灵宝县东北)以东诸侯与楚联合抗秦;连横,则是使这些诸侯西向与秦联合对楚。能联合的诸侯主要是三晋和齐、燕,而尤以三晋为重。《战国策·赵策》曰:"三晋合而秦弱,三晋离而秦强。"然三晋却各有异心,并不团结。楚威王八年(前 332 年),魏国献阴晋(今陕西华阴县东)于秦国;自此兴起了割地赂秦之风。《史记·魏世家》载苏代云:"且夫以地事秦,譬犹抱薪救火,薪不尽,火不灭。"果然,阴晋入秦后不过两年,河西之魏地全部为秦所占。又一年后,秦人便开始侵占河东之魏地了。

楚威王已经意识到这种忧虑,曰:"韩、魏迫于秦患,不可与深谋,与深谋恐反以入于秦,故谋未发而国已危矣。"因此,依靠外援并不能保证楚国的安全。同时,此时的楚国内部,也是危机重重。

楚国自吴起变法对贵族、大臣们的特权进行了打击,肃、宣王时又出现了诸如昭奚恤、景舍等良臣后,威王时期的大臣们却重视其爵禄胜过社稷了。《战国策·楚策一》中记载威王向莫敖子华询问楚国是否有既不追求爵位也不贪图俸禄,而一心考虑国家安危的大臣,实际上就是威王对贤臣的渴望和对时政的失望。

---

① (汉)司马迁:《史记》,中华书局 1959 年版,第 1721 页。
② (汉)司马迁:《史记》,中华书局 1959 年版,第 2260 页。

这些已经存在的忧患,在威王时期还只是一种高瞻远瞩的谋虑,到了怀王时期才真正地表现出来。故而,极盛时期的宣、威二世,也只是楚国历经数代君王的努力而达到的一种巅峰状态,从某种意义来讲,它也象征着楚国从强到弱的转折时期,这种极盛也仅如昙花一现,绽放了它极致的美丽。

第三节　家国悲剧——怀王与屈原

一、雄图壮志的楚怀王前期

威王去世后,其子熊相继位,即楚怀王。怀王前期,荫庇于先君遗留下的繁荣经济和贤臣良将之下,于军事、经济上均有所作为,颇有秉承先君之范,"及前王之踵武"①。

楚怀王六年(前 323 年),"楚使柱国昭阳将兵而攻魏,破之于襄陵,得八邑。又移兵而攻齐。"此事被记载于史册,竹简中记录有"大司马昭阳败晋师于襄陵之岁"②。七年前魏人夺取楚之陉山,是役,楚又得魏八邑,一时震动中原诸国。

怀王十一年(前 318 年),"苏秦约从山东六国共攻秦,楚怀王为从长"。此事也对历史产生了重要的影响,使怀王成为秦国诅咒的对象。《诅楚文》是秦国"告于丕显大神厥湫,以底楚王熊相之多罪"③的祝诅之文。

这时期的楚国,经济也非常发达,"黄金、珠玑、犀象出于楚"④。《包山楚简》中甚至记录了楚怀王时期各地官员向"越异"借贷黄金购买种子的事迹。⑤ "越异"具体是指人还是金融机构不得而知,但肯定

---

① 董楚平:《楚辞译注》,上海古籍出版社 2012 年版,第 6 页。
② 《包山楚墓》,文物出版社 1991 年版。
③ 郭沫若:《诅楚文考释》,《郭沫若全集·考古编》(第 9 卷),科学出版社 1982 年版,第 275 页。
④ 《战国策》,上海古籍出版社 1998 年版,第 540 页。
⑤ 《包山楚简》卷 103 载:"大司马邵阳败晋师于襄陵之岁,享月,子司马以王命命巽陵公黾、宜阳司马强买越异之黄金,以贷鄁间以籴种。"

是拥有大量黄金的贷方。黄金,大约从春秋时期开始,即已发挥了货币的功能,在各国均可流通,并常在大宗买卖和统治阶层的各种活动中广泛使用。大量黄金的使用,说明楚国经济的繁荣,《管子·地数》载齐相管仲曰:"使夷吾得居楚之黄金,吾能令农毋耕而食,女毋织而衣。"

1957年出土于安徽寿县的《鄂君启节》上的文字,也显示了怀王时期楚国商业的繁荣:"屯三舟为一舿,五十舿,岁赢返。"每次贸易动辄150舟,足见齐规模之大,且这种水上贸易极为频繁,一年便能返回。贸易涉及的地域和范围也相当的广,"自鄂垟(往),逾沽(湖),迋(上)滩(汉),庚𩲅,庚芑昜,逾滩,庚鄝(鄝),逾颊,内(入)邔,逾江,庚彭㰥,庚松昜,内灊江,庚爰陲,迋江,内湘,庚𤳳,庚𨟥昜,内𤅬(耒),庚䣱,内𦲷(淯)、沅、澧、𣹈(繇),迋江,庚木闗(关),庚鄝。"①足见舟船几乎能到达楚国境内的大小河流。

楚怀王还重用了昭阳、屈原等忠臣良将。昭、景、屈是战国时代楚国公族的三大姓,楚国盛行公子执政制度,至怀王时期,便是由昭氏柄政了。昭阳,是楚怀王前期的大司马,带领楚军夺取魏之八邑,震动了中原,而屈原则是史上著名的爱国诗人。

屈原,名平,其先祖为楚武王之子瑕,屈瑕受封屈地后,后裔以屈为氏,又因屈瑕官为莫敖,故屈氏家族亦称莫敖氏。莫敖的职责是管理王族事务,掌管祀与戎等国家大事,屈氏家族也多有世袭之职。屈氏自楚国建国后就始终是楚国王族中的显赫分支,并且唯其特殊而长期在楚国贵族统治集团中享有世职。② 楚怀王时期,屈原作为楚之同姓公族,任"左徒"之职。③ 因其"博闻强志,明于之乱,娴于辞令"而深受怀王重用,"入则与王图议国事,以出号令;出则接遇宾客,应对诸侯,王甚任之"④。怀

---

① 于省吾:《"鄂君启节"考释》,《考古》1963年第8期。
② 参见蔡靖泉:《楚国的"莫敖"之官与"屈氏"之族》,《江汉论坛》1991年第2期。
③ (汉)司马迁:《史记》,中华书局1959年版,第2481页。
④ (汉)司马迁:《史记》,中华书局1959年版,第2481页。

王"使屈原造为宪令",力图改新革制、明令法度。① 于是,楚国在君明臣贤的氛围下度过了怀王在位的前十年。

二、信谗偏信,疏远贤臣

楚国在宣、威二世达到了极盛时期,但暗藏在辉煌背后有着深深的忧患。楚威王对此已有所顾虑,说:"寡人之国西与秦接境,秦有举巴蜀、并汉中之心。秦,虎狼治国,不可亲也。而韩、魏迫于秦患,不可与深谋,与深谋恐反以入于秦,故谋未发而国已危矣。寡人自料,以楚当秦,不见胜也;内与群臣谋,不足恃也。寡人卧不安席,食不甘味,心摇摇然如县旌而无所终薄。"②

威王已经意识到朝中大臣追求自身地位远甚于社稷民生的局面,曾感叹道:"自从先君文王以至于不谷之身,亦有不为爵功,不为禄勉,以忧社稷者乎?"③但是怀王却对此毫无知觉。

率军与魏作战、夺魏八邑的大司马昭阳便是其代表。昭阳移师伐齐后,齐威王不甚其扰,正为秦使齐的陈轸自告奋勇前往游说昭阳。据《史记·楚世家》载:"齐王曰:'为之奈何?'陈轸曰:'王勿扰,请令罢之。'即往见昭阳军中,曰:'愿闻楚国之法,破军杀将者何以贵?'昭阳曰:'其官为上柱国,封上爵执珪。'陈轸曰:'其有贵于此者乎?'昭阳曰:'令尹。'陈轸曰:'今君已为令尹矣,此国冠之上。臣请得譬之:人有遗其舍人一卮酒者,舍人相谓曰:"数人饮此,不足以遍。请遂画地为蛇,蛇先成者独饮之。"一人曰:"吾蛇先成。"举酒而起,曰:"吾能为之足。"及其为之足,而后成人夺之酒而饮之,曰:"蛇固无足,今为之足,是非蛇也。"今君相楚而攻魏,破军杀将,功莫大焉,冠之上不可以

---

① 屈原《惜往日》曰:"惜往日之曾信兮,受命诏以昭时。奉先功以照下兮,明法度之嫌疑。国富强而法立兮,属贞臣而日娭。秘密事之载心兮,虽过失犹弗治。"且出土于湖北荆门市包山二号楚墓的一批竹简中有大量司法文书简,其墓主为楚怀王时期的左尹邵佗,下葬年代为公元前316年,大抵与屈原所造宪令有关,也反映出楚怀王明法度的行为。

② (汉)司马迁:《史记》,中华书局1959年版,第2261页。

③ 《战国策》,上海古籍出版社1998年版,第513页。

加矣。今又移兵而攻齐,攻齐胜之,官爵不加于此;攻之不胜,身死爵夺,有毁于楚:此为蛇为足之说也。不若引兵而去以德齐,此持满之术也。'昭阳曰:'善!'引兵而去。"

昭阳为不能再加官晋爵和自保而不奉行王命,在重视用兵的楚国有些匪夷所思,陈轸自告奋勇地去游说,必然是对昭阳等人内心的想法相当地了解。然而楚怀王却沉醉在胜利之中丝毫没有意识到。

楚怀王时期还分封了诸多封君。封君之众,早在楚悼王时期便在吴起变法内容中已提及,还引发了一场公室的纷乱之战。肃王时期封君大为减少,宣、威二世虽有所增加,但至怀王时期更为严重,荆门楚墓中出土的竹简中记载怀王时期的封君已有 23 人之多,实际受封者则远远不止。封君之众,大臣之重,是国家集权统治和经济极大的威胁,故而屈原在起草宪令的时候,便注意到这个早已在楚国历史中存在的问题。但在屈原草稿未定时,上官大夫"见而欲夺之",因宪令的内容属于国家机密,涉及剥夺大多贵族既有特权和利益的问题,故屈原"不与"。这些贵族大臣们为了维护自身的利益,群起而攻屈原,上官大夫即在楚怀王面前极力诋毁屈原,曰:"王使屈平为令,众莫不知。每一令出,平伐其功曰,以为非我莫能为也。"于是"王怒而疏屈平"。一场尚未开展的变法运动由此夭折,屈原也从此淡出了楚国统治阶层的核心圈。

这时期因张仪去魏为相而离魏的惠施和不受齐王重视而去魏的田忌都来到了楚国。惠施,是名家的宗师,在魏为相二十多年,公元前 323 年,秦为了离散合纵,派张仪入魏,魏惠王因惠施的合纵策略无效,罢免惠施之职,让张仪担任魏相,实施"以魏合于秦、韩而攻齐、楚"的连横策略。于是惠施去魏奔楚,但楚怀王为了取悦张仪不用惠施,送其回乡。田忌为齐国的大将,因受齐相邹忌的排挤而离齐往楚,楚怀王听信齐国派来的说客唆使,将田忌封往江南,实际上等于禁锢。

此时的楚国"固时俗之工巧兮,偭规矩而改错。背绳墨以追曲兮,竞周容以为度"。"世溷浊而嫉贤兮,好蔽美而称恶。闺中既以邃远兮,哲王又不寤。"①重工巧之虚,而背弃法度,作风拖拉。苏秦往郢都游说怀王使合纵之策,连等了三天方见到怀王,曰:"楚国之食贵于玉,薪贵于桂,谒者难得见如鬼,王难得见如天帝。今令臣食玉炊桂,因鬼见帝。"君昏臣佞,早已改变了初期政清民和的势头,楚国也逐渐由盛转衰了。

三、见欺于秦,客死他乡

秦国,是楚国西北方向的劲敌。早在西周末至春秋早期,秦便与楚争夺商密之都,擒获楚申公斗克和息公屈御寇,致使鄀国在秦、楚之间左右摇摆,最终内迁于楚国腹地。

整个春秋时期,秦一直活动于楚国西部疆域边缘地区,除了商密鄀国之争,秦与楚此时更多的是作为盟国,秦、巴曾联合楚国攻伐庸国,昭王时期秦还援楚抗吴。此时期秦的直接对手主要为三晋。秦曾试图联合楚一起对付晋国,《左传》文公十四年记:"初,斗克囚于秦,秦有崤之败,而使归求成,成而不得志。"斗克就是上文中秦、楚商密之战中被秦俘获的申公。秦败于晋后,释放斗克归国以图联楚制晋。② 公元前564年(秦景公十三年、楚共王二十七年),趁晋国发生饥荒,秦再次遣使"乞师于楚,将以伐晋"③。楚国派兵到申县北部的武城(今河南南阳市北),援秦伐晋。公元前562年,秦、楚又联军伐郑;公元前561年,秦、楚联军伐宋。楚共王还与秦联姻,迎娶秦嬴。④ 其后,楚平王也娶秦女嬴氏。

公元前506年(秦哀公三十一年、楚昭王十年)吴伐楚,攻占郢都。楚昭王出奔,申包胥乞师于秦。秦派五百乘救楚,击退了吴国。

公元前391年(秦惠王九年、楚悼王十一年),三晋合兵伐楚,连克

---

① 董楚平:《楚辞译注》,上海古籍出版社2012年版,第17页。
② 秦败王晋,又见于《左传》成公十三年。参见杨伯峻:《春秋左传注》,中华书局1990年版,第865页。
③ 杨伯峻:《春秋左传注》,中华书局1990年版,第966页。
④ 杨伯峻:《春秋左传注》,中华书局1990年版,第996—997页。

大梁（今河南开封市西北）、榆关（今河南中牟县境），楚国请秦伐韩，秦夺取韩六邑。

楚宣王时期，秦国的力量开始强大起来，"楚、魏与秦接界。魏筑长城，自郑滨洛以北有上郡。楚自汉中，南有巴、黔中，皆以夷翟遇秦，摈斥之，不得与中国之会盟。"①楚凭西北方向的汉中至巴及黔中与秦相邻。

楚威王时期，秦国日益强大，楚与秦的关系变得紧张起来，故山东六国合从抗秦。② 但楚威王知秦有举巴蜀、并汉中之心，巴蜀是楚国西部边疆的近邻，汉中则是楚国西北方向的直面秦国的前阵，此两处失一则楚国不保，故而威王对此忧虑不已。果真，秦国举巴蜀这一企图在怀王时期实现了。

公元前316年，巴、蜀两国相攻，都向秦国告急。秦惠王听从司马错的建议，以其为帅，起兵伐蜀，越过秦岭，攻入蜀都，"得其地"而"广国"，"取其财"以"富民"③，秦国领土达到"天下之半"④。不久，秦国乘势兼并了蜀、楚之间的巴国，从而直面楚西部境土而虎视眈眈。

威王后期，面对秦、楚两大国争霸的局势，纵横家们开始奔赴列国鼓吹"纵横术"，三晋位于中原，齐于三晋东，燕于三晋北，其西为秦，其南即楚，故而三晋是纵横术中尤为重要的角色，即楚则秦败，亲晋则楚亡。威王对联合三晋的纵策感到极为忧虑，认为"韩、魏迫于秦患，不可与深谋，与深谋恐反以入于秦，故谋未发而国已危矣"，事实更是如此。

怀王初期，在屈原等臣的谏议下，推行的是与齐国联盟的合纵之策。齐国，也是战国时期一大强国。《史记·苏秦列传》载：齐国方圆二千余里，带甲数十万，粟如丘山，齐都临淄有七万户，"其民无不吹

---

① （宋）司马光等：《资治通鉴》，中华书局1956年版，第43页。
② 参见《战国策·楚策一》、《史记·苏秦列传》、《资治通鉴》卷2《周纪二》、《战国策·楚策三》。
③ （汉）司马迁：《史记》，中华书局1959年版，第2283页。
④ 《战国策》，上海古籍出版社1998年版，第19页。

竽、鼓瑟,弹琴、击筑,斗鸡,走狗、六博、蹴鞠者。车毂击,人肩摩,连衽成帷,举袂成幕,挥汗成雨。家殷人足,志高气扬。"楚若与齐交好,势必在东南一线上构成抗秦的强大战线。于是,秦以其为患,采纳了张仪的离间齐、楚之计。

威王认为"秦,虎狼治国,不可亲也",慨叹"以楚当秦,不见胜也",而怀王却对此毫无意识。

秦为破坏齐、楚之盟,以归还楚商于之地方 600 里为条件,骗取楚与齐绝和。楚商于之地,在丹水中游两岸商密至于邑一带①。大致是秦入都国之后所占据的地方,原来的都国内迁于楚腹地,这一带就始终处于秦、楚争夺之中。此次张仪来骗称如若楚与齐绝交,秦便归还商于,楚怀王大喜,认为不兴师发兵即得 600 里地,竟封张仪为楚相。陈轸看出其中有诈,劝楚王曰:"夫秦所以重王者,以王有齐也。今地未可得而齐先绝,是楚孤也,秦又何重孤国?且先出地而后绝齐,秦计必弗为也;先绝齐后责地,且必受欺于张仪;受欺于张仪,王必愠之,是西生秦患,北绝齐交,则两国兵必至矣。"②但怀王却不以为然,坚持与齐绝交。

楚国和齐国分裂后,齐转而合于秦,但秦也并未归还楚地,盛怒之下,怀王又与秦绝和,发兵攻秦。公元前 312 年,楚与秦战于丹阳,楚大败,损失 8 万甲士,就连主、副帅大将军屈匄和逢侯丑等都为秦所俘虏,秦师乘胜又占领了汉中郡。"楚怀王大怒,乃悉国兵复袭秦,战于蓝田,楚军大败。"③蓝田,是通往秦国腹心的必经之路,楚怀王举全国之兵奔往秦国腹心以报丹阳丢失之耻,却再次遭到失败。韩、魏趁火打劫南下攻楚,到达了楚国汉水北部边缘区的邓地,腹背受敌,楚怀王只好引兵而归。

楚怀王十八年(前 311 年),秦又试图与楚恢复亲好关系,欲"分汉

---

① 参见徐少华:《周代南土历史地理与文化》,第 329—331 页。

② 《战国策》,上海古籍出版社 1998 年版,第 136 页。

③ 《史记·楚世家》《史记·秦本纪》《资治通鉴》《史记·韩世家》所载大致同。

中之半以和楚"①,怀王不愿得地,而要张仪,却再次被张仪所骗,和秦国相约和亲之好。此时,屈原重新受命出使齐国,以修旧好共同对秦,回到楚国后,他谏议怀王杀掉张仪,楚王竟又不听。②

此后,虽然怀王重又与齐结盟,却时而摇摆于齐、秦之间,怀王二十五年竟背弃齐国,与秦昭襄王会于黄棘(今河南南阳市南),秦国归还楚之上庸(今湖北竹山县西南)。此举引起了齐、韩、魏等国对楚国的反感,公元前303年,齐、韩、魏联合攻楚,楚怀王以太子横入质于秦,向秦求救,逼退了三国联军。但楚与齐等诸国的合纵联盟从此也灰飞烟灭,怀王反复无常的行为,生生将合纵制秦推向了连横灭楚的局面。

公元前300年,因楚太子横与秦国大夫发生矛盾,楚秦关系再次破裂。秦与齐、韩、魏一起攻打楚国,杀其大将,并夺取比水旁的重丘、垂沙等地。③ 比水,即比阳县(今泌阳县南)的比水(今泌阳河)。重丘即比阳县(今泌阳县)西北的芘(慈丘);垂沙即比水南岸支流蔡河。④ 此次战役是四国联军利用比水与楚方城南边的交接地带进入南阳盆地,从而打破楚国北方以方城为守的防御战线,直逼楚国江汉平原之腹心。

公元前300年,秦再次攻打楚国,大破楚国,楚军死者二万,杀将军景缺,取襄城。⑤ 襄城,在今河南伊川县南。此时,秦已"西有巴蜀",若"大船积粟,起于汶山,浮江已下,至楚三千余里。舫船载卒,一舫载五十人与三月之食,下水而浮,一日行三百余里,里数虽多,然而不费牛马之力,不至十日而距扞关。扞关惊,则从境以东尽城守矣,黔中、巫郡非王(楚)之有。秦举甲出武关,南面而伐,则北地绝。"⑥

怀王三十年,秦再次伐楚,取八城。楚国将太子入质于齐,试图重

① 《史记·楚世家》《史记·张仪列传》记为"(秦)欲以武关外易之"。
② 据《史记·屈原贾生列传》和《楚世家》载,楚王后悔,与追杀张仪不及;又《张仪列传》则未提及楚王追杀张仪。
③ 《史记·楚世家》中言"取重丘",《战国策·楚策三》中为"垂沙"。
④ 徐少华:《周代南土历史地理与文化》,武汉大学出版社1994年版,第342—346页。
⑤ (宋)司马光等:《资治通鉴》,中华书局1956年版,第110页。
⑥ 《史记·张仪列传》。括号中字为笔者所加。

新启动合纵对秦之策。秦昭襄王担心楚、齐结盟,于是诈言与怀王会于武关,并从此听命于怀王。怀王听闻后,进退两难之间,昭雎和屈原都反对他前行,但怀王幼子子兰担心怀王不去会"绝秦之欢心",力荐怀王前往。于是,怀王去往武关,被秦昭襄王扣留于秦,胁迫楚国交出巫郡和黔中郡。

受辱至此的怀王,最终没有同意秦国的条件,断然拒绝了以地交换的要求,直至病死于秦。秦国这种无耻之举,引起了楚人的公愤,怀王梓棺返楚,"楚人皆怜之,如悲亲戚"①。

怀王客死他乡后,"楚人既咎子兰,以劝怀王入秦而不返也"②。而对忠心进谏阻止怀王西行的屈原,则倍加尊崇。于是,"令尹子兰闻之大怒,卒使上官大夫短屈原于顷襄王,顷襄王怒而迁之"。由于楚国一贯执行公子执政政策,怀王幼子子兰作为令尹,在他的授命下,上官等人再次诬陷屈原,于是,屈原被流放于江滨,却依然心怀不屈之志,最终愤而怀石自投汨罗以死,"宁赴常流而葬乎江鱼腹中耳","以皓皓之白"不"蒙世之尘埃",从而谱写了一曲流芳千古的忠君爱国悲歌。

第四节　白起拔郢

一、汉水上游疆土的沦丧

怀王被秦扣留之后,国不能无君,楚顷襄王立。然而,换了国君也改变不了楚国日益衰落的命运。

顷襄王元年(前298年),秦攻楚,大败楚军,斩5万人,取析(今河南内乡县)等15城。③楚怀王死后,楚与秦断绝了往来。到了楚顷襄王六年(前293年),秦将白起率军讨伐韩国,于伊阙(今河南洛阳市南)之战中斩首24万。得胜之际,秦王向楚国修书,言曰:"楚倍秦,秦

---

① (汉)司马迁:《史记》,中华书局1959年版,第1729页。
② (汉)司马迁:《史记》,中华书局1959年版,第2484页。
③ (宋)司马光等:《资治通鉴》,中华书局1956年版,第114页。

且率诸侯伐楚,争一旦之命。愿王之饬士卒,得一乐战。"意即向楚国下战书。楚国君臣颇为担忧,于是谋求与秦国修好,其明年,楚与秦通婚,娶秦女为夫人。

楚顷襄王十四年(前285年),楚与秦盟于宛。宛,在今河南邓县以北,原属楚国所有,垂沙之战后为韩所据,公元前291年又为秦夺取。① 于是,在南阳盆地上,楚国失去了对秦的牵制,北部将直接面临秦的攻袭。

楚人在汉水上游地区活动始见于熊渠时期。熊渠伐庸、杨粤,并立三子为王,一定程度上打击了庸、麇等国的军事力量,但并未对其造成毁灭性的影响,而直至庄王时期才灭庸、麇。这和楚国国力的强弱形势是相符合的。汉水上游的鄀、庸等国都是历史较为悠久、文化水平较高的国族,其国力早先要强于楚国。西周时期的楚国处于楚蛮之中,熊渠之时"甚得江汉间民和"而国力有所增强,于是试图向同处楚蛮之地的庸、麇等国进兵,《楚居》载:"酓𨒂𨒂(徙)居发渐。"②可知,熊渠时期楚人有所迁徙。此后,楚人内部多有争斗,如熊渠之后熊挚、熊延的王位争斗,熊严之后仲雪、叔堪、季徇的争立等相继发生,楚人也无暇再向周边诸国进行战争。

经过若敖、蚡冒时期的稳定发展,楚武王时期楚国的国力大大增强,于是和鄀国发生了冲突,曾俘获观丁父,大概鄀国从此依附于楚。楚武王后期迁都于郢,开始在汉水之西的蛮河流域一带发展和经营。汉水上游地区因距郢都尚远,对楚国发展暂时没有造成威胁,因此,楚国与汉水上游地区的诸侯度过了一段相安无事的时期。只有绞国,在楚人试图往汉东发展时,联合其他诸国一起攻伐楚国。楚人为了惩罚绞国,与绞国发生战争,立"城下之盟"而还,原因应仍是距离楚核心区较远,构成的威胁不大,楚人暂时不需为它影响自身的力量。大概在楚成王早期,灭谷国的同时,才顺便灭掉绞国。

① 参见《战国策·西周策》、《史记》卷4《韩世家》和卷5《秦本纪》。
② 清华大学出土文献研究与保护中心编,李学勤主编:《清华大学藏战国竹简》(一),中西书局2010年版,第181页。

楚成王时期,秦、晋两国对鄀国进行征伐,楚派申公斗克、息公屈御寇成卫商密,却遭到秦人离间计,鄀人投降秦国。此后,鄀国夹于秦、楚之间左右摇摆,不堪其负,最终举国内迁于楚。秦人占据原鄀地后,大致又被楚人夺取。楚庄王早期,斗克和公子燮曾意图将庄王挟持至原鄀国之都商密,楚昭王时期又曾将楚都迁往商密。

庸、麇等国在楚庄王时期趁楚国发生饥荒,联合群蛮与百濮共同攻伐楚国。楚人联合秦、巴两国灭掉庸国,其后又灭麇。因此大致在楚庄王时期,汉水上游便已纳入楚人的疆域范围。兼并汉水上游的诸国后,楚人先是在此地区设置县,后又设郡进行管理。从文献资料中,我们可知楚国设置了上庸县和上鄀县,麇国虽没有明确的文献记载,大概与之相同。此后,由于县的逐渐增加,楚国在汉水上游原庸、麇、鄀一带设立了汉中郡,加以管理。《资治通鉴》载:"楚自汉中,南有巴、黔中,皆以夷翟遇秦。"

汉中,并非今陕西汉中,而是指丹淅流域丹阳一带。《史记》卷40《楚世家》记:"十八年,秦使使约复与楚亲,分汉中之半以和楚。"《史记》卷70《张仪列传》记:"秦要楚欲得黔中地,欲以武关外易之。"《楚世家》中楚臣靳尚以之称为"上庸之地六县"。可知汉中之半在武关外,且包括上庸六县。上庸,从前文中可知,在汉水上游竹山一带,原属庸国之地。《史记》卷40《楚世家》又记:"十七年春,与秦战丹阳,秦大败我军,斩甲士八万,虏我大将军屈匄、裨将军逢侯丑等七十余人,遂取汉中之郡。楚怀王大怒,乃悉国兵复袭秦,战于蓝田,大败楚军。韩、魏闻楚之困,乃南袭楚,至于邓。楚闻,乃引兵归。"《史记》卷70《张仪列传》载此事曰:"楚尝与秦构难,战于汉中,楚人不胜,列侯执珪死者七十余人,遂亡汉中。"可见,丹阳在汉中,丹阳,学者们多赞同其地在今河南省淅川县境丹水与淅水会流处附近。① 如此,汉中在武关外,囊

---

① 最近有关"丹阳"地望的文章,参见徐少华:《楚都丹阳地望探索的回顾与思考》,载《荆楚历史地理与长江中游开发——2008年中国历史地理国际学术研讨会论文集》,湖北人民出版社2009年版,第51—63页;尹弘兵:《楚国都城与核心区探索》,湖北人民出版社2009年版,第166—224页。

括丹阳和上庸六县,则楚汉中郡范围应是"当今陕西安康以东至今湖北竹山、竹溪以及郧县、郧西一带的汉水上中游两岸地带"①。

《史记》卷40《楚世家》记载楚怀王十六年(前313年),因楚国与齐国结成纵盟,秦惠文王派张仪至楚国,诈以归还"故秦所分楚商、於之地方六百里"骗楚国与齐国绝交。楚商、於之地,在丹水中游两岸故都都商密至於邑一带。② 汉水以北的楚国故土已然被秦所染指。而发生在公元前312年的楚、秦丹阳之战,则使丹阳彻底沦陷,秦夺取了汉中郡,取地600里。其后,公元前311年,秦国又归还了楚上庸县,即"汉中之半"。丹阳地带大概在之后也归还于楚国,《楚世家》记载楚怀王三十年(前299年)时,秦诈骗怀王盟于武关,则武关为秦、楚的边界线,丹阳在武关以东,如是可知,丹阳一带在此之前可能仍为楚国所有。

汉水上游地区是保卫楚国政治核心的屏障,一旦为秦所破,必然会以破竹之势长驱直入楚境。公元前281年,楚国又合纵于诸国,准备伐秦,秦发兵伐楚,于公元前280年大败楚军,楚割上庸、汉北地与秦,汉中郡则全盘被秦国占据,楚国在汉水上游的疆土全然失守。

二、峡江地区防线的崩溃

楚顷襄王十九年(前280年),秦从汉中和蜀地同时攻打楚之黔中郡,"蜀地之甲,乘船浮于汶,乘夏水而下江,五日而至郢。汉中之甲,乘船出于巴,乘夏水而下汉,四日而至五渚。"③

黔中郡,学术界主要有"楚商于之地"和"鄂西及湘西北"之说。④

---

① 严耕望:《楚秦黔中郡地望考》,《责善半月刊》1941年第19期。
② 参见徐少华:《周代南土历史地理与文化》,武汉大学出版社1994年版,第331页。
③ (汉)司马迁:《史记》,中华书局1959年版,第2272页。
④ 前者以石泉先生为代表,认为黔中郡在今豫西南丹水中下游西面的淅川、内乡以及鄂、豫、陕三省交界的汉水两岸。参见石泉:《古代荆楚地理新探》,武汉大学出版社1988年版,第35—36页;《古代荆楚地理新探续集》,武汉大学出版社2004年版,第27—29页。后者参见严耕望:《楚秦黔中郡地望考》,《责善半月刊》(第19期),1941年;贺刚:《试论楚对"黔中"的开发》,载《楚史与楚文化研究》,湖南人民出版社1987年版,第118—132页。

《华阳国志·巴志》载:"(公元前316年)司马错自巴涪水取楚商于地,为黔中郡。"表明楚商于之地,不是楚黔中郡。商于之地,在丹淅会流前、丹水中游两岸故都都商密至于邑一带。① 这一地区是楚汉中郡之所在。而《秦本纪》载:"又使司马错发陇西,因蜀攻楚黔中,拔之。……蜀守若伐楚,取巫郡,及江南为黔中郡。"可见,楚黔中、巫郡和江南是并立的,故楚黔中郡不包括江南的湘西北地区。从楚文化在峡江地区西渐的历程发现,在建立巫郡作为所据疆土的管理机构后,楚人继续向西扩张,战国中期达到了高峰阶段,在云阳、忠县等地区有大量的楚文化遗存,楚国必然会依照旧例设置机构进行管理,文献中与巫郡相邻的就是黔中郡,因此,长江以北的巫山以西至忠县一带可能就是楚黔中郡之所在。②

楚人在峡江地区的发展,始于灭其同姓国——夔。《左传》僖公二十六年载:"夔子不祀祝融与鬻熊,楚人让之。对曰:'我先王熊挚有疾,鬼神弗赦,而自窜于夔。吾是以失楚,又何祀焉?'秋,楚成得臣、斗宜申帅师灭夔,以夔子归。"《史记》卷40《楚世家》载:(楚成王三十九年)"灭夔,夔不祀祝融、鬻熊故也。"比《左传》稍后一年。

在此之后,楚人继续向西推进,占据了部分原属于巴国的地方,建立郡县进行管理,与巴国在峡江地区进行此消彼长的斗争。考古发现证明,西周晚期至春秋早期峡江地带的楚文化遗存,主要分布在巴东、秭归、宜昌等地,尤以秭归为中心地带,向西影响巫山一带,巫山双堰塘遗址是此时期楚文化影响的最西端。这种早期文化遗存应是楚同姓国夔国的文化,这种文化与土著文化共存。③

---

① 参见徐少华:《周代南土历史地理与文化》,武汉大学出版社1994年版,第329—331页。
② 徐少华、李海勇先生认为,楚黔中郡大致包括汉中之南、扦关以东、长江以北的鄂西与川东一带。(参见徐少华、李海勇:《从出土文献析楚秦洞庭、黔中、苍梧诸郡县的建置与地望》,《考古》2005年第11期。)
③ 关于楚文化在峡江地区西渐的进程,学者们通过考古发现进行研究,取得了一定的共识,认为楚人西进始于春秋中期,战国中期达到高峰,战国晚期则退出该地区,但仍有一定的文化影响。(参见朱萍:《楚文化的西渐——楚国向西扩张的考古学观察》,载《重庆·2001三峡文物保护学术研讨会论文集——长江三峡工程文物保护

春秋中期始,楚文化遗存在峡江地区有较多发现,鄂西地区完全成为楚文化的分布范围,表现在以宜昌上磨垴第 4 层、秭归柳林溪周代文化遗存第二、三期文化等为代表遗存中。这和楚国灭夔,从而占据这一地区的历史史实相符合。此时期楚文化向西扩展到巫山一带,包括巫山跳石 A 区第 6 层及 G1、H6 等楚文化遗存,年代约在春秋中期前后。① 巫山蓝家寨遗址一期遗存,"属于楚族文化占主体的楚文化遗存",时代为春秋中期晚段。② 与其同一时期的大溪遗址,则是"目前所见典型、单纯的楚文化遗存在春秋时期分布最西端的一个点",时代为春秋晚期。③ 这一阶段楚文化遗存还见于奉节新浦、云阳一带。奉节新浦遗址上层出土了夹粗砂红褐陶鬲、鼎、方唇折沿盆等春秋晚期楚文化遗存。④ 奉节老关庙遗址上层出土的陶器时代与之相似。⑤ 云阳李家坝遗址楚文化遗存所出柱状鬲足,时代为春秋中晚期。所出器物较少,说明这些地方只是楚文化影响的范围。

战国中期是楚文化沿峡江地区继续向西发展的一个高峰期。云阳李家坝遗址 1997 年发掘所出鼎、壶、盂、鬲、甗、折腹盆等均为楚式陶

项目报告》,科学出版社 2003 年版;黄尚明:《楚文化的西渐历程——兼论楚文化的"峡区类型"》,《华中师范大学学报》(人文社会科学版)2004 年第 6 期;余静:《从近年来三峡考古新发现看楚文化的西渐》,《江汉考古》2005 年第 1 期;白九江:《从三峡地区的考古发现看楚文化的西进》,《江汉考古》2006 年第 1 期;赵炳清:《从峡江地区的楚墓看楚国的西境变化》,《中国历史地理论丛》2008 年第二辑。)

① 参见南京博物馆考古研究所等:《巫山跳石遗址发掘报告》,载《重庆库区考古报告集 1997 卷》,科学出版社 2001 年版,第 65—99 页;江章华、颜劲松:《川东长江沿岸商周时期考古学文化变迁的初步分析》,载《2003 三峡文物保护与考古学研究学术研讨会论文集》,科学出版社 2003 年版,第 215 页。

② 参见重庆市文化局、重庆市博物馆:《巫山蓝家寨遗址发掘报告》,载《重庆库区考古报告集 1999 卷》,科学出版社 2006 年版,第 1—25 页。

③ 参见白九江:《从三峡地区的考古发现看楚文化的西进》,《江汉考古》2006 年第 1 期。

④ 参见吉林大学:《四川奉节县新浦遗址发掘报告》,载《三峡考古之发现》(二),湖北科学技术出版社 2000 年版,第 142—154 页。

⑤ 参见吉林大学考古系、四川省文物考古研究所:《奉节老关庙遗址第三次发掘》,载《三峡考古之发现》(二),湖北科学技术出版社 2000 年版,第 155—178 页。

器，年代为战国中期。① 该遗址 1998 年发掘出战国中晚期楚人墓葬。②
1998 年试掘的云阳故陵镇帽合岭 M3、M4、M5、M7 所出文化遗存以楚
文化因素为主，时代为战国中晚期。③ 忠县半边街遗址（旧称崖脚遗
址）墓地发掘了大量楚墓，研究者认为，这些墓葬形制、棺椁，器物组
合、器形与江陵一带楚墓完全一致，时代为战国中期偏晚。④ 巴东西瀼
口古墓群 M1 属于典型的楚文化墓葬，时代为战国中期。M8 出土了巴
族文化典型器物柳叶形剑。⑤ 两种不同文化同处一地，表明了此时期
巴、楚两国在该地区的交融。

　　战国晚期峡江地区出现的楚文化遗存主要有：奉节上关遗址、巫山
麦沱墓地楚墓，较多出土戈、矛、剑和箭镞等武器，时代为战国晚期⑥；
宣汉罗家坝遗址以巴蜀文化遗存为主，同时又有以鼎、簠、敦、缶、盥缶、
匜、瓿等器物组合为特征的楚文化因素，时代大约为战国中晚期⑦。

　　白九江先生将战国中晚期楚文化在峡江地区的影响分为战国中期
晚段至战国晚期早段、战国晚期早段以后两个时期。前者包括典型的
楚文化墓葬和"复合物文化墓葬"，即受楚文化强烈影响的墓葬；后者
则仅有楚文化遗风、而以巴文化因素为风格的墓葬。⑧ 通常，后者意味
着楚人在峡江地区的退出。1997 年发掘的云阳李家坝遗址第二期后

① 参见四川大学历史文化学院考古系、重庆市文化局、云阳县文管所：《重庆云阳县李
　家坝遗址 1997 年度发掘简报》，《考古》2004 年第 6 期。
② 参见四川大学历史文化学院考古系：《云阳李家坝遗址发掘报告》，载《重庆库区考
　古报告集 1998 卷》，科学出版社 2003 年版，第 299—347 页。
③ 参见霍巍、王挺之：《长江上游早期文明的探索》，巴蜀书社 2002 年版，第 118 页。
④ 参见北京大学考古文物学院三峡考古队等：《忠县崖脚墓地发掘报告》，载《重庆库
　区考古报告集 1998 卷》，科学出版社 2003 年版，第 679—734 页。
⑤ 参见鄂西自治州博物馆：《巴东西瀼口古墓群发掘简况》，载《葛洲坝工程文物考古
　成果汇编》，武汉大学出版社 1990 年版。
⑥ 参见重庆市文物考古所：《奉节上关遗址发掘简报》、重庆市文化局：《巫山麦沱古墓
　群第二次发掘报告》，载《重庆库区考古报告集 1998 卷》，科学出版社 2003 年版，第
　276—298、119—147 页。
⑦ 参见四川省文物考古研究所等：《四川宣汉罗家坝遗址 2003 年发掘简报》，《文物》
　2004 年第 9 期；宋治民：《罗家坝遗址笔谈》，《四川文物》2003 年第 6 期。
⑧ 参见白九江：《从三峡地区的考古发现看楚文化的西进》，《江汉考古》2006 年第
　1 期。

段出土了秦半两钱等物,年代为战国晚期,第三期所出鼎、盒、壶、罐等陶器组合则明显为秦文化因素;崖脚楚墓也有被巴墓打破的现象,这均说明楚人已经在这一地域的退出。

峡江地区楚文化西渐的历程,实际也是楚国在峡江地区逐步占领并建立楚国西部疆域边缘区的过程。楚国在春秋早中期占领了峡江地区的夔国后,继续沿西扩张,直到战国中期楚人到达了忠县一带,战国晚期由于秦国的军事打击,楚人在峡江地区节节败退。

在楚人沿峡江地区向西扩张之时,楚人设置巫郡和黔中郡对所占之地进行管理。巫郡,在楚地西部,《战国策·楚策一》中记有:"楚地西有黔中、巫郡……"《汉书》卷28《地理志(上)》南郡下有"巫"。《水经注》卷34《江水二》载:"江水东迳巫县故城南,县故楚之巫郡也。"《括地志》云:"巫郡在夔州东百里。"①《后汉书》《太平寰宇记》《大明一统志》《读史方舆纪要》《大清一统志》等文献均同之②。可见,今巫山县一带为楚巫郡所在。这从前文对楚文化在峡江地区西渐进程的分析中也可证实。楚人在占领峡江地区的夔国后,继续向西扩张,在春秋中期较晚时即已占据了巫山一带,其东面的秭归、宜昌一带是原来夔国的影响范围,此时期表现为明显的楚文化特征,其西边楚文化影响已达奉节、云阳一带。楚人在占据原属于巴国的这一部分地区后,设巫郡进行管理。再往西,便是楚黔中郡了。

公元前280年,秦国从汉中和蜀地同时攻打楚黔中郡,战果虽未明言,却从公元前277年秦又取楚巫郡的战事中可知楚国黔中郡业已沦丧,于是,楚国在峡江地区的防御也全线崩溃。

三、白起拔郢

楚顷襄王二十年(前279年),秦将白起攻楚,取邓、鄢、西陵,将秦

① 参见《史记·秦本纪》"取巫郡"下张守节《正义》引,中华书局1959年版,第216页。
② (南北朝)范晔:《后汉书》卷4《孝和孝殇帝纪》"巫蛮叛"下李贤注,中华书局1965年版,第189页;《太平寰宇记》卷148《山南东道七·夔州"巫山县"条》;《大明一统志》卷70《夔州府·"巫山县"条》;《读史方舆纪要》卷69《四川夔州府·"巫山县"条》;《大清一统志》卷398《夔州府一·"巫山县"条》。

之罪人迁往其地。

邓，位于汉水中游以北，是汉水中游地区一个具有较高政治地位和文化水平的国族。楚国初兴之时，为求发展和邓国联姻，楚武王娶妻邓曼。楚文王时期曾两次讨伐邓国，或许邓国实力还比较强大，楚国仍未占领其国。直到楚文王十二年（前678年），楚人才最终灭掉邓国，占领了邓国之地，设邓县。由于此地与楚国国都毗邻，是楚国核心区的一道防御线，一旦这一防线被攻破，楚国就直面溃败的危险。

鄢，是楚人在汉水以南的重镇，《战国策·齐策三》云："鄢、郢者，楚之柱国也。"曾多次作为楚国王城之所在，也是楚人的军事屏障。秦人越过汉水后，强攻鄢都，楚人死守，于是白起开凿了一条长渠，西起今南漳县东部，东至今宜城县南部，引鄢水灌城。"水溃城东北角，百姓随水流死于城东者，数十万"。[1] 于是，楚郢都的北边门户鄢为秦所破。《水经注·沔水》又载："夷水又东注于沔。昔白起攻楚，引西山长谷水，即是水也。"西陵抑或便是宜城西山，为鄢郢及其四境的卫城。[2]

北边防线邓、鄢皆破，楚之郢都唾手可得。楚顷襄王二十一年（前278年），白起挥师南下，直取楚郢都，顷襄王只得带领群僚渡过汉江，前往陈县（今河南淮阳市），"东北保于陈城"[3]。

白起又烧掉了夷陵，东至竟陵。[4] 夷陵为楚王墓之所在，在今纪南城周边八岭山、纪山墓群一带。从纪南城的考古发现中可以看到楚国西部疆域核心区被秦人占领之后的变化。纪南城一带有大量的楚墓存在，以江陵雨台山和九店墓地为例，前者据报告有558座墓葬，后者有597座，大都属于战国中晚期，而在白起拔郢之后则急剧减少，表明了该地人口的急速减少。[5] 竟陵，在今潜江龙湾镇一带，这里有章华台，《国语·吴语》载楚灵王"乃筑台于章华之上"，应也是楚王陵区。

---

① 杨守敬、熊会贞：《水经注疏》，江苏古籍出版社1989年版，第2395—2396页。
② 参见吴郁芳：《楚西陵与夷陵》，《江汉考古》1993年第4期。
③ （汉）司马迁：《史记》，中华书局1959年版，第1735页。
④ 参见《史记·白起王翦列传》《史记·楚世家》，中华书局1959年版。
⑤ 参见湖北省荆州博物馆：《江陵雨台山楚墓》，文物出版社1984年版；湖北省文物考古研究所：《江陵九店东周墓》，科学出版社1995年版。

自此楚国在汉水以西建立了近八百年的基业毁于一旦，即使迁于陈城、寿春也是江河日下，不过几十年便步入迟暮。

《战国策·中山策》中记载了白起论楚顷襄王亡郢的原因：

> 是时楚王恃其国大，不恤其政，而群臣相妒以功，谄谀用事，良臣斥疏，百姓心离，城池不修，既无良臣，又无守备。故起所以得引兵深入，多倍坡邑，发梁焚舟以专民心，掠于郊野以足军食。……楚人自战其地，咸顾其家，各有散心，莫有斗志，是以能有功也。

可见，楚之败，非国力不强、财富不多也，亦非民众不多、将士不勇也，更非文化不高、文明不先也，而在君臣昏佞、民心涣散之故耳。

第十五章

汉水之畔的思想家

先秦时期汉水流域的哲学思想家主要出现于楚、随两国,一个是汉西之霸主,一个是汉东诸国之首,它们能成就其国家的强大,必然有其思想的指导和支撑。楚国因其历史悠久,其思想的启蒙、发展和传承必然更为深远,早于其立国之前,往往被追究至鬻熊之时,以《鬻子》一书为代表,随后有老庄等思想家发展道家哲学;而在随国,以季梁为代表的思想家,用思想影响着君主的执政政策,从而使得国家能在混乱的战争格局中始终存在。其哲学思想的共通之处,便是"重民""民和",以至"道"。

第一节　季梁与民本思想

一、季梁之生平及史迹

季梁是随国之贤臣,生卒年代不详,为周王室后裔。1979 年随州义地岗季氏梁春秋中期墓葬中出土了两件刻有铭文的戈,其一铭曰:"周王孙季怡孔藏元武元用戈",另一件铭曰:"穆王之子西宫之孙曾大攻(工)尹季怡之用"①。从"周王孙""穆王之子西宫之孙"铭文中可知季氏为姬姓,与姬姓随君同宗,为随之公族,季怡便是随国的工尹。季梁,从其生活于桓公初期且最迟出现于桓公八年的文献记载来看,其生

---

① 随县博物馆:《湖北随县城郊发现春秋墓葬和铜器》,《文物》1980 年第 1 期;刘玉堂:《中国南方最早的思想巨子:季梁》,《社会科学动态》1997 年第 6 期。裘锡圭先生释读器主为"季怠或怡",原发掘报告称为"季怠",现从"季怡"。

活年代当在春秋早期,早于季怡所处时期,戈之主人季怡应为季氏后人,季氏梁的地名当与季梁有关,或便是季梁所葬之处。

文献记载其主要活动见于《左传》桓公六年至八年。

《左传》桓公六年载:

> 少师归,请追楚师。随侯将许之。季梁止之,曰:"天方授楚,楚之嬴,其诱我也。君何急焉?臣闻小之能敌大也,小道大淫。所谓道,忠于民而信于神也。上思利民,忠也;祝史正辞,信也。今民馁而君逞欲,祝史矫举以祭,臣不知其可也。"公曰:"吾牲牷肥腯,粢盛丰备,何则不信?"对曰:"夫民,神之主也,是以圣王先成民而后致力于神。故奉牲以告曰'博硕肥腯',谓民力之普存也,谓其畜之硕大蕃滋也,谓其不疾瘯蠡也,谓其备腯咸有也;奉盛以告曰'絜粢丰盛',谓其三时不害而民和年丰也;奉酒醴以告曰'嘉粟旨酒',谓其上下皆有嘉德而无违心也。所谓馨香,无谗慝也。故务其三时,修其五教,亲其九族,以致其禋祀,于是乎民和而神降之福,故动则有成。今民各有心,而鬼神乏主;君姑修政,而亲兄弟之国,庶免于难。"随侯惧而修政,楚不敢伐。

《左传》桓公八年载:

> 夏,楚子合诸侯于沈鹿。黄、随不会。使薳章让黄。楚子伐随。军于汉、淮之间。季梁请下之:"弗许而后战,所以怒我而怠寇也。"少师谓随侯曰:"必速战。不然,将失楚师。"随侯御之。望楚师。季梁曰:"楚人上左,君必左,无与王遇。且攻其右。右无良焉,必败。偏败,众乃攜矣。"少师曰:"不当王,非敌也。"弗从。战于速杞。随师败绩。斗丹获其戎车,与其戎右少师。

春秋早期,汉东诸国随为大,故而楚武王要巩固楚国在汉水中上游的地位,就必然要征服随国,于是楚人多次伐随,都"不得志于汉东也"。随国的强大,原因之一便是有季梁的辅佐,因此楚国大夫熊率且比在武王再次伐随时便发出"季梁在,何益"的质疑。果不出其然,虽然楚国使用计谋佯败而迷惑随国的少师,却被季梁识破,阻止随国贸然出兵,使"随侯惧而修政,楚不敢伐"。而楚武王最终得志于汉东,亦是由于随侯宠信少师,而不听季梁之言而致。然而季梁的思想对随国的政治影响是相当深厚的,以至于在少师死后,楚人认为"天去其疾矣","随未可克",故而楚、随结盟,此后虽偶有变故,但大体保持着盟友关系,一直持续到战国时期。

二、季梁的民本思想

从前引《左传》中可见,季梁之思想核心是"夫民,神之主也",这也是其思想的精华所在。

在原始先民的思想意识中,自然界是一个异己的神秘力量,各种自然现象都得不到解释,故而是由神灵在支配,人类不仅依赖自然,而且必须服从神灵的意志。进入文明时代,随着统一王权的形成,君主也变成了天子,"君权神授",君主拥有了人类社会的最高权力,直至周初,才有了"天命靡常""天不可信"的一些观点,人们对天神的权威有了疑问和诅咒,《诗经》中对这种现象多有反映,如《大雅·荡》中曰:"荡荡上帝,下民之辟。疾威上帝,其命多辟。"《小雅·雨无正》载:"浩浩昊天,不骏其德。降丧饥馑,斩伐四周。昊天疾威,弗虑弗图。"上天不庇佑子民,于是人民开始敢于诅咒上天的不德,与之前对天神的顶礼膜拜是有了一定的进步性的。然而其权威性并未得以撼动,天神依然是子民生命的主宰,虽然让人不满,却无能为力去改变它。

从季氏之言辞来看,他并未完全摆脱天神之权威观,他指出的"天方授楚"以及以小胜大需"忠于民而信于神"中,仍然有天神控制人类命运的思想。但是,他所提出的"民为神主"论,将民的地位更置于神之上,统治者需要先使人民安居乐业、百业俱兴方能让天神降福于己,不能不说其思想具有前驱性。同时代的北方中原诸国,直到公元前

641 年,才有宋司马子鱼讲过:"民,神之主也。"①比季梁晚了 65 年。而占主流仍是"君贵"论,如晋乐官师旷曰:"夫君,神之主而民之望也。"②师旷,是晋国杰出的音乐家和思想家,生活的时代比季梁晚了 100 多年,所持理论是将君的地位提高到神之上的,而民则必须指望着君主生存,"君贵"论显而易见。

季梁的民本思想是产生在一定的社会背景之下的。春秋时期,诸国统治阶层与被统治阶层以及统治阶层内部之间的斗争都十分激烈,统治阶层和百姓之间的矛盾日益白热化,百姓不堪忍受而起来反抗的事变在此时也多有发生,《左传》桓公二年便记载了宋国"民不堪命",因而奋起"杀孔父而弑殇公"的事情。随国此时的社会矛盾也达到了一定的程度,"民馁而君逞欲",百姓生活在水火之中,君主却尽情地享乐,于是"民各有心",作为一位开明的统治阶层官员,季梁看到了民的重要性,于是提出了"民为神主"的思想。

这种思想直到战国时期才逐渐发展,成为民本思想的滥觞。成书于战国时期的《尚书》中有"民惟邦本,本固邦宁""民之所欲,天必从之"③等理想。战国时期的荀况,提出民"最为天下贵也"④,并阐述道:"强本而节用,则天不能贫;养备而动时,则天不能病;修道而不贰,则天不能祸。"⑤这里肯定了人能主宰自己命运、做大自然的主人,将人的主观能动性提到了重要的高度,应该说是季梁民本思想的继承和发扬。孟子亦提出:"民为贵,社稷次之,君为轻。"⑥更是强调了民的作用。《墨子·节用》载:"古者王圣人所以王天下正诸侯者,彼其爱民谨忠,利民谨厚,忠信相连。""爱民""利民"从而使圣人地位巩固,这与季梁的思想是一脉相承的。

---

① 杨伯峻:《春秋左传注》,中华书局 1990 年版,第 382 页。
② 杨伯峻:《春秋左传注》,中华书局 1990 年版,第 1016 页。
③ 《尚书·五子之歌》《尚书·泰誓》,李学勤主编:《十三经注疏》,北京大学出版社 1999 年版,第 177、274 页。
④ (清)王先谦:《荀子集解》,中华书局 1988 年版,第 164 页。
⑤ (清)王先谦:《荀子集解》,中华书局 1988 年版,第 307 页。
⑥ (宋)朱熹:《四书章句集注》,中华书局 1983 年版,第 367 页。

三、季梁的政治主张

季梁的民本思想,反映在他的政治主张中,便是要"修政而亲兄弟之国"。所谓"修政",就是要调整好君、民的关系。他指出,祈祷神降福之时,需要的博硕肥腯、絜粢丰盛、嘉粟旨酒等都是向上天表明民力的普存、民和年丰以及君民皆有嘉德等,只有如此这般,神才能降福于君,因此,国君必须要"务其三时,修其五教,亲其九族",方能"有成"。"务其三时",即不违农时,让百姓专力以赴农事,这是农业经济时期最为重要的事情。即使在作战时期,遇到农时,也一般都会休战而返耕。关于"五教",《左传》文公十八年载:"使五教布于四方,父义、母慈、兄友、弟共、子孝。"而"九族"则是自高祖至玄孙之间的血亲关系。"修五教""亲九族"实际上指的是调整各阶层的内部关系,使其团结一心,从而达到"民和"便于统治。

"亲兄弟之国",是一种外交方针。所谓"兄弟之国",指汉水迤东、江淮之间的众多诸侯国,这些国家,或为姬姓,或为异姓,它们之间弱肉强食,一时共同对敌,一时又互为攻伐。而随国是汉东之国首屈一指的大国,势必成为敌国的攻伐对象,若不与兄弟之国结好,随国便难以生存。于是,季梁这一理论运用于随国的外交国策之中。考古证明,随与周边的黄国便往来密切,互为姻亲。随、黄两国在地理位置上为西南—东北向的毗邻,两国之间穿越桐柏山的交通孔道颇为便利,由随州顺沿涢水北部支流上行,穿越桐柏山进入信阳一带的淮河上游,至今仍为交通线路。黄为嬴姓,随为姬姓,考古发掘表明,出土于熊家大湾的"黄季作季嬴鼎""黄季小鼎"和郭家庙 M1 出土的"曾孟嬴簠"或为黄国女子嫁入随国的器物,而传世的"曾侯作叔姬簠"、光山宝相寺出土的黄君孟夫妇墓 G2 中的"黄子作黄夫人孟姬器"则为随国女子嫁入黄国的实证。① 《左

① 参见河南信阳地区文管会、光山县文管会:《春秋早期黄君孟夫妇墓发掘报告》,《考古》1984 年第 4 期;李学勤:《光山黄国墓的几个问题》,《考古与文物》1985 年第 2 期;刘翔:《论黄君孟铜器器群》,《江汉考古》1988 年第 4 期;张昌平:《曾国青铜器研究》,文物出版社 2009 年版,第 296—298 页。

传》桓公八年所载的随楚战争起因,也是黄、随不赴楚国沈鹿之会。随、黄的关系可见一斑,正是由于这种联合"兄弟之国"的外交策略,才使得楚国长期在汉东不得志。

而此后,这种策略也运用在随、楚的关系中。整个春秋战国时期,楚国在不断地扩张中,与随的战争仅见于武王时期的三次。至楚昭王时期,随国甚至还宁愿得罪吴人而保护昭王的安全,随人曰:"以随之辟小而密迩于楚,楚实存之,世有盟誓,至于今未改。"①战国时期的随国国君曾侯乙在死后,楚惠王还把贵重的青铜钟作为祭礼葬于墓中,可见关系之密切,应该说季梁的这一外交方针影响颇深。随国在楚国的日益强大中能够一直存社稷而不灭,是季梁亲邻方针的最好诠释。

四、季梁的军事思想

作为一位杰出的思想家,季梁也在军事行为中有着真知灼见。

楚、随激战之前,季梁提出"请下之,弗许而后战,所以怒我而怠寇也"。季梁的想法是:先向楚人求和,楚人不许之后再战。何以如此呢? 随军向楚人求和,表明了自己实力不足和不想应战的态度,势必让楚人懈怠而轻视随军。同时,楚人不同意随人的求和,则让随军意识到唯有死战而别无他途,如此则激发了随军将士的斗志,所谓"置之死地而后生"也。

季梁在与楚军的战斗中,指出:"楚人尚左,君必左,无与王遇。且攻其右。右无良焉,必败。偏败,众乃攜矣。"楚人尚左的习俗,在文献记载和考古发现中均有证实。② 季梁认为,既然楚人尚左,其君王所率之精兵必然在左边,相对而言,右边的军队实力便较弱,如此,只要避开楚人的左军,专攻其右边的部队,必然得胜。知己知彼,百战不殆。季

---

① 杨伯峻:《春秋左传注》,中华书局 1990 年版,第 1547 页。
② 《左传·宣公十二年》中又载,邲之战前,"右广鸡鸣而驾,日中而说;左则受之,日入而说",而战争期间,由于庄王在右广守营时率左广出击晋军获胜,于是"自是楚之乘广先左"。张正明通过对文献和考古资料的整理,亦总结到"周俗尚右,楚俗尚左,彼此适得其反",参见张正明:《楚文化史》,上海人民出版社 1987 年版,第 107 页。

梁的这种军事策略便是出于对楚人习俗了解之上而产生的。果然,由于少师的自以为是,明知山有虎偏向虎山行,随师大败,不得不与楚人签订城下之盟。

季梁的所有军事思想都是基于对现实情况的深入认知上。此时的实际情况是楚国大而随国小,楚国强而随国弱。面对这种局面,季梁认为:"小之能敌大也,小道大淫。"即小国要想战胜大国,只能靠小国有"道",大国淫乱暴虐。何为道? 季梁以为即"忠于民而信于神也。上思利民,忠也;祝史正辞,信也。"这便又回到了季梁的民本思想,由此可见,季梁的"道"是具有实际意义的,此后老子等便以季梁之"道"作为理论基础,形成了道家哲学思想一派。《老子》第四十二章载:"道生一,一生二,二生三,三生万物。万物负阴而抱阳,冲气以为和。"将万物所生之源归于"道",与季梁的思想一脉相承,不同之处在于,季梁的"道"有其具体的意义,而老子的"道"则达到了哲学的高度。但不可否认的是,季梁的思想为中国的道家哲学提供了源泉。

第二节 老子哲学

一、老子其人与《老子》其书

中国的传统哲学以儒、道、佛三教思想为主,道家思想的精华,便集中于《老子》一书。其作者老子是道家学派的创始人之一,将历史中的道家思想继承并发扬,形成一种形而上的哲学,以《老子》传之于世。

文献中著录老子事迹最为详尽的是司马迁《史记·老子韩非列传》:"老子者,楚苦县厉乡曲仁里人也,姓李氏,名耳,字聃,周守藏室之史也。"苦县,在今河南鹿邑县,厉乡位于其东 5 千米之处。原属陈地,公元前 478 年楚灭陈后,此地亦归属于楚,故也称楚苦县。老子,即李耳,或称老聃,为周朝之史官。《老子列传》中又介绍了孔子与老子间的往来,"孔子适周,将问礼于老子"。可见老子与孔子同时,年辈或长于孔子。然其后又谈到老子"居周久之,见周之衰,迺遂去。至关,关令尹喜曰:'子将隐矣,强为我著书。'于是老子乃著书上下篇,言道德之意五千余言而去,莫知其所终。"

然而至汉代,已然对老子史迹模糊不辨,即使是司史迁也未弄清楚老子究竟是谁,故而他还提到了"老莱子"以及"周太史儋"。

老莱子,史迁记载也是楚人,与孔子同时,"著书十五篇,言道家之用"。老莱子亦曾被孔子问礼,《史记·仲尼弟子列传》载:"孔子之所严事,于周,则老子;……于楚,老莱子。"老莱子与老聃,文献所载二人时代相同,年岁相当,同为楚人,又皆为道家者流,都曾为孔子师事,故而易被当作同一人。①

周太史儋,《史记·周纪》云:"烈王二年,周太史儋见秦献公曰:'始周与秦国合而别,别五百载合,合十七岁而霸王者出焉。'"《秦纪》《封禅书》所载大略相同。② 太史"儋"与老子"聃"读音相同,又都为周朝史官,而且都有出关的史迹记载③,故也易被相混淆。但所记太史儋之事,与孔子之死相距 129 年,与文献中所载孔子向老子问礼之事又相违背,《庄子》《礼记·曾子问》中记述老子与孔子的往来对话多见,且从太史儋的话语中表现出的积极入世、热于预言朝之兴衰来看,太史儋和"隐君子"老子又有本质上的不同。当然,若论老子故里——苦县,也仅是在孔子死去后一年方沦为楚地,但从史迁著书的年代来讲,直接称其为楚地也是可以理解的,同时,也表明将《老子》列为汉江流域故楚国的哲学思想著作,"主要是因为它导源于楚人的思想传统"④,同时在楚人的思想体系中影响颇深之缘故。

老子之"老",是对年高德劭之人的尊称,其名为耳字聃,耳与聃意相关联,《说文》许慎曰:"聃,耳漫也。""老子"始见于《庄子·天道》,

---

① 参见张正明:《楚文化史》,上海人民出版社 1988 年版,第 241 页。

② 《周纪》中为"十七岁"、《秦纪》中为"七十七岁",《封禅书》同于《周纪》。

③ 《庄子·寓言》载:"老聃西游于秦",《老子列传》载老子"至关"。

④ 张正明:《楚文化史》,上海人民出版社 1988 年版,第 242 页。

与"老聃"始见于《礼记·曾子问》,均为同一人之尊称。①

《史记·老子列传》载老子"著书上下篇,言道德之意五千余言",《老子》一书为其所著。《汉书·景十三王传》载河间献王得"《周官》、《尚书》、《礼》、《礼记》、《孟子》、《老子》之属",《老子》当为书名。《汉书·艺文志》"道家"条下著录"《老子邻氏经传》四篇,《老子傅氏经说》三十七篇,《老子徐氏经说》六篇,刘向《说老子》四篇",可见,《老子》先被称为《老子经》,而直到《太平御览》191卷引扬雄《蜀王本纪》曰"老子为关尹喜著《道德经》",为《道德经》一名出现的现存最早资料。南宋末年,彭耜《道德真经集注杂说》载:

观复高士谢守灏曰:

《道德经》,唐傅奕考核众本,勘数其字,云:

项羽妾本:齐武平五年,彭城人开项羽妾冢得之。

安丘望之本:魏太和中,道士寇谦之得之。

河上丈人本:齐处士仇岳传之。

三家本有五千七百二十二字,与韩非《喻老》相参。

又洛阳有官本,五千六百三十五字。

王弼本,有五千六百八十三字,或五千六百一十字。

河上公本,有五千三百五十五字,或五千五百九十字。

这里记载的便是《老子》主要的通行本。元代嗣天师张与材在大德乙巳年(1305年)序杜道坚《道德玄经原旨》曰:"《道德》八十一章,注者三千余家。"②注《老子》者,以韩非最早,以王弼影响最大。

1973年12月长沙马王堆汉墓M3中出土了帛书《老子》甲、乙两种写本,与通行本《道德经》在文字和篇章次序上有较大出入,《德》篇

---

① 丁四新:《郭店楚墓竹简思想研究》,东方出版社2000年版,第16—17页中将先秦故书中所载"老子曰"和"老聃曰"内容相比较,认为"老子与老聃在先秦故籍中实为一人"。

② 《正统道藏》(第21册),台湾艺文印书馆1977年版,第16731页。

在前,《道》篇在后。帛书《老子》甲本抄写在通高 24 里面的帛上,《老子》乙本抄写在通高 48 里面的帛上,皆朱丝栏墨书。甲本字体在篆隶之间,不避汉高帝刘邦之讳,故其抄写时代可能在高帝时期,乙本为隶书字体,避邦字讳而不避惠帝刘盈讳,抄写时代大抵在惠帝或吕后时期。

1993 年 10 月湖北荆门郭店楚墓楚简中出土了一批儒道典籍,其中包括《老子》篇。根据竹简形制的不同,简本《老子》被整理者称为甲、乙、丙三组。甲组共计 39 枚,竹简两端被削成梯形,简长 32.3 厘米,编线两道,间距 13 厘米;乙组共计 18 枚,竹简两端平齐,简长 30.6 厘米,编线两道,间距 3 厘米;丙组共计 14 枚,竹简两端平齐,简长 26.5 厘米,编线两道,间距 10.8 厘米。① 而这三组上简文的书写水准也不同,丙组书法艺术性最强,用笔持审,笔法含敛,笔迹雅致,字体秀丽。甲、乙两组皆次之,而甲比乙更下之,运笔较随意、松怠,已显粗糙,而通过对简、帛及通行本《老子》的内容、字体及句式与结构上比较,大抵简本《老子》甲、乙、丙是在三个不同的时期产生的三种不同抄本,甲组抄写时间最早,在公元前 400 年前后,乙组稍晚,而丙组最晚,时代大致于帛书《老子》相近。②

不难看出的是,无论简本、帛书还是通行本的《老子》都只是后人的抄写本,其间经过了抄写人所处时代和思想境界所限的取舍和演变,而《老子》其书时代或当在公元前 300 年左右便已流传,并为韩非所引,《解老篇》《喻老篇》中多次提的"书之所谓"之"书"当即《老子》一书,这与《史记》所载老子"著书上下篇"亦互为表里。

二、老子的哲学思想

关于老子哲学思想的丰富内涵,自其书所出之时起便有不断的研究和探讨。而且虽然从简本、帛书以及通行本的内容中显示,诸文本无

---

① 参见荆门市博物馆:《郭店楚墓竹简》,文物出版社 1998 年版。
② 参见丁四新:《郭店楚墓竹简思想研究》,东方出版社 2000 年版,第 5—11 页。

论在字词、句式、分章的排序还是在思想上都有较多不同,但从中体现出的文本间相互递嬗关系还是显而易见的,如帛书《老子》依托的来源应以郭店楚简《老子》为其中之一,帛书甲、乙中有明显的文本递变痕迹,而其后的通行本则以简、帛之《老子》为某一底本,旁采他本而成,比如傅奕本与帛书本就相当接近。故而,《老子》诸本体现的核心思想趋于一致,然其具体内涵又是在不断的演变的。

(一)"道→德→仁→义→礼"的哲学系统

《老子》中云:

> 上德不德,是以有德。下德不失德,是以无德。上德无为而无以为也。上仁为之而无以为也。上义为之而有以为也。上礼为之而莫之应也,则攘臂而扔之,故失道而后德,失德而后仁,失仁而后义,失义而后礼。[①]

"道"是道家思想的核心,是指宇宙中本源,即道生万物。《老子》用否定性的概念描述了宇宙本体,曰:"道,可道也,非恒道也。名,可名也,非恒名也。"所谓"恒",帛书中曰:"有无之相生也,难易之相成也,长短之相形也,高下之相盈也,音声之相和也,先后之相随:恒也。"故"恒"之内涵即为对立统一,"恒道"便是"对立统一的道",人可道的,就不是对立统一之道,故而"道恒无名"[②]。

"德"与"道"同属于事物一体之中。故而通行本中均为"道"篇在前,而帛书中则"德"篇在前。帛书《老子》第51章载:

> 道生之,德畜之,物形之而器成之。是以万物尊道而贵德。道之尊也,德之贵也,莫之爵也,而恒自然也。
>
> 道生之,德畜之、长之、遂之、亭之、毒之、养之、覆之。生而不

---

① 高明:《帛书老子校注》,中华书局1996年版,第4页。

② 高明:《帛书老子校注》,中华书局1996年版,第397页。

有,为而不恃,长而不宰:是谓玄德。

万物由"道"而生,又经过"德"之诸多功用(即畜、长、遂、亭、毒、养、复)等方形成物和器。

"仁、义、礼"为"德"之内涵。在简本《老子》中无直接反对仁义学说,而在帛书及通行本中则提到"绝仁弃义",但否定中又包含之,即"以不甲为甲",否定有为之仁、义、礼,包含无为之仁、义、礼。[1] 吴澄《道德经注》释《老子》第27章中曰:"善行者以不行为行,故无辙迹;善言者以不言为言,故无瑕谪;善计者不计为计,故不用筹策;善闭者以不闭为闭,故无关键,而其闭自不可开;善结者以不结为结,故无绳约,而其结自不可解。"

(二)"身→家→乡→邦国→天下"的社会结构

《老子》第54章曰:"修之身,其德乃真。修之家,其德乃馀。修之乡,其德乃长。修之邦,其德乃丰。修之天下,其德乃溥。"

身、家、乡、邦国、天下,是老子思想实践到社会实际生活中的结构体系。

身,是个人自身,《老子》主张社会以自身为主,这个是最基本的,如其所说:"吾所以有大患者,为吾有身也。及吾无身,有何患!"[2]有身,才会有各种问题的出现,故而,自身是社会问题产生的基础。

《老子》对自身要求是无欲寡欲,知足知止。《老子》第46章:"罪莫大于可欲,祸莫大于不知足,咎莫大于欲得:故知足之足,恒足矣。"《老子》第32章:"知止所以不殆。"《老子》第33章:"知足者,富也。"《老子》第44章:"知足不辱,知止不殆,可以长久。"《毛诗·麟之止》郑玄注曰:"止,足也。"知止亦是知足。这是一种精神上的要求,但是对于社会现实生活中存在的阶级分化,《老子》又提出了民重身、圣人轻身的理论。这是一种双重标准,实际基根于民在现实生活中身属低贱,

---

[1]　参见张正明:《楚文化史》,上海人民出版社1987年版,第244—245页;涂又光:《楚国哲学史》,湖北教育出版社1995年版,第248—254页。

[2]　高明:《帛书老子校注》,中华书局1996年版,第278页。

故而要重视;而圣人即统治者,拥有千乘之国,则应轻自身享受,而重天下社稷。《老子》第12章说:"五色令人目盲,五音令人耳聋,五味令人口爽。"指出的是重享受的害处,而"故贵为身于为天下,若可以橐天下矣;爱以身为天下,汝可以寄天下矣"①,即指若重身而轻天下,可以囊括天下为己有,但"多藏必厚亡"②,最终不得终矣;而若以身为天下,轻身而重天下,则可以让万民托付天下了。

家,是构成社会结构的基本单位,《老子》第18章云:"大道废,有仁义;慧智出,有大伪;六亲不和,有孝慈"。大多数学者都依据此说,认为以南方楚国为土壤的道家是不重视孝道,否定孝慈的。但是,具体地分析,老子此说,实际上是针对社会现实而言,社会上经常是缺乏什么才会提倡什么,正是因为社会上有"六亲不合"的事情出现,才会更加重视"孝慈"。

然老子的"孝慈"观,是将"孝""慈"并举而言的,显得客观和平等。这与儒家重"孝"的理论有所区别。先秦儒家对于"孝"的阐述,归结起来分为三个层次,即孝养、孝敬、孝道。孝养,是"孝"的最基本层次。即赡养父母,照顾老人,尽人子之责。而"今之孝者,是为能养,至于犬马,皆能有养。不敬,何以别乎?"因此,不仅是停留在"养"上面,还得要"敬""顺"。要"事父母几谏,见志不从,又敬不违,劳而不怨"。同时子女在父母生前按照父母的意愿行事,在父母死后继承他们的遗志立身。所以孔子说:"父在观其志,父没观其行,三年无改于父之道,可谓孝矣。"周武王和周公旦继承文王的遗志讨灭了商纣王,故孔子赞扬他们说:"武王、周公,其达孝矣乎!夫孝者,善继人之志,善述人之事者也。"这是孔子孝道观最高要求的体现。

孟子对孔子的"孝"思想作了进一步的发挥,他认为"事孰为大?事亲为大"。又说:"孝子之至,莫大乎尊亲;尊亲之至,莫大乎以天下养。"由此推己及人,把最初产生和存在于家庭中的孝悌观念推广到整

---

① 高明:《帛书老子校注》,中华书局1996年版,第279页。
② 高明:《帛书老子校注》,中华书局1996年版,第40页。

个社会,这是孟子孝道观的独到见解。孟子说:"老吾老,以及人之老;幼吾幼,以及人之幼。"由此,"孝"便上升到了一种不仅仅局限在小家庭的范围之中,从而可以被统治者加以利用,形成了"忠"文化。故《孝经》曰"夫孝,始于事亲、中于事君、终于立身"。

乡,是由家庭组成的单位,是组成邦国的基本单元。

邦,在帛书《老子》甲本中有 22 处,乙本中则不见,全作"国"字,《说文》"邦""国"互训,可见互通。《老子》中提到了国家的起源,便是"道",即自然论。《老子》第 42 章曰:"道生一,一生二,二生三,三生万物。"既然万物均由"道"而生,则国家也是,而统治国家的侯王王公等更是,如此便破灭了君权神授论。那么,要想统治好国家,坐稳天下,统治者们便要有所约束。鉴于此,《老子》第 17 章说:"太上,下知有之。其次,亲誉之。其次,畏之,其下,侮之。信不足安有不信。犹兮其贵言也。成功遂事,而百姓谓我自然。"即是指统治者的行为造成的不同后果。

邦国,有大、小之分。小邦,需要平和稳定的生存,故而《老子》第 80 章云:"小邦寡民,使民有十百人之器而勿用;使民重死而远徙,有舟车无所乘之,有甲兵无所陈之;使民复结绳而用之,甘其食,美其服,乐其俗,安其居。邻邦相望,鸡犬之声相闻,民至老死不相往来。"要求小邦中的百姓不使用器械、不追求远徙流动、不乘舟车不设甲兵、不用文字,甘心于所拥有的饮食服装,习用所具有的风俗,平静的生活,各邦百姓之间不互相来往,用最为平和、简单、自然的方式生活,如此便不会因文明的发展而导致战争的冲突和兼并了。

这可谓老子的一番理想,现实中不可能只有小邦,故而《老子》第 60 章又对大邦的统治者提出"治大国若烹小鲜"之论,意即大国不能总是打仗和折腾,要如同烹制小鱼般,不能多翻多动。《老子》第 61 章云:"大邦者,下流也,天下之牝也,天下之交也。牝恒以静胜牡,为其静也,故宜为下也。故大邦以下小邦,则取小邦;小邦以下大邦,则取于大邦。故或下以取,或下而取。大邦者不过欲兼畜人,小邦者不过欲入事人。夫皆得其欲,则大者宜为下。"其中指出大邦要胜小邦,需以

"静"为之,从而使小邦如同水之上流般汇于下流、牡之合于牝般的归属于小邦。

天下,在《老子》理论中是便是指"天下之牝""天下之交"的大邦取得的天下。取得天下和治理天下的手段便是"静",郭店楚简《老子》乙组有:"清静为天下定。"何谓"静",便是无兵、无争、无事、无为。《老子》第30章曰:"不可以兵强天下。"《老子》第31章云:"乐杀人,不可以得志于天下。"《老子》第22章:"夫唯不争,故天下莫能与之争。"《老子》第66章:"不以其无争欤? 故天下莫能与之争。"《老子》第57章:"以无事取天下。"《老子》第48章:"将欲取天下也,恒无事;及其有事,又不足以取天下矣。"《老子》第29章:"将欲取天下而为之,吾见其不得已。夫天下,神器也,非可为者也。为者败之,执者失之。"如此,"执大象,天下往。往而不害,安平大。乐与饵,过客止。故道□□□,淡呵其无味也。视之不足见,听之不足闻,而不可既也。"①

任何哲学思想都源自社会生活。《老子》的思想反映了当时楚国县民的处境和愿望。② 楚国之县,大都是为楚所兼并的其他诸国族。其民,经历了国家兴亡,知道君权并非所谓的神授而稳固如山,也明白国家的兴衰与统治阶层的行为密切相关。同时,他们希望他们原有的社会秩序和生活方式不被打乱,也就是不希望因为发展和战争为楚所灭。但是,在大国占领自己国土的现实情况下,他们又希望大国能以无为的态度对待自己、统治天下。因此,老学在以蕞尔小国逐渐拓张为诸侯之霸的楚国得以形成和兴盛,是有其深刻的社会基础的。与兴盛于中原华夏之族的儒家思想一致,老子的道家思想同样是以救世为目的。不同的是,华夏诸族是从强转弱、逐渐衰落的,因此儒家学者强调的是礼制,希望恢复之前的礼仪尊卑,从而维护统治阶层的原有秩序。作为由华夏诸族转变为楚国之民的老子,则在矛盾统一的社会实践中形成了对立统一的哲学思想,他们在自己的国族社会秩序和社会生活

---

① 郭店楚简《老子》丙组,陈伟等:《楚地出土战国简册[十四种]》,经济科学出版社2009年版,第156页。

② 参见张正明:《楚文化史》,上海人民出版社1987年版,第242页。

遭到破坏后,便寄希望于大国的统治者,以"道"来制约自己,以"无为"为理论来统治国家、获取天下。

从《老子》的思想体系来看,道儒两家的思想在先秦时期并非全然对立的,它们之间有着相容之处。这个很容易理解,老子本来就在周朝为官,大部分时间都生活在中原地区,接受中原的礼制文化是必然的。只是因为经历了故土之沦丧和周王室之衰落的社会现实,在思想上有了重新的认识,从而提倡"道"之无为,实现"小国寡民"、大国以无为取天下治天下的理想境界。

三、老莱子之哲学(附楚隐者)

关于老莱子和老子是否为一人,目前依然没有十足的证据能断定,但通过文献上有关于老莱子的记载,我们依然可以发现他作为道家肇始者之一的思想论。

记载老莱子事迹较详的有西晋皇甫谧《高士传》中《老莱子》传云:

> 老莱子者,楚人也。当时世乱,逃世,耕于蒙山之阳。莞葭为墙,蓬蒿为室,枝木为床,蓍艾为席,饮水食菽,垦山播种。人或言于楚王,王于是驾至莱子之门。莱子方织畚。王曰:"守国之政,孤愿烦先生。"老莱子曰:"诺。"王去。其妻樵还,曰:"子许之乎?"老莱曰:"然。"妻曰:"妾闻之:可食以酒肉者,可随而鞭棰;可拟以官禄者,可随而妄不能为人所制者!"妻投畚而去。老莱子亦随其妻至于江南而止,曰:"鸟兽之毛,可绩而衣,其遗粒足食也。"仲尼尝闻其论,而蹙然改容焉。著书十五篇,言道家之用。人莫知其所终也。

《史记正义》引《列仙传》亦曰:"老莱子,楚人。当时世乱,逃世耕于蒙山之阳,莞葭为墙,蓬篙为室,仗木为床,蓍艾为席,菹芰为食,垦山播种五谷。楚王至门迎之,遂去,至于江南而止。曰:'鸟兽之解毛可绩而衣,其遗粒足食也。'"

老莱子,为楚人之隐者。其生活年代,通过《论语·微子》《史记·孔子世家》等中记载,孔子厄于陈、蔡,得"楚昭王兴师迎孔子,然后得免"。同年,"孔子自楚反乎卫。是岁也,孔子年六十三,而鲁哀公六年也"。此年为公元前489年,孔子至楚,老莱子遇见他应即此年。由此推算,老莱子生于春秋晚期的楚康王时,卒于战国时的楚惠王期间①。

而康王至惠王之世,楚国政治统治充斥着王位的争夺和公室间的争斗,统治阶层骄奢荒淫,甚至于昭王时期发生了吴师入郢、昭王出逃之事,楚惠王时期,又发生了楚公室之乱,平王之孙白公胜占据楚郢都,劫持惠王,且"陈人恃其聚而侵楚"②,次年(前478年),楚师讨伐陈国。因此,由于"世乱",故而老莱子"逃世"归隐于蒙山(今荆州城西)。为避楚王征召,又逃往江南。

关于老莱子的思想,《庄子·外物》载:

老莱子之弟子出薪,遇仲尼,反,以告,曰:"有人于彼,修上而趋下,末偻而后耳,视若营四海,不知其谁氏之子。"老莱子曰:"是丘也,召而来!"仲尼至。曰:"丘!去汝躬矜与汝容知,斯为君子矣。"仲尼揖而退,蹙然改容,而问曰:"业可得进乎?"老莱子曰:"夫不忍一世之伤,而骜万世之患,抑固窭耶?亡其略弗及耶?惠以欢为骜,终身之丑,中民之行进焉耳,相引以名,相结以隐。与其誉尧而非桀,不如两忘而闭其所誉。反,无非伤也;动,无非邪也。圣人踌躇以兴事,以每成功。奈何哉,其载焉终矜尔!"

这番记载与《史记·老子申韩列传》中孔子问礼老聃所言相类似:

孔子适周,将问礼于老子。老子曰:"子所言者,其人与骨皆已朽矣,独其言在耳。且君子得其时则驾,不得其时则蓬累而行。

---

① 参见何浩:《老莱子其人及其道论》,《江汉论坛》1985年第11期。

② 杨伯峻:《春秋左传注》,中华书局1990年版,第1708页。

吾闻之,良贾深藏若虚,君子盛德,容貌若愚。去子之骄气与多欲,态色与淫志,是皆无益于子之身。吾所以告子,若是而已。"孔子去,谓弟子曰:"鸟,吾知其能飞;鱼,吾知其能游;兽,吾知其能走。走者可以为网,游者可以为纶,飞者可以为矰。至于龙吾不能知,其乘风云而上天。吾今日见老子,其犹龙邪!"

其中的"去子之骄气与多欲,态色与淫志"与上引《庄子·外物》中的"去汝躬矜与汝容知"含义一致。但所言"龙"之说,则见于《庄子·天运》篇。

此外,老莱子著名的"舌柔齿坚"论也与老子思想重叠。《战国策·楚策四》:

> 或谓黄齐曰:"人皆以为公不善于父挚。公不闻老莱子之教孔子事君乎?示之其齿,曰:'齿之坚也,六十而尽,相靡也。'今富挚能而公重不相善也,是两尽也!谚曰:'见君之乘,下之;见杖,起之。'"

《孔丛子·抗志》:

> 子思见老莱子,老莱子闻穆公将相子思,老莱子曰:"若子事君,将何以为乎?"子思曰:"顺吾性情,以道辅之,无死亡焉。"老莱子曰:"不可顺子之性也。子之性惟太刚,而傲不肖,且又无所死亡,非人臣也。"子思曰:"不肖故为人之所傲也、夫事君,道行言听,则何所死亡;道不行言不听,则亦不能事君,无所谓死亡也。"老莱子曰:"子不见夫齿乎?虽坚刚,卒尽相摩。舌柔顺,终以不弊。"子思曰:"吾不能为舌,故不能事君。"

相似的言辞见于《说苑·敬慎》中老子问教常从(或作"商容"):

（常从）张其口而示老子曰："吾舌存乎?"老子曰："然!""吾齿存乎?"老子曰："亡!"常从曰："子知之乎?"老子曰："夫舌之存也,岂非以其柔耶? 齿之亡也,岂非以其刚耶?"常从曰："嘻! 是已。天下之事已尽矣,无以复语子哉!"

《慎子外篇》《淮南子·缪称》和皇甫谧《高士传》所载略同。故而学术界也多有持以老子同于老莱子之论者①。

事实上,排除文献在流传中发生的误写、相互糅杂等情况,老莱子的思想代表的是典型的隐者之理论,而隐者,是道家思想的重要来源和实践者,冯友兰先生便指出"道家的前身,是当时所谓'隐者'"②。

隐者,又被称为"隐士""隐君子""高士""逸民"等,大多是因社会环境的动乱对其产生失望感从而归隐,不事王侯、不问政事,全德而保身。这其中又以楚国县民为主,他们既不能改变自己国家被灭的命运,又不能使大国的统治者无为而治,故而便追求自身生活的质朴和"无为"。这也是老莱子思想中"去躬矜与容知"和"舌柔齿刚"理论的真谛,他提倡的就是无骄、无欲、贵柔等,过的则是"莞葭为墙,蓬蒿为室,枝木为床,蓍艾为席,饮水食菽,垦山播种"的质朴生活。

这样的隐者,在楚国多见。《论语·微子》和《庄子·人间世》记载了楚狂接舆。接舆躬耕以食,佯狂不仕,遇见孔子后,他说道:"凤兮凤兮,何德之衰也。来世不可待,往事不可追也。天下有道,圣人成焉;天下无道,圣人生焉。方今之时,仅免刑焉! 福轻乎羽,莫之知载;祸重乎地,莫之知避。已乎,已乎! 临人以德。殆乎,殆乎! 画地而趋。迷阳迷阳,无伤吾行。吾行却曲,无伤吾足。"③

《论语·微子》载:长沮桀溺耦而耕,孔子过之,使子路问津焉。长沮曰："夫执舆者为谁?"子路曰："为孔丘。"曰："是鲁孔丘与?"曰："是

① 参见向宗鲁:《说苑校证》,中华书局 1987 年版,第 244 页;李零:《老李子和老莱子》,《中国哲学史》1997 年第 2 期。

② 冯友兰:《三松堂全集》第 7 卷,河南人民出版社 1989 年版,第 174 页。

③ (宋)朱熹:《四书章句集注》,中华书局 1993 年版,第 184—185 页。

也。"曰:"是知津矣。"问于桀溺,桀溺曰:"子为谁?"曰:"为仲由。"曰:"是鲁孔丘之徒与?"对曰:"然。"曰:"滔滔者天下皆是也,而谁以易之?且而与其从辟人之士也,岂若从辟世之士哉?"耰而不辍。子路行以告,夫子怃然曰:"鸟兽不可与同群,吾非斯人之徒与而谁与?天下有道,丘不与易也。"

《论语·微子》又载:子路从而后,遇丈人,以杖荷蓧。子路问曰:"子见夫子乎?"丈人曰:"四体不勤五谷不分。孰为夫子?"植其杖而芸。子路拱而立。止子路宿,杀鸡为黍而食之,见其二子焉。明日,子路行以告。子曰:"隐者也。"使子路反见之。至则行矣。

《庄子·天地十一》中的一则故事讲:子贡到楚国过汉阴时,遇见一位老农"凿隧而入井,抱瓮而出灌",搰搰然用力甚多而见功寡。子贡就问老农为何不用机械。老农却忿然作色而笑曰:"吾闻之吾师,'有机械者必有机事,有机事者必有机心'。机心存于胸中,则纯白不备;纯白不备,则神生不定,神生不定者,道之所不载也。吾非不知,羞而不为也。"①子贡很惭愧。后来老农就问子贡是谁?子贡回答说是孔子的学生。老农对此嗤之以鼻,认为他们是"独弦哀歌以卖名声于天下者",以为"身之不能治,而何暇治天下乎",而让子贡走开。

这种例子在诸多文献中不可枚举,似乎孔子之众在楚国境内随处便可遇见接舆、长沮桀溺、荷蓧老人、老农等隐者,无论其真实与否,亦能发现道家思想在楚地的发源。这类隐者,看到社会的污浊不堪,而"今之从政者殆矣",靠个人不可能来改变现实,于是追求个人的质朴生活和"无为",获取内心的平静,因此也甚为反对孔子之徒"知其不可而为之"的积极入世思想。

————————

① 《庄子集解》,中华书局1983年版,第106页。

第章

文学家屈原、宋玉与唐勒

　　先秦时期是中国文学的形成期。远古时代，原始人在生产劳动的过程中所发出的劳动呼声，成为诗歌韵律的起源；又在农耕之时祭祀天地山川产生了歌谣；由于生产力水平低下，先民对自然和社会的认识不足，产生了大量的神话传说，这些远古歌谣和传说，经过人们历代口口相传，成为最初的文学模式。夏商两代，原始宗教文化居于主导地位，巫觋在占卜、祭祀中所创作的韵文和咒语歌谣成为文学的源泉。周代以降，礼乐文化取代了巫文化，史官文化崛起，诞生了散文的创作；春秋战国以后，周室衰微，知识传授突破贵族的垄断，民间讲学之风盛行，形成了诸子百家争鸣的局面，从而产生了异彩纷呈的文学观念和风格，诗歌和散文的文学样式得以形成和发展。

　　秀美绮丽的汉水流域，自古便传唱着铿锵有力的歌谣，诉说着奇伟瑰丽的神话传奇，在奇谲浪漫的巫风浸淫之中，产生了一批杰出的文学家，其中尤以屈原及其后继学人宋玉、唐勒等为著，他们在先秦文学史乃至整个中国文学史中书写了极为重要的篇章。

第一节　屈原与楚辞

一、楚辞的内涵

　　"楚辞"之称始于西汉初期。顾名思义，"楚"是楚人、楚地，"辞"，多见于屈原在其诗作中的称呼，如《离骚》"跪敷衽以陈辞兮，耿吾既得此中正"；《九章·惜往日》"不毕辞以赴渊兮，惜壅君之不识"。因其不同于《诗经》之诗和诸子之文而别具特色，汉时便称之为"楚辞"。汉武帝时期，"楚辞"即已深受文人喜爱，《史记·酷吏列传》载，朱买臣因善读"楚辞"而得幸于汉武帝，《汉书·淮南王传》亦载刘安深通"楚辞"，故而秉承汉武帝之命为屈原《离骚》作传。司马迁更是在《史记·屈原列传》中对屈原作品极度的推崇，从而使"楚辞"在文学史中的地位得到进一步的确立。

楚辞，又称作屈赋、屈骚。屈原的作品以《离骚》为代表，故而其作品被统称为"屈骚"。言之为赋，缘于对赋和辞两种文体尚未明确区分，但司马迁已经意识到辞和赋有所不同，故而在《史记·屈原宋玉列传》中既称屈赋，又称宋玉、唐勒等"皆好辞而以赋见称"。汉以后，赋和辞作为两种文体才得以区分，《文心雕龙》中即以《辨骚》《诠赋》并列，《文选》也以"骚""赋"各为一体。

屈原死后，宋玉、唐勒、景差等人皆好辞。他们师法于屈原，因此他们所作之于屈原诗歌体裁相类或相同的作品，也被称为"楚辞"，因之，"楚辞"也便成为一种流行的文体而存在，其特点为"书楚语、作楚声、纪楚地、名楚物"。鲁迅概言曰："战国之世，……在韵言则有屈原起于楚，被谗放逐，乃作《离骚》。逸响伟辞，卓绝一世。后人惊其文采，相率仿效，以原楚产，故称'楚辞'。"①

汉代对屈原及宋玉等人作品进行了整理和辑录，从而"楚辞"又成为此类诗歌总集的名称。旧说《楚辞》一书最早是由西汉晚期刘向编定②，经学者考证认为，"《楚辞》一书是由战国到东汉这一漫长的历史时期中经过很多人的陆续编纂辑补而成的"③，很有可能在汉武帝时期淮南王及其宾客便对此书进行了编辑。汉代辑录成书的《楚辞》一书，包括了屈原、宋玉等人的作品，也有后人依托之作，但主要的是屈原

---

① 《汉文学史纲要》，载《鲁迅全集》第 9 卷，人民文学出版社 1981 年版，第 370 页。

② 《楚辞章句》均题汉刘向集，《四库提要》亦谓"自刘向始也"。［参见（宋）洪兴祖：《楚辞补注》，中华书局 1983 年版；（清）纪昀总纂：《四库全书总目提要》，河北人民出版社 2000 年版，第 3812 页。］

③ 汤炳正：《屈赋新探——〈楚辞〉成书之探索》，齐鲁书社 1984 年版。

所作。

关于《楚辞》中哪些作品为屈原所作，历来学术界一直都众说纷纭。《史记·屈原列传》中提及的屈原作品，有《离骚》《天问》《招魂》《哀郢》《怀沙》等五篇，《汉书·艺文志》则著录"屈原赋二十五篇"，王逸《楚辞章句》中也认为有 25 篇，但具体篇目与司马迁中所列不同。有关于屈原作品之真伪，正如"美人如花隔云端"，后人所疑所论均是由各人理解的角度不同而致，故而，仍以 25 篇为是。

二、楚辞的思想内涵

任何一部富有生命力的作品，都蕴含着极为丰富而深刻的思想。屈原之楚辞，也因其包含着丰富的思想内涵，在几千年的历史中为人所推崇和追寻。

屈原的作品主要表达的是一种政治情感。他的一生，辉煌的为官历程很短，却遭遇了两次贬谪，在受到怀王疏远后，又被放于汉北，顷襄王时又放之江南。因此，屈原的人生始终是一个矛盾幽怨的结合体：既对君王的疏远和贬谪感到悲伤，又改变不了对君王的思念和忠贞；既认为君主偏信谗言对己不公，又坚定"美政"的政治理想和自己如"香草"般的人格不动摇。于是，他的作品中便充斥着这种复杂的情感。

其一，执着的美政思想。

屈原一生的悲剧，都源于他对楚国"美政"的追求和理想。他所处的怀王、顷襄王时期，楚国正处于从极盛走向衰落、灭亡的转折时期。作为一个忧心社稷的大臣，屈原希望通过自己的建议，使楚国改变当时存在的各种弊端，重新走上强大富裕的道路。他提倡的"美政"，是要君主重视民生，重视法治，远离谗臣，从而建立一个"诸侯毕极，立九卿只"①的强国。

屈原终于一生，都在执着地追求着这种"美政"，他在《离骚》中表达了自己至死不渝的这种追求：

---

① 董楚平：《楚辞译注》，上海古籍出版社 2012 年版，第 158 页。

"虽不周于今之人兮,愿依彭咸之遗则。"

"亦余心之所善兮,虽九死其犹未悔。"

"伏清白以死直兮,固前圣之所厚。"

"虽体解吾犹未变兮,岂余心之可惩。"

"路漫漫其修远兮,吾将上下而求索。"

"既莫足与为美政兮,吾将从彭咸之所居!"

《离骚》,为屈原被怀王疏远之后所作,《史记·屈原列传》载:"王怒而疏屈平。屈平疾王听之不聪也,谗谄之蔽明也,邪曲之害公也,方正之不容也,故忧愁幽思而作《离骚》。"作品中屈原表达了自己对"美政"的追求,不惜上下求索一生、九死而不悔。

其二,对楚国和君王的忠贞情怀。

屈原虽遭到怀王和顷襄王的疏远和贬斥,但从未改变自己对楚国的眷念和对君主的忠贞。《离骚》中他借口灵氛让其离开楚国,表达自己也曾有过离开的想法:"灵氛既告余以吉贞兮,历吉日乎吾将行"。"何离心之可同兮,吾将远逝以自疏。""路不周以左转兮,指西海以为期。"①《卜居》中将这种矛盾思想表达得更为明显,"吾宁悃悃款款朴以忠乎? 将送往劳来斯无穷乎? 宁诛锄草茅以力耕乎? 将游大人以成名乎……"但是,最终他还是不舍得离开,决心留在楚国,"仆夫悲余马怀兮,蜷局顾而不行"②,"宁溘死而流亡兮,恐祸殃之有再。不毕辞而赴渊兮,兮壅君之不识"③。直至最后国破之后,他也是义无反顾地投水自尽,至死未曾离开楚国故土。

终其一生,屈原对楚王充满了忠诚和向往。面对楚国面临的重重危机,屈原的谏言并不能得到君王的接受,反而却将其流放。他不是没有怨愤,认为楚王"荃不察吾之中情兮,反信谗而齌怒"④,"君含怒而

---

① 董楚平:《楚辞译注》,上海古籍出版社 2012 年版,第 24 页。

② 董楚平:《楚辞译注》,上海古籍出版社 2012 年版,第 25 页。

③ 董楚平:《楚辞译注》,上海古籍出版社 2012 年版,第 98 页。

④ 董楚平:《楚辞译注》,上海古籍出版社 2012 年版,第 6 页。

第十六章 文学家屈原、宋玉与唐勒

待臣兮,不清澈其然否","弗参验以考实兮,远迁臣而弗思","佛省察而按实兮,听谗人之虚辞","谅聪不明而蔽壅兮,使谗谀而日得"①。不过,他依然未对楚王有过贰心,"事君而不贰兮,迷不知宠之门","所非忠而言之兮,指苍天以为正"②。作品中,他还以借对美女的思慕表达对君王的思念和忠心:"思美人兮,揽涕而伫眙。媒绝路阻兮,言不可结而诒。蹇蹇之烦冤兮,陷滞而不发。申旦以舒中情兮,志沈菀而莫达。愿寄言于浮云兮,遇丰隆而不将。"③

其三,对佞臣的鞭挞和法治的主张。

屈原认为自己受到君主的疏远和贬谪缘由是"群小",在其作品中也多次表达了对佞臣的鞭挞。《离骚》曰:"众女妒余之娥眉兮,谣诼谓余以善淫。""世溷浊而不分兮,好蔽美而嫉妒。""众皆竞进以贪婪兮,凭不厌乎求索。羌内恕己以量人兮,各兴心而嫉妒。"《哀郢》中说:"众谗人之嫉妒兮,被以不慈之伪名、憎愠恼之修美兮,好夫人之忼慨。"

屈原所处的时期,佞臣们把持着朝政,为己私利而置国家社稷于不顾。屈原不屑与之同流合污,他特别反对这些贵族权臣,揭露当时的社会现状,曰:"固时俗之工巧兮,偭规矩而改错。背绳墨以追曲兮,竞周容以为度。"④于是,他强调修明法度,希望君王能启用贤能来"发政献行,禁苛暴只。举杰压陛,诛讥罢只。直赢在位,近禹麾只。豪杰执政,流泽施只"⑤。

其四,坚定的人格情操。

因为受到君王的疏远和贬谪,屈原满腔的爱国忠臣之情无法得以施展,内心充满了幽怨和无奈:"忳郁邑余侘傺兮,吾独穷困乎此时也。"⑥"心郁邑余侘傺兮,又莫察余之中情。固烦言不可结诒兮,愿陈

---

① 董楚平:《楚辞译注》,上海古籍出版社 2012 年版,第 98 页。
② 董楚平:《楚辞译注》,上海古籍出版社 2012 年版,第 73 页。
③ 董楚平:《楚辞译注》,上海古籍出版社 2012 年版,第 93 页。
④ 董楚平:《楚辞译注》,上海古籍出版社 2012 年版,第 9 页。
⑤ 董楚平:《楚辞译注》,上海古籍出版社 2012 年版,第 158 页。
⑥ 董楚平:《楚辞译注》,上海古籍出版社 2012 年版,第 9 页。

志而无路。"①"信非吾罪而弃遂兮,何日夜而忘之。""惨郁郁而不通兮,蹇侘傺而含戚。"②但屈原并不改其志,这种坚持,不仅是群小不能容,就连相信他、尊敬他的人也不能理解。《离骚》中说:"女媭之婵媛兮,申申其詈予。……汝何博謇而好修兮,纷独有此姱节?……世并举而好朋兮,夫何茕独而不予听?"③《渔父》中之渔父也质疑他"何不淈其泥而扬其波?""何故深思高举,自令放为?"即使如此,屈原仍表明其志:"吾不能变心而从俗兮,固将愁苦而终穷。"④且"伏清白以死直兮","虽体解吾犹未变兮"⑤。

在屈原的作品中,常以"香草"作为自己高洁人格的意象象征。《离骚》:"纷吾既有此内美兮,又重之以修能。扈江离与辟芷兮,纫秋兰以为佩。""不吾知其亦已兮,苟余情其信芳。高余冠之岌岌兮,长余佩之陆离。芳与泽其杂糅兮,唯昭质其犹未亏。……佩缤纷其繁饰兮,芳菲菲其弥章。民生各有所乐兮,余独好修以为常。"

正是由于屈原在作品中表达了处于逆境仍不改其志、受君主贬谪犹不变其初衷的情感,所以楚辞感染了后代无数诗人,在中国文学史上的影响也长久不衰。

三、楚辞的文学特点及表现形式

楚辞自屈原创造伊始,具备着不同于其他诸如《诗经》和诸子散文等文体的艺术特点和表现形式:

其一,"书楚语、作楚声、纪楚地、名楚物"。⑥

任何一种文学艺术的诞生,都与它所成长的环境有密切的联系。楚辞是产生在楚地的一种文学形式,它接受了楚国地域上各种文化、各

① 董楚平:《楚辞译注》,上海古籍出版社 2012 年版,第 74 页。
② 董楚平:《楚辞译注》,上海古籍出版社 2012 年版,第 82—83 页。
③ 董楚平:《楚辞译注》,上海古籍出版社 2012 年版,第 12 页。
④ 董楚平:《楚辞译注》,上海古籍出版社 2012 年版,第 29 页。
⑤ 董楚平:《楚辞译注》,上海古籍出版社 2012 年版,第 10 页。
⑥ (宋)黄伯思:《宋本东观余论》,中华书局 1988 年版,第 344 页。

种民族风情的影响,是一部"书楚语、作楚声、纪楚地、名楚物"的集大成之作。

所谓"书楚语、作楚声",指的是作品中的楚地方言和独特的音韵声调。但实际上的楚地方言,却也是包罗万象:既有北方的华夏语言,又有荆蛮土著语言,还有楚国所灭诸多民族各自不同的语言。故而,楚语实际上是吸收了多种语言成分而词汇丰富多彩、音声别具一格的方言。其中这种复杂的楚方言,应用在楚辞中,使作品具备了浓郁的地方特色,也表现出了楚人揽天下诸言的博大胸怀。

楚声,是因楚地地理环境形成的韵律和声调,多具有柔软绵长的咏叹、抒情之意。语助词"兮"大量而灵活的使用,于句中调整节奏,于句末延长发音,使"楚声"显得富于变化。

"纪楚地、名楚物",则主要表现在楚辞作品中使用大量楚地独有的景物或物产作为体物言志、借景抒情的对象,同时借用了多种物象作为某种意象象征,将楚地的独特景观和奇美物产表现得淋漓尽致。

其二,篇制的宏大。先秦时期的诗歌作品囿于表现形式的束缚等,篇幅都不大。在楚辞之前最长的是《诗经·鲁颂·閟宫》,全诗 120句,共 492 字。相比而言,《离骚》共 376 句,2486 字,《天问》共 374 句,1565 字,楚辞可谓皇皇巨制。通过各种表现形式,在长篇幅的作品中,内容极为丰富,反映的社会生活和个人情感也尤为深厚,从而改变了以《诗经》为代表的传统短章诗歌形式,以一种崭新的散文式诗歌文体来表达更为丰富复杂的社会生活。

其三,句式丰富多彩。楚辞的句式突破了简单的四言、五言、六言、七言等诗歌句式,而几乎囊括了所有的诗歌句式。有四言句式的《橘颂》《天问》,也有《九章》《离骚》等六言句、七言句。其中又借用了语助词"兮"字,形成以"三二""三三"为节奏的基本句式。这种句式与《诗经》中传统的"二二"节奏不同,不仅增加了字数,扩充了篇幅,更重要的是使用语助词调整句中的节奏,使诗歌的韵律或活泼明快、或含蓄温婉,富于变化。这种句式的变化,使辞与传统的诗又有了区别:辞,宜于诵读而不宜于歌咏,错落有致的韵律节奏,抑扬顿挫的气息语调,使先秦诗歌文坛面貌为之一新。

其四,意象的建构。楚辞作品中,使用了大量的象征手法,建构了代表某种特定含义的意象。

王逸《楚辞章句》曰:"《离骚》之文,依《诗》取兴,引类譬喻,故善鸟香草,以配忠贞;恶禽臭物,以比谗佞;灵修美人,以媲于君;宓妃佚女,以譬贤臣;虬龙鸾凤,以托君子;飘风云霓,以为小人。其词温而雅,其义皎而朗。"

楚辞的象征手法,实则是诗歌体系中"比兴"手法的进一步发展。楚辞之前,比、兴手法在诗歌中的运用,是"以此物比彼物","先言他物"而为"所咏之词"作铺垫,而楚辞中,并无本体和喻体之间的明确区分,通篇使用某种物象作为特定含义的象征物,并构成了一系列统一的象征体系,将不同形象但实质相同的象征物用来表达"善"与"恶"、"君子"与"小人"等特定的事物,从而使诗歌反映生活、表达情感的艺术性和概括性达到了新的阶段,就如司马迁所称之曰:"其称文小而其指极大,举类迩而见义远。"①

第二节 风流才子——宋玉

一、宋玉的史迹钩沉

继屈原之后,在中国文学史上,宋玉被认为是先秦时期能与屈原并称的第一人。《文心雕龙·辨骚》称:"屈宋逸步,莫之能追。"《时序》篇则言:"屈平联藻于日月,宋玉交彩于风云。"

史书中有关宋玉生平事迹的记载较少,除《史记·屈原贾生列传》《汉书·艺文志》中寥寥几笔之外,主要见载于西汉刘向《新序》、韩婴《韩诗外传》、东汉王逸《楚辞章句》、西晋陆机之《文赋》以及南朝刘勰《文心雕龙》等著述中。晋代习凿齿《襄阳耆旧传》中的"宋玉"条下,载曰:

---

① (汉)司马迁:《史记》,中华书局1959年版,第2482页。

宋玉者,楚之鄢人也。故宜城有宋玉冢。始事屈原,原既放逐,求事楚友景差。景差惧其胜己,言之于王,王以为小臣。玉让其友。友曰:"夫姜桂因地而生,不因地而辛;美女因媒而嫁,不因媒而亲。言子而得官者,我也;官而不得意者,子也。"玉曰:"若东郭狻者,天下之狡兔也,日行九百里而卒不免韩卢之口,然在猎者耳。夫遥见而指纵,虽韩卢必不及狡兔也。若蹑迹而放,虽东郭狻必不免也。今子之言我于王,必遥指而纵而不属耶?蹑迹而纵绁耶?"友谢之,复言于王。玉识音而善属文,襄王好乐爱赋,既美其才而憎之似屈原也。曰:"子何从俗,使楚人贵子之德乎?"对曰:"昔者有善歌者,始而下里巴人,国中属而和之者数百人。既而曰阳春白雪,朝日鱼离,国中属而和之者不至十人。含商吐角,绝伦赴曲,国中属而和者,不至三人矣。其曲弥高,其称弥寡也。"

此条记载是综合诸多文献的有关记载以及流传于民间的一些传闻而成。姜亮夫《宋玉简述》中说:"故宋玉身世,似乎无真材料可凭,到习凿齿《襄阳耆旧传》有两条记载:一条是把汉人诸所说纂集为一文,而把民间所传宜城有宋玉冢写入,说'宋玉者,楚之鄢郢人也。故宜城有宋玉冢。始事屈原,原既放逐,求事楚友景差'。第二条是说玉与襄王游云梦事,即世人所传高唐神女故事之糅合。这大概可算集汉以来诸家所传的宋玉事迹之可考者。"①通过梳理,勾勒了宋玉的生平事迹。

宋玉,楚之鄢(今湖北宜城)人,主要活动于楚顷襄王时期(前298年—前263年),约生于公元前296年、卒于公元前222年②。出身不高,经朋友推荐,才得以在楚顷襄王身边做了大夫之职,但为才所累,遭到群小之排挤,始终不受君王重用,后失职,楚国国破后宋玉避兵乱藏

---

① 姜亮夫:《楚辞学论文集》,上海古籍出版社1984年版,第465页。
② 参见游国恩:《楚辞概论》,北京学术社1926年版;陆侃如:《屈原与宋玉》,《万有文库》1930年版。

于今安徽境内之古衡山,后涉江辗转至今湖南临澧,卒老于此。①

在王逸的《楚辞章句》中谈道:"宋玉者,屈原弟子也。"上引《襄阳耆老传》亦云宋玉"始事屈原,原既放逐,求事楚友景差"。关于宋玉与屈原师徒关系,需要厘清的是,他们并非一定是具有直接授与学的师生,而是因宋玉是继屈原之后楚辞创作之集大成者,故而将他们的这种文学上的承继关系用师徒关系表现出来。②

宋玉容貌俊美,体态闲雅,才华横溢,精于音律,善于辞令,由此与屈原一样受到了群小的诬陷和排挤,同样地,他也终究没有同流合污,而保持了"处浊世而显荣兮,非余心之所乐"③的高洁情操。但与屈原不同的是,出身低微的宋玉虽有远大抱负,却没有勇气去抗争和呐喊,只是期待用微言讽谏的文章去警醒君王。

二、宋玉的文学作品及内涵

宋玉之作品,《汉书·艺文志》称"宋玉赋十六篇",然具体篇目不详。东汉王逸《楚辞章句》收录《九辨》《招魂》2 篇;南梁萧统《文选》中收入了《九辨》《风赋》《高唐赋》《神女赋》《登徒子好色赋》《对楚王问》等篇章,《古文苑》收《笛赋》《大言赋》《小言赋》《讽赋》《钓赋》《舞赋》等 6 篇。《隋书》《唐书》《新唐书》均载录《宋玉集》三卷或二卷,南宋郑樵《通志·艺文略》尚载有"楚大夫宋玉集二卷",而至《宋史》则不再见载。可见,南宋以前,宋玉作品曾以专集形式流传于世。虽然这些作品是否为宋玉所作,历史文学界都有不同的看法,但没有确实的证据之前,以时代最早论仍以《文选》所载篇章为准。

在继承屈原楚辞基础上,由于不同的社会环境和生活经历,宋玉作品中还具有极为丰富的内涵:

---

① 参见刘刚:《宋玉年世行迹考》,《鞍山师范学院学报》2003 年第 5 期。
② 学术界中对这两者的关系有不同的认识,参见蔡靖泉:《楚文学史》,湖北教育出版社 1996 年版,第 463 页,认为屈原和宋玉从未有过直接的交集,而大多文献中则以屈原、宋玉为师生关系。
③ 董楚平:《楚辞译注》,上海古籍出版社 2012 年版,第 131 页。

其一,"悲秋情怀"之祖。

悲秋情怀不待宋玉便已有之。一叶卷而知秋,郁郁葱葱的绿色一阵秋风而来,就是满目疮痍的萧瑟一片,大自然的转换,与人的感伤情绪相契合,于是叹时伤物、悲秋悯怀的"悲秋"情结油然而生。文学作品中表达这种情感的比比皆是,如《淮南子·谬称训》称"春女思,秋士悲"、《文赋》言"喜柔条于芳春,悲落叶于劲秋"。但最早以文学的语言将这种情怀细致入微的表达在作品之中的,要属宋玉之《九辨》。

宋玉之前的文学作品如《诗经》,也有借秋景言己情的表达,这种秋景所具备的意义,来自于远古初民对大自然和四时节令的感触,比如霏霏雨雪代表迟归戍卒之悲伤心境、依依杨柳形容远征行人难舍之情,一般是作为起兴的手段,或出现在篇首,或处于中间、篇末,不作为独立的主体部分存在,与诗中所要宣扬的主旨没有太大的关系,仅是寥寥几句而已,因此没有形成完整的意境,也不具备独立的审美意义。

再如屈原之楚辞。由于特殊的经历和心境,屈原作品中也有大量悲秋的物景和情怀,主要表现在《九歌》中《湘夫人》和《山鬼》篇中,作品中将秋风和落叶与愁情结合起来,"帝子降兮北渚,目渺渺兮愁予。袅袅兮秋风,洞庭波兮木叶下","雷填填兮雨冥冥,猿啾啾兮狖夜鸣。风飒飒兮木萧萧,思公子兮徒离忧",表达了"朝饮木兰之坠露""夕餐秋菊之落英"的高洁情怀,以及"惟草木之零落兮,恐美人之迟暮"的忧虑。屈原作品中的意象建构已达到了物我一体、意境浑融的效果,但与他自身的遭遇相关,他作品的意象主要是建构"善"与"恶"、"君子"与"小人"等类,至于"悲秋"的情怀便不显著,因而与"悲秋"相关的意象象征也远不如宋玉之细腻丰富。

应该说,宋玉在作品中建构意象来表现"悲秋"情怀,是继承了屈原楚辞作品所具备的艺术特色,但在用大量的意象群,多层次、多视点的表达秋景和愁怀,则是宋玉作品的独特之处。《九辨》共 255 句,1741 字,开篇即以"悲哉,秋之为气也!萧瑟兮,草木摇落而变衰"发出慨叹,既而在他笔下,摇落之草木、翩翩之归燕、无声之秋蝉、宵征之蟋蟀、悲鸣之鹍鸡、离披之梧楸等一系列秋天的物象,共同展示了一幅富有感染力的悲秋意象图。《九辩》之"秋",不再仅是季节景物的转化,而是与作者忧伤、悲哀的情绪浑然相融,抒情与写景结合得更为自然贴切。在某种意义上说,宋玉可称得上"悲秋之祖"①。清贺贻孙《骚筏》中便指出:"从来未有言秋悲者,亦未有言秋气悲者,'悲哉,秋之为气也'七字,遂开无限文心。"鲁迅亦评之曰:"虽驰神逞想不如《离骚》,而凄怨之情实为独绝。"②

其二,纪楚地、名楚物。

宋玉作品之《高唐赋》和《神女赋》是对楚地三峡地带风景的描述。两篇文章均假托"楚襄王与宋玉游于云梦之台"时楚王在梦中与巫山神女相见的故事。然不同的是,《高唐赋》以写景为主,描写了巫山高唐的山水风物,《神女赋》则以写人为主,塑造了巫山神女的美丽形象。

宋玉之前,三峡景观在文学中属于处女地。尽管屈原《九歌·山鬼》中曾虚构过巫山风物,但只是属于想象之作。宋玉则第一次在作品中穷尽笔力的铺陈描绘了三峡奇艳的朝云、神秘的暮雨、险峻的群山万壑和汹涌澎湃的险滩急流。宋玉还细致描写了高唐附近的桂树、山花和野鸟,表现了巫山云雨的奇特气候。于是,三峡地貌及其云雨之观成为楚地风物尤为突出的自然景观,宋玉功莫大焉。

在《神女赋》中,宋玉着重塑造了美貌绝伦、仪态万方的巫山神女。序文里,宋玉以旭日东升映射云霞的色彩缤纷和无穷变化形容神女的形象;正文中,又以梦中所见展现了神女的"姣丽""渥饰"与"华藻"。如此华丽而铺张的描绘,塑造了一位美貌绝伦而又能自由奔放地表达爱情、大胆率直追求爱情的女子形象,从此,巫山神女的形象在中国文学史上几千年都歌咏不绝,在无数骚人墨客的笔下,成为寄托情感、表达理想的重要载体。而三峡的巫山神女峰,至今依然吸引着无数游人的向往。

其三,微言讽谏。

---

① 徐少舟:《宋玉:独绝千古的悲秋之祖》,《江汉论坛》2003年第11期。
② 鲁迅:《汉文学史纲要》,人民出版社1973年版,第25页。

历史上的文学作品,表现出的政治情怀大多不过两种:忠言直谏和微词讽谏。顾名思义,前者是直白地表现出自己的谏议,而后者则是隐晦的说出自己的想法,而不敢明言。司马迁在《史记·屈原贾生列传》中说宋玉等人"皆祖屈原之从容辞令,终莫敢直谏"。宋玉自己也在《讽赋》和《登徒子好色赋》中承认自己"口多微词"。"微词"的艺术技巧并不始于宋玉,但在先秦时期却以宋玉运用得最具文学性。

《风赋》,是一篇仅 500 余字的名篇。作品中生动地描述了"大王之雄风"与"庶民之雌风",极力铺陈这两种风横空出世、穿山越谷、飞沙走石、扬尘冲孔、扫尽六合的宏大场面,并用雄风穿过玉堂使王侯"发明耳目,宁体便人",来夸饰雄风之威力,取悦于楚王,实际上,又以雌风穿过穷巷而使庶民"中心惨怛,生病造热"再现了当时楚国贫富分化的社会现实,隐含着对百姓生活关切和对君王讽谏的微言大义。

《登徒子好色赋》中,宋玉采取比较手法,极力描写了"东家之子"的美丽而宋玉不为所动来证明宋玉的不好色,又极力描绘了登徒子之妻的丑陋而登徒子与之厮守来表明登徒子的绝对好色。刘勰《文心雕龙·谐隐》云:"宋玉赋《好色》,意在微讽,有足观者。"意即此篇为宋玉讽谏沉溺于女色而不顾国政的顷襄王而作。

《对楚王问》是宋玉抒写自我情志、展现自我个性的作品。作品中,宋玉在遭到楚顷襄王"其有遗行与"的询问和"何士民众庶不誉之甚也"的质疑时,没有直接为自己辩解,而是通过"曲高和寡"的故事,用《阳春》《白雪》和《下里》《巴人》,以及凤凰与鷃雀、鲲鱼和尺泽之鲵进行对照说明,洋洋洒洒的"从容辞令",将鞭挞群小、讽谏顷襄王听信小人之言的意思隐藏在一系列形象生动的比喻之中。

三、宋玉在文学史上的地位

宋玉是继屈原之后的辞赋大家,虽总体成就难以与屈原比肩,但在很多方面仍"时有出蓝之色"①,在中国文学史上具有承前启后的意义。

---

① 郭绍虞:《宋诗话辑佚·陈辅之诗话》,中华书局 1980 年版,第 291 页。

其中,除了上文中提到的某些艺术特点外,最为突出的是宋玉作品中"赋"这一文体的形成和确立了。

其一,首创对答式中"首、中、尾"三段式的赋体结构。"首"即《文心雕龙·诠赋》中的"述客主以首引",通过主客之间的问答,作为引起正文内容的铺垫,引导话题的深入。"中"即指正文主体部分。此部分要"极声貌以穷文"①,极尽铺陈华丽之词,穷尽其文的描写所要表现的事物。"尾"即是在文章结尾部分"归余于总乱",曲终奏雅,点明写作目的,达到讽谏之要旨。

其二,韵散结合的句式。

宋赋大量吸收散文句式,使赋形成了参差错落的散文句式。《九辨》中即以开始萌发,首先一句为散文句"悲哉,秋之为气也";其次是语助词"兮"字移动了位置,不似屈骚中的位于正中间,同时,句子长短也发生了错落不匀的变化。不过《九辨》更多的是承继屈骚的楚辞作品,真正从骚体中脱颖而出的赋,是在句中加入三字句、四字句、六字句等样式的句式,各种句式在作品中参差错杂的使用,为文学所要表现的社会人生和个人情感创造了更为丰富而有效的表达方法。其作品中,或用韵,或不用韵,音调自由和美,句式灵活多变,变化自如。既援引了古诗中的整齐,又借用了散文的潇洒自如,如《神女赋》中"毛嫱障袂,不足程式;西施掩面,比之无色"等,可见对偶之巧;通篇又现铺陈纵横的自由之风。

其三,铺采摛文的艺术手法。

宋玉作品中注重夸张渲染,极力地运用华丽的辞藻铺陈其事。刘勰《文心雕龙·夸饰》云:"自宋玉、景差,夸饰始盛。"在其作品中,有时是排比、对偶、夸张等各种艺术手法并用,极尽铺排之势,如《神女赋》中写神女之美,曰:"茂矣,美矣,诸好备矣;盛矣,丽矣,难测究矣。上古既无,世所未见。瑰姿玮态,不可盛赞。"这还是给顷襄王介绍神女的第一印象而已,而"其始来也,燿乎若白日初出照屋梁;其少进也,皎

---

① 周振甫:《文心雕龙今译》,中华书局 1986 年版,第 76 页。

若明月舒其光。须臾之间,美貌横生,晔兮如华,温乎如莹。五色并驰,不可殚形;详而视之,夺人目精。其盛饰也,则罗纨绮缋盛文章,极服妙采照万方。"描写神女之美貌,穷尽铺排夸饰之辞。在《登徒子好色赋》则变描写神女的精雕细琢而为大笔勾勒"东家之子"的美貌,曰:"增之一分则太长,减之一分则太短,著粉则太白,施朱则太赤,眉如翠羽,肌如白雪,腰如束素,齿如含贝,嫣然一笑,惑阳城,迷下蔡。"层层排比,句句夸张,极尽修辞地表现了美女之仪态万方。

他还善于利用叠词和色彩鲜明的词语来渲染气势与场面,借以突出物象的"声"与"色",比如以"耾耾""磕磕""濡濡"等叠词将狂风大作、水石相击、波涛汹涌的声音形容得如临其境。

赋作为一种文体,具体起源于何时,一直都是文学史中争议不断的话题。从宋玉的作品中可以发现,对中国文学史中赋文学产生直接而重要影响的,首先应推宋玉。赋之"体物浏亮"的特点,正来自于宋玉之赋,可见战国时期宋玉之时便已形成和确立了,汉大赋则是在此基础上进行了发展。而后世所推崇"悲秋"情怀以及巫山神女等文学艺术形象,也来自于宋玉作品之中。宋玉这种明确将文学艺术作为审美创造的产物,并且从审美需要出发而从事的文学创作,显示着中国文学的独立演进,并掀开了中国文学自觉时代的序幕。①

第三节　唐勒赋及其思想

一、唐勒其人

继屈原之后,与宋玉并称于文学史的还有唐勒。司马迁《史记·屈原贾生列传》曰:"屈原既死之后,楚有宋玉、唐勒、景差之徒者,皆好辞而以赋见称。然皆祖屈原之从容辞令。终莫敢直谏。"

有关唐勒其人及其生平,史料记载并未详尽。除上引司马迁之言外,文献资料中仅见于:

---

① 参见蔡靖泉:《楚文学史》,湖北教育出版社 1996 年版,第 481 页。

扬雄《法言·吾子》:"或问景差、唐勒、宋玉、枚乘也赋也益乎? 曰:必也淫。淫则奈何? 曰:诗人之赋丽以则,辞人之赋丽以淫。"

班固在《汉书·艺文志》中载"屈原赋二十五篇"之后著录下"唐勒赋四篇",《汉书·地理志》中:"始楚贤臣屈原被谗放流,作《离骚》诸赋以自伤悼。后有宋玉、唐勒之属慕而述之。皆以显名。"

又《汉书·艺文志》:"大儒孙卿及楚臣屈原离谗忧国,皆作赋以风,咸有恻隐古诗之义。其后宋玉、唐勒;汉兴,枚乘、司马相如,下及扬子云,竞我侈丽宏衍之词,没其讽谕之义。"

王充《论衡·超奇》:"唐勒、宋玉亦楚文人也。竹帛不记者,屈原在其上也。"

东汉以后,文学史对唐勒则不再闻也,如昭明太子《文选》、刘勰《文心雕龙》等均未提及,可见亡佚已久。从以上史料中,仅可知唐勒为楚人,大概与宋玉同时,在文化成就上以赋为显,然而其生平及文学思想则莫可深知,在历史中形成了团团迷雾。

1972 年,山东省博物馆及临沂文物组在临沂县旧城南银雀山发掘了两座汉墓,年代上限为汉武帝建元元年(前 140 年),下限为元狩五年(前 118 年)。墓中出土了大量记载先秦古籍的竹简,包括《孙子兵法》《孙膑兵法》《六韬》《管子》《墨子》等,在 M1 所出第 0184 号竹简简端背面有"唐革"二字,学术界认为这批竹简应为唐勒之残简。[①]《毛诗》中有:"如鸟斯革",《经典释文》注:"革,韩诗作勒。"又《韩非子·外储说右下》中提到:"故王良、造父,天下之善御者也。然而使王良操左革而叱咤之,使造父操右革而鞭笞之,马不能行十里,共故也。"明显这里的"左革""右革"即"左勒""右勒"之同义。由于这批竹简的发现,掀起了文学史上唐勒研究的冰山一角。

唐勒的具体生平还得从宋玉的文赋中找寻。

宋玉《讽赋》曰:

---

① 参见罗福颐:《临沂汉简所见古籍概略》,载《古文字研究》第 11 辑,中华书局 1985 年版;吴九龙:《银雀山汉简释文》,文物出版社 1985 年版。

　　楚襄王时,宋玉休归。唐勒谗之于王曰:"王为人身体容冶,口多微词。出爱主人之女,入事大王。愿王疏之。"

又《登徒子好色赋》中云:

　　大夫登徒子侍于楚王,短宋玉曰:"玉为人体貌闲丽,口多微词,又性好色。愿王勿与出入后宫。"

并且其后宋玉为自己辩解的内容也如出一辙,大抵可以认为,"登徒子"与唐勒为同一人。"登徒子"为"登徒"之美称,《战国策·齐策》中便有"郢之登徒"的记载,楚国有"左登徒""右登徒"的官职,曾侯乙墓出土的遣策中有"左陞徒""右陞徒"之官职,应即左右登徒。抑或省称为"左徒""右徒",《史记》中记载屈原为怀王左徒,黄歇为顷襄王左徒,后为考烈王令尹。故而可见,左徒为楚王重臣。宋玉《钓赋》云:"宋玉与登徒子偕受钓于玄洲。止而并见于楚襄王。"亦可见,唐勒应为顷襄王近臣。

二、唐勒赋内容及思想

　　经整理刊布的唐勒赋残简,有中华书局出版的《古文字研究》第 11 辑罗福颐《临沂汉简所见古籍概略》,介绍残简 10 枚,保存文字 120 余字,引用简文 90 余字;文物出版社《秦汉魏晋出土文献》丛书中由吴九龙先生整理的《银雀山汉简释文》,有残简 22 枚,保存文字有 202 字。若按每简 35 字计,有近 800 字的篇幅,接近宋玉之《神女赋》,可算是一篇长赋。简文的具体内容如下①:

　　简 0184 正面云:唐革(勒)与宋玉言御襄王前,唐革先再(称)曰:人谓就(造)父登车嗛(揽)揰(辔),马汁(协)险(敛)正(整)齐

――――――――――

① 释文依据吴九龙先生整理的《银雀山汉简释文》,文物出版社 1985 年版。

周(调)均,不挚步趋……

0190:马心愈也安劳,轻车乐进,骋若蚩(飞)蠤(龙),兔若归风,反驸逆驸,夜走夕日而入日……

0204:月行而日遲(动),星跃而玄愠(运),子神贲(奔)而鬼走,进退诎(屈)信(伸),莫见其墳埃均□……

0403:袭□缓,急若意,□若蚩(飞),兔若绝。反趋逆□,夜起夕日而入日蒙氾,此□……

0971:……千里,今之人则不然,白篆坚……

1628:……知之此,不如望子华大行者

1717:……不能及就(造)父,趋步□御者诎……

1739:……□□□□□驾下乍(作)千

2630:……行雷雷舆□□□□……

2790:……□不伸发敝……

3150:……入日,上皇故……

3454:……兢久疾数(速)

3561:……论义御……

3588:……御有三,而王梁(良)就(造)……

3656:去嗛(衔)撣(辔),彻(撤)……

3720:覆不反□……

4138:实大虚通道……

4233:□弇脊……

4239:□若□……

4244:……反趋逆……

4288:笪靱马……

4741:……自驾车莫……

此批竹简为唐勒所作的一篇赋,在赋首便指明内容为"唐勒与宋玉言御襄王前","御"即赋中所论之主要内容。使用如何的御术来驾驭良马是全篇的核心,篇中还提到了古代著名御者王良、造父的名字,故而此赋亦可称作"御赋"①。

罗福颐先生在《临沂汉简所见古籍概略》中指出:"此残简中有一简,文曰'月徒□□冲星跃而玄惧,神贲而鬼走,进退诎信,莫见亓堘埃均□论义御',存三十字,文辞殊费解。近读《淮南子·览冥训》称钳且大丙之御'日行月动,星耀而玄运,电奔而鬼腾,进退屈伸,不见朕垠'云云。始知此数语乃《淮南子》引唐勒赋,仅简文月动作月徒,玄运作玄惧,电奔作神贲,屈伸作诎信等等,此为前人所未详也。"在此基础上,学者们纷纷从《淮南子·览冥训》出发,探讨唐勒《御赋》的具体含义。②

《淮南子》为西汉淮南王刘安招致宾客汇集而成,吸收先秦诸子败家学说尤其以道家思想为主导,是战国至汉初道家思想理论体系的集大成之作。刘安亦是西汉著名的辞赋大家,据《汉书·艺文志》载,他传世的作品有82篇,数量颇多,可见其爱好辞赋之深。《淮南子》卷六《览冥训》之主题即借御术而言治国,先谈王良、造父御术之巧,进而言及钳且、大丙之御贵于王良、造父,再谈黄帝之治如王良、造父之御,伏羲、女娲之治如钳且、大丙之御,否定夏桀和七国之治,最后倡导治国要如同钳且、大丙御术,实行伏羲、女娲之治。

唐勒《御赋》中首先也谈及造父,其后虽未见到钳且、大丙之名,但所记文字与《淮南子》相似,比如简0403"入日蒙汜"与《淮南子》"日入落棠"中的"蒙汜""落棠"是古代神话传说中的日没之处。简2630"行雷雷舆"与《淮南子》中描述女娲"乘雷车,服驾应龙……"等一致,简4138"实大虚通道"抑或便是指圣人之治了。简0971所讲的"今之人

---

① 参见汤漳平:《论唐勒赋残简》,《文物》1990年第4期。赵逵夫认为此篇名应按3561简中提到的"论义御"定名,其中心是论"义御",《管子·心术》云:"义者,谓各处其宜也。""论义御"的"义御"正是以驾御之术为喻,说明治理天下应"虚静无为",使人各处其宜。(参见赵逵夫:《唐勒〈论义御〉与楚辞向汉赋的转变:兼论〈远游〉的作者问题》,《西北师大学报》(社会科学版)1994年第5期。)二者并无太大差异,故而采取了前者。

② 关于唐勒《御赋》和《淮南子》内容的比较研究,参见汤漳平:《论唐勒赋残简》,《文物》1990年第4期;李诚:《唐勒研究》,《传统文化和现代化》1998年第2期。

则不然"，应该就是《淮南子》最后的主旨了，也即唐勒作此赋的意义所在。

以"御术"来比拟治国之道，是春秋战国时期诸子常用的题材。①《韩非子·难势》便是其中的代表作品：

> 夫良马固车，使臧获御之，则为人笑，王良御之，而日取千里；车马非异也，或至乎千里，或为人笑，则拙相去远矣。今以国位为车，以势为马，以号令为辔，以刑罚为鞭箠，使尧舜御之则天下治，桀纣御之则天下乱，则贤不肖相去远矣。夫欲追速致远，不知任王良；欲进利除害，不知任贤能，此则不知类之患也。夫尧舜，亦治民之王良也。

韩非子与唐勒大约同时期，他们以御术来论治国的理论当是当时流行的论调，但不同的是，韩非子提倡的是"以刑罚为鞭箠"的法家言论，唐勒却是以道家思想为主导，而此篇也正是唐勒与宋玉两人围绕何种御术是上乘、怎样治国为正道的辩论展开的。

唐勒推崇道家思想，从宋玉《钓赋》中可见端倪。《钓赋》记宋玉和登徒子受钓于玄渊后，见到楚顷襄王，登徒子表示了对玄渊的一番赞美，称其为"天下之善钓者"，并总结道：

> 夫玄洲，芳水饵，挂缴钩，其意不可得。退而牵行，下触清泥，上则波《风易》，玄洲因水势而施之，颉之颃之，委纵收敛，与鱼沈浮，及其解弛也，因而获之。

玄洲，或即玄渊。班固《汉书·艺文志》道家类著录有"《蜎子》十三篇"。班固注："名渊，楚人，老子弟子。"②唐勒对玄洲仅因水势与鱼委

① 如《诗经·小雅·正月》《离骚》《思美人》《荀子·哀公》《大戴礼记·盛德》等。
② 《淮南子·原道》中称其为"娟"，枚乘《七发》中为"便娟"，《史记·孟子荀卿列传》中称"环渊"。

纵收敛而得之的这种做法颇为赞赏,也是赞同了其虚静无为的道家思想。

在《御赋》中,同样表达了道家的思想。

简0184"登车嗛(揽)撰(辔)"后,马"汁(协)险(敛)正(整)齐周(调)均,不挚步趋",由此"马心愈也安劳"(简0190),于是"轻车乐进,骋若蜚(飞)蠿(龙),兔若归风,反驷逆驷,夜走夕日而入日"。明显的,是主张像王良等御者一样,无为而顺马之性,从而使马安劳、乐进,驰骋如飞。同时,赋中提到的"论义御"之"义"字,亦当是指依马之性,使处其宜而御之。

三、唐勒赋的文学价值

赋,是中国文学史上除了诗、词、曲之外的一种文体,形似散文,讲求文采,又具有诗的韵律,但不同于诗歌能歌唱而其只能朗诵。"赋"的名称最早见于战国后期荀况的《赋篇》,司马迁在《史记》中较早使用赋作为文体名称,称"楚有宋玉、唐勒、景差之徒者,皆好辞而以赋见称"。班固《汉书》中亦同。

屈原的作品在《史记》《汉书》中也被称为"赋",即"骚体赋",但称其为"辞"更为合适。辞与赋的区别是,前者保留了骚体基本句型六字句以及骚体标志"兮",后者则趋向散体化并取消了"兮"字。至汉代,前者成熟地发展为文学史上通常所称的"抒情小赋",重在抒发个人内心情感,后者即"汉大赋",重在状物图貌,以雄大壮阔的风格为主,也称为"散体大赋",因真正以"赋"命名作品的是司马相如之《上林赋》等,故在文学史上通常认为散体赋始自于西汉。

唐勒《御赋》的出现,对澄清中国文学史上长期存在分歧和质疑的某些问题具有重要意义,具体表现在:

其一,唐勒其人其文在文学史上的重要地位得以证实。

前文已经提到,记载唐勒在文学史上地位的历史文献不多。甚至于东汉以降,齐梁之时,文学史中未见唐勒之名。唐勒《御赋》的出土,可以补充文学史上的阙如。

其二,散体赋在战国时期便已形成模式并流行。

西汉刘勰《文心雕龙·诠赋》云:"赋也者,受命于诗人,拓宇于楚辞也。于是荀况《礼》《知》,宋玉《风》《钓》,爰锡名号,与《诗》画境,六义附庸,蔚成大国。遂客主以首引,极声貌以穷文,斯盖《诗》之原始,命赋之厥初也。"由此可见,散体赋的写法有一定的模式:先以序开篇、客主首引,再铺陈其辞,极尽渲染描绘、写物图貌,最后做结。

唐勒《御赋》的内容及写法也正是如此:先讲自己与宋玉见楚顷襄王,谈论"御术",即客主首引;进而铺陈其辞论王良、造父不如钳甘、大丙,再论钳甘、大丙不如女娲、伏羲,而"今之人"之御则连王良、造父都不如。这其中,描写马之驰骋状"月行而日逺(动),星跃而玄惧(运)",其御术之精"神贲(奔)而鬼走,进退讪(屈)信(伸),莫见其墫埃",莫不极尽渲染之词,极物穷貌之状。《御赋》最后贬斥"今之人"不懂御术,便是在篇末明旨。由此可见,散体赋至迟在战国后期的唐勒时代,便已经形成模式并流行开来。

其三,侧面证实宋玉之作的真实性。

正是因为文学史上以西汉司马相如作为散体赋的发端,导致学术界对诸多宋玉的作品真伪产生质疑。宋玉作品流传较多。《汉书·艺文志》著录宋玉赋有 16 篇,篇目已不可考。现存宋玉赋有 13 篇,如《九辩》《招魂》《风赋》《高唐赋》《神女赋》《登徒子好色赋》《对楚王问》《笛赋》《大言赋》《小言赋》《讽赋》《钓赋》《舞赋》等。但自清代始,便多有质疑,认为大多为后人伪作,至近代,胡适甚至认为"宋玉也是一个假名"。通过唐勒赋的内容及写法,对比于宋玉的散体赋,可以发现他们有着异曲同工之妙。同样是以比较的手法,先扬后抑,其中运用排比、对偶句式,极尽夸张渲染。其结尾也都以讽喻作结,曲终奏雅。宋玉、唐勒作为同时期彼此相熟之人,同时创作又互相影响,因此从唐勒《御赋》也可从侧面证实宋玉作赋的可信性。

第十七章

先秦汉水流域民俗与艺术

任何艺术的产生,都是与生产者的环境、风俗息息相关。一件艺术品,往往是这个民族文化和风俗的表达和承继。

第一节 《诗经》"二南"

《诗经》"二南"中的"二南",就其地域而言,指的是周代南土;就其内容而言,指的便是周代南土诸民族之物貌风俗。因而,"二南"反映的大抵都是汉江流域诸多民族的物貌与风俗。

一、桃、茅等图腾崇拜

图腾崇拜是一种历史的文化现象,往往发生在原始的氏族社会之中,在那个时代原始文化还不发达,还不能独立创造一种艺术形象、文化符号,作为崇拜对象,而是把自然界中实际存在的实物如动物、植物等,直接移植过来作为图腾崇拜对象。《诗经》"二南"中的桃、茅等物,在原始社会中的功能大概是作为一种图腾,而"二南"所载之《桃夭》等歌最初可能表达的是一种以桃、茅等为图腾的群体的"祭祀礼辞"①。

---

① 张岩:《简论汉代以来〈诗经〉学中的失误》,《文艺研究》1991 年第 1 期,《新华文摘》1991 年第 3 期转载。蔡靖泉也认为《桃夭》是楚地先民咏桃之作和祭桃之歌。(参见蔡靖泉:《楚文学史》,湖北教育出版社 1996 年版,第 226 页。)

《桃 夭》

桃之夭夭,灼灼其华。之子于归,宜其室家。桃之夭夭,有蕡其实。之子于归,宜其家室。桃之夭夭,其叶蓁蓁。之子于归,宜其家人。

先秦时期,桃是南方汉江流域生长繁茂的之物,《山海经》中对桃的记述多达十余处,较为翔实地描述了桃木、桃林、桃实、桃核及产桃之山名。在以采集和渔猎为主要谋生方式的原始社会,桃应是此地域生活中重要的食物,而桃木因结实而富有弹性,在生活中作为打击或防身的器物也逐渐成为宗教信仰中有辟邪功能的圣物。古代神话中的"夸父追日",在夸父追赶太阳干渴而死后,其手杖便化成了桃林,可见桃树在原始生活中具有的神圣意味。

桃树也是楚人生活中或不可缺的事物。《左传》昭公十二年载楚右尹子革说:"昔我先王熊绎,辟在荆山。筚路蓝缕,以处草莽;跋涉山林,以事天子。唯是桃弧、棘矢,以共御王事。"楚人在早期便主要是以桃弧等物作为向周天子进贡的方物,一是源于楚人生活的汉江流域多生产此物,二是反映了桃在楚人生活中的重要作用。直至今日,桃树依然在南方社会生活中作为辟邪之物使用,比如端午节在门上插桃枝等习俗仍在南方诸地区存在。鄂西北荆雎山区巫师们在作法时使用的也多是以桃木制成的法器。而将桃用在婚礼仪式中的传唱之物,更是借助了它的吉祥、辟邪之意。

同样的,《野有死麕》中的"白茅"也是汉江流域重要的植物之一。

先秦时期,"国之大事,在祀与戎"[1]。祀,用以祭祀神灵、祖先等,戎,即进行军事行动,而出征前也需要举行祭祀仪式,故而,祭祀在先秦时期是相当重要的活动。而在祭祀活动中,往往会用到一种植物——苞茅。白茅、苞茅当为同音相转,为一物。

---

[1] 杨伯峻:《春秋左传注》,中华书局1990年版,第861页。

苞茅是一种草本植物,《史记·封禅书》记管仲曰:"江淮之间,一茅三脊,所以为藉也。"藉,即"神藉"①,指神的坐垫。裴骃《集解》引孟康曰:"所谓灵茅也。"又《周礼·春官篇》载:"男巫掌望祀,望衍授号,旁招以茅。"所谓望祀,就是祭祀名山大川,祭祀之时需以茅来招引神灵。

苞茅,即包扎成束的菁茅,产于江淮之间地区。楚人最早向周王室进贡的贡物就有苞茅,其职责之一就是用苞茅缩酒以敬神。《国语·晋语》记周成王在岐山之阳与诸侯会盟时,楚君即"置茅蕝",韦昭注曰:"蕝,谓束茅而立之,所以缩酒。"《左传》僖公四年载齐侯率诸侯伐楚时的理由之一即为:"尔贡苞茅不入,王祭不共,无以缩酒,寡人是徵。"楚人亦对曰:"贡之不入,寡君之罪也,敢不共给?"

缩酒的"缩"字,本作"茜",为一会意字,上有草下有酒,即是缩酒仪式的表现。《说文解字》释"茜"云:"礼祭束茅加于裸圭,而灌鬯酒,是为茜,象神歆之也。"将成束茅草放在裸圭上,圭,是礼器,代表着地位和身份,使鬯酒渗过苞茅滴至圭中,就象征着神饮过了酒。

这种风俗直至现在鄂西地区仍在延续。据张正明《楚史》中介绍,鄂西的缩酒风俗已知有两种方法:第一种是在地上先铺一层茅草,在茅草上加铺一层沙子,倒酒,让酒经沙子和茅草过滤,流在地上,就算"象神歆之"了。第二种办法是在桌上放一件容器,在容器上竖放几束茅草,倒酒,让酒经茅草过滤,流进容器,也算"象神歆之"了。② 这两种方法实际上表现的是居于庙堂之高者和处于山野之莽者的区别,但同样使用的都是茅草,其目的都是用以祭神,可见楚俗的源远流长。

"二南"中《桃夭》《野有死麕》《芣苢》《卷耳》《采蘩》《采蘋》《樛木》等歌咏的桃、茅、芣苢(即车前子)、卷耳、蘩(即白蒿)、蘋(水草)、乔木等都是汉江流域生长茂盛的植物,在早期作为图腾崇拜来传唱,而随着社会的进步、文明的发展,到周代这些植物作为一种能够表达风俗

---

① (汉)司马迁:《史记》,中华书局 1959 年版,第 475 页。
② 参见张正明:《楚史》,湖北教育出版社 1995 年版,第 33 页。

的事物,用作在婚礼、祭祀等社会生活之中来歌咏了,被赋予了更丰富的思想内涵和更深刻的社会意义。

二、对自然的推崇和膜拜

由于先民的生活受到洪水、旱灾等自然现象的威胁,故而山川河流也是先民们尊崇和顶礼膜拜的对象。《江有汜》《殷有雷》等篇即是汉江流域先民们对山川河流等自然现象的歌咏。

《江有汜》:"江有汜,之子归! 不我以,不我以,其后也悔! 江有渚,之子归! 不我与,不我与,其后也处! 江有沱,之子归! 不我过,不我过,其啸也歌!"

江,或指汉江。[①] 这首诗歌表达的是对江水的呵命和警告,为先民在天降暴雨、洪水泛滥、江河溃决之时用于驱水仪式中的咒语型歌诀。[②] 楚人在汉水以西建立国家政权之后,也将江、汉、雎、章等山川作为"楚之望"。《左传》哀公六年记:

> 初,昭王有疾。卜曰:"河为祟。"王弗祭。大夫请祭诸郊。王曰:"三代命祀,祭不越望。江、汉、雎、章,楚之望也。祸福之至,不是过也。不谷虽不德,河非所获罪也。"遂弗祭。

不移罪于山川,足见以楚昭王为代表的楚人对山川的尊崇。

《殷有雷》:"殷其雷,在南山之阳。何斯违斯,莫敢或遑? 振振君子,归哉归哉! 殷其雷,在南山之侧。何斯违斯,莫敢遑息? 振振君子,归哉归哉! 殷其雷,在南山之下。何斯违斯,莫或遑处? 振振君子,归哉归哉!"

雷,亦是汉江流域以楚人为代表的民族所推崇的。楚以祝融为先,《国语·郑语》和《史记·楚世家》中均有记载,而新蔡葛陵简甲三 268 亦载:

---

① 参见大多学者认为"江"即指长江,但"江"并非长江的专指辞,汉江亦称为"江"。
② 参见蔡靖泉:《楚文学史》,湖北教育出版社 1996 年版,第 224 页。

是(是日)敓(就)禱楚柷(先)：老嬞(童)、祝［融］☑①

而祝融,既是火神,也是雷神。②《国语·郑语》记西周末年郑国的史伯说:"夫黎为高辛氏火正,以淳耀敦大,天明帝德,光照四海,故命之曰'祝融',其功大矣!"此处的描写,与屈原所作《九歌·云中君》中对雷神的描写,"烂昭昭兮未央""与日月兮齐光""览冀州兮有余,横四海兮焉穷"等如出一辙。

楚人将传说中的雷神祝融作为祖先,世代祭祀膜拜,甚至因别封之君夔子不祀祝融而灭之③,实际上反映的是先民们对自然现象的膜拜和推崇。

三、尚武善猎的风俗

生活在汉江流域周边的先民们,善猎是其生存的重要手段。他们需要与野兽搏斗,方能保证其人身安全,需要捕食猎物,保证食物的来源,以及通过贩卖猎物,来改善经济条件。"二南"中的《野有死麕》《兔苴》《驺虞》等便反映了这种勇武善猎的风俗。

《野有死麕》中记述男子到女家献纳采之礼的事情,所献之礼便是用白茅包裹起来的麕鹿,麕鹿、白茅均为吉祥之物,而射中其物则表现了男子的箭法之精。楚人中多有善射之人。楚之先君熊渠便是杰出的代表。《史记·龟策列传》载:"羿名善射,不如雄渠、蠡门。"《新序》第4卷载:"昔者楚熊渠子夜行,见寝石,以为伏虎,弯弓射之,灭矢饮羽。下视,知石也。"正是有这位善射之先君,才

---

① 河南省文物研究所:《新蔡葛陵楚墓》附录一《新蔡简甲三:11、24、268释文》,大象出版社2003年版,第189、197页。除原释文外,何琳仪、董珊也均有考释,参见何琳仪:《楚都丹阳地望新证》,《文史》2004年第2期;董珊:《新蔡楚简所见的"颛顼"和"雎漳"》,载武汉大学简帛研究中心简帛研究网2003年12月7日,http://www.jianbo.org/admin3/html/dongshan01.htm;宋华强:《祝祷简778、756》,《新蔡葛陵楚简初探》,武汉大学出版社2010年版,第440—441页。本处从宋华强先生释文。
② 参见张正明:《楚文化史》,上海人民出版社1988年版,第4页。
③ 杨伯峻:《春秋左传注》,中华书局1990年版,第440—441页。

能带领楚人走出筚路蓝缕的藩篱,在江汉地区开疆拓土,建立强大的楚国。

见于史载善射的还有楚之养由基。养由基精于射艺,因"百发百中""百步穿杨"而著称。后成为楚共王的右广,指挥庄王或主帅的亲兵部队。公元前 575 年,楚、晋鄢陵之战中,楚共王的眼睛被晋将吕锜所伤,共王给了养由基两支箭,要他射伤吕锜为自己报仇。养由基果不辱使命,在千军万马之中射杀吕锜。其后,养由基又在阵中百发百中射伤晋兵无数,使所率楚军从晋军的包围中脱身。养由基精益的箭法和勇武善战的精神一直为人们所传诵。

而这种尚武善猎之风,发展到文明时代,便成为一个民族奋发图强、自立于诸强国之林的精神支柱。汉江流域之边的楚人,在筚路蓝缕跋涉于山林的生活中求生存,将与野兽搏斗的善猎勇武培养成奋发向上的民族精神,自君王而及民众,崇信尚武之风,并将其实践到强国之用中,使楚国发展为春秋战国时期的霸主之国。

历来之楚君均重视亲自率军出兵以示勇武。《左传》庄公四年记载楚武王攻伐随国之前,"心荡",明知已"禄尽矣",却依然前行,直至"卒于樠木之下",所念的只是"师徒无亏"则为"国之福也"。

楚文王十五年(前 675 年),文王与巴战,败于津,甚至被守门之鬻拳拒之于城外,于是转而伐黄,打败黄师方才返回,却于途中患疾而亡,可谓死得其所。

楚庄王时期,庄王问鼎中原、饮马黄河,讨逆抚顺,服郑、伐宋、胜晋,称霸于诸侯,却时刻不忘尚武之风,告诫自己与群臣,《左传》宣公十二年记栾武子曰:"楚自克庸以来,其君无日不讨国人而训之,于民生之不易,祸至之无日,戒惧之不可以怠。在军,无日不讨军实而申儆之,于胜之不可保,纣之百克而卒无后。"楚、晋邲之战中,庄王率左广先突入晋军阵地,大振楚之军心,于是"车驰卒奔",大胜于晋。

楚共王率军与晋战于鄢陵,虽大败,却于阵中遭敌将射中眼睛仍临危不乱。战败后,一直为此耿耿于怀,至死还嘱令大臣"请为'灵'若

'厉'"之谥号。①

楚康王即位后五年未曾出兵,便深以为责,认为"死不从礼"。《左传》襄公十八年载康王对子庚言道:"不谷即位,于今五年,师徒不出,人其以不谷为自逸而忘先君之业矣。"足以可见,楚国历代君主都以尚武为风,力图开疆拓土。而据史料记载亦正是如此,除了未见之文献者,春秋楚君皆曾亲自率领大军驰骋于疆场,而以"师徒无出"为耻,更以战败为恶。

楚君如此,大臣们更是如此。楚国的官员普遍都经军重武,战于疆场,其中尤以令尹、司马等高级官员为甚。仅据《左传》中记载的春秋二百多年中,令尹单独率军出征38次,司马单独率军出战13次,二者共同率军出兵的计12次。② 而自令尹、司马以下之诸楚官员军事才能也多有杰出者,如历代莫敖、沈尹等在军事战争中有突出的表现。

同时,这种尚武之风还表现在大臣们如若在战争中失败者,则往往自杀以谢罪。《左传》桓公十三年记楚武王四十二年(前699年)莫敖屈瑕率军伐罗失败后,"莫敖缢于荒谷,群帅囚于冶父以听刑"。楚成王四十年(前632年),令尹子玉在城濮之战中失利,成王遣使质问曰:"大夫若入,其若申、息之老何?"于是子玉死于连谷。③ 楚共王十六年(前575年),楚晋鄢陵之战中,子反因贪杯不能指挥军队,致使共王逃反、楚军大败。后子反在令尹子重责问下曰:"亡君师,敢忘其死?"于是引剑自尽。④ 公元前559年,令尹子囊率军讨伐吴国,吴军据险败楚军,俘获楚公子宜谷,返回途中,子囊伏剑而亡。⑤ 足见"亡君师必死"的制度在楚国历史上长期存在。

尚武之风还表现在楚国民众之中。楚昭王时期,吴师入郢之后,百

---

① 参见杨伯峻:《春秋左传注》,中华书局1990年版,第1001页。

② 参见宋公文:《楚史新探》,河南大学出版社1988年版,第137—142页。

③ 参见杨伯峻:《春秋左传注》,中华书局1990年版,第468页。

④ 参见杨伯峻:《春秋左传注》,中华书局1990年版,第890页。

⑤ 参见《左传》襄公十四年载:子囊"还自伐吴,卒"。《吕氏春秋·高义》篇载:子囊伏剑而亡。

姓们奋起反抗吴人,"相率而为致勇之寇,皆方命奋臂而为之奋斗"①,以致吴君阖庐一晚上要换五个住处逃避。而楚顷襄王迁于陈城之后,故楚之地的百姓们仍奋起反抗。而在秦国统一后,仍是由楚人揭竿而起,推翻了秦仅二世的统治王朝,"楚虽三户,亡秦必楚",由此可见,尚武之风在汉江流域的楚民族中影响之深、延续之久。

楚人尚武之风从考古发现中亦能窥见一斑。在故楚腹地江陵一带的楚墓群中,650 余座墓中出土有 250 余把铜剑,"成年男性墓中几乎都有一件铜剑随葬"②。这与同时期中原诸国墓葬中所见随葬铜剑的数量比较,则显得尤为突出。而箭镞的型式也颇为丰富。《江陵雨台山楚墓》录其为七式,由两刃至三棱,由有铤有尾到无铤无尾,刃末多有尖利的倒刺,有些三棱箭镞有六枚甚至九枚倒刺,射伤力极强。而弩机的发明,则是楚人将善射之功达到极致。弩机,是在弓箭基础上的改进,《吴越春秋》中记载:楚琴氏"以为弓矢不足以威天下,……乃横弓着臂,施机设枢,加之以力。然后诸侯可服。"弩机由铜质构件"机"和木质外壳"关"组成,设有钩弦用的"牙"、瞄准时的"望山"以及扳机用的"悬刀"等。1964 年湖南长沙扫把塘 M138 楚墓出土了一件全弩,木臂,后端安装铜弩机,长 51.8 厘米,是迄今为止中国所见最早的全弩。③

1986 年,江陵秦家咀 M47 出土了战国双孔连发弩机,通长 27.8 厘米,通高 17.2 厘米,宽 5.4 厘米。整器呈虎形,分上下两部分,上部一端雕虎头形,虎的肩部有一方孔为箭镞的进入孔,虎后端呈长方形,下方两侧并列两个半圆孔,与木臂后端上面的两个半圆孔合成一孔,为发射箭镞之处,上半部虎体内空,并列有三条各宽 0.8 厘米的槽,中间槽长且浅,两边槽短而深,与虎肩部进镞孔相通,即矢箙,出土时每槽装有 9 支箭镞;下部分为木臂,由外部木郭和内部机体组成,机体套合在木

---

① 刘文典:《淮南鸿烈集解》,中华书局 1989 年版,第 688 页。
② 郭德维:《江陵楚墓论述》,《考古学报》1982 年第 2 期。
③ 参见高志喜:《记长沙、常德出土弩机的战国墓——兼谈有关弩机、弓矢的几个问题》,《文物》1964 年第 6 期。

郭中间槽内,木郭后端两侧安有铜栓固定机体。机体前端有铜质弦刀和望山,两侧有长方形槽可前后运动,装填一次可以同时射出两枚弩箭。①

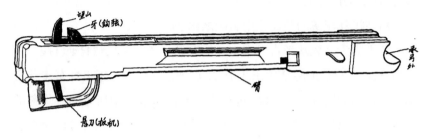

图 25　战国弩机复原示意图②

至今流传最早的楚歌《弹歌》曰:"断竹,续竹,飞土,逐宍",形象地描述了先民们狩猎的景象,这种狩猎的生活形成了人们勇武善猎的习俗,从而影响了一个民族奋发图强的追求和目标。尽管这种尚武之风主要表现在春秋时期,随着国家的发展,楚君和大臣们不再严格推崇和要求,但比较而言,尚武善猎之风俗对楚人的浸淫更为强烈和久远。

四、自由的爱情婚恋风俗

"二南"中表现得最多也最为精彩的,是汉江流域先民们爱情婚恋风俗。《关雎》《摽有梅》《野有死麕》《汉广》《草虫》《何彼襛矣》《鹊巢》《汝坟》等篇都是反映求偶以及婚礼情景的篇章。

先秦时期有中春之月男女会聚求偶之俗,于春暖花开的时节,少女怀春,男子思偶,故而男女出游于水滨,会聚于野外,互相追求。这种自由聚会求偶的风气,源自原始社会群婚制的遗风,随着文明社会的发展,已由原始社会男女短暂的野合转化为由夫妻组成的小家庭,但形式上却依然延续了这种古老而自由的方式。周代因其俗形成了明令制

---

① 参见荆沙铁路考古队:《江陵秦家咀楚墓发掘简报》,《江汉考古》1988 年第 2 期。
② 图采自高志喜:《记长沙、常德出土弩机的战国墓——兼谈有关弩机、弓矢的几个问题》,《文物》1964 年第 6 期。

度,《周礼·地官·媒氏》曰:"中春之月,令会男女。于是时也,奔者不禁。若无故而不用令者,罚之。"甚至诸侯国均为男女约会设有专门的地方,《墨子·明鬼》曰:"燕之有祖,当齐之有社稷,宋之有桑林,楚之有云梦,此男女之所属而观也。"然至春秋时,中原地区在日益强化的礼教规定下,逐渐改变了这一自由婚恋的风气,男女婚嫁重"父母之命,媒妁之言",而属郑与楚仍延续此风。《诗经·郑风》中的《溱洧》《野有蔓草》《褰裳》《出其东门》《东门之墠》等诗篇皆为溱洧之会的情歌。《汉书·地理志》载:郑"右洛左沛,食溱、洧焉。土狭而险,山居谷汲,男女亟聚会,故其俗淫。"楚先民从郑之许昌迁徙至汉水流域,其俗同与郑、其地亦似与溱洧,故而在汉水流域也专门设有男女约会之地——云梦。《关雎》便描写了在水滨发生的男子求偶的事情,男子追求窈窕淑女而不得,于是寤寐思服、辗转反侧,最终以琴瑟、钟鼓等音乐获得女子芳心。而《摽有梅》则反映了女子向男子求偶之状,女子眼见暮春时节梅子黄熟落地,感触时光无情、抛人而去之余,感叹青春流逝而希望男子赶快追求自己的心情。《汉广》也是描述了男子钟情汉水之边一位美丽的姑娘,却始终企慕不及、难遂心愿,情思缠绕,无以解脱,只好面对浩渺的江水倾吐惆怅满怀的愁思。一曲曲情歌,表现了汉江之滨自由的婚恋之风。而且,这种自由的婚恋之风,不仅延续时间久远,而且涉及的层次也非常广远。

《左传》宣公四年载,楚大夫斗伯比在若敖死后随母居于其母国郧国,其地望在今湖北京山、钟祥两县之间。[1] 他与郧侯之女便在云梦私通,生下了子文,后郧侯将女嫁与斗伯比,这其间,"郧夫人使弃诸梦中,虎乳之。郧子田,见之,惧而归,夫人以告,遂使收之。"子文出世的传闻,虽有些神秘色彩,但他为其父与其母私会于云梦而生的史实则必

---

[1] 郧之族姓,《路史·国名纪二》引《世族谱》云:"赢姓";郑樵《通志·氏族略二》"氏"条:"赢姓,子爵,祝融。"《路史·后纪七》"小昊"条:"秦之分有,赢姓国。"《路史·国名纪三》"高阳氏后篇"、《春秋大事表》十引《历代纪事年表》均言为妘姓。其地望,参见徐少华:《周代南土历史地理与文化》,武汉大学出版社1994年版,第280页。

然为真。尽管邵人先不予承认,但丝毫未曾影响到斗伯比和子文在楚人心目中的形象。斗伯比在楚武王时期曾跟随武王伐随,并多有灼见。① 而子文,则是楚成王时期著名的令尹。②《论语·公冶长》载其"三仕为令尹,无喜色;三已之,无愠色。旧令尹之政,必以告新令尹",孔子认为"忠矣"。可见,这种自由的婚恋关系在楚地是不为异事的。

《左传》庄共十四年记载,息妫,为陈女,先嫁于息侯。后蔡、息发生矛盾,楚文王乘机灭掉息国,"以息妫归,生堵敖及成王焉"③。以他国夫人作为己妻,不得不承认楚国君主并不以礼法为主。

还有一个较为典型的婚姻事件,即夏姬。夏姬为郑穆公之女,先嫁入陈国,《左传》成公二年中言其"夭子蛮,杀御叔,戮夏南,出孔、仪,丧陈国",昭公二十八年又说夏姬"杀三夫、一君、一子,而亡一国两卿",《列女传·孽嬖传》中称其"三为王后,七为夫人"。楚庄王伐陈之时,又将其嫁给连尹襄老,后又跟随申公巫臣。

楚公子弃疾在蔡国时,"郹阳封人之女奔之,生大子建"④。"奔",是不需任何"父母之命媒妁之言"而仅凭两相情愿的,这与《诗经》中其他国风中所言"取妻如之何?必告父母""取妻如何,匪媒不得""匪我愆期,子无良媒"等全然不同。弃疾即位为平王后二年,使费无忌至秦国为太子建娶妇。费无忌先回后,告诉平王,秦女很漂亮,结果平王竟然自己娶了为儿子选的媳妇为妻,且地位相当高,此秦女即楚昭王熊珍之母,这种公然抢夺儿媳的做法在其他诸国是少见的,可见楚人并不拘于礼法观念。

虽然,随着文明程度的加强和受中原文化礼制的影响,楚人对男女关系以及婚恋等仪式都做过一定的制约和规定,但自由的婚恋风俗依然深深地植根在江汉之畔,影响着楚人的社会生活,楚君尚且如此,其

① 参见《左传》桓公六年、八年、十三年。
② 《左传》庄公三十年记:"斗縠於菟为令尹,自毁其家以纾楚国之难。"(杨伯峻:《春秋左传注》,中华书局 1990 年版,第 247 页。)
③ 杨伯峻:《春秋左传注》,中华书局 1990 年版,第 198 页。
④ 杨伯峻:《春秋左传注》,中华书局 1990 年版,第 1401 页。

民众则应其焉。而且,这股自由之风,在一定程度上还促进了楚国多元文化的形成。随着不同婚姻对象的选择和接纳,楚国成为了吸收各民族文化的聚点和传播不同文化的轴心,这种文化的聚集和辐射,也进一步地促进了民族间的文化融合和多元楚文化的形成。

第二节 崇 巫

一、巫觋的崇高地位

《周礼·春官·司巫》载:"司巫掌群巫之政令。若国大旱,则帅巫而舞雩。国有大灾,则帅巫而造巫恒,祭祀则共匰主,及道布,及蒩馆。凡祭事守瘗。凡丧事掌巫降之礼。"且明确男、女巫职责的分工:"男巫掌望祀,望衍,授号,旁招以茅。冬堂赠,无方无筭。春招弭,以除疾病。王吊,则与祝前。""女巫掌岁时袚除衅浴。旱暵则舞雩。若王后吊,则与祝前。凡邦之大灾,歌哭以请。"这些职责主要是针对王室活动的,主要包括求雨、祭祀、守葬、卜筮、驱疾、禳灾等。而在民间,巫觋主要分为游巫(游方之巫)、家巫(私巫)和邑巫(附聚于祠、社,形成小型巫师集团)等,靠直接敛取钱财、精米为生。

在楚国,巫觋的职司范围包括了几乎所有的这些活动。于是,巫觋在楚国地位相当高,是神与人的沟通者,也是聪慧智者的代表。《国语·楚语下》载观射父答楚昭王问时说:"民之精爽不携贰者,而又能齐肃衷正,其智能上下比义,其圣能光远宣朗,其明能光照之,其聪能听彻之,如是则明神降之,在男曰觋,在女曰巫。"相比于先秦时期常有的焚或暴巫来祈雨的行为[1],在楚国巫觋的地位则是至高无上,或有与神平等之势。《楚辞》中便习称巫为"灵"或"灵子","神""灵"并称。

楚先祖重黎任"火正"一职,《史记·楚世家》载其"为帝喾高辛氏居火正。甚有功,能光融天下。帝喾命曰祝融"。火正,《汉书·五行

---

[1] 参见《左传》僖公二十一年载:"夏,大旱,公欲焚巫尪。"(杨伯峻:《春秋左传注》,中华书局1990年版,第390页。)

志上》载:"古之火正,谓火官也,掌祭火星,行火政,季春昏,心星出东方,而咮、七星、鸟首正在南方,则用火;季秋,星入,则止火,以顺天时,救民疾。"可见,火正应是通过观察火星的运行,对生活以及生产用火进行季节性指导的职务,因此,应是有才能的智者方能担任。同时,由于火在人类生活中的重要性,这一职务相当重要,故而逐渐神化,"民赖其德,死则以为火祖,配祭火星"。楚先君熊绎,受成王之封,所任之职为"置茅蕝,设望与鲜卑守燎"。置苞茅、设望表、守燎都是为祭天之用。《左传》僖公四年管仲率诸师伐楚,缘由仍是:"尔贡苞茅不入,王祭不共,无以缩酒。"可见,无论是传说时代还是信史之期,巫的成分更是在楚人中占据着极为重要的地位,当神权与王权紧密结合时,尤其如此。《国语·楚语上》载:"灵王虐,白公子张骤谏,王患之,谓史老曰:'吾欲已子张之谏,若何?'对曰:'……若谏,君则曰:余左执鬼中,右执殇宫,凡百箴谏,吾尽闻之矣,宁闻他言。'"桓谭《新论·言体篇》载:"昔楚灵王骄逸轻下,简贤务鬼,信巫祝之道。离戒洁鲜,以祀上帝,礼群神,躬执羽绂,起舞坛前。吴人来攻,其国人告急,而灵王鼓舞自若,顾应之曰:'寡人方祭上帝,乐明神,当蒙福佑焉。'不敢赴救。"能"左执鬼中,右执殇宫"阻谏,又起舞于坛前礼群神,俨然一幅大巫模样。

故而,楚以信巫重祀而闻名。[1] 前引观射父答楚昭王时,便将巫觋置于祝、宗以及五官之前,与中原文化中置宗伯为最尊,其后为祝,再则为巫等的尊卑排序全然相反。[2]

楚国有"攻尹""卜尹""占尹"等专门负责祭祀和占卜的官职,而且还有以巫为世官的家族,即观氏家族。观氏,原为鄀人,楚武王伐鄀,俘获观丁父,以其为军率,灭州、蓼,服随、唐,伐群蛮,建立了赫赫战功。楚灵王时,观从鼓动楚平王推翻灵王统治后自立,平王即位后召观从随

意选择官职,观从曰:"臣之先佐开卜。"于是被任为卜尹。① 可知观从之前便有担任卜师助手之人,而从观从起,便为卜尹了。前引之观射父,或应为观从后裔。他既参与国事,又通晓宗教礼仪,楚昭王有不明了的天地鬼神之事,都要向其请教,因此被称为国宝。《国语·楚语下》载王孙圉答晋赵简子问楚国之宝时,曰:"楚之所宝者,曰观射父,能作训辞,以行事于诸侯,使无以寡君为口实。"与左史倚相一起,"能上下说于鬼神,顺道其欲恶,使神无有怨痛于楚国"。

巫觋分男女,而尤以女性起源为先。这与人类历史发展规律相符合,在母系氏族前期,巫即活跃在原始社会的祭坛上了,在社会生活中居于主导地位的女性掌握着具有神秘色彩的巫术,充当人与神沟通的角色,而觋则后生。《楚辞》中"巫"字居多,"觋"字少见。《离骚》:"女媭之婵媛兮,申申其詈予";《九歌·礼魂》:"成礼兮会鼓,传芭兮代舞,姱女倡兮容与";《九思·疾世》:"周徘徊兮汉渚,求水神兮灵女"等所刻画的都是祠祀仪式中的巫女形象。由此可见,崇巫的楚人对于女性地位的推崇远远要高于华夏诸国。

诸如楚武王时常问政于邓曼,邓曼是邓国的女子,当受过良好的教育,因此她可以提供一些较好的建议。而将年幼的公子放在政治文化水平较高的母国抚养和接受教育,或许也是楚人向邓国学习的方式,可能是始于邓曼的建议。《左传》庄公六年就记载邓国有"雅甥、聃甥、养甥",均是雅国、聃国和养国的公子,在其母国生活并为官。

楚国对女性的尊重,还表现在对本国女子的尊重上。《左传》文公元年中记载楚成王要立商臣为太子,遭到令尹子上的否决,成王考虑改立公子职,商臣得到消息又不能确认,故而"享江芈而勿敬",从江芈那里证实消息的准确性,可见江芈对立嗣这等大事是可以参与的,足见国君对她的尊重。吴师入郢事件中,昭王出奔时,将妻妾都留在宫内,以至于吴师入郢后"以班宫室",却带着畀我出奔,之后还让听从畀我的选择,将其嫁给背负她出逃的钟建,可见其地位之尊。《史记》卷126

---

① 参见杨伯峻:《春秋左传注》,中华书局 1990 年版,第 1349 页。

《滑稽列传》中载:"庄王欲以优孟为相,优孟曰:'请归与妇计之。'三日后回复楚王:'妇言慎无为,楚相不足为也。'"优孟或许托词,但是能以听妇之言为由而婉拒相位,不能不说对妇女的尊重是楚人公认的准则。《韩诗外传》卷九记载的北郭先生之事迹与此大略相同,而《列女传》之《楚接舆妻》《楚老莱妻》亦均异曲同工,都是听取妇人之言而从之。

而楚国对女子的尊重产生的另一后果是:楚国女子嫁出后,多以母国的利益为重;他国的女子嫁入后,则以楚国的利益为重。如郑文公夫人文芈,在楚成王伐宋之后,不顾非议送成王回营。①《国语·周语中》记周大夫富辰谏顷襄王曰:"昔�之亡也由仲任,密须由伯姞,郐由叔妘,聃由郑女,息由陈妫,邓由楚曼,罗由季姬,卢由荆妫,是皆外利离亲者也。"其中与楚相关的就有邓曼与荆妫二人,都对楚国的利益产生了积极的作用。

晋国则以女子为祸水。《国语·晋语一》载史苏"告大夫曰:'有男戎必有女戎。若晋以男戎胜,而戎亦必以女戎胜晋,其若之何!'"并列举妹喜、妲己、褒姒等人,认为国家因之而亡。又《左传》昭公二十八年记晋大夫叔向想娶楚国巫臣之女为妻,遭到母亲的反对,认为:"夫有尤物,足以移人。苟非德义,则必有祸。"这些都是对女子地位的贬低。

《汉书·地理志下》云:"陈国,今淮阳之地。陈本太昊之虚,周武王封舜后妫满于陈,是为胡公,妻以元女大姬。妇人尊贵,好祭祀,用史巫,故其俗巫鬼。"颜师古注曰:"国无主,言政由妇人,不以君为主也。"元刘玉汝《诗缵绪》说:"《谱》谓歌舞之俗本于大姬。愚谓歌舞祭祀而亵慢无礼,楚俗尤甚,屈原《九歌》犹然。陈南近楚,此其楚俗之熏染欤?"足见,崇巫对楚人社会生活和风俗的深刻影响。

二、祭祀祈福

楚人非常重视祭祀行为,"国之大事,在祀与戎"②。祭祀的主要执

---

① 《左传》僖公二十二年中记"君子"和叔詹都对此多加非议,认为是非"礼"的行为。
② 杨伯峻:《春秋左传注》,中华书局1990年版,第861页。

行者便是巫祝,祭祀的内容则包括诸神、先祖以及山川与四时。

(一)祭祀诸神

楚人崇尚鬼神观念,故而遍设鬼祠,《史记·封禅书》载:"荆巫祠堂下,巫先、司命、施糜之属。"指的是祠堂中祭祀的是巫觋先辈、司命、东君等神。事实上,除了文献中诸如《楚辞》记载的"东君""司命""湘夫人""山鬼"等外,出土文献简文中还记录了"大水""句土"(后土)"司祸""地字""东城夫人"等很多不见诸记载的神名,祭祀这些神祇都需要建立其各自的祠堂,并有专门的巫术仪式,足显楚人"重淫祀"之风。

祭祀诸神,需要迎神、接神,和神灵进行沟通。楚巫觋沟通神灵的方法,主要有:

乐舞娱神。乐舞是巫觋与神灵沟通的主要方法,起源也最早。殷商卜辞中的"巫"字便作"𢀖",陈梦家先生认为:"卜辞祝从示从兄,兄像人跽地张口而呼,或于一手画舞饰。故知祝者即舞者,舞即巫也。"[1]《周礼·春官·大司乐》曰:"乃奏黄钟,歌大吕,舞云门,以祀天神;乃奏大簇,歌应钟,舞咸池,以祭地示;乃奏姑洗,歌南吕,舞大韶,以祀四望;乃奏蕤宾,歌函钟,舞大夏,以祭山川;乃奏夷则,歌小吕,舞大濩,以享先妣;乃奏无射,歌夹钟,舞大武,以享先祖。"《九歌》中也有大量的乐舞娱神描述,如《云中郡》曰:"灵连蜷兮既留",王逸注曰:"连蜷,巫迎神导引貌也。"

河南信阳长台关楚墓 M1 出土了一件彩绘漆瑟,其首尾部共彩绘有五组巫觋祭祀图[2]:瑟首三幅其一绘巫师戏蛇图,中有一男觋,方脸、曲眉、高鼻、张口,颔下有长带卷状物,下肢似作兽爪,作蟠交状。头戴鸟首鹊尾形帽,口张目垂,广袖内露出鸟爪形双手,各持一蛇,平举于目侧,张口扁眼,作主祭状。其前后各有一细腰女巫,前者手持一锤,疾步前趋,似乎要去撞钟或击鼓;后者手舞足蹈,欢快异常。其二绘巫师手

---

① 陈梦家:《商代的神话与巫术》,《燕京学报》1936 年第 20 期。
② 参见河南文物研究所:《信阳楚墓》,文物出版社 1986 年版,第 30—31 页。

持法器图:前者仰首直身,头戴高顶上曲而细腰的帽子,身着博袖长衣,双手持法器,神情肃穆地伫立在蟠曲的蛇身上,蛇尾缠绕着苍龙的上体,使苍龙昂首挺身,张开前爪,挺立在巫师面前,俨然在准备随时听候巫师调遣;后者头戴宽冠,身着博衣,手持法器,似缓步前行。其三绘巫师戏龙图:一巫师盘膝而坐,两蛟龙盘于巫师左右,巫师双臂上曲,双手作导引龙头状。瑟尾两幅其一绘巫师扁头、粗颈、大腹,左手仰举微握兽唇,右手垂抚于腹侧,腹前伸出一龙首,左侧峙立一龙身,巫师两腿微启,作缓步前行状。其二绘巫师默祷图,左边一巫师昂首挺立,右两人两手捧豆,作默祷状。这里描绘的巫师动作应当即是娱神之乐舞。

椒糈享神。《离骚》云:"巫咸将夕降兮,怀椒糈而要之。"王逸注曰:"椒,香物,所以降神。糈,精米,所以享神。"椒糈即是拌着香椒的精米饭,用以邀请神灵享用。

琼浆肴酒招神。楚巫觋在迎神、降神之时会奉上美酒琼浆。《九歌·东皇太一》曰:"蕙肴蒸兮兰籍,奠桂酒兮椒浆。"便是献桂花酒于神。《九歌·招魂》云:"瑶浆蜜勺,实羽觞些。挫糟冻饮,酎清凉些。"《大招》:"四酎并孰,不涩嗌只。清馨冻饮,不歠役只。吴醴白蘖,和楚沥只。"瑶浆、酎、吴醴、楚沥都是美酒,用来享神和降神。

设帐迎神。设帐,是巫觋在郊野处设帷帐以招徕神灵,《九歌·湘夫人》:"登白薠兮骋望,与佳期兮夕张。"王逸注曰:"佳,谓湘夫人也。敢指斥尊者,故言佳也。张,施也。言已愿以始秋薠草初生平望之时,修设祭具,夕早洒扫,张施帏帐,与夫人期歆飨之也。"而设帐则多用香花芳草为装饰以乐神。香花芳草是楚地多生的植物,亦为楚人所深爱,故而也是巫觋用来乐神之物。《九歌·湘夫人》中所设之帐即以香花芳草作装饰,曰:"葺之兮荷盖,荪壁兮紫坛,播芳椒兮成堂。桂栋兮兰橑,辛夷楣兮药房,罔薜荔兮为帷,擗蕙櫋兮既张。白玉兮为镇,疏石兰兮为芳,芷葺兮荷屋,缭之兮杜衡。合百草兮实庭,建芳馨兮庑门。"

迎神、降神之时,巫觋衣着华美,扮相宜人。《九歌·云中君》:"浴兰汤兮沐芳,华采衣兮若英。"《东皇太一》曰"灵偃蹇娇服",《大司命》云:"灵衣兮被被,玉配兮陆离。"《山鬼》云:"被薜荔兮带女罗,既含睇兮又宜笑,子慕予兮善窈窕。"佩戴香花芳草,穿着华丽的服饰,翩翩起舞祭祀群神。

(二)祭祀先祖

楚人笃信先祖鬼灵的力量,常请巫觋祭祀祖先,以求其庇护或赐福。如:

> 《包山楚简》217:举祷楚先老僮(童)、祝鬵(融)、媸(鬻)畲(熊)各一牂。[1]
>
> 《包山楚简》246:举祷荆王,自畲绎(丽)以庚(就)武王,五牛、五豕。[2]
>
> 《望山楚简》120、121:☐先老橦(童)、祝[融]、媸(鬻)畲(熊)各一牂。[3]

简文中老童、祝融、鬻熊等都是楚之先祖。而楚公族也常在疾病之时祭祷于先祖,如望山 M1 墓主昭固染疾后,多次向柬(简)大王、圣(声)王、昭(悼)王、东邻公、王孙巢等先公先王祷求。天星观 M1 墓主番乘染疾后也多次向章公、惠公等先公祷求。[4]

(三)望祭

"望祭",是指祭祀星辰山川。《左传》昭公十三年记楚共王在选立继承人之前,"乃大有事于群望,……乃徧以璧见于群望"。《左传》哀公六年载昭王曰:"江、汉、雎、漳,楚之望也。""望祀"所祭祀之山川指的是国境内的山川,即"三代命祀,祭不越望",故而昭王患病,占卜曰

---

① 湖北省荆沙铁路考古队:《包山楚简》,文物出版社 1991 年版,第 34 页。
② 湖北省荆沙铁路考古队:《包山楚简》,第 36 页。何琳仪认为这里应该为熊丽,参见何琳仪:《楚王熊丽考》,《中国史研究》2000 年第 4 期;陈伟等先生也认为是熊丽,参见陈伟:《楚地出土战国简册[十四种]》,经济科学出版社 2009 年版,第 93 页。新出《楚居》中也言"麗不从行,……氏(抵)今日楚人。"说明自熊丽之时芈姓方被称为"楚人"。而其孙熊绎则正式被周分封为子爵,是合理的。
③ 湖北省文物考古研究所:《江陵望山沙冢楚墓》附录二"望山 1、2 号墓竹简释文",文物出版社 1996 年版,第 244 页。
④ 参见湖北省荆州地区博物馆:《江陵天星观 1 号楚墓》,《考古学报》1982 年第 1 期。

河为祟,然黄河非楚国境内流域,故而昭王不祭。董说《七国考》卷94引陆玑《要览》曰:"楚怀王于国东遍起沉马祠,岁沉白马,名飨楚邦河神,欲崇祭祀拒秦师。"可见,祭祀山川等活动也是有祈求庇佑之目的。

(四)伏、蜡祭

伏、蜡祭是在伏日和腊日岁时变化时的祭祀,伏日为夏至后第三个庚日,又称"初伏"。腊祭,又称为"大蜡"和"蜡祭",《索隐》引《广雅》曰:"夏曰清祀,殷曰嘉平,周曰大蜡,亦曰腊,秦更曰嘉平。"①为每年的十二月初八(夏历十月),规模盛大。腊祭,是人们在野外猎取各种野兽,用于祭祀百神,以祈求来年五谷丰登。《周礼·春官·籥章》载:"国祭蜡,则歙《豳》颂,击土鼓,以息老物。"《诗经·豳风·七月》是描述了十月腊祭时,人们"朋酒斯享,曰杀羔羊,跻彼公堂,称彼兕觥,万寿无疆"的场面。所谓"息老物",郑玄注:"十二月,建亥之月也,求万物而祭之者,万物助天成岁事,至此为其老而劳,乃祀而老息之,于是国亦养老焉。"孙诒让正义:"案郑意,盖谓蜡祭即取息老物之义。息,谓息其劳。老,谓送其终。息老并指万物言之,与息民之腊祭,义取息田夫者小异。然此息老物之义,当兼采金说,通田夫万物而言。"实际上即是指腊祭之时,可以息劳作而送旧年旧物之终。《国语·楚语下》载观射父曰"日月会于龙𬴂,土气含收,天明昌作,百嘉备舍,群神频行。国于是乎蒸尝,家于是乎尝祀",便是指的王室腊祭活动。民间腊祭活动更为盛行,《荆楚岁时记》曰:"十二月八日为腊日。谚语:'腊鼓鸣,春草生。'村人并击细腰鼓,戴胡头,乃作金刚力士以逐疫。"唐元稹《长庆集》卷3有诗曰:"楚俗不事事,巫风事妖神。事妖结妖社,不问疏与亲。年年十月暮,珠稻欲垂新。家家不敛获,赛妖无富贫。杀牛贯官酒,椎鼓集顽民。喧阗里闾隘,凶酗日夜频。"从文献记载中看,无论亲疏、不管贫富,在腊祭之时都参加集体狂欢活动,《礼记·杂记下》载子贡观于蜡,曰:"一国之人皆若狂。"

三、禳灾驱疾

先秦时期面对灾难之时,常常先请巫觋来禳灾,以祓除不祥。《周

---

① 《史记》,中华书局1959年版,第251页。

礼·春官》载女巫"凡邦之大灾,歌哭而请",司巫"国有大灾,则师巫而造巫恒。"郑玄注曰:"恒,久也,巫久者,先巫之故事。造之,当按视所施为。"意即从先巫禳灾的记录和传述中找到应付当前灾祸的对策和方法。

从文献记载来看,中原地区诸国的禳灾活动流传和运用较为广泛,汉江流域的楚人大多是后习从之。比如祓殡之俗,先秦时期时俗是在棺柩下葬前后由巫师在棺柩和墓圹内外祓除不祥,《周礼·夏官》载方相氏职"大丧,先柩,及墓入圹,以戈击四隅,殴方良(魍魉)"。《左传》襄公二十九年载楚康王卒,鲁襄公之楚吊丧,"楚人使公亲襚,公患之。穆叔曰:'祓殡而襚,则布币也。'乃使巫以桃、茢先祓殡。楚人弗禁,既而悔之。"襚,是为死者穿衣,此处是指将赠赠的衣物置于柩。鲁国的巫师建议以桃棒和扫帚在棺柩上扫除不祥,"楚人不禁,既而悔之",则说明楚人先是不懂其意,所以才没有制止,知道其意后才觉得很后悔,可见楚人的"祓殡"禳灾活动使用并不熟练。

同样的,《左传》僖公六年载楚成王因诸侯伐郑,故率军包围许国而救郑国,"蔡穆侯将许僖公以见楚子于武城。许男面缚,衔璧,大夫衰绖,士舆榇。楚子问诸逢伯。对曰:'昔武王克殷,微子启如是。武王亲释其缚,受其璧而祓之,焚其榇,礼而命之,使复其所。'楚子从之。""祓",便是"除凶恶"。楚成王见许僖公如此,并不知道如何面对,足见对这种"祓"俗也不熟悉。

江汉地区的楚人较为熟悉和流传最为广泛的是"祓禊"。《周礼·春官》载:"女巫掌岁时祓除衅浴。"郑玄注曰:"岁时祓除,如今三月上巳如水上之类。衅浴谓以香薰草药沐浴。"祓禊,即禊祠(祭),禊,指清洁。应劭《风俗通》云:"禊者,洁也,故于水上盥洁之也。"这种风俗源自上古先民的水崇拜,水作为生命之源,各种生命形式从本原上而言都来自于水,故曰"太一生水",从而形成宇宙万物。[1] 甲骨卜辞中,记载

① 参见李零:《读郭店楚简太一生水》,载《道家文化研究》第十七辑,三联书店1999年版,第327页。

了诸多对水虔敬而隆重的祭祀活动。① 水除了给人带来生活的便利外,也能因江河泛滥则置祸于民,故而也要对水神进行祭祀祈祷,使之不危害于人。

正由于水生万物的思想,被禊的目的之一也是为了繁衍传承。在神话传说中,常有氏族首领因其母浴水而生的故事,如《诗经·商颂·玄鸟》《史记·殷本纪》有关商之起源的传说等。而春季又正是生命萌生的季节,更是万物择偶和生育的时候,故而《周礼·地官·媒氏》载:"仲春之月,令会男女,于是时也,奔者不禁。"在仲春时节专门设置时间允许青年男女约会,而约会的地点,《墨子·明鬼》云:"燕之有祖,当齐之有社稷,宋之有桑林,楚之有云梦也,此男女所属而观也。"水边则是男女约会的最佳地点。

香草是被禊风俗中进行衅浴的重要工具,同时也是男女约会之时彼此相赠的主要信物。而楚地盛产各类香草,屈原《楚辞》中曾记载了多达34类香草名,宋玉《高唐赋》中也描述了楚地秋兰、白芷、蕙草、江蓠、射干、揭车等遍地丛生的各类芳草。因而,汉江流域的楚人生活在水域宽广、湖泊众多的水滨,各类香草品种繁多,故被禊之俗实行得最为彻底。

驱疾,则是巫觋的一个重要职能。战国以前巫、医不分,古"医"字便作"毉"。《山海经·大荒西经》云:"有灵山,巫咸、巫即、巫肦、巫彭、巫姑、巫真、巫礼、巫抵、巫谢、巫罗十巫从此升降,百药爰在。"《吕氏春秋·勿躬》曰:"巫彭作医。"又《山海经·海内西经》云:"开明东,有巫彭、巫抵、巫阳、巫履、巫凡、巫相,夹窫窳之尸,皆操不死之药以距之。"郭璞注此六人"皆神医也"。文献中的巫、医常连称,《论语·子路》载:"南人有言曰:'人而无恒,不可以作巫医。'善夫!"《逸周书·大聚》曰:"乡立巫医,具百药,以备疾灾。"至战国后期,巫、医职责分离,《周礼·天官·医师》中对"医师"治疗疾病的职责也做了规定。《史记·扁鹊列传》云:"信巫不信医,不治。"然而,以巫来驱疾仍长期保存在先

---

① 参见魏子任:《中国古代的水神崇拜》,《华夏文化》2002 年第 2 期。

秦人民的习惯中,而尤以汉江流域故楚之地为甚。巫师驱疾也有他的一定合理性。比如巫师大多懂得药理,能够利用很多具有药用价值的草药运用于治疗之中,《楚辞》中便提到了三秀(灵芝)、瑶华、白芷、桂枝、辛夷、杜若、杜衡、江蓠等。而巫师更多的是通过巫术使用心理治疗法,对患病者进行安慰和精神上的调整,使病人相信有神灵的保佑来驱使病魔离开,得到放松和缓解,这对于心理性疾病和小疾病的患者有一定的作用。1973 年出土于长沙马王堆汉墓 M3 的《五十二病方》一书中,收录了 283 种治病疗法,其中巫祝疗法便有 36 种,涉及了 14 种病症。① 秦汉以后,这种习俗在楚地仍得以延续,宋《岳阳风土记》载:"荆湖民俗,……疾病不事医药,惟灼龟打瓦,或以鸡子占卜,求祟所在,使俚巫治之。皆古楚俗也。"元《赠医氏汤伯》云:"楚俗信巫不信医,……凡疾,不记久近深浅,药一入口,不效即屏去,至于巫,反复数十次不效,不悔。"

巫觋驱疾的能力,来自于人们相信巫觋有"视鬼""驱鬼"的能力。《国语》韦昭注曰:"巫觋,见鬼者。"许慎释"觋"曰:"见鬼者也,故从见。"巫师先让人相信人生病是因为有鬼神作祟,因此要找到作祟之鬼神,再作法将其驱除。楚人有制鬼、驱鬼的风气。《国语·楚语上》载:"灵王虐,白公子张骤谏。王患之,谓史老曰:'吾欲已子张之谏,若何?'对曰:'用之实难,已之易矣。'若谏,君则曰:'余左执鬼中,右执殇宫,凡百箴谏,吾尽闻之矣,宁闻他言。'"所谓"左执鬼中""右执殇宫"俱是言及对诸鬼神名号、住处及相应降伏方法筹策器具的掌控。②

禳灾和驱疾的方式主要有大傩。《周礼·夏官·方相氏》载:"方相氏掌蒙熊皮,黄金四目,玄衣朱裳,执戈扬盾,帅百隶而时难(傩),以索室驱疫。"长沙子弹库出土的楚帛书上所绘十二怪神像,大抵即为大傩中的十二方相氏扮演的十二神兽。③ 湖北随县曾侯乙墓所出内棺左右侧板上,各绘有八位兽面人身、手执双戈、两臂曲举、状若起舞的怪

---

① 　参见宣兆琦、孙宜:《齐楚文化类型论》,《烟台师范学院学报》2004 年第 3 期。
② 　参见宋公文、张君:《楚国风俗志》,湖北教育出版社 1995 年版,第 100—102 页。
③ 　参见安志敏、陈公柔:《长沙战国缯书及其有关问题》,《文物》1963 年第 9 期。

物,上层的四位,大头小身,头戴似熊头的四目假面具,足踩火焰纹,应即傩仪中的方相氏;下层的四位,头上有角,两腮有长须,颇似羊首,双腿染黑,胸饰交叉网结纹,耳际饰云纹,为百隶扮演的神兽。①

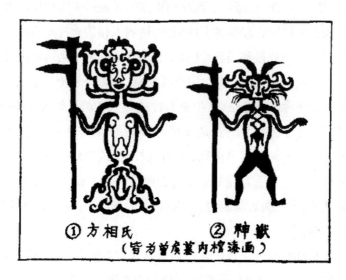

图 26　曾侯乙墓漆画②

四、招魂回归与引魂升天

先民们认为人的生命由魂魄两部分组成,如果其中之一脱离了肉体,人便会生疾病;如果魂魄离散则人亡,而魂是永远不死的,魂与魄分离后便到天上或四方游窜,如果能将魂灵招引回来,死者便可复生。于是,在人生病时或将死之时,常请巫师作法招魂回归。

为生人招魂,见于祓禊和生病之时。《通典》卷 43 引韩婴解《郑风·溱洧》曰:"郑国之俗,三月上巳之溱、洧两水之上,招魂续魄,秉兰被禊不祥。"这里应当是为生人招魂续魄,从而使人具备崭新的生命力,或与生育延续有关。

而人生病,古人认为是魂魄分离而致,故而要采取巫术手段招魂回

①　参见祝建华、汤池:《曾侯乙墓漆画初探》,《美术研究》1980 年第 2 期。
②　图采自于祝建华、汤池:《曾侯乙墓漆画初探》,《美术研究》1980 年第 2 期。

归,从而驱疾除患。清胡文英《屈骚指掌》载:"生人招魂,吴楚风俗有之,谚谓之'叫魂'。精神恍惚者皆用之。"时至今日,故楚之地诸多地方依然保留此风,如果有人尤其是小孩受到惊吓后精神恍惚,会被认为是"掉了魂",家人就请巫师为之"叫魂",巫师喊其名,说:"魂回家啦!"家人就在旁边应和"回来了!"如此这般反复呼唤。当有病人的时候,尤其在医术已经无效之时,往往也求助于巫师,招唤病人魂归附躯体。

为死人招魂,是将死去之人的魂魄招回家乡,让灵魂归附于尸骨,长眠于墓穴之中,"魂兮归来,反故居些"①。

招魂的仪式,《礼记·礼运》载:"及其死也,升屋而号,告曰:'皋某复'。然后饭腥而苴孰。故无望而地藏也。体魄则降,知气在上。故死者北首,生者南乡,皆行其初。"《仪礼·士丧礼》载:"升自前东荣中屋,北面招以衣曰:'皋,某复',三,降衣于前。"即手持死者衣物登上屋顶,面向北方,先长声高呼死者名字,然后让其"复"(即回来),如此连喊三次。汉江流域的楚人招魂仪式则更为繁复。

《招魂》《大招》两篇中描述了招魂的程序,大致为:第一步,由男女巫师各一人分别扮演上帝和巫阳,帝命巫阳下招,巫阳先卜筮魂灵所在,然后告诫游荡在外的魂魄,天上、幽都、东、南、西、北六方有凶神恶鬼、毒蛇猛兽,不可久留,要赶紧回来;第二步,呼唤回灵魂后,由其他巧辩之巫将魂灵引入城门,"魂兮归来,入修门些",直至设有招具之所,即享堂。招具为"秦篝齐缕,郑绵络些",篝为熏衣用的笼筶,缕为缕线,绵络指缝纫缠缚之物。王逸注曰:"言为君魂作衣,乃使秦人职其篝络,齐人作綵缕,郑国之工缠而缚之,坚而且好也。"享堂,《招魂》曰"像设君室",王逸解为"法象旧庐",当是依死者生前所居布置的室所,招魂之时,死者宗族齐集于此。第三步,巫觋列举称楚国有"层台累榭,临高山些"的豪华居所、有"吴醴白蘖,和楚沥之"的甘甜美酒、有"九侯淑女""二八接舞"的美女歌舞,如此等等应有尽有,以声色佳肴

① 董楚平:《楚辞译注》,上海古籍出版社 2021 年版,第 142 页。

诱惑、安抚、羁縻死者魂魄,使其留恋人间的欢乐,从而回归身体。①

　　招魂的目的是使魂魄有所依附,从而安居于墓穴中,接受子孙的岁时享祭。《左传》襄公十三年载楚共王临终前说:"获保首领以殁于地,唯是春秋窀穸之事,所以从先君于祢庙者,……"杜预注曰:"窀,厚也。穸,夜也。厚夜,犹长夜。春秋,谓祭祀。长夜,为葬埋。"即是指,死后魂灵居地,接受春秋时祀。

　　而灵魂居地的观念自春秋末开始为灵魂升天的观念替代,故而引魂上天的巫术也始为盛行,先招魂将无所依附盲目游窜的灵魂招引回来,再进行巫术形式使其升上天界。引魂上天的巫术形式不似招魂般富于动作和表演性,而是以在棺椁中放置某些象征物为主要表现形式。通过考古发掘表明,这些象征物主要是"虎座飞鸟"和各种漆画、帛画等图像。

　　鸟,是殷商神话中沟通人神的使者,《离骚》有"凤皇既受诒兮""吾令鸩为媒兮",可见在楚人的观念中也深以为是。因此,鸟也是引导死者魂灵升天的使者,《大招》有"魂兮归来,凤皇翔只"。战国楚墓中则多见"虎座飞鸟"器型,为木胎雕成的漆器,基本形态为一展翅飞鸟立于一虎座之上,鸟背上还多插置一对鹿角。飞鸟的造型,来自于古代神话中的风神——飞廉。②《广雅》载:"风伯谓之飞廉。"《淮南子·本经》高诱注曰:"大风,风伯也,能坏人屋舍,一曰鸷鸟。"《汉书·武帝纪》颜师古引晋灼曰飞廉"身似鹿,头如爵,有角而蛇尾,文如豹文"。楚人崇凤,故鸟也多为凤形。而汉东随国曾侯乙墓中则出土了一件青铜铸造的头插鹿角的立鹤,因此亦属引魂升天的象征物。

　　将引魂升天的象征物绘于图上,是更为常见的方法。

　　长沙陈家大山战国楚墓所出《人物龙凤帛画》,画有一妇人,其上绘一昂首展翅、迈步奔跑的凤鸟,凤鸟之上则是一身躯作 S 形扭曲摆

---

① 参见宋公文、张君:《楚国风俗志》,湖北教育出版社 1995 年版,第 412 页。
② 参见郭德维:《楚墓出土虎座飞鸟初释》,《江汉论坛》1980 年第 5 期。

图27　江陵李家台 M4 出土

动、奋爪向上的龙,表现的是墓主"希望飞腾的神龙、神凤引导或驾御幽灵早日登天升仙"①。

长沙子弹库战国楚墓出土《人物御龙图》帛画,画面正中偏上绘有一高冠博袍的男子,立于龙舟之上,舟尾有一仙鹤引颈长唳。

江陵马山一号战国楚墓出土一件绣罗禅衣,上绣一凤、一虎、两龙,这些龙、凤、虎纹也具有引魂升天的功能。②

曾侯乙墓所出漆箱,盖上绘青龙、白虎、北斗图像,并写有一"斗"字,其外圈有篆书的二十八宿名。

五、卜筮相命

占卜是巫觋利用工具进行对所问事件进行吉凶预测的巫术手段。先秦时期最主要是占卜方式为龟卜(包括骨卜),其起源也最早。河南

---

① 萧兵:《对照新旧摹本谈楚国人物龙凤帛画》,《江汉论坛》1981 年第 1 期。
② 参见湖北省荆州地区博物馆:《江陵马山一号楚墓》,文物出版社 1985 年版;彭浩:《楚人织绣纹样的历史考察》,载《楚文艺论集》,湖北美术出版社 1991 年版,第 266—273 页。

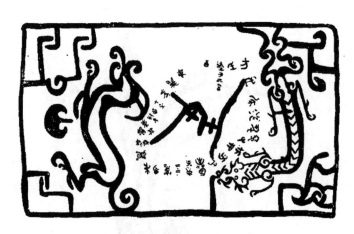

图28　漆箱盖面图象（摹本）①

龙山文化及甘肃齐家文化遗址中便已发现了卜骨。② 商代以降，龟（骨）卜成为手法繁复、运用广泛的贞卜巫术。大量殷商甲骨证明殷人对龟（骨）卜的笃信和使用。江汉地区也同样如此，在沙市周梁玉桥商代遗址、安陆晒书台商周遗址和蕲春毛家嘴西周遗址中，均可见卜骨。③

生活在汉江流域之畔的楚人，也承继了龟卜之法，将其作为最主要的占卜方式。《左传》昭公十三年载："初，灵王卜曰：'余尚得天下！'不吉。投龟……"《左传》昭公十七年载："司马子鱼曰：'我得上流，何故不吉？且楚故，司马令龟，我请改卜。'"《左传》哀公十七年载："王与叶公枚卜子良以为令尹。……他日，改卜子国而使为令尹。"杜预注曰："枚卜，不斥言所卜以令龟。"

楚人对一件事往往要进行多次龟卜，卜兆若相同，则称之为"习"。《左传》襄公十三年载石甈言于子囊曰："先王卜征五年，而岁习其祥，

① 采自王建民等：《曾侯乙墓出土的二十八宿青龙白虎图像》，《文物》1979年第7期。

② 参见方酉生：《略论河南龙山文化的社会性质》，《江汉考古》1980年第2期；梁星彭：《齐家文化起源探讨》，《史前研究》1984年第3期。

③ 参见李天元：《沙市周梁玉桥商代遗址中的扬子鳄》，《江汉考古》1984年第2期；余从新：《安陆县晒书台商周遗址试掘》，《江汉考古》1980年第1期；中国科学院考古研究所湖北发掘队：《湖北蕲春毛家嘴西周木构建筑》，《考古》1962年第1期。

祥习则行。不习,则增修德而改卜。"杨伯峻注曰:"'习'一本作'袭'、'习'与'袭'通用,重复也。祥,吉祥。岁习其祥,谓五年之中每年卜征都吉。"这种做法本于殷商时期。甲骨刻辞有记:"弜卿,子其卿,习二卜,癸未卜,习一卜,在宙。"(何一二片)《书·金縢》云:"乃卜三龟,一习吉。"江陵望山一号《楚墓竹简》48 亦载:"皆佗占之囗吉。病以黄䨲习之。"①䨲,即"龟",或从灵音和龟音,应是楚字写法。

对于占卜用过的龟甲,楚人都会珍藏。《国语·楚语下》载王孙圉曰:"龟足以宪臧否,则宝之。"即是指用过了的龟甲上面的占卜记录,可以对后人起警示作用,故而要保藏。《庄子·秋水》载:"吾闻楚有神龟,死已三千岁矣,王巾笥而藏之庙堂之上。"可见其俗不假。

茅,是楚人的圣物,前一节中已经详细说明,作为一种招引神灵和缩酒敬神的贡物,用茅来进行占卜的方法,应该是楚人独有的占卜之法。《离骚》曰:"索藑茅以筵篿兮,命灵氛为余占之。"王逸注曰:"藑茅,灵草也。筵,小折竹也。楚人名结草折竹以卜曰篿。"使用汉江流域多有的茅草和折竹来占卜,是结合了地方物产特色的方法。其用法大抵是以茅或竹的奇偶数来占测吉凶。②

楚人占卜之风尤为兴盛。20 世纪以来,湖北江陵望山 M1、天星观 M1、包山 M2、秦家嘴 M1、M13、M99 以及河南新蔡葛陵大墓 M1001 等墓葬中出现了大量卜筮祭祷竹简,是先秦时期楚地卜筮巫风盛行最为直观的资料。③

相命也是巫觋的本领之一。《左传》文公十年载:"初,楚范巫矞似谓成王与子玉、子西曰:'三君皆将强死。'"此言后得到应验,城濮之战后子玉自杀,而楚成王与子西也相继被楚穆王所杀。虽不知真假,但足以反映相命为楚巫职责之一。《史记·封禅书》中记有荆巫祠司命。

---

①　陈振裕:《望山一号墓的年代与墓主》,载《中国考古学会第一次年会论文集》,文物出版社 1979 年版。

②　参见宋公文、张君:《楚国风俗志》,湖北教育出版社 1995 年版,第 449 页。

③　按,关于对此类简牍的称呼学术界并未有一致的意见,笔者采用晏昌贵先生的观点,称其为"卜筮祭祷简"。(参见晏昌贵:《巫鬼与淫祀:楚简所见方术宗教考》,武汉大学出版社 2010 年版。)

《楚辞·九歌》亦有《大司命》《少司命》两章祭歌。

第三节　戏剧鼻祖——优孟

一、优孟其人其事

戏曲,是我国独有的民族艺术,也称为"戏剧",主要由民间歌舞、说唱和滑稽戏三种不同艺术形式综合而成,是一种历史悠久的艺术样式。先秦时期,是戏曲的萌芽期,《诗经》里的"颂"、《楚辞》中的"九歌"等祭神时歌舞的唱词,春秋战国后,从娱神的歌舞中逐渐演化出娱人的歌舞,被视为戏曲的萌芽状态,其后经过数百年不断地丰富、创新和发展,逐渐形成比较完整的艺术体系。其特点一言以蔽之,"谓以歌舞演故事也"①,楚人优孟因诙谐多智,尤擅表演,被列为古代戏曲的鼻祖。

优孟,名孟,楚庄王时期的宫廷乐人,善辩贤能,常常在谈笑之间进行讽刺谏议。《史记·滑稽列传》记载,楚庄王之时,非常喜爱马,给马穿上绣着精美纹饰的衣服,将其养在富丽堂皇的房子里,吃、喝都无不费尽心思精心照顾。后来有马养尊处优长得太肥病死了,庄王要以大夫礼制厚葬,并让群臣为之守丧。群臣认为不可,纷纷进谏,庄王却执意如此,严命谏言者罪将至死,制止群臣进谏。优孟听闻之后,进入王宫后仰天大哭。庄王非常吃惊,问其缘故。优孟回答说:"我哭得是马呀,大王以堂堂楚国之大,却仅以大夫的礼制来葬爱马,简直是太轻视了,我认为应该用国君的葬礼才对。"这话引起了庄王的兴趣,于是庄王问优孟应该怎么安排。优孟说:"依我看,应该用美玉做马的棺材,再调动大批军队,发动全城百姓,为马建造高贵华丽的坟墓。到除丧那天,要让齐国、赵国的使节在前面开路,再让韩国、魏国的使节护送灵柩。然后还要追封死去的马为万户侯,为它建造祀庙,让马的灵魂长年接受封地百姓的供奉。这样,天下所有的诸

---

① 王国维:《戏曲考原》,载《王国维戏曲论文集》,中国戏剧出版社 1957 年版。

侯才会知道,原来大王是真正爱马胜过重人的。"楚庄王到底是贤明之君,马上明白过来,意识到自己的过错,便问优孟该如何处理这匹马。优孟回答说:"我建议就将它作为六畜给处理了,以炉灶为其椁,铜锅为之棺,放进花椒佐料、生姜桂皮,以粮食稻谷为祭礼,用大火为其作衣,将它葬入大家的肚子就可以了。"这席话让庄王听了也开心,从此庄王改变了爱马的方式,把养在厅堂里的马全部交给养马的官员处置。

优孟能够进谏成功,不仅是因为楚庄王本身是一个比较贤明的君王,更是因为他善于通过表演吸引听者的注意,然后逐步地将自己的思想表达出来,这种循序渐进、循循善诱的方法比直接进谏、与君王发生直白的冲突效果要好得多。这点与王国维所说的"以歌舞演故事"颇为相类似,故而优孟被称为戏剧的鼻祖,是有一定依据的。

二、优孟与孙叔敖

"优孟哭马"的这个故事,可能是经过司马迁的渲染,文中的韩、赵、魏国都是战国时期才始有的诸侯国,楚庄王所处的春秋时期不可能有这三国存在,故而很可能是司马迁为了使故事更生动、表述更富文采而为之。不过,这个故事本身的真实性应该不是问题。《史记·滑稽列传》还记载了优孟替孙叔敖后人请封的故事。

孙叔敖,即蒍敖,出身于楚国公族,其父蒍贾官至司马、兄为艾猎为楚庄王令尹①。他自小受到良好的教育,耳濡目染了其父兄尽心国事的行为作风,其父兄通晓土木工程,蒍贾曾任工正,负责掌握工程,蒍艾猎善于筑城,《左传》宣公十一年记载"令尹蒍艾猎城沂"之事。尽管出身于公族之家,文献中称其为"期思之鄙人"②,究其缘由,或因期思为其父辈的食邑封地有关③。文献记载,楚庄王九年(前 605 年)蒍贾先

---

① 一说"蒍艾猎"即孙叔敖。
② (清)王先谦:《荀子集解》,中华书局 1988 年版,第 73 页。
③ 参见徐少华:《孙叔敖故里封地考述:兼论〈楚相孙叔敖碑〉的真伪与文本时代》,《江汉考古》2008 年第 2 期。

为工正,设计杀死斗班后,为司马。令尹子越(即斗椒)因与其有隙,带领若敖氏之族,将蒍贾囚禁后杀之,并且公然谋反,与庄王战于皋浒。可能在这次公族内乱中,蒍贾的后人避乱于食邑期思,故而孙叔敖被称为"期思鄙人",鄙人,犹言乡野之人,并不是指地位低下。期思原为蒋国之地,在今河南固始县北期思集至蒋集一带,春秋中期为楚所并,《左传》文公十年(前617年)载楚有"期思公復遂",则此前楚于此地设立了期思县,是楚国经略淮域的重要阵地之一。孙叔敖在期思修建了水利工程期思陂,《淮南子·人间训》载:"孙叔敖决期思之水,而灌雩娄之野,……"雩娄,在进固始县东南,是楚人进取淮水中游的重要据点。期思陂的修建,截引期思之水(即灌水)东向分流,以济雩娄决水的不足,这大抵是中国第一个社会性的农田水利工程。1993年出土的郭店楚简《穷达以时》篇记有:"孙雪(叔)三射偈(期)思少司马,出而为命(令)尹,堣(遇)楚臧(庄)也。"①简文中的"孙雪"即孙叔敖,"射"即"谢",意为"辞",《说文·言部》有:"谢,辞去也。"简文之意便是孙叔敖三次辞去期思的少司马之职,然后出任令尹。传世文献中常有记载孙叔敖"三去令尹"之事,如《吕氏春秋·知分》曰:"孙叔敖三为令尹而不喜,三去令尹而不忧。"《史记·循吏列传》亦载:"孙叔敖……三得相而不喜,知其材自得之也;三去相而不侮(悔),知非己之罪也。"大概是与楚成王时期的令尹子文"三相三去"之事混淆。② 从上引《郭店楚简》简文中可知,孙叔敖三去的并非令尹之位,而是期思的少司马之职。这也验证了《左传》仅宣公十二年有孙叔敖为令尹的记载。③ 孙叔敖离开期思出任令尹,便是因其修成期思陂,成就斐然,"庄王知其可

① 荆门市博物馆:《郭店楚墓竹简》,文物出版社1998年版,第145页。原文中"射"为"斥",地名"思"之意未明,此处依据白于蓝:《郭店楚简拾遗》,《华南师范大学学报》2000年第3期中的释文。
② 参见《论语·公冶长》《国语·楚语》《潜夫论·遏利篇》。
③ 有关孙叔敖"三相三去"的记载都见于战国以后的文献,清代阎若璩在《四书释地》中指出:"孙叔敖之令尹,见宣十一年。叔敖死于楚庄王时,约令尹仅七八年。庄王之贤,岂肯暂已叔敖。意《庄子》《荀子》,原系子文事,传讹而为叔敖。"结合《郭店楚简》来看,此言或对。

以为令尹也"①。孙叔敖任令尹后，庄王"尽付境内之劳与诸侯之忧于孙叔敖，孙叔敖日夜不息"，"叔敖治楚三年，而楚国霸"。他任职期间，清正廉明，《韩非子·外储说》云："孙叔敖相楚，栈车、牝马，粝饼，菜羹、枯鱼之膳，冬羔裘，夏葛衣，面有饥色，……"虽有夸张，但孙叔敖之廉是可信的。司马迁为循吏作传，便以孙叔敖为第一人。在邲之战后，孙叔敖因病去世，直到去世前都未曾为自己准备棺椁。

　　孙叔敖生前与优孟交好，他知晓以他的清贫子孙后世必然会穷困潦倒，于是他嘱咐其子在其死后可以去找优孟帮忙解决生活困境。果然，数年后其子家境贫困，自己砍柴生活。他想到孙叔敖的话，便去找了优孟。优孟知道楚庄王非常厚爱孙叔敖，但并未直接去请求庄王赏赐其后人，只是穿着孙叔敖的衣服，学习孙叔敖的举止，如此练习了一年之后，他已经模仿得非常像孙叔敖了，就连庄王和他的左右都分辨不出真假来。有一次宴会之时，优孟前往向庄王祝寿，庄王大惊，以为是孙叔敖复活了，非得拜优孟为相。优孟从容回答道："妻儿不答应自己为相，认为没有必要做楚相。因为听说孙叔敖这样的为国尽忠、廉洁治楚的令尹，死了以后使妻子无立锥之地，贫困到以砍柴为生。如果像孙叔敖这般为相，还不如死了呢。"并且将孙叔敖之廉而使子孙受穷与贪官们相比，歌曰："山居耕田苦，难以得食。起而为吏，身贪鄙者馀财，不顾耻辱。身死家室富，又恐受赇枉法，为奸触大罪，身死而家灭。贪吏安可为也！念为廉吏，奉法守职，竟死不敢为非。廉吏安可为也！楚相孙叔敖持廉至死，方今妻子穷困负薪而食，不足为也！"由此，庄王大受触动，于是将寝丘（今安徽省临泉县境）四百户封于孙叔敖之子，后十世不绝。

　　孙叔敖生前为何不接受封地，抑或从他与狐丘老人的一番对话中得知：狐丘老人问："人有三怨，子知之乎？"孙叔敖说："何谓也？"答：

① 刘文典：《淮南鸿烈集解》，中华书局 1989 年版，第 623 页。《吕氏春秋·赞能》中认为是沈尹茎向庄王举荐孙叔敖，《新序·杂事》和《韩诗外传》卷 2 中将举荐孙叔敖之人称为"虞丘子"，或即沈尹茎。

"爵高者,士妒之;官大者,主恶之;禄厚者,怨处之。"孙叔敖说:"吾爵益高,吾志益下;吾官益大,吾心益小;吾禄益厚,吾施益博。是以免三怨,可乎?"为免除各方面对自己的不利,孙叔敖谨慎行事,故而不曾受封,也未曾直接为后人向庄王请封。

关于孙叔敖后人所封寝丘之事,文献中记载是孙叔敖临终前为子孙所做的打算。《吕氏春秋·异宝》载,孙叔敖告诫其子,楚庄王多次要给他封地他都未接受,在他死后庄王肯定要封地给后人,那么要记住不可接受肥美的土地,而在楚、越之间,有一个土质不好、地名又难听的地方——寝丘,没有人愿意要,他们就选择这里。孙叔敖知道,楚国的惯例是封地世袭不过三代,再好的地方最终也要被收回,而且若地方太好,难保不会成为权贵们争夺觊觎的美食,为了长久的、安全的保证封地的拥有权,贫瘠的寝丘是最好的选择。这和优孟请封此地不相冲突,很有可能是在优孟进谏之后,孙叔敖的后人按照孙叔敖临终前的指示主动要求赐予寝丘之地的,否则庄王不会只封个贫瘠的地方给他们。

司马迁曰:"天道恢恢,岂不大哉!谈笑微中,亦可以解纷。"[1]并为优孟作传,言其"摇头而歌,负薪者以封","岂不亦伟哉"!通过表演,逐步将意图表达出来,在谈笑之中解决问题,便是优孟的出众之处。这也是成语"优孟衣冠"的由来,后人们也就用"优孟衣冠"来比喻假扮或模仿他人,也指登台演戏。这种既演且唱的表演也逐渐成为中国传统艺术——戏曲的源头之一。

第四节　惊采绝艳的漆木器艺术

一、江汉流域丰富的漆木器制作资源

髹漆工艺是中华民族早期的一项发明创造,早在新石器时代末期,我国劳动人民便已能制造漆器。《韩非子·十过》篇中记载虞舜做食

---

① (汉)司马迁:《史记》,中华书局 1959 年版,第 3197 页。

器,"流漆墨其上……禹作为祭器,墨漆其外,而朱画其内"。考古发现也证明了新石器时代即存在漆器或髹有类似于漆的器物,并已发展到彩绘镶嵌等较高水平。[①] 商周时期的漆器工艺更是发展到很高的水平,只是由于保存条件的限制,目前只能从部分出土实物资料中窥见其艺术风格。

汉水流域由于其独特的地理风貌,具备丰富的生漆资源,从而在漆木器制造中有着得天独厚的基础条件。

漆树一般分布在海拔 300—2300 米之间的地带,以海拔 400—1500 米之间的中山、低山、丘陵及河谷地带为主。我国漆树分布的中心区域主要包括秦岭、大巴山、武当山、巫山、武陵山脉一带。《尚书·禹贡》载:"豫州……厥贡漆、枲……"豫州,即今河南、湖北、山西、山东的部分地区,即包括汉水流域的大部分地区,是产漆并进贡漆的主要地方;《山海经》也有"京山多漆木""虢山,其上多漆""翼望之山,其下多漆梓""熊耳之山,其上多漆"的记载,所言之山,大致也均在汉水流域今河南、湖北、陕西一带。

制作漆木器的工艺条件较为严格。如果温度、湿度不适合,生漆成膜所需的时间较长,而且硬度和光泽度也较差。故而古代制造漆器时需要"荫室"来保证生漆成膜的温度、湿度,使髹漆的器物在短时间内干燥,避免产生漫漶不清的状况,影响漆器成品的质量。《史记·滑稽列传》载:"二世立,又欲漆其城。优旃曰:'善……漆城虽于百姓愁费,然佳哉!漆城荡荡,寇来不能上。即欲就之,易为漆耳,顾难为荫室。'"说明至迟在秦以前北方黄河流域都需要有"荫室"作为制造漆器的条件。然而汉水流域一带,因气候温和、雨量丰沛,每年除严冬和盛夏时期外,均能进行漆器制造,因此相对而言比较容易生产光泽度强、质量好的漆器,而不需要过分依赖"荫室"的设施,正是如此,汉江流域的漆器不仅数量多、使用范围广,而且无论是上层

① 参见王世襄:《中国古代漆工艺》,载《中国美术全集·工艺美术编 8》,文物出版社 1989 年版,第 1—3 页。

社会还是中下阶层都能制造和使用。①

商代的盘龙城李家嘴 M2 中出土了十多块椁板,一面有精细的雕花,一面涂为朱色素面、雕花的一面皆阴刻饕餮纹和云雷纹,每组图案间的印刻部分涂朱、阳面涂黑,而板灰呈灰白色,出土时色彩斑斓。②此应为彩绘漆雕花木板腐朽后的遗物,而这种大型的髹漆器物,很可能就是商代汉水流域所制造的漆木器。

西周时期,1958 年在蕲春毛家嘴出土漆杯一件,器物于黑色或棕色地上绘红彩,颜色鲜艳。

春秋战国之时,汉江流域的主要居民是楚人。楚人来自于北方华夏民族,从华夏民族的文化中学得了漆器制造技术,在江汉地区丰富的漆器资源和适宜的气候条件中,从事漆器的制作更是如鱼得水般的游刃有余。同时,楚人在不断地扩张中,征服或兼并了汉水流域的诸多国族和土著居民,吸收了各民族的文化艺术风格和漆器制作的工艺,楚人以其兼收并蓄的胸怀,将多元的文化风格表现在漆器的制作中,从而产生了先秦时期惊采绝艳的漆木器艺术,以之独特的造型和繁复的纹饰彪炳于中国艺术史中。

二、春秋时期漆木器艺术风格

漆器的制作与青铜器艺术具有密切的关系。青铜器在商周时期,是祭祀礼仪中的重要礼器,因而其制作工艺尤为发达和繁缛。早期的漆器造型和纹饰基本上都模仿自青铜礼器而来。

考古发现中出土的春秋时期楚国漆木器主要有:湖北当阳赵巷 M4 所出一批漆器,时代为春秋中期偏晚;河南淅川下寺 M2 所出马甲,时

---

① 漆器早期在北方中原地区属于奢侈品,只在小范围使用,可见不易得。《韩非子·十过》载:"尧禅天下,虞舜受之,作为食器,斩山木而财之,削锯修其迹,流漆墨漆上,输之于宫,以为食器,诸侯以为益侈,国之不服者十三。舜禅天下,而传之于禹,禹作为祭器,墨染其外,而朱画其内,缦帛为茵,蒋席颇缘,觞酌有采,而樽俎有饰,此弥侈矣,而国之不服者三十三。"
② 参见湖北省博物馆等:《盘龙城 1974 年度田野考古纪要》,《文物》1976 年第 2 期。

代为春秋中晚期;湖北江陵雨台山 M404 所出漆耳杯、漆卮、漆豆等,时代为春秋晚期;湖北襄阳山湾 M27 所出贴金漆制品,时代为春秋晚期;湖北当阳曹家岗 M5 出土漆瑟,时代为春秋晚期。

其中尤以当阳赵巷所出包括方壶、簠、豆、俎、瑟和镇墓兽等漆木器保存较好,纹饰清晰,色彩艳丽,层次丰富。通过比较,不难看出这批漆木器造型与青铜器相仿,如壶、簠与豆等,均是青铜礼器的造型,器身上的变形窃曲纹等也脱胎于青铜器之纹饰。但也具备某些特别的元素,如方壶颈部所饰云雷纹、口面与方座裙边所饰点纹和卷云纹组成的三角纹、二凸棱之间卷云纹夹杂的几何卷云纹等,都不同于谨严对称的青铜器纹饰。这种大胆自由的表现方式,与楚人崇尚自由、大胆创新与想象的习俗密切相关。

尤为突出的纹饰,是此墓所出的 3 件俎上的动物图案。这些动物图案 12 组 30 只,是将鹿头、龙身、虎腿、虎尾或马尾等融为一体的形象,从而表现出"怡然自得的呦呦鹿鸣,脱缰之马在奋力飞奔,龙骧虎步,凫趋雀跃,气势奔放,雄壮有力"①的画面。将各种动物的长处赋予一体,是楚人最为擅长和喜爱的艺术表现方式,既反映出对鹿的崇拜和推崇,同时也并不排斥其他动物,展示了包容万象的心胸和情怀,表现出丰富而又奇特的想象力和创造力。

漆俎上还有大量的 S 形曲线图案(即原发掘简报称为水波纹②),和其他漆器上的纹饰一样,这种 S 纹构成了物象的间隔面,造成了极强的视觉效果,具有强烈的运动感。

赵巷 M4 中漆器上的色彩也极具特色。很长时间内中国古代漆木器的色彩均以黑、红为主,M4 中的漆器同样如此,然而,在大面积的黑地上,多次使用红、黄等色彩点缀其中,则使之更为艳丽繁复。而漆俎面全髹红色,动物图案也用红色,其余部分髹黑漆,这种主体色彩为红色的分配和北方漆器传统色彩是完全不同的,应该是楚人尚赤风俗的

① 余秀翠:《当阳赵巷四号墓漆俎图案浅析》,《江汉考古》1991 年第 1 期。

① 余秀翠:《当阳赵巷四号墓漆俎图案浅析》,《江汉考古》1991 年第 1 期。
② 参见宜昌地区博物馆:《湖北当阳赵巷 4 号春秋墓发掘简报》,《文物》1990 年第 10 期。

具体表现。

楚人尚赤,源于对周俗的继承。《礼记·檀弓》载:"夏后氏尚黑,……殷人尚白,……周人尚赤,……"《吕氏春秋·应同》篇曰:"及文王之时,天先见火,赤鸟衔丹书集于周社,文王曰:'火气胜。'火气胜,故其色尚赤,其事则火。"楚先祖鬻熊在周室便承担着火师的职位,火为赤色,故而楚俗尚赤。《墨子·公孟》篇载:"昔者,楚庄王鲜冠组缨,绛衣博袍,以治其国,其国治。""绛衣"即为赤色的衣服。不难看出,从春秋中期以后楚人尚赤的风俗表现得尤为突出。

赵巷 M4 之漆俎就是这种风俗在器物上的表现。将其作为楚人尚赤风俗体现的另一证据,就是河南固始侯古堆所出的 2 件漆俎,其面和两侧均涂黑漆,并朱绘成三角纹和云纹①。该墓时代为春秋末年,漆俎是宋景公(前 516—前 451 年)为其妹季子(勾吾夫人)出嫁时所作的器物。同样以黑、红两色为主,但主体颜色却是黑,与赵巷楚墓中的正好相反,足以看出楚人尚赤之风的显著和突出。而这个特点在春秋中期以后乃至整个战国时期的漆木器艺术上表现得更为明显和丰富。

三、漆木器艺术的顶峰时期

战国时期,是楚国艺术发展的巅峰时期。由于国力的强大和经济的发展,楚人追求物质上的丰富和精神上的审美越发刺激了文化艺术的发展。此时期的漆木器艺术,更是大放异彩,令人眼花缭乱。

首先,表现在漆木器的使用范围和数量上。战国时期的楚漆器,出土于湖南、湖北、河南、安徽、浙江等各地的楚墓之中,髹漆业发展到极盛时期。考古发现中,湖北江陵雨台山、拍马山楚墓中,漆器已取代了铜礼器或仿铜陶礼器而单独成为随葬器物,漆器的使用范围极为普遍,无论是贵族还是平民墓中都有漆器随葬。而且漆木器的数量也非常多。以江陵雨台山楚墓群为代表,这批春秋中期至战国晚期的墓葬中

① 参见固始侯古堆一号墓发掘组:《河南固始侯古堆一号墓发掘简报》,《文物》1981年第 1 期。

便出土了近千件漆器。其他诸如天星观 M1 战国中期楚墓,望山 M1、M2,沙冢 M1 等中均有大量的精美漆器出土。

其次,漆木器类型极为丰富,几乎涵盖了生活中的方方面面。大致可以分为实用器、观赏陈设器和丧葬用器等三大类。实用器大都是各种日常生活中的用器,如饮食用器耳杯、盒、卮、樽、俎、盘、豆、勺等;家居用品如床、几、案、俎、架、禁、梳、奁、箑扇等;乐器如虎座凤鸟鼓架、瑟、笙、编钟架、编磬架等;兵器如弓、矛、戟、盾等。观赏陈设器主要有木雕座屏、彩绘漆鹿等。丧葬用器则有虎座立凤、镇墓兽、木雕辟邪、棺、笭床等。

最令人叹为观止的,是此时期漆木器的造型和纹饰非常新奇和繁复。

在平常使用器物上,通过各种不同的造型,使之既具有实用性又具备观赏性,是这一时期漆木器工艺的主要特征。如江陵雨台山楚墓出土的彩绘鸳鸯豆,盖和盘相合后形成一只盘颈侧视的鸳鸯,鸳鸯的翅、羽、尾、脚等局部以抽象夸张的变形手法彩绘而成,在其尾部又描绘了一对金色的凤鸟,豆的下部由一挺拔秀美的圆形底座承托,抽象简练的造型辅以色彩斑斓的彩绘,普通的实用器瞬间化为一件精美的观赏器,极具美感。而大量的漆木盒形制更是多样。盒,是用来装食物或置放化妆用品、香料等的盛器,楚人制作的漆盒,有方盒、圆盒、长方形盒、椭圆形盒、罐形盒、船形盒、曲尺形盒、鸳鸯形盒等各式各样的形制,其装饰色彩亦是繁复华丽,极尽奢华。《韩非子·外储说左上》载有一则"买椟还珠"的故事,"郑人买其椟而还其珠"的"椟"便是盒,"为木兰之柜,薰桂椒之椟"被"缀以珠玉,饰以玫瑰,辑以羽翠",足见楚式漆盒的造型之奇和纹饰之美。

楚漆器中十分注重对细节的表现,展示了楚人对自然界具体物象的细致观察,并以丰富的想象力和新奇的技巧展现出来。江陵望山 M1 的木雕座屏,在横长方形的空间里,以对称而富于形式感的格局将凤、鸟、鹿、蛙、蛇、蟒等 51 种动物形象交织成一个神话王国。其中凤、鸟、鹿、蛇衔接穿插、相互缠绕、彼此争斗的场面,嵌在屏座上,飞动的鸟和奔驰的鹿使整个画面活跃了起来。这些动物用整块木料雕成,每一局部都是单个可爱的圆雕作品,合拢来则是一组透雕的生机盎然的动物世界。屏座两端着地,中间悬空,艺术创意与屏面呼应。其底部与周边满布 26 条浮雕的蟒蛇,蟒蛇盘绕蠕动之态,极其逼真。屏座上另有两只立雕青蛙,被蜿蜒而上的蟒蛇咬住。同时,座屏用了多种色彩,通身髹的黑漆,凤纹等用的则有朱红、灰绿、金、银等色彩,绚丽夺目,大胆生动的色彩给整个屏座带来了强烈的视觉冲击。最奇妙的就是这种透雕和浮雕的技法,使得各种动物形态生动自然,犹如 51 个活力四射的生灵,充分表现了楚人对自然界生命形态的体察入微。

楚人还极善于因势取象的造型艺术,许多漆木器的造型就是在原形大致不改变的状态下创造出来的。江陵马山 M1 中的木雕辟邪,就是楚人凭借独特的灵感和对自然生命形态的观察,采用一支完整的天然树根雕刻而成。这件辟邪头部雕刻成虎头,头上昂,嘴微张而露齿,另一端雕成蛇尾,蛇尾卷曲,形成了不多见的"虎头蛇尾"之创意。四条长腿依照树根的天然分叉而伸开,右侧两足在前,左侧两足在后,四足的分布表面上看不对称,让人感觉站立不稳,但正是这一点,让辟邪不再仅是一只呆板的根雕,而有了一种游走扑腾的灵动感,生动自然。四足又被雕成了竹节,动物与植物合于一体,这大概是仅见的。四根竹节上又分别镂刻了蜿蜒爬行的蛇、被蛇吞噬的青蛙以及鸣叫的蝉和噬雀的蜥蜴等等,看似风马牛不相及的一些事物,被和谐有机地结合在一起,将一个万类相竞、生生不息的大自然生动地表现出来。

楚人重乐,故而在为乐器所用的装饰上也大量使用髹漆工艺。比如虎座凤鸟鼓架,是为悬挂大鼓而制。以对称的格局布置一对虎座凤鸟,将一只翘首张喙、体态轻盈的凤置于伏虎之上,凤不但形体大于虎,而且其雄姿勃发的气势也是明显胜于瑟缩伏地之虎的。这也是对楚人崇凤习俗的具体表现。楚人以祝融为先祖,祝融又是凤的化身。《白虎通·五行篇》云南方之神祝融"其精为鸟,离为鸾",故而楚人以凤为其图腾。而巴人之图腾则为虎,在战国以前很长一段历史中巴人都是楚国西部的劲敌,巴、楚之间多有战争,互有胜负,最终巴人在汉水上游地区退至于长江三峡沿岸,故而"虎座立凤"的形象往往是为纪念楚人战胜巴人的丰碑而出现①,抑或表达了楚征服和践踏巴的意愿。以这种战争胜利的意愿或纪念的形象,配之以"击其所悬而由其虡"的大鼓,将阵阵战鼓声中万马奔腾、刀光剑影的战争场面反映在这组器物中,静与动的对比,便如此灵动地表现出来。

漆木器造型上还体现出"楚人爱细腰"的风俗。楚俗以细腰为美,而灵王尤甚。《韩非子·二柄》篇曰:"楚灵王好细腰,而国中多饿人。"《墨子·兼爱中》载:"昔者楚灵王好士细要(腰)。故灵王之臣,皆以一饭为节,肱息然后带,扶墙然后起。"君王所好,下必甚焉,足见至少在春秋中晚期楚人以苗条挺拔为审美观,表现在器物上亦是如此,比如青铜器之束腰等。漆器中,以几、案等器物的腿部为表现,如江陵雨台山楚墓、信阳长台关楚墓出土的雕花几足均为细长足,增强了器物轻巧灵便之感,与曾侯乙墓漆木几、案厚重古朴的风格完全有别。

四、漆木器艺术的典型之作——镇墓兽

漆木器艺术中有一种独特的器物,是仅出现在楚墓之中而不见其他诸侯国墓的,那就是——镇墓兽。这种由兽形首、真鹿角和方形底座构成最基本形制的木雕,是楚文化中最具有特色和神秘意蕴的艺术作品之一。

镇墓兽造型的出现,正与楚人崇巫的风俗息息相关。它所承载的象征意义和内涵主要有"山神""地神土伯""镇木神""灵兽""巫觋"等等②,无不与"巫"相关。其造型自下而上的三个部分分别象征墓主人在冥府、人间及天界的三处居所,以及墓主人乘龙升天的过程,反映了

---

① 参见张正明、滕壬生、张胜琳:《凤斗龙虎图象考释》,《江瀚考古》1984 年第 1 期。

② 分别参见王瑞明:《"镇墓兽"考》,《文物》1979 年第 6 期;陈跃钧、院文清:《"镇墓兽"略考》,《江汉考古》1983 年第 3 期;蒋卫东:《"镇墓兽"意义辨》,《江汉考古》1991 年第 2 期;潘佳红:《小议"镇墓兽":与〈"镇墓兽"意义辨〉一文商榷》,《江汉考古》1992 年第 2 期;邱冬联:《"镇墓兽"辨考》,《江汉考古》1994 年第 2 期。归纳其内涵最为详尽的,参见于君:《论楚国神秘器物镇墓兽的文化涵义》,《东南文化》1992 年第 2 期。

楚人祈望死者尸身安卧于底下,灵魂受享于人间,并魂升天界的愿望,则楚式镇墓兽为载魂升天之器。①

镇墓兽在楚墓中出现颇多(见下表②)。

省	市区	墓名	件数	资料来源
湖北	荆州	雨台山楚墓	197	《江陵雨台山楚墓》,《江汉考古》1990 年第 3 期
		九店楚墓	65	《九店东周墓》
		枣林岗楚墓	20	《枣林岗与堆金台——荆江大堤荆州马山段考古发掘报告》
		拍马山楚墓	10	《考古》1973 年第 3 期
		溪峨山楚墓	10	《考古》1984 年第 6 期;《江汉考古》1992 年第 4 期
		武昌义地楚墓	9	《文物》1989 年第 3 期
		*望山沙冢楚墓	4	《望山沙冢楚墓》
		施家地楚墓	3	《考古》2000 年第 8 期
		太晖观楚墓	3	《考古》1973 年第 6 期;《考古》1977 年第 1 期
		纪城楚墓	2	《文物》1999 年第 4 期
		秦家嘴楚墓	2	《江汉考古》1988 年第 2 期
		天星观楚墓	2	《考古学报》1982 年第 1 期;《天星观二号墓》
		马砖 M2	1	《江汉考古》1987 年第 3 期
		马联 M1	1	《江汉考古》1988 年第 3 期
		葛陂寺 63JGM34	1	《文物》1964 年第 9 期
		藤店 M1	1	《文物》1973 年第 9 期
		枣林铺 M1	1	《江汉考古》1995 年第 1 期
		荆州砖瓦厂 M2	1	《江汉考古》1984 年第 1 期
		院墙湾 M1	1	《文物》2008 年第 4 期

---

① 参见丁兰:《试论楚式"镇墓兽"与东周时期楚民族的巫文化》,《中南民族大学学报》(人文社会科学版)2008 年第 5 期。

② 引用丁兰:《楚式"镇墓兽"特征综论》表一,《江汉考古》2010 年第 1 期。

省	市区	墓名	件数	资料来源
湖北	宜昌	当阳赵家湖楚墓	11	《当阳赵家湖楚墓》
		枝江姚家港 M2	1	《考古》1988 年第 2 期
		当阳赵巷 M4	1	《文物》1990 年第 10 期
		当阳曹家岗 M5	1	《考古学报》1988 年第 4 期
		枝江姚家港高山庙 M6	1	《考古》1991 年第 11 期
	十堰	房县松嘴 M27	1	《考古学报》1992 年第 2 期
	襄樊	罗岗 M3	1	《文物》1993 年第 12 期
	潜江	龙湾楚墓	8	《江汉考古》1988 年第 4 期;《潜江龙湾》
	荆门	包山 MI	1	《包山楚墓》
		罗坡岗楚墓	3	《荆门罗坡岗与子陵岗》
	天门	肖家屋脊	1	《肖家屋脊》
	黄冈	曹家岗 M5	1	《考古学报》2000 年第 2 期
		黄州 WM18	1	《考古学报》2001 年第 2 期
		国儿冲 M1	1	《江汉考古》1983 年第 3 期
		芦冲 M1	1	《考古学报》2000 年第 2 期
	鄂州	＊鄂城楚墓	3	《考古学报》1983 年第 2 期
	武汉	汉阳熊家岭 M2	1	《考古》1988 年第 12 期
		沌口石岭村 M6	1	《武汉晚报》2005 年 4 月 28 日
		江夏丁家嘴 M2	1	《楚天都市报》2009 年 6 月 8 日第 20 版;《江汉考古》2009 年第 3 期
湖南	张家界	慈利官地 M1	1	《湖南考古辑刊》第 2 集
		＊慈利石板村楚墓	4	《文物》1990 年第 10 期;《考古学报》1995 年第 2 期
	湘潭	＊湘乡牛形山楚墓	3	《文物资料丛刊》第 3 集
		韶山灌区 65SXM71	1	《文物》1977 年第 3 期
	常德	＊临澧九里楚墓	5	《湖南考古辑刊》第 3 集;《湖南日报》1980 年 12 月 13 日第 3 版
	益阳	羊舞岭 80 益农 M3	1	《湖南考古辑刊》第 2 集
		长沙楚墓	10	《长沙楚墓》
	长沙	长沙三公里 2002M1	1	《文物》2007 年第 12 期

省	市区	墓名	件数	资料来源
河南	驻马店	新蔡葛陵楚墓	1	《新蔡葛陵楚墓》
	信阳	*长台关楚墓	4	《信阳楚墓》;《文物》2004 年第 3 期
		*固始侯古堆 M1	2	《固始侯古堆一号墓》
安徽	六安	六安城西窑厂 M2	1	《考古》1995 年第 12 期
		六安城北楚墓	1	《文物》1993 年第 1 期
	安庆	潜山梅城镇万岭村 M45	1	《安徽商报》2006 年 6 月 17 日

注:1. * 号为该墓地存在一座墓中出土两件镇墓兽的现象。

　　2. 报告中正文与其墓葬登记表中的镇墓兽件数不一者,本文采用后者数据。

　　从上表可见,迄今为止考古发掘中出土的镇墓兽数量极多。而其造型样式则根据时代历经了几番变化。

　　春秋中晚期至战国早期的镇墓兽,以祖型为主,面目简单模糊。湖北当阳赵巷 M4 中所出镇墓兽是迄今时代最早的镇墓兽,在春秋中期偏晚时期。造型比较抽象,在覆斗状方座上直立一根四棱柱。柱上端顶一圆角方形头,没有五官,也没有鹿角,雕刻着卷云纹、圆圈纹图案,周身用红漆绘卷云纹。[①] 湖北当阳曹家岗 M5 与之相似,仅在方座一侧饰锈色卷云纹,且在陪棺上边出土二对鹿角,仅是单独使用的随葬品,时代为春秋中晚期。[②] 战国早期的江陵雨台山楚墓中所出镇墓兽,在头两侧插有鹿角,面部仍无眼、鼻、嘴等,方座为梯形。均髹黑漆地,面部周围用红、黄彩绘卷云纹和绚纹,身、座绘菱形纹和云纹,鹿角上绘卷云纹。

　　战国中期的镇墓兽制作达到鼎盛时期。在继承早期形制的基础上,出现了大量单头兽面和双头兽面,造型高大精美,纹饰繁缛丰富,一

[①] 参见宜昌地区博物馆:《湖北当阳赵巷 4 号春秋墓发掘简报》,《文物》1990 年第 10 期。

[②] 参见宜昌地区博物馆:《当阳曹家岗 5 号春秋墓发掘报告》,《考古学报》1988 年第 4 期。

改最初的简单,呈现出威严的气势。此时期镇墓兽头部为方形,面部已呈兽面,以彩绘或雕刻的手法表现出眉目,出现突眼、卷眉、龇牙形象,还多在腰部起棱,做"束腰"之势。一般通身髹黑漆,鹿角上绘黑色卷云纹和弦纹,颈部饰有龙纹,身与方座绘S形纹和几何云纹,方座多呈梯形,雕成斜面,多有凸饰。除了单头兽面镇墓兽外,还出现了双头兽面形制,江陵雨台山双头镇墓兽,有背向的双头,曲颈相连到颈的下端合二为一,插入覆斗状的方座中。两只兽头被雕成变形的龙面,通体髹黑漆,又以红、黄、金色描绘纹样,顶端插有四只鹿角,虬曲盘错,与对称的方柱兽体、厚实的方座,以及装饰色彩,构成了一幅浪漫不失威严、神秘不失单纯的形象。

战国晚期镇墓兽数量急剧减少,面目也复趋简单,出现了人面的形制。眼鼻运用雕刻手法,弯月形眼、扁平鼻,口微张不见龇牙,没有了前期威严之势。纹饰也变得简单,仅髹黑漆。

与其他漆木器相比,镇墓兽的造型别具一格,楚人将大自然的材料进行丰富奇妙的构思,巧妙地利用了鹿角所具有的向上伸展、四周扩散的特点,形成了灵动多变的视觉效果,从而渲染了一种神秘的氛围。原始野性的镇墓兽,寄托着楚人通过巫术祭祀的方式得以灵魂升天的愿望和情怀。

五、曾侯乙墓漆木器艺术

随国,是春秋时期汉水以东最大的姬姓国。[①] 由于与楚国的关系交好,一直作为楚国的附庸保存到战国晚期,因此其艺术水平也得到了长足的发展,漆器艺术更是表现得尤为突出。

战国早期的随县擂鼓墩曾侯乙墓所出漆器,数量多,品类丰富,形制多样,被认为是迄今已知的战国早期最典型、最具有代表性的漆器系列。

曾侯乙墓共出土漆器230件(不包括乐器笙、瑟、琴、鼓和兵器杆,

---

① 《左传》桓公六年载:"汉东之国随为大。"

仅指生活用器），包括用于装物的衣箱、食具箱、酒具箱和桶等；盛器杯、豆、罐、盒等；搁物的案、几、禁等；摆设的架；观赏的鹿、娱乐的小圆木饼等。① 不少器物都仅见于此墓中，如衣箱、食具箱等。

漆衣箱上一端绘苍龙，一端画白虎，中部有大"斗"字象征北斗，围绕北斗写有二十八宿名称。二十八宿始见于《周礼·春官》"二十有八星之位"和《周礼·秋官》"二十有八星之号"，其具体名称文献中则始见于《吕氏春秋·有始览》。《汉书·天文志》中记载战国时期魏人石申夫的二十八星宿名，与《有始览》中的大致一样。而曾侯乙漆箱盖上所记的二十八星宿名与石氏星宿名称出入不大②，显而易见，姬姓曾人在天文学上承继的仍是周人系统。

曾侯乙墓中的漆器设计和构造也较为独特，如杯有筒形杯、豆形杯和耳杯多种。筒形杯又分为筒杯、单耳筒杯和双耳筒杯三类式样；豆形杯也分有柄有鋬和有柄无鋬两类，形制多样，比楚墓所见更为复杂。漆盒也有罐形盒、衣箱形盒、鸳鸯形盒、带足盒、龟形盒等多种，极具特色。

曾侯乙墓漆器的造型风格较为古朴。许多器物胎用整木剜凿而成，整器显得厚重朴拙。但在细节上也很注意精细之处，表现出浓厚的仿铜作风，如在漆禁上部包角包边凸出部位使用仿铜浮雕，在禁、案腿部使用仿铜装饰等。

在色彩装饰方面，曾侯乙墓漆器将简单的线条勾勒和复杂精彩的图画并存。有的器物素面不施彩，通体仅髹黑漆，如带足盒、龟形盒、素面豆等器物；有的器物外漆黑漆，器内髹朱漆，这是典型的承继古代漆器纹饰风格；还有的就在器物的某处用简单的线条勾勒出色彩，如在几的面板上沿周缘一圈红道当中加的一道红彩等，简单勾勒使器物显得厚朴又不失灵泛。

鸳鸯形盒则是复杂精彩彩绘的代表作之一。此器全身以黑漆为地，在颈部于腹前朱绘鳞纹，间以小黄圈，翅部和尾部用红、黄色点相

① 参见湖北省博物馆：《曾侯乙墓》（上），文物出版社1989年版，第388页。
② 参见张正明主编：《楚文化志》，湖北人民出版社1988年版，第277—278页。

间,绘锯齿状带纹,并用绚纹和菱格纹将图案分隔为若干块。最为别致的是在腹两侧绘精彩的漆画:左侧绘击鼓图,当中以一兽为鼓座,上立建鼓,一旁绘有一兽击鼓,另一旁有一武士随着鼓声翩翩起舞;右侧绘撞钟图,以两兽为柱,横梁作两层,上梁为两兽对立用口衔托,悬挂两件甬钟,下梁搁于鸟腿之上,上悬两磬,旁有一似人似鸟的乐师正在用力撞钟。[1] 内容极为丰富,反映出好乐的风俗。

曾侯乙墓漆器彩绘图案中使用最为丰富的是龙。周人崇龙,曾国为姬姓国,因此将对龙的图腾崇拜反映得淋漓尽致。如所出盖豆,盖顶浮雕三条龙,互相盘绕,在方耳的内侧、外侧、顶面及两旁五面也浮雕龙纹装饰,而且各面的龙形态各异:耳面内侧全局为一浮雕兽面,兽面的鼻与嘴却由浮雕的龙组成;耳面外侧浮雕为两条龙;耳的两旁浮雕为一条大龙,顶面又浮雕成一首双身龙。龙的各部位刻画入微,雕刻细致。

曾国作为楚的附庸国,两国交往密切,其艺术特色受到楚文化的影响是不言而喻的,但至迟在战国初期,曾国的漆器依然具有它独特的文化面貌。由此可见,任何一种艺术,都凝聚着它的文化内涵,而受其风俗影响而成。同属汉江流域的曾、楚国,其漆器艺术都发展得极为丰富,而其风格虽互有影响,却依然蕴含着各自不同的文化与风俗内涵。

---

① 参见湖北省博物馆:《曾侯乙墓》(上),文物出版社 1989 年版,第 362 页。

参 考 文 献

巩启明:《仰韶文化》,文物出版社 2002 年版。

何介钧:《长江中游新石器时代文化》,湖北教育出版社 2004 年版。

湖北省文物考古研究所:《盘龙城——1963—1994 年考古发掘报告》,文物出版社 2001 年版。

荆州博物馆:《荆州重要考古发现》,文物出版社 2009 年版。

李天元、冯小波:《长江古人类》,湖北教育出版社 2004 年版。

刘玉堂、王本文、张硕:《武汉通史》(先秦卷),武汉出版社 2006 年版。

刘玉堂、袁纯富:《楚国交通研究》,湖北教育出版社 2012 年版。

鲁西奇:《区域历史地理研究:对象与方法——汉水流域的个案考察》,广西人民出版社 2000 年版。

罗琨:《商代战争与军制》,中国社会科学出版社 2010 年版。

罗运环:《楚国八百年》,武汉大学出版社 1992 年版。

罗运环主编:《荆楚文化》,山西教育出版社 2006 年版。

孟华平:《长江中游史前文化结构》,长江文艺出版社 1997 年版。

潘世东:《汉水文化论纲》,湖北人民出版社 2008 年版。

钱穆:《史记地名考》,商务印书馆 2001 年版。

石泉:《古代荆楚地理新探》,武汉大学出版社 1988 年版。

孙淼:《夏商史稿》,文物出版社 1987 年版。

孙亚冰、林欢:《商代地理与方国》,中国社会科学出版社 2010 年版。

万全文:《长江中游先秦考古学文化》,湖北教育出版社 2006 年版。

王玉哲:《中华远古史》,上海人民出版社 2003 年版。

王震中:《商代都邑》,中国社会科学出版社 2010 年版。

西北大学文博学院:《城固宝山——1998 年发掘报告》,科学出版社 2002 年版。

夏商周断代专家组:《夏商周断代工程 1996—2000 年阶段成果报告》(简本),世界图书出版公司 2000 年版。

向绪成:《中国新石器时代考古》,武汉大学出版社 1993 年版。

徐少华:《周代南土历史地理与文化》,武汉大学出版社 1994 年版。

徐旭生:《中国古史的传说时代》,广西师范大学出版社 2003 年版。

严文明主编,李零副主编:《中华文明史》(第一卷),北京大学出版社 2006
    年版。

晏昌贵:《烛火传薪》,武汉出版社、中国言实出版社 2006 年版。

杨宝成主编,黄锡全副主编:《湖北考古发现与研究》,武汉大学出版社 1995
    年版。

张绪球:《长江中游新石器文化概论》,湖北科学技术出版社 1992 年版。

张绪球:《屈家岭文化》,文物出版社 2004 年版。

张正明、刘玉堂:《湖北通史》(先秦卷),华中师范大学出版社 1999 年版。

赵丛苍主编:《城洋青铜器》,科学出版社 2006 年版。

赵逵夫:《屈原和他的时代》,人民文学出版社 2002 年版。

中国科学院地理研究所、水利部长江水利委员会:《汉江流域地理调查报告》,
    科学出版社 1957 年版。

中国社会科学院考古研究所:《中国考古学》(两周卷),中国社会科学出版社
    2004 年版。

中国社会科学院考古研究所:《中国考古学》(夏商卷),中国社会科学出版社
    2003 年版。

中国社会科学院考古研究所:《中国考古学》(新石器时代卷),中国社会科学出
    版社 2010 年版。

朱萍:《楚文化的西渐》,巴蜀书社 2010 年版。

左鹏:《汉水》,江苏教育出版社 2006 年版。

索　引

索引

索
引

后　记

　　《汉江文化史》(先秦卷)是《汉江文化史》系列的第一本,由湖北省社科院研究员尹弘兵,武汉市图书馆副馆长、研究员陈朝霞两位作者合作完成,第一章至第十二章由尹弘兵负责,第十三章至第十七章由陈朝霞撰写,其中第九章第四节由陈朝霞、尹弘兵合作撰写,全书完成后由尹弘兵统稿。

　　《汉江文化史》(先秦卷)初稿完成时间较早,全书的内容基本上能代表当时的学术水准。但最近几年,楚文化研究的新资料大量涌现,新成果层出不穷,楚文化考古工作也有重大的发展,不仅如此,湖北地区的旧石器、新石器、夏商、两周各时段的考古发掘与研究均取得了极大进展,而本书因成稿较早,并未能及时、充分反映这些学界最新的成果。

　　本书启动之时,我刚进入楚文化研究领域,在刘玉堂院长的领导下从事楚文化研究工作,陈朝霞才刚博士毕业,当时我们的写作与研究或许不乏锐气,但以现在的眼光来看,也明显不够圆熟,书中的观点与表述明显不乏可议之处,敬请各位老师、同行批评、指正。

　　在我们的学术道路上,有众多的老师、同事、领导给予我们极大的帮助和支持,在本书即将付梓之机,谨此表示诚挚的感谢。

尹　弘　兵

2023 年 2 月

策　　划:蒋茂凝
编辑主持:方国根　李之美
责任编辑:方国根
版式设计:顾杰珍
责任校对:王晓丹

图书在版编目(CIP)数据

汉江文化史.先秦卷/刘玉堂,刘庆平 主编;尹弘兵,陈朝霞 著. —北京:
人民出版社,2023.4
ISBN 978－7－01－024014－5

Ⅰ.①汉… Ⅱ.①刘…②刘…③尹…④陈… Ⅲ.①汉水-流域-
文化史-研究-先秦时代 Ⅳ.①K296

中国版本图书馆 CIP 数据核字(2021)第 245082 号

汉 江 文 化 史
HANJIANG WENHUA SHI
(先秦卷)

刘玉堂　刘庆平　主编　尹弘兵　陈朝霞　著

人民出版社 出版发行
(100706　北京市东城区隆福寺街 99 号)

北京新华印刷有限公司印刷　新华书店经销

2023 年 4 月第 1 版　2023 年 4 月北京第 1 次印刷
开本:710 毫米×1000 毫米 1/16　印张:35.25
字数:500 千字

ISBN 978－7－01－024014－5　定价:160.00 元

邮购地址 100706　北京市东城区隆福寺街 99 号
人民东方图书销售中心　电话 (010)65250042　65289539